dicionário de sinônimos

Lexikon | *obras de referência*

ANTENOR NASCENTES

dicionário de sinônimos

5ª edição - 3ª impressão

LEXIKON EDITORA DIGITAL LTDA.
Av. Rio Branco, 123 sala 1711 – Centro
20040-905 Rio de Janeiro – RJ – Brasil
Tel.: 2560 2601
whatsapp (11)94044 4620
www.lexikon.com.br – sac@lexikon.com.br

Veja também www.aulete.com.br – seu dicionário na internet

1ª edição – 1957
2ª edição – 1969
3ª edição – 1981
4ª edição – 2011
5ª edição – 2018

EDITOR
Paulo Geiger

PRODUÇÃO
Sonia Hey

PROJETO GRÁFICO E DIAGRAMAÇÃO
Nathanael Souza

IMAGEM CAPA
Cadu Rocha

CIP-BRASIL. CATALOGAÇÃO NA FONTE
SINDICATO NACIONAL DOS EDITORES DE LIVROS, RJ

N191d
5.ed.

Nascentes, Antenor, 1886-1972
Dicionário de sinônimos / Antenor Nascentes. - 5.ed. - Rio de Janeiro : Lexikon, 2018.
464p.

Inclui bibliografia e índice
ISBN 978-85-8300-101-0

1. Língua portuguesa - Sinônimos e antônimos - Dicionários. I. Título.

18-49713.

CDD: 469.31
CDU: 811.134.3'342.621

INTRODUÇÃO À 4ª E 5ª EDIÇÕES

A riqueza de uma língua é a sua capacidade de expressão, a variedade das formas e estruturas que permitem múltiplas maneiras de registrar e transmitir ideias, informações, conhecimentos. É na polissemia, a multiplicidade de significados de uma palavra, e na sinonímia, a multiplicidade de palavras para um significado, que se baseia essa riqueza, essa capacidade de expressão.

Antenor Nascentes estudou profundamente as relações entre palavras sinônimas da língua portuguesa, detectando para cada grupo de sinônimos nuanças e variações sutis de uso e de significados. A partir desse estudo ele criou este *Dicionário de sinônimos*, que se distingue dos demais exatamente por ressaltar essas diferenças, oferecendo ao consulente a melhor alternativa possível para o uso que se pretende no contexto em que deve ocorrer.

Para facilitar ainda mais a consulta e tornar ainda mais clara essa estrutura, ele montou seu dicionário em verbetes que correspondem a grupos de sinônimos, elucidando no texto as variações de seu uso e de seus significados. Um índice detalhado permite localizar cada sinônimo em seu grupo.

A **Lexikon – obras de referência**, ao realizar esta nova edição deste dicionário único, revista pela nova ortografia e atualizada com alguns termos de uso contemporâneo, está dando continuidade à obra de Nascentes, em benefício de todos os que precisam ou querem aprimorar e enriquecer sua expressão em língua portuguesa.

INTRODUÇÃO À 3ª EDIÇÃO

Esta terceira edição do *Dicionário de sinônomos*, de Antenor Nascentes, foi objeto da revisão que buscou, primeiro, incorporar ao texto a matéria antes constante de um suplemento; segundo, oferecer um índice remissivo de todas as palavras tratadas no corpo da obra, e, terceiro, explicitar as definições que antes ocorriam resumidas ou subentendidas. Neste último caso, respeitaram-se, rigorosamente, as definições do próprio autor como constam do seu projeto do *Dicionário da língua portuguesa* apresentado à Academia Brasileira de Letras para as devidas alterações. (4 tomos, Rio de Janeiro, Imprensa Nacional, 1961/1967)

Os editores agradecem a Olavo Anibal Nascentes, filho do autor, os cuidados que pôs nessa revisão. Por sua vez, agradece ele aos colegas e amigos Antônio Houaiss e Celso Cunha a assistência que lhe deram.

Os Editores

Algumas obras do autor

Ligeiras notas sobre redação oficial, 5ª ed., 1941.
Método prático de análise sintática, 19ª ed., 1959.
Método prático de análise gramatical, 15ª ed., 1959.
Dicionário etimológico da língua portuguesa, tomo I, 1932, tomo II, 1952.
Dicionário etimológico resumido, 1966.
Estudos filológicos, 1939.
O problema da regência, 2ª ed., 1960.
Tesouro da fraseologia brasileira, 2ª ed., 1966.
Léxico da nomenclatura gramatical brasileira, 1946.

INTRODUÇÃO – 1ª E 2ª EDIÇÕES

Desde a antiguidade se reconhece a utilidade do estudo da sinonímia. Amônio, no princípio do segundo século, escreveu uma obra com o título de Perì Homoíon kaì Diahóron Léxeon (Das expressões semelhantes e diferentes).

Só se pode alcançar a precisão de linguagem depois de bem determinada a diferença de significação entre as palavras reputadas sinônimas.

Seria ocioso, como Roquete assinala, deter-se alguém a provar a utilidade do exame destas diferenças.

No exame delas não devemos, porém, ser escrupulosos demais, sob pena de, em vez de auxiliar, trazer estorvos a quem fala ou escreve.

As diferenças às vezes se apresentam de tal modo sutis que sentem, mas há dificuldade em explicá-las.

Para apreender bem o sentido dos sinônimos, convém partir sempre da significação etimológica, passando pelas significações antigas dentro da língua e comparando muitas vezes com a significação nas línguas românicas.

São velhos os argumentos contra a existência de perfeitos sinônimos, que fariam com que houvesse duas línguas numa mesma língua.

De fato, na maioria dos sinônimos há uma ideia geral, comum a todos, e ideias especiais, que se acham em cada um, mas há palavras verdadeiramente equivalentes numa parte e em outras de um país, numa camada social e em outra; por conseguinte, existem sinônimos perfeitos.

Muitas vezes toma-se uma palavra por sinônima de outra, em virtude de não se haver perfeitamente apreendido o matiz da significação de cada uma.

Na realidade, como faz sentir La Bruyère, entre todas as diferentes expressões que possam traduzir uma ideia, só uma é boa (*le mot unique de Amiel*), mas esta nem sempre ocorre quando falamos ou escrevemos. A sinonímia representa em muitos casos as vacilações do espírito, em busca da expressão perfeita.

A língua tem horror ao luxo, como fez sentir Hermann Paul; assim a tendência, quando há palavras de significação muito aproximada, é para caracterizar cada uma e arcaizar as desnecessárias.

Não obstante, manifesta-se a polissinonímia, quando há uma preocupação dominante, uma preocupação constante, como se vê em relação a várias palavras, tais como aguardente, bebedeira, diabo, dinheiro, feitiço, mentira, português, pancadas, prostituta, sífilis, etc.

Terminando, faço minhas as palavras de D. José de Lacerda na prefação de sua obra sobre sinônimos:

> "Não intentamos insinuar que é nova a matéria e nem, muitas vezes, a forma dos artigos. Fora trabalho perdido, por supérfluo, o que empregássemos, por mera satisfação de amor-próprio, em redigir diferentemente o que está bem e concisamente explicado. Um dicionário ou ensaio de sinônimos não pode deixar de ser uma compilação, à qual o autor acrescenta o que de novo achou e não fora ainda consignado, dando ao de que se aproveita e antes dele fora advertido, a forma que julga de maior utilidade para o comum dos leitores, ou mantendo a que merece aprovação".

A

a, para – Ambas as preposições aparecem com verbos de movimento, na circunstância de lugar para onde, com a diferença de que *a primeira* indica as ideias de pequena demora e de volta, ao passo que *a segunda* expressa as de demora grande (às vezes para sempre) e de volta: *Foi a Roma e não viu o papa*, isto é, foi a Roma, para visitá-la, com ideia de voltar. *Liquidou os negócios no Brasil e foi para Portugal*, isto é, foi, com ideia de ficar em Portugal.

aba, aclive, declive, encosta, falda, flanco, ilharga, ladeira, orla, rampa, sopé, vertente – *Aba* é a parte do monte, mais baixa e prolongada. *Aclive* é a inclinação da encosta, considerada de baixo para cima. *Declive* é a inclinação da encosta, considerada de cima para baixo. *Encostas* são as partes inclinadas do monte. *Falda* é a aba de forma irregular. *Flanco* é a parte lateral, ampla, com ideia de fecundidade. *Ilharga* é o mesmo que *flanco* sem sugerir, porém, a ideia de fecundidade. *Ladeira* é a parte lateral, fácil de subir ou descer. *Orla* é o recorte da aba ou da parte em que o monte começa a tomar vulto. *Rampa* é o plano inclinado, menos suave que a ladeira e às vezes inacessível. *Sopé* é a parte onde o monte começa. *Vertente* é a encosta por onde passam correntes de água.

abacial, abadengo – *O primeiro* se refere à pessoa do abade: *dignidade abacial; o segundo*, às coisas da abadia: *terreno abadengo*.

abadia, claustro, convento, mosteiro – *Abadia* é o mosteiro dirigido por abade ou abadessa. *Claustro* é a casa religiosa com clausura, encerramento, separação do mundo. *Convento* é a casa habitada por pessoas religiosas, vivendo em comum como irmãos (daí chamarem-se frades e freiras), sujeitas à mesma regra. *Mosteiro* é a casa religiosa, em geral rica, quase sempre longe dos povoados, para os monges e as monjas ficarem em solidão (lat. *monasterium* do gr. *monastérion, de mónos*, isolado), entregues ao trabalho e à contemplação.

abafar, conter, debelar, domar, dominar, jugular, refrear, reprimir, sobrelevar, sobrepujar, sofrear, subjugar, submeter, sufocar, sujeitar, superar, suplantar, vencer – *Abafar* é impedir que se manifeste. *Conter* é impedir que se mova. *Debelar* é vencer completamente na guerra. *Domar* é submeter pela força bruta (o feroz). *Dominar* é submeter como senhor (*dominus*). *Jugular* é vencer cortando o pescoço, estrangulando, extinguindo. *Refrear* é frear, conter, com trabalho, com esforço. *Reprimir* é oprimir com decisão e energia, indo até à força e à violência. *Sobrelevar* é vencer colocando-se acima, sem grande esforço nem luta. *Sobrepujar* é superar com esforço e luta. *Sofrear* é abafar com prudência e cuidado. *Subjugar* é vencer submetendo ao jugo, ao império. *Submeter* é meter sob o poder, reduzir à obediência, dominando, impondo condições, oprimindo como um triunfador. *Sufocar* é matar por asfixia, eliminando violentamente os meios de agressão. *Sujeitar* é tornar sujeito à obediência. *Superar* é vencer, ficando superior. *Suplantar* é vencer pisando com a planta do pé, humilhando. *Vencer* é sair da luta vitorioso.

abaixar, baixar, rebaixar – *Abaixar* quer dizer pôr embaixo, diminuir a altura, o valor, o preço etc.: *Abaixa a cabeça para poder passar sob a porta. Baixar* apresenta os mesmos sentidos, mas emprega-se de preferência como intransitivo: *O câmbio baixou. Rebaixar* é abaixar mais: *Mande rebaixar o muro; o pedreiro abaixou muito pouco.*

abaixar-se, humilhar-se, rebaixar-se – *Abaixar-se* é descer da dignidade: *Não se abaixe a pedir favores a este indivíduo. Humilhar-se* é o último grau de baixeza, abaixar-se até a terra, prostrar-se por terra. *Rebaixar-se* é abaixar-se muito.

abaixo, debaixo, embaixo – Todos três advérbios indicam lugar inferior. *O primeiro* às vezes está correlato com ideia de movimento: *rio abaixo. O segundo* considera o corpo de que se trata, em relação a outro corpo: *O tapete está debaixo da cadeira;* às vezes dá ideia de sujeição: *Ser conduzido debaixo de vara. O terceiro* supõe *em cima: Não coloque aí; coloque embaixo.*

abajur, abaixa-luz, guarda-luz, guarda-vista, lucivelo, pantalha, quebra-luz, tapa-vista – Pequeno anteparo que preserva os olhos da luz forte de vela, lampião, lâmpada etc. *O primeiro vocábulo* é o único que na realidade vive.

abalançar-se, afoitar-se, animar-se, arriscar-se, arrojar-se, atirar-se, atrever-se, aventurar-se, ousar – *Abalançar-se* é praticar o ato sem hesitar, mas havendo meditado. *Afoitar-se* é não hesitar, tomando uma resolução súbita, apressada. *Animar-se* é dar a si mesmo ânimo, coragem. *Arriscar-se* é expor-se a um risco. *Arrojar-se* dá ideia de ímpeto. *Atirar-se* dá ideia de lançar-se com decisão, mas sem ímpeto. *Atrever-se* é afoitar-se com audácia. *Aventurar-se* é expor-se, confiando na ventura. *Ousar* é desprezar riscos ou dificuldades, confiante na fortuna ou no acaso.

abalar, aluir, bulir – *Abalar* é mover escassamente: *Trinquei uma amêndoa e abalei um dente. Aluir* é bulir com força, para abalar coisa firme. *Bulir* é mover vagarosamente ou por pouco tempo, mudando de lugar.

abalar, demover, dissuadir – *Abalar* é fazer perder a firmeza, incutir dúvida: *A atitude do réu me abalou; duvido agora da culpabilidade dele. Demover* é fazer mudar de opinião, de intento: *Seu pai me demoveu da ideia de comprar a casa da esquina para comprar a da praia. Dissuadir* é tirar do espírito por meio de argumentos e fazer mudar de ideia: *Consegui dissuadi-lo de suicidar-se.*

abalizado, consumado, exímio – *Abalizado* é o que chegou à baliza, tocou a meta da perfeição, se fez completo em sua arte. *Consumado*, o que somou, reuniu em si todos os conhecimentos de sua arte; diz menos que *abalizado. Exímio* é o que sobressai aos demais, que é escolhido entre eles por sua excelência, por sua superioridade; diz menos que *consumado.*

abalo, sismo, terremoto, tremor de terra, trepidação – Todos significam movimentos sísmicos. *Abalo* é um movimento da terra, pouco intenso e pouco sensível, pela amplitude da massa sobre que atua. O abalo leve é a *trepidação* e o *tremor de terra* é uma série de abalos, menos amplos e portanto mais intensos e mais sensíveis. *Sismo*, termo científico, significa o mesmo que *terremoto*. Finalmente, *terremoto* é o tremor forte, com consequência na crosta terrestre.

abanador, abanico, abano, leque – *O primeiro* vocábulo se usa no Minho, *o segundo* no Alentejo, *o terceiro* na serra da Estrela e no Brasil. Creio que o primeiro se usa também em Lisboa; uma velha revista lisboeta apresentava um quadro da vassoura e do abanador. *Leque* é um abano montado sobre hastes móveis, que se pode abrir e fechar.

abandonar, desajudar, desamparar, desapoiar, desarrimar, desfavorecer, desprezar, desproteger, desvaler – *Abandonar* é deixar entregue aos próprios recursos, deficientes ou mesmo nulos. *Desajudar* é negar ajuda, fazendo até o contrário. *Desamparar* é negar amparo ou privar dele. *Desapoiar*, deixar de apoiar. *Desarrimar*, privar do arrimo. *Desfavorecer*, negar o favor. *Desprezar*, deixar de dar o apreço que antes dava. *Desproteger*, recusar a proteção antes dada. *Desvaler*, não valer, não acudir.

abandonar, abdicar, ceder, demitir-se, desistir, desobrigar-se, exonerar-se, largar, recusar, rejeitar, renunciar, resignar – *Abandonar* é pôr de lado, fugindo, afastando-se da coisa abandonada. *Abdicar* é despojar-se antes do tempo, voluntariamente ou forçado e em proveito de outro, de alto cargo ou dignidade, do poder soberano. *Ceder* é desistir em favor de alguém; cede-se um bem, um direito. *Demitir-se*, deixar por gosto, de permanecer num emprego, num cargo. *Desistir*, abrir mão de, deixar a função em que estava, o que havia começado. *Desobrigar-se*, isentar-se de obrigação tomada. *Exonerar-se*, demitir-se de encargo pesado (lat. *onus*, peso). *Largar*, pôr de lado, deixando escapar a coisa largada. *Recusar*, deixar de aceitar, de permitir, de receber. *Rejeitar*, lançar de si com violência. *Renunciar*, depor voluntariamente mas com sacrifício, coisa a que se tem direito ou em cuja posse legítima se esteja. *Resignar*, deixar voluntariamente uma dignidade.

abantesma ou avantesma, alma, aparição, avejão, assombração, duende, espectro, fantasma, manes, sombra, visão – Todos se referem à parte imaterial da criatura humana, quanto manifesta à visão. *Abantesma* é forma popular de fantasma. *Alma* (do outro mundo) é o termo genérico. *Aparição* é a visão inesperada, súbita, e às vezes instantânea, com um quê de miraculoso; aplica-se a Cristo, à Virgem, aos santos. *Avejão* é a alma que toma forma de animais fantásticos; é forma popular de *visão*. *Assombração* é a alma que assombra, que incute espanto, pavor. *Duende* é o espírito que habita uma casa, nela fazendo travessuras, provocando ruídos, choques etc. *Espectro* é a alma de pessoa conhecida, aparecida sem muita nitidez, mas reconhecível; no *Macbeth* de Shakespeare há o aparecimento do espectro de Banquo. *Fantasma* é imagem criada pela fantasia, com figura humana, vista em virtude de alucinação e causando terror: *Fulano vive vendo fantasmas por toda parte; tem medo de tudo*. *Manes* são almas de defuntos.

Sombra é forma vaga, subsistente, de alguém que foi vivo. *Visão* é toda imagem que se julgue ver, mesmo durante o sono.

abarcar, abranger, compreender – *Abarcar* é abranger com esforço: *Não queira abarcar o mundo com as pernas. Abranger* significa conter em si: *Roma abrange sete colinas. Compreender* é tão semelhante a *abranger* que só o uso instintivo pode fixar o seu emprego: *Meu nome não está compreendido no rol dos culpados*.

abaremotemo, ingá, ingá-água-de--flor, ingá-de-comer – Planta da família *Mimosaceae* (*Inga edulis*).

abastado, apatacado, argentário, arquimilionário, capitalista, endinheirado, milionário, opulento, remediado, rico, ricaço – *Abastado* é aquele que está muito provido de bens bastantes para a sua subsistência. *Apatacado* é o que possui algum dinheiro; não muito, umas patacas. A pataca valia 320 réis. *O argentário* é o homem que vive com a ideia fixa de ganhar dinheiro em altos negócios. O *arquimilionário* possui muitos milhões. *Capitalista* é o que vive à custa do rendimento dos seus capitais, investindo-o para obter lucro. O *endinheirado* possui algum dinheiro; deixou de ser pobre. O *milionário* possui dinheiro, na proporção de um milhão de reais para cima. O *opulento*, além de rico, passa vida suntuosa; ostenta a sua riqueza. *O remediado* possui meios que lhe permitem viver sem dificuldades, mas não tanto como o abastado. *O rico* possui bens que excedem as suas necessidades. O *ricaço* é o muito rico e um tanto ridículo pela ufania do que tem.

abastardar, adulterar, corromper, deformar, degenerar, depravar, desfigurar, desnaturar, desvirtuar, deteriorar, deturpar, estragar, perverter, poluir, viciar – Todos dão ideia de mudança da natureza, da forma etc., de pessoa ou coisa. *Abastardar* é tornar bastardo, afastado da pureza da origem, da raça. *Adulterar* é mudar falseando, deprimindo com perfídia: *Você adulterou os fatos. Corromper* é tirar do estado de pureza própria: *Sócrates foi acusado de corromper a juventude. Deformar* é mudar a forma natural, primitiva, deixando defeituoso: *Há um reumatismo que deforma os dedos. Degenerar* é perder mais ou menos as qualidades genéricas: *Tirada do mato e plantada no jardim, esta planta degenera. Depravar* é estragar desvirtuando, perverter com escândalo: *Fulano se deprava com a vida desregrada que leva. Desfigurar* é alterar a figura, o aspecto, as feições próprias: *Com aquelas alterações a casa ficou desfigurada. Desnaturar* é alterar a natureza: *Não desnature o vinho pondo água. Desvirtuar* é tirar a virtude, o valor próprio: *Não desvirtue o auxílio que lhe prestei; não sou interesseiro. Deteriorar* é alterar danificando, tornando pior, imprestável: *A umidade deteriorou a farinha. Deturpar* é desfigurar tornando torpe, ferindo o pudor, profanando: *Não deturpe sua linguagem empregando tais termos. Estragar* é alterar para pior, destruindo até: *A chuva estragou o trabalho do pedreiro. Perverter* é virar para o lado mau, estragar o que é puro: *A má companhia o perverteu. Poluir* é fazer ficar sujo, macular, profanar. Muito usado para desginar o ato ou consequência de degradar o meio ambiente, a atmosfera etc. com resíduos de toda espécie. *Viciar* é introduzir um vício que trouxe estragos, alterações para pior: *A escritura foi viciada*.

abastecer, aprovisionar, fornecer, ministrar, municiar, munir, prover, sub-

ministrar – *Abastecer* é prover aos poucos e com regularidade, do bastante às necessidades: *O Brasil hoje já se abastece de petróleo com suas próprias reservas. Aprovisionar* é dar provisões, de qualquer natureza. *Fornecer* é prover do necessário, em virtude de um contrato, de um dever, em obediência a uma ordem: *O juiz obrigou-o a fornecer alimentos aos filhos. Ministrar* é fornecer, apresentar, conferir por dever de ofício e às vezes com certa cerimônia: *O sacerdote ministra os sacramentos. Municiar* é prover de munições para alguma diligência: *O general mandou municiar a tropa que vai seguir para o sul. Munir* é prover de armas ou outros elementos que tornem forte ou que habilitem a defender-se. *Prover* é o mais genérico de todos; significa dar, para acautelar o futuro, remediar um mal, o que é necessário: *Vou provê-lo de coragem para enfrentar a crise. Subministrar* é ministrar de modo um tanto clandestino aquilo de que alguém necessita para manter-se.

abater, abrandar, acalmar, afrouxar, amainar, atenuar, diminuir, enfraquecer, serenar, sossegar, suavizar – Em todos existe a ideia de diminuição da intensidade. *Abate-se* o que está elevado, crescido, alto: *Abata o seu orgulho. Abranda-se* o que é duro, áspero: *Abrande suas maneiras. Acalma-se* o que está agitado: *O remédio acalmou o doente. Afrouxa-se* o que está leso, apertado: *Afrouxa o laço para não magoar o braço. Amaina-se* o que esteja agitado estrondeando, estragando: *O temporal de madrugada amainou. Atenuar* é tornar menos forte: *A embriaguez não atenua o crime. Diminuir* é o mais genérico; significa tornar menor, reduzir a força, o vigor: *O medo diminuiu com o amanhecer. Enfraquece-se* o que está forte: *O trabalho excessivo enfraqueceu o pugilista. Serenar* é tornar sereno física ou moralmente, fazendo cessar a agitação, a intensidade: *Serenou a tempestade. Sossega-se* o inquieto: *Com a chegada do médico todos sossegaram. Suaviza-se* o que é forte, ríspido, violento: *A surdina suaviza o som do violino.*

abater, aniquilar, arrasar, arruinar, deitar abaixo, demolir, derribar, derrocar, derruir, desfazer, desmanchar, desmantelar – *Abater* é pôr abaixo para que deixe de existir. *Aniquilar* é destruir, reduzindo a nada (lat. *nihil*, *nichil* na baixa latinidade). *Arrasar* é destruir tornando raso com o chão: *A sentença mandou arrasar a casa de Tiradentes. Arruinar* é reduzir ao estado de ruína: *A falta de consertos arruinou o castelo. Deitar abaixo* é pôr por terra para deixar de existir ou para reconstruir: *A Prefeitura deitou abaixo o lado esquerdo da rua para alargá-la. Demolir* é desfazer aos poucos a massa (lat. *moles*) de uma construção: *Demoliu-se o convento da Ajuda. Derribar* é fazer cair: *O lavrador derribou a árvore com uma picareta. Derrocar* é derribar com estrondo, fazendo cair grandes pedras: *O cais derrocou-se. Derruir* é fazer cair com estrondo: *O terremoto derruiu a torre. Desfazer* é tornar o estado de uma coisa, diferente do que era: *Desfez-se a casa e fez-se um bangalô. Desmanchar* é desfazer mas sem ideia necessária de destruir, às vezes até com a de reconstruir: *Desmanchei o bordado e refiz. Desmantelar* é desguarnecer do que é essencial: A *fortaleza de Heligoland foi desmantelada.*

abater, cair, desabar, desmoronar, despenhar-se, implodir, precipitar-se, ruir, tombar – O mais genérico é *cair*, isto é, deixar o lugar em que estava para vir ocupar outro mais baixo.

Abater é cair a prumo, inesperadamente e às vezes de modo rápido: *O aterro abateu com a chuva*. *Desabar* é cair a aba, abater em torno com fracasso: *Desabou a frente do andaime*. *Desmoronar* é cair desfazendo-se aos poucos (coisa de grande volume): *A muralha desmoronou por falta de bons alicerces*. *Despenhar-se* é cair do alto de uma penha, cair desprendendo-se de grande altura: *O rio, ao chegar àquele rochedo, se despenha em direção ao vale*. *Implodir* é fazer ruir, desmoronar (prédio, construção) para dentro, sem espalhar muito os destroços. *Precipitar-se* é cair com violência, de cabeça para baixo, em lugar profundo: *O pajem precipitou-se ao mar para buscar a taça*. *Ruir* é abater com estrondo: *O arranha-céu ruiu de madrugada*. *Tombar* é cair com fracasso, estendendo-se pelo chão: *Com o choque, a pilha de balas tombou*.

abater, deduzir, descontar, diminuir, subtrair – *Abater* é deduzir importância que se combinou que não fosse paga: *O patrão abateu do ordenado o custo da mercadoria estragada pelo empregado*. *Deduzir* é tirar uma coisa de outra; geralmente se aplica a quantias: *Deduza do que vai me dar, o que lhe devo*. *Descontar* é deduzir de uma conta ou não incluir (quantia já paga ou que não o deva ser): *Desconte a prestação que eu adiantei*. *Diminuir* é tornar menor tirando certa quantidade: *Diminua a largura da toalha*. *Subtrair* é diminuir quantidades numéricas (neste grupo): *De 14 subtraindo 7, quanto fica?*

abatido, acabado, acabrunhado, alquebrado, alterado, avelhantado, cansado, combalido, consumido, curvado, debilitado, definhado, demudado, desanimado, descomposto, desfeito, enfraquecido, envelhecido, esgotado, exausto, exinanido, fatigado, gasto, inanido, macerado, mortificado, mudado, prostrado, transtornado, velho – O *abatido*, além de desfigurado no rosto, se mostra sem coragem, sem forças. O *acabado* mostra na fisionomia estragos prematuros, feitos pelo tempo, doença, trabalhos, desgostos. O *acabrunhado* revela um abatimento acompanhado de profunda tristeza. O *alquebrado* está como que curvado, mais pela doença do que pela idade. O *alterado* mostra que seu semblante não é o normal, por efeito de doença, medo, trabalhos etc. O *avelhantado* tem aparência de velho sem o ser. O *cansado* está quebrado de forças. O *combalido* está tão abalado de suas forças que ameaça cair. O *consumido* é o que deu cabo de todas as suas energias morais para enfrentar o sofrimento. *Curvado* é o que pela idade ou pelo sofrimento não mantém atitude erecta; inclina-se perante o sofrimento, resigna-se. O *debilitado* está ligeiramente débil, por um mal leve e passageiro. O *definhado* se vai consumindo aos poucos até morrer. O *demudado* revela no rosto mudança causada por dores físicas ou morais, medo etc., mais do que o mudado. O *desanimado* revela falta de ânimo. O *descomposto* revela grande alteração nos traços fisionômicos. O *desfeito* também, porém menos. O *enfraquecido* se mostra fraco, sem forças. O *envelhecido* mostra idade maior do que a que realmente tem. O *esgotado* gastou as últimas energias. O *exausto* é um esgotado com grande esforço. O *exinanido* é um inanido que se enfraqueceu muito, pelas privações que sofreu, pela subnutrição. O *fatigado* está quebrado de forças, porém mais do que o cansado. *Gasto* é o que perdeu a louçania da idade, não pelo exercício de virtudes. O *inanido* é falto de forças pela subnutrição. O *macerado* se mostra emagrecido e pálido. O *mortificado* está quase morto por fundo desgosto que o humilha. O *mudado* não apresenta a fisionomia normal. O *prostrado* sofreu um abatimento violento, causado pela idade, pela doença, pela fadiga; parece tombado por terra. O *transtornado* revela enorme alteração nos traços fisionômicos. O *velho* é fraco ou doente por efeito da idade avançada.

abatimento, alquebramento, depressão, desalento, desânimo, desesperança, desfalecimento, esmorecimento, languidez, prostração – *Abatimento* é diminuição de forças por grandes sofrimentos físicos ou morais. *Alquebramento* é a quebra de forças físicas ou morais. *Depressão* é um abaixamento que produz abatimento. O *desalento* é a falta de ânimo, produzida por desilusões que tiram a esperança. *Desânimo* é a falta de ânimo, a perda de coragem. *Desesperança* é a falta de esperanças às vezes por mero pessimismo. *Desfalecimento* é a falta de forças e de coragem. *Esmorecimento* é um desfalecimento que vem vindo aos poucos. *Languidez* é a continuação de um abatimento, a qual afrouxa a energia física e a moral. *Prostração* é o último grau de abatimento; o prostrado fica inteiramente entregue ao que o prostra; perde a ação.

abdômen, bandulho, barriga, pança, pandulho, ventre – *Abdômen*, nome científico da cavidade que encerra os intestinos do homem, aplica-se com referência ao vulto que essa cavidade apresenta exteriormente, como na ascite, por exemplo, na gravidez. *Barriga* é o termo popular; significa particularmente a parte para onde vai o alimento ingerido: *Está de barriga cheia*. *Bandulho*, *pança* e *pandulho* são termos ainda mais populares do que *barriga* e têm o mesmo sentido particular: *Encher o bandulho, encher o pandulho*. *Que pança enorme!* *Ventre* é o mesmo que *abdômen*, mas sugere as ideias de fecundidade e de atividade funcional: *Bendito é o fruto do vosso ventre*. *Lei do ventre livre*. *Prisão de ventre*.

abecedária, agrião-da-ilha-de-françа, erva-de-malaca – Planta da família *Compositae* (*Spilanthes acmella*).

abecedário, alfabeto – Ambos significam o conjunto das letras, mas *o primeiro* fica no plano da instrução elementar e *o segundo* ascende à esfera erudita: *Meu neto já conhece o abecedário*. *O alfabeto grego tem vinte e quatro letras*.

abeirar-se, abordar, acercar-se, acostar-se, aproximar-se, apropinquar-se, avizinhar-se, chegar-se – *Abeirar-se* quer dizer aproximar-se da beira, chegar junto. *Abordar* é chegar à borda, tocar com o bordo, chegar mais junto do que se abeira. *Acercar-se* é pôr-se em volta, em torno, em círculo. *Acostar-se* é juntar-se pelas costas ou pelas costelas. *Aproximar-se* é ficar próximo (v. *próximo*). *Apropinquar-se* é palavra erudita significando o mesmo que *aproximar-se*, sugerindo talvez ideia de pressa, celeridade. *Avizinhar-se* é ficar vizinho (v. *vizinho*). *Chegar-se* é aproximar-se para pedir amparo, socorro, proteção: *Chega-te aos bons, serás um deles*.

abelha-mosquito, jataí-mosquito, jati – Abelha da família *Meliponidae* (*Trigona mosquito*). *Jati* se encontra no Ceará (Alencar, *Iracema*).

abelha-mulata, guiruçu, iruçu-mineiro – Abelha da família *Meliponidae* (*Trigona quadripunctata*).

abelhudo, enxerido, intrometido, intruso, metediço, oferecido – *Abelhudo* é o que se mete por toda parte (como a abelha se mete por todas as flores), para ver o que se faz, ouvir o que se diz, intrometendo-se ou não nos negócios alheios. *Enxerido* é o que intervém num negócio para resolver o que compete a outrem. *Intrometido* é o enxerido com certa audácia. O *intruso* se mete no lugar que não lhe pertence de direito. O *metediço* se mete por toda parte sem ser chamado, com atrevimento e certo desazo. *Oferecido* é o que com algum fim oculto se apresenta onde não foi convidado.

abençoado, bendito, bento – *Abençoado* é aquele sobre quê cai a bênção de Deus, o que se reputa protegido por Deus. *Bendito* quer dizer digno de louvores, feliz, ditoso: *Bendita sois vós entre as mulheres*. *Bento* é o que recebeu a bênção da Igreja: *água benta*.

abençoar, bendizer, benzer – *Abençoar* é deitar a bênção: *Isaac abençoou Jacó*. *Bendizer* é louvar, não só a Deus, os santos e os homens, mas também coisas: *Bendigo a hora em que te encontrei*. *Benzer* é lançar bênção acompanhada de preces e com os devidos ritos: *O padre benzeu a imagem de S. João*.

aberração, absurdo, contrassenso, disparate – *Aberração* é o grande erro que se comete, quando a gente se desvia das leis do espírito, tomando caminhos errados. *Absurdo* é o que nos parece errado porque repugna à nossa consciência. Apresenta muita relatividade; o que parece absurdo a um pode não parecer a outro. *Contrassenso* é o que contraria o senso de toda gente. *Disparate* é ação ou ideia sem nexo, sem coerência.

aberta, abertura, buraco, fenda, fissura, fresta, frincha, furo, greta, interstício, orifício, racha, rombo, rotura, vão – *Aberta* é o grande espaço livre entre as partes de uma coisa: *Fez-se uma aberta nas nuvens e o avião pôde descer*. *Abertura* é o espaço aberto de propósito, com instrumento apropriado, geralmente cortante. *Buraco* é a abertura, circular geralmente. *Fenda* é abertura longa e estreita, feita num todo inteiriço: *O calor abriu fendas na madeira*. *Fissura* é greta que se abre na pele ou em mucosa. *Fresta* é o mesmo, mas entre partes que se acham unidas e apertadas: *Entra muito vento pela fresta da escada*. *Frincha* é fenda com ideia de falha, de claro. *Furo* é abertura feita com mais ou menos violência. *Greta* é a rotura natural, por efeito do calor dilatando os corpos. *Interstício* é pequeno espaço entre duas coisas. *Orifício* é um buraco circular muito fino, como uma boquinha (lat. *os*, boca). *Racha* é o espaço entre duas partes de um corpo que se separam. *Rombo* é rotura feita com mais ou menos violência e de grandes proporções: *O navio, ao abalroar-se com o outro, ficou com um rombo no costado*. *Rotura* é a abertura deixada por um rompimento. *Vão* é o espaço vazio, aberto num corpo: *O armário passa facilmente pelo vão da porta*.

aberto, amplo, dilatado, espaçoso, extenso, largo, vasto – *Aberto* é o mais genérico de todos; quer dizer livre de obstáculos: *espaço aberto*. *Amplo* dá ideia de grande junto à de vasto contorno: *amplos horizontes*. *Dilatado* junta à ideia de grande as de aberto, amplo e longo: *dilatada propriedade*. *Espaçoso* é o que possui espaço onde se pode pôr à vontade tudo o que lá é preciso pôr: *casa espaçosa*. *Extenso* se refere mais ao comprimento do que à largura e é menos que *amplo*: *uma rua extensa*. *Largo* é o que tem grande dimensão no sentido transversal: *uma rua larga*. *Vasto* é o que é de grandeza indefinida, que espanta sobretudo pela ausência de limites; parece produto de uma devastação: *vasta planície*.

abespinhar-se, aborrecer-se, agastar-se, amuar-se, arrenegar-se, desgostar-se, embravecer, encolerizar-se, enfadar-se, enfurecer-se, enraivecer-se, esquentar-se, exacerbar-se, exaltar-se, exasperar-se, excitar-se, impacientar-se, indignar-se, irar-se, magoar-se, melindrar-se, molestar--se, zangar-se – *Abespinhar-se* é zangar--se a cada instante e por qualquer motivo. *Aborrecer-se* é mostrar desprazer. *Agastar-se* é sentir grande aborrecimento, que gasta a energia moral. *Amuar-se* é desgostar-se por susceptibilidade. *Arrenegar-se* é zangar-se com maldições, blasfêmias, queixas. *Desgostar-se* é perder o gosto que sentia. *Embravecer* é ficar bravio como uma fera irritada. *Encolerizar-se* é sentir cólera (v. *cólera*). *Enfadar-se* é desgostar-se por fadiga. *Enfurecer-se* é entrar em furor (v. *furor*). *Enraivecer-se* é sentir raiva (v. *raiva*). *Esquentar-se* é perder a serenidade. *Exacerbar-se* é tornar-se acerbo, rude, violento. *Exaltar-se* é reagir contra um ato que desagrada, com energia maior do que a necessária. *Exasperar-se* é fazer-se áspero demais, quase enfurecendo-se. *Excitar-se* é mostrar-se agitado e hostil. *Impacientar-se* é perder a paciência. *Indignar-se* é irritar-se por motivo digno. *Irar-se* é encher-se de ira (v. *ira*). *Magoar-se* é sentir mágoa por ato injusto, ofensa imerecida. *Melindrar-se* é sentir-se ferido em seus sentimentos delicados. *Molestar-se* é sentir desagrado por coisa que importuna, incomoda. *Zangar-se* é aborrecer-se com qualquer coisa, mais por má educação do que por temperamento.

abestalhado, abobado, abobalhado, acaipirado, amatutado, apalermado, aparvalhado, apatetado, atoleimado, embasbacado – *Abestalhado* é *o* que apresenta ares de ser uma besta, podendo até ser uma pessoa inteligente que momentaneamente dê esta impressão. *Abobado* é um tanto bobo. *Abobalhado* é o que se faz de bobo. *Acaipirado*, o que tem ares de caipira (v. *caipira*). *Amatutado*, o que tem ares de matuto (v. *matuto*). *Apalermado*, o que apresenta ares de palerma, podendo até não o ser. *Aparvalhado*, o que tem ares de parvo, podendo até não o ser. *Apatetado*, o que tem ares de pateta, podendo até não o ser. *Atoleimado*, o que tem ares de tolo, podendo até não o ser. *Embasbacado* é o que está estupefato, pasmo.

abicar, aproar, proejar – *Abicar* é dar com o bico em terra; aplica-se a pequenas embarcações: *A iole abicou facilmente*. *Aproar* é pôr a proa em dado rumo. *Proejar* é o mesmo que *aproar*, mas menos usado.

abiquara (Pernambuco), **biquara** (Nordeste), **cocoroca, corcoroca, corocoroca, crocoroca** (Brasil meridional) – Peixe da família *Haemulidae* (*Haemulon sp.*).

abismado, admirado, arrebatado, assombrado, enlevado, estatelado, estático, extasiado, extático, maravilhado – *Abismado* é aquele que se admirou tanto que ficou como que caído num abismo de que não pôde sair. *Admirado* é o que sentiu forte impressão por ver o que não esperava. *Arrebatado* é o que se sente como que arrastado pelo que causa admiração. *Assombrado* é muito admirado, dando a entender que a causa deste estado é algo que impõe medo, respeito. O *enlevado* se deixa levar pelo que vê, pelas palavras que ouve. O *estatelado*, com a admiração, fica hirto como uma estátua. O *estático* fica imóvel como uma estátua sem movimento. O *extasiado* fica parado, admirando, como que esquecido de si próprio. O *extático* fica enlevado em êxtase. O *maravilhado* revela grande admiração e surpresa que o deixam pasmado.

abismo, báratro, despenhadeiro, precipício – *Abismo* é um buraco largo e profundo (do grego *ábyssos*, sem fundo), onde se some o que nele caiu. *Báratro* (do nome que os atenienses davam a um poço ao qual lançavam os condenados) é a profundeza a que se lança alguém como castigo. *Despenhadeiro* é o rochedo donde há perigo de alguém despenhar-se. *Precipício* é o espaço vazio no qual há perigo de alguém cair de cabeça para baixo (*prae*, antes, *caput*, *capitis*, cabeça).

Abissínia, Etiópia – País da África. *O primeiro nome* vem de uma palavra árabe que significa *mistura* (povos mesclados) e tem um quê de pejorativo; por isso os naturais preferem *o segundo*, que vem do grego *aítho*, queimar, e *óps*, rosto (homens de rosto escuro).

abissínio, etíope – Natural da Abissínia ou Etiópia (v. *Abissínia*).

abjeto, abominável, baixo, desprezível, detestável, execrando, execrável, ignóbil, indigno, odioso, repelente, repugnante, vil – *Abjeto* é o homem que se atira abaixo de si mesmo, que cai na mais profunda humilhação. *Abominável* é o que se condena com horror, como coisa ímpia e nefanda, de mau agouro (lat. *ab*, com ideia de afastamento, *ominari*, tirar um presságio). *Baixo* é o que deixa de manter sua dignidade, que consente que o desconsiderem, que por covardia sofre injúrias. *Desprezível* é o digno de desprezo, por desconsiderar-se a si mesmo. *Detestável* é o que merece ser detestado, odiado, aquilo de que não queremos saber, que não é digno de nossa aprovação. *Execrando* é o que deve ser execrado, afastado com indignação e horror, por afrontar o que é sagrado (lat. *sacer*). *Execrável*, mais fraco que *execrando*, tem a mesma significação. *Ignóbil* é o que não tem nobreza (lat. *in* negativo e *nobilis*, nobre). *Indigno* é o que não tem dignidade. *Odioso*, o que causa ódio. *Repelente*, o que se repele com asco. *Repugnante*, o que se repulsa como coisa nojenta. *Vil*, o que se não peja do desprezo de que se tornou digno; perdeu a estima dos outros e a própria, vende sua honra, sofre injúrias por interesse.

abjurar, apostatar, converter-se, renegar, renunciar, trair – Todos se referem ao abandono de uma crença. Quem *abjura* jura contra sua crença, lançando-a fora do espírito e o faz publicamente, com solenidade: *Henrique IV abjurou o calvinismo*. Quem *apostata* abandona a crença, passa a outra e vai combater a antiga: *O imperador Juliano apostatou*. *Converter-se* é passar de uma religião para outra, reformulando sua fé: *Muitos judeus se converteram ao catolicismo*. *Renegar* é abandonar uma crença, por fraqueza, covardia ou interesse, ficando com ódio dela e passando a outra. *Renunciar* é simplesmente abandonar a crença, sem ódios, sem hostilidade, sem mesmo aceitar outra. *Trair* é faltar à fé jurada, embora no íntimo conserve a crença.

ablação, amputação – *A primeira* é o ato de cortar, tirar do corpo uma parte mórbida, um quisto, por exemplo. *A segunda*, o corte de um membro: *A gangrena obrigou o médico a amputar a perna do doente*.

ablução, lavagem – *Ablução* é lavagem como prática religiosa. *Lavagem* é o ato de lavar, isto é, limpar com água.

abnegação, altruísmo, desambição, desapego, desinteresse, desprendimento – *Abnegação* é o sacrifício de si mesmo, um desinteresse que não conhece limites. *Altruísmo* é um nome inventado por Augusto Comte para a *abnegação*. *Desambição* é a falta de ambição. *Desapego* é a falta de apego, a facilidade de renunciar àquilo a que se tinha afeiçoado. *Desinteresse*, na acepção relativa a finanças, é falta de interesse, a qual traz pequeno sacrifício à pessoa. Um negociante que, podendo vender por cem reais a qualquer pessoa, vendeu a um pobre por oitenta, mostrou desinteresse. *Desprendimento* é o pouco caso que se liga a uma vantagem que podia ser alcançada, a um perigo, por amor de algo ou alguém.

abóbada palatina, céu da boca, palato – Referem-se à parte côncava, superior, da cavidade da boca. *A segunda expressão* é de caráter popular.

abóbora-amarela, abóbora-moganga, abóbora-moranga, jerimu, jerimum, jurumum – Planta da família *Cucurbitaceae* (*Cucurbita pepo*).

aboboreira-do-mato, guardião – Planta da família *Cucurbitaceae* (*Melothria fluminensis*).

aboboreira-do-mato, abobrinha-do-mato, gonu, taiuiá-de-abobrinha, taiuiá-de-cabacinha, taiuiá-de-quiabo – Planta da família *Cucurbitaceae* (*Wilbrandio hibiscoides*).

abolir, anular, cassar, extinguir, infirmar, invalidar, proscrever – *Abolir* é acabar com instituições, usos, costumes etc. *Abolimos o cativeiro material* (D. Antônio de Macedo Costa). *Anular* é declarar nulo, como inexistente: *O juiz anulou o casamento da menor, por questão de idade*. *Cassar* é declarar sem efeito situação consagrada ou resolução que ainda não tinha começado a produzir efeito: *O Governo cassou a licença e a Companhia não pode mais funcionar no Brasil*. *Extinguir* é fazer cessar a atividade; é quase o mesmo que *abolir*: *Fica extinta a escravidão no Brasil, segundo declarou o decreto de 13 de maio de 1888*. *Infirmar* é tirar a firmeza, a força, o vigor. *Invalidar* é tirar o valor. *Proscrever* é declarar, por ato público, excluído, cancelado.

abominar, aborrecer, detestar, execrar, odiar – *Abominar* é repelir com horror, principalmente o que ofende a crença, o que traz infortúnio, o que é torpe (lat. *ab*, com ideia de afastamento, *omen*, agouro tirado de uma palavra, presságio, desgraça). *Aborrecer* é não poder sofrer o que causa desgosto, o que é objeto de antipatia. *Detestar* é protestar por palavras ou por obras que desaprovamos ou condenamos; dar testemunho disso. *Execrar* é detestar coisas ímpias, sacrílegas, blasfemas (lat. *sacer*, sagrado). *Odiar* é sentir ódio (v. *ódio*).

abonação, arras, caução, fiança, garantia, hipoteca, penhor, segurança, sinal – *Abonação* é o ato de abonar, isto é, dar por bom, de dar segurança do caráter ou das aptidões de alguém: O *tabelião pediu minha abonação para a firma de um amigo meu*. *Arras* são o que um contratante oferece ao outro como garantia de contrato por fazer, Eram comuns nos antigos contratos de casamento; o marido prometia à mulher certa quantia para sustento e tratamento dela, se ela lhe sobrevivesse. *Caução* é qualquer meio de assegurar o cumprimento de ajuste ou obrigação e, especialmente, dinheiro ou título usados para este fim: *Fiz caução de duzentas apólices para garantir o meu empréstimo*. *Fiança* é a obrigação, voluntariamente assumida por uma pessoa, de pagar por outra ou de cumprir o dever desta outra, caso ela não o faça. *Garantia* é a segurança dada pelo próprio interessado que se obriga ou por terceiro que se obriga por ele. *Hipoteca* é a garantia feita com bens de raiz com que o credor pode pagar-se no caso de não se pagar a dívida. *Penhor* é o mesmo, com a diferença de cair em bens móveis. Tanto uma como outra têm as exceções estabelecidas pela lei; há hipotecas de navios, que são bens fisicamente móveis, e o chamado penhor agrícola, de frutos fixos. *Segurança* é uma garantia moral. *Sinal* é o dinheiro que o comprador adianta como garantia do contrato que vai fazer.

aborígine, autóctone, íncola, indígena, nativo, natural, originário – *Aborígine* é o selvagem que os descobridores encontraram ao desembarcar na nova terra. *Autóctone* é o que primeiro habitou uma terra, o habitante primitivo: *Nossos índios não eram autóctones do Brasil*. *Íncola* é o que habita país não de seu nascimento. *Indígena* é o que foi gerado na terra em que vive. *Nativo* se aplica geralmente aos indígenas em relação a certo lugar; parece anglicismo. *Natural* é o nascido (lat. *natus*) na terra em que vive; é o mesmo que *indígena*. *Originário* é o que tem origem num país, numa localidade.

aborrecer, acabrunhar, afligir, agoniar, amargurar, amofinar, angustiar, apoquentar, atormentar, consternar, contristar, desgostar, entristecer, humilhar, importunar, incomodar, inquietar, magoar, molestar, mortificar, oprimir, vexar – *Aborrecer* é causar desgosto que ponha de mau humor. *Acabrunhar* é deprimir o ânimo, infligindo castigo, sofrimento. *Afligir* é abalar a alma de modo tão violento que a pessoa fica em estado de desespero. *Agoniar* é impor aflição comparável a uma agonia. *Amargurar* é causar amargura (v. *amargura*). *Amofinar* é aborrecer com pequenas coisas que sempre entristecem. *Angustiar* é causar angústia (v. *angústia*). *Apoquentar* é aborrecer com poucas coisas, coisas pequenas, com certa insistência, impacientando. *Atormentar* é causar tormento (v. *tormento*). *Consternar* é como que prostrar a alma por um pesar que provoca lamentações. *Contristar* é causar tristeza profunda. *Desgostar* é causar desgosto que todavia não faz mau humor. *Entristecer* é tornar triste. *Humilhar* é oprimir, apontando, rebaixando. *Importunar* é aborrecer pela continuidade das solicitações, pela falta de oportunidade dos atos, pela insistência. *Incomodar* é desgostar por inadvertênda, incutir ligeiro mal-estar. *Inquietar* é tirar a quietação, a calma, sem grande abalo. *Magoar* é causar mágoa (v. *mágoa*). *Molestar* é produzir aborrecimento passageiro que causa incômodo. *Mortificar* é afligir a ponto de quase deixar como morto. *Oprimir* é afligir fazendo sentir o peso com que se aflige, a rudeza com que se faz sofrer. *Vexar* é expor a uma vergonha, a um escândalo, a uma afronta.

abortamento, aborto – *Abortamento* é o ato de abortar e *aborto*, o produto do abortamento.

abortar, falhar, fracassar, frustrar-se, gorar, malograr-se – *Abortar* é deixar de realizar-se por vício intrínseco ou por uma causa externa: *Uma mulher grávida sifilítica, uma mulher grávida que leve um ponta-pé podem abortar*. *Falhar* é fugir à expectativa. *Fiz bem a mira, mas falhei*. *Fracassar* é falhar de modo imprevisto, não dando resultado algum e até produzindo sensação: *A tentativa de ir até à lua fracassou*. *Frustrar-se* é deixar de obter resultado que era de esperar. *Montei um cinema naquela vila e meus planos se frustraram; tive de fechá-lo*. *Gorar* é falhar quando tinha todas as condições de sucesso: *Aquecemos devidamente a chocadeira; entretanto os ovos goraram*. *Malograr-se* é deixar de dar resultado por causas alheias: *Os franceses quiseram fixar-se no Rio de Janeiro mas seus planos se malograram, por causa da resistência portuguesa*.

aborto, móvito – Significam o mesmo, isto é, feto expelido antes de tempo; a diferença é que *o segundo* se usa menos do que o primeiro.

abotoado, botoado, cari, cuiú-cuiú, vacu – Peixes da família *Doradiae* (*Nematograta sp.*). *O segundo nome* é do Pará; *o terceiro*, de Goiás e Mato Grosso.

abra, angra, baía, calheta, enseada, golfo, lagamar, recôncavo – *Abra* é lugar fundo, defendido do ímpeto das águas e do vento; é uma pequena enseada, quase angra. *Angra* é um braço de mar que se alonga pelo interior da costa; temos uma, chamada *dos Reis*, no estado do Rio de Janeiro. *Baía* é uma grande porção de água que penetra pela costa em uma boca estreita e depois se alarga no interior; ex.: *a de Guanabara*. Em Mato Grosso significa também lago ou lagoa que se comunica com um rio: *Baía Negra*. *Calheta* é braço de mar ou de rio, apertado entre terras. *Enseada* é a grande porção de água, aberta, penetrando pouco na costa: *enseada de Jurujuba*. *Golfo* é a grande porção de água, aberta, que penetra pela costa, apresentando-se com ampla abertura. *Lagamar* é um vasto recôncavo onde as águas se espalham. *Recôncavo* é pequena enseada no fundo de um golfo ou de uma baía; há um na baía de Todos os Santos, o *recôncavo afamado da capital brasílica potente* (Santa Rita, *Caramuru* I, 1).

abraçar, apertar, cercar, cingir, circular, circundar, estreitar, rodear – *Abraçar* é cingir com os braços. *Apertar* é cingir de perto, com esforço. *Cercar* é cingir sem estar unido ao objeto, mas sem solução de continuidade e com saída e entrada impedidas. *Cingir* é pôr à roda de uma parte do corpo, geralmente a cintura ou a cabeça, dando volta. *Circular* é fazer correr em torno: *Mandei circular de lavores a medalha*. *Circundar* é estender à roda ou em torno; ficar em volta. *Estreitar* é dar um abraço apertado, apertar contra si. *Rodear* é cingir sem estar em contato e sem haver solução de continuidade.

abraço, amplexo – Ato de *abraçar*. *A primeira palavra* é de uso comum; *a segunda* pertence a uma linguagem rebuscada.

abrandar, acalmar, amainar, apaziguar, aplacar – *Abranda-se o* intratável; *acalma-se* o agitado; *amaina-se* o furor, a cólera; *apazigua-se* o amotinado ou o que está em guerra. *Aplaca-se* o irado ou irritado; V. *abater*.

abrandar, adoçar, adormecer, amenizar, atenuar, enternecer, mitigar, moderar, serenar, suavizar, temperar – *Abrandar* é tornar brando o que é áspero, diminuir a atividade excessiva. *Adoçar* é tornar doce: *A música adoça os costumes*. *Adormecer* é fazer suspender por algum tempo: *Este remédio adormece a dor de dentes imediatamente*. *Amenizar* é tornar ameno, agradável, delicioso: *Amenize a minha solidão*. *Atenuar* é tornar tênue, menos forte, diminuir as proporções: *A menoridade atenua os crimes*. *Enternecer* é fazer terno, dócil, sensível, comovido; é mais do que *abrandar*. *Mitigar* é moderar o rigor, abrandando e consolando: *Vá mitigar as dores do encarcerado*. *Moderar* é abrandar com regularidade. *Serenar* é tornar sereno, moderando aos poucos o ímpeto. *Suavizar* é tornar suave, tirando as asperezas, a dureza, a intensidade.

abrasador, ardente, cálido, candente, cáustico, comburente, queimante, quente, tórrido – *Abrasador* é o que parece queimar como uma brasa. *Ardente* é o muito quente. *Cálido* é o quente por natureza: *O sangue é cálido nos mamíferos*. *Candente* é quente em tal grau que fica esbranquiçado: *ferro candente*. *Cáustico* é o que com seu calor destrói os tecidos orgânicos. *Comburente* é o que produz combustão, faz arder, abrasa. *Queimante*, o que queima, o que atua como o fogo. *Quente* é o que tem tal ou qual quantidade de calor, próprio ou determinado por ação estranha: *Animais de sangue quente*. *Aqueça até ficar bem quente esta água*. *Tórrido* é quente em demasia: *Caminhava sob o tórrido sol de janeiro*.

abrasar, esbrasear – *Abrasar* é pôr em brasa. *Esbrasear* é o mesmo, mas com intensidade: *Esbraseia o Ocidente na agonia. O Sol*... (Raimundo Correia, *Anoitecer*).

abrasar-se, arder, conflagrar-se, incendiar, incinerar-se, inflamar-se, queimar-se – Um corpo se *abrasa* quando está inteiramente repassado de fogo e feito brasa. *Arde*, quando o fogo que o penetrou se manifesta à simples vista. *Conflagra-se*, quando se põe inteiramente em chamas. *Incendeia-se*, quando se levantam labaredas e o fogo se propaga com rapidez e estrondo. *Incinera-se*, quando se queima até reduzir-se todo a cinzas. *Inflama-se*, quando a chama se desenvolve. *Queima-se*, quando a força do fogo devorou a matéria combustível incinerando-a.

abreu (Ceará), **manuel-de-abreu** (Maranhão), **moça-branca** (Bahia, Pernambuco, Norte) – Abelha da família *Meliponidae* (*Trigona varia*).

abreviar, diminuir, encurtar, reduzir, restringir – *Abreviar* é tornar breve, diminuir o tempo: *Este caminho*, *embora longo*, *abrevia o percurso*. *Diminuir* é tornar menor sem outra ideia. *Encurtar* é tornar curto, diminuir a extensão, o comprimento: *O caminho pela montanha encurta o percurso*, *mas não abrevia por causa dos obstáculos*. *Reduzir* é diminuir em todos os sentidos, tornar mais simples: *Faça o mesmo desenho*, *mas reduzindo as dimensões*. *Restringir* é encurtar como que apertando os extremos: *Restrinja suas despesas e terá orçamento equilibrado*.

abrigar, acoitar, asilar, esconder, homiziar, ocultar – *Abrigar* é acolher e amparar contra risco, mal atual etc. *Acoitar* é dar couto a um fugitivo (criminoso ou não). *Asilar* é dar asilo, isto é, lugar inviolável que põe a pessoa a salvo de uma perseguição: *O senador asilou-se na embaixada chilena*. *Esconder* é subtrair à ação de quem legalmente procura, impedindo a vista e a investigação: *Escondi o mendigo no sótão e não deixei a polícia varejar a casa*. *Homiziar* é açoitar condenado, perseguido pela justiça (do antigo *homizio*, homicídio). *Ocultar* é evitar que se veja.

abrigar, aconchegar, agasalhar, resguardar – *Abrigar* é amparar contra o mau tempo, recolhendo em lugar conveniente. *Aconchegar* é aproximar, dando conforto, proteção. *Agasalhar* é abrigar com roupas ou cobertor. *Resguardar* é abrigar cuidadosamente.

abrigo, acolhida, acolhimento, amparo, asilo, couto, esconderijo, guarida, refúgio, resguardo, valhacouto – *Abrigo* é o lugar seguro a que alguém se acolhe para livrar-se de um mal, de um risco. *Acolhida* é o ato de acolher, ao passo que *acolhimento* é o modo de acolher: *Deu acolhida mas dispensou mau acolhimento à sogra*. *Amparo* é a acolhida para proteger: *Dei amparo à velhinha para livrá-la dos moleques que a perseguiam*. *Asilo* é o lugar inviolável, garantido pela lei ou pelos costumes, ao qual se acolhem os perseguidos. *Couto* é o lugar seguro a que alguém se acolhe, fugindo a uma perseguição, a um mau trato. *Esconderijo* é lugar esconso, escuro quase sempre, em que alguém se mete para não ser visto pela autoridade ou por qualquer. *Guarida* é um abrigo improvisado; significa propriamente covil de feras. *Refúgio* é o lugar seguro para onde foge pessoa que quer escapar a um perigo: *As vítimas da guerra europeia encontraram refúgio na América*. *Resguardo* é defesa momentânea contra mal ou perigo iminente: *Durante o tiroteio encontrei resguardo atrás do muro*. *Valhacouto* é couto de que se vale a pessoa (especialmente o malfeitor) que procura evitar um perigo.

ab-rogar, derrogar, revogar – *Ab-rogar e revogar* significam abolir totalmente (uma lei), tirá-la do uso, com a diferença de salientar o primeiro a ideia do afastamento (prefixo *ab*) e o segundo, a da volta (prefixo *re*) à lei anterior. *Derrogar* é *ab-rogar* ou *revogar* parcialmente. *Derrogatur legi, cum pars detrahitur; abrogatur legi, cum prorsus tollitur* (*Dig*., L. V, Tit. XVI, Fr. 102).

abrolhos, cachopos, escolhos, farelhões, recifes – *Abrolhos* são pequenos cachopos pontiagudos, lembrando as puas do fruto do abrolho; um arquipélago do estado da Bahia assim se chama por causa desta espécie de cachopos. *Cachopos* são penhascos que saem da água e onde rebentam ondas. *Escolhos* são penhascos debaixo d'água e que se descobrem mal; daí serem mais perigosos à navegação do que os cachopos. *Farelhões* são cachopos grandes, em forma de monte, saídos muito visivelmente acima d'água. Há uns célebres em Capri e deles vem o *nome*. *Recifes* são rochedos em série, pouco elevados acima d'água e junto à costa.

abrolho-aquático, castanha-d'água, tríbulo – Planta da família *Zygophyllaceae* (*Trapa natans*).

abrote, brota – Peixe do gênero *Urophycis*, de uma subfamília da família *Gadidae*.

abrupto, alcantilado, aprumado, empinado, escarpado, íngreme, ladeirento – *Abrupto* é o que, além de alcantilado ou íngreme, se mostra áspero, escabroso. *Alcantilado* é o que se mostra vertical ou quase vertical, não se podendo subir ou descer sem muito esforço ou sem artifícios. *Aprumado* é o talhado a prumo e, por isso, de acesso muito difícil ou mesmo impossível. *Empinado* é o que se mostra tão íngreme que parece levar verticalmente ao pino do monte. *Escarpado* é o que, além de íngreme, é difícil de subir ou descer. *Íngreme* é menos a pique do que o alcantilado e por isso de mais fácil acesso. *Ladeirento* é o disposto em ladeiras, com inclinações relativamente suaves.

abrutalhar-se, embrutecer – *Abrutalhar-se* é aproximar-se da brutalidade. *Embrutecer* é tornar-se bruto.

absolutismo, autocracia, caudilhismo, despotismo, ditadura, tirania – Todas estas palavras designam espécies de governos não democráticos. *Absolu-*

tismo é a forma de governo monárquico na qual o poder é exercido somente pelo soberano, com as limitações das leis pelo próprio soberano estabelecidas: *Luís XIV foi um soberano absoluto*. *Autocracia* é o nome que se deu ao absolutismo dos czares da antiga Rússia. *Caudilhismo* é o governo absoluto dos caudilhos (chefes de bando) da América Espanhola. *Despotismo* é o absolutismo em que se faz uso violento do poder; é opressor e cruel: *Domiciano foi um déspota*. *Ditadura* é um regime absoluto em que excepcional e temporariamente, todos os poderes se concentram nas mãos de um chefe, até passar o perigo: *Cincinato foi um ditador*. Infelizmente eles sempre se esforçam por eternizar-se... *Tirania* é o despotismo levado ao mais alto grau.

absolver, agraciar, anistiar, indultar, perdoar, remitir – *Absolver* é desligar, soltar o culpado dos laços que o prendem; declará-lo inocente. *Agraciar* é conceder graça, dar por misericórdia o perdão de crime grave. *Anistiar* é esquecer, dar como não perpetrado um crime político. *Indultar* é conceder por indulgência o perdão de um crime. *Perdoar* é fazer dom (b. lat. *perdonare*), renunciando a qualquer vontade de castigo. *Remitir* é desistir total ou parcialmente do que havia direito de exigir de alguém, cedendo de seus direitos. Para dívidas usa-se *perdoar* em lugar de *remitir*.

absolvição, anistia, graça, indulto, perdão, remissão – Todas as palavras se referem ao livramento das consequências de faltas, crimes, variando o agente. *Absolve* o juiz, o sacerdote que ouve um penitente. *Anistia*, *agracia*, *indulta* o poder público, o soberano. *Perdoa* a pessoa ofendida. *Remite* quem cede de seus direitos.

absorto, abstrato, aéreo, contemplativo, desligado, distraído, meditativo, pensativo – Está *absorto* quem concentra todo o seu espírito num assunto que o empolga inteiramente. *Abstrato* é o levado para longe, é aquele cujas ideias o impedem de estar atento ao que se diz ou se faz em torno dele. Está *aéreo* quem está desatento, sem concentração. *Contemplativo* é o que está entregue à visão interior, vendo o que os olhos não têm a faculdade de ver. Estar *desligado* é não prestar atenção no que se passa em volta. *Distraída* é a pessoa cuja atenção um objeto novo desviou daquele a quem a havia dado ou devia dar. *Meditativo* é o propenso a meditar em coisas graves. *Pensativo* é o que durante momentos mostra estar pensando em alguma coisa.

absorver, aspirar, chuchar, chupar, sorver, sugar – *Absorver* é meter em si, por via de ações sucessivas, aos poucos. *Aspirar* é atrair aos pulmões, pela boca ou pelo nariz (matéria gasosa); aspira-se o ar, um perfume etc. *Chuchar* é forma popular e de emprego restrito, equivale a *chupar*. *Chupar* é atrair líquido, com esforço maior ou menor: chupar o caldo de cana usando um canudo, por exemplo. *Sorver* é meter em si, mas sem a ideia de que se desliguem as partes do todo: *O remoinho sorveu o cadáver do afogado*. *Sugar* é chupar com grande esforço: *A abelha suga o mel das flores*.

abstêmio, abstinente, frugal, sóbrio, temperante – *Abstêmio* é o que se abstém de bebidas alcoólicas. *Abstinente* é o que se abstém por necessidade de consciência ou por sentimento de dever. *Frugal* é propriamente o que se alimenta de frutas, mas como geralmente essas pessoas não comem muito, passou a significar o que toma pequena quantidade de alimento. *Sóbrio* é o que toma somente o alimento que lhe parece indispensável. *Temperante* é o que se mostra moderado, sobretudo em matéria de bebidas alcoólicas.

abster-se, privar-se – Quem se *abstém* de uma coisa deixa de usá-la voluntariamente. Quem se *priva*, abstém-se mas a custo, por motivos ponderosos, com pesar de não continuar a gozar daquilo a que tinha apego.

abundância, cópia, fartura, profusão, superabundância – Na *abundância* o que existe, existe em quantidade apropriada para satisfazer plenamente ao desejo; o que se produz, produz-se tão copiosamente quanto baste para compensar o esforço despendido. Na *fartura* a existência é em quantidade tal que excede o suficiente. *Cópia*, palavra erudita, é o mesmo que *abundância*. *Profusão* é grande cópia. *Superabundância* é abundância excessiva.

abundante, abundoso, copioso, farto, profuso, superabundante – *Abundante* é o que existe em grande quantidade no momento atual, dando sobra. *Abundoso* é o que tem a propriedade de fazer uma coisa abundar. Uma colheita pode ser abundante; um campo é abundoso quando dá colheita abundante. *Copioso*, palavra um tanto erudita, significa o mesmo que *abundante* e também o que é em grande porção, em grande número. *Farto* é o que excede o suficiente. *Profuso* é muito copioso. *Superabundante*, abundante demais.

abusão, crendice, superstição – *Abusão* é uma história falsa de que alguém, por ingenuidade ou por índole supersticiosa, se persuade. *Crendice* é crença popular, sem fundamento, absurda e até ridícula às vezes. *Superstição* é um excesso (prefixo *super*) de credulidade que faz calar a razão, é um sentimento de veneração religiosa fundado no temor ou na ignorância, levando às vezes ao cumprimento de supostos deveres, à prática de certos atos.

abutua, butua, parreira-brava, uva-do-rio-apa – Planta da família *Menispermaceae* (*Cissampeles parreira* ou *C. vitis*).

aça, albino – Quer dizer, despigmentado na pele. *O primeiro adjetivo* é de origem africana e popular; *o segundo* é erudito.

acabado, cabal, completo, inteiro, magistral, perfeito, pleno – *Acabado* é o que foi feito sem nada deixar a desejar; foi bem concluído. *Cabal* é o completo com toda a justeza, pontualidade, exatidão, decisivo, terminante, definitivo. *Completo* é aquilo a que nada falta para ser o que deve ser, que reúne todas as qualidades que caracterizam um todo. *Inteiro* é o que conserva a integridade de suas partes. *Magistral* é o feito com maestria, no qual se reconhecem as excelências de quem o executou. *Perfeito* é o que foi feito até o fim e de modo tão bom que não se possa melhorar. *Pleno* é o que satisfaz completamente.

acabar, aprontar, concluir, finalizar, findar, rematar, terminar, ultimar – *Acabar* é chegar ao cabo de uma operação; acaba-se o que está começado. *Aprontar* é tornar pronto, isto é, disposto para um fim; naturalmente implica acabamento. *Concluir* é chegar ao cabo de coisa começada, mas que teve certo andamento, que está adiantada e assim ficou completa, com estes últimos toques. No primeiro verbo trata-se de cabo a que chega uma ação e não de coisa concluída, mas de operação com que se conclui. *Finalizar* indica esforço para chegar ao fim: *Finalizei minha tarefa* (consegui levá-la ao fim). *Findar* é ter fim; diferencia-se de *acabar* porque lhe falta a significação de *chegar ao fim*, *levar ao fim*, que *acabar* tem: *O ano findou de modo feliz*. *Rematar* é pôr fim ou conclusão de modo completo, dando os últimos retoques, as últimas demãos. *Terminar* é pôr termo, fim, ao que tem de cessar ou que não deve durar, chegar ao limite; emprega-se quando haja limites determinados: *Terminei meu percurso*, isto é, percorri o espaço que devia percorrer, do ponto de partida ao de chegada. *Ultimar* é chegar ao termo de coisa começada, indo-se dar princípio a outra.

acabar, expirar, extinguir-se, falecer, fenecer, finar-se, morrer, perecer – *Acabar* é chegar ao cabo, ao fim; é o mais genérico de todos. *Expirar* é soltar o último suspiro, deixar de existir no mesmo instante. *Extinguir-se* é acabar desaparecendo. *Falecer* é acabar fazendo falta (lat. *fallere*, faltar). *Fenecer* é chegar ao fim natural, a seu termo de duração ou extensão. *Finar-se* é ir acabando progressivamente: *Estava tísico; finou-se em seis meses*. *Morrer* é acabar de viver, perder a vida. *Perecer* é chegar ao fim da existência, cessando inteiramente e às vezes por desastre ou infortúnio: *Meu pai pereceu num desastre de trem*.

acaçapado, acachapado, agachado – *Acaçapado* é o que não tem a altura natural: *edifício acaçapado; acachapado* é sua variante. *Agachado* é o que se abaixou encolhendo o corpo: *Veja-o ali, agachado junto à parede*.

acácia-angico, angico, cambuí – Planta da família *Leguminosae* (*Piptadenia colubrina*).

academia, ateneu, colégio, escola, faculdade, ginásio, instituto, liceu – Estas palavras designam estabelecimentos de ensino. *Academias* são de ensino superior. Assim se chamaram as academias médico-cirúrgicas, a militar, a de belas-artes e ainda se chamam algumas de comércio. O nome foi caindo depois que passou a designar sociedades de homens eruditos, literatos, artistas: *Academia Brasileira de Filologia*, *Academia Nacional de Medicina*, *Academia Brasileira de Música*, *Academia Brasileira de Letras*. Hoje, só pessoas antigas empregarão o vocábulo como sinônimo de faculdade. Entretanto, para o estudante, ficou o nome de *acadêmico*. *Ateneu*, primitivamente o templo de Minerva, no qual os escritores depositavam seus trabalhos, significa estabelecimento de ensino secundário. *Colégio* é um tanto genérico mas se aplica aos estabelecimentos de ensino fundamental (6ª a 8ª séries) e médio: *os tempos de colégio*, *Colégio Pedro II*. *Escola* abrange todos os gêneros de estudos: fundamental, secundários, superiores (*Escola de Engenharia*), artísticos (*Escola Nacional de Belas-artes*, *Escola Nacional de Música*). *Faculdades* são só de ensino superior (*Faculdade Nacional de Medicina*, *de Direito*, *de Filosofia*). *Ginásio*, por imitação da Alemanha, designa estabelecimento de ensino secundário e é mesmo o mais típico para este ensino. Na Grécia era o lugar onde as pessoas se exercitavam em jogos gímnicos e mais tarde lugar de reunião para exercícios quaisquer, mesmo os do espírito. *Instituto* é tão genérico como *escola; Instituto Pestalozzi* (ensino fundamental), *Instituto de Humanidades*, *Instituto Nacional de Música*, designando ainda casas de estudos especializados (*Instituto Oswaldo Cruz*). *Liceu*, do nome de um passeio de Atenas no qual Aristóteles instruía seus discípulos andando com eles de um lado para outro, designa, por imitação da França (*Lycée Henri IV*, *Lycée Louis le Grand*), estabelecimento de ensino secundário (*Liceu Cuiabano*) ou de artes e ofícios.

açaí, jiçara, juçara, palmito-juçara – Palmeira *Euterpe oleracea*. *O primeiro nome é* da Amazônia.

açaimo, mordaça – Têm a mesma significação; a diferença é ser *o primeiro* uma palavra erudita, literária e *o segundo*, comum, popular.

acaju, mogno – Nomes da madeira extraída da *Swietenia mahgoni; o primeiro* é adaptação do fr. *acajou* e por isso os puristas o repelem.

acalentar, nanar, ninar – Todos significam práticas carinhosas para fazer uma criança dormir, sendo da linguagem infantil *o segundo*.

açambarcar, atravessar, monopolizar – Os três verbos se referem a meios de encarecer as mercadorias artificialmente. *Açambarcar* é apoderar-se de toda a mercadoria, retendo-a, como se a prendesse com uma sambarca. Sambarca era o nome de uma faixa que se punha no peito das cavalgaduras e de uma travessa posta pela autoridade nas portas das casas penhoradas. *Atravessar* é interpor-se entre o produtor e o mercado público, comprando a mercadoria em caminho. *Monopolizar* é açambarcar de tal modo que fique sendo o único (gr. *mónos*) que possa negociar com a mercadoria.

açanã, cambonje, frango-d'água, pinto-d'água – Aves da família *Rallidae* (*Cresciscus* sp.); *o primeiro nome* é da Amazônia e o *terceiro*, do Sul.

acanhado, retraído, tímido, vergonhoso – *Acanhado* é o que pela falta de desembaraço nos lembra os canhos, canhotos, desajeitados. *Retraído* é quem procura não aparecer, por timidez, receio, vergonha etc. *Tímido* é o que desconfia das pessoas, receia ser mal sucedido, sente dúvida de si mesmo; pode mostrar-se acanhado, embora nem sempre isto se dê; todo acanhado é tímido, mas nem todo tímido é acanhado. *Vergonhoso* é o tímido que tem medo de parecer incorreto aos olhos dos outros.

ação, ato, obra – *Ação* é o exercício de uma potência; tem relação imediata com a pessoa que a executa. *Ato* é o resultado da ação de uma potência, tem relação direta com a coisa executada. *Obra* é o que o homem faz na esfera da ciência, da arte, da moral, da religião. Faz-se uma boa ação por virtude; uma boa obra, por caridade, em proveito do próximo.

ação, batalha, combate, conflito, duelo, guerra, luta, peleja, prélio, pugna, refrega – Todos se referem a encontros, geralmente pelas armas, sendo *ação* a mais genérico; é a atividade hostil entre forças discordes. *Batalha* é uma ação de vastas proporções, preparada geralmente, importante e quase sempre decisiva: *batalha de Tuiuti*. *Combate* é qualquer ação em que se expõe a vida e também ação, geralmente imprevista, e de resultados pouco importantes, entre troços de exércitos inimigos ou entre duas pessoas. *Conflito* é um choque de vontades ou intenções que pode resultar em luta, guerra. *Duelo* é uma luta pelas armas entre duas pessoas, determinada por motivos de honra, com regulamento apropriado e certa solenidade. *Guerra* é a luta entre dois ou mais povos, dois ou mais partidos (guerra civil) de uma nação. *Luta* é o combate corpo a corpo e sem armas, entre duas pessoas que procuram derrubar uma à outra: *as lutas de boxe*. *Peleja* é a luta encarniçada, com armas ou sem elas. *Prélio* é vocábulo erudito com sentido de *batalha*, *combate* e de *luta*, em sentido elevado. *Pugna*, que significa etimologicamente luta a socos, também é vocábulo erudito com sentido de *batalha*, *combate*, *luta*. *Refrega* é um encontro violento, comparável a uma refrega de vento; forte mas de pouca duração.

ação, demanda, litígio, pleito, processo, questão – *Ação* é o ato de usar do direito de pedir a intervenção da justiça no caso de um direito ou interesse ofendido. *Demanda* é o ato de requerer em juízo, começando uma ação. *Litígio* é a controvérsia judicial que se arma quando o demandado não anui ao que o demandante requer. *Pleito* é vocábulo erudito significando o mesmo que *litígio*. *Processo* é o desenvolvimento, a marcha para diante, de um litígio, reduzido a termos, constantes de peças chamadas autos. *Questão* é toda dúvida suscitada entre duas ou mais pessoas, a qual deve ser resolvida por um juiz ou uma autoridade superior.

ação, ascendência, influência, influxo, predomínio, preponderância, prestígio, superioridade – *Ação* é poder de obrigar alguém a agir ou deixar de agir. *Ascendência* é o poder decorrente do grau de superioridade moral. *Influência* é a ação que se exerce indiretamente, às vezes a distância, no espírito de alguém, concorrendo para a prática de um ato. *Influxo* é a influência física ou moral. *Predomínio* é ação decorrente da qualidade de senhor, da autoridade efetiva, da força. *Preponderância* é a ação decorrente do grande peso (lat. *pondus*), do valor, da importância de quem a exerce. *Prestígio* é a grande força moral, resultante de altas qualidades, de altos postos exercidos. *Superioridade* é autoridade resultante de posição hierárquica superior.

acará, acará-tinga, garça-branca-pequena, garça-real – Ave da família *Ardeidae* (*Herodias egretta*); os dois primeiros e o quarto nomes são da Amazônia.

acará, cará, papa-terra – Nome comum a peixes da família *Cichlidae*, pertencentes aos gêneros *Acara*, *Geophagus* e outros.

acará-açu, acará-grande, apaiari, apiari-cará-grande – Nome comum a espécies diversas de peixes da família *Cichlidae*, pertencentes aos gêneros *Geophagus*, *Aequidens* e outros.

acari, guacari, uacari – Nome comum a peixes da família *Loricariidae*, pertencentes aos gêneros *Plecostomus*, *Rhinelops* e outros.

acariciar, acarinhar, afagar, agradar, ameigar, amimar – Todos eles se referem a tratamentos amorosos. *Acariciar* é fazer carícias, sinais extremos de afeição. *Acarinhar* é tratar com carinho, prova de afeição. *Afagar* é demonstrar afeição por meio de atos, passando levemente a mão pela cabeça, pelas costas. *Agradar* é provocar a satisfação da pessoa, fazê-la grata. *Ameigar* é tratar com meiguice. *Amimar*, tratar com mimos, manifestações delicadas de afeição.

acariçoba, erva-do-capitão – Planta da família *Umbelliferae* (*Hydrocotyle umbellata*).

acariçoba-miúda, erva-do-capitão-pequena – Planta da família *Umbelliferae* (*Hydrocotyle leucocephala*).

acaso, destino, dita, estrela, fadário, fado, fatalidade, fortuna, sina, sorte, ventura – O *acaso* é um fato isolado, sem ligação com outros, com exclusão das ideias de ordem ou de intenção que parecem existir em alguns destes vocábulos. *Destino* é a execução de decretos supostamente irrevogáveis que levam o homem num encadeamento de circunstâncias a um determinado fim: *Mas o pertinaz povo e seu destino* (*Que desta sorte o quis*) *lhe não perdoam* (*Lusíadas*, III, 130, 3-4). *Dita* é a fortuna em bom sentido: *Tive a dita de achar um protetor*. *Estrela* é a suposta influência dos astros nos destinos humanos; é uma reminiscência dos tempos da astrologia. Havia boas e más. *Fadário* é um destino extraordinário e irresistível, atribuído a um poder sobrenatural; refere-se a desgraças provenientes de práticas que não se corrigem por fraqueza e que se desculpam atribuindo-se ao fadário. *Fado* é o estado resultante das imposições do destino e também a vontade irrevogável da Providência. *Fatalidade* é a coisa fatal, estabelecida pelo fado, obedecendo a um impulso superior onipotente. Os muçulmanos com o seu *maktub* (está escrito) creem na fatalidade. *Fortuna* é a repartição cega dos bens e dos males, com inqualificável desigualdade. Os antigos a pintaram de olhos vendados, com os pés sobre uma roda (para mostrar a sua volubilidade), com asas (para mostrar a rapidez) e com uma cornucópia numa das mãos. *Sina* é o destino mau, funesto, cheio de amarguras: *Cumpra a sua sina; resigne-se com a ingratidão de seus protegidos*. *Sorte* é a série de fatos em circunstâncias iguais ou semelhantes, uns bem-sucedidos e outros mal, sem se poder assinalar a razão da diferença, como se houvesse uma partilha. Muitos compram bilhetes de loteria, pagam o mesmo, mas a sorte sai para poucos. *Ventura* se caracteriza pela incerteza; toma-se geralmente como *dita*: *Terei a ventura de ser amado por ela?* Quando não é boa, vem acompanhada de um adjetivo como *mau*, *triste* etc. V. *Lusíadas*, III, 104, 8, V. 46, 5. As expressões *por acaso e por ventura* se distinguem por exprimir dúvida *a primeira* e interesse, *a segunda*. *Tem por acaso um isqueiro? Perdi meus fósforos; por ventura me emprestas o teu isqueiro?*

acataia, capiçaba, erva-de-bicho, persicária, persicária-aquática, pimenta-aquática, pimenta-d'água – Planta da família *Polygonaceae* (*Polygonum hydropiper*); *o segundo* nome é de Alagoas e *o último*, de Pernambuco.

acatamento, deferência, respeito, reverência, veneração – *Acatamento* é o ato externo que revela o respeito, a reverência ou a veneração. *Deferência* é o respeito, aconselhado pelas conveniências sociais, para com as vontades e desejos daqueles em que por qualquer título se reconhece superioridade. *Respeito* é a consideração que, segundo os ensinamentos da razão, se deve ter a alguém ou a alguma coisa. *Reverência* é o respeito acompanhado da veneração. *Veneração* é o sentimento que leva a acatar, a tratar com mais profundo respeito as qualidades morais de alguém, a divindade, as coisas sagradas etc.

acatar, respeitar, reverenciar, venerar – V. o precedente.

acauã, cauã, macaguã, macauã, nacauã – Ave da família *Falconidae* (*Herpethotheres cachinnans*).

acautelar, avisar, precatar, precaver-se, prevenir-se – *Acautelar* é defender com cautela, prevenir com cautela, contra mal de que se tem conhecimento. *Avisar* é fazer ver, despertar o ânimo a respeito do que convenha. *Precatar* é estar atento contra coisa certa e de temer. *Precaver-se* é defender-se antecipadamente de mal possível, guardar-se de eventualidades. *Prevenir-se* é vir ao encontro de mal possível, adiantar-se a ele para evitá-lo ou pelo menos diminuir-lhe as consequências.

aceder, aderir, anuir, aquiescer, assentir, condescender, concordar, conformar-se, consentir – *Aceder* é, embora tendo outras ideias, delas ceder e aceitar o que outrem decidiu. *Aderir* é acabar dando aprovação ao que recusou ou combateu. *Anuir* é fazer um aceno, exprimir que está de acordo. *Aquiescer* é consentir quietamente, de modo voluntário e sem esforço. *Assentir* é mostrar que sente do mesmo modo. *Condescender* é consentir por tolerância. *Concordar* é chegar a acordo depois de discussão ou aceitar para não criar desacordo. *Conformar-se* é estar conforme com o fato consumado, aceitá-lo resignado, por não haver outro remédio. *Consentir* é sentir do mesmo modo e por isso não discordar.

aceitar, receber, tomar – *Aceita-se* o que se oferece, o que se propõe. *Recebe-se* o que se dá, o que é enviado, o que vem. *Toma-se o* que a gente chama a si, apreende com a mão ou coloca sob o seu domínio; não supõe ação estranha. A aceitação indica consentimento; o recebimento excluo apenas a recusa.

acelerar, agilizar, apressar, ativar, precipitar – *Acelerar* é aumentar a velocidade para chegar a tempo ao termo proposto, por impaciência, desejo ardente. *Agilizar* é fazer ficar mais rápido, ágil. *Apressar* dá ideia de uma ação viva para chegar ao fim, com certa desordem nascida da incerteza e desconfiança do resultado. *Ativar* é apenas dar mais atividade. *Precipitar* é apressar antecipando.

acendrar, acrisolar – *Acendrar* em sentido figurado significa limpar tornando brilhante como metal polido. *Acrisolar*, também em sentido figurado, significa purificar como se purifica em crisol.

acento, pronúncia, sotaque – *Acento* é a inflexão de voz, própria da organização vocal dos habitantes de uma região. *Pronúncia* é a maneira geral de pronunciar, *q.v.* os sons das letras, sílabas e palavras; maneira especial de pronunciar em relação ao acento nacional: *Não gosto da pronúncia inglesa dele*. *Sotaque* é o acento particular de uma província, comparado com o da capital, de uma colônia ou ex-colônia, comparado com o da metrópole ou da ex-metrópole. Seria impróprio nós, brasileiros, aludirmos a sotaque português; os portugueses é que poderiam aludir ao sotaque brasileiro.

acentuação, prosódia – É a parte da fonética que estuda o acento tônico. Dizer *décano* em vez de *decano* é um erro de acentuação ou de prosódia. *O primeiro* vocábulo traz origem latina, *o segundo*, grega. Muitos confundem *prosódia* com *ortoépia*.

acepção, sentido, significação – *Acepção* é cada um dos sentidos em que uma palavra pode ser tomada. *Sentido* é o valor da palavra em determinada frase; é de emprego mais lato do que *acepção*. *Significação* é o valor semântico da palavra, o que representa, o que quer dizer por si mesma, a ideia que exprime.

acepipe, guloseima, iguaria, manjar, petisco, pitéu, quitute – *Acepipe* é um guisado muito apetitoso. *Guloseima* é doce, delicado e saboroso, mas pouco nutritivo. *Iguaria* é termo genérico para comida boa, aplicado especialmente às finas e delicadas. *Manjar* é tudo o que se come e especialmente alimento delicado. *Petisco* é iguaria muito apetitosa. *Pitéu*, na linguagem familiar, indica um bom prato, fora do trivial. *Quitute* dá ideia de prato bem feito, bem temperado, da cozinha baiana (do quimbundo *Kititu*, indigestão).

acerbo, acre, acrimonioso, agro, amargo, áspero – O que é *acerbo* punge um dos nossos cinco sentidos: *delicioso pungir de acerbo espinho* (Garrett). *Acre* é o que se mostra rude e violento, áspero e desabrido: *Humor acre*. *Acrimonioso* é o que, apesar de reprimir a violência, todavia parece um tanto acre; *resposta acrimoniosa*. *Agro*, forma popular do erudito *acre*, é mais extensivo do que este: *agra penitência*. *Amargo* é o que se mostra desagradável, doloroso, penoso, ofensivo, insultante: *Gosto amargo de infelizes* (Garrett), *lágrimas amargas*. *Áspero* é o que, impressionando desagradavelmente, assim como molesta o tato ou o ouvido, ofende o amor-próprio, a dignidade: *palavras ásperas*.

acerca de, a propósito de, a respeito de, com relação a, com respeito a, em alusão a, em referência a, em relação a, quanto a relativamente a, sobre – Estas locuções fixam a ideia no objeto sobre quê recai uma ação. *Acerca de*, *a respeito de* e *com respeito a* se usam com verbos que designam operação intelectual ou se referem a uso da palavra, com a diferença de se empregarem a *segunda* e *a terceira* também com verbos que designam operação, conduta, colocação: *Discursar* (*acerca de*, *a respeito de*, *com respeito a*) *assuntos políticos*. *Medidas* (*a respeito de*, *com respeito a*) *melhor policiamento*. *Conduta dos filhos com respeito aos pais*. *Colocação de Santos com respeito a S. Paulo*. *A propósito de* apresenta caráter um tanto vago, pois se pode aplicar a coisas que apenas tenham pontos de relação, semelhança ou analogia com aquela de que se trata. A propósito de um assunto, levados por mera associação de ideias, podemos tratar de assunto às vezes bem diferente. *Com relação a*, *em relação a*, *relativamente a* estabelecem melhor do que *a propósito de* relação mais direta entre o assunto e o que se vai dizer, fazer etc., embora não crie dependência direta, necessária, rigorosa entre um e outro. *Em alusão a* se aplica nas referências vagas, provocando sugestões, nas quais não se diz de modo expresso aquilo a que se alude. Já *em referência a* se aplica a coisas determinadas de modo claro, preciso, expresso. *Quanto a* marca conexão direta entre aquilo de que se trata e aquilo de que se vai tratar. *Sobre*, além de estabelecer relação precisa e direta entre o que se vai dizer ou fazer e o objeto de que se trata, dá ideia da autoridade da pessoa que diz ou faz: *O chefe fez nova recomendação sobre o serviço*.

acertar, adivinhar, atinar – O que *acerta* dá com a coisa depois de algum esforço ou às vezes por casualidade. O que *adivinha*, longe de o fazer por inspiração divina, é levado por certos sinais ou pressentimentos a fazer sobre o futuro conjecturas que por acaso dão certo. O que *atina* acerta pondo em jogo o seu tino, suas qualidades de espírito.

acervo, cúmulo – *Acervo* é uma grande porção de coisas; emprega-se quase sempre à má parte. *Cúmulo* é grande quantidade de coisas, sobrepostas, formando monte.

achado, descoberta, descobrimento, invenção, invento – *Achado* é a coisa, geralmente boa, útil, proveitosa, que se encontrou por acaso; na polícia há uma seção de *achados e perdidos*. *Descoberta* é o que se revelou como novo nas ciências e nas artes: a *descoberta da pólvora, a da bússola, a da imprensa*. *Descobrimento* é o ato de dar a conhecer aos habitantes do mundo civilizado terras e mares: *descobrimento da América, do Brasil*. *Invenção* é o produto da faculdade inventiva, criadora, do homem. *Invento* é a coisa inventada. *A primeira* destas palavras é mais extensiva do que *a segunda*, pois a segunda se restringe às artes.

achaque, doença, enfermidade, incômodo, indisposição, mal, moléstia – Todas estas palavras exprimem desarranjo na saúde. *Achaque* é a enfermidade habitual: *Estou melhor de meus velhos achaques*. *Doença* (do lat. *dolore*, doer) dá ideia de estado doloroso do corpo. *Enfermidade* (do lat. *infirmitate*, falta de firmeza) traz ideia de falta de forças, de fraqueza, debilidade. *Incômodo* é mal passageiro, como a menstruação, que é o exemplo típico dele. *Indisposição* é o estado de quem fica ligeiramente fora do normal. *Mal* é termo genérico para designar todo sofrimento que traz alteração da saúde. *Moléstia* é doença permanente, que incomoda, enfada, dando penoso trabalho ao corpo. Cícero nas *Tusculanas*, IV, 8, assim definiu: *Moléstia, aegritudo permanens*.

achar, deparar, descobrir, encontrar, inventar, topar – Embora se possa *achar*, isto é, dar com uma coisa, conhecida ou não, procurada ou não, parece que o segundo caso é o mais adequado. Um provérbio reza: *Quem procura e acha não perde o seu tempo*. O Evangelho, *quaerite, et invenietis*. (S. Mateus, VII, 7). Todavia o Código Civil, art. 603, diz: *Quem quer que ache coisa alheia perdida*... *Deparar* indica intervenção de outra pessoa que nos apresenta, sem que se espere, pessoa ou coisa de quem ou de que precisamos, que nos são úteis: *Qual é no mundo o santo que depara coisas perdidas?* (Vieira, *apud Aulete*). Este rigor de significação já se perdeu. Por causa dele impugnou-se o uso do verbo nas pessoas primeira e segunda. Heráclicto Graça, *Fatos da Linguagem*, 141 e seg., dá muitos exemplos, nestas pessoas, de bons escritores como Castilho, Lima Leitão, Filinto, Garrett, Costa e Silva, Saraiva, Camilo, Sena Freitas, Arnaldo Gama. Machado de Assis, *Brás Cubas*, 7, apresenta *deparei*. *Descobrir* é achar coisa oculta ou desconhecida, secreta, coberta. *Encontrar* é dar com uma pessoa ou coisa, ir em direção ao que está à vista. *Inventar* é descobrir coisas novas, novos usos, achar novas combinações, novas relações em objetos já conhecidos, graças ao engenho, à imaginação, ao trabalho. Lucena, numa frase da *História da Vida do Padre Francisco de Xavier*, III, 15, mostra bem a diferença entre *achar* e *encontrar*: *Mais encontraram acaso as ilhas do que as acharam por arte*. Quem *topa com* alguma coisa ou pessoa a encontra por acaso, depara com ela.

achite, caatiguá, catiguá, catinguá – Planta da família *Meliaceae* (*Trichilia caatigoa*).

acidental, aleatório, casual, contingente, eventual, fortuito, imprevisto, incerto, inesperado, inopinado, ocasional – *Acidental* é o que acontece por acidente, estando aliás dentro do círculo de verossimilhança. *Aleatório* é o possível mas não provável, dependendo da sorte, do azar (lat. *alea*, dado de jogar). *Casual* é o que, por ser de causa ignorada, se diz devido ao acaso. *Contingente* é o que pode acontecer ou deixar de acontecer, conforme as circunstâncias. *Eventual* é o que ocorre sem ser normalmente, sem ligar-se a causas previsíveis. *Fortuito* é o que depende da sorte, estando fora da previsão humana. *Imprevisto* é o que supõe ignorância de sua possibilidade. *Incerto* é aquilo a respeito de que não se tem certeza, se está em dúvida. *Inesperado* é o que não se espera, embora se suponha conhecimento de sua possibilidade. *Inopinado* é o que sucede sem dar tempo de pensar nele (lat. *in* negativo e *opinare*, ter uma opinião), subitamente.

acidente, incidente – *Acidente* é o que acontece de mau, inesperadamente, sem que nada faça prever. *Incidente* é o que acontece de modo imprevisto durante o curso de um fato principal. Para a diferença entre ambos sirva de exemplo um trecho de um artigo sob o título *Bancos* e *Bancos*, da lavra de Costa Rego e publicado no *Correio da Manhã* de 27 de janeiro de 1946, p. 4: "O que ouço dizer há muito é que existem por aqui bancos e bancos, uns capazes de inspirar a velha confiança que está na base de qualquer instituição bancária, outros apenas candidatos a essa confiança e mal aventurados em seus negócios. A greve será para os primeiros um incidente; poderá vir a ser para os segundos um acidente".

acidentes, propriedades, qualidades – *Acidentes* são qualidades que não procedem da essência dos seres, sem as quais eles podem subsistir, que podem estar ou não estar em um ser. *Propriedades* são qualidades que procedem da essência dos seres, sem as quais eles não podem existir. *Qualidades* são os atributos que convêm, que se adaptam a um ser.

acídia, desídia, desleixo, desmazelo, incúria – *Acídia*, do grego *a* privativo e *kêdos*, cuidado, é a falta de cuidado, descuido, negligência. *Desídia* é a frouxidão, a inércia moral que torna avesso ao cumprimento do dever. *Desleixo* é o relaxamento no cumprimento do dever. *Desmazelo* é grande falta de correção, desídia com um quê de ostentoso. *Incúria* é o fato de não fazer o que devia, de não tomar o cuidado que devia tomar.

ácido, amargo, amargoso, azedo, travento, travoso – *Ácido* é o que impressiona desagradavelmente o gosto, como o sumo do limão, por exemplo. *Amargo*, contrário de *doce*, é o que é mais ingrato ao paladar, embora menos pungente do que o ácido. *Amargoso* quer dizer um tanto amargo. O fel é amargo; a cerveja é amargosa. *Azedo* quer dizer um tanto ácido. *Travento* é o que deixa um travo na boca; além de amargo, é adstringente. *Travoso* é o que deixa muito travo na boca.

aclamar, aplaudir, glorificar, ovacionar, proclamar, vitoriar – *Aclamar* é aceitar espontânea e solenemente: *O regente D. Pedro foi aclamado imperador*. *Aplaudir* é dar sinais expressos, ostensivos, com palmas, gritos, de aprovação. *Glorificar* é fazer a consagração solene de virtudes, feitos, talentos fora do comum. *Ovacionar* é aplaudir com muito entusiasmo. *Proclamar* é dar testemunho, perante todos, como se se cumprisse um dever, das excelências de alguém ou de alguma coisa. *Vitoriar* é aplaudir estrepitosamente, com vivas, a um vitorioso, um herói, um vencedor.

aclarar, elucidar, esclarecer, explanar, explicar, ilustrar – *Aclarar* é tornar claro. *Elucidar* é fazer tão claro como a luz, tornar perfeitamente claro. *Esclarecer* é aclarar explicando o que ainda parecia obscuro, aclarar completando. *Explanar* é explicar tornando simples, facilitando. *Explicar* é desdobrar a coisa, para aclarar o que não se entendia, mais por defeito da própria coisa do que pela falta de inteligência de quem não entendia (lat. *ex.*, para fora, *plica*, prega, dobra). *Ilustrar* é lançar luz, projetar brilho sobre.

aclimar, aclimatar, aclimatizar – Significam o mesmo: adaptar a novo clima. A única observação é que o *segundo* tem pecha de galicismo (fr. *aclimater*). Mário Barreto, *Fatos*, 139, dá três exemplos de Camilo. J. Leda, *Nossa Língua e os seus Soberanos*, 62, dá outros. Humberto de Campos, *Crítica*, I, 140, 186, empregou. Oliveira Lima, *Aspecto da Literatura Colonial Brasileira*, *apud* Werneck, *Ant. Bras.*, 258, idem. Mário, apoiando-se em Adolfo Coelho e Cândido de Figueiredo, faz ver que o verbo pode vir da forma temática de *clima*, *atis* (*cfr.* *dramatizar*, *sistematizar* etc.), o que também faz a Academia Espanhola para o espn. *aclimatar*, única forma nesta língua. *Aclimatar* tem uma vida que *aclimar* está longe de possuir, o que é ainda outro argumento em seu favor. Mário cita um exemplo de *aclimatizar* em Garrett.

acobardar, amedrontar, apavorar, assustar, atemorizar, aterrar, aterrorizar, espavorir, intimidar, quebrantar, terrificar – *Acobardar* é tornar cobarde (v. *cobarde*). *Amedrontar* é meter medo, fazer ficar medroso (v. *medo*). *Apavorar* é infundir pavor (v. *pavor*). *Assustar* é meter um susto (v. *susto*). *Atemorizar* é causar temor (v. *temor*). *Aterrar* e *aterrorizar* significam inspirar terror (v. *terror*), mas entre eles existe a diferença de excluir *o segundo* a ideia de mistério, coisa sagrada, impressão violenta, que se encontra no *primeiro*. *Espavorir* é apavorar pondo em tal ágil ação que obriga à fuga: *Os brutos javalis fogem-te espavoridos do enxurdeiro silvestre* (Castilho *apud* Aulete). *Intimidar* é tornar *tímido* (v. *tímido*). *Quebrantar* é quebrar as forças do ânimo, fazer deixar-se abater. *Terrificar* é o mesmo que *aterrar* e *aterrorizar*.

açoita-cavalos, papeá-guaçu – Árvore da família *Tiliaceae* (*Luhea grandiflora*).

açoitar, azorragar, chibatar, chicotear, flagelar, fustigar, vergalhar, vergastar, zurzir – *Açoitar* é bater com açoite (v. *açoite*). *Azorragar*, pouco usado aliás, é bater com azorrague (v. *azorrague*). *Chibatar* é bater com chibata, sugerindo a ideia de superioridade em quem aplica o castigo. *Chicotear* é bater com chicote, para molestar e humilhar. *Flagelar* é bater com flagelo, supliciando; usa-se mais no sentido moral: "Uma seca flagelou o Ceará". *Fustigar* é picar com o fuste da lança, com um pau, repetidamente, até o fustigado perder a paciência e sair da calma. *Vergalhar* é bater com vergalho (v. *vergalho*). *Vergastar* é bater com vergasta (v. *vergasta*). *Zurzir* é magoar, pungir, espicaçar, açoitando ou vergastando.

açoite, azorrague, bacalhau, calabrote, chibata, chicote, chiqueirá, chiqueirador, cnute, disciplinas, flagelo, guasca, látego, manguá, manopla, mansilha, pinguelim, rabo de tatu, rebenque, relho, vergalho, vergasta – Todos são instrumentos de punição. *O açoite* é feito de varas, de tiras de couro; usa-se para castigar. O *azorrague* é feito de pele ou de couro. *Bacalhau* é açoite de várias pernas de correias de couro em torcidas, com que se açoitavam os escravos. *Calabrote* é ponta de cabo (corda grossa usada nas embarcações), utilizada como açoite. *Chibata* é uma vara delgada e comprida, geralmente de cipó, com que cabos e sargentos castigavam soldados e marinheiros. *O chicote* é uma correia comprida de couro ou um cordel entrançado, preso na extremidade de um pequeno cabo. *Chiqueira* ou *chiqueirador* é um relho de açoiteira comprido, usado para tocar animais ou reuni-los em grupo. *Cnute* é o chicote dos cossacos. *Disciplinas* são cordas ou correias com que frades e penitentes se açoitam. *Flagelo* é o mesmo que *açoite*, sendo mais usado no sentido de calamidade pública: *o flagelo da seca. Átila se dizia o flagelo de Deus. Guasca* é uma simples tira de couro com várias serventias, entre as quais a de chicotear. *Látego* é um chicote comprido que estala ao bater. Barcia prende o espn. *látigo* a latir, bater do coração, palpitar. *Manguá* é uma correia para chicotear animais. *Manopla* é açoite comprido, de cocheiro. *Mansilha* é açoite próprio para amansar (ant.). *Pinguelim* (em Portugal *pingalim*) é um chicote delgado e comprido, usado pelos cocheiros para excitar os animais. *Rabo de tatu* é um relho grosso, todo de couro trançado, com uma argola de ferro ou de metal na extremidade em que se segura. *Rebenque* é um chicote com uma palma de couro na extremidade e cujo cabo é retovado, isto é, coberto de couro. *Relho* é um açoite de couro cru, feito de uma tira torcida sobre si. *Vergalho* é um azorrague feito com o membro viril de boi ou cavalo, depois de cortado e seco. Rui Barbosa, na célebre *Rebenqueida* (v. *Coletânea Literária*), apresenta ainda outros, de uso restrito alguns, antiquados outros: *casca de vaca, chambrié, estafim, gato de nove caudas* (inglês), *piraí, rebém, taca, tagante, verdasca, zeribando, zorrague*. Ao todo reunimos 32. *Vergasta* é uma vara fina, rija e cortante.

acolá, ali, lá – Os três advérbios indicam lugar diferente daquele em que está a pessoa que fala. *Ali* é um lugar que está à vista, que pode ser apontado. É mais determinado do que *lá*, que é um tanto vago, a ponto de receber determinações quando se quer dar sentido mais claro: *Repousa lá no céu eternamente* (Camões). *Lá* implica frequentemente, de acordo com o étimo *illac*, ideia de movimento: *Não vou lá, não vou lá, não vou lá* (da canção folclórica do *Bitu*), ao passo que *ali* fica melhor, de acordo com o étimo *illic*, a ideia de quietação: *Estou bem ali. Moro ali.* Isto não quer dizer que não possa aparecer com o movimento: *Vou ali e já volto* (modo de dizer que pertence à fraseologia) e *lá* com a quietação: *Estive lá ontem. Acolá*, em outro lugar distante, quiçá, mais longe do que *ali*, aparece correlato com *aqui* e *ali* e às vezes só com *aqui*. *Aqui a deposição de um governo. Ali a conquista de um Estado. Acolá o canhoneio de uma capital* (Rui, *Rebenqueida*.) Grivet, *Gram. An.*, 486, dá um exemplo de Bernardes: *Veria aqui prantos, acolá festas*, no qual não aparece *ali*.

acometer, agredir, arremeter, assaltar, atacar, atracar-se, investir – *Acometer* é lançar-se sobre o inimigo, abertamente e com decisão. *Agredir* é tomar a ofensiva contra o inimigo. *Arremeter* é atacar com fúria, precipitação, impetuosamente. *Assaltar* é atacar à traição, de emboscada, com surpresa e repentinamente. *Atacar* é o mais genérico de todos: significa apenas ir hostilmente. *Atracar-se* é atacar prendendo-se ao inimigo. *Investir* é lançar-se hostilmente.

acomodar, adaptar, adequar, ajustar, apropriar – *Acomodar* é tornar cômodo, transformar de modo que, sem perder seu caráter, se preste a novo fim, tenha outra aplicação. *Adaptar* é transformar para ficar apto para determinado fim. *Adequar* é transformar dando relações de igualdade (lat. *aequus*, igual). *Ajustar* é tornar justo, transformar uma coisa de modo que fique justa com outra. *Apropriar* é tornar próprio, dar condições que façam próprio para um fim.

acomodar-se, acostumar-se, adaptar-se, afazer-se, afeiçoar-se, ajustar-se, amoldar-se, dar-se, habituar-se, identificar-se, modelar-se – Todos estes verbos se referem a novas condições de vida. *Acomoda-se* quem se sente a cômodo na situação nova, sem constrangimentos. *Acostuma-se* quem adquire novos costumes, não se sente mais estranho ao meio. *Adapta-se* quem se tornou apto para novo fim. *Afaz-se* quem fez esforço para se habituar. *Afeiçoa-se* quem toma novas feições, dando-se perfeitamente bem com a transformação. *Ajusta-se* quem se põe justo com alguém ou com alguma nova situação, sem desarmonias nem desacordos. *Amolda-se* quem com esforço maior ou menor se ajustou a um molde, a um modelo. *Dá-se* quem se entrega a novos hábitos, costumes de qualquer modo, sem ideia de transformação, como quê conformando-se. *Habitua-se* quem adquire um hábito. *Identifica-se* quem se acomoda igualando-se: *O criado identificou-se com o patrão na arrogância*. *Modelar-se* é tomar por modelo.

acompanhar, comboiar, escoltar, seguir – Quem *acompanha* vai junto (prefixo *cum*), ao lado. Quem *comboia* acompanha, para proteger, uma série de carregadores, carros de transporte, navios. Quem *escolta* (geralmente mais de uma pessoa) acompanha protegendo ou vigiando ou fazendo ambas as ações. Quem *segue* vai atrás, no mesmo rumo, para observar ou para servir.

aconselhar, guiar, insinuar, inspirar, persuadir, sugerir – *Aconselhar* é dar conselho, procurar ajudar numa situação difícil, indicando um modo de agir. *Guiar* é dirigir com bons conselhos pessoas entregues à sua guarda, aos seus cuidados, filhos, discípulos etc. *Insinuar* é levar, quase sempre com maus intuitos, ao ânimo de alguém uma ideia, uma suspeita, um desejo (lat. *sinus*, seio). *Inspirar* é atuar sobre o espírito com habilidade, direta e energicamente. *Persuadir* é levar, pela autoridade que tem, pela força moral, graças a argumentos apresentados, alguém a aceitar o que lhe propomos. *Sugerir* é atuar sobre o espírito com sutileza, por meios indiretos e vagos, lembrando sem compromissos.

acontecer, dar-se, ocorrer, passar-se, suceder – De todos o mais genérico é *acontecer;* aplica-se a fatos de qualquer espécie, isolados ou não, devidos a esta ou àquela causa. *Suceder* prende o fato a uma causa, da qual ele é a consequência; há um encadeamento: *Mas não lhe sucedeu como cuidava* (*Lusíadas*, 11, 70, 4). *Ocorrer* dá ideia de correr ao encontro, fortuitamente e às vezes como que servindo de óbice, de obstáculo, prejudicando. *Dar-se* pode empregar-se pelos três precedentes. *Passar-se* é menos extensivo que *dar-se* e tem referência ao desenrolar do acontecimento.

acordar, despertar – Ambos significam sair do sono. A diferença entre eles consiste em que *acordar* quer dizer deixar de dormir, depois de satisfeita a necessidade fisiológica do sono, e *despertar* é deixar de dormir por efeito de alguém que atue sobre a pessoa ou de alguma coisa, como o ruído de um relógio despertador, uma gritaria etc. Vejamos dois exemplos: "Aconteceu-vos já depois de um sonho pesado... acordar subitamente e ficar no mesmo momento descarregado do peso, aliviado da tristeza, seguro do temor e livre dos sonhados perigos?" (Vieira, *Sermões*, XIII, 207). "Os do quarto da prima se deitavam / Para o segundo os outros despertavam". (*Lusíadas*, VI. 38, 7-8). Camões usou ambos juntamente ... *acordam, despertando. Os marinheiros duma e doutra banda* (VI, 70, 3-4).

acordar, ajustar, assentar, combinar, concertar, concordar, contratar, convencionar, convir, pactuar – *Acordar* quer dizer entrar em acordo, isto é, unir os sentimentos, as ideias, as opiniões, depois de relutância, depois de não se mostrar inclinado a essa união. Por causa do outro sentido, o de deixar espontaneamente o sono, caiu em desuso na linguagem comum, só aparecendo quase que nas escrituras dos tabeliães e nas sentenças dos tribunais. *Ajustar* é fazer um ajuste (v. *ajuste*). *Assentar* é reduzir a escrito um acordo, para maior firmeza e perfeição. *Combinar* é fazer uma combinação (v. *combinação*). *Concertar* é realizar um concerto (v. *concerto*). *Concordar* é chegar a acordo, depois de haver discordado. *Contratar* é celebrar um contrato (v. *contrato*). *Convencionar* é fazer uma convenção (v. *convenção*). *Convir* é encontrar-se uma pessoa com outra ou com outras em situação de igualdade de intuitos. *Pactuar* é entrar em acordo fazendo um pacto, aceitando reciprocamente certas condições.

acordeão, harmônica, sanfona – São instrumentos de sopro, uma espécie de harmonium manual e portátil, composto de linguetas de metal postas em vibração por um fole. *O primeiro* dispõe de um teclado como o do piano; *o segundo*, de pequenos pistons. *Sanfona* é sinônimo popular de harmônica, mas na realidade é o nome de um antigo instrumento de cordas, da forma de uma viola, tocado por uma manivela e com teclas.

acordo, ajuste, combinação, concerto, concordata, contrato, convenção, convênio, pacto, tratado – *Acordo* é termo genérico que significa o ato de chegar a unir sentimentos, ideias, opiniões, depois de relutância, depois de mostrar-se contrário. É convenção tratada entre inimigos, adversários ou rivais, para impedir ou pôr fim a uma contestação. *Ajuste* é o ato de ajustar, isto é, tornar justo, dar fim exato, amigavelmente, ao que se convém. *Combinação* é o ato de combinar, isto é, pôr lado a lado os termos de um acordo, de um convênio, confrontá-los, para assentar mentalmente antes de realizar o acordo, o tratado, o pacto. *Concerto* é combinação em que, depois de debatidos os prós e os contras, se chega a perfeita harmonia, resultando daí compromisso moral, mais forte do que a simples combinação. *Concordata* é o acordo intervindo entre credores de uma casa comercial ou entre o papa e os Estados que têm súditos católicos religiosos (Bonfils). *Contrato* é o termo escrito daquilo que se trata, termo este nas condições da lei, para que dele resultem direitos e obrigações. *Convenção*, de modo geral, é o acordo de interesses a que se submetem as partes que de outro modo não puderam resolver a questão debatida. Nas relações internacionais é acordo de valor restrito, recaindo sobre objetos circunscritos, delimitados, mais frequentemente econômicos do que políticos (convenções aduaneiras, postais, monetárias etc.). A denominação é, porém, arbitrária pois às vezes acordos denominados convenções são mais graves e importantes do que certos tratados (Bonfils). *Convênio*, menos solene que convenção, é o ato de convir, isto é, de uma entidade encontrar-se com outra ou outras em certa igualdade de intuitos. *Pacto* é uma convenção formal em que, embora sem sanção legal, as partes renunciam ao direito de romper o que firmaram (do latim *pangere*, fincar, firmar). *Tratado* é contrato entre Estados, dos mais importantes pelo objeto, pelo fim, pelo número ou pelo poder das altas partes contratantes (Bonfils, *Droit International Public*).

acoroçoar, acorçoar, alentar, animar, encorajar – *Acoroçoar* e variantes é dar apoio, aprovação prévia, que transmita força para empreender uma tarefa. *Alentar* é dar alento, a fim de que prossiga na tarefa empreendida. *Animar* é insuflar ânimo, dar vigor às forças espirituais para que se empreenda um trabalho, se tome uma resolução, se enfrente um mal. *Encorajar* é dar coragem, numa luta, numa competição, a um tímido, a um covarde.

acorrentar, agrilhoar, amarrar, encadear, prender – *Acorrentar* é prender com corrente, conter dentro de certos limites. *Agrilhoar* é prender com grilhões, isto é, fortes correntes de ferro; por conseguinte é acorrentar com violência, com tirania. *Amarrar* é prender com amarra, isto é, cabo, corda, até mesmo cordão, de modo que a coisa amarrada não se possa facilmente soltar. *Encadear* é prender com cadeias, com menos força e prepotência do que *acorrentar*. *Prender* é termo genérico: significa apenas ligar uma coisa a outra, sem dar ideia do modo por que se prende.

acorrer, acudir, afluir – *Acorrer* significa correr para determinado lugar, com certa presteza, e por motivo instante: *Todos acorreram para ver o satélite passar*. *Acudir* é correr para prestar socorro, impedir ou evitar um mal, obedecer a um dever: *Ninguém acudiu ao apelo da infeliz*. *Afluir* é ir, em multidão ou com abundância, para determinado lugar, sem ideia necessária de pressa: *Assim que se abriram as portas da loja, começaram a afluir os fregueses*.

acossar, perseguir – O que *acossa* procura render, persegue o acossado, tendo-o à vista e hostilizando-o. O que *persegue* procura alcançar, podendo haver grande distância entre o perseguido e o perseguidor.

acostumar, costumar, soer – *Acostumar* é tomar um costume. *Costumar* é ter um costume. *Soer* é ter por hábito: *Meu vizinho sói ouvir música até tarde da noite*.

açougue, talho – *Açougue* é, no Brasil, o estabelecimento comercial onde se vende a retalho carne de reses. *Talho* é palavra de Portugal; significa o mesmo que *açougue* (Aulete, Figueiredo). *Açougue* significou o lugar em que se matava o gado e *talho* aquele em que se vendia a carne do gado morto. Duas citações de Fernão Mendes Pinto o comprovam: "trinta casas de açougue de oitenta talhos cada uma" (*Peregrinação*, cap. LXXXVIII); "sessenta casas de açougues ordinários, em cada uma das quais avia cem talhos" (cap. CVII). Segundo José Pedro Machado, *Bol. de Fil.*, VI, 478, *açougue* é arcaico e dialetal em relação a *talho*. Observe-se que no Rio de Janeiro, muitos açougues se chama ou chamavam talhos. Uma abonação de Eça de Queirós: "Numa ordem mais baixa, o mais bronco cortador dos talhos municipais..." (*Cartas inéditas de Fradique Mendes e mais páginas esquecidas*, 2ª ed., Porto 1929, p. 220).

açougueiro, carniceiro, magarefe – *Açougueiro* é o dono ou o empregado do açougue. *Carniceiro*, menos empregado, é o que mata as reses, as esquarteja e vende as carnes a varejo. *Magarefe* é o que mata e esfola as reses que vão para o açougue.

acreditar, crer – Embora se empreguem um pelo outro, diferem muito os dois verbos. *Acreditar* é dar crédito ao que outrem afirma, ao que está vendo etc., ao passo que *crer* é considerar como verdade, por uma injunção do nosso próprio espírito, por uma tendência da própria natureza moral, aquilo que se tem no coração, na consciência. *Acredito na sua palavra mas creio que este indivíduo é um traidor. Crer* vem do latim *credere* em que está no primeiro elemento a palavra *cor*, coração, com a raiz reduzida, vindo o segundo elemento de uma raiz indo-europeia *dhe*, colocar, assentar, cfr. o sânscrito, *çrad-dá-dhati*, confiar, crer (Walde, L.EW).

acrescentar, acrescer – *Acrescentar* é fazer crescer, tornar maior, mais extenso, mais complexo, juntando partes que faziam falta. *Acrescentei à minha coleção os selos comemorativos que me faltavam. Acrescer* é tornar-se maior, extenso, mais amplo, crescendo aos poucos, por adição gradual de novas porções à massa. Uma herança cresce quando entre herdeiros ou legatários, chamados conjuntamente em quinhões não determinados, o quinhão de um que falece ou é inabilitado se aplica aos que sobrevivem e são hábeis. Nem sempre se observa em *acrescer* a ideia de lentidão: muitas vezes se emprega por *acrescentar* pura e simplesmente.

acrescentar, adicionar, adir, aditar, agregar, ajuntar, juntar – *Acrescentar* é tornar mais longo, complexo, juntando novas unidades à quantidade que já existia. *Adicionar* é acrescentar como adição, isto é, parcela da mesma espécie, a qual vai aumentar completando a soma: *Adicionei vinte reais para completar cem. Adir* é pôr junto, unido como se fizesse parte do todo, em caráter suplementar: *adido de embaixada. Aditar* é ajuntar ao que está feito, em caráter de apêndice: *Depois de pronto o parecer, ainda aditei duas considerações. Agregar* é ajuntar ao conjunto, conservando cada parte a sua individualidade: *Agreguei à caravana mais cinco viajantes. Ajuntar* é pôr junto, formando parte integrante do todo. *Juntar* significa o mesmo mas exclui a ideia de esforço, da parte do que junta, diferindo nisto de *ajuntar*.

acrimônia, acritude – *Acrimônia*, no que tem de acre, revela intenção, apresenta a malignidade do ódio. *Acritude* revela apenas dureza. Um desafeto nos trata com acrimônia. Um pai repreende a um filho com acritude.

Açu, Piranhas – Nome de um rio que banha a Paraíba e o Rio Grande do Norte.

açude, represa – *Açude* é presa que se faz em rio ou ribeira para dirigir as águas a lugar mais ou menos afastado do leito por onde corriam naturalmente. *Represa* é presa que se faz em rio, ribeira ou canal, para que a água acumulada possa servir à navegação ou a usos industriais. No canal do Panamá, no ribeirão das Lajes há represas. O Quixadá é um açude.

acudir, ajudar, amparar, auxiliar, defender, proteger, salvar, socorrer, valer – Quem *acode* é pessoa para a qual alguém em perigo apelou, esperando dela que faça tudo para sua salvação. *Ajuda-se* a quem está às voltas com trabalho que não pode fazer ou que está fazendo com lentidão. *Ampara-se* o que se acha completamente desvalido, para que não caia, não pereça; ampara-se uma criancinha, um velho, um paralítico. *Auxilia-se* aumentando a força (latim *augere*) de alguém que, embora não sendo de todo fraco, necessita de quem lhe aumente a capacidade. *Defender* é ficar ao lado para repelir uma agressão, impedir um ataque. *Proteger* é colocar-se na frente (latim *pro* e *tegere*, cobrir), para dar auxílio; da parte do protegido há necessidade, mas não de amparo nem de socorro. *Salvar* é tirar de um perigo, de um mal, com o seu amparo, auxílio, proteção, defesa, socorro. *Socorrer* é vir em favor de quem tem escassos meios ou nenhuns, para que não se renda, não sucumba. *Valer* é salvar, socorrer, tendo todo o poder para isso. V. *acorrer*.

açular, iscar – Ambos significam instigar animais, principalmente cães, *o primeiro* por meio de gestos, sinais, gritos e *o segundo* (brasileirismo), por meio da exclamação *isca!*

acumular, ajuntar, amontoar, reunir – *Acumular* é juntar em grande quantidade coisas que excedem às necessidades normais: *Enquanto há quem não tenha cargo algum, certos indivíduos acumulam dois ou mais*. *Ajuntar* é pôr junto simplesmente, sem ideia de excesso ou outra qualquer: *Preciso ajuntar dinheiro para a festa*. *Amontoar* é juntar em montão, de modo mais ou menos desordenado: *Amontoou citação em cima de citação para nada afinal concluir*. *Reunir* é tornar a unir, é ajuntar de novo o que já esteve unido: *Reúna todas as pérolas que caíram quando o colar se arrebentou*.

acunã, vinte-pés – Palmeira *Iriartea Orbigniana*.

acuraua (Amazônia), **bacurau, curiango, ibijaú** (Pernambuco) – Nome que se aplica a quase todas as espécies de aves da família *Caprimulgidae*, com exceção do gênero *Nyctibius* (Ihering).

acusado, criminoso, culpado, delinquente, indiciado, infrator, réu, transgressor, violador – *Acusado* é o indiciado, depois de pronunciado pelo juiz. *Criminoso* é o indivíduo que praticou um crime. *Culpado* é o que juridicamente foi convencido de culpa (por ato criminoso ou não). *Delinquente* é o indivíduo que praticou um delito (v. *crime* e *delito*); é praticamente o mesmo que *criminoso*. *Indiciado* é o indivíduo sobre quem recaem indícios da prática de um crime; pode não ser o criminoso. *Infrator* é o que infringe com seus fatos os dispositivos legais, praticando crime, contravenção, faltando aos preceitos. *Réu* é pessoa demandada em juízo. No cível é o oposto de autor; no crime, é o mesmo que *acusado*. *Transgressor* é o que foi além do que estava preceituado (latim *trans*, além). *Violador* é o infrator que emprega violência, como o ladrão que arromba um cofre, por exemplo.

acusador, delator, denunciante, malsim – *Acusador* é quem persegue judicialmente um criminoso, juntando provas, para o fazer punir. *Delator* é o que denuncia para receber uma paga ou satisfazer seu instinto mau. *Denunciante* é o que revela à autoridade crime, falta, ocultos, mostrando o criminoso, o faltoso, embora sem dar provas. *Malsim*, antiquado hoje, é o acusador por ofício.

acusar, arguir, criminar, culpar, dedurar, delatar, incriminar, inculpar – *Acusar* é atribuir crime ou falta, reclamando a devida punição, por dever de ofício ou no exercício de direito próprio. *Arguir* é notar defeito, fazendo censura mais ou menos veemente, apresentando argumentos. *Criminar* é atribuir crime, declarar incurso em crime. *Culpar* é atribuir culpa, considerar culpado, sem fazer propriamente acusação formal. *Dedurar* ou *delatar* é apontar alguém como culpado de algo, mas tem um leve sentido de ação traiçoeira. *Incriminar* e *inculpar*, quando transitivos indiretos, valem o mesmo que *criminar* e *culpar*, com um pouco mais de intensidade talvez.

acusar, delatar, denunciar – *Acusar* é perseguir judicialmente, juntando provas, reclamando punição. *Delatar* é denunciar ocultamente, para satisfazer maus instintos ou com o intuito de auferir vantagens, lucros. *Denunciar* é revelar à autoridade crime ou falta ocultos, mostrando o criminoso ou faltoso, embora sem apresentar provas.

acutimboia, araboia, boiobi, cobra-cipó, cutimboia, sacaiboia – Nome de várias espécies de cobras da família *Colubridae* dos gêneros *Drymobius* e *Philodryas*. Os vários nomes são da Amazônia, encontrando-se o *quarto* também no Sul.

acutipuru, agutipuru, caxinguelê caxinxe (Rio de janeiro), **caxixe** (Bahia), **esquilo** (Portugal), **quatiaipê** (Pernambuco), **quatimirim** (Pernambuco), **quatipuru** (Amazonas), **serelepe** (S. Paulo) – Nomes de roedores da família *Sciuridae*, pertencentes ao gênero *Sciurus*. *O primeiro*, *o segundo* e *o sétimo* são da Amazônia; *o terceiro*, da Bahia, do Rio; *o quinto* e *o sexto*, de Pernambuco; *o quarto*, do litoral fluminense; *o oitavo*, de S. Paulo. *Esquilo* é, de fato, da língua comum.

adágio, aforismo, anexim, apotegma, axioma, brocardo, ditado, dito, máxima, paremia, pensamento, prolóquio, provérbio, rifão, sentença – *Adágio* é um provérbio antiquado e anônimo. *Aforismo* é uma curta prescrição de um tratado científico, sobretudo de medicina; são célebres os de Hipócrates. *Anexim* é um dito picante, chulo, em linguagem rude, como aqueles de que usa comumente o povo. *Apotegma* é palavra memorável de homem notável, sobretudo dos antigos; Plutarco colecionou muitos, de reis e generais lacedemônios. *Axioma* é uma verdade evidente por si mesma; encontra-se muito na matemática. *Brocardo* é regra jurídica concisa, como as constantes do Livro L, título XVII, do Digesto, *De diversis regulis juris antiqui*. *Ditado* é frase popular, curta, anônima, na qual se dá uma noção, um conceito vulgar, um bom conselho. *Dito* é frase pronunciada em tom de pilhéria. *Máxima* é um pensamento importante, no ponto de vista prático, um sábio conselho dado em poucas palavras e tendo autor conhecido; são notáveis as de La Rochefoucauld. *Paremia* é a expressão proverbial em que predomina a feição alegórica. *Pensamento* é o juízo enunciado com intenção de exprimir de modo simples, mas com certa eloquência, uma verdade, um conselho útil, fruto da meditação; são notáveis os de Pascal. *Prolóquio* é sentença filosófica com que se inicia discurso ou escrito, anunciado o assunto ou o ponto de vista do orador ou do escritor. *Provérbio* é máxima ou sentença, popularizada e consagrada pelo uso, podendo ter autor conhecido; são célebres os de Salomão. *Rifão* é o provérbio que anda repetido na boca do povo, como se repete o estribilho de uma canção (fr. *refrain*). *Sentença* é provérbio de sentido profundo, com caráter literário ou oratório, solene, brilhante na forma; são notáveis as de Publílio Siro.

adelo, belchior – Vendedor de roupas usadas e de objetos velhos. *O primeiro* é usado em Portugal; *o segundo*, no Brasil.

ademão, adjunto, adjutório, ajuda, ajuri, ajutório, arrelia, bandeira, batalhão, boi de cova, corte, estalada, faxina, junta, mutirão, mutirom, mutirum, muxirão, putirom, putirum, puxirão, puxirum, suta, traição – Todas estas palavras significam concurso gratuito de roceiros para serviços agrícolas em favor de um; varia apenas a área geográfica. *Ademão:* São Paulo. *Adjunto:* Ceará, Rio Grande do Norte, Pernambuco e Alagoas. *Adjutório:* Piauí, Sergipe, Bahia e Rio Grande do Sul. *Ajuda:* Rio Grande do Norte. *Ajuri:* Amazonas. *Ajutório:* Var. de *adjutório*. *Arrelia:* Rio Grande do Norte, Paraíba. *Bandeira:* Pernambuco. *Batalhão:* Pernambuco, Sergipe, Bahia e Minas Gerais. *Boi de cova:* Bahia. *Corte:* S. Paulo. *Estalada:* Maranhão. *Faxina:* Rio Grande do Norte. *Mutirão:* Pará, Maranhão, Espírito Santo, Rio de Janeiro, S. Paulo, Paraná, Santa Catarina, Goiás, Minas Gerais e Mato Grosso (o mais espalhado). *Mutirom:* Pará. *Mutirum:* Pará. *Muxirão:* Minas Gerais. *Pixurum:* Rio Grande do Sul. *Putirão:* Pará, Rio de Janeiro. *Putirom:* Pará. *Putirum:* Pará. *Puxirão:* Rio Grande do Sul. *Puxirum:* Pará e Santa Catarina (que salto!). *Suta:* Goiás. *Traição:* Mato Grosso. V. Bernardino José de Souza, *Dicionário da Terra e da Gente do Brasil*, e Hélio Galvão, *Mutirão e Adjunto*, in *Boletim Geográfico*, n° 29, p. 731.

adepto, aderente, adesista, assecla, partidário, prosélito, sequaz – *Adepto* é o que já adquiriu, já assimilou completamente a ideia capital de uma doutrina, de uma seita, de um partido. *Aderente* é o que adere, se incorpora, se liga a um partido, a uma ideia, que até então hostilizou. *Adesista* é brasileirismo equivalente a *aderente*. *Assecla* é o indivíduo que segue partido, ideia, seita, cega e subservientemente. *Partidário* é o que se filia a um partido, com intenção de esforçar-se pela ideia que esse partido defende. *Prosélito* é a pessoa recentemente convertida a um partido, a uma ideia, a uma religião. *Sequaz* é o que segue mais as pessoas dos chefes do que mesmo as ideias do partido.

adequado, azado, competente, conveniente, oportuno, próprio – *Adequado* é aquilo que vem ajustar-se ao que se quer, como se tivesse sido feito de propósito, para o fim desejado. *Azado* é o que inesperadamente vem favorecer. *Competente* é o que se destina exclusivamente a um fim. *Conveniente* é o que convém, favorece o que se temem vista. *Oportuno* é o que se coloca em nossa frente (prefixo *ob*), que vem a propósito, para nos facilitar, para nos favorecer. *Próprio* é o que se mostrou conveniente a um fim.

aderente, anexo, ligado – No que é *aderente*, existe continuidade de matéria. O *anexo* está unido por simples ligação moral, efeito da vontade e instituição humana. *O ligado* está preso por laços reais, mas arbitrários. V. *adepto*.

adestrar, desembaraçar, exercitar, treinar – *Adestrar* é tornar destro, ágil, hábil, em função que não seja puramente espiritual; pode adestrar-se pessoa ou animal. *Desembaraçar* é tirar os primeiros embaraços que encontra quem se adestra ou exercita numa função. *Exercitar* é praticar repetidamente ou por muito tempo atos que aumentem a capacidade, a força, o vigor, as aptidões. *Treinar* é capacitar, preparar para alguma atividade específica, algum trabalho, alguma competição etc.

adiantar-se, avantajar-se, florescer, medrar, progredir, prosperar – *Adiantar-se* é marchar com firmeza para diante, vencendo as dificuldades. *Avantajar-se* é levar vantagem a outrem, adiantar-se em relação a outro ou a outros. *Florescer* é prosperar, progredir com esplendor, brilho, apresentando belo aspecto. *Medrar* é melhorar por aumento de volume, quantidade, força, poder. *Progredir* é adiantar-se com presteza. *Prosperar* é crescer em fortuna, levar avante, realizando as esperanças, com felicidade.

adiar, aprazar, contemporizar, delongar, demorar, diferir, dilatar, espaçar, procrastinar, prolongar, prorrogar, protelar, remanchar, retardar, transferir – *Adiar* é marcar para outro dia. *Aprazar* é marcar prazo para realização de um ato. *Contemporizar* é demorar para ganhar tempo, entretendo, enganando, até o momento propício; foi o que fez Fábio Máximo com Aníbal. *Delongar* é adiar indefinidamente, dificultando. *Demorar* é não cuidar de fazer no momento oportuno, detendo a ação. *Diferir* é deixar para depois, por desídia ou conveniência ou cálculo, sem marcar prazo. *Dilatar* é tornar mais largo um prazo fixado. *Espaçar* é deixar maior espaço de tempo entre duas realizações. *Procrastinar* (lat. *eras*, amanhã) é remeter continuamente para o dia seguinte a prática de um ato. *Prolongar* é tornar mais longo um prazo já de si longo. *Prorrogar* é dilatar prazo. *Protelar* é demorar, retardar propositadamente, com malevolência, para prejudicar. *Remanchar* é demorar propositadamente, com manha, por preguiça ou para contrariar. *Retardar* é deixar para mais tarde. *Transferir* é mudar para prazo longo ou curto.

adição, soma, total – *Adição*, além de significar a operação de somar, significa também, parcela separada, que se acrescenta à conta geral. *Soma* é o número obtido quando se pratica a adição. *Total* é o número obtido com a adição de duas ou mais somas.

adido, adjunto – Ambos indicam funcionários de categoria secundária. *O primeiro* não pertence ao quadro e atua em uma repartição: *adido de embaixada*. *O segundo* atua junto de um funcionário superior, auxiliando em misteres menos importantes: *adjunto de um professor, de um promotor*.

adiposo, gorduroso, oleoso – *Adiposo* é o que tem gordura: *tecido adiposo*. *Gorduroso* é o besuntado de gordura: *Seu guardanapo está gorduroso*. *Oleoso* é o que tem consistência de óleo ou está coberto ou impregnado de óleo.

adivinha, cartomante, pítia, pitonisa, profetisa, quiromante – *Adivinha* é a mulher que inculca adivinhar. *Cartomante*, a que adivinha por meio de cartas de jogar (mulher das cartas). *Pítia* era a sacerdotisa de Apolo, no templo de Delfos; dava oráculos. *Pitonisa* era sacerdotisa inspirada por Apolo ou pela serpente Píton. *Profetisa* era a mulher hebreia que por um dom sobrenatural predizia o futuro; Débora foi uma das raras profetisas. *Quiromante* é a mulher que adivinha pela inspeção das linhas da mão.

adivinhar, agourar, predizer, prenunciar, pressagiar, profetizar, prognosticar, vaticinar – O mais geral *é predizer*, que significa dizer uma coisa antes que ela aconteça. *Adivinhar* (do lat. *divinus*, divino) era predizer por inspiração divina; hoje é conjeturar por sinais ou pressentimentos ou mesmo por acaso ou artifício. O povo incredulamente diz: *adivinhar é proibido*. *Agourar* é predizer de modo supersticioso um futuro geralmente mau. *Prenunciar* é anunciar com antecedência. *Pressagiar* (do lat. *sagire*, ter sentidos sutis) é pressentir por sagacidade natural os acontecimentos futuros. Diz Cícero no *De Divinatione*, I, 31: *Is igitur qui ante sagit quam ablata res est, dicitur praesagire, id est, futura ante sentire*. *Profetizar* é predizer por um dom sobrenatural, um tanto semelhante ao de adivinhar, com a diferença de ser termo bíblico de origem grega (aparece na *Versão dos Setenta*). *Prognosticar* é conhecer antecipadamente, pelo estudo dos sinais, dos sintomas que se apresentam, pelo curso natural das coisas, a natureza dos fatos que se seguirem, o curso de uma moléstia. *Vaticinar* é predizer em canto poético, como faziam os antigos vates, inspirados peto estro que os levava a ver o futuro encoberto ao vulgo profano. V. *acertar*.

adivinho, astrólogo, áugure, nigromante, profeta, quiromante, vate – *Adivinho* é o indivíduo que inculca adivinhar (v. *adivinhar*). *Astrólogo* é o adivinho que pratica a sua arte valendo-se dos conhecimentos que se supõe tenha acerca da influência dos astros sobre os destinos humanos. *Áugure* era o adivinho da Roma antiga, o qual fazia suas predições baseado na observação do voo, do canto, das entranhas de aves. *Nigromante* era o que, por artes de magia negra, evocava os mortos para deles saber o destino dos vivos. *Profeta* era o adivinho que os hebreus julgavam dotado do dom sobrenatural de predizer. *Quiromante* é o adivinho que pratica sua arte por meio da inspeção das linhas da mão. *Vate* era na Roma antiga o indivíduo tocado por um estro que o fazia ver o futuro e exprimi-lo em canto poético (vaticínio).

adjacências, arrabaldes, arredores, bairro, cercanias, circunvizinhanças, confins, contiguidades, contornos, imediações, proximidades, redondezas, subúrbios, vizinhanças – *Adjacências* são regiões adjacentes a um perímetro urbano (v. *adjacente*). *Arrabaldes* são as partes de uma cidade, além do centro. *Arredores* são arrabaldes distantes, quase sempre despovoados ou com poucas casas. *Bairro* é seção de uma cidade. *Cercanias* são paragens em torno de um lugar, mais afastadas porém, do que as circunvizinhanças. *Circunvizinhanças* são paragens depois das imediações, contornando-as e com ideia de convivência. *Confins* são limites de um território em relação ao de outro. *Contiguidades* são regiões contíguas a um perímetro urbano (v. *contíguo*). *Contornos* são a totalidade dos arredores. *Imediações* são as partes imediatamente em volta de uma cidade. *Proximidades* são pontos das cercanias, próximos da cidade. *Redondezas* são as regiões que ficam ao redor da cidade tomada como centro e dentro do círculo visual. *Subúrbios* são as regiões que se seguem aos arrabaldes mas, embora fora da cidade, pertencem à jurisdição dela. *Vizinhanças* são lugares que se seguem às imediações e que mantêm convivência com a cidade.

adjacente, chegado, confinante, contíguo, imediato, junto, pegado, próximo, unido, vizinho – *Adjacente* é o que jaz ao lado, perto, nas imediações. *Chegado* significa muito próximo. *Confinante* é o que tem os mesmos confins, a mesma linha divisória que outro. *Contíguo* é o que se loca com outro, que está em contato com esse outro. *Imediato* é o que segue a outro, sem ter nada de permeio. *Junto* é o que fica ao lado, mais do que próximo. *Pegado* é quase unido. *Próximo* é pouco distante. *Unido* é o que se acha tão junto que não fica espaço intermediário. *Vizinho* é o que não está afastado, o que está mais perto.

adjurar, conjurar, esconjurar, exorcismar, exorcizar – *Adjurar* é ordenar, em nome de Deus ou de coisa sagrada, que se faça uma ação, especialmente, ordenar ao demônio que deixe de atormentar uma alma. *Conjurar* é adjurar com energia e de modo clamoroso. *Esconjurar* é conjurar imprecando, maldizendo. *Exorcizar* (do lat. *exorcizare*, calcado no gr. *exorkizo*, de *éxo*, para fora, e *hórkos*, juramento) é fazer os exorcismos, os esconjuros, apropriados para expelir o demônio. *Exorcismar* é forma calcada em *exorcismo* e equivale a *exorcizar*.

administração, gerenciamento, governo – *Administração* é o conjunto de autoridades encarregadas de dirigir os negócios de um país, segundo os princípios do governo, ou de instituição, empresa etc. É também o exercício, o ato de administrar. *Gerenciamento* é a ação de gerenciar, de administrar uma empresa, uma instituição etc. *Governo* é o conjunto de autoridades e órgãos que efetivamente administram um país, um estado, um município etc. É também o exercício dessa admnistração, o ato de govenar.

administrador, gerente – *Administrador* é o indivíduo que tem a seu cargo objetos de alta importância, referentes a bens públicos, particulares ou de uma empresa. *Gerente* é o que, sob as vistas de uma administração, gere bens que deve tornar produtivos pelo desenvolvimento.

administrar, conduzir, dirigir, gerir, governar, reger – *Administrar* é estar encarregado de olhar por bens, objetos de alta importância. *Conduzir* é mostrar sabedoria e habilidade no manejo dos negócios. *Dirigir* é estabelecer certa ordem e mantê-la. *Gerir* é tornar produtivo pelo desenvolvimento. *Governar* é dar a direção aos negócios. *Reger* é governar para conservar.

admiração, arrebatamento, assombro, espanto, pasmo – *Admiração* é a impressão agradável que se sente diante de coisa nova que se contempla com surpresa. *Arrebatamento* é admiração súbita e impetuosa. *Assombro* é grande espanto, inspirado por objeto ou espetáculo extraordinário. *Espanto* é admiração com impressão violenta de surpresa, raiando pelo terror. *Pasmo* é o estado de quem fica estupefacto por admiração, espanto, assombro tais que todos os sentidos ficam como que absorvidos por ele.

admirado, arrebatado, arroubado, assombrado, espantado, extasiado, maravilhado, pasmado, surpreso, transtornado – *Admirado* é o que sentiu admiração (v. *admiração*). *Arrebatado* é o que sentiu admiração súbita, impetuosa, que toma conta da pessoa e a leva a manifestar-se. *Arroubado* é o arrebatado por altas emoções que o levam a um deslumbramento de coisas superiores, divinas. *Assombrado* é o que sentiu assombro (v. *assombro*). *Espantado*, o que sentiu espanto (v. *espanto*). *Extasiado* está quem está em estado de êxtase, de tão maravilhado. *Maravilhado* é o que sentiu assombro tão vivo e intenso como se fosse produzido por alguma coisa sobrenatural, por maravilha. *Pasmado* é o que sentiu pasmo (*v. pasmo*). *Surpreso* é o que recebeu impressão súbita, agradável ou desagradável, de coisa que não esperava. *Transtornado* é o que se sente sacudido por paixão violenta que o arrebata.

admirar, apreciar, contemplar – *Admirar* é ver com um misto de surpresa, alegria e atenção. *Apreciar* é ver com apreço, com gosto. *Contemplar* é admirar absorto e durante muito tempo. Admira-se uma apoteose de teatro, aprecia-se uma partida de tênis, contempla-se o céu estrelado.

admitir, receber – *Admitir* é deixar entrar, franquiar a porta. *Receber* é acolher com deferências um igual ou um superior. Admite-se em casa o cobrador da conta de luz, recebe-se um amigo, um chefe, para um chá, para um jantar.

admitir, autorizar, consentir, permitir, tolerar – *Admitir* é deixar que uma coisa se realize, mais por espírito de condescendência do que por vontade própria. *Autorizar* é dar o direito. *Consentir* é pôr seu sentimento de acordo com o sentimento de outrem que deseja uma realização que depende de nós. *Permitir* é admitir com autoridade; só permite quem pode negar. *Tolerar* é permitir tacitamente, não se opondo.

admoestação, advertência, aviso, bronca, censura, exprobração, objurgatória, observação, pito, ponderação, recriminação, repreensão, reprimenda, reproche – *Admoestação* é o ato de admoestar (v. *admoestar*). *Advertência* é o ato de advertir (v. *advertir*). *Aviso* é o ato de avisar (v. *avisar*). *Bronca* e *pito* são termos informais para reprimenda, censura. *Censura* é o ato de censurar (v. *censurar*). *Exprobração* é o ato de exprobrar (v. *exprobrar*). *Objurgatória* são as palavras com que se *objurga* (v. *objurgar*). *Observação* é uma leve advertência na qual se fazem considerações sobre a falta cometida. *Pito Ponderação* é uma observação disfarçada na qual se apresentam razões sobre o assunto. *Recriminação* é o ato de recriminar (v. *recriminar*). *Repreensão* é o ato de repreender (v. *repreender*). *Reprimenda* é a admoestação formal e um tanto severa, de superior para inferior. *Reproche* é o ato de reprochar (v. *reprochar*).

admoestar, advertir, avisar, bronquear, censurar, estigmatizar, exprobrar, objurgar, observar, ponderar, recriminar, repreender, reprochar, verberar – *Admoestar* é chamar a atenção para uma falta, em termos brandos e amistosos, a fim de impedir a reincidência de um inexperiente. *Advertir* é admoestar com autoridade, de modo formal e às vezes com caráter de pena. *Avisar* é dar conhecimento de faltas cometidas por ignorância, para evitar que de novo nelas incorra; *quem avisa amigo é*, diz o povo. *Bronquear* é, em linguagem informal, dar uma bronca, censurar. *Censurar* é repreender pelo direito que tem, discutindo e mostrando a falta. *Estigmatizar* é reprovar com acrimônia, lançando um estigma de indignidade. *Exprobrar* é lançar em rosto erros, faltas, culpas, crimes, vícios. *Objurgar* é repreender com acrimônia, mais para invectivar do que para censurar. *Observar* é advertir fazendo considerações sobre a falta cometida. *Ponderar* é observar veladamente, fazendo reflexões sobre o caso. *Recriminar* é rebater uma censura com outra mais forte na qual se expõem os erros, faltas, crimes do censor. *Repreender* é advertir com energia e aspereza, ameaçando com castigo. *Reprochar* é exprobrar com o intuito de envergonhar. *Verberar* é reprovar com acrimônia, com caráter de punição, como se açoitasse (lat. *verberare*, açoitar) o censurado.

adoçar, adocicar, dulcificar, edulcorar – *Adoçar* é tornar doce. *Adocicar* é adoçar um pouco. *Dulcificar* é palavra erudita, valendo para *adoçar* e mais empregada em sentido figurado. *Edulcorar* é palavra especializada, da técnica farmacêutica, a qual significa adoçar juntando açúcar, mel ou xarope e lavar em muitas águas para tirar os princípios ácidos ou amargos.

adoecer, enfermar – *Adoecer* é ficar doente, deixar de estar são. *Enfermar*, perder a saúde com moléstia que debilite.

adolescência, juventude, mocidade, puberdade – A *adolescência* (do lat. *adolescere*), crescer que começa aos quatorze anos, é a idade da vida na qual o organismo alcança seu completo desenvolvimento; vai até os vinte e poucos anos. *Juventude* é o seguimento da adolescência; nela o homem tem força, vigor, paixões impetuosas. *Mocidade* é o período em que o homem, embora já não se possa considerar um jovem, apresenta ainda, até os trinta anos, o vigor da juventude. *Puberdade* é a época em que o homem fica apto para procriar. Um rapaz de dezesseis anos é um adolescente púbere; um de vinte e um anos é um jovem; um de vinte e oito anos é um moço.

adolescente, jovem, mancebo, moço, púbere, rapaz – *Adolescente* é o que está na adolescência (v. *adolescência*). *Jovem* é o que está na juventude (v. *juventude*). *Mancebo*, palavra clássica, hoje pouco usada, é o mesmo que *jovem*, *moço*, de pouca idade. *Púbere* é o adolescente apto para procriar. *Rapaz* é homem jovem, adolescente ou jovem adulto.

adorar, cultuar, idolatrar, venerar – *Adorar* é amar sobre todas as coisas ao Ente Supremo, render-lhe *culto de dependência e obediência*. *Cultuar* é render culto, tratar como objeto de culto, *Idolatrar* é ter como ídolo, amar como ídolo. *Venerar* é render culto externo de profundo respeito aos santos (dulia) e à Virgem Maria (hiperdulia).

adormecer, dormir – *Adormecer* é começar a dormir, cair no sono, deixar-se tomar pelo sono. *Dormir* é conservar-se entregue ao sono: *Com a cantilena da ama a criança adormeceu logo e dormiu duas horas seguidas*.

adornar, ataviar, decorar, enfeitar, engalanar, ornamentar, ornar – A ideia geral destes verbos é a de tornar belo ou mais belo. *Adornar* é pôr adornos, isto é, tudo que aumente a beleza. *Ataviar* é pôr atavios, isto é, adornos ou enfeites de duvidoso gosto. *Decorar* é adornar com fim especial, dando aspecto brilhante. *Enfeitar* é pôr enfeites, isto é, acessórios ligeiros, insignificantes, que aumentem um pouco a beleza. *Engalanar* é cobrir de galas, tornar galante, dar um aparato de festa, trazer uma alegria ruidosa. *Ornamentar* é pôr ornamentos, isto é, fazer decoração muito brilhante, imponente, suntuosa, excepcionalmente, para uma solenidade, para um ato extraordinário. *Ornar* é pôr ornatos, isto é, trabalhos de lavor artístico; aplica-se mais às coisas.

adotar, perfilhar, reconhecer – *Adotar* ou *perfilhar* é aceitar na qualidade de filho um filho alheio; a diferença entre eles consiste em que o *primeiro* se usa na linguagem jurídica e na comum e *o segundo*, na linguagem comum. *Reconhecer* é aceitar como filho um filho natural da própria pessoa.

aduaneiro, alfandegário – Ambos os adjetivos significam *relativo a alfândega; o primeiro* se aplica aos direitos, às tarifas e *o segundo* tem em vista as mercadorias importadas e exportadas.

adubar, condimentar, temperar – *Adubar* é juntar à comida que se prepara adubos (tomate, alhos, pimenta etc.). *Condimentar* é juntar a parte mais substancial dos adubos, a qual serve para, não só tornar a comida de cheiro e de sabor mais dedicado, como fazê-la mais nutritiva. *Temperar* é dar à comida o sabor próprio, juntando-lhe sal, vinagre, cheiros.

adular, bajular, lisonjear – *Adular* é louvar exageradamente, de modo calculado, repugnantemente, com o intuito de agradar para colher vantagens. O adulador não se limita a palavras; pratica atos que possam ser agradáveis ao adulado. *Bajular* é adular com muita baixeza, humilhando-se, prestando-se a tudo quanto o bajulado exija (vem do lat. *bajulare*, levar nos braços, levar às costas). *Lisonjear* é louvar com algum exagero, com verdade ou fingimento, por delicadeza ou para tornar-se simpático, ganhar a afeição.

adulterar, contrafazer, falsificar – *Adulterar* é fazer uma coisa tornar-se outra, falseando-a, tirando-a do seu estado próprio, alterando-lhe a pureza; adultera-se um medicamento substituindo uma substância por outra menos enérgica. *Contrafazer* é imitar fraudulentamente, infringindo direitos alheios, podendo a coisa contrafeita ser igual à verdadeira, com as mesmas qualidades dela; contrafaz-se um produto de um industrial, fazendo e introduzindo no mercado outro produto igual, corno se fosse o daquele industrial. *Falsificar* é fazer e introduzir no mercado produto com as aparências mas sem as qualidades próprias do verdadeiro. V. *abastardar*.

adunco, curvo, encurvado, recurvado, recurvo – *Adunco* é o que, além de curvo, termina em ponta, como um gancho (lat. *uncus*, gancho); ex.: a garra de uma ave de rapina, a de um felino. *Levou-a a morte em sua garra adunca* (Antônio Feijó). *Curvo* é o qualificativo da linha cujos pontos mudam constantemente de direção. *Encurvado* é o que tomou forma recurva. *Recurvado* é aquilo a que se deu forma recurva. *Recurvo* é o que de natureza é mais ou menos curvo.

ádvena, adventício, alienígena, estrangeiro, forasteiro – As cinco palavras significam pessoas não nascidas no país onde estão. *Ádvena* é o que veio de fora e está de passagem, como um turista, por exemplo. *Adventício* é que veio de fora mas se fixou no país, como os ingleses que se fixaram no território hoje norte-americano, por exemplo. *Alienígena* é o que foi gerado em terra alheia, não é indígena, não é natural do país. *Estrangeiro* é aquele que, embora vivendo no país, é estranho (lat. *extraneus*) à vida política, não tem direitos políticos, não está obrigado ao serviço militar. *Forasteiro* (lat. *foras*) é o homem de fora, o ádvena sem intuito de tornar-se um adventício. Ao ádvena se opõe o que vive no país, nacional ou estrangeiro; ao adventício, o que está no país sem ter vindo de fora; ao alienígena, o indígena; ao estrangeiro, o nacional; ao forasteiro, os nacionais e os adventícios.

adversário, antagonista, competidor, concorrente, contendor, êmulo, inimigo, rival – *Adversário* é o indivíduo contrário a outro, o indivíduo que se empenha em fazer valerem seus interesses, pretensões, opiniões, vencê-lo numa competição etc. *Antagonista* é o que combate contra outro, não pelas armas e sim em certames literários, jogos e exercícios, doutrinas científicas etc., portando-se nobre, galharda e generosamente. *Competidor* é o que, julgando-se em condições iguais às de outro, forceja por conseguir o que esse pretende. *Concorrente* é o que, sem ser competidor, concorre apenas com outro ou outros num tentâmen. *Contendor* é o que mantém contenda (v. *contenda*) com outro. *Êmulo* é o que, sabendo-se inferior a outro, trabalha por o igualar ou, sabendo-se igual, procura exceder, sem invejas nem ódios, valendo-se sempre de meios honestos. *Inimigo* é o que odeia a outro, procurando sempre fazer-lhe mal, destruir esse outro, se possível. *Rival* é o que faz posição forte para que suas doutrinas prevaleçam, que trabalha sem descanso, porfiadamente, para suplantar o adversário; especialmente, é o competidor em pretensões amorosas, o que não exclui o rival em ações virtuosas. Dois tenistas que joguem um com outro são adversários. Castro Alves foi antagonista de Tobias Barreto em prélios literários. César e Pompeu competiram na conquista do poder supremo. Num concurso, um candidato que reconhece a inferioridade de seu preparo em relação ao de outro é mero concorrente, não competidor. D. João V de Portugal emulou com Luís XIV de França na magnificência. Gregos e troianos foram inimigos. D. Carlos e Ernâni eram rivais no amor de D. Sol.

adversidade, desdita, desgraça, desventura, disgra, infelicidade, infortúnio, macaca – *Adversidade* é o estado de ter a sorte contra si. *Desdita* é a falta de dita, isto é, daquela satisfação que sente quem tem boa sorte. *Desgraça* é todo acidente incômodo, prejudicial e desagradável que nos aconteça. *Desventura* é a falta de ventura de quem só encontra males, prejuízos, no que tenta. *Infelicidade* é a privação do que torna o homem feliz. *Infortúnio* é uma série de acontecimentos desgraçados, causados pela falta de boa sorte. *Disgra* e *macaca* são termos de gíria, para significar desgraça e falta de sorte.

adverso, contrário, desfavorável, oposto – *Adverso* é o que tende a prevalecer por meio de luta. *Contrário* é o que quer impedir o triunfo alheio. *Desfavorável* é o que, longe de favorecer, tende a impedir o bom resultado. *Oposto* é o que tende a fim diferente. O comunismo é adverso à burguesia. O nosso contrário não se importa de ganhar; o que quer é que nos percamos. Uma opinião desfavorável impede a aceitação de uma proposta. Dois partidos opostos divergem nos fins a que tendem; daí hostilizarem-se.

advogado, causídico, defensor, patrono – *Advogado* é o indivíduo que com autorização legal defende causas de direito. *Causídico* é pejorativo que designa o advogado de pouca lisura, que lança mão de astúcias e artimanhas. *Defensor* é toda pessoa que defende outra e particularmente o advogado criminal. *Patrono* é o advogado que, tomando o patrocínio de uma causa, defende os direitos de seu cliente e procura salvaguardar-lhe os interesses.

aerolito, meteorito – Ambos são fragmentos de bólidos arrebentados (Potsch e Lima e Silva, *Mineralogia e Geologia*, p. 197).

afã, afadigamento, azáfama, fadiga, faina, labuta, labutação, lida – *Afã é* um trabalho angustiante. *Afadigamento* é uma série de fadigas contínuas. *Azáfama* é um trabalho apressado, urgente. *Fadiga* é o cansaço resultante de longos trabalhos. *Faina* é trabalho afanoso, de obrigação, feito com tempo marcado e com certa confusão. *Labuta* é ocupação árdua. *Labutação* é labuta afadigada. *Lida* é trabalho, mais ou menos afanoso, incessante.

afabilidade, afeição, agrado, amabilidade, benevolência, benignidade, bondade, carinho, civilidade, complacência, cortesia, delicadeza, fineza, meiguice, polidez, ternura, urbanidade – *Afabilidade* é bom acolhimento dado pelo superior ao inferior que lhe vem falar (lat. *affari*). *Afeição* é a prova de amizade, dada a quem possui conformidade moral conosco. *Agrado* é o testemunho da alegria que se sente ao receber alguém. *Amabilidade* é o agrado mostrado por alguém com o fim de ser amado pela pessoa a quem ele é feito. *Benevolência* é a revelação de uma boa vontade atual, no momento. *Benignidade* é a qualidade de levar sempre tudo para o lado bom, de ser bondoso. *Bondade* é a qualidade moral que leva a fazer o bem e nele crer. *Carinho* é prova de amizade a uma pessoa íntima, a uma criança, a uma pessoa idosa, prova que se faz por meio de afagos. *Civilidade* é a observância dos usos recebidos na boa sociedade. *Complacência* é a vontade de estar de acordo com os desejos de alguém. *Cortesia* é a polidez levada a excesso. *Delicadeza* é a suavidade no trato. *Fineza* é delicadeza requintada. *Meiguice* é a qualidade dos que têm mais prazer de amar do que de serem amados. *Polidez* é civilidade cerimoniosa. *Ternura* é delicadeza de sentimentos que leva a provas comoventes de afeto. *Urbanidade* é a civilidade que se encontra nos homens da cidade.

afadigar, cansar, fatigar – *Afadigar* e *fatigar* significam causar fadiga; *o primeiro* é palavra popular e *o segundo*, erudita. O segundo usa-se mais hoje. *Cansar* tem uso muito mais corrente, tanto para causar como para sentir cansaço.

afago, carícia, carinho – Todos são demonstrações de amizade e afeto; a diferença está na gradação e na intimidade. *Carícia* e *carinho* são mais íntimos que *afago*, e *carinho* é menos delicado do que *carícia*.

afamado, famoso, famigerado, renomado – *Afamado*, aplicável a pessoas e coisas, sobretudo a coisas, é o que tem fama no seu tempo, no meio em que vive ou existe. *Famoso* é o que teve fama no seu tempo. *Famigerado* é afamado ou famoso cuja fama se espalhou aparatosamente e geralmente no mau sentido. *Renomado* é o famoso quem tem seu nome frequentemente citado.

afasia, afonia, mudez, mutismo – *Afasia* é a privação ou perversão da fala por alguma lesão nos centros nervosos que governam a palavra falada. *Afonia* é a impossibilidade ou dificuldade de falar, por alteração temporária ou permanente do aparelho fonador: um resfriado pode tornar afônica uma pessoa. *Mudez* é a incapacidade de usar da palavra articulada, por afasia ou por surdez. *Mutismo* é o estado da pessoa que, podendo falar, não fala porque não quer.

afastado, distante, longínquo, remoto – *Afastado* é o que está longe por achar-se separado de nós, do lugar onde estamos. *Distante* é o que não está perto, não havendo gradação nesta distância. *Longínquo* é o que está muito longe, a grande distância. *Remoto* é o que, além de longínquo, se mostra de acesso difícil.

afastar, apartar, arredar, deslocar, desviar, retirar, separar – *Afastar* é pôr a distância, acabar com a proximidade. *Apartar* é pôr à parte o que estava junto, desfazer o ajuntamento. *Arredar* é pôr para trás, para os lados, tirar de diante dos olhos. *Deslocar* é tirar do lugar próprio. *Desviar* é deslocar para dar passagem. *Retirar* é tirar para trás, chamando a si ou pondo de lado. *Separar* é pôr longe, desunir, desligar o que estava unido, confundido, misturado.

afazeres, quefazeres, tarefas – Todos significam ocupações, trabalhos, serviços habituais, que uma pessoa está acostumada a fazer. Os puristas repelem *o primeiro* como galicismo. *O segundo* não passa de adaptação do espn. *Que haceres*. Uma *tarefa* é um encargo mais específico, não necessariamente habitual, a ser cumprido.

afear, enfear – Ambos significam tornar feio. Rocha Pombo entende que no Brasil *o segundo* traz ideia de propósito de impressionar: *Ele enfeia o caso para que nós não vamos*.

afeição, afeto, amizade, amor, apego, dedicação, inclinação, paixão, ternura – *Afeição* é uma inclinação comedida, vinda tranquila e docemente. *Afeto* é o mesmo que afeição, com a diferença que só se aplica a pessoas, ao passo que afeição se aplica a pessoas, animais, coisas. *Amizade* é o apego recíproco entre duas pessoas que se estimam: *l'amitié est l'amour sans ailes*. *Amor* é o sentimento pelo qual se quer bem a alguém (*amor maternal*, *amor filial*), pelo qual se ama (*amor à pátria*) e especialmente o sentimento de atração que um sexo experimenta pelo outro. *Apego* é a inclinação trazida pelo hábito. *Dedicação* é o sentimento que leva alguém a desprender-se de si em favor de outrem ou de uma causa, de uma ideia. *Inclinação* é um começo de amor, por disposição natural do espírito. *Paixão* é um alto grau de afeição ou de amor, é o sentimento despertado pelo desejo veemente de possuir a pessoa ou a coisa amada. *Ternura* é emoção doce e inativa, mera manifestação de amizade ou de amor. V. *afabilidade*.

aferrado, birrento, cabeçudo, caprichoso, constante, contumaz, embirrante, emperrado, firme, insistente, obstinado, opiniático, perseverante, persistente, pertinaz, porfiado, relutante, teimoso, tenaz – *Aferrado* quer dizer preso com aferro (v. *aferro*). *Birrento* é o teimoso por birra, aquele cujo temperamento é de birra. *Cabeçudo* é o que se guia somente pela sua cabeça, errando ou acertando, mas sem se incomodar com o parecer dos outros. *Caprichoso* é o que não se deixa abalar, mais pelo gosto de contrariar do que pela convicção. *Constante* é o que se mostra firme e esforçado em manter-se sempre igual ao que é. *Contumaz* é o que se obstina em não obedecer a ordens legítimas e que se porta sem levar em conta o que todos seguem. *Embirrante* é o que, sem ser birrento de temperamento, insiste por birra. *Emperrado* é o que se firma em sua opinião sem dar satisfação e dela não sai. *Firme* é o que não se abala, não fraqueja, não cede. *Insistente* é aquele cuja pertinácia leva a repetir os esforços para conseguir o que pretende. *Obstinado* é o que não cede por efeito de determinação refletida. *Opiniático* é o que não cede porque não abandona sua opinião. *Perseverante* é o que se conserva firme e constante num sentimento, numa resolução. *Persistente* é o que tem força para continuar firme em seus intentos. *Pertinaz* é o muito tenaz, com certa teimosia proveniente de opinião ou capricho. *Porfiado* é o constante com brio e valor. *Relutante* é o porfiado capaz de ir até a luta na sua resistência. *Teimoso* é o que persiste em seus intentos como que acintosamente. *Tenaz* é o que se mostra firme e vigoroso em seus intentos.

aferro, apego – *Aferro* é um apego forte. *Apego* é a inclinação resultante do hábito.

afetar, aparentar, contrafazer, disfarçar, dissimular, fazer-se de, fingir, simular – *Afetar* é fingir de modo contrafeito e às vezes ridículo: *Afetou desinteresse que todos viram não ser natural. Você afeta maneiras de orador e toda a gente ri. Aparentar* é mostrar uma aparência que pode corresponder ou não à realidade: *Você aparenta a idade que tem, mas seu irmão mais moço aparenta idade maior do que a que você conta. Contrafazer* é fazer de modo contrário àquele por que devia ser feito, para assim enganar: *Ela respondeu contrafazendo a voz e por isso eu abri a porta. Disfarçar* é usar de artifícios que desfigurem, que ocultem intenções, desejos: *Disfarçamo-nos usando meia-máscara. Dissimular* é encobrir, não deixar aparecer o que realmente é, a verdadeira situação: *Todos conversaram, riram, brincaram; dissimularam tão bem a tristeza que eu nada percebi de seus aborrecimentos. Fazer-se de* é expressão que significa simular, fingir ser quem não é, ou ter característica ou estado que não tem *Fez-se de bobo. Fingir* é fazer parecer o que não é. *Simular* é procurar parecer o que não é, fazendo que as atitudes, as coisas falsas se mostrem semelhantes às verdadeiras: *O assassino simulou, mas o médico descobriu a simulação.* V. Bernardes, *Nova Floresta*, Tít. IX, XC.

afetivo, afetuoso – *Afetivo* quer dizer relativo a afeto, capaz de afeto: *demonstração afetiva, criança afetiva. Afetuoso* quer dizer cheio de afeto: *saudação afetuosa.*

afetos, paixões – *Afetos* são comoções brandas e moderadas que atraem alguém para algum objeto, para alguma pessoa. *Paixões* são comoções fortes, violentas, impetuosas, com poder de atração também.

afiado, aguçado, amolado – *Afiado* é o instrumento de fio muito fino, como uma navalha, por exemplo. *Aguçado* é o gume tornado agudo, adelgaçado, como um punhal, por exemplo. *Amolado* é o fio aguçado com pedra de amolar, com rebolo, como uma foice, por exemplo.

a fim de, a fim de que, para que – Tem-se visto nas *duas primeiras* locuções o fim remoto de uma ação e na *última* o imediato. Entretanto, a diferença está no modo, que na *última* é vago, fraco, e nas *primeiras* se revela de maneira mais expressa.

afinal, enfim, finalmente, por fim – *Afinal* indica uma vitória, depois de vencidos todos os obstáculos: *Consegui afinal chegar até a porta. Enfim* indica uma conclusão, em geral ansiosamente desejada: *Enfim, sós! Finalmente* marca uma conclusão definitiva, irrevogável. Roquete cita um belo exemplo de Vieira, no exórdio do sermão sobre o dia de juízo: *Arrasado finalmente o mun-*

do etc. (III, 146). *Por fim* indica que depois de várias coisas vem outra, que será a última: *Por fim o sol escondeu-se; Aires Gomes estendeu o mosquete sobre o precipício e um tiro saudou o ocaso* (Alencar, *O Guarani*, cap. VIII).

afirmar, assegurar, asseverar, atestar, certificar, garantir – *Afirmar* é dizer com firmeza, sem hesitar nem duvidar. *Assegurar* é afirmar com segurança, mostrando convicção íntima. *Asseverar* é afirmar com insistência. *Atestar* é afirmar por ter sido testemunha. *Certificar* é dar como certo. *Garantir* é dar-se como fiador da verdade do fato.

afixar, fixar – Ambos significam *tornar fixo*. A diferença está em que *o primeiro* traz adjunto adverbial de lugar: *Mandei afixar na parede exterior um cartaz.*

aflição, agonia, amargura, angústia, ansiedade, consternação, desgosto, dor, incômodos, inquietação, mágoa, opressão, padecimento, pena, pesar, sofrimento, suplício, tormento, tortura, trabalhos, transe, tribulação, tristeza – *Aflição* é *o* estado penoso de espírito, produzido por causas graves. *Agonia* é a aflição do moribundo, em luta (gr. *agón*) com a morte e, por extensão, toda ânsia semelhante a uma agonia. *Amargura* é a dor moral extremamente desagradável, ferindo a alma no íntimo e deixando um travo duradouro. *Angústia* é aflição misturada de temor, oprimindo como uma sufocação. *Ansiedade* é um estado de quase opressão, pelo receio de uma desgraça. *Consternação* é a grande tristeza e desalento, produzidos por espantosa desgraça. *Desgosto* é a sensação desagradável que causa o que fere o coração. *Dor* é o sentimento penoso, nascido da presença ou apreensão do mal (Roquete). *Incômodos* são fadigas, cuidados, que indispõem, inquietam, entristecem, abatem. *Inquietação* é o que tira a quietação, a calma, o sossego. *Mágoa* é um desgosto um tanto leve mas que deixa vestígios duradouros que transparecem no semblante, nas palavras. *Opressão* é o desgosto que atua sobre a regularidade da respiração da pessoa. *Padecimento* é um sofrimento acompanhado de resignação. *Penas* são tormentos de espírito, mais profundos e duradouros do que a aflição. *Pesar* é o sentimento de tristeza, causado por mal inesperado. *Sofrimento* é tudo quanto faz a alma sofrer (v. *sofrer*). *Suplício* é o sofrimento dos que vão ser justiçados e por extensão todo sofrimento comparável a este. *Tormento* é o cúmulo da dor e da inquietação ansiosa, causadas pelo sofrimento. *Tortura* é o suplício infligido a um preso que não quer fazer revelações e, por extensão, sofrimento comparável a uma tortura. *Trabalhos* são cuidados, preocupações, que se encontram nas lidas da vida. *Transe* é o momento mais duro dos trabalhos e amarguras. *Tribulação* é trabalho aflitivo, que atormenta como um castigo. *Tristeza* é tudo que tira a alegria da vida.

aflorar, roçar – Ambos significam tocar de leve; os puristas rejeitam *o primeiro* como galicismo.

afluência, aglomeração, agrupamento, ajuntamento, assembleia, concorrência, concurso, multidão, reunião, tropel, turbamulta – *Afluência* é o grupo de pessoas que de modo contínuo e regular afluíram (v. *afluir*) para um ponto. *Aglomeração* (lat. *glomus, eris*, novelo) é um ajuntamento de gente, um tanto desordenado. *Agrupamento* é a reunião por grupos. *Ajuntamento* é o conjunto de pessoas que acidental ou propositadamente se ajuntaram num ponto, às vezes para fins ilegítimos. *Assembleia* é uma reunião, mais ou menos solene, com o fim de tomar deliberações. *Concorrência* é o grande número de pessoas que se dirigiram simultaneamente para o mesmo ponto. *Concurso* é o mesmo que *concorrência*, mas um tanto desusado no sentido dela por ser mais empregado no sentido de ato de concorrer para obter uma vantagem, um emprego. *Multidão* é um grande número de pessoas reunidas. *Reunião* é um conjunto de pessoas que se juntaram para um fim. *Tropel* é multidão ruidosa, caminhando desordenadamente e às vezes praticando atos de destruição (tropelias). *Turbamulta* é a multidão desgovernada, entregue aos seus instintos, com tendências tumultuosas.

afoito, arrebatado, arriscado, arrojado, atirado, atrevido, audacioso, audaz, impetuoso, imponderado, inconsiderado, ousado, precipitado, temerário – Em todos há a ideia de atirar-se, sem pensar, ao perigo. O *afoito* ou ignora, ou faz ideia falsa do perigo. O *arrebatado* se deixa tomar de sentimentos heroicos diante do perigo, praticando verdadeiros atos de abnegação, como quem num naufrágio se atire ao mar para salvar náufragos que dele necessitem. O *arriscado* expõe-se a riscos que pessoa prudente evitaria. O *arrojado* enfrenta o perigo e contra ele investe com toda a energia. O *atirado* lança-se em desafios sem cautela. O *atrevido* é o que, com certa leviandade e confiança em si, atira-se a empresa que sabe superior às suas forças. *Audacioso* é o cheio de audácia, de uma audácia que às vezes toca as raias da petulância. *Audaz* é o ousado que revela certa intrepidez, certo arrojo. O *impetuoso* cede a ímpetos de coragem, praticando atos que resultam mais da falta de consideração do perigo do que do próprio valor da pessoa. *Imponderado* é o que se atira sem ponderar os prós e os contras da empresa. *Inconsiderado* é o que se afoita com mais leviandade do que coragem, sem considerar as consequências. O *ousado* é *o* que se atira confiado em sua coragem, já posta a prova. O *precipitado* atira-se violentamente contra o perigo de modo quase inconsciente. O *temerário* com heroísmo exagerado atira-se loucamente ao perigo, com mais probabilidade de sair-se mal do que bem.

afora, exceto, menos – Todos indicam exclusão, sendo que *afora* se diz melhor do que não se inclui e *exceto*, do que se exclui. Rocha Pombo dá dois elucidativos exemplos: "Afora o mais novo, todos os irmãos são uns vadios". "Todos os irmãos são vadios, exceto o João, que é trabalhador". *Menos* é o de uso mais corriqueiro: *Todos aqui são cariocas, menos eu.*

aformosear, alindar, embelezar – Significam tornar formoso, tornar lindo, tornar belo. V. *formoso*, *lindo*, *belo*.

afortunado, bem-aventurado, ditoso, feliz, venturoso – *Afortunado* é aquele a quem a fortuna deu, por acaso, bens inesperados. *Bem-aventurado* é o que alcançou uma ventura boa; aplica-se especialmente aos que lograram entrar no Paraíso, considerado a suprema felicidade. *Ditoso* é o que alcançou a dita de gozar de bens e riquezas. *Feliz* é o que frui satisfeito o que basta aos seus desejos. *Venturoso* é o que desfruta bens adquiridos sem esforço ou com pouco esforço; o rei D. Manuel I de Portugal teve este epíteto e justamente, pois desfrutou o que seus antecessores prepararam.

Afrodite, Vênus – *O primeiro* é o nome grego e *o segundo*, o nome latino, da deusa da beleza, na mitologia greco-romana.

afronta, agravo, injúria, insulto, ofensa, ultraje, vexame – *Afronta* é o tratamento mau, feito diante de testemunhas, por pessoa que enfrenta o desafeto, esperando a reação. Se um indivíduo esbofeteia outro, diante de testemunhas, se este outro não reage, se o esbofeteador não foge, há no caso uma afronta. *Agravo* é o mau tratamento, venha donde vier. A pessoa maltratada por alguém que foge depois de praticar o mau ato está agravada mas não afrontada. *Injúria* é um julgamento injusto relativo à dignidade ou à honra de uma pessoa; ofensa à dignidade ou ao decoro, como diz um artigo do Código Penal. *Insulto* é o ataque feito com insolência, com ostentação, para causar escândalo. *Ofensa* é o agravo que fere o amor-próprio, humilha, em que há desprezo. *Ultraje* é o insulto acompanhado de irritante excesso de violência. *Vexame* é o ato que melindra o pudor.

afrontar, arrostar, encarar, enfrentar – *Afrontar* é mostrar-se sem medo, contemplando com fronte segura o adversário e não olhando o risco. *Arrostar* é atirar-se à luta, sem medo, rosto a rosto, acometendo, combatendo. Podemos enfrentar uma surucucu que encontremos no caminho, sem arrostar; ela se retira para o mato e continuamos nosso caminho. Se a atacarmos com um pau, arrostaremos. *Encarar* é olhar cara a cara, de frente, sem fugir nem acovardar-se, sem virar a cara. *Enfrentar* é fazer frente, resistir. Pode uma pessoa encarar, embora não esteja em condições de enfrentar.

afrontar, agravar, injuriar, insultar, ofender, ultrajar, vexar – V. Afronta.

agachada, agachadeira (Pernambuco), **bico-rasteiro, narceja** – Nomes de duas espécies de aves da família *Charadriidae* (*Gallinago delicata* e *G. paraguaie*). Não confundir com a narceja europeia (*Gallinago scolopacinus*).

agaí, auaí, cascaveleira, tingui-de-leite – Planta da família *Apocynaceae* (*Thevetia ahouai*).

ágape, banquete, bródio, comezaina, festim, jantar, pândega, patuscada, rega-bofe – *Ágape* (do grego *agápe*, afeição, amor) é uma refeição entre pessoas que se estimam, lembrando as que às ocultas faziam entre si os antigos cristãos. *Banquete* é jantar solene, em homenagem a alguém festejando algum notável acontecimento. *Bródio* é refeição animada e galhofeira, com muita comida. *Comezaina* é refeição onde há superabundância de comidas, sem se fazer questão de sua delicadeza. *Festim* é pequena festa, constante principalmente de um banquete em família, para festejar um aniversário, um batizado, um casamento. Pode também significar festa suntuosa com comedorias, danças etc., como se vê na expressão consagrada "festim de Baltasar". *Jantar* é a segunda refeição principal, servida à tarde ou no começo da noite, com a comida trivial nos dias comuns e com uma comida melhorada em dias extraordinários. *Pândega* é comezaina com barulho, troças etc. *Patuscada* é comezaina em que domina a troça. *Rega-bofe* é comezaina com muita bebida, folia, divertimento a valer.

agarrado, avarento, avaro, casca, cauila, cauíra, cigano, forreta, mesquinho, poupado, somítico, sovina, tacanho – *Agarrado* é o indivíduo tão apegado ao dinheiro que evita gastá-lo, sempre que é possível evitar. *Avarento* é o indivíduo um tanto avaro, o que deixa de dar na ocasião ou que dá muito pouco. *Avaro* é o que gosta de guardar dinheiro, dele não gozando; satisfaz-se com a acumulação de riquezas. *Cauila* é vocábulo outrora ouvido em boca de africanos (Beaurepaire Rohan). *Cauira* é variante de *cauila*. *Forreta* é o que se forra a despesas para guardar dinheiro. *Mesquinho* é o que, fingindo-se sem recursos, gasta, paga, sem generosidade. *Poupado* é o que gasta somente o indispensável. *Somítico* é o mesquinho com os outros para gastar só consigo o seu dinheiro. *Sovina* é o que sofre privações mas não gasta dinheiro. *Tacanho* é o mesquinho que não se esquiva à astúcia, à velhacaria. *Casca* é vocábulo familiar, com a significação de *somítico*.

agarrador, pegador, peixe-piolho, rêmora – Peixe da família *Echeneidae* (*Echeneis naucrates* e *Remora*). *O primeiro* vocábulo é de Portugal; *o último* é clássico (v. Vieira, *Sermão de Santo Antônio*, *Sermões*, VII, 223).

agarra-pinto, amarra-pinto, erva-tostão, pega-pinto – Planta da família *Nyctagineae* (*Boerhaavia hirsuta*).

agarrar, pegar, segurar – *Pegar* é tomar com a mão. *Segurar* é prender de modo que não fuja. *Agarrar* é segurar com firmeza como faz com a presa uma ave de rapina, um felino.

ágil, destro, expedito, lépido, lesto, ligeiro, safo – *Ágil* é o que se mostra rápido e desembaraçado em seus movimentos, o que tem facilidade de agir. *Destro* é o indivíduo ágil numa arte ou ofício. *Expedito* é *o* que não sente embaraços em nada, sabe sair-se de qualquer dificuldade facilmente, com atividade. *Lépido* é o ligeiro com certa graça, com certa ufania. *Lesto* é o ligeiro, pronto para agir. *Ligeiro* é o que faz as coisas com muita velocidade. *Safo* é termo de gíria para quem se safa bem, sabe sair-se bem de situações difíceis.

agiota, onzeneiro, usurário – *Agiota* é o que cobra um alto ágio em suas transações de dinheiro. *Onzeneiro*, palavra um tanto desusada hoje, é o que empresta dinheiro com onzena, isto é, cobrando juros imoderados e ilegais. Os juros de onze por cento eram outrora considerados excessivos. *Usurário* é *o* que empresta dinheiro a juros quase sempre mais altos do que os permitidos em lei.

agir, atuar, obrar, operar – *Agir*, considerado galicismo pelos puristas, é produzir o efeito próprio e passar da palavra à ação. *Atuar* é exercer sua força ativamente. *Obrar* e *operar* vêm a ser o mesmo que *agir*. *Operar* é forma erudita, especialmente usada na medicina.

agitar, aventar, controverter, debater, discutir, tratar, ventilar – *Agitar* um assunto é pô-lo no tapete da discussão. *Aventar* no sentido material quer dizer mover no ar, submeter ao vento, como se faz com o trigo para que as cascas voem; em sentido figurado é apresentar uma ideia, sem grande convicção, sem se bater muito por ela. *Controverter* é pôr em dúvida, apresentando argumentos contrários, virar pelo avesso para mostrar o erro. *Debater* é lutar em defesa da ideia, com empenho, procurando vencer o adversário. *Discutir* é examinar todas as faces da questão, todas as hipóteses possíveis (prefixo *dis*, para diversas partes, e *quatio*, sacudir, abalar). *Tratar* é ocupar-se com o assunto agitando-o, resolvendo-o e debatendo-o, quando necessário. *Ventilar* é estudar de um modo geral uma questão, desembaraçando-a do que lhe tira a simplicidade e facilitando a solução.

agoniada, arapuê, quina-mole, tapuoca – Planta da família *Apocynaceae* (*Plumeria lancifolia*).

agonizar, estertorar – *Agonizar* é entrar em agonia. *Estertorar* é agonizar com estertor.

agora, atualmente, hoje em dia, presentemente – *Agora* exprime uma sequência ou continuidade: *Foi sapateiro, alfaiate, padeiro: agora vende nas feiras*. *Atualmente* indica o momento em que se fala: *Atualmente nada está barato*. *Hoje em dia* emprega-se para opor uma época a outra: *Quando solteiro, vestia-se com elegância; hoje em dia, qualquer roupa lhe serve*. *Presentemente* marca relação com um tempo anterior: *Antigamente eu viajava para ver coisas novas; presentemente, viajo para não ver as coisas velhas*.

agourento, aziago, funesto, infausto, nefasto – *Agourento* é o que lugubremente anuncia desgraças que prevê. *Aziago* é o que se mostra de mau agouro, de que se podem esperar infelicidades: *dia aziago*. *Funesto* é o que traz desgraças, calamidades, perdição, morte. *Infausto* é o pouco propício, não feliz. *Nefasto* é o prejudicial e lutuoso.

agradar, gostar – O que *agrada* recreia o ânimo, satisfaz a imaginação. Aquilo de que se *gosta*, deleita os sentidos, satisfaz materialmente. V. *acariciar*.

agradável, ameno, aprazível, deleitável, deleitoso, delicioso, grato – *Agradável* é o que se mostra capaz de agradar (v. *agradar*). *Ameno* é o agradável com suavidade, com uma sensação de paz, dando um gozo puro, inocente. *Aprazível* é o que encanta a vista, despertando na alma um prazer sereno, uma alegria cândida. *Deleitável* é o capaz de causar deleite. *Deleitoso* é o cheio de deleites (v. *deleite*). *Delicioso* é o cheio de delícias (v. *delícia*). *Grato* é o que dá prazer aos sentimentos, como uma demonstração de reconhecimento, por exemplo; daí o sentido de reconhecido aos benefícios que formou (v. *agradecido*). V. *afável*.

agradecido, cativo, grato, obrigado, penhorado, reconhecido – *Agradecido* é o que dá provas de um benefício recebido. *Cativo* é o que se julga tão reconhecido ao benfeitor que se considera moralmente subordinado a ele, como um escravo ao seu senhor. *Grato* é o que guarda no íntimo o prazer que sentiu com o benefício, sem entretanto manifestá-lo. *Obrigado* é o que se julga preso ao benfeitor, por uma obrigação de natureza moral. *Penhorado* é o que dá sua pessoa como penhor da gratidão que deve ao benfeitor; pôr-se à disposição dele. *Reconhecido* é o que se mostra muito grato por grande favor prestado.

agrados (Santa Catarina)**, brinco-de-princesa, fúcsia, lágrimas** (Minas Gerais) – Planta da família *Onagrariaceae* (*Fuchsia integrifolia*).

Agram, Zágreb – *Agram* era o nome austríaco da capital da Croácia; *Zágreb* é o nome croata.

agrário, agrícola, rural, rústico – *Agrário* é o relativo ao campo, próprio do campo: *lei agrária*. *Agrícola* é o relativo ao cultivo do campo: *trabalhos agrícolas*. *Rural* é o que se refere ao campo, por oposição à cidade: *Na zona rural o imposto territorial é mais baixo do que na urbana*. *Rústico* é o relativo à propriedade ainda não cultivada, ao campo, à propriedade territorial em si, e o relativo à simplicidade de modos, da gente do campo.

agravar, apelar, recorrer – Como termos jurídicos, *agravar* é recorrer para a mesma autoridade que julgou. *Apelar* é recorrer para instância superior; é chamar em auxílio, pedindo uma resposta, uma confirmação, invocando um testemunho. *Recorrer* é o termo genérico para o ato de reclamar contra julgamento injusto; é, num aperto, numa necessidade, pedir ajuda, auxílio. É mais forte do que apelar.

agravo, apelação – Ambos são recursos interpostos de uma sentença judicial. A diferença entre eles consiste em que o *agravo* se interpõe da autoridade que proferiu a sentença para a mesma autoridade, ao passo que a *apelação* se interpõe para instância superior. V. *afronta*.

agressão, ataque, investida – *Agressão* é o acometimento repentino e inesperado. *Ataque* é o acometimento comumente previsto e produzido por causas já conhecidas; feito para render o adversário. *Investida* é o primeiro ímpeto quando se trava a peleja.

agressivo, áspero, brutal, duro, ferino, hostil, ríspido, rude, violento – *Agressivo* é o que se mostra próprio para agredir (v. *agredir*). *Áspero* é o não amável. *Brutal* é o áspero com certa ostentação de força, própria dos animais brutos, selvagens. *Duro* é o severo e cruel. *Ferino* é o que revela grande crueldade, uma desumanidade comparável à das feras. *Hostil* é o que revela inimizade, disposição para a luta. *Ríspido* é o muito severo. *Rude* é o que revela pouca civilidade, com falta de delicadeza. *Violento* é o arrebatado, impetuoso, o que se exerce pela força.

agreste, campesino, campestre, camponês, campônio, roceiro, rústico – Referindo-se a sítios, *agreste* significa selvagem, inculto, onde não se fez sentir o trabalho do homem, com rochedos, plantas raquíticas, sem grande beleza natural. Uma das zonas geográficas do Nordeste, entre a costa e o sertão, tem este nome. Referindo-se a pessoas, *agreste* dá ideia de costumes grosseiros, acompanhados de dureza no trato. *Campesino* é o relativo à vida no campo, em paralelo com *montesino*, relativo à vida no monte. *Campestre* lembra o campo cultivado, podendo ser um lugar muito agradável. *Camponês* é o homem do campo, em oposição ao da cidade. *Campônio* é forma pejorativa de *camponês*. *Roceiro* é o homem da roça; é o brasileirismo usado em lugar de *camponês*. *Rústico* é o que, vivendo no campo, tem hábitos e modos mais simples do que os que vivem em cidades.

agrião-do-pará, jambuaçu – Planta da família *Compositae* (*Spilanthes oleracea*).

agricultor, agrônomo, cultivador, lavrador – *Agricultor* é aquele que, por si ou por sua conta e em ponto grande, explora suas terras. *Agrônomo* é o perito na teoria da agricultura (v. *agronomia*). *Cultivador*, em sentido geral, é o que tem como profissão o cultivo da terra, podendo ser um agricultor ou um lavrador; em sentido particular, é o que se dedica a um gênero especial de cultura: *Meu sogro se dedica à agricultura; é um cultivador de amoreiras*. *Lavrador* é o que lavra a terra, por conta própria ou por conta de outrem, mediante jornal.

agricultura, agronomia – *Agricultura* é a arte de cultivar a terra. *Agronomia* é a teoria desta arte; é o estudo científico dos processos para o melhor cultivo da terra.

agripalma, cardiária – Planta da família *Labiatae* (*Cardiaca trilobata*).

água, bebedeira, borracheira, cachaceira, camoeca, carraspana, ebrie-

dade, embriaguez, etilismo, mela, moafa, mona, pifão, pileque, porre, rasca, temulência, tiorga (Sul), **truaca** (Nordeste) – Todas estas palavras significam o ato de beber em excesso bebidas alcoólicas, o estado de quem praticou este ato. *Bebedeira* é o estado de bêbedo, *q.v.* *Borracheira*, o de borracho, *q.v.* *Cachaceira*, o de encachaçado. *q.v.* *Ebriedade*, o de ébrio, *q.v.* *Embriaguez*, o de embriagado, *q.v.* *Etilismo* é um eufemismo. *Água*, *camoeca*, *carraspana*, *mela*, *moafa*, *mona*, *pifão*, *pileque*, *porre*, *rasca*, *tiorga* e *truaca* são palavras populares e de gíria. *Temulência*, vocábulo erudito, é o estado de temulento, *q.v.* Correntes em Portugal, Figueiredo, nas *Novas Reflexões sobre a Língua Portuguesa*, p. 135 e seguintes, dá ainda uns cinquenta: *acorda*, *barretina*, *bêbeda*, *bebedice*, *berzunda*, *berzundela*, *bico*, *bicancra*, *bruega*, *cabeleira*, *cacharamba*, *canjica*, *carapanta* ou *carpanta*, *cardina*, *cardiota*, *carga*, *carrega*, *cartola*, *cegonha*, *chiquita*, *crapiela*, *doeira*, *dor de cabresto*, *dosa*, *gata*, *gateira*, *grossura*, *marmela*, *marta*, *nassa*, *nena*, *pala*, *peleira*, *perua*, *peruca*, *piela*, *piteira*, *pizorga*, *porco*, *rapioca*, *raposeira*, *rosca*, *tachada*, *torda*, *touca*, *travoada*, *trapizonda*, *turca*, *verniz*, *zerenamora*. Manuel Viotti, no *Dicionário de Gíria Brasileira*, apresenta ainda três: *gatosa*, *raposa*, *topete*. Francisco Ferreira dos Santos Azevedo, em seu *Dicionário Analógico da Língua Portuguesa*, dá ainda: *aguardentia*, *bebericação*, *beberronia*, *borrachice*, *taçava*, *tarraçava*, *tertúlia*, *trabizana*, *vinhaça*, *vinoterícia*, *zangurricina*. Heinz Kröll publicou *na Revista Portuguesa de Filologia*, V, VI e VII, *Designações portuguesas para embriaguez*.

água-furtada, mansarda, trapeira – Os três vocábulos significam o último andar de uma casa, quando a janela ou as janelas deitam sobre o telhado.

água-má, mija-vinagre, vinagreira – O celentéreo *Physalia pelagia* (Figueiredo).

aguapé, aguapé-branco, gigoga (Sul), **gigoga-verdadeira, gólfão, gólfão-de-flor-branca, golfo, lírio-d'água, lis-das-lagoas, mureru, mururé** (Amazônia), **nenúfar, orelha-de-burro** (Sergipe), **pasta** (Pernambuco), **rainha-dos-lagos** – Planta da família *Nymphaeaceae* (*Nymphaea alba*). *Aguapé* é o nome tupi. *Golfo* é a forma popular de *gólfão* (cfr. *orfo*, *orgo*, *Estevo*, *Cristovo*). *Nenúfar* é forma literária.

aguapé-amarelo, aguapé-de-flor-amarela, gigoga-amarela, golfo-amarelo – Planta da família *Nymphaeaceae* (*Nymphaea lutea*).

aguar, banhar, irrigar, molhar, regar – *Aguar* significa pôr água, derramar água. Hoje usa-se mais no sentido figurado de alterar com um desgosto um prazer e no de criar água na boca ao ver uma comida que apeteça e no de padecer de aguamento (doença de animais domésticos). *Banhar* é meter na água, para lavar, refrescar, encher de água. *Irrigar* é lançar água por meio de aparelhos apropriados, que lancem água em fios (seringas, irrigadores, chuveiros), por meio de canais, represas; irrigam-se ruas, irrigam-se plantações. *Molhar* é umedecer a ponto de perder a secura, a solidez, a dureza próprias. *Regar* é aguar plantas, campos, flores, mas sem excesso, apenas o suficiente para refrescar, para manter o viço, para fertilizar, lançando a água com um regador ou de qualquer modo.

aguaraíba-uaçu, aroeira – Árvore da família *Anacardiaceae* (*Schinus tere-benthifolius*).

aguaraíba-uaçu, aroeira-mole – Árvore da família *Anacardiaceae* (*Schinus mollis*).

aguaraquiá-açu, borracha-brava, borragem-brava, jacuacanga – Planta da família *Heliotropaceae* (*Tiaridium indicum*).

aguaraxaim, graxaim, guaraxaim, guaraxim, zorro (Rio Grande do Sul) – Mamífero da família *Canidae* (*Canis brasiliensis*).

aguardar, esperar – *Aguardar* é estar à espera, com atenção, dedicando a mente e os sentidos, principalmente a vista (cp. o it. *guardare*, o fr. *regarder*), de pessoa que deve vir ou de coisa que deve suceder ou se presume que venha ou suceda. *Esperar* é ter esperança, desejar e julgar que um bem venha. O cardeal Saraiva apresenta um exemplo interessante: "Um acusado aguarda a sua sentença e espera que ela seja favorável". Na linguagem comum *esperar* está invadindo a esfera de *aguardar: Esperei o bonde dez minutos*. *Aguardar* está limitando-se a maus acontecimentos, contra os quais a gente precisa resguardar-se.

aguardente, cachaça, cana, caninha, parati, pinga – Dá-se o nome de *aguardente* aos produtos da destilação do vinho, do caldo da cana, de cereais, várias plantas e frutos, susceptíveis de fermentação. Este nome se aplica especialmente à aguardente de cana. *Cachaça* é propriamente a espuma grossa que, na primeira fervura, se tira do caldo de cana, na caldeira; passou depois a significar uma aguardente inferior. *Cana* é uma abreviação da expressão *aguardente de cana*. *Caninha* um diminutivo carinhoso, indicativo de gratidão do bebedor pelo líquido que lhe dá tanto prazer. *Parati* é o nome que tomou por catacrese a aguardente produzida nas imediações da cidade de Parati, no estado do Rio, é por ela exportada; generalizou-se o sentido de modo que o vocábulo pode aplicar-se a aguardentes de quaisquer procedências. *Pinga*, que vem de *pingar*, isto é, escorrer aos pingos (da bica da pipa, do tonel), aplica-se também ao vinho, mas em nosso país passou a aplicar-se à aguardente de cana, por esta ser a bebida ao alcance do povo. Além destes sinônimos, muitos há (tal a importância que para o homem do povo assume a bebida), com vida mais ou menos precária, de caráter regional uns, pertencentes à gíria outros, indicando marcas comerciais outros. Encontramo-los em obras tais como: *Dicionário de Vocábulos Brasileiros*, de Beaurepaire Rohan; *Contos Populares*, p. 164, de Lindolfo Gomes; *Gíria Portuguesa*, de A. Bessa; *Vocabulário Analógico*, de Firmino Costa; *Geringonça Carioca*, de Raul Pederneiras; *Onomástica da Alimentação Rural*, de A. J. Sampaio; artigo de Mário de Andrade, publicado na revista *Hoje*, em abril de 1944; *Dicionário da Gíria Brasileira*, de Manuel Viotti; artigo de Aurélio Buarque de Holanda, *Mamãe-sacode*, no suplemento do *Correio da Manhã* de 20 de julho de 1947, p. 1. A título de curiosidade vamos dar os sinônimos colhidos nestas obras, acrescentando-lhes as indicações convenientes: *abre* (Mário de Andrade); *abrideira* (aplicável também a qualquer aperitivo); *aca* (Bahia; cachaça de mau gosto; *aca* e suas variantes *iaca* e *inhaca* significam mau cheiro, mas o olfato e o paladar são sentidos associados); *aço* (gíria do Sul); *a-do-ó* (muito regional, lembrando a freguesia paulistana de N.S. do Ó); *água-bruta*, *água que gato não bebe* (S. Paulo); *água* *que passarinho não bebe* (Nordeste, Rio; gíria); *águas de setembro* (S. Paulo); *aninha* (derivado de *caninha*, na opinião de Viotti); *aquiqui* (feita de milho e usada pelos caingangues); *ardosa* (gíria carioca, segundo Elisio de Carvalho, *Gíria de gatunos*); *ardose* (gíria portuguesa); *ariranha; assobio de cobra*, *azougue* (Minas); *azuladinha* (Alagoas); *azulzinha* (Nordeste); *bagaceira* (feita com o bagaço de uva); *baronesa; bicha* (Pernambuco e outros estados do Nordeste); *bico* (gíria); *borbulhante* (gíria de Sergipe); *braba; branca* (Ceará); *branquinha; brasa; brasileira* (Paraíba); *briba; cachorro de engenheiro; caiana; cambraia; cana-capim; cândida; canguara* (Sul); *canha* (Rio Grande do Sul; é o espanhol *caña*, cana); *canjiga* (Cândido de Figueiredo); *catuta; caxaramba; caxiri* (extraído da mandioca por fermentação), *caxixi* (Norte; aguardente ordinária, com 14 a 18 graus); *corta-samba; cotreia* (Sergipe); *cumbe* (muito regional; da localidade de fabricação no Ceará); *cumulaia* (muito regional; da cidade de Campos, no estado do Rio); *danada; delas-frias* (gíria nordestina); dengosa (gíria nortista); *desmancha-samba; dindinha; dona-branca; elixir; engasga-gato* (gíria); *espírito* (velho nome, dos tempos de alquimia, aplicado aos produtos da destilação, especialmente às aguardentes com 66 a 70 por cento de álcool; porção mais sutil dos corpos, extraída quimicamente, no dizer de Morais); *esquenta por dentro* (gíria); *fenasco* (fenim ordinário); *fenim* (aguardente muito forte, especialmente a do coqueiro; vocábulo da Índia Portuguesa); *fruta* (Pernambuco); *girgolina* (gíria portuguesa); *gramática* (Pernambuco; no Rio de Janeiro, só na expressão *estar com dois dedos de gramática*); *guampa; homeopatia* (Pernambuco); *imaculada* (Nordeste); *já-começa; jararaca; jeribita; jeripiti; jinjibirra* (Alagoas); *juízo* (marca comercial); *jurubita* (variante de jeribita); *limpa*; *limpazinha; lindinha* (Minas); *linha-branca* (Fernando de Noronha); *lisa; maçangana* (muito regional; Pernambuco); *malunga* (Minas); *mamãe de aluana* (Sergipe); *mamãe de aruana* (Sergipe); *mamãe de luana* (Sergipe); *mamãe de luanda* (Sergipe); *mamãe-sacode* (gíria do Ceará); *mandureba* (Ceará); *marafo* (Mário de Andrade); *maria-branca* (S. Paulo); *marvada; mata-bicho* (é mais uma gorjeta para beber, cp. o fr. *pourboire*, o al. *Trinkgeld;* mas, como a aguardente é a bebida do povo, também significa aguardente); *meu-consolo; minduba* (Bahia); *moça-branca* (S. Paulo); *mofumbo*, *monjopina* (muito regional; Pernambuco); *montuava* (S. Paulo); *morraça* (gíria portuguesa); *morrão* (muito regional, S. Paulo); *morreteana; morrinha* (gíria portuguesa); *óleo; oronganje* (Mário de Andrade); *panete* (Minas); *parda* (gíria portuguesa); *patrícia* (Pernambuco); *pechincha*, *perigosa* (Paraíba); *piloia* (Ceará); *piribita* (Paraíba); *porongo* (gíria de Sergipe); *prego; pura* (gíria); *purinha* (gíria); *rama* (Mário de Andrade); *restilo* (S. Paulo, Mato Grosso; aguardente muito forte, redestilada); *retrós* (Fernando de Noronha); *rija*, *roxo-forte* (Mário de Andrade); *samba; semente de arenga*, *sete-virtudes* (Pacheco e Lameira, *gram. Port.*, 61, Raul Pederneiras); *sinhaninha* (Nordeste); *sinhazinha; sipia* (Sergipe); *sumo da cana* (S. Paulo); *suor de alambique; supupara* (muito regional, do nome de um engenho do Ceará); *tanguara*, *tapiá; teimosa* (Ceará); *terebintina; tinguaciba; tiquara* (aguardente muito fraca); *tiquira* (feita de mandioca); *tiúba* (Norte); *truaca*, *uca* (gíria fluminense); *upa; uraca* (primeira destilação da sura ou da seiva de palmeira); *verdinha* (Barbuda, *Gramática*, 372); *xinapre* (Minas); *zuninga* (Pernambuco). Ao todo 132.

água-viva, alforreca, cansanção, caravela, chora-vinagre, mãe-joana, medusa, ponom (Maranhão)**, urtiga-do--mar** – Nomes de celenterados marinhos da classe dos Cipozoários, pertencentes ao gênero *Rhizostoma* e a outros.

agudeza, argúcia, astúcia, atilamento, finura, penetração, perspicácia, sagacidade, sutileza, tino – A *agudeza* vê os objetos mais finos, sutis e delicados, as relações mais sutis. *Argúcia* é a argumentação falsa apresentada com agudeza (é também percepção aguda). *Astúcia* é a habilidade no emprego de ardis para enganar. *Atilamento* é a habilidade de fazer uma coisa sem nada omitir do que lhe pertence; propriamente, escrever o til, não deixar de pôr na escrita nem um til. *Finura* é a habilidade de escolher a ocasião oportuna para agir, para falar. *A penetração* vê o fundo das coisas, o mais recôndito dos negócios, o coração humano. *A perspicácia* (prefixo *per*, através, raiz *spec*, ver) vê claro através dos obstáculos. A *sagacidade* (lat. *sagax*, qualificativo do cão de bom faro) é o dom natural de descobrir facilmente, sem esforço, o que é difícil, confuso, obscuro. *Sutileza* é a extrema penetração, acompanhada de delicadeza e às vezes de certa astúcia. *Tino* é habilidade de dirigir um negócio, de sentir o que convém, o que é razoável.

aguentar, amparar, apoiar, escorar, especar, estear, sustentar, suster – *Aguentar* é manter no estado ou na posição em que está, para que dela não saia; antigo *aguantar*, como o espn. *aguantar* e o it. *agguantare*, segurar tendo guantes nas mãos, para maior firmeza. Nada tem que ver com *água*, como pensou Aulete. *Amparar* é impedir de cair. *Apoiar* é também impedir de cair, colocando por baixo um poio, um poial, um assento. *Escorar* é pôr escora para que não caia, sendo escora uma peça de madeira ou metal que se põe obliquamente de encontro àquilo que se quer provisoriamente amparar. *Especar* consiste em pôr espeque, isto é, uma haste, um pau forte, uma alavanca, para que não caia. *Estear* consiste em pôr esteio, isto é, estaca forte, que à coisa esteada dê um apoio firme, seguro, duradouro. *Sustentar* é suster com muito esforço. *Suster* é segurar por baixo (pref. *subs.*), mantendo no lugar próprio por mais tempo e com mais esforço do que o faz quem aguenta.

aguentar, aturar, padecer, sofrer, suportar, tolerar – *Aguentar* é sofrer com esforço e muita contrariedade, contrafazendo-se para não mostrar o que sente. *Aturar* é sofrer duramente, persistentemente, de má vontade e com repugnância. *Padecer* é sofrer com alguma resignação, com certa paciência (lat. *pati*). *Sofrer* é levar um mal. *Suportar* é conformar-se com o sofrimento. *Tolerar* é sofrer em silêncio, por impotência, fraqueza, boa educação, aceitação.

aguilhão, dardo, ferrão – Arma ofensiva de certos insetos, como abelhas, marimbondos etc.

aguilhoar, estimular, excitar, impelir a, incitar, levar a – *Aguilhoar* é usar de meio com que se vença a inércia de alguém. *Estimular* é aguilhoar repetidamente. *Excitar* é fazer tomar uma resolução. *Impelir* é atirar para a frente o que não quer ou quer fazer fracamente. *Incitar* é dar disposição. *Levar a* uma coisa é fazer praticá-la pessoa incapaz de conduzir-se por si.

agulhão-bandeira, guebuçu – Peixe da família *Xiphiidae* (*Istiophorus americanus*).

agulhão-trombeta, trombeta – Peixe da família *Fistulariidae* (*Fistularia tabacaria*).

Agulhas Negras, Itatiaia – Pico da serra do Mar, no ponto de encontro dos limites dos estados do Rio de Janeiro, São Paulo e Minas Gerais.

aí, aqui – *Aí* é o lugar em que está a pessoa com quem se fala; *aqui* é aquele em que está a pessoa que fala. "Aqui no Rio já acabou o racionamento; não sei se aí onde você está, ele ainda dura".

aiapaina, casca-preciosa, pau-precioso, pereiorá – Árvore da família *Lauraceae* (*Mespilodaphne pretiosa*).

aimoré (Pernambuco); **alcaboz** (Portugal); **amboré** (Nordeste); **amoré, amoreia** (Nordeste); **babosa, caboz** (Portugal); **cundunda** (Pernambuco); **emboré** (Sul); **florete** (rio Pomba); **mauíra** (Pará); **maria-da-toca** (Rio); **inuçurungo, peixe-flor** (rio Pomba); **tajacica** (Pernambuco) – Nomes de peixes da família *Gobiidae*, pertencentes ao gênero *Gobius* e a outros.

ainda, inda – *A segunda* forma do advérbio aparece em poesia e na linguagem popular.

ainda que, bem que, conquanto, embora, em que, posto que, se bem que – *Ainda que* indica uma oposição condicional ou possível: *Ainda que o galo não cante, a manhã sempre rompe* (provérbio). *Bem que* indica uma oposição que todavia considera bom o que está feito, resolvido etc. Apresentando como bom o que na opinião de quem fala dá lugar a dúvidas, daí resulta um matiz de concessão: *Os chefes, bem que chefes, são vassalos. E os vassalos não têm poder supremo* (*Cartas chilenas*, 2ª 174). *Conquanto* indica oposição de quem reconhece o modo de ser de uma coisa, de um fato. Só se emprega falando de uma realidade e dá realce à ideia de coexistência dos fatos que se contrapõem: *Este orador, conquanto não tenha grande verbosidade*, é *sempre ouvido com atenção*. *Embora* indica que não se leva em conta a oposição. A ação da oração concessiva é de todo indiferente: *Embora eu não te veja, Neste ermo pedestal, és santa, és imortal* (Herculano, *Poesias*, 136). *Em que* só se usa na expressão *em que pese a*. Indica que a concessão é feita, com pesar de alguém. *Posto que* indica aceitação dos fatos a que se opõe; admite-os: *Que as damas vencedoras se conheçam. Posto que dois e três dos seus faleçam* (*Lusíadas*, VI, 59, 7-8). *Se bem que* ao valor de *bem que* acrescenta uma condição.

aio, preceptor – *Aio*, palavra um tanto antiquada mas que se usou no Brasil até 1889, é o preceptor de príncipes ou de filhos de grandes fidalgos. *Preceptor* é o indivíduo encarregado de ensinar, instruir e educar pessoa de menor idade.

aipi, aipim, macaxera, mandioca (doce ou mansa) – *Aipi* é forma originária do tupi (Batista Caetano, *Vocabulário*, 28, T. Sampaio, *O Tupi na Geografia Nacional*, 3ª ed., 150), encontrada em Gregório de Matos, VI, 200, e hoje menos usada que *aipim*. Planta da família *Euphorbiaceae* (*Manihot palma*). *Aipim* é variante de *aipi*, apresentando nasalação da vogal final (de Sergipe ao Rio de Janeiro, do Paraná, de Santa Catarina e do Rio Grande do Sul). *Macaxera* é o nome de Alagoas até a Amazônia. *Mandioca* é o nome de S. Paulo, Minas

Gerais, Goiás e Mato Grosso. V. Beaurepaire Rohan, *Dicionário*, e A. E. Taunay, *Vocabulário de Omissões*, *10*.

airoso, bizarro, donairoso, elegante, esbelto, galante, galhardo, garboso, garrido, gentil, gracioso, guapo, loução, taful, vistoso – Todos se referem a uma bela aparência. *Airoso* é o que apresenta certa graça em seus movimentos, no modo de andar, dançar e fazer outros exercícios; aplica-se mais aos que saem de uma empresa com honra, felicidade ou brilho. *Bizarro* é o valente com elegância e desembaraço. *Donairoso* é o que alia desembaraço de corpo e alguma graça. *Elegante* é o bem feito de corpo, gracioso e distinto no vestuário, nas maneiras. *Esbelto* é o bem proporcionado de formas, nem gordo nem magro, ágil, com certa elegância e certa graça. *Galante* é o ornado com bom gosto e por extensão o que agrada com suas graças, suas amabilidades. *Galhardo* é o forte que sai elegante e orgulhosamente das empresas em que se mete. *Garboso* é o elegante, com brio e altivez. *Garrido* é o galante e vivo, alegre. *Gentil* é o que apresenta delicadeza, sobriedade, bom gosto, no trajar, nas maneiras, próprios de um fidalgo. *Gracioso* é o que revela muita graça em seu aspecto. *Guapo* é o resolvido, que despreza os perigos e animoso os acomete; é também o que mostra agilidade, bravura, com bizarria e certo brilho de apresentação. *Loução* é o airoso e alegre. *Taful* é o loução, vestido no rigor da moda. *Vistoso* é o que dá na vista, que parece bem à vista, por sua aparência de saúde, por sua disposição.

ajaezar, arrear – *Ajaezar* é pôr jaezes, isto é, qualquer adorno, como penachos, fitas, mantas etc. *Arrear* é pôr arreios comuns. Uma citação de Damião de Góis, *Crôn. de D. Manuel*, III, 19, mostra bem a diferença: "dous elefantes com todos seus jaezes, e arreyos".

ajudar, coadjuvar – *Ajuda-se* a quem está às voltas com um trabalho que não pode fazer ou que está fazendo com lentidão. *Coadjuvar*, que é ajudar juntamente com outrem, também significa ajudar no exercício de uma função, ajudar para um fim comum.

ajuizado, assisado, avisado, circunspecto, cordato, discreto, grave, judicioso, ponderado, prudente, sábio, sensato, sério, sisudo – *Ajuizado* é o que tem juízo, isto é, uma justa medida das coisas, a faculdade de apreciar as relações das coisas com os princípios racionais; é também o que procedeu com juízo em determinada conjuntura. *Assisado* é o que tem siso, isto é, um juízo inferior, um tanto vulgar, aplicável a coisas de pouca importância, às coisas ordinárias da vida. *Avisado* é aquele cujo atilamento leva a proceder com acerto, como se tivesse recebido um aviso de alguém com juízo superior. *Circunspecto* é o que, observando o que se passa ao redor de si, se mostra comedido, cauteloso, prudente. *Cordato* é o que concorda com o que é razoável. *Discreto* é o que sabe discernir as coisas, mostrando-se reservado em suas ações, em suas palavras, portando-se bem, não fazendo revelações inconvenientes. *Grave* é o que por seu aspecto sereno e severo revela reflexão segura, equilíbrio moral. *Judicioso é o* muito ajuizado. *Ponderado* é o que antes de agir pesa (latim *pondus*, *ponderis*, peso) todas as probabilidades, as favoráveis e as contrárias, não obrando irrefletidamente. *Prudente* é o que, além de sisudo, se mostra calmo, sereno, moderado. *Sábio* é o que tem exato conhecimento de tudo, perfeita inteligência da vida, tino seguro. *Sensato* é o que tem senso, a faculdade intelectual de discernir, de entender as coisas. *Sério* é o que se conduz com lisura, retidão. *Sisudo* é o assisado discreto e grave.

ajuntar, agrupar, aliar, coligar, congregar, incorporar, ligar, reunir, unificar, unir – *Ajuntar*, além de pôr junto, significa em certos casos reunir com trabalho e cuidado: *ajuntar selos para coleção*. *Agrupar* é reunir em grupo. *Aliar* é fazer um acordo moral, importante, com tal ou qual formalidade, com tal ou qual solenidade: A Inglaterra, a França, os Estados Unidos, a União Soviética e o Brasil aliaram-se contra a Alemanha. *Coligar-se* é ligarem-se muitos. *Congregar* é reunir todas as pessoas de determinada corporação (prefixo *cum*, ideia de junção, *egrex*, *gregis*, rebanho). *Incorporar* é juntar de modo que fique formando um corpo só. *Ligar* é fazer um acordo moral: "Vocês se ligaram contra minhas pretensões". *Reunir* é tornar a unir e também juntar coisas, pessoas diversas. *Unificar* é fazer de várias coisas homogêneas ou da mesma ordem um só todo. *Unir* é juntar coisas homogêneas ou heterogêneas, de modo que apresentem unidade, que pareçam formar um só todo. V. *acrescentar*, *acumular*.

ala, fila, fileira, linha, renque, série – *Alas* são filas voltadas de frente uma para outra e separadas por um espaço. *Fila* é um conjunto de pessoas ou coisas, uma ao lado ou atrás da outra e tendo a frente virada para o mesmo lado. *Fileira* é um conjunto de filas. *Linha* é a sequência de pessoas ou coisas em determinada direção. *Renques* são filas de árvores, colunas etc, plantas ou seres inanimados. *Série* é um conjunto de coisas que se sucedem segundo uma certa ordem; as progressões da matemática são séries.

álacre, alegre, contente, exultante, jovial, jubiloso, ledo, satisfeito – *Álacre* é o alegre com vivacidade, presteza de ânimo. *Alegre* é o que manifesta em suas palavras, em seus atos, o contentamento de que está possuído. *Contente* é o que experimenta em seu interior uma sensação agradável, causada pela posse de um bem desejado, por um prazer de que gozou etc. *Exultante* é o que está tão alegre que prorrompe em saltos, gestos exagerados (prefixo *ex* e lat. *saltare*, saltar). *Jovial* é o que possui temperamento voltado para a alegria; os astrólogos atribuíam a jovialidade à influência do planeta Júpiter (latim *Jupiter*, *Jovis*). *Jubiloso* é o que sente júbilo, isto é, uma alegria que se exprime por gritos. *Ledo* é o que sente uma alegria serena, suave, tranquila; é vocábulo literário: *Naquele engano d'alma ledo e cego* (*Lusíadas*, III, 120, 3). *Satisfeito* é o que sente satisfação (v. *satisfação*).

alacridade, alegria, contentamento, exultação, jovialidade, júbilo, ledice, regozijo, satisfação – *Alacridade* é o estado de álacre (*v. álacre*). *Alegria* é o estado de alegre (v. *alegre*). *Contentamento* é o estado de contente (v. *contente*). *Exultação*, o de exultante (v. *exultar*). *Jovialidade*, o de jovial, *q.v.* *Júbilo* é alegria que se manifesta por gritos. *Ledice* é o estado de ledo (v. *ledo*); palavra tão desusada quanto *ledo* hoje. *Regozijo* é um gozo redobrado, isto é, de que muitos participam, aplicando às demonstrações públicas de alegria, por acontecimentos faustosos. *Satisfação* é o contentamento daquele a quem tudo sucedeu na medida dos seus desejos.

alamiré, diapasão – *Alamiré* ou *lamiré* é o antigo nome vulgar, que aparece ainda hoje na expressão *dar o alamiré*, isto é, fazer o sinal para começar uma coisa. *Diapasão:* instrumento músico de som fixo, o qual dá o *lá* com que se afinam outros instrumentos.

alarde, bazófia, desvanecimento, fanfarronada, gabolice, jactância, orgulho, ostentação, ufania, vanglória – *Alarde* é o ato de proclamar com aparato e desvanecimento qualidades, virtudes, bens materiais. *Bazófia* é ostentação escandalosa e ridícula de bens, grandezas, qualidades. *Desvanecimento* é o ato de desvanecer-se (v. *desvanecer-se*). *Fanfarronada* são as palavras, os atos daquele que fanfarreia (v. *fanfarrear*). *Gabolice* é o ato de gabar-se (v. *gabar-se*). *Jactância* é o ato de jactar-se (v. *jactar-se*). *Orgulho* é o alto conceito que se tem de si ou dos seus. *Ostentação* é o ato de ostentar-se (v. *ostentar*). *Ufania* é o ato de ufanar-se (v. *ufanar-se*). *Vanglória* é a ideia alta porém falsa que alguém faz de si próprio.

alardear, bazofiar, blasonar, desvanecer-se, fanfarrear, gabar-se, jactar-se, orgulhar-se, ostentar, ufanar-se, vangloriar-se – *Alardear* é fazer alarde (v. *alarde*). *Bazofiar* é fazer bazófia (v. *bazófia*). *Blasonar* é louvar-se com ostentação, como os que têm brasões de família. *Desvanecer-se* é sentir-se vaidoso (tem a mesma raiz *van*, que o lat. *vanitas*, vaidade) por uma vitória, uma honra, uma boa opinião, uma fortuna. *Fanfarrear* é querer convencer aos outros, com palavras empoladas, com atos, de uma valentia que não possui, de ações que não praticou, tudo isto de modo um tanto ridículo. *Gabar-se* é ser o primeiro a aludir aos próprios méritos, aos próprios feitos. *Jactar-se* é gabar-se publicamente, com ênfase. *Orgulhar-se* é sentir orgulho por uma coisa a que atribui exagerada importância (v. *orgulho*). *Ostentar* é mostrar imodestamente coisas materiais, que todos podem ver, bens que possui. *Ufanar-se* é sentir contentamento, alegria, arrogância, que causam desvanecimento, orgulho, por uma vitória alcançada, pela execução de um grande feito. *Vangloriar-se* é sentir vanglória (v. *vanglória*).

alarido, algazarra, berreiro, bramido, celeuma, clamor, gritaria, vozeria ou vozearia – *Alarido* é a gritaria das pessoas que brigam ou das que pranteiam ou se lamentam. Camões, descrevendo uma batalha naval, diz: "*É fumo, ferro, flamas* e *alaridos*" (*Lusíadas*, X, 36, 8). Vieira, Sermões, VIII, 212, diz: "Não se via nas mulheres mais que lágrimas, prantos, alaridos etc." *Algazarra* é a gritaria de tal modo confusa que não se percebe nada do que se diz. *Berreiro* é gritaria monótona, como o berro de um bezerro, como o pranto de uma criança manhosa. *Bramido* é um clamor de cólera, de ameaça, de pessoa que sofre dor muito violenta; lembra o rugir de certas feras. *Celeuma* é o canto com que marinheiros que remam, suspendem âncoras etc., dos operários que suspendem um peso e se animam mutuamente e marcam o compasso necessário para a aplicação do seu esforço; por extensão, passou a significar gritaria de pessoas que reclamam, que protestam, que exigem. *Clamor* é a gritaria aflita de quem pede, protesta, ameaça etc. *Gritaria* é um conjunto de gritos confusos e descompassados. *Vozeria* ou *vozearia* é um conjunto de vozes confusas.

alarme, rebate – *Alarme* é a gritaria que anuncia a aproximação do inimigo. *Rebate* é o ruído de tambores, o toque de sinos, com que se convoca o povo para conjurar um perigo de qualquer natureza, um incêndio, uma inundação, uma invasão.

alarme, apreensão, assombro, espanto, medo, pânico, pavor, receio, sobressalto, susto, temor, terror – *Alarme* é a grave comoção trazida por perigo iminente ou que se crê iminente. *Apreensão* é a inquietação causada pela incerteza do futuro. *Assombro* é um grande espanto que maravilha e imobiliza a pessoa. *Espanto* é a impressão forte, causada por aquilo que sobrevém sem se esperar e repentinamente. *Medo* é um sentimento espontâneo e irresistível, é um sobressalto repentino e violento. *Pânico* é o terror, às vezes infundado, que se apodera de multidão de pessoas repentinamente. *Pavor* é um grande espanto, que faz fugir. *Receio* é o estado de dúvida, causado por alguém ou alguma coisa que pode ser favorável ou contrária; às vezes leva à inação. *Sobressalto* é o estado de inquietação, cuidado, preocupação, de quem se vê atacado por um mal. *Susto* é o medo que nos primeiros momentos tolhe os movimentos; passa logo. *Temor* é a perturbação causada por um mal que a reflexão faz ver como possível ou provável. *Terror* é a grave perturbação, trazida por perigo imediato, real ou imaginário, mas atual.

albará, embiri, erva-dos-feridos – Planta da família *Marantaceae* (*Canna angustifolia*).

albatroz, gaivotão – Ave da família *Diomedeidae* (*Diomedea melanophrys*).

albergue, estalagem, guarida, hospedaria, hotel, pensão, pousada – *Albergue* era a casa onde se hospedava, gratuitamente ou pagando, quem estava fora de sua terra; hoje, no Brasil, é um asilo para pobres. *Estalagem* é, em Portugal, hospedaria de pouco luxo e asseio, pousada de recoveiros (Aulete); no Brasil, só se usa no sentido de pátio com habitações pobres. *Guarida* é lugar de refúgio, abrigo, contra dano ou perigo, perseguição, intempérie. *Hospedaria* é a casa em que se recebem hóspedes a que se dá cama e mesa, mediante retribuição; no Brasil tomou o sentido de casa em que se recebem hóspedes para passar a noite. *Hotel* é hospedaria que oferece vários serviços. *Pensão* é a casa de família que recebe hóspedes ou que fornece comida para fora ou para fregueses que vão lá fazer suas refeições. *Pousada*, em Portugal, é o mesmo que *estalagem;* no Brasil, usa-se com o sentido de dormida que se permite a um viajante.

albor, alva, alvor, alvorada, aurora, crepúsculo, dilúculo – *Albor* é o primeiro sinal da alva. *Alva* é a luz alva e suave que indica o fim da noite, a aproximação do sol. *Alvor* é o mesmo que *albor*. *Alvorada* é a continuação da alva, ou melhor a alva em todo o seu esplendor, antes de vir a aurora. *Aurora* é a luz rósea em que se transforma a alva, a qual depois se torna vermelha, matizada de dourado quando nasce o sol. *Aurora, de róseos dedos*, diz Homero. *Crepúsculo* é a luz fraca, incerta, duvidosa, que se segue ao pôr do sol: "Duas vezes se mostra corado o céu, uma de manhã à aurora, outra ao crepúsculo da tarde" (Vieira, *Sermões*, XIV, 229). Por extensão, aplicou-se também ao romper da alva, como se vê neste trecho de Herculano, Eurico, 27ª ed., p. 226: "A hora de amanhecer aproximava-se: o crepúsculo matutino alumiava frouxamente..." *Dilúculo*, vocábulo literário, é a luz fraca, incerta, duvidosa, que indica a passagem da noite para o dia; é o romper da alva.

albugo ou **albugem, belida** – Mancha branca na córnea. *O primeiro* é erudito e *o segundo*, popular.

alcaide, mono – Mercadoria velha, desusada, que não acha quem a compre. *O primeiro* vocábulo é do Brasil; *o segundo*, de Portugal: "Iam ficando nas lojas como *alcaide*, para um canto" (Rodrigo Octávio, *Minhas Memórias dos Outros*, II, 246).

alcançar, atingir, chegar, tocar – *Alcançar* é tocar com esforço: *Até que enfim alcancei o trapézio*. *Atingir* é tocar com precisão num ponto dado: *As baías atingiram o alvo*. *Chegar* indica simplesmente o fato de aproximar-se de um ponto dado, terminado o percurso que vinha fazendo. *Tocar* é chegar, pondo-se em contato.

alcançar, conseguir, impetrar, lograr, obter – *Alcançar* é obter, conseguir, tocar o fim dos rogos, das súplicas. *Conseguir* é tocar o termo das diligências de acordo com a justiça ou o mérito. *Impetrar* é obter ou alcançar do superior uma graça. *Lograr* é tocar o termo dos desejos. *Obter* é receber depois de haver pedido.

alcance, desfalque – *Alcance*, numa prestação de contas, é a diferença entre a quantia entregue e a que devia ser entregue. *Desfalque* é o alcance doloso.

alcanforeira, curraleira, erva-mula, pé-de-perdiz – Planta da família *Euphorbiaceae* (*Croton perdicipes*).

alcantil, despenhadeiro, escarpa, fraga, grota, precipício, riba, ribanceira – *Alcantil* é uma vertente talhada a pique ou quase a pique, mergulhando no mar ou banhada por impetuosa corrente. *Despenhadeiro* é vertente de base muito profunda e trazendo aos que transitam pela sua beira o risco de se despenharem. *Escarpa* é uma encosta muito íngreme, quase alcantilada. *Fraga* é a encosta cheia de pedregulhos que tornam difícil a subida. *Grota* é uma aberta mais ou menos profunda em montanha, pela qual quase sempre corre água. *Precipício* é todo acidente onde se corre o risco de precipitar-se de cabeça para baixo (prefixo *prae* e lat. *caput*, *capins*, a cabeça). *Riba* é margem de rio na qual a terra é elevada. *Ribanceira* é uma riba de grande inclinação, sobranceira a mar ou a rio.

alçar, elevar, erguer, levantar – *Alçar* é levantar o que está caído, é pôr acima da posição em que estava, da posição normal. *Elevar* é por em lugar alto, fazer subir a cargo eminente, a honras. *Erguer* é levantar pondo em pé. *Levantar* é pôr ao alto ou em alto, tirar para cima, fazer subir; de todos é o mais genérico.

alcatifa, alfombra, tapete, tapeçaria – O mais genérico de todos é *tapete*, tecido espesso, simples ou com desenhos, usado para cobrir pavimentos, paredes, móveis etc. *Alcatifa* é tapete rico, preso ao pavimento e cobrindo-o todo. *Alfombra* é tapete de uma só peça, fixo ou não ao pavimento, cobrindo-o no todo ou em parte. *Tapeçaria* é conjunto de tapetes e também tapete que cobre paredes, como as dos Gobelins, por exemplo. *O primeiro* e *o segundo* são termos literários.

alcatraz, grapirá, joão-grande (Rio de Janeiro), **tesoura** – Ave da família *Fregatidae* (*Fregata aquila*).

alcoice, bordel, lupanar, prostíbulo – *Alcoice* é a casa que aluga cômodos a casais que desejam entreter relações sexuais. *Bordel* é o nome que se dá a uma casa de prostituição, quando se têm em vista as orgias lá realizadas. *Lupanar* é a casa de prostituição na qual residem meretrizes; aplica-se o vocábulo quando se tem em vista a moralidade dos frequentadores de tais casas. *Prostíbulo* é a casa de prostituição, tendo-se em vista as mulheres que lá exercem essa atividade.

alcoolizado, bêbado, bêbedo, bebido, borracho, ébrio, embebedado, emborrachado, embriagado, encachaçado, temulento – *Alcoolizado* é o embriagado com qualquer bebida alcoólica. *Bêbedo* é o que ficou estonteado com a ingestão de bebida alcoólica; em sentido figurado se aplica ao sonolento que cabeceia: *bêbedo de sono;* já tem largo uso a variante popular *bêbado*. *Bebido* é o que bebeu mais do que o normal e ficou ligeiramente bêbedo. *Borracho* é o bêbedo em excesso. *Ébrio* é o transtornado em seu juízo por haver bebido demais. *Embebedado* é o que se acha momentaneamente em estado de bêbedo. *Emborrachado*, no de borracho. *Embriagado*, no de ébrio. *Encachaçado* é o embriagado por cachaça. *Temulento* é termo literário que significa embebedado com vinho em excesso (raiz *tem*, do lat. *temetum*, vinho).

alcoviteiro, dez e um (Minas Gerais), **onze-letras** – Pessoa que serve de intermediária em relações amorosas.

alcunha, antonomásia, apelido, apodo, cognome, epíteto, hipocorístico, vulgo – *Alcunha* é o nome atribuído a alguém por defeito físico ou vício moral: *João Maneia*, *Pedro Linguarudo*. *Antonomásia* é o nome ou locução nominal que substitui um nome, ex.: *A águia de Haia* (Rui Barbosa). *Apelido* é o nome carinhoso, derivado do nome de batismo: *Betinho* (Alberto). Em Portugal equivale ao que nós, brasileiros, chamamos sobrenome, e assim está em nosso Código Civil. *Apodo* é a alcunha afrontosa, em que há zombaria, mofa, alguma comparação ridícula ou ofensiva. *Cognome* é alcunha de caráter histórico: *Isabel a Redentora*. *Epíteto* é um qualificativo usado para ornar o substantivo, pôr-lhe em destaque a ideia. *Hipocorístico* é termo técnico. *Vulgo* é alcunha dada pelo povo das ruas: *Fulano de Tal*, vulgo *Pernambuco*. Originariamente é o advérbio latino *vulgu* (vulgarmente, na boca do povo).

aldeia, arraial, comercinho, comércio, povoação, povoado, rua – *Aldeia*, no sentido de povoado sem categoria de vila ou cidade, como é em Portugal, não se usa no Brasil; no Brasil, é povoado de índios, também chamado *aldeamento*. "O que em Portugal se chama *aldeia*, nós denominamos correntemente *povoação*, *povoado*, *arraial*, e no interior do Brasil, às vezes, *comércio* e *comercinho*, segundo refere Nelson de Sena, *rua* como ouvimos na Bahia". (Bernardino José de Souza, *Dicionário da Terra e da Gente do Brasil*, s. v. *aldeia*).

alecrim-da-serra, alecrim-do-tabuleiro – Planta da família *Acanthaceae* (*Dichiptera aromatica*).

alecrim-do-campo, alecrim-do-sertão – Planta da família *Verbenaceae* (*Lantana microphylla*).

alegar, citar – *Alegar* é produzir documentos, exemplos, razões, argumentos, para fazer uma prova. *Citar* é produzir textos e autoridades: *O autor alegou prioridade e citou um texto do Digesto.*

alegoria, apólogo, fábula, parábola – A *alegoria* é metáfora contínua com a qual se inculcam sob forma agradável importantes verdades, apresentando ao espírito um objeto e designando outro. Na tragédia *Rome Sauvée*, de Voltaire, há uma bela alegoria referente a Cícero, na qual Catilina se refere a um navio, que é a república, a um piloto, que é Cícero, aos ventos, que são os inimigos do Estado, e à tempestade, que é a conjuração. O *apólogo* é uma historieta mais ou menos longa, destinada a apresentar de forma agradável uma lição de sabedoria, inculcando uma verdade e ocultando o sentido moral até o instante da conclusão. Em nossa literatura adquiriu celebridade o de Machado de Assis, intitulado *A Agulha e a Linha*. A *fábula* é curta narração não verdadeira, na qual geralmente intervêm animais e sob cujo céu a verdade se mostra agradável e instrutiva; apresenta uma máxima e a exemplifica. São célebres as de Lafontaine. *Parábola* é narração de sucesso imaginado, de forma alegórica, da qual se deduz uma verdade moral. *O Novo Testamento* está cheio delas.

aleitar, amamentar – *Aleitar* é criar dando leite, com mamadeira ou de outro modo. *Amamentar* é criar aos peitos, dando de mamar.

aleive (ou **aleivosia**), **calúnia, deslealdade, falsidade, infidelidade, perfídia, traição** – *Aleive* é a violação da fé devida a um amigo, é a maquinação feita contra alguém sob mostras de amizade. *Calúnia* é a falsa imputação de fato definido como crime (Cód. Penal, art. 138). *Deslealdade* é a falta de lealdade para com o superior, violando a fé jurada, para com o amigo, com quem contraímos deveres e compromissos. *Falsidade* é o ato do indivíduo falso (v. *falso*). *Infidelidade* é a falta de fidelidade (v. *fidelidade*), a violação da fé prometida. *Perfídia* é a simulação da fidelidade. *Traição* é a violação da fé penhorada, da fé que se devia.

aleivoso, caluniador, desleal, falso, infiel, pérfido, traidor – *Aleivoso* é o que, sob capa de amigo, pratica atos maus contra alguém. *Caluniador* é o que lança calúnia. *Desleal* é o que falta com os deveres para com o superior ou o amigo. *Falso* é o que engana premeditadamente, para tirar proveito. *Infiel* é o que falta à fé prometida. *Pérfido* é o que simula fidelidade. *Traidor* é o que falta ao dever legal, à fé devida.

alemão, germânico, tedesco – *Alemão* é o natural da Alemanha. *Germânico* tem sentido mais geral; aplica-se a todos os povos, como holandeses, dinamarqueses, suecos, noruegueses etc., pertencentes ao mesmo ramo da raça branca ao qual pertencem os alemães. *Tedesco*, palavra pouco usada, é o mesmo que *alemão:* não passa de romanização do antigo alto-alemão *diutisk*, no al. mod. *deutsch*, nome que os alemães se dão.

alentado, esforçado, forte, possante, potente, pujante, reforçado, robusto, vigoroso – *Alentado* é aquele que, tendo ampla a arca do peito, pode em cada inspiração tomar muito alento, que lhe permite realizar grandes esforços. *Esforçado* é o que faz suas forças atuarem com energia. *Forte* é o que tem músculos rijos que lhe permitem grandes esforços. *Possante* é o que se impõe pelo grande poder muscular. *Potente* é o que, além de poderoso, se mostra ativo, enérgico, eficaz. *Pujante* é o forte, capaz de vencer, na luta. *Reforçado* é o que tem força além da normal, o muito forte. *Robusto* é o que pela sua boa constituição física mostra que não é dado a moléstias; tem boa saúde. *Vigoroso* é o cheio de vigor, o que pratica com facilidade atos que demandam esforço.

alface-d'água, flor-d'água, golfinho, golfo, lentilha-d'água, santa-lúcia, santa-luzia – Planta da família *Araceae* (*Pistia stratiotes*).

alface-de-cordeiro, erva-benta, orelha-de-burro – Planta da família *Rosaceae* (*Geum urbanum*).

alfaia, luzerna – Planta da família *Leguminosae* (*Medicago sativa*).

alfaiate, pinéu, serrador, serra-serra, tiã-tiã-preto, tiziu, veludinho – Pássaro da família *Fringillidae* (*Volatinia jacarina jacarina*).

alfanje, cimitarra – *Alfanje* é sabre mouresco, curto, largo e curvo, de um só gume exceto na ponta, onde tem dois. *Cimitarra* é espada turca, comprida, larga, de um só gume, alargando-se para a extremidade obliquamente retalhada ou chanfrada na largura.

alfavaca-branca, alfavaca-mansa – Planta da família *Rutaceae;* é variedade de alfavaca-de-cobra (*Monnieria trifolia*).

alfavaca-do-campo, remédio-de-vaqueiro – Planta da família *Labiatae* (*Ocimun inconescens*).

alfazema-da-terra, alfazema-do-mato – Planta da família *Labiatae* (*Hoslundia alfazema*).

alfazema-de-caboclo, sambacaetá – Planta da família *Labiatae* (*Hyssopus cryspapilla*).

alfinete de ama, alfinete de fralda, alfinete de segurança – *Alfinete* que se prende, ficando a ponta dentro de um gancho, para que não possa abrir-se com facilidade. *O primeiro* nome é de Portugal; lembra as pessoas que fazem mais uso do objeto. *Os outros dois* são do Brasil, lembrando *o primeiro* o lugar onde se usa o objeto e *o segundo*, a segurança por ele oferecida. (Com o uso do velcro caiu em desuso).

alforriado, forro, ingênuo, liberto, livre – *Alforriado* é o que acaba de receber carta de alforria. *Forro* é o liberto da escravidão. *Ingênuo* é o que nunca foi escravo; esta denominação reviveu no Brasil depois da chamada lei do ventre livre, aplicando-se aos filhos livres de mulher escrava. *Liberto* é o mesmo que *forro*, isto é, o que se livrou da escravidão. *Livre* é, como o ingênuo do direito romano, o que sempre esteve isento de escravidão.

alforriar, emancipar, libertar, manumitir – *Alforriar* (e *manumitir*, palavra erudita) é conceder carta de alforria, dar liberdade a um escravo. *Emancipar* significa, no direito romano, libertar pessoa vendida em mancípio, isto é, pelo direito que tinha o chefe de família, de vender quem estivesse sob seu poder, mulher, filhos, escravos; hoje se aplica à libertação do pátrio poder, da tutela, da curatela. *Libertar* é dar liberdade, o mesmo que *alforriar*.

algarismo, número – *Algarismo* é o sinal com que graficamente se exprimem os números dígitos e a ausência de valor numérico (o zero). A palavra é de origem árabe e só deve aplicar-se aos algarismos hindus, vulgarizados pelos árabes, de 0 a 9, sendo imprópria quando se tratar da numeração romana. *Número* é o resultado da comparação entre a unidade e a quantidade, representando-se graficamente por um ou mais algarismos: “O número 123 se escreve com três algarismos”.

álgido, enregelado, frígido, frio, gelado, gélido, glacial, regelado – *Álgido*, termo erudito, quer dizer caracterizado por uma sensação desagradável de um frio glacial. *Enregelado* é o muito gelado, mais frio do que o gelo. *Frígido*, embora seja forma erudita de *frio* (lat. *frigidu*), significa na realidade excitante da sensação do frio; clima frígido não é o mesmo que clima frio. *Frio* é desprovido de calor. *Gelado* é convertido em gelo ou que adquiriu temperatura muito próxima da do gelo: “No inverno às vezes a água da superfície de mares, rios e lagos se apresenta gelada. No verão é agradável beber água gelada". *Gélido*, termo erudito (do lat. *gelidu*) é o mesmo que *gelado*, aplicando-se mais à qualidade de frio como o gelo de que ao estado e usando-se muito em sentido moral: "Ela tem mãos gélidas. Não esperei receber tão gélido acolhimento". *Glacial* é o que frequentemente está gelado: *Os polos estão em zonas glaciais*. *Regelado* é o mesmo que *enregelado;* menos usado apenas.

algodão-bravo, algodão-do-brejo, algodão-do-pantanal, algodão-do-pântano, canudo, juliana (Minas Gerais) – Planta da família *Convolvulaceae* (*Ipomea fistulosa*).

algodão-cravo, algodão-do-campo, butuá-de-corvo, periquiteira, sumaúma-do-igapó – Planta da família *Malvaceae* (*Cochlospermum insigne*).

algodão-da-mata, algodoeiro-comum – Planta da família *Malvaceaea* (*Gossypium herbaceum*).

algodão-da-praia, algodão-do-mangue – Planta da família *Malvaceae* (*Hibiscus tiliaceus*).

algodão-do-brejo, fanfã, majorana, vinagreira – Planta da família *Malvaceae* (*Hibiscus bifurcatus*).

algodoeiro-bravo, amanduri, amanduerana, amandurana – Planta da família *Malvaceae* (*Hibiscus bifurcatus*).

algoz, carnífice, carrasco, executor, verdugo – *Algoz*, termo erudito, é o executor da alta justiça, isto é, a que conhecia de acusações criminais que traziam penas aflitivas, mutilações, a morte. O vocábulo hoje só se aplica em sentido moral. *Carnífice*, termo literário, é o indivíduo que se compraz com atos sanguinários. *Carrasco* é termo usual com que se designa o indivíduo cujo ofício é executar sentenças de morte; também se usa e principalmente em sentido figurado, pois a legislação brasileira comum não tem pena de morte. *Executor* é o termo genérico, designativo de quem dá execução a sentenças criminais. *Verdugo* é o mesmo que *carrasco;* também se usa em sentido figurado e é termo literário.

alguns, certos – *O primeiro* indefinido se aplica a pessoas ou coisas mal conhecidas ou que a pessoa que fala não pode, não quer ou não precisa indicar: *Ao entrar vi algumas pessoas no vestíbulo*. *O segundo*, a pessoas ou coisas conhecidas ou que o podem ser ou que poderiam ser nomeadas se fosse necessário: "Convém ocultar isto de certas pessoas."

algures, alhures – Estes dois advérbios antiquados se diferenciam em não excluir lugar algum *o primeiro* (ou seja, quer dizer 'em qualquer lugar') e em excluir *o segundo* o lugar onde se está (ou seja, quer dizer 'em outro lugar').

alheamento, alienação – *Alheamento* é o ato de alhear-se, tornar-se distraído, alheio, estranho ao que se passa em torno. *Alienação* (mental) é o estado de quem não se acha na posse de suas faculdades mentais.

alheio, de outrem, estranho – *Alheio* indica que não é nosso sem se cogitar de dono. *De outrem* não é nosso mas é de determinada pessoa. *Estranho* também não é nosso, mas ignoramos quem seja o dono.

alho-da-campina, alho-do-campo, alho-do-mato, coqueirinho – *Planta* da família *Iridaceae* (*Marica paludosa*).

aliança, bodas, casamento, consórcio, matrimônio, núpcias, união – Emprega-se *aliança* quando se têm em vista as relações de parentesco estabelecidas entre as famílias dos cônjuges.

Bodas são o festim familiar do casamento. *Casamento* é a união do homem e da mulher, segundo a lei civil e os ritos religiosos. *Consórcio* lembra a sociedade conjugal, a associação que se estabelece entre marido e mulher e obriga um a seguir a sorte do outro. *Matrimônio* é o sacramento pelo qual se realiza o casamento religioso. *Núpcias* são as solenidades, os aparatos do matrimônio. *União* alude à perfeita unidade de vistas, que deve existir entre os cônjuges, a fusão de suas duas pessoas em uma, *duo in carne una*, como diz o *Gênese*, II, 24.

aliança, coalizão, liga – *Aliança* é acordo de vontades para determinado fim, realizado de modo mais ou menos formal e solene. *Liga* é acordo da mesma natureza, porém menos formal e menos duradouro. *Coalizão* é liga momentânea, entre elementos com interesses antagônicos para os quais as partes se voltam, depois de atingidos os fins desta espécie de liga. O acordo realizado em 1815 entre o imperador da antiga Rússia, o da Áustria e o rei da Prússia, para se prestarem assistência, ajuda e socorro em toda ocasião e em todo lugar, foi uma aliança, a chamada Santa Aliança. O acordo entre os católicos partidários de Henrique de Guise e os de Henrique de Valois, contra os huguenotes, teve o nome de Liga. Tiveram o nome de coalizão vários acordos entre países de interesses divergentes, mas unidos apenas pela ideia de derrubar Napoleão Bonaparte.

alicerce, baldrame, base, embasamento, fundamento – *Alicerce*, mais usado no plural, é a parte sólida, de alvenaria, sobre a qual assenta uma construção. *Baldrame* é brasileirismo com sentido de *alicerce*. *Base* é a parte inferior da construção, aquela em que ela começa a erguer-se do solo. *Embasamento* é o conjunto de tudo o que serve de base a uma construção. *Fundamento* é o conjunto formado pela área do solo e pelos alicerces, sobre os quais assenta uma construção; usa-se mais no plural. Neles se firma a base.

aliciar, atrair, cooptar, engodar, seduzir – *Aliciar* é atrair a si, ao seu partido, por meio de promessas. *Atrair* é termo genérico; significa chamar a si, trazer a si. *Cooptar* é o mesmo que aliciar, mas dispensando de formalidades no ingresso. *Engodar* é atrair oferecendo presentes. *Seduzir* é fazer apartar-se do bom caminho, usando artifícios, iludindo, dizendo boas palavras.

alienado, demente, doido, insano, louco, maluco – *Alienado* é o que sofre de alienação mental. *Demente* é o que se acha prejudicado na mente, na faculdade de entender e raciocinar. *Doido* é o louco permanente, estabanado, desvairado. *Insano* é o enfermo da razão, o que não tem saúde mental. *Louco* é o que perdeu a razão e por isso faz atos desatinados. *Maluco* é designação popular para loucos e doidos.

alienar, vender – *Alienar* é passar a outrem a propriedade, a título gratuito (doação, legado) ou oneroso (venda, troca). *Vender* é um dos meios de alienar.

alimentar, manter, nutrir, sustentar – *Alimentar* é prover de alimentos, isto é, comidas e bebidas necessárias para a nutrição. *Manter* é dar mantimentos, isto é, o alimento necessário para se manter a vida. *Nutrir* é proporcionar alimentos que se assimilem aos tecidos, que refaçam o organismo. *Sustentar* é dar comida diária e acudir também às necessidades urgentes e indispensáveis da vida.

alinho, apuro, asseio, correção, gosto, requinte – *Alinho* é a ordem, a simetria, a compostura, no vestuário. *Apuro* é o capricho extremo no vestir-se. *Asseio* é a limpeza com que as roupas se apresentam. *Correção* é cuidado e o alinho. *Gosto* é a graça resultante da escolha de uma boa fazenda, de cor agradável, de um belo feitio. *Requinte* é um alto grau de apuro.

alistar, arrolar, catalogar, inventariar, relacionar – *Alistar* é pôr na lista, inscrever na lista de eleitores, de soldados, de membros de um partido etc, com certa solenidade. *Arrolar* é pôr no rol, isto é, numa lista, testemunhas, peças de roupas, objetos etc, com indicação numérica e para auxílio da memória quase sempre. *Catalogar* é arrolar em certa ordem e com explicações. Assim, por exemplo, os livros se catalogam em ordem alfabética e cada um é acompanhado de indicações relativas ao autor, à edição, ao editor, ao local e à data da publicação. *Inventariar* é fazer inventário, isto é, lista em que as coisas (bens de um espólio ou de uma execução) são arroladas e minuciosamente descritas. *Relacionar* é fazer relação, isto é, uma lista em que as pessoas ou coisas não se acham a esmo e sim inscritas em certa ordem.

aljava, carcaz, fáretra – Estojo para setas trazido pendente do ombro. São sinônimos perfeitos. O último é literário.

Alleghannies, Apalaches – Cadeia de montanhas dos Estados Unidos da América. De acordo com o *Century*, *o segundo* nome só se devia aplicar à parte ocidental.

alma, espírito – Segundo Vieira, *Sermões*, XII, 155, "o *espírito* e a *alma* é a mesma coisa: e se tem alguma diferença, é que a palavra *espírito* significa a parte superior da mesma alma". Repete o último conceito em X, 219. O cardeal Saraiva definiu (*Sinônimos*, II, 49) o *espírito* como substância simples, imaterial, inteligente, livre, e *alma* como o espírito que anima alguns seres organizados e é neles princípio de ação e de sentimento. Deus e os anjos são espíritos. Em relação ao homem, podem em alguns casos empregar-se indiferentemente *alma* e *espírito*. Assim, podemos dizer que alguém deu a alma ou espírito a Deus. Quando se diz porém, que um indivíduo tem um espírito vivo, perspicaz etc., e que tem uma alma boa, benévola etc., falamos da parte imaterial do homem sob diversos aspectos, considerando-a ora como inteligente, ora como princípio da sensibilidade e dos afetos. Apresenta o cardeal uma citação de D. Fr. Amador Arraiz na qual se diz que a *alma racional* chama-se alma, enquanto dá vida ao corpo, e *espírito*, enquanto tem virtude eletiva e imaterial (*Diálogo* X, cap. 42). Roquete diz que *o espírito* difere da alma, primeiro em encerrar a ideia de princípio sutil, invisível, a qual não é essencial ao vocábulo *alma;* segundo, em denotar inteligência, faculdades intelectuais ativas que àquele outro só são acessórias. Repetindo Saraiva, acrescenta que *alma* desperta a ideia de substância simples, que anima ou animou o corpo, sendo que *espírito* só indica substância imaterial, inteligente e livre, sem relação nenhuma com o corpo. No sentido figurado, *alma* refere-se aos atos, aos sentimentos, aos afetos; *espírito*, ao pensamento, à inteligência. Com todas estas diferenças sutis, com toda a variedade de empregos, para os que não são materialistas *alma* e *espirito* significam a parte imaterial do homem, distinta do corpo.

alma-de-caboclo, alma-de-gato, chincoã (Amazônia), **meia-pataca, rabi-**

longa, rabo-de-escrivão, rabo-de-palha, tinguaçu – Ave da família *Cuculidae* (*Piaya cayana*).

alma-de-gato (R.G. do Sul), **anu-branco, anu-do-campo, piriguá** (Amazônia), **quiriru** (Amazônia) – Ave da família *Cuculidae* (*Guira guira*).

almanaque, calendário, folhinha – A palavra *calendário* significa hoje conjunto das divisões do ano civil e catálogo onde estão inscritos em cada dia do ano os nomes dos santos e das personagens veneradas pela Igreja. *Almanaque* é um folheto ou livro que, além de conter os dias do ano, ordenados em semanas e meses, a indicação dos eclipses, do ciclo solar, da epacta, do número áureo, da indicação romana, da letra dominical, da entrada e saída do sol nos signos do zodíaco, das marés, dos feriados e dias santificados, contém predições meteorológicas, artigos sobre arte e ciências, artigos literários, anedotas, conselhos, gravuras, caricaturas etc., conforme o público a que se destina. *Folhinha* é um almanaque acomodado ao uso do povo, podendo apresentar-se sob a forma de um folheto ou de folhas pequenas, presas na parte superior e destinadas a ser destacadas diariamente.

almeirão, chicória-do-campo, chicória-silvestre – Planta da família *Compositae* (*Cichorium intybus*).

almejar, ambicionar, apetecar, aspirar, cobiçar, desejar, pretender – *Almejar* é desejar com toda a alma, esperando sereno e confiante. *Ambicionar* é ter ambição, isto é, um desejo excessivo, imoderado. *Apetecer* é desejar para satisfazer uma exigência da natureza. *Aspirar* é desejar com esforço e veemência, como se para tal precisasse fazer profundas aspirações. *Cobiçar* é desejar o que é de outrem, o que está acima dos nossos méritos. *Desejar* é querer com gosto verdadeiro, ter vontade de conseguir ou de gozar uma coisa. *Pretender* é desejar coisas importantes que às vezes se acham além de nossa capacidade.

almíscar, erva-almiscareira – Planta da família *Scrophulariaceae* (*Gratiolo centaurides*).

almocreve, recoveiro, tropeiro – Condutor de récuas. Palavras não usadas no Brasil senão literariamente, *as duas primeiras*.

almoeda, leilão – Venda em hasta pública por arrematação a quem oferecer maior lanço. *A primeira* palavra hoje é de caráter um tanto literário e empregada em sentido figurado.

almofada, coxim, travesseiro – Com pequenas diferenças de forma e matéria, são a mesma coisa: um saco fechado, geralmente de pano e cheio de matéria elástica ou pelo menos mole; retesado às vezes por ar comprimido. Variam no emprego. *Almofada* é para encosto do corpo, *coxim* para assento, *travesseiro* para a cabeça.

almofariz, gral, pilão – Vaso de madeira, pedra ou metal, em que se pisa ou tritura uma substância. *Pilão* é peça, com a qual se pisa ou tritura; mas, por metáfora, o povo no Brasil passou a dar ao *almofariz ou gral* o nome de *pilão* e ao pilão o de *mão de pilão*.

alocução, arenga, conferência, discurso, elogio, fala, falação, homília, oração, panegírico, prática, prédica, preleção, proclamação, sermão – Todos se referem a composições oratórias. *Alocução* é discurso breve, sem aparato oratório; são célebres as de Napoleão. *Arenga* é um arrazoado oratório, animado e vivo, que destina a comover, e especialmente, aquele que se faz aos soldados, antes da batalha ou de ação perigosa. Na linguagem vulgar de hoje é discurso aborrecido, fatigante, fastidioso, ininteligível. *Conferência* é uma composição oratória de caráter literário ou que represente uma lição pública sobre um objeto de estudo. *Discurso* é uma série de palavras, dispostas com arte, pronunciadas em público por um orador, para dizer o que pensa ou sente. *Elogio* é o discurso em que o orador dá testemunho dos méritos de alguém; Latino Coelho escreveu elogios de José Bonifácio e de Humboldt. *Fala* são palavras dirigidas a pessoas que precisam ser instruídas, receber explanações, *falação* é termo popular, pejorativo, com que se designa um discurso de circunstância. *Homília* é sermão de pouca formalidade, de tom quase familiar (o grego *homilia* quer dizer conversação), destinado a esclarecer um ponto de doutrina; são célebres as de S. Basílio. *Oração* é o nome que se dá aos esmerados discursos dos antigos oradores gregos e romanos, tais como Demóstenes, Cícero etc. *Panegírico* é discurso solene, pomposo, pronunciado perante grande assembleia (grego *pâs*, todo, e *ágyris*, multidão), no qual se louva uma grande vida; Plínio o Moço fez o do imperador Trajano. *Prática* é fala religiosa para instruir, espécie de sermão menos solene ainda do que a homília. *Prédica* é prática em que, além de instruir, o pregador anuncia, proclama, diz bem alto verdades religiosas. *Preleção* é o discurso feito em aula pelo professor que explana o assunto da lição. *Proclamação* é fala solene, para dar coragem ou esperança, dirigida nos grandes momentos de uma nação pelo chefe do Estado ao povo, por um general aos seus soldados; o príncipe regente D. Pedro dirigiu uma proclamação aos brasileiros em 1° de agosto de 1822. *Sermão* é discurso religioso, disposto com arte, pronunciado do púlpito, com solenidade. São célebres os do Pe. Antônio Vieira.

Alpes Escandinavos, Montes Kjölen – Maciço da Noruega.

alquilar, alugar, arrendar, locar – *Alquilar*, vocábulo desusado no Brasil, é alugar cavalgaduras. *Alugar* é ceder por tempo determinado ou não o uso e gozo de coisa não fungível, mediante certa retribuição (Código Civil). (Também se alugam serviços.) *Arrendar* é alugar como que para constituir com a retribuição uma espécie de renda; aplica-se hoje no Brasil ao aluguel de um estabelecimento agrícola ou industrial, por longo tempo, feito geralmente quando o proprietário não pode ou não quer encarregar-se dele. *Locar*, palavra erudita, do latim *locare*, é alugar mediante contrato (Código Civil de Portugal, art. 1.597).

altanaria, altivez, empáfia, fatuidade, impostura, orgulho, soberba, sobranceria – *Altanaria* é o modo de tratar próprio de pessoa que se julga no alto, acima das demais, por sua riqueza ou posição e por isso trata a todos com altivez, com império. *Altivo* é o que se julga tão alto como os demais, que não considera ninguém superior a si, que não se humilha a ninguém. *Empáfia* é a soberba arrogante, revelada nas maneiras, nos ares assumidos, com ostentação, fanfarronice. *Fatuidade* é a soberba dos fátuos, dos imbecis, o que é quase um pleonasmo pois só os fátuos têm soberba. *Impostura* é afetação de grandeza, superioridade, orgulho, confinante com a empáfia e a bazófia. *Orgulho* é o alto conceito legítimo ou não, que se tem de si ou dos seus. *Soberba* é a manifestação ridícula, arrogante, afetada, de um orgulho muitas vezes ilegítimo. *Sobranceria* é altanaria exagerada de quem não vê ninguém acima de si, levada até a presunção de ter direito à preeminência sobre todos.

altear, enaltecer, exaltar, sublimar – *Altear* é tornar alto ou mais alto; usa-se de preferência em sentido material: *Vou altear aquele muro*. *Enaltecer* é tornar alto por meio de louvores, elogios. *Exaltar* é enaltecer muito. *Sublimar* é exaltar no último grau: *Enalteci os méritos de teu irmão, tu os exaltaste; teu pai então, sublimou-os*.

alterar, modificar, mudar, transformar, variar – *Alterar* é tornar outro, dando novo estado, nova disposição. *Modificar* é alterar em certo sentido, no modo de ser. *Mudar* é alterar completamente. *Transformar* é alterar na forma, quase mudando. *Variar* é alterar-se aos poucos.

altercação, contenda, contestação, debate, diferença, disputa, querela, rixa – *Altercação* é uma contenda verbal entre iguais, com soltura de palavras, picantes às vezes, resultante da intimidade entre pessoas que vivem juntas. *Contenda* é a luta porfiosa que se levanta entre duas ou mais pessoas por alguma coisa. *Contestação* é a disputa séria, de graves consequências, levando a litígios, inimizades. *Debate* é a disputa porfiosa para exame de assuntos importantes, mal aclarados. *Diferença* é a disputa oriunda de diversidade de opiniões e da contrariedade da índole ou do caráter das pessoas. *Disputa* é a contenda de palavras, oriunda da oposição de opiniões. *Querela* é a queixa feita ao juiz, a disputa acerca de direitos. *Rixa* é a contenda obstinada, provinda de antigas desavenças, casual às vezes, descomedida, feroz, podendo acabar em briga, produzindo inimizades.

alternativas, viravoltas, vicissitudes – Significam sucessão de coisas diversas que se alternam, umas boas, outras más. *Os dois últimos* vocábulos se aplicam quase sempre quando se passa do bom para o mau.

alteza, altura – Ambos significam qualidade de alto. *O primeiro* hoje vive apenas no sentido moral e *o segundo* só se emprega no sentido material e em sentido figurado. O primeiro é título de príncipes.

altiplano, chapada, planalto – Significam planície no alto de um monte ou de uma serra. *Altiplano* e *planalto*, de composição simétrica, são palavras modernas, do século XIX, não consignadas, ainda por Morais. Apareceram para se evitar o fr. *plateau*. *Altiplano* parece inspirado no espn. *altiplanície*. Gonçalves Viana. *Apostilas*, I, 11, considerou *planalto* de duvidosa propriedade. Impróprio ou não, é a forma hoje viva. O palácio oficial de Brasília chama-se do Planalto. *Chapada*, neste sentido, é brasileirismo do Nordeste e existe até como topônimo na Bahia (v. Macedo Soares. *Estudos Lexicográficos*, 74. Bernardino José de Souza, *Dicionário da Terra e da Gente do Brasil*, Henrique Martins, *Coreografia do Brasil*, 117).

Altíssimo, Criador, Deus, Grande-Arquiteto, Onipotente, Todo-Poderoso – Sinônimos de Deus. *O primeiro* lembra sua posição sobranceira à de tudo que existe. *O segundo* lembra a criação do mundo. *O quarto* se usa na linguagem maçônica. *O quinto*, forma erudita, e *o sexto*, forma popular, lembram o poder ilimitado da divindade.

altitude, altura – Emprega-se *altura* quando se alude à elevação, da base ao cimo, e *altitude* quando se alude à elevação a partir do nível do mar.

alto, ápice, auge, cimo, culminância, cume, fastígio, pináculo, píncaro, pino, tope, topo – *Alto* é a parte alta de um corpo, qualquer que seja a altura dele. *Ápice* é um alto pontudo. *Auge* é o ponto mais alto e só se emprega em sentido figurado. *Cimo* é parte alta e saliente (de *cima*, do lat. *cyma*, broto novo). *Culminância* é o ponto em que um astro culmina, isto é, atinge sua maior elevação sobre o horizonte; emprega-se em sentido figurado. *Cume* é o alto de um monte, de uma montanha. *Fastígio* é parte mais alta e vistosa de um edifício (lat. *fastus*, orgulho); emprega-se em sentido figurado. *Pináculo* é a parte mais alta e saliente de um edifício, de uma torre: *pináculos de torres* (D. Fr. Amador Arraiz, *Diálogo X*, cap. 45). *Píncaro* é ponto mais alto de uma coisa, de um monte; usa-se muito em sentido figurado. *Pino* é a culminância do sol. *Tope* ou sua variante *topo* é ponto mais alto, com ideia de remate: *tope de um mastro*, *topo de uma escada*.

alto, viola, violeta – Nomes de um instrumento músico de cordas friccionadas, do formato do violino, mas um pouco maior. *Os dois primeiros* são mais usados, com a vantagem para *alto* de não trazer confusões como traz *viola*, que designa também outro instrumento músico, de cordas dedilhadas. *O terceiro* aparece em regulamentos do antigo Instituto Nacional de Música.

altruísmo, beneficência, caridade, filantropia, humanidade – *Altruísmo*, palavra moderna, criada por Augusto Comte, é o sentimento oposto ao egoísmo; é o amor do próximo, independente de qualquer mandamento religioso. *Beneficência* é tendência a fazer o bem sem haver para isso nenhuma obrigação. *Caridade* é a virtude cristã de, amando a Deus sobre todas as coisas, amar também ao próximo, por amor de *Deus*. *Filantropia*, etimologicamente amor do homem, da humanidade, é o sentimento que leva o homem a ajudar os outros homens, a melhorar-lhes a sorte, não por motivos de caráter religioso e sim pela consciência de pertencerem todos à mesma espécie. *Humanidade* (que se estende até aos animais) é a bondade que leva a evitar os sofrimentos do próximo, aliviando-os quando possível.

alucinação, delírio, ilusão – *Alucinação* e *delírio* são estados mórbidos em que o sujeito percebe claramente uma sensação, sem que ela pareça exteriormente provocada por um objeto real; o erro é interno. Difere da *ilusão* em que, nesta, há sensação, mas a evocação da imagem não corresponde mais a sensação percebida; há um erro dos sentidos que faz tomar o falso pelo verdadeiro, a aparência pela realidade. O alucinado vê o que não existe; o que tem uma ilusão vê mal o que existe.

alucinado, atordoado, aturdido, cego, delirante, desvairado, doido, estonteado, insensato, louco, perdido – *Alucinado* é aquele que por efeito de uma alucinação se arrebata em súbito desvairo. *Atordoado* é o que não se acha em estado de perfeita lucidez. *Aturdido* é o que sofreu súbita perturbação, por efeito de um susto, de uma surpresa etc. *Cego* é aquele a quem falta a visão espiritual, comparável àquele a quem falta a visão material, dos olhos. *Delirante* é o que está privado do senso normal por momentânea perturbação das faculdades mentais, causada pela alegria, pela febre etc.; o latim *delirare* significa apartar-se da direção do sulco que o arado vai cavando. *Desvairado* é o agitado, aflito, fora de si, por exaltação súbita. *Doido* é o louco permanente. *Estonteado* é o ligeiramente tonto, sem muito tino no que faz. *Insensato* é o que não pensa normalmente, por faltar-lhe o senso comum. *Louco* é o que fica como uma pessoa que houvesse perdido a razão. *Perdido* é aquele a quem uma paixão põe completamente fora de si, tornando-se incapaz de governar-se.

alucinar, cegar, confundir, deslumbrar, fascinar, ofuscar – *Alucinar* é privar do entendimento por meios enganadores, fazendo ver o que não existe. *Cegar* é privar da visão espiritual clara. *Confundir* é perturbar a compreensão por meio de complicações, sutilezas, dificuldades. *Deslumbrar* é perturbar o entendimento graças ao brilho daquilo que se lhe apresenta. *Fascinar* é apossar-se do entendimento por meio de feitiços, enganos, falsas aparências. *Ofuscar* é escurecer o entendimento por meio de sofismas, argumentos que não deixem ver a verdade.

aludir, citar, mencionar, referir – *Aludir* é indicar indiretamente, por sugestão, vagamente, sem dizer de modo expresso. *Citar* é reproduzir em outro contexto um dito ou escrito de outrem. *Mencionar* é referir pelo próprio nome: "Referindo-me aos tristes acontecimentos passados em sua casa, aludi aos causadores deles mas não mencionei o nome de seu cunhado". *Referir* é indicar diretamente, de modo claro e preciso.

alugador, arrendatário, inquilino, locatário – *O primeiro* é o genérico; referindo-se a uma pessoa que houvesse recebido de aluguel um binóculo num teatro, ninguém lhe aplicaria nenhum dos outros três. *Arrendatário* é a pessoa que tomou de renda um bem. *Inquilino* é o alugador de casa de morada ou mesmo loja comercial, edifício de uma fábrica etc. *Locatário* é o que recebeu em locação um prédio (ou serviços).

alugador, arrendador, locador, rendeiro, senhorio – *Alugador* é também o que dá de aluguel uma coisa. *Arrendador* é o que dá de renda um prédio, um estabelecimento agrícola ou industrial. *Locador* é o que dá em locação bens (ou serviços). *Rendeiro* é o que traz terras de renda (em Portugal). *Senhorio* é o alugador de uma casa, sua ou alheia.

aluguel, arrendamento, renda – *Aluguel* é o preço pelo qual se aluga uma coisa. *Arrendamento* é o preço pelo qual se arrenda. *Renda*, em Portugal, é o que se paga anualmente pelo aluguel de qualquer propriedade rústica ou urbana (Aulete); não se usa com este sentido no Brasil.

alumiar, iluminar – *Alumiar* é apenas dar luz, ao passo que *iluminar* é alumiar com profusão. Quem perdeu no escuro um objeto, acende um fósforo, uma vela, uma lanterna, para alumiar a fim de poder encontrar o objeto perdido. Quem vai dar uma festa, ilumina seus salões.

aluno, colegial, discípulo, educando, estudante – *Aluno* é menino ou o moço que frequenta um estabelecimento de ensino; aplica-se de preferência ao ensino fundamental, mas também é genérico, podendo referir-se a adultos. *Colegial* é quem frequenta a escola fundamental e o curso médio. *Discípulo* é quem ouve as lições de um mestre e especialmente, o que adota a doutrina do mestre e procura seguir-lhe a trilha: *S. João Evangelista foi o discípulo amado de Jesus Cristo. Felizmente* *tive alunos, nunca tive discípulos e nunca os cobicei.* (Capistrano de Abreu, *Correspondência*, I, 241.) *Educando*, palavra moderna, é o mesmo que *aluno* mas deve aplicar-se aos de estabelecimentos, como os internatos, onde ao lado de instrução se possa ministrar educação, em escala maior do que nos externatos. *Estudante* é o aluno de curso superior, de preferência, embora possa também referir-se aos que estudam em curso médio ou preparatório.

alusivo, atinente, referente – *Alusivo* é o próprio para se fazer uma alusão (v. *aludir*). *Atinente* é o que se refere, diz respeito, concerne a algo. *Referente* é o que se refere (v. *referir*).

alvacento, alvadio – *Alvacento* é um tanto alvo, tirante a alvo. *Alvadio* é de cor intermédia, entre o cinzento e o alvo.

alvarenga, gabarra, saveiro – Embarcação de construção forte, coberta ou descoberta, usada nas operações de carga e descarga de navios. *O primeiro* se usa da Bahia ao Pará; *o terceiro no* Rio de Janeiro (Beaurepaire Rohan). *O segundo* é de Portugal.

alvedrio, livre-arbítrio, liberdade – *Alvedrio*, ou *livre-arbítrio*, como se diz hoje (*alvedrio* aliás, vem do lat. *arbitriu*), é a faculdade de determinar-se depois de deliberação. *Liberdade* é a propriedade de o alvedrio se determinar por sua própria energia, sem ser a vontade forçada a isso. Fr. Heitor Pinto, *Imagem da Vida Cristã*, ed. de 1843, I, 325, emprega a expressão *liberdade do alvedrio*. Outro tanto Vieira, num trecho que Roquete cita: "Os luteranos e os calvinistas negam a liberdade do alvedrio". Hoje em dia, quase sempre que se emprega a palavra *alvedrio*, vem ela acompanhada do adjetivo *livre:* "Faço as coisas por meu livre alvedrio".

alveitar, veterinário – *O primeiro vocábulo*, um tanto desusado hoje em dia, significa veterinário que procede empiricamente. *Veterinário* é o que estudou a arte de curar os animais irracionais.

alvião, enxadão – Instrumento de ferro, usado na lavoura e em obras de desaterro, tendo uma extremidade mais larga terminada em gume, e outra mais estreita, terminada em bico, como a picareta, havendo entre elas um olho por onde entra um cabo de madeira (Morais, Aulete).

alvo, branco, cândido, níveo – *Branco* propriamente não é cor; é a soma de todas as cores. Na linguagem vulgar dá-se-lhe porém, o nome de cor e significa a mais clara de todas as cores. Diz-se branco em geral, por oposição ao preto (que é ausência de cor) ou a outra cor. *Alvo* é um branco muito puro, imaculado, brilhante. *Cândido* é o branco puro, suave, agradável, que não fere a vista; usa-se mais em sentido moral. Assim se diz: "A Europa é o continente da raça branca; a África, o da negra". "De cor tão alva como a branca neve" (Durão, *Caramuru*, II, 78, 3). "A cândida cecém" (*Lusíadas*, IX, 62, I). *Níveo* é o que tem a alvura da neve.

alvo, desígnio, escopo, fim, fito, intenção, intento, intuito, meta, mira, propósito, tenção, vistas – *Alvo* é o ponto em que queremos acertar. *Desígnio* é uma intenção refletida. *Escopo* é o alvo visado. *Fim* é o ponto terminal dos nossos esforços. *Fito* é aquilo em que se fixam os nossos desígnios, as nossas aspirações. *Intenção* é o fim secreto que a gente se propõe ao agir. *Intento* é aquilo que ocupa o nosso pensamento, aquilo em que se medita, a fim de executar. *Intuito* é o que se tem em vista (lat. *in-*

tueri, ver). *Meta* é um objetivo marcado. *Mira* é propriamente a marca pela qual se dirige a pontaria nas armas de fogo, mas por metáfora passou a significar também o alvo mirado. *Propósito* é aquilo que a gente se propôs a si mesmo, a resolução formada. *Tenção* é intenção pouco firme, de que não se faz muito caso. *Vistas* são tenções que começam como vagos desejos, aspirações.

ama, criada, empregada – *Ama* é no Nordeste, o mesmo que *criada*, aplicando-se no Sul às criadas que se ocupam de crianças pequenas, seja para tomar conta (*ama-seca*), seja para amamentar (*ama de leite*). *Criada* é a empregada de casa de família. *Empregada* é o termo genérico para a mulher que exerce um emprego, seja onde for.

ama, patroa – É a dona de casa em relação a seus empregados. *O primeiro* está em desuso.

amadurar, amadurecer, madurar, madurecer – *Amadurar* (pouco usado) e *madurar* significam ficar maduro. *Amadurecer* e *madurecer* (pouco usado) significam propriamente começar a ficar maduro, mas tomam-se comumente por *madurar*.

amadurecimento, madureza, maturação – São o ato ou efeito de amadurecer e de madurar. Do mesmo modo que com o verbo, o primeiro toma-se pelo terceiro, que aliás é erudito. *Madureza* é o estado de maduro. Há uma forma antiga *maduração*.

âmago, cerne, coração, imo, interior, íntimo, medula, profundeza, recesso – *Âmago* em sentido material é a parte central do caule das plantas dicotiledôneas e em sentido figurado, a parte central de uma coisa, a substância de um assunto, a alma humana. *Cerne* é a parte do tronco dos vegetais, entre a casca e a medula; aplica-se figuradamente. *Coração* é a parte interior que representa a sede da vida, do vigor, que constitui a essência. *Imo* é a parte mais profunda. *Interior* é a parte mais interna. *Íntimo* é a parte situada muito internamente, a mais interna. *Medula* em sentido material é a substância sólida que se encontra no canal da coluna vertebral e em sentido figurado, a parte íntima de um ser. *Profundeza* é lugar profundo. *Recesso* é lugar profundo e oculto, recatado, misterioso.

amaldiçoar, anatematizar, excomungar, execrar, imprecar, praguejar, xingar – *Amaldiçoar* é lançar maldição, isto é, agourar males com desejo de que sucedam; amaldiçoa a pessoa profundamente ofendida, pessoa que tenha autoridade moral. *Anatematizar* é lançar anátema, isto é, maldição fulminada pela Igreja contra os que se emanciparam dela. *Excomungar* é lançar excomunhão, isto é, pena pela qual se excluem da comunidade dos fiéis ou desobedientes. *Execrar* é tirar o que tem de sagrado (latim *ex* e *sacer*), atraindo assim a vingança celeste. *Imprecar* é pedir (latim *precari*) a um poder superior que fulmine males. *Praguejar* é, na boca do povo, o mesmo que *imprecar*, na dos eruditos. *Xingar* é lançar insultos, ofensas a algo ou alguém.

amanaçaia, mandaçaia – Abelha da família *Meliponidae* (*Melipona antihidiodes*).

amancebar-se, amasiar-se, amigar-se – Os três significam ligar-se (duas pessoas), conviver, viver juntos seus laços formais. Sua conotação crítica, um tanto pejorativa é datada, está superada pela evolução e liberação dos costumes e da ética social, tornanado-os termos quase em desuso.

amansar, domar, domesticar – *Amansar* é tornar manso, fazer submisso e obediente (animal feroz). *Domar* é fazer ficar menos bravo, sem todavia amansar. *Domesticar* é amansar de modo que possa viver na mesma habitação com o homem. Amansa-se um elefante, doma-se uma hiena, domestica-se um cachorro.

amante, amásio companheiro – *Amante* é quem mantém relações amorosas com alguém, muito usado quando essas relações são extraconjugais, sendo um dos parceiros casado. *Amásio* é termo em desuso para quem se ligou amorosamente a um parceiro sem a formalidade do casamento legal ou religioso *Companheiro* é quem partilha uma vida em comum (além de outros significados em outros contextos). *Companheiro* é modo eufêmico de designar o amásio.

amarantina-cor-de-laranja, amarantoide-cor-de-laranja, perpétua-cor-de-laranja, suspiro-amarelo – Planta da família *Amarantaceae* (*Gomphrena aurantiaca*).

amaranto-globoso, marantoide-violeta, imortal, perpétua, perpétua-roxa, suspiro, suspiro-roxo – Planta da família *Amarantaceae* (*Gomphrena globosa*).

amarelão, ancilostomíase, mal da terra (S. Paulo, R.G. do Sul), **opilação, uncinariose** – Infestação causada pelo *Ancylostoma duodenale*, também chamado *Uncinaria duodenalis*. *O primeiro vocábulo* é de S. Paulo, *o quarto* é de todo o Brasil; *o segundo* e *o quinto* lembram o verme causador.

amarelar, amarelecer, amarelejar – *Amarelar* é ficar amarelo, *amarelecer* é começar a amarelar, *amarelejar* é brilhar apresentando sobretudo uma cor amarela.

amarelinha (Brasil), **calha** (Portugal) – Brinquedo de rapazes, o qual se faz com uma pedrinha que, tendo-se um pé levantado, se impele com o outro, através de divisões traçadas no solo.

amarelinho-da-serra, angustura-verdadeira – Planta da família *Rutaceae* (*Galipea cusparia*).

amarfanhar, amarrotar – *Amarfanhar* é encher de pregas e vincos, fazendo desaparecer a lisura própria. *Amarrotar* é enrugar, encrespar esfregando com as mãos.

amassa-barro (Mato Grosso), **forneiro, joão-de-barro, maria-de-barro** (Ceará), **oleiro, pedreiro** – Nome de pássaros da família *Dendrocolaptidae*, pertencentes ao gênero *Furnarius*.

amassar, amolgar – *Amassar* é deformar reduzindo a massa informe, achatando, quebrando as arestas. *Amolgar* é tirar a forma própria, dobrando, esmagando. Amassa-se um chapéu de feltro; amolga-se um elmo de aço.

amassar, pilar, pulverizar, triturar – *Amassar* é desagregar a massa, moendo. *Pilar* é amassar no pilão. *Pulverizar* é reduzir a pó, às vezes com intenção de destruir. *Triturar*, termo erudito, empregado na descrição dos processos de uma arte, é desagregar as moléculas pelo atrito, pelo esmagamento.

ambaíba, árvore-da-preguiça, embaíba, embaúba, umbaúba – Árvore da família *Moraceae* (*Cecropia palmata*).

ambaitinga-dos-índios, erva-do-diabo, erva-dos-demoníacos, erva-dos-feiticeiros, estramônio, figueira-do-inferno, pomo-do-diabo, pomo-espinhoso, zabumba (Ceará) – Árvore da família *Solanaceae* (*Datura stramonium*).

âmbar-amarelo, súccino – Espécie de resina fóssil. *O segundo vocábulo* é erudito.

ambição, cobiça, cupidez, ganância – *Ambição*, de acordo com a etimologia, é o desejo insopitável de alcançar cargos honrosos, dignidades, honrarias, o poder, a glória; e como tudo isso às vezes leva à riqueza, ambição passou a ter também o desejo de obter riqueza, bens. *Cobiça*, sim, é que significa o desejo de riquezas; mas, como quem deseja riquezas comumente se mostra incontentável, passou *cobiça* a ter o significado de avidez, desejo ansioso, imoderado, incontrastável, de riquezas. *Cupidez* é forma erudita de *cobiça*, mas aplica-se especialmente em matéria amorosa. *Ganância* é a ânsia imoderada do ganho, embora signifique simplesmente *ganho*, *lucro*, no espanhol, língua donde nos veio. Vieira, *Sermões*, XIII, 248, ainda empregou corno em espanhol: "Quem dá o câmbio tem o seu capital seguro, e as ganâncias".

ambiguidade, anfibologia, confusão, dúvida, equívoco, imprecisão – A *ambiguidade* consiste na apresentação de sentido interpretável de diferentes modos, dois ou mais (latim *ambo*), do quê resulta não se poder saber bem qual o verdadeiro pensamento. *Anfibologia* é o sentido pouco claro, por ser interpretável de dois modos, apresentado por uma construção. *Confusão* é uma obscuridade tal que não deixa entender precisamente coisa alguma. *Dúvida* é a vacilação que a frase, pelos termos em que está concebida, deixa no espírito. *Equívoco* é o emprego de uma palavra, aparentemente no sentido natural, próprio, mas na realidade em outro sentido, com tal artifício que às vezes a alusão escapa aos ouvintes ou leitores desprevenidos; é a base dos trocadilhos. *Imprecisão* é a falta de precisão, isto é, de expressão das ideias pelas palavras apropriadas.

ambíguo, anfibológico, confuso, dúbio, duvidoso, equívoco, impreciso – *Ambíguo* é o que apresenta ambiguidade (v. *ambiguidade*). Quando o frade da anedota, passando as mãos pelas mangas do hábito, respondeu à polícia que o ladrão não havia passado por ali, usou de uma frase ambígua. *Anfibológico* é o que apresenta anfibologia (v. *anfibologia,* em *ambiguidade*). A resposta do oráculo a Pirro: *Aio te, Aeacida, Romanos vincere posse* é apresentada por Cícero, *De Divinatione*, II, 116, como exemplo de texto anfibológico, por valer, não só em favor do rei do Epiro, como também em favor dos romanos. *Confuso* é o que apresenta confusão (v. *confusão*, em *ambiguidade*). *Dúbio* e *duvidoso* são o que oferece dúvida; ao contrário do que pensa Rocha Pombo, parece que se sente mais intenção dolosa em *dúbio* do que em *duvidoso*. *Equívoco* é o que dá lugar a equívoco (v. *equívoco*, subst.). *Impreciso* é o que apresenta imprecisão (v. *imprecisão*).

ambira, bicho-cabeludo, chapéu-armado, lagarta-de-fogo (Pernambuco e Sergipe), **lagarta-pelo-de-veado, saçurana, sauí, taturana** – Nome de lagartas de corpo revestido de cerdas canaliculares cujas pontas, ao menor contato, injetam violento veneno. São lagartas de lepidópteros das famílias *Bombycidae*, *Saturnidae* e *Megalopydae*. *O primeiro nome* é de Iguape (S. Paulo).

âmbito, área, recinto – *Âmbito* é o espaço compreendido dentro de certos limites. *Área* é a extensão de uma superfície, designada de modo preciso. *Recinto* é um âmbito fechado.

ambos, dois – Indicam o número dual: a diferença está em que *o primeiro* se aplica a *dois* em união, conjugados, relacionados deste ou daquele modo, e *o segundo* marca simplesmente o número. *Ambos* os olhos concorrem para a visão, *ambos* os ouvidos concorrem para a audição, *ambas* as pernas servem para andar, *ambas* as mãos lavam o rosto, manejam o garfo e a faca.

ambreta, quiabo-de-cheiro, quigombó-de-cheiro – Arbusto da família *Malvaceae* (*Hibiscus abelmoschus*).

ambrosia-do-méxico, chá-do-méxico, erva-de-santa-maria, erva-formigueira (Portugal), **erva-vomiqueira, matruz, mentruz, usaidela** (Açores) – Planta da família *Chenopodiaceae* (*Chenopodium umbrosioides*).

ambuá (Amazônia, Nordeste e Mato Grosso), **bicho-de-ouvido, caramugi** (Bahia), **embuá** (Amazônia, Nordeste e Mato Grosso), **gongolo** (do Rio de Janeiro para o Norte), **grongo, piolho-de-cobra** (Sul) – Nome de miriápodes quilógnatos diplópodes pertencentes às famílias *Polydesmidae* e *Julidae*.

ambulante, errante, nômade, passeante, peregrino, vadio, vagabundo – Todos indicam falta de fixação num lugar. *Ambulante* é o que anda de um lugar para outro e principalmente o que não exerce sua profissão num ponto fixo, exercendo-o de terra em terra, de lugar em lugar: *vendedor ambulante*. *Errante* é o que anda de lugar em lugar, apenas para não ficar parado; os antigos chamavam os planetas estrelas errantes, a par das estrelas fixas; na idade média espalhou-se a lenda do Judeu Errante, condenado a errar até a consumação dos séculos por haver negado a Jesus na Via Dolorosa uma sede d'água. *Nômade* é o que pelas necessidades do pastoreio (grego *némo*, apascentar) vivia mudando constantemente de pouso. *Passeante* é o que anda vagarosamente de um lugar para outro, a fim de espairecer, distrair-se. *Peregrino* é o que viaja por terras estranhas e especialmente o que faz isto dirigindo-se a lugar de romaria. *Vadio* (do latim *vagativu*) é o que vagueia por ociosidade, por não querer trabalhar. *Vagabundo* é o vadio sem domicílio certo, sem meio de vida conhecido, a quem se atribui (talvez injustamente) maus costumes.

ameaça, ameaço – Anúncio de mal que está para vir. *O segundo* hoje se emprega no sentido de indícios ou pródromos de uma doença. No século XVII ainda se usava como o primeiro: "Todas estas palavras são de fé; vede se podem faltar, tanto pela parte da promessa, como do ameaço" (Vieira, *Sermões*, XIV, 332).

ameaçador, minaz – Significam *que ameaça; o segundo* é erudito.

ameaçar, cominar – *Ameaçar* é prometer um mal, por castigo, por vingança etc. *Cominar* é ameaçar com uma pena, como faz a lei, como faz a justiça pública.

ameixa-amarela (Brasil), **nêspera** (Portugal) – Árvore da família Rosaceae (*Eriobotrya japonica*).

amendoeira (Brasil), **chapéu-de-sol** – Árvore da família *Combreataceae* (*Terminalia catappa*).

amendoeira-da-américa, castanha-do-maranhão, castanha-do-pará, castanha-do-rio-negro, castanheiro-do-brasil, júvia, nhã, tocari (Mato Grosso), **tucá** – Árvore da família *Myrtaceae* (*Bertholletia excelsa*).

amendoim, mandubi, mendubi, mendubim, menduí, mudubim (Ceará) – Planta da família *Leguminosae* (*Arachis hypogoea*).

amendoim-bravo, faveiro, jacarandá-branco – Planta da família *Leguminosae* (*Platypodium elegans*).

amenorreia, suspensão – Falta de menstruação. *O primeiro vocábulo* é erudito; *o segundo*, popular.

americano, americano-do-norte, estadunidense, ianque, norte-americano – Natural dos Estados Unidos da América, relativo a este país. *Americano* é propriamente o natural da América, do continente assim chamado. Os naturais dos Estados Unidos da América designam abreviadamente como *América* o seu país; daí a aplicação do adjetivo. *Americano-do-norte* compreende também canadenses, mexicanos, antilhanos, mas atribui-se especialmente aos filhos dos Estados Unidos da América. *Estadunidense*, forma moderna e um tanto bárbara: vem de *Estados Unidos*, forma abreviada e um tanto imprecisa, pois o México e a Venezuela também são Estados Unidos. *Ianque* se emprega jocosamente; corruptela do inglês *english*, na boca dos peles-vermelhas e aplicado primitivamente pelos ingleses aos colonos revoltados da Nova Inglaterra. *Norte-americano* vem de expressão imprecisa *Norte-América*, com que às vezes se designam os Estados Unidos da América.

amígdala, tonsila – Nome de glândulas do fundo da garganta; *o segundo* é de acordo com a nova terminologia anatômica.

amigdalite, tonsilite – V. *amígdala*. Inflamação nas amígdalas.

amigo (Adj.), **amistoso** – *Amigo* quer dizer próprio de um amigo; *amistoso*, próprio de quem mostra amizade, de quem, embora não seja amigo, trata como se fosse um amigo (do espn. *amistoso*, de *amistad*, amizade).

Amigos, Tonga – Nome de um arquipélago da Oceania.

amizade, amor – A *amizade* é uma inclinação e uma propensão que se forma da conformidade dos costumes que se encontram entre duas pessoas. O *amor*, sem examinar circunstâncias, se introduz imperceptivelmente no coração (Cavaleiro de Oliveira, *Cartas*, II, 555). *Friendship is love without his wings* (Byron). *Amor* se aplica especificamente entre pessoas de sexos diferentes.

amo, empregador, locatário, patrão – Significam indivíduo que aluga serviços de outrem. *O primeiro* é desusado, aparecendo ainda no jogo infantil do vilão do cabo, num ou noutro provérbio (*Com teu amo não jogues as peras*). *O segundo* é palavra moderna, das leis trabalhistas posteriores à revolução de 1930, criada para evitar o odioso da palavra *patrão*. *Locatário* é o indivíduo que recebe serviços de outro, mediante contrato de locação; é termo jurídico. *Patrão* é o dono da casa em relação aos seus criados, o dono de um estabelecimento comercial em relação a seus caixeiros e demais empregados. O art. 2°, § 1°, da Consolidação das Leis do Trabalho, define como empregador a empresa, individual ou coletiva que, assumindo os riscos de atividade econômica, admite, assalaria e dirige a prestação pessoal de serviço.

amolação, aporrinhação, azucrinação, cacetada, caceteação, chateação, importunação, maçada, seca – São atos de amolar, aporrinhar, azucrinar, cacetear, chatear, importunar, maçar (v. estes verbos). *Seca* se usa em Portugal.

amolador, aporrinhador, azucrinante, cacete, chato, importuno, maçador, maçante, secador – Significam que amola, que aporrinha, que azucrina, que caceteia, que chateia, que importuna, que maça, que seca. V. estes verbos.

amolar, aporrinhar, azucrinar, cacetear, chatear, importunar, maçar, secar – Todos significam o mesmo que *importunar* (v. *aborrecer*) e são termos populares, chegando *aporrinhar* a ser um vocábulo grosseiro. *Secar* se usa em Portugal.

amontoado, montão, montoeira – *Amontoado* é um montão de coisas, feito por alguém. *Montão* é um grande monte de coisas um tanto desordenadas. *Montoeira* é montão muito grande.

amoral, imoral – *Amoral* é o que não reconhece lei moral, e *imoral*, o que não tem um comportamento moral.

amor-agarradinho, amor-agarrado (Rio de Janeiro), **amores-entrelaçados** (São Paulo), **amor-em-penca, rosália** – Planta da família *Polygonaceae* (*Antiginum leptopus*).

amor da pátria, civismo, patriotismo – *Amor da pátria* no século XVI tinha a significação que *patriotismo* tem; v. *Lusíadas*, I, 10, 1. Além desta significação tinha a de apego ao solo do nascimento, significação que ainda conserva. *Civismo* é a virtude do bom cidadão, daquele que se dedica à salvação, à utilidade de seus concidadãos, daquele que cumpre exatamente seus deveres de membro da sociedade política. *Patriotismo* é palavra nova. Derivada de *patriota*, do grego *patriótes*, compatriota, aplicada pela primeira vez por Saint-Simon a Vauban e dada, no começo da Revolução Francesa, aos partidários das novas ideias. *Patriotismo*, derivado de *patriota*, quer dizer amor ardente consagrado à pátria, o desejo de vê-la feliz e brilhante de glória, o desejo de servir e defendê-la.

amor-de-homem, inconstante, papoula-de-duas-cores, rosa-cambiante-de-caiena, rosa-louca, rosa-paulista – Subarbusto da família *Malvaceae* (*Hibiscus mutabilis*).

amor-dos-velhos, espinho-guabiru, espinho-guabiru, federação (Bahia), **federal** (Ceará) – Planta da família *Compositae* (*Silphium antidysenterica*).

amor-ingrato, cabocla, canela-de--velho, zabumba, zimão – Planta da família *Compositae* (*Zinnia elegans*).

amor-perfeito, violeta-tricolor – Planta da família *Violaceae* (*Viola tricolor*).

amor-próprio, egoísmo – *Amor-próprio* é a propensão natural a procurar a conservação física e a melhoria da existência social. *Egoísmo* é o amor-próprio levado a grau excessivo e vicioso, com injúria de outrem.

ampliar, amplificar – *Ampliar* quer dizer tornar amplo; *amplificar* é ampliar com esforço.

amplidão, amplitude – Ambos significam qualidade de amplo, extensão ampla, mas há suas diferenças. *O primeiro* é forma popular; *o segundo*, erudita. *O primeiro* se aplica sobretudo em sentido material, tanto que significa especialmente o espaço amplo, a extensão indefinida que contém todos os seres. *O primeiro* é a extensão sem ideia de quantidade precisa ou determinável, ao passo que *o segundo* é a extensão maior ou menor. *O segundo* é o mais empregado em sentido figurado e é termo técnico de geometria, astronomia, física, balística.

ampulheta, relógio de areia – Instrumento composto de dois vasos comunicantes, um sobre outro, e que serve para medir o tempo pela passagem da areia do vaso superior para o vaso inferior. *O primeiro nome* lembra a forma de âmbula e o tamanho; *o segundo*, a matéria que determina a medição do tempo.

amputar, decepar – *Amputar* quer dizer cortar cirurgicamente, ao redor, para destacar do tronco (um membro). *Decepar* é destacar cortando violentamente; a machado, por exemplo.

anabiose, revivescência – Volta de organismo dessecado à vida, depois de um estado de morte aparente. *O primeiro*, de origem grega; *o segundo*, de origem latina.

anacefaleose, recapitulação – É o ato de recapitular. *O primeiro vocábulo* tem origem grega; *o segundo*, latina.

anacoreta, asceta, eremita, ermitão – *Anacoreta* (do grego *anachoréo*, retirar-se) é aquele que se retira do mundo para entregar-se à meditação religiosa. *Asceta* (do gr. *askéo*, exercitar-se) é aquele que se entrega a exercícios espirituais, mortificando o corpo. *Eremita* (do gr. *éremos*, solitário) é o religioso que vive solitário em lugar ermo, tomando conta de uma ermida. *Ermitão* é forma dupla e popular de *eremita*.

anafa-cheirosa, coroa-de-rei, trevo-cheiroso, trevo-de-cavalo, trevo-de-cheiro – Planta da família *Leguminosae* (*Melilotus officinalis*).

anafado, gordo – *Anafado*, aplicado propriamente ao gado, é o engordado com anafa, tornado luzidio e nédio. *Gordo* é o bem nutrido que guarda nos tecidos reservas alimentares.

anágua, saia-branca, saia de baixo – Peça íntima do vestuário feminino, saia curta usada sobre a camisa. *O primeiro vocábulo* é o mais usado.

anais, crônica, fastos – *Anais* são escritos em que se registram ano por ano fatos importantes da vida de um povo, de uma instituição. *Crônica* é narração minuciosa de fatos importantes relativos a um soberano, a uma dinastia, a um país etc., segundo a ordem dos tempos, sem o rigor cronológico dos anais, sem apreciações críticas, narrando os fatos tais como foram observados ou transmitidos pela tradição. *Fastos* são registros dos acontecimentos notáveis, dignos de comemoração.

analgesia, anestesia – Ambas suprimem a dor, sem ou com perda da consciência. O *segundo* refere-se principalmente a aplicação cirúrgica ou odontológica.

analisar, decompor – *Analisar* é fazer a análise (v. *análise*); *decompor*, a decomposição (v. *decomposição*).

análise, decomposição – *Análise* é a separação das partes de um todo com exame delas, para deduzir sua conformidade ou diferença, seu modo de existir. *Decomposição* é a separação material das partes.

analogia, parecença, semelhança, similaridade, similitude – A *analogia* é uma espécie de parecença entre duas coisas, dois seres diferentes, decorrente de certas relações observadas, das quais se tiram induções. *Parecença* é conformidade de figura, de qualidade, de propriedades, olhando o exterior, a forma, de modo relativo, com relação à nossa percepção, ao efeito causado em nossa vista, ao juízo que a vista faz formar. *Semelhança* é a mesma conformidade, mas de modo absoluto, como existente real e verdadeiramente nas coisas, nos seres. Um retrato é parecido com o original, duas esferas de raio diferente são semelhantes. *Similaridade* é a qualidade de similar, isto é, de ser o todo da natureza de suas partes. *Similitude* é uma forma erudita de *semelhança*.

análogo, parecido, semelhante, similar – V. *analogia*.

anambé, bacacu, corocoxó, cotinga – Nomes genéricos dos pássaros da família *Cotingidae; o terceiro* é do Sul e os demais, da Amazônia.

anambé-açu, anambé-pitiú, pombo--anambé – Pássaro da família *Cotingidae* (*Gymnoderus foetidus*).

ananás, naná – Planta da família *Bromeliaceae* (*Ananas sativus*).

anani, ananim, oanani – Árvore da família *Guttiferaceae* (*Symphonia globulifera*).

anão, pigmeu – Ambos são criaturas de pequeno talhe; a diferença entre eles é que o *anão* é disforme e o *pigmeu*, bem conformado.

anarquia, desgoverno – *Anarquia* é a falta de governo; *desgoverno*, o mau governo.

anato, pirarucu – Peixe da família *Arapaimidae* (*Arapaima gigas*). *O primeiro nome* não é usado no Sul.

anatomia, autópsia, dissecção, necropsia – *Anatomia* é o exame minucioso da estrutura de um órgão, de um cadáver, pela dissecção e por outros processos. *Autópsia* é o exame minucioso, feito pelo médico legista segundo os processos anatômicos, no cadáver de uma vítima (suposta ou real, de um crime), de um suicida, de um acidentado que morreu. *Dissecção* é o ato de dissecar, isto é, de cortar em partes para examinar a estrutura. *Necropsia* é palavra usada em vez de *autópsia* por aqueles que acham imprópria esta última palavra, que etimologicamente significa *exame de si mesma*.

anchova, arabaiana (Nordeste), **olho--de-boi** (Sul e Portugal) – Peixe da família *Carangidae* (*Seriola lalandi*).

anchova (Portugal), **enchova** – Peixe da família *Percidae* (*Pomatomus saltatrix*).

anchova (Portugal), **enchova, manjuba, xangó** – Nome genérico dos peixes da subfamília *Engraulidii* da família *Clupeidae*. *O quarto nome* é regional, da Bahia.

ancião, idoso, velho – *Velho* é o homem que conta muita idade, relativamente à duração ordinária da vida. Também pode se referir às características, ao estado de espírito, ou de saúde de quem conta muita idade. *Idoso* refere-se exclusivamente à idade avançada. *Ancião* é o velho venerável por sua sabedoria e probidade; é o velho de autoridade.

ancila, escrava, serva – *Ancila* é vocábulo literário com a significação de escrava. *Escrava* é a mulher propriedade de alguém, privada de todos os direitos. *Serva* é a mulher sem liberdade própria, obrigada à prestação de serviços, tendo sua pessoa e bens dependentes de um senhor.

ancorado, surto – *Ancorada* é a embarcação que lançou âncora. *Surta* é propriamente a que surgiu, apareceu inesperadamente num porto, que aportou, e como uma das primeiras operações depois de aportar é ancorar, passou *surto* a empregar-se como *ancorado*.

ancorar, fundear – *Fundear* significa tomar fundo para ver como pode *ancorar*, mas, como o ato de ancorar é consecutivo ao de fundear, passou-se a tomar o segundo pelo primeiro.

andá-açu, andaguaçu, coco-de-purga, fruta-de-arara – Árvore da família *Euphorbiaceae* (*Joannesia princeps*).

andacá, grama-da-terra (Maranhão), **marianinha** (Bahia), **olho-de-santa--luzia** (Paraíba e Alagoas), **taquarazinha-d'água** (sertões do Norte), **trapoerabarana** (Minas) – Planta da família *Commelinaceae* (*Commelina deficiens*).

andaço, endemia, epidemia, peste, surto – *Andaço* é a doença que reina com alguma insistência numa povoação, vila ou cidade, pouco funesta e fácil de curar. *Endemia* é mal próprio de um clima ou mal que se enraizou numa região. *Epidemia* é doença que ataca ao mesmo tempo e no mesmo lugar grande número de pessoas, espalhando-se por um país ou por um continente, abrangendo às vezes o mundo inteiro e causando grande mortandade. *Peste* é qualquer epidemia sem caráter definido, que produza grande mortandade. *Surto* é ameaço de epidemia, prontamente afastado.

andar, caminhar, marchar – *Andar* é mudar progressivamente de situação dando passos para diante, mas sem relação a pontos determinados. *Caminhar* é ir vencendo distância, aproximando-se sucessivamente do termo a que se dirige. *Marchar* é andar ou caminhar compassadamente. Exemplos: "Com dez meses meu filho já andava. Meus negócios caminham bem; breve alcançarei o que desejo. A tropa marchava ao som de clarins".

andorinha-do-mato, taperá, urubuzinho (Amazônia) – Pássaro da família *Bucconidae* (*Chelidoptera tenebrosa*).

andorinha-grande, tapera (S. Paulo) – Ave da família *Hirundinidae* (*Progne chalybea domestica*).

andorinhão, chabó (caipira paulista), **gaivota** (Minas), **taperuçu** – Nome comum das aves da família *Cypselidae*, pertencentes aos gêneros *Cypseloides*, *Choetura* e outros. A verdadeira gaivota é da família *Laridae* (*Larus sp*).

andrajos, farrapos, molambos, trapos – *Andrajos* são roupas, velhas, rotas e sujas, como as que cobrem o corpo dos mendigos. *Farrapos* são roupas ou pedaços de roupa, já usadas e gastas, esfiapando-se. *Molambos* é um brasileirismo de origem africana, com o sentido de andrajos, farrapos. *Trapos* são pedaços de fazenda, desprezados por velhos, rotos ou inúteis.

andu (Bahia), **feijão-guando, guando** (Rio de Janeiro), **guandu** (Pernambuco) – Planta da família *Leguminosae* (*Cajanus flavus*).

anduzeiro, feijão-guando, guandeiro, guanduzeiro – Planta da família *Leguminosae* (*Cytisus cajanus*).

anelar, ansiar, aspirar, cobiçar, desejar, suspirar por – *Anelar* é desejar veementemente, com intensidade, esforço e solicitude. *Ansiar* é anelar com ardor e fervor e sofrendo moralmente. *Aspirar* é fazer votos, procurando a realização deles, procurando chamar a si o que se deseja. *Cobiçar* é desejar com ardor (coisa censurável ou excessiva). *Desejar* é ter vontade bem pronunciada e durável em relação a objeto nitidamente determinado. *Suspirar por* uma coisa é desejá-la com langor, sofrendo por não possuí-la ainda.

anêmona-do-mar, flor-das-pedras – Nome de celenterados antozoários da família *Actinidae*, pertencentes ao gênero *Anemonia*.

anequim (Brasil), **tubarão** (Portugal) – Peixe da família *Lamnidae* (*Carcharodon carcharias*).

anexar, incorporar – *Anexar* é juntar conservando o modo de ser. *Incorporar* é juntar, perdendo o modo de ser e formando um só corpo com aquilo a que se junta.

angélica-de-jardim, raiz-do-espírito-santo – Planta da família *Umbelliferae* (*Angelica archangelica*).

angelical, angélico – *Angelical* é o que participa da natureza do anjo: *rosto angelical*, o de uma pessoa que, a julgar pelo rosto, deve ser um anjo de bondade. *Angélico* é o relativo a anjo:

coro angélico é um coro formado por anjos.

angélico, urubucaá – Planta da família *Aristolochiaceae* (*Aristolochia trilobata*).

angolinha (S. Paulo), **angolista** (S. Paulo), **capote** (Ceará), **cocar** (Piauí), **estou-fraca, galinha-da-guiné, galinha-da-índia, galinha-d'angola, galinha-da-numídia, galinhola, guiné, picota, pintada** – Ave da família *Numididae* (*Numida meleagris*).

angustura, laranjeira-do-mato, mendanha, quina-do-mato, três-folhas-vermelhas – Árvore da família *Rutaceae* (*Evodia febrifuga*).

anhá, cascudo, guacari, uacari – Nome de várias espécies de peixes da família *Locariidae*, pertencentes ao gênero *Plecostomus*.

anhanga, nhanga, pixirica – Arbusto da família *Melastomaceae* (*Melastoma ackermannii*).

anhapa, inhapa, japa, mota (Rio Grande do Sul), **quebra** – O que o vendedor dá a mais, para agrado ao comprador.

anhinga, biguatinga, carará (Amazônia e Mato Grosso), **meuá** ou **miuá** (Maranhão) – Ave da família *Anhingidae* (*Anhinga anhinga*).

anhuma, cametau (Amazônia), **cauintã** (Amazônia), **inhaúma, inhuma, unicorne** ou **unicórneo** (Norte) – Ave da família *Palamedeidae* (*Palmedea comuta*).

anhumapoca, anhupoca (Mato Grosso), **inhumapoca, tachã, xaiá** (Rio Grande do Sul) – Ave da família *Palamediidae* (*Chaua cristata*).

anicavara, prebixim, tietinga – Pássaro da família *Tanagrideae* (*Cissopsis major*).

anil, anileira – Planta da família *Leguminosae* (*Indigofera anil*).

anil-dos-pobres, arruda-do-mato – Planta da família *Leguminosae* (*Indigofera similerula*).

anil-trepador, caavurana-de-cunhã, tinta-dos-gentios – Planta da família *Vitaceae* (*Cissus tinctoria*).

animal, bicho – Ser organizado, dotado de sensibilidade e de movimentos voluntários. Usa-se *bicho* para designar qualquer *animal*, com exceção do homem, como aves, reptis e peixes, e especialmente insetos e vermes. Assim mesmo se alude ao *bicho-homem* quando se quer fazer referência ao homem, considerado como animal malfazejo. No interior, usa-se *animal* no sentido de cavalo.

ânimo, coragem – *Ânimo* é a posse de si mesmo, conservada inalterável no meio das mais difíceis situações. *Coragem* é a energia moral com que se enfrentam os perigos, com vontade de os vencer.

animosidade, antipatia, asco, aversão, gana, horror, inimizade, ódio, ojeriza, quizila, rancor, repugnância – *Animosidade* é uma ojeriza tenaz. *Antipatia* é uma inimizade natural, instintiva, que não repousa em motivo algum, de causa desconhecida, explicada pelos que acreditam na reencarnação como reminiscência de inimizade em passadas vidas. *Asco* é a repugnância por indivíduo torpe ou imundo. *Aversão* é oposição natural, maior do que a antipatia, de causa desconhecida, a qual leva a pessoa a afastar-se daquilo que é contrário à sua índole. *Gana* é vontade do mal, às vezes nascida gratuitamente. *Horror* é grande aversão, causada pela repugnância, nem sempre acompanhada de ódio. *Inimizade* é a falta de amizade ou de amor. *Ódio* é aversão profunda, mais ou menos motivada; se umas vezes provém de graves injúrias, ofensas, outras nasce de motivos fúteis, sem importância. *Ojeriza* é má vontade, por falta de simpatia. *Quizila* é vocábulo popular para significar antipatia, aversão. *Rancor* é ódio profundo e secreto, causado por forte motivo. *Repugnância* é a aversão causada pelo desagrado, motivada ou sem causa; é a relutância em aceitar pessoa ou coisa.

aningaíba, aningaúba, caruba, cipó-de-aimbé, cipó-imbé, tajaz-de--cobra, tracuá – Planta da família *Araceae* (*Philodendron imbe*).

aningapara, comigo-ninguém-pode, contrafeitiço – Planta da família *Araceae* (*Dieffenbachia picta*).

anis, erva-doce – Planta da família *Umbelliferae* (*Pimpinella anisum*).

anis-doce, funcho – Planta da família *Umbelliferae* (*Foeniculum vulgare*).

anis-estrelado, badiana – Planta da família *Magnoliacea* (*Illicium anisatum*).

anômalo, anormal, irregular – *Anômalo* vem do grego *anômalos*, que não é plano, que não é bem igual, que não é bem nivelado, que se afasta do comum, do ordinário, do usual, do regular. *Anormal* é o que se mostra contrário às normas, que as infringe, que não se opera segundo as condições normais. Exemplos: *É um fato anômalo que ele tenha chegado tarde, pois sempre se mostrou pontual. O procedimento do presidente da assembleia se revelou anormal; não se suspende a discussão senão quando o assunto está encerrado. Irregular* é o que não obedece à regra; vale por *anormal*.

anônimo, inominado – *Anônimo* é o que não tem nome, não traz nome. *Inominado* é que não recebe nome.

anorexia, fastio, inapetência – *Anorexia*, palavra erudita, termo de medicina para a perda patológica de apetite. *Fastio* é aversão a comida, *inapetência* é a falta de apetite.

anoso, antigo, idoso, velho – *Anoso* é o que conta muitos anos de existência; geralmente não se aplica a pessoas: *anosas oliveiras*. *Antigo* é o que pela velhice saiu do uso: "As modas antigas parecem ridículas". *Idoso* é o que conta muita idade, muitos anos de existência como *anoso*, mas aplica-se a pessoas: "Esta senhora idosa ainda se conserva lúcida". *Velho* é o que se mostra gasto pelo tempo: "Os velhos gostam de guardar coisas velhas".

anotação, apostila, comentário, comento, cota, escolto, explanação, explicação, glosa, interpretação, nota, observação – *Anotação* é uma nota extensa. *Apostila* é nota pouco extensa, posta à margem de um texto para completá-lo com uma explicação adicional. *Comentário* é extensa e erudita explicação de um texto; são muito comuns os comentários às constituições, aos códigos. *Comento* é comentário pouco extenso. *Cota* é nota marginal em que se cita um autor, se faz referência à matéria tratada no texto. *Escolto* é observação gramatical ou crítica, para ajudar a compreensão de um clássico; comentário. *Explanação* é explicação tão simples que pode ser entendida facilmente por todos. *Explicação* é declaração minuciosa do sentido das palavras e das frases para, tirando a complicação, fazer compreensível o texto. *Glosa* é nota que se põe em texto muito obscuro, em palavra muito técnica ou regional. *Interpretação* é exposição das razões pró e contra, relativas ao sentido do texto, estabelecendo o verdadeiro sentido, desfazendo a ambiguidade. *Nota* é breve declaração com o fim de dar clareza e exatidão a uma palavra, a uma frase. *Observação* é advertência elucidativa.

anotar, apostilar, comentar, explanar, explicar, glosar, interpretar – *Anotar* é fazer notas ou anotações. *Apostilar*, fazer apostila. *Comentar* é fazer comentários ou comentos. *Explanar*, dar explanação. *Explicar*, dar explicações. *Interpretar*, fazer interpretação. V. estas palavras.

ânsia, ansiedade – *Ânsia* é tormento do espírito, causado pelo receio de que um mal suceda. *Ansiedade*, embora seja também um tormento do espírito, causado pela incerteza de um mal ou de um bem, é mais a inquietação, acompanhada de impaciência e sofreguidão, relativa à realização de um sucesso feliz.

ansiado, ansioso – *Ansiado* é o que sofre ânsia, principalmente física. *Ansioso* é o que sente ansiedade, o que está impaciente e sôfrego pela realização de um sucesso feliz.

anta, tapir, tapiretê (Pará) – Mamífero da família *Tapiridae* (*Tapirus americanus*). *O primeiro nome* é o vulgarizado, ao passo que *o segundo* se usa como forma erudita (Ihering, *Dicionário dos Animais do Brasil*).

antagônico, contrário, oposto – O que é *antagônico* luta por outra ideia, atua de outro modo, apresenta interesse diferente. O *contrário* procura prejudicar o êxito, embora ele mesmo não vença. O *oposto* procura criar um embaraço, pondo-se na frente.

antártico, austral, meridional, sul – *Antártico* é o oposto ao *ártico*, é o que está dentro do círculo polar do sul ou a ele se refere. *Austral* é o que está no hemisfério limitado pelo equador e com centro no polo sul; opõe-se a *boreal*. *Meridional* é o que está para o lado do sul, relativamente a um ponto dado. *Sul* se usa em vez de *meridional*, na qualificação das latitudes: *continente antártico, hemisfério austral, América Meridional, latitude sul.*

antecedente, anterior, precedente, prévio – *Antecedente* é o que antecede, o que está anteriormente, influindo, sendo causa: *Apanhou tísica com a pneumonia antecedente*. *Anterior* é simplesmente o que está antes, no tempo ou no espaço, indeterminadamente, com intercalações ou sem elas: *7 e 6 são anteriores a 8*. *Precedente* é o que precede, o que vem anteriormente, sem ideia de influência ou causa, sem intercalações: *7 é precedente a 8*. *Prévio*, além de anterior, é necessário, indispensável: *Não faça o negócio sem prévio conhecimento das condições da praça.*

antecedentes, antepassados, ascendentes, avoengos, avós, maiores, pais, progenitores – *Antecedentes* são aqueles de quem descendemos em linha reta; difere de antepassados porque tanto se pode aplicar ao nobre quanto ao plebeu. *Antepassados* são os *ascendentes*, do bisavô para trás: “Só dois antepassados da princesa Isabel viveram no Brasil: D. João VI e D. Maria I”. Aplica-se geralmente a pessoas nobres. Quando perguntaram ao marechal Lefebre pelos seus antepassados, para humilhá-lo, ele respondeu com espírito: *Je suis moi-même un ancêtre*. *Avoengos* são a série de avós. *Avós*, além de significar em sentido restrito o pai do pai ou o pai da mãe, em sentido lato significa antepassados, ascendentes nossos ou não mais afastados do que os pais: *Bom tempo o dos nossos avós!*. *Maiores* é, como avós, um vocábulo genérico que abrange os mais velhos, que viveram antes de nós, aparentados ou não conosco: “Sigamos o exemplo dos nossos maiores”. *Pais* são os maiores mais próximos de nós:

"Nossos pais levaram vida menos trepidante do que a nossa". Em sua generalidade pode, porém, abranger os mais longínquos ascendentes: *Adão e Eva foram nossos primeiros pais*. *Progenitores* são, etimologicamente, os avós, podendo estender-se aos bisavós e demais ascendentes. Rui Barbosa cita no *Parecer* sobre a redação do projeto do Código Civil, um verso de Ovídio: *Et forte genitore, et progenitore Tonante*. (*Met*., XI, 319.) O verso se refere a Quione, filha de Dedalião, neta de Lúcifer e bisneta de Júpiter. Vieira, *Sermões*, X, 50, empregou como antepassados: "As gerações da Senhora são todos os seus progenitores..." Modernamente, no singular tomou o significado de *pai* e no plural, o de *pai* e *mãe*.

antecedentes, precedentes – *Antecedentes* são fatos de que outros decorrem como consequência. *Precedentes* são fatos anteriores que de certo modo explicam os atuais.

antecessor, predecessor – *Antecessor* é o que ocupou um cargo logo antes do que lhe sucedeu. *Predecessores* são os que ocuparam o cargo antes do antecessor: *Prudente de Morais foi antecessor de Campos Sales na presidência da República; Deodoro e Floriano foram predecessores*.

antecipado, prematuro – *Antecipado* é feito antes do devido tempo. *Prematuro* é feito antes do tempo oportuno, conveniente. Quem faz no dia 29 um pagamento marcado para o dia 30 fez um pagamento antecipado. Quem salta de um veículo em velocidade, sem esperar a parada, pratica um ato prematuro que pode ocasionar uma queda.

antever, prever – *Antever* é ver antes de outro: *prever*, ver antecipadamente.

antídoto, contraveneno, triaga – Significam o que se toma para combater o efeito de um veneno. *O primeiro vocábulo*, de origem grega, é erudito: *o segundo*, de formação vernácula, é popular; *o terceiro*, também de origem grega, é propriamente o nome de antigo eletuário, suposto eficaz contra a mordedura de animais peçonhentos.

antigamente, outrora – *O primeiro* serve para lembrar tempos muito afastados dos atuais; *o segundo* se emprega quando se quer exprimir contraste entre o passado e o presente: *"Antigamente* não se conhecia a navegação aérea. *Outrora* viajávamos no mar em navios de vela; hoje o fazemos também em navios a vapor ou a motor".

anti-helmíntico, lombrigueiro, vermífugo – Todos significam medicamento que faz expelir vermes intestinais. *O primeiro* é de origem grega, *o segundo* é popular e o *terceiro* é de origem latina. V. *antipirético*.

antipirético, febrífugo – É o que afugenta a febre. *O primeiro nome* é de origem grega; *o segundo*, de origem latina.

antiquado, arcaico, desusado, obsoleto – *Antiquado* é o que, além de antigo, saiu do uso geral, não obstante poder ser ainda usado pelos que gostam de velharias. *Arcaico* é o muito antigo. *Desusado* é o que saiu do uso geral, podendo ser antigo ou podendo até pouco tempo ter sido moderno. *Obsoleto* é o antiquado, proscrito, excluído, substituído por outro preferível. O vocábulo *alhures* é antiquado. O vocábulo *samicas* é arcaico. O vocábulo *maxambomba* é desusado. O vocábulo *viso-rei* é obsoleto e foi substituído por *vice-rei*.

antologia, coletânea, crestomatia, florilégio, seleta – Todos significam coleção de trechos escolhidos de várias obras literárias. *Antologia* a princípio foi coleção de poesias primorosas; depois passou a admitir trechos primorosos de prosa. *Coletânea* é coleção de trechos escolhidos de um ou de vários autores. *Crestomatia* é coleção de trechos, dispostos na ordem crescente da dificuldade, a fim de que sejam úteis (grego *mantháno*, raiz, *math*, aprender): *Crestomatia Arcaica*, de J. J. Nunes. *Florilégio* é uma coleção de flores da literatura. *Seleta* é coleção de trechos seletos de bons autores, literários ou científicos, sem nenhuma exigência quanto à disposição: *Seleta Clássica*, de João Ribeiro.

antro, buraco, caverna, cova, covil, furna, gruta, lapa, toca – *Antro* é uma cova profunda e escura. *Buraco* é cova pequena e pouco profunda. *Caverna* é grande escavação abobadada e fechada dos lados. *Cova* é abertura mais ou menos ampla e profunda, feita na terra. *Covil* é cova de feras. *Furna* é cova profunda, escura, metendo medo, causando horror. *Gruta* é caverna mais ou menos profunda, entre penhascos. *Lapa* é caverna da encosta de um monte, coberta por penedo ou laje. *Toca* é buraco onde vivem ou se refugiam animais de caça.

anu, anuaí (Amazônia), **anum, anu-preto** – Ave da família *Cuculidae* (*Crotophaga ani*).

anual, ânuo – *Anual* é o relativo ao ano, o que se faz cada ano, o que acontece em cada ano: *visita anual*. *Ânuo* é o que dura um ano, o que se faz para um ano: *planta ânua*, *lei ânua*.

anu-branco, anu-do-campo, piriguá (Amazônia), **quiriru** (Amazônia) – Ave da família *Cuculidae* (*Crotophaga guira*).

anu-coroca (Amazônia), **anu-da-serra, anu-galego, anuguaçu, anum-peixe, alma-de-gato** – Ave da família *Cuculidae* (*Crotophaga major*). A denominação *alma-de-gato* existe nas zonas do Rio Grande do Sul em que não ocorre a alma-de-gato *Piaya cayana*.

anujá, cabeça-de-ferro (Amazônia), **cachorrinho** (Pará), **cumbaca** – Peixe da família *Trachycoristidae* (*Trachycoristes galeatus*).

anular, nulificar – Ambos significam tornar nulo; *o segundo* é um neologismo.

anunciador, anunciante, núncio – Significam indivíduo que anuncia. O *anunciador* anuncia uma notícia; o *anunciante* põe anúncio em jornal; o *núncio* traz mensagem, alheia ou própria: "Mas o núncio de Cristo verdadeiro / Menos trabalho em tal negócio gasta" (*Lusíadas*, X, 111, 3). *Núncio*, termo literário, aplica-se especialmente ao embaixador do papa.

anunciar, apregoar, assoalhar, declarar, enunciar, espalhar, expressar, noticiar, proclamar, promulgar, propagar, propalar, publicar – *Anunciar* é fazer público por meio de anúncio (v. *anúncio*). *Apregoar* é anunciar com pregão, gritando. *Assoalhar* é expor ao sol, tornar claro o que precisa ser sabido, entendido. *Declarar* é pôr em claro, manifestar ou explicar o que está oculto ou o que não se entende direito. *Enunciar* é exprimir por palavras ideias que consideramos novas ou desconhecidas para os demais. *Espalhar* é transmitir sem reservas e desordenadamente uma notícia, um anúncio. *Expressar* é enunciar com precisão e clareza, de modo que não fiquem pairando dúvidas, incertezas. *Noticiar* é dar uma notícia, levar ao conhecimento um fato que acaba de dar-se e é desconhecido. *Proclamar* é anunciar em voz alta e com solenidade. *Promulgar* é fazer autêntico o texto de uma lei por meio de uma fórmula solene. *Propagar* é espalhar interesseiramente. *Propalar* é anunciar com cautela, habilidade, clandestinidade, certa reserva. *Publicar* é levar ao conhecimento do público, hoje principalmente por meio da palavra impressa ou irradiada. Acabaram-se os arautos do tempo em que não havia imprensa.

anúncio, aviso – *Anúncio* é notícia, nova, comunicação, que diz respeito ou interessa ao público. *Aviso* é notícia, nova, comunicação, que diz respeito ou interessa a alguém.

anuviar-se, nublar-se – *Anuviar-se* é cobrir-se de nuvens é *nublar-se* é anuviar-se escurecendo: "Às oito horas o tempo se anuviou mas ainda se via a lua; às nove nublou-se e a lua deixou de ser vista".

anverso, direito, reto – *Anverso* é a face principal de moeda ou medalha. *Direito* é o lado pelo qual uma coisa deve ser vista; as fazendas têm o direito, a face mais vistosa. *Reto* é o lado principal de uma folha de papel, escrita, datilografada, mimeografada, impressa, a que quase sempre leva a numeração ímpar.

aonde, onde – Advérbios de lugar. *Aonde* indica o lugar para o qual um movimento se dirige: *Aonde chegará* (Humberto de Campos, *Destinos*, 203). *Ela vai aonde a leva a saudosa lembrança* (Francisca Júlia, *Esfinges*, 165). *Aonde caminhas precipitada?* (Antônio José. *Teatro*, v. IV, p. 114). *Que mal entendes aonde se dirigem os meus suspiros!* (Idem, *ibidem*, p. 136). *Onde* indica o lugar em que se está, a quietação: *Deus, ó Deus, onde estás que não respondes?* (Castro Alves, *Vozes d'África*). Não é rara a confusão de um com o outro, desde os clássicos. Encontramos em Vieira *aonde* por *onde: aonde estava* (*Sermões*, XII, 208) e *onde* por *aonde: Onde iremos* (*ibidem*, XIII, 50). Também nos modernos; Carneiro Ribeiro, *Serões*, 711, cita um exemplo de Garrett e outro de Latino Coelho, com *aonde* por *onde*. Na linguagem corrente é comum ouvir-se: *Onde vais?*, com *onde* em vez de *aonde*.

apacanim, gavião-pega-macaco, japacanim – Ave da família *Falconidae* (*Spizaetus sp.*).

apalpar, palpar – Significam tocar com a mão, para reconhecer pelo tato. *O segundo* tem cunho erudito (lat. *palpare*) e ao mesmo tempo popular (aférese de *apalpar* na boca do povo).

aparato, esplendor, fausto, grandeza, luxo, magnificência, majestade, ostentação, pompa, suntuosidade – *Aparato* é o modo solene, preparado para celebrar um ato extraordinário. *Esplendor* é o brilho, o lustre, da natureza, de um ato, de uma situação. *Fausto* é o luxo custoso, com a pompa de quem se acha em situação próspera. *Grandeza* é o luxo próprio dos grandes, dos poderosos. *Luxo* é manifestação exuberante do desejo de fazer figura, de viver com conforto. *Magnificência* é a pompa, o esplendor, para exaltar, para glorificar, para fazer grande. *Majestade* é ostentação de grandeza, poder é magnificência. *Ostentação* é o exagero calculado que se emprega numa exibição. *Pompa* é a ostentação, o esplendor exagerado, para deslumbrar, fazer sensação, em atos solenes. *Suntuosidade* é a pompa feita com grandes despesas (lat. *sumptus*, despesa).

aparecimento, aparição – *Aparecimento* é o fato de aparecer. *Aparição* é aparecimento cujo objeto é fantástico ou sobrenatural: aparição do Senhor a Adão, a Abraão, a Isaac; de Cristo a Madalena, aos discípulos; da Virgem a Bernadette etc.; também se aplica a astros.

aparência, ar, aspecto, exterior, exterioridade, visos – *Aparência* é o efeito que a vista de uma coisa produz e a ideia que daí resulta. *Ar* é o conjunto de tudo o que impressiona à primeira vista, quando uma pessoa *ou* coisa se apresenta. *Aspecto* é a maneira pela qual coisa ou pessoa é vista em seu conjunto pelos que a contemplam. *Exterior* é a parte externa de um corpo, o que ele deixa ver pela parte de fora. *Exterioridade* é o exterior, aplicado a pessoas e quase sempre com demonstrações ostentosas que não correspondem à realidade. *Visos* são aparência mal definida.

aparição, visão – A *aparição* diz respeito ao objeto que se torna visível. A *visão* fere apenas a imaginação.

aparo, pena (de escrever) – Pequena placa metálica em forma de meia-cana e com um bico, a qual serve para se escrever com tinta. *O primeiro vocábulo* só se usa em Portugal; *o segundo*, em Portugal e no Brasil.

apascentar, pascer, pastar, pastorear – *O primeiro* significa *levar ao pasto* e se refere ao pastor; *o segundo*, *comer a erva ainda na terra* e é forma literária; *o terceiro* significa o mesmo que o segundo e é forma popular; *o quarto* significa *servir de pastor*.

apatia, impassibilidade, indiferença, insensibilidade – *Apatia* é a falta de simpatia e de antipatia por pessoas e coisas; é a carência de paixão, própria de um temperamento; é a ausência do estímulo. Vem do grego *páthos*, paixão, com o alfa privativo. *Impassibilidade* é o estado de quem não é suscetível de padecer (lat. *pati*) com o que se está passando em torno, guardando no rosto e nas maneiras uma imobilidade, reveladora do seu estado de alma, podendo a pessoa ser apática ou não. *Indiferença*, é a disposição de espírito na qual a pessoa não se inclina nem para um objeto nem para o seu oposto. *Insensibilidade* é a incapacidade de experimentar impressões, por egoísmo ou mesmo por temperamento, podendo a pessoa insensível num caso ser sensível em outro.

apaziguar, pacificar – Significam restituir à paz. *O primeiro* se aplica a pessoas em luta, a ânimos exaltados, a multidão amotinada; *o segundo*, de preferência a países, regiões em guerra, em revolução. "O pai estava brigando com o filho e eu consegui *apaziguá-los*. Prudente de Morais *pacificou o* Rio Grande do Sul".

apedrejar, lapidar – Ambos significam atirar pedras, mas o *segundo* indica especialmente que a finalidade do ato é matar: *Os moleques lapidaram os corvos na plantação*. Os *moleques apedrejaram* a mangueira.

apeguava, beguaba, peguaba, peguira – Molusco da família *Donacidae* (*Donax rugosa*).

apenas, exclusivamente, só, somente – *Apenas* (de *a* e *penas*, com dificuldades) indica insuficiência para o fim colimado: "Tenho apenas uma hora para terminar este trabalho". *Exclusivamente* traz ideia de exclusão de tudo o que se refira ao assunto: "Trouxe exclusivamente o livro que mais me interessava; deixei lá os outros". *Só* ou *somente* marca uma quantidade sem relação determinada: "Você só tem dez cruzeiros para receber."

apêndice, suplemento – São partes acrescentadas a uma obra para completá-la. O *apêndice* liga-se ao texto da obra, trazendo adições, restrições, explicações, alterações. O *suplemento* vem preencher lacunas.

apertado, estreito – *Apertado* é o que está cingido de perto e *estreito* é o que não se mostra largo. Por conseguinte, embora se diga, é impróprio dizer *sapato apertado*, pois o apertado é o pé e não o sapato. O sapato que aperta o pé, mostra-se *estreito*.

aperta-ruão, jaborandi-falso, pimenta-de-fruto-ganchoso, tapa-buraco – Arbusto da família *Piperaceae* (*Piper aduncum*).

apesar de, a despeito de, sem embargo de, malgrado, não obstante – *Apesar de* indica forte oposição, onde não há só desgosto mas também sentimento, mágoa, com aquilo que se faz. *A despeito de* indica que, à ideia de oposição ou resistência, se ajunta a do desprezo com que se vence. *Sem embargo* indica menor resistência de coisas ou circunstâncias, e mais fácil de vencer. Exclui o embaraço ou impedimento que delas pode resultar. *Malgrado* significa contra a vontade. *Não obstante* exclui simplesmente uma oposição, resistência ou dificuldade absoluta.

apetite, fome – *Apetite* é o prazer de comer, às vezes até sem fome. *Fome* é a necessidade de comer.

apetites, desejos – *Apetites* são desejos de coisas materiais os quais vêm de tempos em tempos. *Desejos* são inclinações permanentes da alma, para coisas materiais ou não.

ápices, cimalhas, diérese, trema – Dois pontos colocados sobre vogais em hiato. Os três primeiros são antiquados.

apiedar-se, comiserar-se, compadecer-se, condoer-se, enternecer-se – *Apiedar-se* é sentir piedade, desejo de livrar alguém de um mal que está sofrendo. *Comiserar-se* é sentir por um sofrimento alheio misericórdia, compaixão tal que leva ao perdão e ao socorro do desgraçado. *Compadecer-se* é sentir compaixão, experimentar como seus os sofrimentos do desgraçado. *Condoer-se* é avaliar a dor que oprime o desgraçado, sem entretanto compadecer-se. *Enternecer-se* é ficar terno, com o coração disposto a bons sentimentos.

apimentado, picante – Assim se qualifica uma cançoneta, uma anedota, pontilhadas de malícias, excitantes à sensualidade. Macedo Soares, *Estudos Lexicográficos*, 87, considera galicismo *o segundo* empregado neste sentido.

apito, assobio, sibilo, silvo – *Apito* é um instrumento que, soprado, produz um silvo e, por metáfora, o silvo produzido por este instrumento para chamar. *Assobio* é um som agudo, emitido por pessoa que sopra através dos lábios esticados para a frente e comprimidos, por serpentes, por certas aves. *Sibilo* é silvo muito agudo e prolongado. *Silvo* é som agudo e forte, produzido pela boca ou por outro modo. O inspetor de veículos solta apitos. A assobiadeira, assobios. Um projétil, sibilos. Uma locomotiva, silvos.

aplicação, atenção, contenção, meditação, ponderação, reflexão – São atividades espirituais. *Aplicação* é atenção continuada, persistente. *Atenção* é o ato de fixar-se o espírito sobre objeto externo. *Contenção* é aplicação intensa, que emprega muito esforço, exigido pelas coisas complicadas ou embrulhadas. *Meditação* é reflexão profunda e prolongada muito tempo. *Ponderação* é atenção cuidadosa que estuda o caso sob todos os aspectos, pesando os prós e os contras. *Reflexão* é atenção sobre objeto interno.

apócrifo, inautêntico – Significam que não é do autor a que se atribui, que não é autêntico. *O segundo* lembra melhor a ideia.

apoderar-se, apossar-se, apropriar--se, conquistar, usurpar – *Apoderar-se* é trazer ao seu poder, tornar-se dono, tomar viva e fortemente para reter. *Apossar-se* é meter-se na posse. *Apropriar--se* é fazer próprio o que pertence a outro, chamar a si a propriedade. *Conquistar* é tomar com esforço ou à força, em guerra aberta. *Usurpar* é tomar para seu uso, contra o direito e justiça, empregando autoridade, violência, prepotência.

apodrecer, apodrentar, putrefazer--se – Significam ficar podre. *O primeiro* é do uso corrente; o *segundo* é antiquado; *o terceiro* é erudito.

apólice, inscrição – Título de dívida pública ou privada. *O primeiro* se usa no Brasil e em Portugal; *o segundo*, só em Portugal: "Um cavalheiro com uma boa fortuna em inscrições e prédios" (Eça de Queirós, *Cartas Inéditas de Fradique Mendes*, 130).

apologia, defesa, justificação – *Apologia* é escrito ou discurso, espontâneo quase sempre, em resposta a censuras gerais, vagas, feitas a uma pessoa, uma nação, uma doutrina; Platão escreveu uma *Apologia de Sócrates* e Tertuliano uma *Apologética* em favor dos cristãos. *Defesa* é escrito ou discurso em que, repelindo um ataque, se mostra a falta de culpabilidade; para os advogados criminais é dever de ofício. *Justificação* é a prova ou manifestação da inocência de um acusado.

aportar, arribar – *Aportar* é entrar no porto; *arribar* é aportar forçado por um temporal, uma epidemia, uma avaria etc.

após, depois – *Após* dá ideia de posterioridade no estado de movimento: "Corri após e o alcancei". *Depois* dá ideia de posterioridade no tempo: "Cheguei às duas horas; ele chegou depois". O uso corrente aplica à posterioridade no espaço, em quietação e em movimento: "Não veja o que está antes; veja o que está depois."

aposentadoria, jubilação, reforma – V. *aposentar*.

aposentar, jubilar, reformar – Significam afastar do serviço ativo, com maiores ou menores proventos, por invalidez, por implemento de prazo, por conveniência de serviço etc. *O primeiro* se aplica a funcionários públicos, comerciários, industriários; *o segundo* se aplica aos professores; *o terceiro* se aplica aos militares.

apóstolo, evangelizador, missionário – *Apóstolo* quer dizer *enviado*. Aplicou-se este nome aos onze principais discípulos que Cristo mandou a pregação do Evangelho (*Euntes ergo, docete*, S. Mateus, 28, 19). Aplicou-se depois aos religiosos que saíam propagando a fé cristã, fazendo prosélitos: *S. Francisco Xavier, apóstolo das Índias*. *Evangelizador* é o que prega a moral do Evangelho e, por extensão, ideais sãos, grandes verdades. *Missionário* (no contexto da religião) é o religioso que se dá a missão de ir pregar o Evangelho em terras de pagãos, com grandes sacrifícios.

apoteose, deificação, endeusamento – *Apoteose* era a cerimônia com a qual os antigos gregos e romanos punham no número dos deuses seus heróis e imperadores. *Deificação* é o ato de, tomando a criatura pela divindade, prestar-lhe culto. *Endeusamento* significa o mesmo que *deificação* e é vocábulo menos erudito.

apreçar, avaliar, estimar – *Apreçar* é determinar o preço, examinando o objeto em si. *Avaliar* é determinar o valor com base, levando em conta circunstâncias exteriores. *Estimar* é dar opinião sobre o valor, por uma primeira impressão e sem procurar grande exatidão: "Aprecei em 100.000 reais a casa; pelas condições atuais os peritos avaliaram em 150.000; entretanto, antes eu havia estimado apenas em 50.000".

apreço, consideração, conta, estima – *Apreço* é consideração especial pelo valor de uma pessoa. *Consideração* é atenção respeitosa que uma pessoa mereça. *Conta* é o ato de pôr em cálculo o préstimo, o valor; é a importância que se dá. *Estima* é a consideração que se dá por amizade, sem ter em conta o valor real, que pode ser grande ou pequeno.

apreender, apresar, arrestar, captar, capturar, deter, prender, segurar – *Apreender* é prender tendo direito para o fazer: "O fiscal, apreendeu as mercadorias dos infratores das posturas municipais". Diz-se também no sentido de captar. *Apresar* é tomar como presa. *Arrestar* é apreender judicialmente para fins de garantia. *Captar* é aprender o sentido de alguma coisa. *Capturar* é prender um foragido usando de força. *Deter* é prender conservando preso. *Prender* é impedir que fuja e para isto tolher os movimentos. *Segurar* é prender com segurança.

apreensão, medo, temor – *Apreensão* é a inquietação por perigo possível; é vaga. *Medo*, a inquietação por perigo que o espírito faz presente e premente. *Temor*, a inquietação por perigo provável.

apreensivo, impressionado, preocupado — *Apreensivo* é o que sente apreensão, *q.v.* *Impressionado* é o que está inquieto por causa da impressão deixada por fato desagradável. *Preocupado* é o que se mostra antecipadamente apreensivo.

aprender, estudar, instruir-se – *Aprender* é chegar ao conhecimento de coisas ignoradas. *Estudar* é aplicar-se ao estudo para aprender. *Instruir-se* é aprender é aclarar os conhecimentos aprendidos, para ficar em estado de agir.

apresentar, entregar, oferecer – *Apresentar* é pôr na presença, expor à vista, aproximar para que tome. *Entregar* é pôr materialmente na posse, às vezes cumprindo um mandado, executando seu ofício. *Oferecer* é apresentar com desejo de que se aceite. É verdade que um malicioso ditado ensina que quem oferece não quer dar...

apresentar-se, comparecer – *Apresentar-se* é fazer-se presente de modo espontâneo. *Comparecer* é fazer-se presente, no cumprimento de um dever, de uma obrigação, no seu posto; ir a juízo cumprir intimação. Significa propriamente apresentar-se com outro ou com outros.

apressado, pressuroso – *Apressado* é o que faz uma coisa depressa. *Pressuroso* é o solícito em servir, atuando depressa.

aprestos, preparativos, preparos – *Preparativos* são os atos com que tendemos a reunir e dispor os materiais para execução de uma obra; *aprestos* são o conjunto destes materiais, reunidos e dispostos nos preparativos: "Já acabei meus preparativos; consegui reunir e dispor belos aprestos". É verdade que no uso corrente se toma o primeiro pelo segundo. *Preparos* são aprestos especialmente para peças de vestuário.

aprontar, dispor, preparar – *Aprontar* é pôr em estado de servir imediatamente. *Dispor* é arranjar de maneira conveniente. *Preparar* é trabalhar de antemão para pôr em condições as coisas necessárias.

aprovar, consentir, permitir, tolerar – *Aprovar* é julgar favoravelmente, achando digno de louvor. *Consentir* é aquiescer a uma coisa, condescender a que se faça. *Permitir* é autorizar por consentimento formal. *Tolerar* é não impedir, tendo poder para tolher, vedar.

aptidão, capacidade, disposição, habilidade, idoneidade, inclinação, jeito, propensão, queda, talento, vocação – *Aptidão* é a capacidade natural para fazer uma coisa. *Capacidade* é a posse, dada pela aptidão, do conjunto de qualidades e conhecimentos necessários para as coisas práticas da vida. "Ele sempre revelou capacidade para gerir uma empresa". *Disposição* é capacidade natural, menor que a aptidão: ao passo que a aptidão se aplica ao que requer estudos sérios, artes, ciências, letras, a disposição se aplica a estudos ligeiros ou recreativos, como a dança, a ginástica, o esporte. *Habilidade* é a capacidade comprovada pela prática e sempre com resultado bom: "Este médico só opera estômago; confio, pois, na habilidade dele". *Idoneidade* é a capacidade adquirida pela prática: "Pedro não tinha aptidão para eletricidade; tanto praticou que hoje possui idoneidade para fazer uma instalação". *Inclinação* é uma disposição favorável que inspira um desejo, podendo ser seguida sem grande prazer ou contrariada sem grande pesar. *Jeito* é o desembaraço, a facilidade, mesmo para coisas de que não se tem prática; nisto difere da *habilidade:* "Ele nunca consertou um relógio mas, valendo-se do seu jeito, conseguiu substituir a corda do meu". *Propensão* é a atração poderosa para uma coisa, à qual a pessoa se entrega de corpo e alma e que se contraria com muito esforço e com grande pesar; é mais forte que a inclinação: "Uma mostrou inclinação para o teatro; outra, propensão. Quando o pai as contrariou, a primeira nada sofreu, mas a segunda caiu doente". *Queda* é o mesmo que *inclinação*. *Talento* é um dom natural, uma aptidão, mas revelada na prática: "Em criança eu sentia a aptidão dele para a música; deu um violinista de talento". *Vocação* é uma tendência natural do espírito para um mister.

apuí, quapoia – Árvore da família *Gutiferae* (*Clusia insignis*).

apupo, vaia – *Apupo* era um búzio que, soprado, emitia um som desabrido e destemperado, comparável com o grito da poupa; daí o nome. Passou depois a significar grito de mofa, brado de escárnio. *Vaia* é o mesmo, mas, além de significar desagrado, inclui a ideia de um insucesso, uma expectativa malograda. Um chefe de serviço pode receber apupos de seus subordinados quando incorre no seu desagrado; um mágico que falhe numa experiência pode receber uma vaia.

apurar, expurgar, purgar, purificar – Em todos existe a ideia de tornar puro. *Apurar* é tornar puro tirando a borra, as fezes, a parte impura, as partes heterogêneas; apuram-se metais. *Expurgar* é apurar, purgar ou purificar completamente, tirando o que ainda resta do impuro: "Não virá completa ordem enquanto não expurgarem os abusos que restam". *Purgar* é tornar puro expelindo o impuro; purgam-se os intestinos com medicamentos apropriados. *Purificar* é tornar puro fazendo penetrar um agente; purifica-se o sangue com o oxigênio do ar.

aquático (Brasil), **aquista** (Portugal) – Frequentador de estação de águas.

aquecer, aquentar, esquentar – *Aquecer* é dar começo de quentura, começar a adquirir quentura. *Aquentar* é tornar quente. *Esquentar* é aquentar intensamente.

aqui, cá – Significam neste lugar, o lugar em que está a pessoa que fala. *Aqui* representa de modo absoluto o lugar e sem referência a outro; *cá* exclui a ideia de outro lugar que direta ou indiretamente se contrapõe àquele onde se está. *Aqui* designa o lugar de modo determinado; *cá*, de modo vago, requerendo às vezes determinações: "Seu lápis está aqui". (Lugar bem determinado, que pode ser mostrado com o dedo.) "E viva eu cá na terra sempre triste" (Camões, soneto *Alma minha*). Lugar oposto a *lá* e determinado por *na terra*, para melhor compreensão.

arabaiana, olhete, urubaiana – Peixe da família *Carangidae* (*Seriola carolinensis*). *O primeiro nome* é do Nordeste, de Pernambuco ao Rio Grande; *o segundo* é do Sul; *o terceiro* é variante do primeiro.

árabe, arábico, arábigo, arábio, mouro – *Árabe* é natural da Arábia; aplica-se a pessoas, ao povo; não obstante diz-se *língua árabe*. *Arábico* é o relativo à Arábia; aplica-se a coisas: *goma-arábica*. *Arábigo* é o mesmo que *arábico*, mas antiquado, embora empregado por Castilho. *Metamorfoses*, XXVI. *Arábio* é também antiquado; vale por *árabe* e *arábico:* "Achou nos escritos dos arábios..." (D. João I, *Livro da Montaria*, 185). *Língua arábia* disse Damião de Góis na *Crônica de D. Manuel*, III, cap. 58. O povo diz *goma-arábia*. *"Mouros* foi sempre o termo vulgar para designar aquelas gentes estranhas que senhorearam durante tantos séculos a nossa Península. Propriamente eram os habitantes da Mauritânia; depois o seu sentido alargou-se a todas as gentes que, como aquelas, seguiam a religião de Mafoma." (David Lopes, *Miscelânea Carolina Michaëlis de Vasconcelos*, p. 32).

arabutã, ibirapitanga, muirapiranga, murapiranga, pau-brasil, pau-de-pernambuco, pau-rosado, sapão – Árvore da família *Leguminosae* (*Caesalpinia echinata*).

araçá-de-coroa, araçá-vermelho – Arbusto da família *Myrtaceae* (*Psidium variabile*).

aracambé, cachorro-do-mato, jaguaracambé (Sul), **janauira, januí** – Nome de duas espécies do gênero *Speothus*, *S. veraticus* e *S. Wingei*, da família *Canidae*. *Aracambé* é redução de *jaguaracambé*, na boca do caipira paulista; *janauira* e *januí* são da Amazônia.

aracanguira, galo-bandeira, galo-pluma – Peixe da família *Carangidae* (*Alectris crinitus*). *O primeiro nome* é da Bahia.

araçari-banana, tucaninho – Ave da família *Ramphastidae* (*Andigena bailloni*).

araçaripoca, saripoca – Ave da família *Ramphastidae* (*Selenidera sp.*). *O segundo* é redução do primeiro.

aracimbora, guaracimbora, xaréu-branco – Peixe da família *Carangidae* (*Caranx dentex*). *O primeiro nome* é redução do *segundo* e o *terceiro*, impróprio aliás, aparece às vezes na boca dos pescadores do Recife.

araciuirá, papa-açaí, saurá, uiratatá – Pássaro da família *Cotingidae* (*Phoenicocercus sp.*).

aracu (Amazônia), **piaba** (Sul), **piau** (Centro, Nordeste e Norte), **piava** (Sul) – Peixe da família *Characidae* pertencente aos gêneros *Leporinus*, *Schizodon* e outros.

aragem, aura, brisa, favônio, viração, zéfiro – *Aragem* é um movimento brando do ar, notado na agitação da folhagem, numa vaga impressão de frescura. *Aura* é vento brando e aprazível, um pouco agitado e sussurrante. *Brisa* é vento suave e fresco, mais forte do que os precedentes. *Favônio* é propriamente vento do poente, fagueiro, suave, propício e favorável; é palavra erudita, literária. *Viração* é vento fresco e suave, que marca a virada da temperatura; sopra do mar para a terra, alternando com o terral e vindo a certa hora. *Zéfiro*, palavra literária, é o mesmo que *favônio* (Plínio, *Historia Naturalis*, XVIII, 337).

aramá, vorá-boi (Mato Grosso), **vorá-cavalo** (idem) – Abelha da família *Meliponidae* (*Trigona heideri*).

aramandaia (Paraíba e Pernambuco), **moleque** (Bahia) – Inseto da família *Curculionidae* (*Rhynchophorus palmarim*).

arame, borós, bronze, chelpa, cobre, coco, "cum-quibus", dinheiro, erva, gaita, ganga, grana, jibongo, jimbo, jimbongo, "l'argent", massa, metal sonante, milho, pau, pecúnia, tacho, tuncum – *Arame* é palavra de gíria, portuguesa e brasileira, hoje de pouco uso. *Borós* é do Norte (Raimundo Magalhães). *Bronze* é alusão à liga metálica das moedas divisionárias. *Chelpa* também é de Portugal. *Cobre* alude também à natureza metálica das moedas divisórias. "*Cum-quibus*", expressão latina que significa *com que*, *com os quais*, isto é, meios com que se compram as coisas, parece vir da gíria dos estudantes. *Erva*, *gaita*, *ganga*, *grana* são palavras de gíria. *Jibongo*, *jimbo*, *jimbongo* são de origem africana. "*L'argent*", do francês, se usa jocosamente. *Massa* traz ideia de grande quantidade. *Metal sonante* lembra o tinido das moedas. *Pau* é gíria para a unidade monetária: *gastei 200 paus*. *Pecúnia* é latinismo usado jocosamente. *Tuncum* é da gíria paulista. Ainda há duas formas perifrásticas: *aquilo com que se compram os melões* e *aquilo que fala verdade*. Para o dinheiro em papel há designações especiais: *cachorro* (nota de cinco reais porque no jogo de bicho o cachorro é n° 5), *coelho* (nota de dez reais, porque o coelho é o n° 10), *lona* (pela delgadez), *pacote* (volume de notas perfazendo mil reais), *pelega* (por lembrar pela delgadez um pelego), *peru* (nota de vinte reais, porque o peru é n° 20), *galo* (nota de cinquenta reais, porque um dos finais do galo é 50). Para a moeda de um real também há várias: *bagarote*, *bago* (dinheiro em geral, em Portugal), *facho* (Nordeste), *mango*. Para pouco dinheiro, dinheiro miúdo, em moedas, também há várias denominações; *caraminguás* (de palavra guarani que significa cofre, caixa), *cheta* (também corrente em Portugal), *miúdos*, *nicolau* (nome das antigas moedas de níquel; veja-se a identidade dos fonemas iniciais), *níqueis* (moedas de níquel), *quirera* (de uma palavra tupi que significa alimpaduras do joeirado). Para a moeda de dez centavos ainda vive o nome da antiga de cem réis, *tostão*, *tusta* na gíria. Alberto Bessa, *A Gíria Portuguesa*, aponta vários sinônimos de Portugal: *bagalhoça*, *burzilhão*, *cacau*, *cantante*, *capim*, *carcanhóis*, *fio*, *governo*, *joão da cruz*, *milhancos*, *milhestres*, *painço*, *quido*, *quintuques*, *sonante*. Figueiredo aponta mais: *caroço*, *coragem*, *ferro*, *metal*, *metálico*, *môni*, *mosca*, *ouro*, *patacos*, *roco*, *teca*. José Maria Adrião, *Revista Lusitana*, *XXXII*, 24, ainda aponta outros: *bagaço*, *baguines*, *baguinho*, *bagulho*, *broca*, *carolo*, *china*, *coscorinho*, *estilha*, *lodo*, *maçaroca*, *maço*, *massaria*, *milhafre*, *milhança*, *mola real*, *palrante*, *parnau*, *parne*, *parrelo*, *soca*, *xartante;* sem falar nas designações especiais do dinheiro em ouro, prata, cobre e papel.

arancim, iratim, iraxim (S. Paulo) – Abelhas da família *Meliponidae* (*Trigona sp.*).

arapabaca, lombrigueira – Planta da família *Loganeaceae* (*Spigelia anthelmintica*).

arapaçu, pica-pau-vermelho, uirapaçu – Pássaro da família *Dendrocolaptidae*, pertencente aos gêneros *Xiphocolaptes* e *Picolaptes*. *O primeiro vocábulo* é corruptela do terceiro.

arapapá, arataiá, arataiaçu, colhereiro, savacu (Goiás), **socó-de-bico-largo** (Piauí), **tamatiá** – Ave da família *Ardeidae* (*Cancroma cochlearia*).

araponga, ferreiro, guiraponga – Pássaro da família *Cotingidae* (*Chasmorhynchus nudicollis* e *C. niveus*).

araponguinha, araponguira, canjica – Pássaro da família *Contingidae* (*Tityra inquisitor*, ou melhor *Erator inquisitor*).

arapuá, arapuã, irapuã – Abelha da família *Meliponidae* (*Trigona rufricus*).

arapuru, guirapuru, irapuru, uirapuru – Pássaro da família *Pipridae*, pertencente aos gêneros *Pipra* e *Chiroxiphia*.

araquã, mãe-de-porco (Amazônia), **taiaçuguira, taiaçu-uirá** – Ave da família *Cuculidae* (*Neomorphnus geoffroyi*).

arar, lavrar – *Arar* é abrir sulcos com o arado. *Lavrar* é cultivar, beneficiar a terra. Pode-se lavrar sem arar.

arara-azul, araraúna – Ave da família *Psittacidae* (*Anodorhynchus hyacintinus*).

araracanga, ararapiranga, arara-vermelha – Aves da família *Psittacidae* (*Ara macau* e *A. chloroptera*).

arara-pitiú, rabo-de-arara – Planta da família *Mimosaceae* (*Parkia pendula*).

araribá-do-campo, cabelo-de-negro – Planta da família *Connaraceae* (*Connarus suberosus*).

aratauá, iratauá – Pássaros da família *Icteridae*, pertencentes ao gênero *Agelaius*.

aratu, marinheiro – Crustáceo da família *Grapsidae* (*Aratus pisonis*).

arauá (Sergipe), **aruá, fuá, uruá** – Moluscos da família *Ampullaridae*, pertencentes ao gênero *ampullaria*.

arauaná, aruaná – Peixe da família *Osteoglossidae* (*Osteoglossum bicirrhosum*).

araúna, caraúna, graúna, iraúna – Pássaro da família *Icteridae* (*Cassadrix oryzivora*).

árbitro, juiz – *Árbitro* é o que julga de modo discricionário, sem dependência; *juiz* é o que julga pelo alegado e provado e segundo a lei escrita.

arca, baú, mala – *Arca* é caixa de madeira na qual se guarda o que se quer resguardar ou esconder. *Baú* é caixa com tampa convexa ou plana, feita de madeira encourada ou folha de flandres e usada para guardar roupa, documentos etc. *Mala* é caixa, geralmente de couro ou de madeira, usada para o transporte de roupas e objetos indispensáveis aos viajantes.

arcado, arqueado – *Arcado* é o que se mostra curvo como um arco: *pernas arcadas*. *Arqueado* é aquilo a que se deu forma de arco: "Prender-te com calor nos braços arqueados" (Alberto de Oliveira, *Poesias*, I, 149.)

arcano, mistério, segredo – *Arcano* (de *arca*) é segredo muito reservado e de importância: "A história severíssima na sua prudência não quis revelar-nos este arcano" (Rebelo da Silva, *apud* Aulete). *Mistério* (do grego *myo*, fechar) era cerimônia religiosa secreta em que só tomavam parte os iniciados; é arcano religioso, inacessível à razão, grande discrição para evitar que um fato se divulgue. *Segredo* (do lat. *secretu*, posto de parte) é o que não se diz, para que poucos saibam.

arco, cidadela, gol, meta, vala – Retângulo formado por dois postes fincados verticalmente no solo e ligados na parte superior por uma trave; é o alvo a que tende a bola de futebol.

ardil, armadilha, artifício, astúcia, cilada, emboscada, estratagema, insídia, logro – *Ardil* é meio que, para conseguir seu intento, lança mão de enganos, disfarces, falsas mostras, com que cobre o que se vai fazer e que o prejudicado só tarde sente. *Armadilha* é a cilada em que alguém cai, como um pássaro na arapuca. *Artifício* é ardil feito com arte. *Astúcia* é finura manhosa, empregada de ordinário para prejudicar ou fraudar, ocultando as intenções, procedendo sem escrúpulos, com malícia e ruindade. *Cilada* é acometimento ardiloso, feito de surpresa e dissimulado. *Emboscada* é cilada para matar, usada especialmente na guerra. *Estratagema*, propriamente recurso de guerra, é o ardil com que se engana um adversário. *Insídia*, palavra literária, é o mesmo que *cilada*. *Logro* é o ardil caviloso, feito de má fé, em que o lesado, pensando auferir vantagem, vem oferecer espontaneamente o que se pretende.

ardiloso, artificioso, astucioso, astuto, capcioso, caviloso, falacioso, falaz, insidioso, traiçoeiro, velhaco – *Ardiloso* é o que se mostra cheio de ardis, o que usa de ardis (v. *ardil*). *Artificioso* é o cheio de artifícios, o que usa de artifícios. (v. *artifício*.) *Astucioso* é o que usa de astúcias. (v. *astúcia*.) *Astuto* é o dotado de astúcia; o astuto muitas vezes não se mostra astucioso. *Capcioso* é o que usa de meios hábeis com que apanha a pessoa que quer enganar, sem deixá-la escapar, como o caçador apanha a caça na armadilha; vem do latim *captiosu*, de *captare*, captar. *Caviloso* é o que usa de sofismas, de maquinações fraudulentas, para induzir em erro, o que usa de sutilezas maliciosas. *Falacioso* é o que usa de falácia, isto é, de artifícios eivados de mentira, má fé, enganadores. *Falaz* é o que engana com falsas aparências, mentiras. *Insidioso* é o que habitualmente lança mão de insídias, ciladas. (v. *cilada*.) *Traiçoeiro* é o que arma traições. *Velhaco* é o que engana com dolo, não cumprindo o prometido, usando de fraude para fugir a um compromisso.

ardósia, lousa, pedra – Xisto muito metamorfizado, em placas finas resistentes e separáveis em lâminas com vários usos industriais. Pequena lâmina retangular de *ardósia*, emoldurada em madeira, usada nas escolas primárias em exercícios de escrita e de contas. *O terceiro* é o mais usado.

árduo, custoso, difícil, dificultoso, espinhoso, intrincado, penoso – *Árduo* quer dizer muito difícil. *Custoso* é o que custa fazer; leva muito tempo, requer muita habilidade. *Difícil* é o que necessita poder, força, resolução, coragem, para ser feito; aplica-se ao essencial de uma empresa, de um negócio, ao grosso de um trabalho. *Dificultoso* é o que exige paciência, tato, perseverança; aplica-se aos pormenores, às particularidades, aos obstáculos, mais incômodos do que *graves*. *Espinhoso* quer dizer cheio de espinhos, de possíveis consequências desagradáveis. *Intrincado* é o difícil pelas complicações que apresenta. *Penoso* é o que, além de difícil ou mesmo árduo, se desempenha à custa de esforço doloroso.

área, superfície – *Superfície* é a extensão com duas dimensões, comprimento e largura. *Área* é superfície delimitada.

arenito, grés – Rocha formada pela consolidação de areia por um cimento não silicoso. *O segundo nome* é um galicismo.

arerê, chega-e-vira (Maranhão), **irerê, marreca-apaí** (Amazônia), **marreca-do-pará** (idem) – Ave da família *Anatidae* (*Dendrocygna viduata*).

ares, Marte – Deus da guerra na mitologia greco-romana. *O primeiro nome* é grego; *o segundo*, latino.

arfar, caturrar (Brasil) – Significam oscilar, imergindo ora a proa, ora a popa.

argucioso, arguto – *Argucioso* é o que usa de argúcia. *Arguto* é o sutil no argumentar ou no discutir; pode-se ser arguto sem às vezes ser argucioso.

aridez, esterilidade, improdutividade, infecundidade, infrutuosidade, maninhez, sequidade – Qualidade de *árido*, *estéril*, *improdutivo*, *infecundo*, *infrutuoso*, *maninho*, *seco*.

árido, estéril, improdutivo, improlífico, infecundo, infrutífero, infrutuoso, ingrato, maninho, sáfaro, seco – *Árido* é o que, por natureza, nada produz, por ser seco ou por falta de qualidades das terras fecundas. *Estéril* quer dizer incapaz de produzir, de gerar. *Improdutivo* quer dizer impróprio para produzir, por maior esforço que faça. *Improlífico* é o ingenitamente incapaz de produzir prole. *Infecundo* é o que não tem qualidades criadoras que permitam produzir em grande escala. *Infrutífero* é o que não produz os frutos que devia. *Infrutuoso* é o que, embora produza frutos, não o faz com abundância esperada. *Ingrato* é o terreno que não compensa o trabalho que nele se faz. *Maninho* é o infrutífero por falta de cultura e não por natureza. *Sáfaro* é o que se acha esgotado, cansado e além disso não recebe cultura. *Seco* é o que tem pouca umidade ou nenhuma e por isso não se pode mostrar produtivo.

ariramba, martim-pescador, pica-peixe – Nomes de aves da família *Alcedinidae*, pertencentes ao gênero *Ceryle*. *O primeiro* é da Amazônia. O *martim* europeu é a *Alcedo hispida*.

ariramba-da-mata-virgem (Amazônia), **beija-flor-do-mato-virgem, cavadeira** (Rio de Janeiro), **cuitelão, fura-barriga** (Pernambuco), **guanumbiguaçu** – Nomes de aves da família *Galbulidae*, pertencentes aos gêneros *Galbula* e a outros.

ariranha, lontra – *O primeiro* é um mamífero da família *Mustelidae* (*Pteronura brasiliensis*) que habita os grandes rios de todo o país. *O segundo* é outro da mesma família (*Lutra paranaensis*), que vive no Brasil meridional. Nas regiões em que só uma espécie ocorre o nome *ariranha* é substituído por *lontra*. *A lontra* europeia é a *Lutra vulgaris*.

arisco, esquivo – *Arisco*, aplicável a irracionais e a pessoas, é o que por sua fereza não se domestica facilmente; é intratável, insociável. *Esquivo* é o que foge, o que se esconde, se recata; só se aplica a pessoas.

armada, esquadra, esquadrilha, frota – *Armada* é o total dos navios de guerra de um país. *Esquadra* é uma reunião de navios de guerra, para operações bélicas. *Esquadrilha* é uma esquadra de poucos navios. *Frota* é o total dos navios mercantes de um país ou uma reunião de navios mercantes, comboiados por navios de guerra. Já significou o mesmo que *esquadra* e então se dizia *frota armada* e depois *armada* somente, ainda se encontrando este sentido no diminutivo *flotilha*.

armarinho, loja de capela (Portugal), **loja-de-capelista** (Bahia), **loja de miudezas** (Pernambuco) – Loja em que se vendem linhas, agulhas, alfinetes, colchetes, botões, cadarços e outras miudezas.

armistício, cessar-fogo, trégua – *Armistício* é a suspensão de armas para vários fins: enterramento de mortos, recolhimento de feridos etc. e quase sempre, para tratar de preliminares da paz. *Cessar-fogo* é uma suspensão temporária de ações de guerra, que pode se tornar permanente. *Trégua*, como o cessar-fogo, é também suspensão de armas, entretanto sem fim determinado e com tempo marcado, geralmente anos, o que de certo modo faz delas uma espécie de tratado provisório de paz.

arnica, erva-lanceta, lanceta – Planta da família *Compositae* (*Solidago microglossa*).

aroma, cheiro, fragrância, odor, olor, perfume – *Aroma* é o cheiro, não desagradável, próprio de drogas e de arbustos e árvores. *Cheiro* é a sensação, agradável ou desagradável, despertada no aparelho olfativo por uma exalação; em sentido restrito, é o cheiro bom (o cheiro mau *é fedor*). *Fragrância* é o bom cheiro, pouco duradouro, das flores, podendo também provir de qualquer substância perfumosa. *Odor* encerra a ideia de cheiro, ligada à do objeto que o exala. *Olor* é o cheiro especial de uma flor. *Perfume* é o fumo cheiroso ou o vapor odorífero, exalado por certas matérias, quer próprio, quer ajuntado.

aroma-dos-jardins, esponja, esponjeira – Arbusto da família *Leguminosae* (*Acacia farnesiana*).

arqueiro, "goal-keeper", goleiro, guardião – Jogador de futebol, encarregado da guarda do arco.

Arquipélago, Egeu – Mar que fica entre a Grécia, parte da Turquia Europeia, a Ásia Menor e Creta.

arraia, raia – Nomes dos peixes seláquios da família *Rajidae*. *O primeiro vocábulo* é o mesmo que *o segundo*, com a diferença de trazer aglutinado o artigo definido.

arraia (Nordeste), **bicó, estrela** (Portugal), **pandorga** (Sul), **papagaio, pipa, sura** (Maranhão), **súru** (Bahia), **tapioca** (Nordeste) – Brinquedo que consiste num pedaço de papel fino, de várias formas, disposto sobre uma armação de flechas ou de madeira leve, preso a um cordel e lançado ao vento, sem se largar da mão o cordel.

arraia-elétrica, treme-treme – Peixe da família *Narcobatidae* (*Narcine brasiliensis*).

arraia-lixa, jabebiretê, jabiretê (Norte) – É a arraia *Dasyatis gymnura*.

arraia-manteiga, borboleta – Nomes das arraias pertencentes ao gênero *Pteroplatea*.

arraia-miúda, plebe, populaça, populacho, poviléu, povoléu – A classe mais baixa do povo. Carneiro Ribeiro, *Serões*, 750, considerou *populaça* um barbarismo e Macedo Soares, *Estudos Lexicográficos*, 87, repeliu como galicismo.

arraia-pintada, borô, motoro – É a arraia *Ellipesurus motoro*.

arraigar-se, enraizar-se, radicar-se – Significam criar raízes e fixar-se com elas. *O primeiro* e *o terceiro* empregam-se mais em sentido figurado.

arrancar, extrair, sacar, tirar – *Tirar*, termo genérico. *Arrancar* é tirar com esforço o que está fixo, o que resiste. *Extrair* é tirar de dentro, arrancar de dentro. *Sacar* é tirar com esforço e sem grande resistência ou nenhuma. Tira-se um livro de uma estante. Arranca-se uma árvore. Extrai-se um dente. Saca-se uma rolha.

arranca-rabo, arranca-toco, banzé, chinfrim, desordem, esbregue, estralada, rolo, salseiro, sarilho, sururu, tempo-quente, turumbamba – Todos significam conflito. São regionais ou de gíria. V. *barulho*.

arranjar, dispor – *Arranjar* é pôr de modo conveniente coisas desordenadas ou confusas. *Dispor* é arranjar de certo modo.

arrebatado, fogoso, impetuoso, veemente, violento – O *arrebatado* mostra uma disposição a encolerizar-se, a sair dos limites da moderação. *Fogoso* é o que não conhece freio quando resolve fazer uma coisa: é preciso que tudo lhe ceda. O *impetuoso* não sofre hesitação nem lentidão; cede a impulsos instantâneos, ataca sem preparação, atira-se logo à ação, parte como uma flecha, tira sua força da própria velocidade. A *veemência* se refere aos sentimentos e à expressão que lhes é dada; é uma viva intensidade, impetuosa e forte, rápida e violenta. O *violento*, por temperamento, usa e abusa da força, praticando muitas vezes atos censuráveis, chegando quase à brutalidade.

arrebatamento, arroubo, assomo, rapto, surto, transporte, voo – *Arrebatamento* é um surto grandioso, excitante dos sentidos. *Arroubo* é arrebatamento que, extasiando a alma, a eleva a pensamentos de ordem superior. *Assomo* é a ação de aparecer nas alturas, nos lugares sumos. *Rapto* é o exalçamento súbito e violento. *Surto* é um impulso para as alturas. *Transporte* é movimento violento que nos põe fora de nós. *Voo* é o ato de marchar progressivamente pelas alturas.

arrebenta-boi, arrebenta-cavalo (Minas, S. Paulo e Rio de Janeiro), **babá** (Bahia), **melancia-da-praia** (Pernambuco), **minjola** (Alagoas) – Planta da família *Solanaceae* (*Solanum arrebenta*).

arre-burrinho (Portugal), **burrica** (Pernambuco), **gangorra** (Rio de Janeiro e outros estados), **jangalamarte** (Pernambuco), **jangalamaste** (idem), **joão-galamarte** (Ceará), **zanga-burrinha** (Minas Gerais) – Brinquedo de crianças, formado por uma prancha que se move verticalmente sobre um espigão e em cujas extremidades se cavalga.

arredondar, redondear – Significam tornar redondo. *O segundo* apresenta caráter frequentativo.

arrefecer, esfriar – Significam tornar-se frio. *O primeiro* só se usa em sentido figurado no Brasil: "O entusiasmo arrefeceu".

arremedar, imitar – Tratando-se de pessoas, significam apresentar semelhança. *O primeiro* traz ideia de ridículo.

arrepender-se, compungir-se, penitenciar-se, pesar – *Arrepender-se* é experimentar sentido pesar do mal que fez, do erro ou da culpa cometidos, acompanhado de veemente desejo de emenda e reparação. *Compungir-se* é sentir uma contrição levada ao mais alto grau. *Penitenciar-se* é castigar-se, sofrer pena, por falta cometida é recordar-se dela, penosa e molestamente. *Pesar* a alguém de uma falta cometida é recordar-se dela, penosa e molestamente.

arrependimento, compunção, contrição, penitência, pesar, remorso – *Arrependimento* é o ato de arrepender-se, *q.v.* *Compunção* é o sentimento vivo da contrição. *Contrição* é a lástima dos pecados cometidos, a dor profunda e sincera, de haver ofendido a Deus. *Penitência* é o arrependimento de pecados cometidos, acompanhado do desejo de sofrer penas que os resgatem. *Pesar* é a recordação, penosa e molesta, da falta cometida. *Remorso* é a angústia da consciência, quando se perpetra delito, falta grave.

arriós, inimbó, juquirionano, lágrimas-de-santa-maria, olho-de-gato, uaná – Planta da família *Leguminosae* (*Caesalpinia bonducella*).

arriscado, perigoso – *Arriscado* quer dizer sujeito a risco, *q.v. Perigoso* quer dizer sujeito a perigo, *q.v.*

arrogar-se, atribuir-se – *Arrogar-se* é atribuir-se injustamente (um direito, uma autoridade, um título). *Atribuir-se* é chamar a si, conceder a si, conferir a si.

arroio, córrego, regato, riacho, ribeira, ribeirão, ribeiro, torrente – *Arroio* é curta corrente d'água, que corre quase sempre. A foz do arroio Xuí é o nosso extremo meridional. *Córrego* é regueiro estreito apertado entre margens altas. *Regato* é corrente d'água, pouco considerável, menor do que o ribeiro. *Riacho* fica entre *regato* e *ribeiro*. *Ribeira* é abundante curso d'água, navegável ou não. entre margens próximas; é menos larga e profunda do que o rio. Em S. Paulo existe uma ribeira, a de Iguape. *Ribeirão* é ribeiro grande; fica entre o ribeiro e a ribeira. *Ribeiro* é pequena corrente d'água, menor que a ribeira, a qual sai de uma fonte: "Secando-se a fonte, seca-se o ribeiro" (Fr. Heitor Pinto. *Imagem*, II. 31). *Torrente* é corrente impetuosa de água, sem canal determinado.

arrojo, atrevimento, descaramento, descaro, desplante, insolência, petulância – *Arrojo* é atrevimento descomedido. *Atrevimento* é a ausência de pejo com a qual se falta ao respeito, ao dever, à boa educação. *Descaramento* ou *descaro* é a falta absoluta de pejo, a qual vai até ao desrespeito das pessoas que merecem a maior consideração. *Desplante* e *insolência* são formas desafiadoras, desrespeitosas e deseducadas de atrevimento. *Petulância* é o sentimento de autossuficiencia e desafio do insolente.

arroto, eructação – Emissão sonora, pela boca, de gases provenientes do estômago. *O primeiro vocábulo* é popular; *o segundo*, erudito.

arroz de leite, arroz-doce – Doce feito com arroz em grão, leite, açúcar e ovos.

arruaça, comoção, convulsão, insurreição, levante, motim, pronunciamento, rebelião, revolta, revolução, sedição, sublevação – *Arruaça* é motim feito por arruadores, vadios que vivem trocando pernas pelas ruas. *Comoção* é abalo de certa gravidade, na ordem pública. *Convulsão* é comoção violenta, rápida e tremenda. *Insurreição* é o ato de levantar-se em armas para derrubar autoridade que já não se considera legítima. *Levante* é o resultado imediato de uma agitação, de um movimento anormal, degenerando depois em insurreição, revolta, revolução. *Motim* é levante sem importância, de pouca duração, visando apenas perturbar a ordem. *Pronunciamento* é rebelião encabeçada por chefe militar. *Rebelião* é a resistência, a desobediência, a autoridade opressora. *Revolta* é um movimento destinado a voltar em sentido contrário, a subverter a ordem estabelecida. *Revolução* é propriamente a alteração profunda trazida por uma revolta, mas toma-se hoje no sentido de revolta generalizada por todo o país e trazendo completa mudança no regime dele. *Sedição* supõe conspiração com sua palavra de ordem, com seus guias, que no momento oportuno levam o povo a tomar armas para sustentá-la. *Sublevação* é um levante em massa. Em 1904, com o pretexto da obrigatoriedade da vacina, fizeram-se arruaças no Rio de Janeiro, as quais depois acabaram em motins. Deu-se depois o levante da Escola Militar que, se não houvesse sido prontamente sufocado, teria degenerado numa insurreição. A Conspiração Mineira de 1789, a Confederação do Equador em 1817, se vitoriosas, teriam sido revoluções. Houve uma revolta da Armada em 1893. Em 1930, uma revolução que se alastrou por todo o país. V. *insurgente*.

arruda-de-são-paulo, arruda-do-campo – Planta da família *Hyperiaceae* (*Hypericum teretiusculum*).

arte, artifício – *Arte* é o bom gosto, a perícia empregada: "Este bordado foi feito com arte". *Artifício* é uma combinação sagaz e industriosa: *fogos de artifício*. Uma coisa feita com arte pode prescindir de artifício.

arte, mister, ofício, profissão – *Arte* é propriamente o conjunto de preceitos que ensinam a fazer uma coisa; é tomada frequentemente no sentido de *ofício*. Tanto um pintor como um marceneiro podem dizer que vivem da sua arte. *Mister*, etimologicamente *serviço de criado*, significa em sentido lato a ocupação de cada um e, em sentido restrito, usou-se muito como o exercício de uma arte mecânica, manual. *Ofício* é o vocábulo hoje usado para *mister* em sentido restrito; refere-se a trabalhos manuais: *Liceu de Artes e Ofícios*. *Profissão* exprime a classe a que alguém pertence por suas ocupações; é modo de vida publicamente exercido.

arteiro, levado, traquinas, travesso – Qualificativos que se dão às crianças buliçosas, inquietas, turbulentas. A *arteira* é astuciosa. A *levada* é tão danada que a gente chega a desejar que a leve a breca. A *traquinas* é inquieta, irrequieta. A *travessa* é trêfega, irrequieta, com uma ponta de maldade, de zombaria.

Ártemis, Diana – Deusa da caça na mitologia greco-romana. *O primeiro nome* é grego e *o segundo* é latino.

artesão, artífice, artista, obreiro, operário, proletário, trabalhador – *Artesão*, pouco usado hoje, é o indivíduo que exerce por sua conta uma arte manual. *Artífice* é o que exerce com certa arte um ofício mecânico. *Artista* é *o* que exerce arte liberal; o pintor é um artista. *Obreiro*, forma popular do latim *operariu*, é o mesmo que *operário:* "Se toda a companhia não basta a vos mandar os obreiros necessários..." (Lucena, *apud* Aulete). Hoje em dia aplica-se às abelhas neutras e, figuradamente, aos indivíduos que por suas palavras ou obras contribuem para o desenvolvimento de uma ideia grande: os *obreiros da reforma*. *Operário* é o homem que vive do trabalho manual, a soldo de um empregador. *Proletário* é o operário pobre, que não tem de seu senão a prole, que vive oprimido por causa do miserável salário recebido, insuficiente para as suas necessidades e as dos seus. *Trabalhador* é operário de serviço que exige pouca especialização ou nenhuma: *trabalhador de enxada*.

ártico, boreal, norte, setentrional – *Ártico* se refere ao que está além do hemisfério norte: *polo ártico*. *Boreal* se refere a tudo o que fica ao norte do Equador: *hemisfério boreal*. *Norte* é o que fica para o lado da Terra debaixo das constelações das Ursas; especialmente o polo é as latitudes marcadas entre ele e o Equador. *Setentrional* significa que está para o lado do norte de outro ponto: *América Setentrional* (a que está ao norte da Central e da Meridional).

articulação, junta – Lugar do corpo no qual dois ou mais ossos se juntam. *O primeiro vocábulo* é erudito, de anatomia; *o segundo* é popular.

articular, dizer, falar, proferir, pronunciar – *Articular* é pronunciar distinguindo as sílabas: *a-pres-sa-da-men-te*. *Dizer* é expressar por meio de palavras, faladas ou escritas. *Falar* é exprimir pela voz. *Proferir* é pronunciar em voz alta. *Pronunciar* é enunciar com clareza e precisão.

aruá (Brasil Central), **arurá** (S. Paulo), **jacaré-açu, jacaré-grande** – Réptil emidossauro da família *Crocodilidae* (*Caiman niger*).

aruá-do-mato, caramujo-do-mato – Molusco gastrópode da família *Helicidae* (*Strophocheilus sp.*).

arvorar, hastear – *Arvorar* é pôr a prumo. *Hastear* é içar na extremidade de uma haste.

árvore-da-borracha, seringueira – Árvore da família *Euphorbiaceae* (*Hevea brasiliensis*).

árvore-do-incenso, tacamaca – Árvore da família *Burseraceae* (*Bursera tacahamaca*).

árvore-do-sebo, ucuuba – Árvore da família *Myristicaceae* (*Myristica sebifera*).

árvore-dos-feiticeiros, cumaru, cumbaru, fava-de-tonca – Árvore da família *Leguminosae* (*Dipteryx odorata*).

árvore-santa, cinamomo (Sul), **jasmim-de-caiena, jasmim-de-soldado** (Bahia), **lírio-da-índia, loureiro-grego** – Árvore da família Meliaceae (*Melia azedarach*).

asa-branca, jacaçu, pomba-trocaz – Ave da família *Columbidae* (*Columba picazuro*).

asa-de-telha, brió (Sergipe), **carinho** (Minas Gerais), **vira** (Rio Grande do Sul) – Pássaro da família *Icteridae* (*Molothrus badius badius*).

ascensão, assunção – Ambos significam elevação, subida. *O primeiro* se aplica ao Senhor; *o segundo*, à Virgem.

ascensor, elevador – É aparelho que transporta, elevando pessoas e cargas. *O primeiro* se aplica especialmente a cargas, em construções, por exemplo; *o segundo*, especialmente a pessoas, em edifícios.

ascensorista, cabineiro – Indivíduo que maneja os elevadores.

ascite, barriga-d'água – Derrame de líquido seroso no peritônio. Vulgarmente se dá o nome de *hidropisia*, mas hidropisia é termo geral, para derrame de serosidades. A *ascite* é uma hidropisia abdominal.

asco, nojo – Em sentido moral significam aversão, repugnância, repulsa por algo ou alguém.

asneira, besteira, burrada, burrice – Ato ou dito que revela ignorância, falta de senso ou tino, próprio de um asno, de uma besta, de um burro.

asno, burro, jegue, jerico, jumento – Mamífero da família *Equidae* (*Equus asinus*). *O primeiro* é que é o verdadeiro nome do animal mas pouco se emprega. *O segundo*, alusivo à pouca inteligência, é o nome popular. *O terceiro* suscita a ideia de carga, do serviço que o animal presta ao homem. Em sentido figurado, aplicado ao homem, Roquete faz diferença que me parece fantasiosa. Diz ele: *asno* é o homem de incapacidade notória; *burro*, o estúpido, sem inteligência, presumindo às vezes entender de coisas que ignora, ou obstinado totalmente em suas asneiras; *jumento*, o que, tendo alguma capacidade, trabalha com dano próprio, em proveito alheio. *Jerico* usa-se mais no Nordeste. *Jegue* também.

asqueroso, nojento – *V. asco, nojo.*

assanhaço (Sergipe), **pipira** (Amazônia e Maranhão), **saí-açu** (Amazônia), **sanhaço, sanhaçu** – Nomes de pássaros da família *Tanagridae* (*Tanagra sp.*).

assassinar, chacinar, massacrar, matar, trucidar – *Assassinar* é matar com premeditação ou cilada, usando de violência. *Chacinar* é fazer chacina, tomada em sentido figurado esta palavra, que significa propriamente carne de animal, espostejada, salgada e curada. *Massacrar*, que os puristas repelem como galicismo e substituem por *chacinar* e *trucidar*, significa matar em massa (gente indefesa). *Matar* é dar a morte. *Trucidar* é matar com crueldade (latim *trux*, cruel).

assassinato, assassínio, homicídio, trucidamento – *Assassinato* é o ato de assassinar, *q.v.*; os puristas repelem este vocábulo. *Assassínio* é o mesmo que *assassinato* e é vocábulo empregado por quem quer evitar o precedente. *Homicídio* é o ato de matar alguém é termo erudito, jurídico, aplicado em relação a indivíduo não recém-nascido, pois o assassinato de recém-nascido recebe o nome especial de infanticídio. *Trucidamento* é o ato de trucidar, *q.v.*

assassino, homicida, matador – *Assassino* é o indivíduo que assassinou. *Homicida*, o que matou, voluntária ou involuntariamente. *Matador*, termo genérico, designa especialmente o assassino assalariado, o profissional: "Tais contra Inês os brutos matadores..." (*Lusíadas*, III, 132, I).

assaz, bastante, suficiente – Brunswick estabelece gradação ascendente em *assaz*, *suficiente* e *bastante*. *Assaz* hoje é antiquado e empregado somente em linguagem literária ou pelas pessoas que gostam de falar difícil, para dar aos outros a impressão de que conhecem muito a língua. *Suficiente* é o que satisfaz, não deixando sobra. *Bastante* é o que satisfaz deixando sobra até: na linguagem vulgar, passou a significar *muito*, porque à avidez humana só o muito basta. O autor citado apresenta duas frases interessantes: "Tenho o suficiente para a viagem". Neste caso, não pode a pessoa alargar-se em gastos supérfluos. "Tenho o bastante para fazer esta viagem". Neste caso, pode.

assédio, cerco, sítio – *Assédio* são manobras ameaçadoras de um exército junto de cidade ou fortaleza, durante mais ou menos tempo. *Cerco* é o ato de cercar por forças militares, a fim de render. *Sítio* é cerco duradouro, pondo em aperto uma praça importante.

asseio, limpeza – As únicas diferenças que existem entre os dois vocábulos talvez sejam referir-se a pessoas *o primeiro* e sugerir *o segundo* a ideia de lavagem com água. Barcia liga o espanhol *asco* à ideia de *sujo* e *limpeza* à de *mancha*.

assemelhar-se, assimilar-se, parecer – *Assemelhar-se* é ser semelhante, ter semelhança, *q.v. Assimilar-se* é tornar-se semelhante. *Parecer* é ser parecido, ter parecença, *q.v.*

assentar, colocar, pôr – *Assentar* é pôr com acerto e de modo conveniente; assentam-se tijolos quando se faz uma parede. *Colocar* é pôr no devido lugar, com proporção, simetria etc.; coloca-se um quadro numa parede, em lugar onde receba luz boa. *Pôr*, termo genérico, significa ficar num lugar, de qualquer modo. V. *acordar*.

assento, bumbum, bunda, nádegas, popó, pousadeiro, traseiro – Base do tronco, no corpo humano e no de certos irracionais. *O primeiro* se usa na expressão *banho de assento*. *O segundo* e o *terceiro* são da linguagem familiar. *O quarto* aparece na linguagem formal. *O quinto* é gíria corrente, de conotação picaresca. O *sexto* é um plebeísmo português. (Aulete). O *sétimo* é da linguagem informal.

assíduo, frequente – *Assíduo*, além da ideia de frequente, sugere a de ausência de faltas ou maior repetição. *Frequente* traz a ideia de repetição.

assim como, bem como, como – Conjunção e locuções conjuntivas comparativas. Usa-se a conjunção quando se quer mostrar a paridade da ação da oração principal com a da oração subordinada: *Conto-te como me contaram*. *Assim como*, isto é, do mesmo modo que, se usa quando sequer reforçar a comparação: *Assim como a bonina... O cheiro traz perdido e a cor mudada: Tal está, morta, a pálida donzela* (*Lusíadas*, III, 134, 1, 5, 6). *Bem como* significa de *certo modo como: Bem como paciente e mansa ovelha* (*Lusíadas*, III, 131,6).

assinalar, designar, indicar, marcar – Significam dar a conhecer um entre muitos. *Assinalar* é pôr sinal pelo qual se possa conhecer. *Designar* é fazer pensar, por meio de um sinal que lembre. *Indicar* é dizer onde está, que direção seguiu, apontar com o dedo, com a cabeça. *Marcar* é assinalar de modo especial, como se faz com os produtos industriais.

assinar, firmar, rubricar, subscrever – *Assinar* é escrever o nome embaixo de um escrito, para assumir a autoria deste escrito. *Firmar* é assinar para dar autenticidade, tornar firme e valioso. *Rubricar* é pôr rubrica, isto é, assinatura breve do nome. *Subscrever* é pôr o nome num escrito feito por outro, para dar autoridade a este escrito, ou é pôr o nome em escrito coletivo ou mandar que alguém ponha. Assina-se uma carta, firma-se uma nota promissória, rubrica-se uma prova escrita de exame, o tabelião subscreve o que o escrevente escreve, subscreve-se uma lista de donativos.

assoante, toante – Qualificativos das rimas em que as vogais tônicas são iguais, diferindo as consoantes seguintes, como a de *feliz* com *Brasil*, na letra do hino nacional no tempo da monarquia.

assobiadeira, piadeira – Ave da família *Anatidae* (*Nettion flavirostre*).

associação, sociedade – Lafaye entende que *sociedade* apresenta ideia mais geral do que *associação; associação* dá ideia de união mais íntima entre os associados. Cita um exemplo de Voltaire: "Quand la société générale est bien gouvernée, on ne fait guère d'associations particulières".

assoprador, boto, boto-branco – Mamífero cetáceo da família *Platanistidae* (*Inia geoffroyensis*). *O primeiro nome* é de Mato Grosso.

assunto, matéria, objeto – *Assunto* é ponto especial de determinada matéria. *Matéria* é aquilo de que se trata e seus acessórios; é o conjunto do que se trata. *Objeto* é o alcance de um assunto. Uma obra sobre determinada matéria trata de diversos assuntos, cada qual com o seu objeto.

asterismo, constelação – Grupo de estrelas, representado nas cartas celestes por uma determinada figura e designado por nome especial. *A segunda palavra* é a mais empregada.

ata (Norte e Nordeste), **fruta-de-conde** (Rio de Janeiro), **pinha** (Bahia e Pernambuco) – Fruto da ateira ou pinheira.

atacado (por), **grosso** (em) – Em grandes quantidades. *A primeira locução* é mais usada.

atalaia, sentinela, vigia – *Atalaia* é vigia ou sentinela posta em lugar alto donde possa descobrir o que se passa ao longe. *Sentinela* é vigia militar. *Vigia* é indivíduo encarregado de observar o que se passa, tomar conta de um lugar, especialmente durante a noite, e para isso precisa estar desperto e atento.

atalho, azinhaga, carreiro, picada, senda, trilha, vereda – Todos são caminhos estreitos. *Atalho* é o que atalha, corta caminho, evitando uma curva ou uma linha quebrada. *Azinhaga* é caminho complicado e escuso, entre os montes, muros, sebes altas. *Carreiro* é caminho aberto por carros. *Picada* é trilha mal aberta no mato, cortando-se apenas árvores. *Senda* é caminho desviado (no étimo latino, segundo Vanicek, entra o prefixo *se*), estreito, dando difícil passagem. *Trilha* é caminho estreito, aberto entre obstáculos. *Vereda* é trilha tão indistinta que marca apenas o rumo a seguir.

atapu, búzio, guatapu, itapu, uatapu, vatapu – Molusco gastrópode da família *Strombidae* (*Strombus sp.*).

ataque, chilique, delíquio, desfalecimento, desmaio, faniquito, lipotimia, síncope – Perda dos sentidos. *O segundo* e *o sexto* são populares. *O sétimo* e *o oitavo* são eruditos.

atar, ligar – *Atar* é prender, cingir com atilho, atadura, cordão, corda fita etc.; atam-se as mãos a um preso. *Ligar* é atar muito apertadamente; liga-se uma artéria, para deter uma hemorragia.

atarantar, atordoar, aturdir – *Atarantar* é fazer ficar fora de si, atrapalhado, sem saber o que fazer, como pessoa que houvesse sido picada por uma tarântula. *Atordoar* é fazer ficar com os sentidos perturbados por pancada na cabeça, queda, estrondo, grande comoção. *Aturdir* é perturbar os sentidos por meio de sensação violenta, que traga confusão.

atarracado, socado – Baixo e gordo, como se a carne tivesse sido comprimida.

ataúde, caixão, esquife, féretro – *Ataúde* é caixão luxuoso. *Caixão* é comprida caixa, geralmente de madeira e com tampa abaulada, na qual os defuntos são levados a enterrar. *Esquife* é propriamente caixão estreito, rico e descoberto, no qual o defunto é levado à sepultura; comparou-se este caixão com o batei do mesmo nome. *Féretro*, vocábulo erudito, etimologicamente quer dizer andor, padiola; é o mesmo que *ataúde* ou *esquife*.

ateira, pinheira – Árvore da família *Anonaceae* (*Anona squamosa*). V. *ata*.

ateísta, ateu, cético, descrente, descrido, incrédulo – *Ateísta* é o que não admite o teísmo, *q.v. Ateu* é o que não admite o deísmo, *q.v. Cético* é o que desconfia, duvida, não acredita facilmente. *Descrente* é o que deixa de crer. *Descrido* é o que deixou de crer, com uma ponta de desilusão. *Incrédulo* é o que não crê facilmente.

Atena, Minerva, Palas – Deusa da sabedoria na mitologia greco-romana. *O primeiro nome* e *o terceiro* são gregos; *o segundo* é latino.

atenção, cuidado, vigilância – *Atenção* é aplicação do espírito a objeto externo. *Cuidado* é atenção zelosa. *Vigilância* é cuidado contínuo, sempre alerta para não se deixar iludir: "Preste atenção a este indivíduo, tome cuidado com o que ele fizer, não diminua sua vigilância um segundo sequer".

atento, cuidadoso, vigilante – O que tem atenção, o que tem cuidado, o que tem vigilância. V. estas palavras.

atestado, certidão, certificado – *Atestado* é declaração assinada, destinada a servir de documento, com a qual se atesta, isto é, se dá testemunho da verdade de um fato. *Certidão* é declaração com que uma autoridade dá por certo um fato, o teor de um documento etc. Um médico passa um atestado; um escrivão, uma certidão. *Certificado*, palavra moderna, é o mesmo que *certidão* e imita o francês *certificat*. O atestado é oficioso; a certidão e o certificado fazem prova.

atiradeira, baladeira (do Amazonas e Pernambuco), **estilingue, forquilha, funda** (Rio Grande do Sul) – É uma *forquilha* geralmente de madeira, munida de um elástico preso às duas pontas, com a qual as crianças atiram pequenos projétis. *O primeiro* nome lembra o fim, *o terceiro* é do Sul e de Mato Grosso e *o quarto* lembra a forma.

atitude, pose, postura – *Atitude* é a postura expressiva, reveladora das disposições do ânimo para agir, reveladora dos sentimentos. É palavra moderna; no século XVI ainda se dava a *postura* o sentido de *atitude:* "Os olhos encovados, a postura / Medonha e má..." (*Lusíadas*, V. 39, 5, 6). *Pose* (galicismo indispensável) é a postura que se dá ao modelo de um pintor, de um escultor, de um fotógrafo. *Postura* quer dizer posição, modo de ter o corpo, a cabeça, os membros. *Postura* vive hoje no sentido dos ovos que a galinha põe durante certo número de dias, consecutivos ou interpelados.

atividade, diligência – Qualidade de ativo, qualidade de diligente. V. estas palavras.

ativo, diligente – *Ativo* é o que se mostra laborioso, com viveza e prontidão. *Diligente* é o ativo e cuidadoso do serviço que faz, interessado nele. Um criado pode ser ativo sem ser diligente.

ativo, eficaz, enérgico, forte, violento – *Ativo* é o que atua prontamente. *Eficaz*, o que produz efeito. *Enérgico*, o que opera com grande atividade. *Forte*, o que atua com força maior do que a média. *Violento* o que se mostra enérgico e forte. Esses adjetivos aplicam-se, também, a remédios e tóxicos, com as acepções indicadas.

ato contínuo, em seguida, imediatamente, logo após – *Ato contínuo* indica que não houve intervalo de tempo entre um ato e outro. *Em seguida* indica que a um ato se seguiu outro. *Imediatamente* sugere ideia de pressa, de rapidez. *Logo após* junta a ideias dos dois precedentes, indicando bem a instantaneidade da ação.

atobá, mergulhão, tobá (Bahia) – Nomes de aves da família *Sulidae* (*Sula sp.*).

atoledo (Brasil), **atoleiro, lamaçal, lameiro, lodaçal, lodeira, lodeiro** – *Atoledo* ou *atoleiro* é o lugar onde a gente se atola, afundando-se na lama e custando a andar. *Lamaçal* é terra onde há muita lama. *Lameiro* é terra com lama, em menor quantidade do que no lamaçal. *Lodaçal* é água com muito lodo no fundo. *Lodeira* ou *lodeiro* é lugar onde há lodo, em menor quantidade do que no lodaçal.

atontar, entontecer, estontear – Significam tornar tonto, havendo um quê de incoativo no *segundo* e de frequentativo no *terceiro*.

atraiçoar, trair – Enganar por traição. O sentido é o mesmo em ambos.

atrás, detrás – Significam *em lugar posterior*. *O primeiro* é mais próprio para o movimento; *o segundo*, para a quietação: "Corri atrás dele e o peguei. A casa fica detrás daquele morro".

atrativos, encantos – *Atrativos* são dotes que atraem a vontade, conciliam afeições, cativam corações. *Encantos* são prendas agradáveis que enganam e iludem às vezes os sentidos acerca do objeto.

atrelado (Portugal)**, reboque** (Brasil) – Bonde trazido a reboque por um elétrico.

atribuir, imputar – *Atribuir* é dar vagamente autoria, por simples asserção, em boa ou má parte. *Imputar* é atribuir, aplicando logo o mérito ou o demérito da ação, quase sempre em mau sentido e dando responsabilidade.

atributo, predicado – *Atributo* é aquilo, tão da essência de uma coisa, que, se lhe faltasse, ela deixaria de ser o que é. *Predicado* é o que se exige de pessoa ou coisa, para ser tida como válida ou verdadeira; é acidental.

atrito, esfregação, fricção, roçadura – *Atrito* é o contato áspero de dois corpos que passam um pelo outro. *Esfregação* é o ato de esfregar, de produzir repetidos atritos. *Fricção*, palavra erudita, é o mesmo que *esfregação*. *Roçadura* é a palavra popular com o mesmo sentido.

atro, negro, preto – *Atro* é vocábulo literário, com o significado de *negro*. "Uma montanha enorme de atras nuvens..." (Araguaia, *Confederação dos Tamoios*, 2ª ed., página 46). *Negro* é o que se mostra totalmente escuro, como o carvão, por exemplo, e na realidade é falto de toda cor. Aplica-se, em linguagem literária, aos objetos chamados *pretos* na fala usual. Aplica-se, entretanto, na fala usual, ao homem de pele preta, afrodescendente. *Preto* é o adjetivo empregado em vez de *negro* na linguagem corrente, em relação a objetos concretos e ao homem de pele negra. Por ter, nesta acepção, uso muita vezes pejorativo e denotativo de preconceito, adota-se preferivelmente o termo ***afrodescendente***.

aumentar, avolumar, avultar, crescer – *Aumentar* é tornar(-se) maior pela quantidade ou pela adjunção de partes vindas do exterior. *Avolumar-se* é assumir volume maior; só se aplica geralmente em sentido material. *Avultar* é assumir vulto maior, apresentando maior extensão que a precedente. *Crescer* é avolumar-se pelo efeito de forças interiores, como acontece com plantas e animais; nem sempre se emprega com este rigor.

ausentar-se, retirar-se – *Ausentar-se* é simplesmente não estar presente, em seu lugar de morada, no lugar onde poderia ou deveria estar: "Seu filho esteve presente à nossa festa, mas você ausentou-se, não sei por quê". *Retirar-se* é deixar de estar presente, com algum intento, para algum fim, levado por alguma necessidade: "Ela retirou-se do baile muito cedo, porque no dia seguinte tinha de partir de madrugada para a fazenda."

auspícios, patrocínio – *Auspícios* são mostras de boa vontade, de influencia favorável, para o êxito de um tentâmen, de uma empresa, influência esta, vaga. incerta, inconsciente, que não vai ao auxílio imediato, à intervenção ativa. *Patrocínio* é a proteção ativa e eficaz exercida de forte para fraco, de superior para inferior, como a de um pai, a de um patrono.

auspicioso, esperançoso, prometedor – *Auspicioso* é o que começou sob bons auspícios é por isto deve ir para a frente. *Esperançoso* é o que por suas qualidades inerentes dá esperanças de sucesso. *Prometedor* é o que, pelo que já realizou, promete sucesso.

austero, severo – *Austero* é o que tem costumes rígidos, o que se priva de tudo quanto possa lisonjear suas inclinações; os monges passam vida austera. *Severo* é o que se mostra áspero com os outros, falto de indulgência e de condescendência, partidário da estrita justiça, inimigo da equidade; pais, mestres, patrões, autoridades costumam mostrar-se severos.

Austrália, Nova Holanda – Ilha da Oceania. *O segundo* é histórico, a bem dizer.

autonomia, soberania – *Autonomia*, como a etimologia revela, é um governo por leis próprias, mas estas leis se acham limitadas por um poder superior. *Soberania* é o poder absoluto de dirigir o Estado na esfera internacional, sem nenhuma ingerência de outro Estado. Costuma-se chamar soberania interna a autonomia e soberania externa ou independência e soberania propriamente dita. Os nossos Estados são autônomos; regem-se pela Constituição e pelas leis que adotam, observados os princípios estabelecidos na Constituição Federal de 1946, segundo o art. 18º dela. A União é soberana; compete-lhe manter as relações com os Estados estrangeiros e com eles celebrar tratados e convenções (art. 5°).

autor, escritor – *Autor de* um escrito é todo aquele que o escreve; tanto é autor quem escreve um manual do eletricista, quanto quem escreve um romance. Dá-se o nome de *escritor* aos que produzem obras de caráter literário e especialmente quando elas apresentam estilo correto e belo.

autoridade, poder, senhorio – *Autoridade* é a superioridade legal; um pai tem autoridade sobre um filho, o marido a tem sobre a mulher, nos termos do Código Civil. *Poder* é a autoridade, acompanhada da força necessária para se fazer respeitar ou obedecer; o chefe de polícia tem poder. *Senhorio* é autoridade com domínio; o dono de um prédio exerce senhorio sobre ele, instituindo as servidões que quiser, alugando etc.

avaria, dano, deterioração, detrimento, estrago, lesão, perda, prejuízo – *Avaria* é dano material, causado por intempérie e reparável com dinheiro. *Dano* é o mal resultante da diminuição de valor, usando-se em sentido material e em sentido moral. *Deterioração* é a inferioridade resultante da perda de valor. *Detrimento* é dano leve ou parcial, trazido pelo uso. *Estrago* é dano parcial, reparável ou irreparável. *Lesão* é dano material que fere o corpo, que fere o patrimônio. *Perda* é o dano total ou pelo menos muito considerável. *Prejuízo* é o desfalque causado nos bens, na fortuna, por avaria, estrago, perda.

avassalar, subjugar, submeter – *Avassalar* é reduzir a vassalo, tratar como os senhores feudais tratavam os seus vassalos, fazer quase escravo, governando como um senhor. *Subjugar* é pôr debaixo do jugo, fazer do homem um animal irracional, mandando como déspota. *Submeter* é reduzir à obediência, dominando, impondo condições, oprimindo como um triunfador.

ave, pássaro – *Aves* são vertebrados com o corpo coberto de penas. *Pássaros* são aves cujo bico não tem membrana (cera) na base, cujo tarso é desprovido de penas, cujos pés têm três dedos à frente e um para trás, cuja unha do dedo posterior é mais forte que a dos dedos anteriores, os dois anteriores dos quais se acham ligados entre si na base. (Ihering, *Dicionário dos Animais do Brasil.*) Em nada influi o tamanho, como vulgarmente se pensa. O beija-flor, pequenino, é uma ave; o corvo, grande, é um pássaro.

aveludado, veludíneo, veludoso – *Aveludado* é macio e lustroso que nem veludo. *Veludíneo* é da natureza do veludo. *Veludoso* é semelhante ao veludo.

ave-maria, saudação angélica – Oração iniciada com as palavras do arcanjo Gabriel a Nossa Senhora, saudando-a e anunciando-lhe o nascimento de Jesus (S. Lucas, I, 28).

averiguar, constatar, reconhecer, verificar – *Averiguar* é fazer diligência para achar a verdade. A polícia averigua quando precisa descobrir o autor de um crime. *Constatar*, galicismo horroroso e entretanto indispensável e insubstituível (é pena soar tão mal), significa verificar de modo autêntico e sólido, depois de maduro exame. *Reconhecer* é ficar em estado de confirmar o que se diz e dar testemunho disto. *Verificar* é empregar os meios necessários para se convencer da verdade.

avermelhar, corar, enrubescer, ruborizar – *Avermelhar* é tornar vermelho. *Corar* é dar cor, tomar cor, e, por afluxo de sangue, determinado pela vergonha, fazer chegar ao rosto uma cor vermelha. *Enrubescer* é tornar-se rubro, *q.v.*; tem ligeira força incoativa. *Ruborizar* é dar rubor, tornar rubro.

Averno, Caldeira de Pedro Botelho, Érebo, Inferno, Orco, Tártaro – Lugar onde os mortos pecadores sofrem penas eternas. *Averno* é propriamente um lago da Campânia, perto do qual havia uma entrada para o inferno, segundo a crença romana (Virgílio, *Eneida*, VI, 238). *Pedro Botelho* é um dos nomes do Diabo. *Érebo* era uma região trevosa do inferno greco-romano, espécie de purgatório que parte dos mortos habitava provisoriamente, enquanto expiava suas faltas. *Inferno* lembra a localização abaixo da terra. *Orco* era propriamente um dos nomes de Plutão, o deus dos infernos. *Tártaro* era a parte mais profunda do inferno, na qual os maus recebiam punições.

avesso, reverso, verso – *Avesso* é a parte oposta ao direito, *q.v.* Uma fazenda, por exemplo, apresenta direito e avesso. *Reverso* é o lado oposto ao anverso, que é a parte onde está a efígie ou o emblema. Toda medalha tem anverso e reverso. *Verso* é o lado oposto ao reto. *q.v.* Uma folha de papel, escrita, datilografada, mimeografada ou impressa, tem reto e verso.

avestruz, ema – São aves diferentes. O avestruz (*Struthio camelus*) é da família *Struthionidae*. A *ema* (*Rhea americana*) é da família *Rheidae*.

aviar, preparar – *Aviar*, etimologicamente, significa preparar para a via, para o caminho, para a viagem, mas hoje especializou o sentido, aplicando-se à preparação de receita médica. *Preparar* é dispor antecipadamente. Aviar ainda mostra o significado etimológico no provérbio: "Quem vai ao mar avia-se em terra".

aviltar, envilecer – Significam tornar vil. *O segundo* dá um caráter incoativo à ação. Rocha Pombo vê nele uma ideia de força, de intuito afrontoso.

avinhado, curió – Pássaro da família *Fringillidae* (*Oryzoborus angolensis*).

avistar, bispar, descobrir, discernir, distinguir, enxergar, lobrigar, observar, olhar, ver – *Avistar* é chegar a ver, alcançar com a vista objeto distante ou que vai passando com rapidez: "Tapando o sol com as mãos, consegui avistar o avião". *Bispar*, vocábulo popular, é avistar mal, de longe e com rapidez. *Descobrir* é conseguir ver, eliminando os obstáculos. *Discernir* é ver com clareza, depois de separar de outros o objeto, ou ver no próprio objeto um aspecto diferente dos demais. *Distinguir* é enxergar ou lobrigar com esforço. *Enxergar* é ver através de um obstáculo quanto é suficiente para advertir no objeto, mas sem distinguir particularidades: "O véu grosso muito mal deixava enxergar as feições da noiva". *Lobrigar* é avistar ou enxergar, na penumbra ou na escuridão. *Observar* é ver com atenção. *Olhar* é dirigir os olhos para o objeto. Pode-se olhar sem ver: "Permaneceu imóvel por longo tempo, sem ver o que olhava" (Aluísio Azevedo, *Pegadas*, 15). *Ver*, termo genérico, é sentir a impressão que o objeto faz nos olhos.

avivar, aviventar, vivificar – *Avivar* é tornar vivo, dar vitalidade, e tornar mais vivo. *Aviventar* é dar alguma vida. *Vivificar*, vocábulo erudito, é só dar vida.

avô, pai-avô (Amazonas), **pia-vovó** – Pássaro da família *Trogloditae* (*Thryothorus genibarbis*).

avoante, bairari, cardigueira, cardinheira (Sergipe), **pairari, pomba-de--arribação, pomba-de-bando, pomba-do-sertão, rabaçã** (Pernambuco), **rebaçã** (idem), **ribaçã** (Paraíba), **ribação** – Ave da família *Peristeridae* (*Zenaida auriculata virgata*).

axila, sovaco – Cavidade na parte inferior da junção do braço com o tronco. *O primeiro vocábulo* é erudito; *o segundo*, popular.

azar, cábula (brasileirismo), **cafifa, caguira, caiporismo, macaca, peso, urucubaca** – Má sorte, falta de felicidade. *O terceiro* e *o quarto* se aplicam ao jogo. *O quinto* é a má sorte de quem é contrariado em suas aspirações, em tudo que tenta. *O sexto* é mais usado em Portugal do que no Brasil. *O sétimo e o oitavo* são da gíria.

azarado, cafifento, caipora, pesado – São os adjetivos referentes às situações referidas no verbete precedente: *azar, cafifa, caiporismo* e *peso*

azebre, azinhavre, verdete – Mistura de hidrato e carbonato de cobre, a qual se forma à superfície dos objetos de cobre, pela ação do ar úmido ou de líquido. *O segundo* é o único usado no Brasil, soando como *zinabre* na boca do povo. *O terceiro* lembra a cor verde.

azeda-brava, azeda-comum, azeda-das-hortas, azeda-ordinária – Planta da família Polygonaceae (*Rumex acetosa*).

azedinha, caruru-azedo, caruru-da--guiné – Planta da família *Malvaceae* (*Hibiscus sabdariffa*).

azedinha, trifólio – Planta da família *Oxalidaceae* (*Oxalis corniculata*).

azedinha-aleluia, azedas-de-ovelha – Planta da família *Polygonaceae* (*Rumex acetosella*).

azedinha-do-brejo, erva-de-saracura, erva-de-sapo – Planta da família *Begoniaceae* (*Begonia acida*).

azereiro-dos-danados, pado – Árvore da família *Rosaceae*.

azo, ensejo, oportunidade – *Azo* é a ocasião conveniente, cômoda a jeito, apta para o que se pretende. *Ensejo* é a ocasião inesperada, que convida a que a gente se aproveite dela. *Oportunidade* é a ocasião oportuna, que vem ao encontro dos nossos desejos.

azotato, nitrato – Designação genérica de sais de azoto resultantes da ação do ácido azótico sobre uma base.

azótico, nítrico – Qualificativo de um ácido formado pela combinação de um átomo de azoto, outro de hidrogênio e três de oxigênio.

azoto, nitrogênio – Elemento químico, metaloide e gasoso. *O primeiro* é mais usado.

azougue, hidrargírio, mercúrio – Elemento químico, metal e líquido. *O primeiro nome* é popular: *o segundo*, científico: *o terceiro* é o mais usado.

azul, lang-tsé-quiang – Rio da China.

azulão, guarundi-azul – Pássaro da família *Fringillidae* (*Cyanocompsa cyanea*).

B

Baamas, Lucaias – Ilhas da América do Norte. (No Aulete está Bahamas – acho que temos que seguir esta grafia)

babado, folho – Tira pregueada ou franzida, com que se guarnecem vestidos de criança ou de senhora, toalhas, cobertas de cama etc. *O primeiro vocábulo* é brasileirismo; *o segundo* é de uso comum em Portugal e de uso literário no Brasil.

bacio, bispote, cabungo, capitão, doutor, penico, urinol, vaso noturno – Vaso de quarto de cama, próprio para receber a urina ou dejeções. *O segundo* e *o terceiro* são vocábulos populares. *O quarto* é provincialismo algarvio (Figueiredo). *O quinto* é o comum. *O sexto*, em Portugal, corresponde ao que no Brasil se chama *mictório* e *comadre*. *O sétimo* é um eufemismo.

Baco, Dioniso – Deus do vinho na mitologia greco-romana. *O primeiro nome* é o mais empregado.

bacupari, bacuparizeiro, laranjinha-do-campo, uvacupari, vacapari, vacaparilha – Planta da família *Hipocrateaceae* (*Salada campestris*).

badameco, bangalafumenga, bére-bére, borra-botas, brochote, fubica, futrica, janistroques, joão-ninguém, lagalhé, leguelhé, maenga, mequetrefe, nagalhé, ningres-ningres, xinxilha – Indivíduo sem importância.

badejete, badejo-mira, mira – Peixe da família *Serranidae* (*Parepinephelus acutirostris*).

badejo, serigado (Nordeste) – Nomes dos peixes da família *Serranidae* pertencentes ao gênero *Trisotropis* e a outros. O *badejo* de Portugal não existe no Brasil; pertence à família *Gadidae* (*Gadus pollachius*).

badejo-fogo, badejo-sangue – Peixe da família *Serranidae* (*Pterometepon cruentatus*).

badejo-sabão, sabão, serigado-sabão – Peixe da família *Serranidae* (*Rypticus saponaceus*). *O terceiro nome* é de Pernambuco ao Rio Grande do Norte.

bafo, hálito – Ar exalado dos pulmões. *O primeiro vocábulo* é popular e grosseiro; *o segundo*, erudito e literário.

baga, bago – *Baga* é fruto carnudo indeiscente. Primitivamente era fruto miúdo, como o do loureiro, o da murta etc. *Bago* é a baga da videira, a uva.

bagre (d'água doce), **jandiá** (Amazônia), **jundiá** – Nomes de peixes da família *Pimelolidae*, pertencentes ao gênero *Rhamdia*.

bagre (do mar), **guri** (Norte e Sul), **uri** (Norte) – Nomes de peixes da família *Ariidae*, pertencentes aos gêneros *Tachysurus*, *Genidens* e *Felichthys*.

bagre-bandeira, bagre-fita, bandeirado – Nomes de peixes da família *Ariidae* (*Felichthys marinus* e *F. bagre*).

bagre-caiacoco (Paraíba e Pernambuco), **caiacoco, cangatá** (Maranhão), **cangatã, gurijuba** (Amazônia) – Peixe da família *Ariidae* (*Tachysurus luniscutis*).

bagre-mandim, bandim – Nomes do bagre-bandeira *Felichthys marinus* no Nordeste.

bagre-sari, sargento – Nomes do bagre-bandeira *Felichthys bagre*.

bagre-sapo (S. Paulo), **brecumbucu, manguriú** (Goiás), **pacamã, pacamão, pacumã, piacururu** (S. Paulo), **piracururu** (idem) – Nomes de peixes da família *Pimelodidae*, pertencentes ao gênero *Pseudopimelodus*.

bagrinho, chorolambre, xué – Peixe da família *Pimelodidae* (*Rhamdia vittata*).

baguari, maguari – Nome aplicado em geral às maiores aves da ordem *Ardeiformes*.

baiacu, batuíra-de-mar-grosso, bejaqui (Rio Grande do Sul), **pirupiru** (Amazônia) – Ave da família *Charadriidae* (*Haematopus paliatus*).

bailado, baile, dança – *Bailado* é dança mímica, executada para ser vista. *Baile* significa geralmente festa que consiste em danças, mas é propriamente a ação de bailar, isto é, executar uma série de movimentos de uma dança comum, como o samba, o bolero, a valsa, por exemplo. *Dança* é o movimento regular do corpo e dos membros, ao compasso da música.

bailarina, dançarina – *Bailarina* é a artista que, por profissão ou não, executa bailados. *Dançarina* é a mulher que por profissão executa danças.

baitaca, maitaca, maritaca – Nomes de aves da família *Psittacidae*, pertencentes a três espécies do gênero *Pionus*.

baiuca, bodega, taberna ou **taverna, tasca** – *Baiuca* é taberna pequena e imunda, frequentada pela plebe. *Bodega* é taberna pouco asseada. *Taberna* é loja onde se vendem bebidas para consumo nela mesma. *Tasca* é casa de pasto muito ordinária.

baixa-mar, refluxo, vazante – *Baixa-mar* é o momento em que as águas do mar começam a baixar. *Refluxo* é o tempo que vai da baixa-mar até as águas acabarem de baixar. *Vazante* é o mesmo que refluxo.

baixios, baixos – *Baixios* são bancos de areia com pouca altura de água e, por isso, de navegação perigosa. *Baixos* são fundos de mar com pouca altura, podendo ser de areia, vasa, penhascos.

baixo-ventre, hipogástrio – A parte inferior do ventre. *O primeiro vocábulo* é da linguagem corrente e *o segundo* é erudito.

bala, projétil – *Bala* é projétil metálico, lançado por arma de fogo. *Projétil* é tudo que possa ser arremessado com força, por meio de armas ou não.

bala, bola, caramelo, queimado, rebuçado – Pedacinho de açúcar em ponto vítreo, podendo levar suco de frutas, essências ou não. *Bala* é no Brasil o termo genérico. *Bola*, segundo Beaurepaire Rohan, é a palavra empregada em Pernambuco. Alagoas e outros estados do Norte. *Caramelo*, castelhanismo muito empregado nas *bonbonnières* cariocas, é o mesmo que *bala*. *Queimado*, segundo Beaurepaire Rohan, é a palavra da Bahia. *Rebuçado* é bala envolta num quadradinho de papel.

balaço, foguete, marreta, pelotaço, pitomba, tijolo quente, tiro – Nomes do tiro de bola no futebol.

balaio, cabaz, cesta, cesto, jaca – *Balaio* é cesto de palha, sem asas, da forma de um alguidar. *Cabaz* é cesto fundo, de junco, vime ou esparto, regularmente com asas, para condução de frutas, garrafas, objetos miúdos etc. O termo genérico é *cesta*, vaso grande e descoberto, feito de varas entrançadas, servindo para conter ou transportar roupa. *Cesto* é cesta mais pequena e mais estreita, destinada a outros fins. *Jaca* é cesto grande, cilíndrico, grosseiro, feito de taquara ou esparto e usado no transporte de queijos, lombo, toicinho, costeletas de porco.

balançar, balouçar, embalançar, oscilar – Significam mover de um lado para outro, alternativamente. Segundo João Ribeiro, *Autores Contemporâneos*, nota 32, *balouçar* dá ideia de movimentos violentos, solavancos. *Oscilar* é vocábulo erudito, usado na física em relação a balanças, pêndulos etc.

balançar, balancear, duvidar, hesitar, oscilar, vacilar – *Balançar* ou *balancear* é ficar indeciso, examinando com atenção as duas ou mais coisas que deve escolher (na situação de quem estivesse fazendo pesadas numa balança), para ver por onde se decidir. *Duvidar* é hesitar por não ter certeza acerca do objeto. *Hesitar* é estar perplexo, apesar do desejo e do esforço feito, por não sentir razão bastante forte que leve a tomar uma resolução. *Oscilar* é inclinar-se, ora para um, ora para outro lado. *Vacilar* é oscilar diante do que repugna, do que é imposto.

balão, couro, esfera, pelota, redonda – Nomes da bola de futebol.

balão, caraminhola, carapeta, carapetão, embuste, inverdade, lorota, maranhão, mentira, moca, patarata, patranha, peta, paçoca (Norte), **poetagem** (S. Paulo), **potoca, prego, pulha, rodela** – O nome mais geral é *mentira*, aquilo que não tem existência ou, se existe, possui outra feição que não é apresentada. *Caraminhola* é mentira frívola. *Carapeta* é mentira inofensiva. *Carapetão* é grande carapeta. *Embuste* é mentira calculada, para enganar. *Inverdade*, mentira de luva de pelica; na frase de Machado de Assis em *A Semana*, 75 a 180, é um eufemismo como em alemão *Unwahrheit* em vez de *Luge*. *Lorota* é vocábulo popular. *Maranhão*, hoje pouco usado, é mentira engenhosa, bem urdida. Vieira a ele se refere no sermão do quinto domingo da quaresma. *Moca* aparece na expressão *não comer a moca*, isto é, não acreditar. *Patarata* é mentira com bazófia, ostentação vã. *Patranha* é conto mentiroso para enganar os crédulos, especialmente o de caráter religioso. *Peta* parece redução de *carapeta* e é mentira de gracejo. *Prego* também é mentira de gracejo. *Pulha* é mentira que ridiculariza. *Rodela* aparece na expressão *contador de rodelas*.

balbuciar, gaguejar, tartamudear – *Balbuciar* é não articular claramente, como fazem crianças e velhos. *Gaguejar* é falar com dificuldade, cortando as palavras, repetindo as sílabas. *Tartamudear* é pronunciar defeituosamente, suspendendo a voz no meio da palavra, completando depois, trocando letras, misturando as palavras, confundindo-as num ruído indistinto.

balbúrdia, caos, confusão, desordem – *Balbúrdia* é grande desordem, acompanhada de vozeria. *Caos* é o limite extremo da confusão, a confusão irremediável. *Confusão* é a desordem no mais alto grau, quando não há mais entendimento possível, quando já é muito difícil restabelecer a ordem, a união. *Desordem* é a falta de ordem, de disposição metódica das coisas, de união entre as pessoas.

balda, defeito, eiva, falha, imperfeição, pecha, senão, tacha, vício – *Balda* é pequeno defeito habitual. *Defeito* é o que há de mau em pessoa ou coisa, relativamente ao fim a que se destina, ao caráter. *Eiva*, palavra de pouco emprego, ou *falha* são ausência de alguma coisa sem quê não se julga perfeita ou moral pessoa ou coisa. *Imperfeição* é defeito leve, que tira a perfeição. *Pecha* é defeito grave, que compromete o crédito. *Senão* é defeito muito leve: "Não há bela sem senão". *Tacha* é defeito moral que desdoura. *Vício* é predisposição maléfica que muitas vezes gera um hábito nocivo.

baldado, improfícuo, inútil, vão – *Baldado* é o que não se conseguiu realizar, apesar do esforço empregado: "Foi baldado todo o meu trabalho; não consegui consertar a fechadura". *Improfícuo* é o que se fez sem proveito: "Foi improfícuo o meu esforço: semeei, mas a enxurrada carregou com as sementes". *Inútil* é o que se faz sem trazer utilidade: "Levei os esquemas, mas na hora da prova esqueci-me de aproveitá-los. Foi *inútil* minha preocupação". *Vão* é completamente improfícuo, sem dar esperança alguma de êxito: "Seu esforço é vão; você não tem qualidades para vir a ser um bom pianista."

baleato, seguilhote – Filhote de baleia, o qual ainda mama.

balela, boato, rumor – *Balela* é dito sem fundamento, notícia falsa. *Boato* é notícia, verdadeira ou falsa, sem autor conhecido e correndo a boca pequena. *Rumor* é boato muito vago.

baloeiro, loroteiro, mentiroso, potoqueiro – É o indivíduo que habitualmente conta mentiras. *O primeiro nome*, *o segundo* e *o quarto* são familiares. V. *balão*, *lorota*, *mentira*, *potoca*.

balsamina-longa, erva-de-são-caetano, melão-de-são-caetano – Planta da família *Cucurbitaceae* (*Momordica charantia*).

bamba, bambambã, ferrabrás, mata-mouros, valentão – Indivíduo metido a valente, amigo de ameaçar e desafiar toda a gente, acovardando-se muitas vezes quando encontra quem lhe faça frente. *Os dois primeiros vocábulos* são da gíria.

bambu-japonês, bambuzinho – Planta da família *Liliaceae* (*Asparagus plumosus*).

banal, comum, corriqueiro, ordinário, trivial, vulgar – *Banal* (para muitos, galicismo que se deve evitar) é o de toda a gente, tanto da classe alta como da baixa, especialmente desta. *Comum* é o de todos ou, quando menos, o de muita gente. *Corriqueiro* é o que corre habitualmente por toda parte. *Ordinário* é o que não se salienta, não se destaca do comum. *Trivial* é o que se acha em todas as encruzilhadas (latim *trivium*), em todas as ruas, em toda parte. *Vulgar* é o próprio do vulgo e por isso não tem certa distinção, certa nobreza.

banana (Brasil), **manguito** (Portugal) – Certo gesto obsceno.

banana, pacova – Fruto da bananeira. *O segundo vocábulo* é do Pará do Maranhão e do Piauí (Beaurepaire Rohan).

bananal, pacoval – Plantação de bananeiras, de pacoveiras. V. *banana*, *pacova*.

bananal, Sant'ana – Ilha do estado de Goiás.

bananeira, pacoveira – Nome de plantas da família *Musaceae* pertencentes ao gênero *Musa*. Cada um dos vocábulos vive onde vive o primitivo; v. *banana*, *pacova*.

bancarrota, falência, quebra – *Bancarrota*, empregado no art. 263 do Código

Penal de 1890, é o mesmo que falência, mas hoje só se aplica à declaração de insolvência por parte de um Estado. Lembre-se o famoso discurso de Mirabeau em 26 de setembro de 1789. *Falência* é o estado do comerciante que, por infortúnios, perdas a que não deu motivo, culpa grave ou falta, deixa de pagar no vencimento, sem relevante razão de direito, qualquer obrigação mercantil certa e líquida. *Quebra*, quase não empregado hoje neste sentido, embora esteja vivo o verbo, é o mesmo que *falência*. O Título III do Código Comercial, hoje revogado, rezava *Das Quebras* e o art. 798 dizia *quebra* ou *falência*.

banda, charanga, fanfarra, filarmônica – *Banda* é um conjunto de músicos que tocam instrumentos de sopro e de percussão. *Charanga* é um conjunto de músicos que só tocam instrumentos metálicos de sopro. *Fanfarra* é charanga militar. *Filarmônica* é banda mantida por uma associação.

bandeira, pavilhão, pendão – *Bandeira, pendão* é um pedaço de pano, geralmente retangular, de uma ou mais cores, preso por um dos lados a uma haste de modo que possa desfraldar-se e tremular, pano esse que serve de distintivo a uma nação, a uma corporação, a um partido. *Pavilhão* é bandeira de uma nação, arvorada em tendas de campanha ou em navios mercantes ou de guerra.

bandeira, sobreporta – Caixilho, envidraçado ou não, que encima porta ou janela e serve para dar passagem ao ar e à luz quando os batentes estiverem cerrados. *O segundo nome* é termo de arquitetura.

bandeirante, paulista – Significam relativo ao estado de S. Paulo. Da antiga capitania partiram, no período colonial, as principais expedições conhecidas sob o nome de bandeiras.

bandido, bandoleiro, quadrilheiro, salteador – *Bandido* é o malfeitor que age contra a lei, geralmente em atividades de cunho criminal, como roubo, corrupção, tráfico de drogas etc. Primitivamente o nome só se aplicava ao indivíduo posto fora da lei por um bando. *Bandoleiro* é o salteador que opera em bando, sob as ordens de um chefe. *Quadrilheiro*, como bandoleiro, é o salteador que opera em quadrilha, sob as ordens de um chefe. *Salteador* é o malfeitor que assalta os viajantes nas estradas, exigindo-lhes a bolsa ou a vida.

bandoleira, boldrié, talabarte – *Bandoleira* é urna correia que se traz a tiracolo, para segurar arma ou utensílio. *Boldrié* também é correia trazida a tiracolo, mas para prender a espada ou servir de descanso a haste de bandeira ou estandarte. *Talabarte* é boldrié de oficiais do Exército para manter o cinto na posição.

banha, enxúndia, sebo, unto – São gorduras animais. *Banha*, especialmente de porco, é a gordura que fica sobre os intestinos. *Enxúndia* é gordura de aves. *Sebo* é gordura dos ruminantes, especialmente a do boi é a do carneiro. *Unto* é a gordura que fica sobre os rins de porco.

banheiro (Portugal), **banhista** (Brasil) – Pessoa que ajuda outra a tomar banho em mar, rio, lago, piscina. No Brasil só se entende por *banheiro* o quarto de banho. Em Portugal, entende-se por *banhista* a pessoa que está numa localidade para tomar banhos em praia ou em caldas.

banho de assento, semicúpio – Banho em que se mergulha o corpo, do meio das coxas até a cintura. *A segunda* *palavra* é da técnica da enfermagem; *a primeira*, da linguagem familiar.

banir, degradar, deportar, desterrar, exilar, expatriar, proscrever – *Banir* é expulsar do país em virtude de condenação regular ou de uma lei, inibindo perpetuamente de a ele voltar. Nosso Código Criminal de 1830 estatuía esta pena em seu art. 50. Um decreto do Governo Provisório de 1889 baniu a família imperial. *Degradar* é expulsar, obrigando a residir em determinado lugar durante certo tempo. É pena predileta dos governos tirânicos. Tivemo-la no art. 51 do Cód. Criminal de 1830. *Deportar* é desterrar perpetuamente para colônia distante; era pena dos países coloniais. *Desterrar* é fazer sair da terra que habita, durante tempo determinado e marcando-se às vezes limite de distância. O art. 52 do Cód. Criminal de 1830 estatuía esta pena. *Exilar* é simplesmente fazer sair do país, como pena. *Expatriar* é exilar de sua pátria um cidadão. *Proscrever* é banir indivíduos politicamente perigosos, que fazem sombra, que fazem oposição aos ditadores. Foram célebres as prescrições de Sila.

banto, cafre – Povo do sul da África.

banzé de cuia, rolo, salseiro, sururu – Palavras de gíria, significando barulho, desordem, com gritaria e pancadaria.

baobá, embondeiro – Árvore da família *Bombacaceae* (*Adansonia digitata*). *O primeiro nome*, o único usado no Brasil, é um francesismo; *o segundo* é o genuinamente português (Gonçalves Viana, *Apostilas*, I, 379).

baralhar, confundir – *Baralhar* é misturar muito, transtornando a ordem existente, como se faz com as cartas de jogar. *Confundir* é misturar, tornando indistinto.

barata-descascada, barata-noiva (Pernambuco) – Nome da barata que está mudando o revestimento externo.

barata-dos-coqueiros, lesma-do-coqueiro (Pernambuco) – Larva dos besouros da família *Chrysomelidae*, pertencentes ao gênero *Mecistomela*.

baratear, embaratecer – Significam tornar barato, ficar barato, havendo um leve matiz incoativo no segundo.

baratinha, bicho-de-conta (Portugal), **tatuzinho** – Crustáceo da família *Oniscidae* (*Oniscus asellus*).

baratinha-do-mar, papa-breu (Maranhão) – Crustáceo da família *Oniscidae* (*Oniscus marinus*).

baraúna, braúna, garaúna, graúna, guaraúna, maria-preta – Árvore da família *Leguminosae* (*Melanoxylon brauna*).

barba-de-barata, chagas – Planta da família *Leguminosae* (*Caesalpina pulcherrima*).

barbadense, barbadiano – Relativo à ilha de Barbados, natural dela. *A primeira forma* é de Portugal. A *segunda* é do Brasil; Gomes Leite a empregou na página 15 de seu livro *Através dos Estados Unidos*.

barbado, bugio, guariba – Nomes de macacos da família *Cebidae*, pertencentes ao gênero *Alouata*.

barbado, barbudo, parati-barbado, parati-de-barba – Peixe da família *Polynemidae* (Polydactylus virginicus).

barbado (Mato Grosso)**, peixe-moela, piranambu** – Peixe da família *Pimelodidae* (*Pinirampus pinirampu*).

barbante, cordão, cordel, guita – Corda delgada. *Cordel* pouco aparece; encontra-se na expressão *literatura de cordel*. *Guita* não se usa no Brasil.

barbaridade, crueldade, desumanidade – *Barbaridade* é ato próprio de homem bárbaro e que o civilizado não deve praticar. *Crueldade* é ato que provocou derramamento de sangue, ato cruento, cruel, acompanhado de tormentos. *Desumanidade* é ato que revela ausência de sentimentos humanos, indiferença pelo sofrimento alheio.

bárbaro, selvagem – *Bárbaro* é o que não está ligado a principios, comportamentos, regulamentos de uma civilização. *Selvagem* é o que é inerente a uma civilização primitiva, literalmente 'da selva'. *Bárbaros* eram os povos germânicos e eslavos que invadiram a Europa ocidental nos primeiros séculos da era cristã e bárbaros são ainda hoje muitos povos dos cinco continentes. *Selvagem* é o homem que vive nas selvas, com rudimentares convenções sociais.

barbasco (Minas Gerais), **calção-de--velho** (S. Paulo), **verbasco** – Planta da família *Sarophulariaceae* (*Buddleia brasiliensis*).

barbas de baleia (Portugal), **barbatanas** (Brasil) – Lâminas córneas flexíveis que guarnecem o interior da boca da baleia.

barbatana, nadadeira – Órgão membranoso exterior, utilizado pelos peixes e outros animais aquáticos para nadar.

barbeiro, bicho-de-parede (Norte), **chupança, chupão, fincão, fincudo** (R.G. do Sul), **percevejo-gaudério** (Goiás), **procotó** (Bahia) – Insetos da família *Reduviidae* (*Triatoma sp.*).

barbudinho, monge, mono – Pássaro da família *Pipridae* (*Chiromachoris gutturosas*).

barca, barco – *Barca* é barco grande, para transporte de pessoas e carga, em maior ou menor escala. *Barco* é construção flutuante, alongada, simétrica em relação a um plano longitudinal, destinada a sulcar as águas; em sentido restrito, é construção desta natureza, pequena e sem tilha.

barco, embarcação, nau, navio, vaso – *Barco*, termo genérico em outro lugar definido, é embarcação construída segundo as regras da arte e, sobretudo em Portugal, o mesmo que *navio*. *Embarcação* é todo e qualquer corpo flutuante que contenha pessoas ou coisas; tanto recebe este nome um navio construído com todos os requintes da construção naval, como uma tosca jangada, feita com meia dúzia de paus, igual a dos náufragos da fragata *Medusa*. *Nau* é o nome dos antigos navios, mercantes ou de guerra, de alto porte. *Navio*, termo genérico também, é construção flutuante destinada à navegação no alto-mar. *Vaso* é navio de guerra.

bardo, poeta, trovador, vate – O termo genérico é *poeta*, homem que faz versos ou que tem faculdades poéticas. *Bardo* era o poeta popular dos celtas. *Trovador*, o poeta que na idade média andava pelo sul da França e por outros países, de castelo em castelo, a recitar trovas suas ou alheias. *Vate*, o poeta que na antiga Roma profetizava.

barigui, bererê (S. Paulo), **birigui, marigui, mosquito-palha** (Minas Gerais), **tatuquira** (Amazônia) – Mosquitos da família *Psychodidae* (*Phlebotomus sp.*).

baririçó, capim-rei, maririçó – Planta da família *lridaceae* (*Sisyrinchium galaxioides*).

baronesa, dama-do-lago – Plantas da família *Pontederiaceae* (*Pontederia sp.*).

barraca, barraco – *Barraca* é tenda de acampamento, feita de lona, ou tenda de feira, feita de madeira e pano. *Barraco* (brasileirismo) é barraca feita de madeira de caixotes, folhas de latas etc. e outros materiais improvisados, servindo para residência de famílias pobres nas favelas.

barranca, barranco – *Barranca* é o mesmo que *barranco*, no Amazonas, em Mato Grosso e no Paraná (Macedo Soares, *Estudos Lexicográficos*, 112). *Barranco* é ribeira de rio, com pouco ou nenhum talude, seja qual for a altura.

barrão, varrão, varrasco – Porco não castrado. *O primeiro* é variante do *segundo*.

barrar, barrear, embarrar, embarrear – Significam revestir de barro. *O primeiro* é evitado no Brasil, talvez, por causa da homonímia com o derivado de *barra*. *O segundo* e *o quarto* são brasileirismos. No *terceiro*, o prefixo traz à ação um matiz de intensidade. No *quarto*, o prefixo traz matiz de intensidade e o sufixo, matiz de incoatividade.

barregã, biraia, cortesã, cuia, decaída, "demi-mondaine", fubana, hetaira, horizontal, madalena, marafona, meretriz, michela, mulher-dama, mulher da rua, mundana, pecadora, perdida, prostituta, puta, quenga, rameira, rapariga – Todos significam mulher que vende seus favores. *Barregã* era primitivamente a mulher amancebada (Morais); as *Ordenações Afonsinas*, no L. 2, t. 22, e no L. 5, t. 19, se referem às barregãs dos clérigos e frades. *Biraia* é o termo de gíria. *Cortesã* é a prostituta bela, instruída, de boas maneiras, o tipo de mulher da corte, como foi a célebre lmpéria, no século XV, em Roma, Ninon de Lenclos, no século XVII, em França. *Cuia* é de Minas Gerais. *Decaída*, *scilicet* do bom conceito social, é um eufemismo. "*Demi-mondaine*", palavra francesa, é também um eufemismo. Alexandre Dumas Filho criou a palavra *demi-monde* para representar a sociedade (*monde*) das desclassificadas, separadas das mulheres honestas pelo escândalo público e das cortesãs pelo dinheiro. O uso, porém, contrariando o desejo do inventor da palavra, confundiu as *demi-mondaines* com as cortesãs. *Fubana* é brasileirismo do Norte. *Hetaira* é a cortesã da Grécia antiga, uma Frineia, uma Laís. A palavra aparece em Latino Coelho, *Oração da Coroa*, *CCXVIII e CCXXX*, em Alberto de Oliveira, *Aparição nas águas*, Humberto de Campos, *Lagartas e Libélulas*, 118. Ramiz Galvão, achando melhor a forma *hetera* como no latim *hetaera*, aceita o vocábulo, mas com a prosódia *hetaira*, visto formarem ditongo as duas vogais. Bilac usou *hetere* no *Julgamento de Frineia*, mas o final não se justifica porque a palavra grega, que quer dizer *companheira*, *scilicet* de prazeres, termina em alfa. *Horizontal*, meretriz fina, no dizer de Figueiredo, brasileirismo, é um eufemismo. *Madalena* é a prostituta arrependida, como a Maria de Magdalado Evangelho (S. Mateus, XIV, 3, S. Lucas, VII, 37, S. João, XII, 3). *Marafona* é um tratamento de desprezo. *Meretriz* do latim *meretrice*, de *merere*, merecer, ganhar, traz ideia do comércio com o corpo. *Michela*, segundo Morais, é meretriz vil, que se devassa vulgarmente, que anda ao micho ou de miscela, que se mistura com todos. *Mulher-dama* é a expressão do Norte. *Mulher da rua* é expressão grosseira. *Mundana* é a mulher voltada para os prazeres sensoriais. *Pecadora* traz a ideia de mulher vítima do pecado da luxúria. *Perdida* é a mulher que se perdeu, que se corrompeu. *Prostituta* é o termo genérico, indicativo da mulher que pratica o meretrício como profissão. *Puta* é palavra chula para isso. *Quenga*, termo chulo, é mulher do baixo meretrício; é palavra do Nordeste.

Rameira, segundo Morais, é a prostituta vil, que anda ao fanico pelos ramos, ou tabernas. (Em Portugal, as tabernas costumam ter um ramo de árvore, pendente da porta.) *Rapariga* tem o sentido de prostituta em Minas e no Nordeste. Rui Barbosa, em seu célebre discurso *Porneia* (1899), apresentou ainda outros sinônimos, alguns de criação sua, outros antiquados; afrodite mercenária, dalila barata, frineia de sarjeta, rascoa, traviata, vênus vaga, zabaneira. *Afrodite* é o nome da deusa grega da beleza, a mãe de Eros, o deus do amor. *Dalila* é o nome da sedutora do hebreu *Sansão* (*Juízes*, XVI, 4). *Frineia* foi a célebre cortesã grega, defendida por Hipérides. *Rascoa*, segundo Morais, devia ter sido antes moça de varrer e rascar as casas e a louça da cozinha. *Traviata*, do italiano *traviata*, transviada, é o título da ópera em que Verdi musicou o romance amoroso de Margarida Gautier (Alphonsine Plessis), a *Dama das Camélias* de Dumas Filho. *Vênus vaga* é a prostituta que vagabundeia pelas ruas. *Zabaneira*, segundo Morais, é a mulher desavergonhada. Batista Pereira, o organizador da *Coletânea Literária* de Rui, dá ainda, na página 199, outros sinônimos: Ambubaia, bagaxa, boneja, calona, cambonda, cantoneira, china, comborça, croia, farpeia, franjosca, fregona, fúfia, ganirra, gança, lumia, malunga, patrajona, polha, tristaque. *Ambubaia*, palavra de origem siríaca, encontrada em Horácio, *Sátiras*, 1, 2, 1, era meretriz tocadora de flauta. *Bagaxa* é palavra antiquada (Morais, Figueiredo). *Boneja* segundo Morais, que abona o vocábulo com uma citação da comédia *Ulissipo*, talvez signifique meretriz. *Calona*, feminino de calão, cigano, é mulher desprezível. *Cambonda* é o feminino de *cambondo*, brasileirismo que quer dizer amancebado (Figueiredo). *Cantoneira* é prostituta que anda pelos cantos (Morais). *China* é mulher pública de cor morena carregada (Rio Grande do Sul, segundo Callage). *Comborça* é propriamente a amásia do homem casado, em relação à mulher deste (Morais). *Croia* é vocábulo popular de Portugal (Figueiredo). *Farpela* não encontro documentado nem em Aulete, nem em Figueiredo, mas posso dar testemunho do vocábulo, porque já o ouvi uma vez. *Franjosca*, mulher impudica e provocante, é provincialismo transmontano, segundo Figueiredo; é criada de cozinha. *Fúfia*, termo chulo, é mulher pretensiosa e ridícula (Figueiredo). *Ganifra*, mulher muito reles, é um provincialismo transmontano (Figueiredo). *Gança*, segundo Figueiredo, é palavra antiquada, significando meretriz. Parece haver um engano. *Gança*, palavra antiga que se encontra nos *Inéditos de Alcobaça*, 1, 92, contração de *gaança*, que se encontra em *Scriptores*, 263. *Diplomata et Chartae*, 501, vem do baixo latim *ganantia* e quer dizer *ganância*, *ganho* (*Cortesão*, *Subsídios*.) Havia uma expressão *filho de gança*, isto é, filho de ganho, filho de mulher que ganha com o seu corpo (Morais); daí ter-se pensado que *gança* significasse meretriz. *Lumia* é termo de gíria, de origem indiana (Figueiredo, Alberto Bessa). *Malunga* é a escrava vinda da África com outras escravas, no mesmo navio. *Patrajona*, antiquado, é prostituta ordinária, que se dedicava a acompanhar os soldados de um ponto para outro (Alberto Bessa). *Polha*, como o espanhol *polla*, quer dizer *franga;* Morais dá uma citação do *Auto da Ciosa* de Prestes, na qual a palavra vem com o sentido de meretriz: *Meu senhor anda às polhas*. *Tristaque*, provincialismo transmontano, quer dizer rapariga leviana (Figueiredo). Ainda há mais, antiquados uns, pouco usados outros. Assim, *ervoeira*, que deve ligar-se a erva (cfr. a expressão *filho das ervas*). *Fadista*, propriamente cantora de fados (Figueiredo). *Findinga*, termo de gíria (Pacheco e Lameira, Gram., 56, Raul Pederneiras, *Geringonça Carioca*). *Maritornes*, criada fácil de albergue, tirado do *Quixote*, 1ª parte, cap. XVI. *Marota* (Morais). *Mulher à toa, mulher da rua, mulher de má nota, mulher de partido* (Morais, s. v. *partido*), *mulher de porta de rua, mulher do trato* (Morais, s. v. *meretriz*), *mulher errada, mulher perdida, mulher pública, mulher-solteira* (Ceará), *mulher vadia, mulher do mundo* (Morais, s. v. *mundo*), *pécora* (burlesco, segundo Figueiredo), *porca* (Morais, s. v .*meretriz*). Faltam ainda alguns grosseiros, da gíria.

barrela, lixívia – Solução alcalina, preparada, fazendo passar água quente sobre cinzas de madeira ou sobre uma camada de soda. *O primeiro vocábulo* é popular.

barrete, coifa, crespina, retículo – Nomes do segundo estômago dos ruminantes.

barrigatintim (Paraíba e Pernambuco), **barrigudinho, barrigudo, bobó** (Bahia), **gargaú** (Ceará), **guaru-guaru** – Nomes de peixes da família *Cyprinodontidae*, pertencentes aos gêneros *Poecilia, Heterandria, Phalloptychus* e outros.

barriga-verde, catarinense – Natural do estado de Santa Catarina. *O primeiro* tem um tom honroso e afetivo.

barriguda, paina-de-seda, paineira – Árvore da família *Bombacaceae* (*Chorisia speciosa*).

barrote, trave, viga – *Barrote* é trave ou viga em que o assoalho assenta. *Trave* é viga de madeira falquejada ou não, ou de ferro, relacionada com outras peças e segurando a armação de um edifício. *Viga* é peça de madeira, grossa, longa e falquejada, para construções.

baru, cumaru, cumbaru – Árvore da família *Leguminosae* (*Dipteryx pterata*).

barulho, ruído – Som produzido por vibrações que se confundem. *O primeiro vocábulo* é popular.

barulho, chinfrim, chinfrinada, desordem, fuzuê, sangangu, sarilho, sururu, tempo-quente, turumbamba, zaragata – *Barulho* é desordem estrondosa com gritarias, com pancadas. *Desordem* é alteração da ordem, levando a brigas, rixas etc. Os demais vocábulos são populares ou de gíria. *Sangangu* é do Nordeste. *Sururu* aplica-se especialmente ao futebol. *Zaragata* não se usa no Brasil. V. *arranca-rabo*.

basal, básico, basilar, capital, fundamental, principal – *Basal*, palavra moderna, tomada do francês e aplicada como qualificativo de *metabolismo*. *Básico* e *basilar*, outro galicismo, significam relativo a base, que serve de base. *Capital* quer dizer que serve de cabeça e é o mais importante entre os principais. *Fundamental* é o que serve de fundamento, é aquilo em que uma coisa se apoia. *Principal* é o que ocupa o primeiro lugar, o que tem maior importância.

basquete, basquetebol, bola ao cesto, cestobol – Esporte em que se atira uma bola dentro de um cesto sem fundo, formado por uma rede pendente de uma argola colocada horizontalmente no alto. *O segundo nome* é adaptação do inglês *basketball*, *o primeiro* é redução do segundo, *o terceiro* e *o quarto* são neologismos criados para substituir o estrangeirismo, que por sinal continua vivendo muito bem.

bastão, bengala, bordão, cacete, cajado, pau, varapau – *Bastão* é ramo de árvore ou caule de arbusto, trabalhado ou não, usado como apoio no andar ou como meio de ataque ou defesa. Há uns, curtos e ornados, que são insígnia de certas autoridades, os dos marechais, por exemplo. *Bengala* é bastão polido, com castão e ponteira, usado antigamente pelos homens da cidade, quando fazia bom tempo, e ainda hoje, por necessidade, para apoio na marcha. *Bordão* é bastão com ponta de ferro, mais alto que a estatura média de um homem. *Cacete* é bastão grosseiro e pequeno, usado para dar pancada. *Cajado* é bastão com a extremidade superior recurvada, usado pelos pastores. *Pau* é um pedaço de madeira, usado como arma, ofensiva ou defensiva. *Varapau* é pau comprido e forte, usado como arma ofensiva pelos valentões.

bastardo, espúrio, ilegítimo, natural – Todos são qualificativos de filho nascido fora do matrimônio. Em *bastardo* domina a ideia de degeneração, presumida das circunstâncias do nascimento e da criação. Edmundo, no *Rei Lear*, de Shakespeare, ato I, c. II, repele esta degenerescência que o preconceito atira sobre o bastardo, julgando-se superior a seu irmão, filho legítimo, gerado num "leito cansado", "entre o dormir e o acordar". Em *espúrio* (do latim *spuriu*, ligado ao grego *speiro*, semear) existe a ideia de filho "de pai incógnito, porque a mãe se comunicava a vários, quando o concebeu" (Morais); a palavra passou depois a designar os filhos "entre cujos pais o consórcio era legalmente impossível" (Ribas, *Direito Civil*, 251). *Ilegítimo*, qualificativo do Código Civil, é aquele cujos pais não se acham ligados um ao outro pelos vínculos legais do casamento; é vocábulo genérico, e de conotação em desuso, dada a tendência de atribuir todos os direitos a filho nascido de união não formal. *Natural*, em sentido lato o mesmo que *ilegítimo* (Ribas), significa em sentido restrito filho dado pela natureza, independente dos laços legais do casamento, e entre cujos país o consórcio era possível, em contraposição com o adotivo, dado pela lei (Ribas).

batalhar, brigar, combater, guerrear, lutar, pelejar – *Batalhar*, travar batalha, *q.v.*, diz respeito a exércitos. *Brigar*, ter briga, engalfinhar-se com uma pessoa para feri-la, diz respeito a indivíduos e, em sentido moral, a facções. *Combater* é bater-se com, travar combate, tomar parte num combate, *q.v.* *Guerrear* é fazer guerra, *q.v.*, refere-se a países. *Lutar* é travar luta, *q.v.*, combater corpo a corpo, sem armas. *Pelejar* é ter peleja, *q.v.*, bater-se com esforço, para resistir ao inimigo e vencê-lo.

batata, batata-inglesa, batatinha – Tubérculo da planta *Solanum tuberosum*, da família *Solanaceae*.

batata-da-terra, batata-doce, jetica – Tubérculo da planta *Convolvulus batatas*, da família *Convolvulaceae*.

batata-de-escamas, boa-noite, fel-da-terra – Planta da família *Batanophoraceae* (*Lophophytum mirabile*).

batata-do-mar, salsa-da-praia – Planta da família *Convolvulaceae* (*Ipomoea marítima*).

bataúá, pataúá – A palmeira *Oenocarpus bataua*.

batavo, holandês – Os *batavos* eram um povo germânico que antes de César se fixou nas embocaduras do Reno. *Holandês* é o descendente dos antigos batavos. O primeiro hoje se usa literariamente; aparece, por exemplo, na versão portuguesa da frase atribuída a Adrien Patrid: "O mar é o único túmulo digno de um almirante batavo".

bate-cu (Rio de Janeiro), **cu-cosido** (Sul), **cu-tapado** (Sul), **quilim** (Sergipe), **tuim** – Aves da família *Psittacidae* (*Psittacula sp.*).

batel, baleeira, bote, caiaque, caíque, canoa, catraia, escaler, esquife, galeota, gôndola, igara, igarité, iole, montaria, "outrigger", piroga, ubá, vigilenga – *Batel* é pequeno barco (veja-se o sufixo diminutivo) a remo, para transporte de pessoas, de bordo para terra e vice-versa: "O batel de Coelho foi depressa..." (*Lusíadas*, V. 32, I). O vocábulo hoje aparece literariamente: "Já do batel da vida..." (Laurindo Rabelo, *Adeus ao mundo*). Em vez de *batel* diz-se hoje *escaler*. *Baleeira*, além de barco especial para a pesca da baleia, é barco com proa e popa finas, do mesmo formato, é com um remador por bancada (Tupi da Silva Lisboa, *Compêndio de Marinharia*, 111, 114). *Bote* é barquinho de rio ou de porto, a remo ou a vela, de dois ou quatro remos, podendo ter um ou dois remadores por bancada (Tupi da Silva Lisboa). *Caiaque* é pequeno barco feito de pele de foca, com popa igual à proa, usado pelos esquimós na pesca. *Caíque* é pequeno barco de pescaria, de fundo chato. *Canoa*, primeiro americanismo perfilhado pelas línguas da Europa, foi originariamente barco inteiriço, feito de um tronco de árvore escavado (Simão de Vasconcelos, *Vida de Anchieta*, 68). Nas regiões civilizadas, hoje é um barco de forma fina, com popa de escaler (Tupi da Silva Lisboa). *Catraia* é pequeno bote, a remo ou a vela, mareado por um só homem (Aulete). *Escaler* é barco a remo (v. *batel*) ou a vela, de formas finas, com popa de espelho, com dois remadores por bancada, para transporte de pessoas de bordo para terra e vice-versa ou entre embarcações. *Esquife* é barco comprido e estreito, tendo no meio espaço para uma só pessoa, que move os remos, abrigada por pequena borda (Tupi da Silva Lisboa). *Galeota* é barco elegante e luxuoso, movido a remos. *Gôndola* é barco gracioso, de extremidades levantadas, a um ou dois remos, usado para navegar nos canais de Veneza. *Igara* é o nome que os tupis davam às suas canoas. *Igarité* vem a ser pequena embarcação cujo fundo é de um só madeiro, alteada de falcas e chanfreada à popa e à proa, tendo à ré uma tolda (Beaurepaire Rohan). *Iole* é barco de regata, muito fino, muito leve, com indeterminado número de remos (Tupi da Silva Lisboa). *Montaria* é barco da Amazônia, para caça e pesca, construído de um só madeiro, de popa e proa cortadas, governado com a pá do remo (Beaurepaire Rohan, Tupi da Silva Lisboa, Almirante Alves Câmara, *Ensaio sobre as construções navais indígenas do Brasil*). *"Outrigger"* é barco de regata, com suportes exteriores para os remos (Tupi da Silva Lisboa). *Piroga* é canoa de povos selvagens, comprida, estreita e veloz, feita de um tronco de Árvore escavado. *Ubá* é canoa usada na Amazônia, feita de casca de árvores, com as extremidades amarradas por cipós e com pedaços de madeira para abrir o bojo, ou feita de um tronco de árvore escavado, movida por meio de vara (Almirante Câmara). *Vigilenga* é uma igarité usada em Vigia para pesca, de rodela à vante é à ré e armada em iate (Beaurepaire Rohan, Almirante Câmara).

bate-testa, canapu, timbó-do-rio-de--janeiro – Planta da família *Solanaceae* (*Physallis heterophylla*).

batota (Portugal), **patota** (Brasil) – Logro no jogo.

batuíra, maçarico, tarambola – Nomes de aves da família *Charadriidae*, pertencentes aos gêneros *Charadrius*, *Erolia* e outros. *O terceiro nome* é do Norte e de Portugal. O *maçarico* europeu é a *Ardeola marina* e a *Strepsila* ou *Tringa interpres*.

batuquira (Amazônia), **japacanim, sabiá-guaçu** – Pássaro da família *Mimidae* (*Donacobius atricapillus*).

baunilha-da-baía, baunilha-de-licorizeiro – Planta da família *Orchidaceae* (*Vanilla palmarum*).

beatificação, canonização – *Beatificação* é o ato de considerar beato um venerável, isto é, permitir que seja honrado como santo por certas comunidades ou categorias de fiéis. *Canonização* é o ato de canonizar, isto é, inscrever no cânone dos santos, para ser venerado por todo o mundo católico.

beatinha, beatriz (Pernambuco), **mangangá, niquim-da-pedra** (Bahia) – Peixes da família *Scorpaenidae* (*Scorpaena sp.*).

beatitude, bem-aventurança – *Beatitude* é uma felicidade soberana, sem sombra de inquietação; no sentido místico, é o mesmo que *bem-aventurança*, estado feliz, isento de desgostos e cheio de prazer, do qual gozam no céu eternamente os bem-aventurados.

beato, carola, devoto, tartufo – *Beato* é o devoto, mais obsedado por uma religião mal compreendida do que por convicção segura de uma verdadeira crença. *Carola* é o devoto ostensivo, cuja religiosidade se manifesta na frequência às cerimônias do culto, missas solenes, procissões, ladainhas. *Devoto* é o indivíduo solícito em suas práticas religiosas. *Tartufo*, nome do protagonista de uma comédia de Molière, é o carola dotado de refinada velhacaria.

bebe-gás, chupa-gás, seca-gás – *Gás* no sentido brasileiro nordestino de *querosene*. Frequentador de prostíbulos, o qual apenas conversa.

beca, toga – São vestes talares, de advogados, juízes, professores de universidades. Só *o segundo* se usa em sentido figurado e neste caso significa a magistratura: "Aquele juiz honra a *toga*".

beco, travessa – A diferença existente no significado destas duas palavras é que o *beco* se mostra estreito e muitas vezes sem saída, ao passo que a *travessa* pode ser estreita ou larga e comunicando sempre entre si duas ou mais ruas principais.

bedelho, belho, tranqueta, trinco – Pequeno ferro chato, colocado horizontalmente entre os batentes de uma porta ou entre a ombreira e o batente, o qual, levantando-se ou abaixando-se, abre ou fecha a porta. *O primeiro* aparece na frase *meter o bedelho*. Usam-se mais os dois últimos.

beiço, lábio – *Beiço* é cada uma das membranas carnudas, situadas diante dos dentes da frente de cada maxila e que formam o contorno da boca do homem e de certos irracionais; atuam na mastigação e na fala, na emissão da voz. *Lábio* é a borda do beiço, sua parte mais delicada e macia. A primeira palavra não é considerada polida. A segunda tem caráter literário: *Iracema, a virgem dos lábios de mel* (Alencar, *Iracema*). Só aos lábios é dado imprimir meigos ósculos, diz o austero Roquete.

beija-flor, colibri, cuitelo – Aves da família *Trochilidae* (gênero *Trochilus* e outros). *Colibri*, de origem caribe, é vocábulo literário: "Os colibris e harmônicos canários" (Durão, *Caramuru*, VII,

65, 8). *Cuitelo* se ouve na boca do caipira paulista.

beijo, ósculo – Significam manifestação de carinho, feita chegando os lábios fechados e em seguida abrindo-os. A diferença entre ambos consiste em ser sensual o *beijo* e representar o *ósculo* prova de amizade ou de respeito, veneração. "Oh! que famintos beijos na floresta..." (*Lusíadas*, IX, 83, I). "Os sacerdotes dão o ósculo de paz." Dá um ósculo quem entrega uma condecoração. Diz-se entretanto *beijo de Judas* e não *ósculo*. *Ósculo* tem caráter erudito e literário. Bernardes, *Nova Floresta*, III, 16, empregou *ósculo* no sentido sensual.

beijoeiro, benjoeiro, estoraque, estoraqueiro – Planta da família *Styraceae* (*Styrax aureus*).

beijucaba, caba-cega (Maranhão), **caba-de-ladrão** (Alto Amazonas), **marimbondo-de-chapéu** – Insetos da família *Vespidae* (*Apoiaca sp.*).

beira, borda, costa, margem, praia – *Borda* é extremidade prolongada de uma superfície, com pouca largura, servindo de orla: *borda-d'água*, território marginal de rio ou lago; *borda de um abismo*, terreno adjacente a ele. *Beira* é a borda que abrange grande porção da costa, da praia, da margem: *Avenida Beira-Mar*, nome de célebre avenida do Rio de Janeiro, ao longo de praias da baía de Guanabara. *Costa* é porção de terra, elevada ou não, ao longo do mar, não coberta pelas águas. *Margem* é extensão de terra plana, ao longo de correntes de água, não coberta pelas águas. *Praia* é extensão de terra plana, à borda de mar, de rio, de lago ou lagoa, quase sempre arenosa, coberta pelas águas nas enchentes.

bela-emília, jasmim-azul – Planta da família *Plumbaginaceae* (*Plumbago capensis*).

beleguim, esbirro, galfarro, malsim – Nomes pejorativos dados aos agentes policiais.

bélico, belicoso, guerreiro, marcial, militar – *Bélico* quer dizer relativo à guerra: *material bélico;* é termo concreto. *Belicoso* quer dizer afeiçoado à guerra, que excita à guerra: *homem belicoso, tuba belicosa*. *Guerreiro* é próprio da guerra, animoso para a guerra: *ânimo guerreiro*. *Marcial* quer dizer próprio de um bom discípulo de Marte, de um homem belicoso: *ar marcial;* refere-se às aparências de belicosidade. *Militar* quer dizer relativo à carreira das armas: *Colégio Militar*, *Escola Militar*.

Belmonte, Jequitinhonha – Rio que atravessa os estados de Minas Gerais e Bahia.

belo, bonito, formoso, gentil, lindo, pulcro – *Belo* é o que excita a admiração por sua grandeza, nobreza, regularidade, boa proporção e harmonia das partes, perfeição possível. *Bonito* é o que, sem ser formoso, agrada à vista, seduz ou diverte; acha-se nele qualquer coisa de fino, delicado, encantador. É desprovido do complemento nacional de perfeição que faz parte da acepção de *belo*. *Formoso* é o belo que produz por suas formas um efeito agradável à vista. *Gentil* é o que agrada, mais pelos movimentos, gestos, graça exterior, porte, presença nobre do que pelas formas. Trata-se sempre de graça delicada, que convém mais aos pequenos objetos do que aos grandes. *Lindo* é o que, sendo mais do que bonito, apresenta certo ar e graça, embora menores do que os da formosura. *Pulcro* é um latinismo. José Albano, *Rimas*, 56, juntou *formoso* e *belo*, 65, *formoso* e *lindo*. Emiliano Pernetta escreveu: *formosa entre as mais belas* (*Oração da noite*).

bel-prazer (a), **a gosto, à vontade** – *A bel-prazer* quer dizer segundo uma vontade arbitrária. *A gosto* quer dizer segundo o seu agrado, sem constrangimento. *À vontade* significa como quiser.

bembé, maruim, meruim, miruim (R.G. do Sul), **mosquitinho-do-mangue, mosquito-pólvora** – Insetos da família *Chironomidae* (*Culicoides sp.*).

bem-casados, pinheirinho-d'água – Planta da família *Haloragaceae* (*Myriophyllum brasiliense*).

bem-me-queres-de-todos-os-meses, calêndula-das-boticas, malmequer-amarelo, malmequer-dos-jardins, maravilha-dos-jardins – Planta da família *Compositae* (*Calendula officinalis*).

bem-te-vi, pitanguá (S. Paulo), **triste-vida** (Pará) – Pássaro da família *Tyrannidae* (*Pitangus sulphuratus*).

bem-te-vi-gamela (Ceará), **bem-te-vi-pequeno** – Pássaro da família *Tyrannidae* (*Legatus albicollis*).

bênção, benzedura – *Bênção* é o ato de abençoar ou de benzer. Um pai dá benção a um filho. Um sacerdote faz a benção do fogo na semana santa. *Benzedura* é reza, acompanhada de gestos e práticas supersticiosas, feita por curandeiros.

bendito (Minas Gerais), **louva-a-deus, põe-mesa** (Pernambuco e Sergipe) – Nome dos insetos da família *Mantidae* (gênero *Mantis* e outros).

benedito (S. Paulo, Minas Gerais), **ipecu** (Amazônia), **murutucu** (Amazônia), **peto** (Portugal), **pica-pau, pinica-pau** (Nordeste) – Nomes das aves da família *Picidae* (gênero *Picus* e outros).

beneficente, benéfico – *Beneficente* é o que se mostrou benéfico, praticando um ato de beneficência, *q.v.* *Benéfico* é o que, por sua qualidade natural, produz um bem.

benefício, favor, graça, mercê, obséquio – *Benefício* é boa obra, gratuita, feita por pessoa poderosa, em favor de um necessitado. *Favor* é serviço, feito a um superior, a um igual ou a um inferior, por afeição. *Graça* é dom gratuito, feito por pessoa poderosa, por afeto, consideração ou piedade. *Mercê* é prêmio dado em atenção a bons serviços. *Obséquio* é favor com que se procura agradar.

benemerente, benemérito, digno – O *benemerente* merece recompensa. O *benemérito* mereceu. O *digno* merece honra por seu caráter, talento, qualidades, infortúnio.

benevolente, benévolo – *Benévolo* é o que, por sua qualidade natural, tem sempre boa vontade com todos. *Benevolente* é o que se mostrou benévolo.

bengo (Sergipe), **preá** – Mamífero da família *Caviidae* (*Cavia aperea*).

benjoim, bijuí, bijuri, bojuí (Mato Grosso) – Abelha da família *Meliponidae* (gênero *Trigona*).

bentererê, curutié, joão-teneném, pichororé, turucué – Pássaros da família *Dendrocolaptidae*, pertencentes ao gênero *Synallaxis*.

bento, benzido – Consagrado pela bênção eclesiástica é o *bento*. Aplica-se a coisas: *água benta*, *pão bento*, *rosário bento*. (Para pessoas diz-se *abençoado*.) *Benzido*, particípio de *benzer*, usa-se com os auxiliares *ter* e *haver*: "O padre já havia benzido os rosários quando eu cheguei".

beócio, boçal, bronco, camelo, estúpido, ignaro, ignorante, néscio, obtuso, rude, tapado – *Beócio* é propriamente o natural de Beócia, província da antiga Grécia. Os atenienses consideravam pouco inteligentes os beócios. Hipócrates, Platão e Aristóteles atribuíram à espessura do ar esta proverbial estupidez. Horácio, *Epístolas*, II, I, 244, diz: "Boeotum in crasso jurares aere natum". A Beócia produziu entretanto, homens como Hesíodo, Píndaro, Epaminondas, Plutarco; produziu a poetisa Corina. O vocábulo é um eufemismo, não muito delicado por sinal. *Boçal* é o asselvajado por não haver ainda recebido ensino, melhor educação. *Bronco* é o que, por deficiência natural, custa a entender o que se diz. *Camelo* é o que, além de rude, se mostra lerdo, pesadão. *Estúpido* é o curto de inteligência que fica de boca aberta diante do que não entende. *Ignaro* é vocábulo erudito e literário com a significação de crassamente ignorante: *o vulgo ignaro*. *Ignorante* é o que ignora, o que não sabe, e neste sentido se aplica a todos nós, porque, por mais eruditos que sejamos, ignoramos sempre muito, temos sempre muito que aprender. Em sentido restrito, porém, chama-se ignorante àquele que não sabe o que é geralmente sabido, o que devia saber para exercer bem a sua profissão. *Néscio* é o ignorante tolo. *Obtuso* é o bronco que, inconsciente de sua natureza, se esforça inutilmente por compreender, pois sua falta de agudeza lhe não permite. *Rude* é o que custa a compreender, por sua tenra idade, por não ter recebido ainda a devida cultura. *Tapado* é o que se mostra impermeável à cultura, por maiores que sejam os esforços dos educadores. Outros sinônimos, como *asno*, *besta*, *burro*, *jumento*, já foram tratados em outro lugar. Todos estes termos são muitas vezes usados por preconceito, de forma depreciativa ou agressiva, o que não se recomenda.

berbigão (Portugal), **mija-mija, sarro-de-pito** (S. Paulo) – Molusco da família *Veneridae* (*Anomalocardia brasiliana*).

berbigueira, caieira, caleira, casqueiro (S. Paulo, Santa Catarina), **cernambi** (Pará), **conchal, concheira** (S. Paulo, Santa Catarina), **"kjökkenmödding", mina de sernambi** (Pará), **ostreira** (S. Paulo, Santa Catarina), **sambaqui** – Depósitos antiquíssimos de conchas, junto ao litoral. O nome mais geral é *sambaqui*. O *oitavo*, palavra dinamarquesa que quer dizer *restos de cozinha*, já aparece em Leite de Vasconcelos. *Portugal Pré-Histórico*, p. 25.

bergamota (R.G. do Sul), **laranja-cravo** (Espírito Santo, Pernambuco), **laranja-mimosa** (Paraná), **mexerica** (Rio de Janeiro, S. Paulo, Minas Gerais), **mexeriqueira, tangerineira** – Árvore da família *Rutaceae* (*Citrus nobilis*).

berne, ura (Amazonas, Paraná) – Larva da mosca *Dermatobia hominis*.

berrante, garrido, gritante – Qualificativo de cor muito viva, alegre, brilhante. Os puristas veem no *primeiro* e no *terceiro* tradução do francês *criard;* seria um galicismo intencional.

berreiro, choradeira – *Berreiro* é choradeira acompanhada de berros, de gritos. *Choradeira* é choro prolongado e impertinente, geralmente de criança.

beruanha, bironha, meruanha, mosca-do-bagaço (Santa Catarina), **mosca-do-gado** (Portugal), **mosca-dos--estábulos, murianha, murinhanha, muruanha** – Mosca *Stomoxys cakitrans*.

besta, mula – Produto híbrido do cavalo com a jumenta ou do jumento com a égua. No sertão, o *primeiro nome* abrange também a égua, porque a palavra *égua* é considerada grosseira.

bestunto, bola, cabeça, cachimônia, cachola, cérebro, crânio – Todas estas palavras se referem à cabeça como sede do pensamento. *Bestunto*, *bola*, *cachimônia*, *cachota* são populares. Na *primeira*, derivada de *besta*, há um quê de pejorativo.

betara, embetara, judeu (Paraíba), **papa-terra, sambetara, tremetara** (Pernambuco) – Peixe da família *Scianidae* (*Menticirrhus americanus*).

betu, calorim (S. Paulo), **linguarudo** (idem), **pavacaré** – Molusco da família *Olividae* (*Olivancillaria auricularia* e *brasiliana*).

bétula, vidoeiro – Árvore da família *Betulaceae* (*Betula alba*). *O segundo nome* é o vulgar em Portugal (Aulete).

bexigas, varíola – Moléstia infecto-contagiosa, caracterizada pela erupção de vesículas que se transformam em pústulas. *O primeiro nome* é o popular.

bexigas-doidas, catapora, varicela – Moléstia infecto-contagiosa semelhante à varíola, porém mais benigna.

bica, torneira – *Bica* é propriamente a cana ou a meia-cana, por onde sai um líquido corrente, normalmente a água, mas toma-se geralmente no sentido da *torneira*. *Torneira* é o aparelho que se adapta a um encanamento, a uma vasilha, para, por meio de um dispositivo giratório, deixar sair à vontade o líquido contido nesse encanamento, nessa vasilha.

bicão (Bahia), **mataime** (Pará), **matame** (Rio de Janeiro e outros estados), **sirito** (Maranhão) – Recortes angulares na extremidade de folhas, camisas de mulher, toalhas, lenços, lençóis e outras roupas brancas.

bicha, fila – Fileira de pessoas, umas atrás das outras, para serem atendidas por bilheteiros, vendedores etc.; terem acesso a um lugar etc. *O primeiro* é de Portugal; *o segundo*, do Brasil.

bicha, lombriga – Verme da família *Ascaridae* (*Ascaris lumbricoides*). *O primeiro nome* é popular. Aparece na expressão *ataque de bichas*, designativa de convulsões causadas nas crianças pela abundância destes vermes.

bichas, sanguessuga – Nome dos vermes anelídeos da classe dos hirudíneos. *O primeiro nome* vem do tempo em que os barbeiros aplicavam em sangrias estes animais (a *Hirudo medicinalis*, da família *Hirudinidae*).

bicha-cadela (Portugal), **lacrainha, rapelho** (Portugal), **tesoura** – Insetos da família *Forficulidae*, pertencentes ao gênero *Forficula* e a outros.

bichano, gato – *O primeiro vocábulo* é nome carinhoso que se dá a este felino doméstico.

bichinho, criança, curumim, guri, infante, menino, miúdo, pequeno, petiz, piá, puto – *Bichinho* é termo carinhoso do Nordeste. *Criança* é o macho ou fêmea do homem, enquanto se anda criando. *Curumim* (variantes *corumi*, *colomi*, *colomim*) é o nome tupi, da Amazônia. *Guri* (Sul) é de origem guarani. *Infante* é a criança que ainda não fala (cfr. *infanticídio*). *Menino* é a criança, no período que vai da puerícia à puberdade. Em Portugal ainda se usa *miúdo*, alusivo também ao tamanho, e *puto*. *Pequeno*, alusivo ao tamanho, é o mesmo que *menino*. *Petiz*, do francês *petit*, mais usado em Portugal, é também o mesmo que *menino*. *Piá*, do tupi *piá*, coração, é termo carinhoso do extremo Sul.

bicho-colorado (R.G. do Sul), **micuim, mucuim** – Acarino da família *Trombidiidae* (*Tetranychus molestissimus*).

bicho-de-conta (Portugal), **tatuzinho** (Brasil) – Crustáceo da família Oniscidae (*Oniscus murarius*).

bicho-de-pé, bicho-de-porco, xique-xique – Inseto da família *Pulicidae* (*Tunga penetrans*).

bicho-do-ouvido, gongolo – Miriápode de quilognato da família *Iulidae* (*Iulus festivus*).

bicho-gordo, coró, forreca, joão-torresmo (Minas Gerais), **pão-de-galinha** (Nordeste), **torresmo** (Minas Gerais) – Nomes das larvas dos coleópteros lamelicórneos e de outros besouros, sempre que sejam gordas, roliças e brancas.

bicho-pau, cipó-seco, mané-magro (Nordeste), **maria-seca, taquara-seca, taquarinha, treme-treme** – Nomes de insetos da família *Phasmidae*, pertencentes aos gêneros *Phasma*, *Bacilus* e outros.

bico, biscate, galho, gancho – Tarefa ocasional que dá um ganho subsidiário.

bicó (Brasil), **canto** (Portugal) – Primeira e última partes que ficam do pão, quando cortado em fatias que apresentam uma só superfície de miolo, ficando o outro lado constituído somente pela côdea.

bico (Norte), **sura** (Maranhão), **suru** (Bahia) – Papagaio de papel de seda, sem cauda, com pequenas barbatanas. V. *arraia*.

bico-de-brasa (Goiás), **tamburupará, tamurupará, tangurupará** – Aves da família *Bucconidae*, pertencentes ao gênero *Monasa*.

bico-de-lacre, bico-vermelho – Pássaro da família *Fringillidae* (*Sporophila leucoptera hypoleuca*).

bico-de-veludo, sanhaçu-pardo – Pássaro da família *Tanagridae* (*Schistochlamys capistratus*).

bico-rasteiro, calca-mar, corta-mar, talha-mar – Ave da família *Laridae* (*Rhyncops nigra*).

bicudo (Amazônia), **papa-capim** (Sul) – Pássaro da família *Fringillidae* (*Sporophila sp.*).

bicuíba-redonda, noz-moscada-do-brasil, vicuíba – Árvore da família *Myristicaceae* (*Myristica officinalis*).

biebdomadário, bissemanal – Que acontece ou se publica duas vezes por semana.

bigorna, incude – Utensílio sobre o qual se batem metais. *O segundo vocábulo* é erudito e literário.

bijupirá, peixe-rei (Pernambuco), **parabiju** (Nordeste) – Peixe da família *Rhachycentridae* (*Rhachycentron canadus*).

bilha (Portugal), **moringa** (Sul), **moringue** (Sul), **quarta, quartinha** (Nordeste e Rio Grande do Sul) – Pequena vasilha de barro, bojuda e de gargalo estreito, destinada a conter água para beber. *Os três últimos* são brasileirismos.

bilhete (de loteria), **cautela** (Portugal) – Papel que traz impresso um dos números que vão ser tirados à sorte em loteria.

bilhete de visita (Portugal), **cartão de visita** (Brasil) – Pequeno pedaço retangular de cartão, o qual traz impresso o nome de uma pessoa e às vezes o nome, o endereço e outras indicações.

bilheteira (Portugal), **bilheteria** (Brasil) – Compartimento onde se vendem bilhetes de espetáculos públicos, passagens de estradas de ferro, de companhias de pequena navegação etc.

bilheteiro (Brasil), **cauteleiro** (Portugal) – Vendedor de bilhetes de loterias.

bílis, fel – Secreção do fígado. *O segundo nome* é popular.

bilreira, maria-rendeira (Sergipe), **rendeira** – Pássaros da família *Pipridae*, pertencentes ao gênero *Pipra* e outros.

bilreiro, carrapeta, jitó, marinheiro – Árvore da família *Meliaceae* (*Guarea trichilioides*).

bimensal, bimestral – *Bimensal* é o que acontece ou se publica duas vezes por mês. *Bimestral* é o que acontece ou se publica de dois em dois meses.

biografia, vida – Como títulos de obras, significam descrição da vida de alguém, mas *o segundo*, desde Plutarco, se aplica aos grandes homens. João Francisco Lisboa escreveu a *Vida do Padre Antônio Vieira*.

biribá, biribazeiro, faca-de-pobre – Árvore da família *Anonaceae* (*Duguetia marcgraviana*).

birro, casaco-de-couro (Bahia), **gibão-de-couro** – Pássaro da família *Tyrannidae* (*Hirundinea bellicosa*).

birro-branco, pica-pau-branco – Ave da família *Picidae* (*Leuconerpes candidus*). *O primeiro nome* é de S. Paulo e Mato Grosso.

bisagra, dobradiça, gonzo, quício – Aparelho composto de duas peças unidas por um eixo comum de modo que, estando fixas em objetos diferentes, um destes pode girar sobre o outro. *O primeiro vocábulo* não se usa no Brasil. *O segundo* é o corrente. *O terceiro* se aplica especialmente a portas e janelas. *O quarto* é erudito.

Biscaia, Gasconha – Golfo atlântico ao lado da França e da Espanha.

bisonho, calouro, novato, novel, recruta – Todos se referem a pessoa sem experiência ou com pouca, em mister que começou a praticar, em carreira que começou a seguir. *Bisonho* veio da linguagem militar; opunha-se a veterano. *Calouro* vem da linguagem escolar; também se opõe a veterano. *Novato é* o inexperiente por ser novo em qualquer coisa. *Novel* é um novato de fresca data num ofício, num emprego. *Recruta* é o soldado recentemente engajado e que por isso nenhuma prática tem da militança; recebeu extensão de sentido, aplicando-se à vida civil.

bispado, diocese, mitra – *Bispado* é dignidade de bispo, jurisdição de bispo. *Diocese* é o distrito eclesiástico administrado por um bispo. *Mitra* é o bispado, considerado como pessoa jurídica, principalmente no tocante à administração de bens temporais.

bisturi-do-mato, rabo-de-tatu, sumaré – Planta da família *Orchidaceae* (*Cyrtopodium punctatum*).

bitola (Brasil), **via** (Portugal) – Distância entre os trilhos de uma linha férrea.

bitu, escumana (S. Paulo), **içabitu, sabitu** (Norte), **vitu** – Nomes do macho da saúva.

biurá, lágrimas-de-nossa-senhora, lágrimas-de-santa-maria – A gramínea *Coix lacrima*.

blefarite ciliar, sapiranga, sapiroca (Sul) – Inflamação das pálpebras a qual faz cair as pestanas. *O segundo nome* e *o terceiro* são populares. *O primeiro* é erudito.

bobagem, necedade, palermice, parvoíce, patetice, sandice, tolice – Ato de *bobo*, *néscio*, *palerma*, *parvo*, *pateta*, *sandeu*, *tolo*, *q.v.*

bobo (adjetivo), **fátuo, parvo, tolo** – *Bobo* é o de muito curto entendimento e capacidade. *Fátuo* é o ignorante, tolo e presumido. *Parvo* é o crescido, adulto, mas pequeno de espírito como uma criança. *Tolo* é o bobo, ignorante e pretensioso.

bobo (substantivo), **fátuo, otário, pacóvio, palerma, papalvo, parvo, pascácio, pateta, pato, sandeu, simplório, tolo** – *Bobo* é o indivíduo de muito curto entendimento e capacidade. *Fátuo* é o indivíduo ignorante, tolo e presumido. *Otário*, vocábulo de gíria, é o tolo que cai no chamado conto do vigário e em outros. *Pacóvio* é o bobo sem energia, banana (cfr. *pacova*, banana).

Palerma é o idiota que se revela tão incapaz de pensar quanto de agir. *Papalvo é* o bobo fácil de ser enganado. *Parvo* é o indivíduo adulto, com espírito infantil. *Pascácio* é o bobo que procura impor-se usando linguagem afetada. *Pateta* é o indivíduo abobado e desorientado como um pato. (O pato é considerado animal estúpido: cfr. a expressão *cair como um patinho*). *Pato* é o tolo como um pato. *Sandeu é* o tolo meio insano, mentecapto. *Simplório* é o indivíduo meio bobo por sua simplicidade, por sua ingenuidade, por sua ausência de malícia. *Tolo* é o bobo ignorante e pretensioso.

bobo, bufão, chocarreiro, jogral, palhaço, truão – *Bobo* era o indivíduo que nas antigas cortes divertia os soberanos com ditos engraçados, esgares, gestos cômicos. Alexandre Herculano pintou um deles em seu romance *O Bobo*. *Bufão* era o vendedor ambulante de feira, de praça pública, que dizia graçolas ao apregoar sua mercadoria de pouco valor. Hoje é o indivíduo que com seus ditos provoca nos outros boas gargalhadas. *Chocarreiro* é o indivíduo que gosta de dizer graças pesadas. *Jogral* era o indivíduo que na idade média ganhava a vida cantando, tocando instrumentos músicos, fazendo habilidades em praça pública. *Palhaço* é o indivíduo que ganha a vida dizendo graçolas nos circos. *Truão* era o indivíduo vagabundo, desavergonhado, vivendo de expedientes, pregando mentiras, enganando e dizendo graçolas.

boca-d'água (Pará), **iapuçá, japuçá, uapuçá** – Macacos da família *Cebidae*, pertencentes ao gênero *Callicebus*.

boca da noite, crepúsculo, lusco-fusco – O anoitecer. A primeira expressão e *a terceira* são populares. V. *albor*.

boca-de-barro, boca-de-sapo (Sul), **cu-de-vaca** (Norte) – Abelhas da família *Meliponidae*, pertencentes ao gênero *Trigona*.

boca-de-colher, jurupensém, jurupoca – Peixes da família *Pimelodidae*, do grupo do surubim.

bocado, pedaço – *Bocado* é porção pequena; primitivamente, a que enche a boca. *Pedaço* é qualquer porção isolada de um corpo sólido, ou parte de um todo, distinta sem ser separada: *um pedaço de pau, um pedaço de terreno*.

boca-lisa, papai – Peixe da família Siluridae (*Tachysurus apsulonophanus*).

boca-preta (Amazônia), **jurupixuna, macaco-de-cheiro** – Macaco da família *Cebidae* (*Saimiri sciurea*).

boca-torta (Ceará), **camoatim, cangaxi, enxu-da-beira-do-telhado** – Inseto da família *Vespidae* (*Polybia scutellaris*).

bocejar, oscitar – Abrir a boca reflexamente, por movimento espasmódico dos músculos da face, aspirando ar e depois expirando-o prolongadamente. *O primeiro vocábulo* é da linguagem comum; *o segundo*, erudito, é da linguagem médica.

bocejo, oscitação – Ato de *bocejar*, de *oscitar*, *q.v.*

bócio, papeira, papo – Inchação determinada pela hipertrofia da tiroide. *Os dois últimos vocábulos* pertencem à língua popular.

"bock" (Portugal), **chope** (Brasil) – Copo de cerveja fresca e carregada de álcool, tirada do barril.

bodião, gudião – Nomes de peixes das famílias *Labridae* e *Scaridae*, pertencentes aos gêneros *Labrus*, *Crenilabrus* e *Scarus*.

boêmio, tcheco – Natural da antiga Boêmia, reino da Europa Central, o qual fazia parte do Império Austro-Húngaro e hoje faz parte da República Tcheca. *O segundo* é mais usado.

bofetada, bolacha, pitomba, sopapo, tabefe, tapa – Significam pancada no rosto, com a palma da mão aberta. *O segundo*, *o terceiro*, *o quinto* e *o sexto* pertencem à linguagem popular. *Tabefe* é uma bofetada leve.

boi, touro – *Touro* é o animal inteiro e *boi*, o animal castrado, distinção nem sempre respeitada aliás.

boia, gororoba, gravanço, grude – Nomes da gíria, para designar a comida.

boiar, flutuar, sobrenadar – *Boiar* é não ir para o fundo d'água, podendo ficar quase todo dentro dela. *Flutuar* é manter-se na superfície de um líquido. *Sobrenadar* é flutuar com o corpo quase todo fora do líquido. As medusas boiam. Uma *jangada* flutua. Um barco-automóvel a toda a velocidade sobrenada.

boicaá, hortelã-do-brasil, meladinha, paracari – Planta da família *Labiatae* (*Peltodon radicans*).

boicininga, cascavel – Serpente da família *Viperidae* (*Crotalus terrificus*).

boicotiara, cotiara – Serpente da família *Viperidae* (*Bothrops cotiara*).

boicorá, cobra-coral, coral – Serpentes da família *Micruridae*, pertencentes ao gênero *Micrurus*.

boipeba, capitão-do-campo (Rio Grande do Sul e Mato Grosso), **jararacambeva** (Minas Gerais), **pepéua** (Amazônia) – Cobra da família *Colubridae* (*Xenodon merremii*).

boipevaçu, surucucu-do-pantanal – Cobra da família Colubridae (*Cyclagras gigas*).

bola, esfera, globo – *Bola*, vocábulo da língua corrente, é corpo redondo ou arredondado por todas as partes; especialmente, objeto com que se joga: *bola de bilhar*, *bola de futebol*. *Esfera*, vocábulo erudito, da astronomia, da matemática, é uma bola de cujo centro para a periferia partem raios rigorosamente iguais. *Globo*, vocábulo menos vulgar que *bola*, é corpo redondo ou esférico: *globo de vidro*. Aplica-se especialmente, em geografia, à Terra: *globo terrestre* ou *terráqueo*. Aplica-se ao órgão visual: *globo ocular*.

bolacha (Bahia), **corrupio-do-mar** – Nome dos equinodermas da família *Scutellidae* (*Encope emarginata*, *Melita testudinea* e outras espécies).

bolchevique, maximalista – Membro da ala radical do Partido Comunista da antiga União Soviética.

boleta, bolota, glande – Fruto do carvalho. O terceiro nome é erudito.

bolha, borbulha, empola, vesícula – Significam saliência que se forma na pele. *A bolha* é maior do que a borbulha e encerra matéria serosa; o povo a chama *calo-d'água*. *Borbulha* é saliência pequena, com serosidades ou não. *A empola* é mais do que a borbulha e pode ter serosidade ou não. *Vesícula*, vocábulo erudito, é o termo genérico.

bolo, cacife, monte – Cúmulo das entradas, reposições, dos parceiros de um jogo, destinado ao pagamento dos ganhos.

bolo de rolo, colchão de noiva, rocambole – *Bolo* feito em três camadas, com suspiro, goiabada ou marmelada no meio delas e em cima e com amêndoas no lugar das bastas.

bolor, mofo – Vegetação criptogâmica que se desenvolve sob a ação do calor ou da umidade, sobre matérias orgânicas em decomposição.

bom, bonachão, bonacheirão, bondoso – *Bom* é aquele que por natureza só quer e só faz o bem. *Bonachão* é aquele que por indolência ou por covardia leva a bondade a um ponto vizinho da fraqueza. *Bonacheirão* é o muito bonachão. *Bondoso* é o que afeta uma bondade meramente exterior, traduzida em amabilidades.

bomba, pau, raposa – Reprovação em exame. *Os dois primeiros* são da gíria escolar brasileira.

bombeiro (hidráulico), **canalizador** – Operário que trabalha em encanamentos de água ou de gás. *O primeiro nome* é do Brasil e *o segundo*, de Portugal (Figueiredo).

bombo, bumbo, zabumba – Instrumento músico de percussão, grande tambor, tocado com maça. *Zabumba* é o nome vulgar do *bombo* destacado da banda e tocado só ou acompanhando algum instrumento.

bom-é (Ceará), **japi, japií, japiim, japim, xexéu** – Pássaro da família *Icteridae* (*Cacicus cela*).

bom-nome (Bahia e Rio de Janeiro), **pirá** (Pernambuco e Paraíba) – Peixe da família *Malacanthidae* (*Malacanthus plumerii*).

Bom Pastor, Cristo, Crucificado, Desejado das Nações, Divino Mestre, Filho de Deus, Filho do Homem, Jesus, Mártir do Calvário, Messias, Nosso Senhor, Redentor, Salvador – São todos nomes da segunda pessoa da Santíssima Trindade. *Bom Pastor* foi nome que Jesus deu a si mesmo (S. João, X, 11). *Cristo*, do grego *christós*, ungido, era nome dos ungidos do Senhor e, por excelência, de Jesus. "Entre o nome de Jesus e de Cristo há esta diferença: *Jesus*, que quer dizer *Salvador*, é o nome da pessoa. *Cristo* quer dizer o *Ungido*, é o título da dignidade" (Vieira, sermão XVIII do *Rosário*). *Crucificado* lembra o martírio da cruz. *Desejado das Nações* é expressão que se acha no profeta Ageu, II, 8. *Divino Mestre*, como Bom Pastor e Filho do Homem, também foi nome que Jesus deu a si mesmo (João, XIII, 13-14). A expressão *Filho de Deus* está implícita no *Credo*. *A* expressão *Filho do Homem* Jesus deu-se a si mesmo em vários passos do Evangelho, como, por exemplo, em S. Lucas, XXI, 27. *Jesus*, do latim *Iesus*, vindo do grego *Iesous* (com a desinência grega de nominativo), transcrição da forma apocopada hebraica *Iechou*. Foi o nome que o anjo do Senhor, que apareceu em sonho a S. José, mandou que este pusesse no filho que ia nascer de Maria, pois ele salvaria seu povo de seus pecados (S. Mateus, I, 21, S. Lucas. I, 31, *Atos*, IV, 12). *Iechu* é uma forma apocopada de *Iehochuá*, Deus Salvador. *Mártir do Calvário* lembra o martírio da cruz e o lugar dele. *Messias* vem do hebraico *machiahh*, que quer dizer *ungido*, ungido do Senhor, por excelência Jesus; v. *Cristo* (S. João, IV, 25). *Nosso Senhor* é um título que lembra a submissão do cristão a Jesus. *Redentor* lembra a missão de Jesus, a de redimir o gênero humano. *Salvador* (v. *Jesus*) lembra também a missão de salvar o mundo.

bom senso, senso, senso comum – *Bom senso* é a reta razão, o sentimento verdadeiro do que é justo, permitido, conveniente: tem mais de experiência do que de inteligência. (O Vocabulário Ortográfico da Academia Brasileira de Letras recomenda grafar *bom-senso*. Por coerência com *bom humor, bom tino, boa intuição* etc., mantivemos *bom senso*.) *Senso* é o juízo, aplicado a coisas ordinárias da vida, coisas de pouca importância. *Senso comum* é um conjunto de princípios com que se orienta a maioria dos homens; pode não ser essencialmente bom.

bonde, elétrico – *Bonde* é veículo urbano para passageiros, para carga ou para passageiros e carga ao mesmo tempo, correndo sobre trilhos, movido a tração elétrica ou animal. *Elétrico* é bonde movido a eletricidade. *Americano*, sinônimo de *elétrico* em Portugal, é hoje desusado ou pouquíssimo usado. *Bonde* é brasileirismo.

bonduque, inimbó, olho-de-gato – Planta da família *Leguminosae* (*Caesalpinia bonducella*).

boneco de engonço, bonifrates, fantoche, marionete, títere – São figuras de papelão, de madeira, de pano etc., representando pessoas, animais. O *boneco de engonço* tem os membros articulados e móveis por meio de cordões. *Os demais* são bonecos que funcionam em representações teatrais para crianças (guinhol, joão-minhoca) e às vezes mesmo, para adultos, atados por meio de cordéis ou pondo-se as mãos por debaixo.

bonina, boas-noites (Pará e Maranhão), **maravilha** (Rio de Janeiro) – Planta da família *Nyctaginaceae* (*Mirabilis jalappa*).

bonina, flor-de-quatro-horas, maravilha-de-forquilha – Planta da família *Nyctaginaceae* (*Mirabilis dichotoma*).

boníssimo, ótimo – Superlativos de *bom*. *O primeiro* se emprega, de preferência, referindo-se à qualidade moral de bom.

boqueira, sabiá – Inflamação nos cantos da boca. *O segundo* nome é popular.

boquilha (Portugal), **piteira** (Brasil) – Pequeno tubo de madeira, âmbar etc., no qual se mete cigarro, cigarrilha ou charuto, para fumar.

borá, vorá – Abelha da família *Meliponidae* (*Trigona clavipes*).

borboleta, mariposa – *Borboleta* é a denominação vulgar dos insetos lepidópteros ropalóceros de hábitos diurnos. *Mariposa* é dos insetos lepidópteros heteróceros, geralmente crepusculares ou noturnos e cujas asas não têm as cores brilhantes das asas das borboletas.

borboleta, carapiaçaba, castanholas – Peixe da família *Chaetodontidae* (*Chaetodon striatus*).

borboleta (Brasil), **torniquete** – Armação de pau ou de ferro, em forma de cruz horizontal, cujo centro gira em torno de um poste perpendicular, ficando no chão, e que se coloca à entrada de estações ferroviárias, de estações de barcas, de casas de diversões etc., para, só deixando passarem as pessoas uma de cada vez, contar-se automaticamente o número delas.

borbotão, cachão, golfada, jato, jorro – *Borbotão* (mais usado no plural) é o jato impetuoso e interrompido. *Cachão* é o borbotão cheio de bolhas, de líquido que corre com força. *Golfada* é a porção de líquido que sai de uma vez de uma abertura. *Jato* é porção de líquido arremessada com ímpeto. *Jorro* é jato que sai por uma parte estreita, com força e continuamente.

borla (Portugal), **carona** (Brasil) – Entrada de favor em casa de diversão. Carona também é viagem num veículo, de favor ou não cobrada por descuido.

borlista (Portugal), **carona** (Brasil) – Indivíduo que se diverte de *borla* ou de *carona*.

bororó, camocica, gapororoca (S. Paulo), **mão-curta** (R.G. do Sul), **veado-cariacu** – Mamífero da família *Cervidae* (*Mazama rufina*).

bororó, canganguá, canguá (Sul), **mirucaia** (Bahia e Alagoas), **murucaia**

(idem), **murucalha** (idem), **pirucaia** (Pernambuco), **quindunde** (Paraíba) – Peixes da família *Sciaenidae*, pertencentes aos gêneros *Stellifer* e *Bairdiella*.

borra, fezes, lia, sedimento – *Borra* é lia grosseira e imprestável. *Fezes* são o mesmo que borra, mas hoje se aplica especialmente à parte grosseira dos metais apurados e às matérias fecais, às dejeções: "Com certeza entrevia o cálice amargo que devia tragar até as fezes." (Camilo, *apud* Aulete). *Lia* é o depósito de precipitados que se formam durante o segundo período da fermentação dos vinhos. *Sedimento*, vocábulo genérico, é todo depósito produzido pela precipitação de matérias suspensas num líquido.

borrachudo, pium (Norte), **promotor** (Goiás) – Nomes dos mosquitos da família *Simuliidae*, pertencentes ao gênero *Simulium* e outros.

borralhara, matraca, papa-ovo – Pássaro da família *Formicariidae* (*Batara cinerea*).

borrasca, procela, tempestade, temporal, tormenta – *Borrasca* é vento forte, súbito, mas passageiro, que agita o mar trazendo aguaceiros. *Procela*, vocábulo erudito, é tormenta furiosa no mar. *Tempestade* é agitação violenta do ar, acompanhada muitas vezes de trovões, relâmpagos, chuva e saraiva; significa também perturbação das águas de mares e lagos, causada pelo ímpeto e violência dos ventos. *Temporal* é tempestade que se prolonga por vários dias. *Tormenta* é grande tempestade que faz os navegantes correrem sérios perigos.

bosque, capão, capoeira, floresta, mata, matagal, mato, selva – *Bosque* é uma reunião de arbustos ou árvores, cobrindo pedaço mais ou menos pequeno de terreno. *Capão* é porção de mata que surge no meio dos campos. *Capoeira* é formação arbórea que surge naturalmente em terrenos anteriormente florestais e que, depois de cultivados, foram abandonados por cansados. *Floresta* é terreno ameno, com caminhos, coberto de frondosas árvores: *floresta da Tijuca*. *Mata* é porção de terreno povoado de árvores da mesma espécie. Na linguagem comum, é vasto terreno coberto de árvores silvestres, com feras e caça grossa. *Matagal* é terreno coberto de ervas bravas e daninhas. *Mato* é propriamente campo inculto, coberto de plantas agrestes de pequenas dimensões, tais como urzes, tojos, esteva etc., quase o mesmo que a nossa capoeira. Na linguagem brasileira corrente, se usa como sinônimo de *mata* é se aplica especialmente como antônimo de *cidade: cachorro-do-mato, gato-do-mato, porco-do-mato. Passar uns tempos no mato. Selva* é mata inculta, rude, emaranhada.

bosquejo, debuxo, delineamento, esboço, escorço – *Bosquejo* é obra artística, pronta no conjunto, mas com as minúcias por fazer. *Debuxo* é desenho rápido e de conjunto, destinado a indicar o efeito geral da composição. *Delineamento* é representação por simples linhas. *Esboço*, distinto sempre da obra, é o primeiro trabalho pelo qual o artista fixa a ideia e determina o aspecto geral do assunto, podendo ser um trabalho perfeitamente acabado. *Escorço* é uma reprodução em miniatura.

bostela, pústula – Pequeno tumor inflamatório da pele, terminando por supuração. *O primeiro nome* é popular; erudito, *o segundo*.

bota, botim, botina – São calçados que cobrem o pé e a perna. A *bota* tem cano alto e vai até acima do joelho. O *botim* tem cano baixo, guarnecido de elásticos, ou aberto na frente e preso com atilhos, ou aberto do lado e abotoado. *Botina* é botim de senhora ou de criança.

botar, colocar, deitar, meter, pôr – *Botar*, de uso menos polido e popular, se emprega com o significado dos quatro restantes: *Bote o copo no seu lugar. Bota água no vinho. Bota o dinheiro dentro da bolsa*. *Colocar* já foi explicado em *assentar*. *Deitar* (neste grupo) é fazer cair largando: *Deite água no vinho*. *Meter* é pôr em lugar interno ou interior: *Meta a viola no saco*. *Pôr* já foi explicado em *assentar*.

botica, drogaria, farmácia – *Botica*, vocábulo popular e mantido ainda na fraseologia, é estabelecimento onde se vendem ou se preparam medicamentos. *Farmácia*, vocábulo hoje popular (o povo até diz *framácia*), é o mesmo. *Drogaria* é loja onde se vendem drogas e medicamentos.

boticário, farmacêutico, farmacopola – Dono ou administrador de botica ou farmácia. *O terceiro nome* tem caráter burlesco.

boto (marinho), **caldeirão, golfinho** – Mamíferos cetáceos da família *Delphinidae*, pertencentes aos gêneros *Delphinus*, *Steno* e outros. *Caldeirão* é nome do Rio Grande do Sul. Impropriamente se chama *golfinho* a qualquer boto marinho, quando este nome cabe ao *Delphinus delphis*.

boto (de água doce), **peixe-porco** – Mamíferos cetáceos da família *Platanistidae* (*Inia geoffroyensis elia tucuxi*). O segundo nome é de Mato Grosso e do Alto Amazonas.

botoeira, casa – Pequena fenda do vestuário, chuleada, na qual entra o botão. *O primeiro nome* se aplica especialmente à que existe na lapela e na qual se mete uma flor, um distintivo etc.

bouba, framboesia-tropical – Certa dermatose eruptiva. *O primeiro nome* é o comum.

Bourbon, Reunião – Ilha da África.

boxador, boxeador, boxista, pugilista – Jogador de boxe. Vocábulos criados para suplantar o francês *boxeur*, que continua muito usado.

boxe, pugilismo – Jogo de murro, à inglesa. *O segundo vocábulo* é neologismo que se destina a superar o primeiro, que traz origem inglesa.

bozó, caborje – Peixe da família *Dorodidae* (*Franciscodoras marmoratus*).

bracear, bracejar – Agitar os braços repetidamente. *O primeiro* emprega-se menos do que *o segundo*.

braço de mar, estreito, mancha, passo – *Braço de mar;* parte estreita e longa, de mar, entre duas terras próximas. *Estreito* é canal natural que une dois mares, um mar e um oceano, duas partes do mesmo mar: *Ienicalé* (entre o mar Negro e o mar de Azof), *Gibraltar* (entre o Mediterrâneo e o oceano Atlântico), *Bonifácio* (entre a Córsega e a Sardenha). Quando entre dois lagos ou lagoas, chama-se às vezes *rio: rio de S. Gonçalo* (entre a lagoa dos Patos e a Mirim), *Detroit River* (entre o lago Erie e o lago Saint Clair). *Mancha*, adaptação do francês *manche*, nome do canal entre a França e a Inglaterra, só se emprega em relação à mancha da Tartária, entre a costa oriental da Sibéria e a ilha Sacalina, ligando o mar do Japão ao de Okhotsk. *Passo* é o mesmo que *estreito*, mas hoje só se emprega em relação ao de Calais, entre a França e a Inglaterra.

brado, clamor, grito, vozes – *Brado* é um grito esforçado, que ressoa ao longe, que saúda, que vitoria. *Clamor* é brado de quem se queixa, de quem pede justiça, de quem pede socorro, de quem declama; é um chamamento em alta voz. *Grito* é voz em tom mais agudo que o natural. *Vozes* são um esforço maior da voz natural, o qual todavia não é tão agudo como o grito nem tão esforçado como o brado.

brancacento, esbranquiçado – Significam tirante a branco, quase branco. O *segundo* se usa mais do que o primeiro.

branco-do-olho, esclerótica – Membrana externa e branca do globo ocular. *A primeira denominação* é popular e *a segunda* erudita.

brando, macio, mole, tenro – *Brando* (mais usado em sentido moral do que em sentido material) é aquilo que cede facilmente ao tato, à pressão, conservando contudo certa consistência. *Macio* é o que, além de mole, é agradável ao tato, como se dá com um coxim de penas, por exemplo. *Mole* é o que cede à compressão sem desfazer-se, por ter substância no seu interior. Uma bexiga cheia de ar, por exemplo, é branda mas não é mole. Um pêssego bem maduro é mole. *Tenro* é o que se mostra mole, por sua condição de recente: *madeira tenra*.

brando, manso – *Brando* (em sentido moral) é o despido de severidade e fácil de dobrar; é uma qualidade nobre. *Manso* é o que, por sua índole inclinada à submissão, suporta resignado e calmo os males da vida, recebe inspirações, conselhos, ordens dos outros.

brandura, mansidão – Qualidade de *brando*, qualidade *de manso*, *q.v.*

branquejar, embranquecer – *Branquejar* é mostrar-se branco: "O areal branquejava ao longe". *Embranquecer* é começar a ficar branco: "O bigode embranqueceu-lhe antes dos cabelos da cabeça".

brânquias, guelra – Aparelho respiratório de animais aquáticos. *O primeiro nome* é erudito e *o segundo* é popular.

bravio, bravo, indomado, indomesticado, indômito – *Bravio*, derivado de *bravo*, significa o mesmo em relação a animais, mas salienta a ideia de ferocidade, rudeza, havendo-se criado talvez para distinguir melhor a outra significação de *bravo* (v. o artigo seguinte). *Bravo*, referindo-se a animal, quer dizer *que vive nas selvas*, *nos campos*, e ainda não foi domado, domesticado: *gado bravo;* referindo-se a plantas quer dizer *não cultivada: roseira brava*. *Indomado* é o que não foi domado (v. *domar*). *Indomesticado* é o que não foi domesticado (v. *domesticar*). *Indômito* é forma erudita com o valor de *indomado*.

bravo, corajoso, denodado, intrépido, valente, valoroso – *Bravo* é o que tem bravura, *q.v.*, o que, naturalmente, graças a seu temperamento, é levado a afrontar os perigos, neles se compraz, está no seu elemento. *Corajoso* é o que tem coragem, *q.v. Denodado* é o que tem denodo, *q.v.*, o desenvolto, desembaraçado, pela falta de receios, preocupações, que não sejam alcançar o que pretende. *Intrépido* é o que tem intrepidez, o que não vacila, não foge, não enfraquece, não se abala. *Valente* é o que tem valentia, o que, além de fisicamente forte, possui a força de alma que anima o herói e o que leva a mostrar o seu valor. *Valoroso* é o que tem valor, *q.v.*

bravura, coragem, denodo, intrepidez, valentia, valor – *Bravura* é a coragem do guerreiro, momentânea, impetuosa, misturada com uma ponta de fúria e cólera. *Coragem* (do provençal *coratge*, do latim *cor*, coração) é o esforço d'alma que leva a afrontar o perigo, a não recuar, embora se sinta a ausência de força para vencer. *Denodo* é a desenvoltura, o desembaraço, na hora do perigo. *Intrepidez* é a qualidade de não trepidar diante do perigo, de não enfraquecer, de não se abalar por sobressaltos ou temores. *Valentia* é a força de corpo e de alma que anima o herói e o leva a mostrar seu valor. *Valor* é a coragem brilhante.

bredo-fedorento, muçambé-de-três--folhas – Planta da família *Capparidaceae* (*Cleome polygama*).

bredo-fedorento, muçambé-de-espinho, muçambé-de-sete-folhas – Planta da família *Capparidaceae* (*Cleome spinosa*).

bredo-major-gomes, caruru (Pará), **língua-de-vaca** (Bahia), **manjangome** (Paraíba e Pernambuco), **maria-gomes** (Rio de Janeiro), **mariangombe** (Rio de Janeiro) – Planta da família *Portulacaceae* (*Talinum patens*).

brejereba, prejereba – Peixe da família *Lobotidae* (*Lobotes surinamensis*).

brejo, charco, pantanal, pântano, paul, tremedal – *Brejo* é terreno úmido, pantanoso, inculto. *Charco* é terreno alagadiço, com água estagnada, lodacenta, mas de pouco fundo. *Pantanal* é uma série de pântanos. *Pântano* é lugar coberto de camada de lama pouco profunda. *Paul* é lagoa formada por enchente, terra encharcada devido a aluviões. *Tremedal* é lamaçal vasto e profundo.

breve, curto – *Breve* é o que se fazem pouco tempo: "Os micróbios têm vida breve". *Curto* é o que não tem o comprimento que devia ter ou que se supunha que tivesse: "O vestido ficou curto". Emprega-se todavia um pelo outro: "Querida, quando eu morrer,/ Com tua boquinha breve..." (F. Octaviano, *Desejos de doente*), "Os curtos anos de esplendor da monarquia visigótica..." (A. Herculano, *apud* Aulete).

brilhante, diamante – São a mesma pedra preciosa, com a diferença de *ser o diamante* o carbono puro, cristalizado, e o *brilhante*, o diamante, depois de lapidado.

brilhante, chamejante, chispante, cintilante, coruscante, faiscante, flamejante, fulgente, fúlgido, fulgurante, lampejante, lúcido, lustroso, luzente, luzidio, luzido, polido, rebrilhante, refulgente, relampejante, reluzente, resplandecente, resplendente – *Brilhante* é o que brilha (v. *brilhar*). *Chamejante* ou *flamejante* (forma erudita) é o que flameja (v. *flamejar*). *Chispante* é o que chispa (v. *chispar*). *Cintilante* é o que cintila (v. *cintilar*). *Coruscante* é o que corusca (v. *coruscar*). *Faiscante* é o que faísca (v. *faiscar*). *Fulgente* é o que fulge no momento (v. *fulgir*): "Já as damas têm por si, fulgente e armado, / O Mavorte feroz dos portugueses". (*Lusíadas*, VI, 58, 5-6). *Fúlgido* é o que de natureza fulge: "E o sol da Liberdade em raios fúlgidos..." (Hino Nacional). *Fulgurante* é o que fulgura (v. *fulgurar*). *Lampejante* é o que lampeja (v. *lampejar*). *Lúcido* (mais usado hoje em sentido figurado) é o que de natureza luz: "as lúcidas estrelas" (D. Fr. Amador Arraiz, *apud* Morais). *Lustroso* é o que tem lustro. *Luzente* é o que luz no momento: "Em luzentes assentos marchetados..." (*Lusíadas*, I, 23, I). *Luzidio* é o que se mostra um tanto lúcido: *pelo luzidio*. *Luzido* (mais usado no sentido figurado de *vistoso* (pomposo), é o cheio de luz que lhe dá esbelteza. *Polido* é o que recebeu polimento que lhe dá brilho. *Rebrilhante* é o que rebrilha (v. *rebrilhar*). *Refulgente* é o que refulge (v. *refulgir*). *Relampejante* é o que relampeja (v. *relampejar*). *Reluzente* é o que reluz (v. *reluzir*). *Resplandecente* é o que resplandece (v. *resplandecer*). *Resplendente* é o que resplende (v. *resplender*).

brilhar, chamejar, chispar, cintilar, coruscar, faiscar, flamejar, fulgir, fulgurar, lampejar, luzir, rebrilhar, refulgir, relampejar, reluzir, resplandecer, resplender – *Brilhar* é lançar luz muito viva e muito clara ou refletir luz desta natureza: "O sol brilha. O farol do trem fez brilhar a placa metálica da estação". *Chamejar ou flamejar* (forma popular e forma erudita) é lançar chamas (v. *chama*): "A luz do canhoto que flamejava, o pedreiro viu lampejar o aço da navalha". (Camilo, *apud* Aulete.) *Chispar* é soltar chispas (v. *chispa*). *Cintilar* é brilhar intermitentemente, soltando centelhas, isto é, jatos de luz, umas após outras: "As estrelas cintilam". *Coruscar* é luzir como o corisco: "O Cupido... soprou as labaredas petrificadas do facho, que instantaneamente coruscaram". (Castilho, *apud* Aulete). *Faiscar* é soltar faíscas (v. *faísca*). "Que luz que faíscam as malhas polidas!" (Rebelo da Silva, *apud* Aulete.) *Fulgir* é luzir vivamente, mas sem chegar à intensidade do brilho: "As pérolas fulgem". (*Elegíada*, de Luís Pereira, *apud* Morais.) *Fulgurar* é brilhar como o raio, com luz muito viva e instantânea: "Com os vestidos bordados fulgurando..." (João Franco Barreto, *Eneida*, IX, 6). *Lampejar* é soltar lampejos, brilhar como o relâmpago: "Eis o aço da guerra lampeja..." (Gonçalves Dias, *apud* Aulete.) *Luzir*, termo genérico, é lançar luz, seja de que intensidade for: "Aonde luz o ouro, não há vileza" (*Arte de Furtar*, ed. de 1926, p. 6). *Rebrilhar* é tornar a brilhar ou brilhar com luz mais viva: "De noite o céu de estrelas se lhe tolda / Que, áureos topázios, lúcidas rebrilham" (Garrett, *apud* Aulete). *Refulgir* é tornar a fulgir com intensidade: "O arco de aço elástico e polido refulgia ao sol". (A. Herculano, *apud* Aulete) *Relampejar* é lampejar repetidamente: "Aí ao relampejar do céu ajoelhou de mãos erguidas em fervorosa oração". (Rebelo da Silva, *apud* Aulete.) *Reluzir* é refletir a luz: "Nem tudo que reluz é ouro". *Resplandecer* é brilhar radiosamente, com esplendor, majestade: sua força incoativa está atenuada: "Aqui tão pouca força tem de Apolo/ Os raios que no mundo resplandecem,..." (*Lusíadas*, III, 8, 5-6.) *Resplender*, menos usado que o precedente, tem o mesmo valor que ele: "Raio de amor que sobre mim resplendes..." (Gonçalves Dias, *apud* Aulete.)

brilho, esplendor, lampejo, lustro, resplendor – *Brilho* é luz muito intensa ou reflexo muito vivo, que fere os olhos. *Esplendor* é brilho grandioso e duradouro. *Lampejo* é ligeiro fulgor, instantâneo. *Lustro* é brilho fraco, como o de fazendas sedosas, acetinadas, o de superfícies polidas. *Resplendor* é esplendor radiante, solene, majestoso.

brinco-de-passarinho, carrapato-de--passarinho – Ninfa do carrapato *Amblyomma longirostre*.

brinco-de-sagui, favela-branca – Planta da família *Leguminosae* (*Pithecolobium diversifolium*).

brincos-de-viúva (Alagoas), **tange--tange** – Planta da família *Leguminosae* (*Lupinus unijugatus*).

brinde, dádiva, dom, donativo, mimo, oferta, presente – *Brinde* é objeto que se dá como obséquio, prova de boa vontade: o de um negociante a seus fregueses, por exemplo. *Dádiva* é prova de generosidade; os generosos sentem prazer em fazer dádivas. *Dom* é prova de magnificência, de um deus, de um soberano, de um poderoso. *Donativo* é dádiva para fim beneficente; recolhem-se donativos para vítimas de catástrofes, para desamparados por orfandade, para obras pias. *Mimo* é o brinde delicado, fino, encantador. *Oferta* é dádiva que se oferece a Deus ou à Virgem ou aos Santos e aos ministros da Igreja. *Presente* é dádiva feita como prova de amizade.

brinde, saúde – São palavras de saudação a alguém, na hora das bebidas. *O primeiro* dá ideia da solenidade de um banquete; *o segundo* apresenta aspecto mais simples, caráter mais familiar, sem formalidades.

broca (da raiz do algodoeiro), **rola** (Norte) – Coleóptero da família *Curculionidae* (*Gasterocercodes gossypii*).

broquel, égide, escudo, pavês – O termo genérico é *escudo*, arma defensiva, geralmente oblonga, que se enfia no braço esquerdo por meio de braçadeiras. *Broquel* é pequeno escudo de madeira, forrado de couro forte, tendo no meio um umbigo de metal. *Égide*, usado em sentido figurado, era o nome do escudo de Palas, feito com o couro da cabra Amalteia; em grego *aigís*, de *aix*, *aigós*, cabra. *Pavês* é escudo grande e largo, que cobre todo o corpo.

broto, gema, olho, rebento, renovo – O ponto da planta no qual ela vai desabrolhar chama-se *olho*. Do olho sai o botão, que, tomando consistência, forma *a gema*. *Broto* é o rebento, ao apontar, na raiz ou nos galhos. *Rebento* é a gema prestes a dar a folha ou a flor e também a nova haste que sai da raiz. *Renovo* é sinônimo de *rebento* na segunda acepção.

brucelose, febre-de-malta, febre-do-mediterrâneo, febre ondulante – Certa moléstia infecciosa. *Brucelose*, do nome da bactéria *Brucella*. *De-malta*, por ter sido encontrada esta bactéria no baço de doentes malteses. *Domediterrânco*, mar onde se acha a ilha de Malta. *Ondulante*, por seu caráter intermitente.

bruma, cerração, neblina, névoa, nevoeiro – *Bruma* é nevoeiro espesso, principalmente no mar, impedindo a visão a curta distância. *Cerração* é nevoeiro muito espesso, principalmente nas manhãs de inverno, em terra ou no mar, *Neblina* é névoa densa, rasteira, carregada de umidade. *Névoa* é vapor de água condensado, obscurecendo o ar. *Nevoeiro* é névoa muito densa e extensa.

brunir, lustrar, polir – *Brunir* é dar o último grau de lustro, com um instrumento especial chamado brunidor. Os metais brunidos ficam com a cor do aço dos espelhos. *Lustrar ou polir* é tornar brilhante com vernizes de polimento, como fazem os marceneiros, por exemplo.

brutal, bruto, grosseiro, indelicado – Referindo-se a atos e sentimentos, *brutal* quer dizer próprio dos brutos, isto é, dos irracionais: "Entrou com ímpeto brutal". Referindo-se a pessoas, *bruto* quer dizer sem educação, rude e, por isso, sem delicadeza. *Grosseiro* é o bruto com alguma educação. *Indelicado* é aquele que, educado ou não, revela falta de delicadeza.

brutalidade, bruteza, grosseria, indelicadeza – *Brutalidade* é qualidade de brutal; geralmente, porém, lhe dão o sentido de qualidade de bruto (bruteza) ou ato de bruto. *Bruteza* é qualidade de bruto. *Grosseria* é ato de grosseiro. *Indelicadeza* é falta de delicadeza que até um homem habitualmente delicado pode por exceção revelar.

bruxa, feiticeira, maga – *Bruxa* é mulher que inculca ter pacto com as potências infernais, com cujo auxílio pretende fazer coisas maravilhosas, de ordinário más. Na crença popular, pode sofrer metamorfoses, tornar-se invisível, chupar crianças, atravessar os ares montada em cabo de vassoura etc. *Feiticeira* é mulher que sabe preparar feitiços, isto é, drogas, venenos etc., com que podem criar amores, ódios, causar malefícios mortes. *Maga* é a mulher perita em magia, isto é, na arte de submeter à própria vontade a de poderes superiores (espíritos, gênios, demônios), evocá-los e conjurá-los por meio de sortilégios na arte de mudar as leis da natureza, de dispor dos elementos, de realizar feitos extraordinários, tais como adivinhações, aparições, curas miraculosas, doenças mortais, criação de sentimentos de amor ou de ódio.

bruxaria, bruxedo, feitiço, mandinga, mandraca, sortilégio – *Bruxaria* ou *bruxedo* são malefícios de bruxo ou bruxa. *Feitiço* é o meio empregado pelo feiticeiro ou pela feiticeira para conseguir os seus fins. *Mandinga* é feitiço de mandingueiro. *q.v.* *Mandraca* é feitiço do mandraqueiro, *q.v.* *Sortilégio* é etimologicamente profecia em que se lia a sorte (latim *sors*, *sortis*, sorte, e *legere*, ler), passou a artifício diabólico que deixa alguém submisso a uma potência mágica.

bruxo, feiticeiro, mago, mandingueiro, mandraqueiro, quimbanda – V. *bruxa*, *feiticeira*, *maga;* o conceito é igual. *Mandingueiro* é feiticeiro africano, primitivamente, só de origem mandinga. *Mandraqueiro* (Sul e Centro) é também feiticeiro africano. *Quimbanda* é feiticeiro banto, a um tempo médico e adivinho.

bubão, íngua – *Bubão*, vocábulo erudito, é ingurgitamento de gânglio linfático, especialmente o da virilha, como se dá na chamada peste bubônica, *íngua*, vocábulo popular, é igualmente de gânglio linfático da virilha (latim *inguen*, virilha) e, por extensão, o ingurgitamento doloroso de gânglio linfático da axila e de outras regiões do corpo.

bucha, bucha-dos-paulistas – Planta da família *Cucurbitaceae* (*Luffa cylindica*).

bucha-dos-paulistas, buchinha, purga-de-joão-pais – Planta da família *Cucurbitaceae* (*Luffa operculata*).

bucho-da-china, jasmim-laranja, murtacheiro, murta-dos-jardins – Planta da família *Aurantiaceae* (*Murraya exotica*).

bufo, burlesco, caricato, cômico, faceto, grotesco, ridículo, truanesco – *Bufo* significa provocador de riso: *ópera bufa*, a que faz rir, contrapondo-se à ópera séria, cheia de situações trágicas. *Burlesco* é o que encerra burla jocosa e zombeteira de um cômico exagerado e às vezes trivial. O *Virgile Travesti* de Scarron, o *Orphée aux Enfers* de Offenbach pertencem ao gênero burlesco. *Caricato* é o que tem a natureza da caricatura, apresentação que provoca o riso, pelo exagero com que se carregam (italiano *caricare*) os traços. *Cômico* é o que, devendo ser e não sendo, por esta contradição provoca o riso. *Faceto* é o que mostra uma graça galante que não chega à zombaria, como os contos de Bocácio, em geral. *Grotesco* é o que apresenta excentricidade tal que cai no ridículo, como no tipo shakespeariano de Falstaff, por exemplo. *Ridículo* é o que merece o riso do escárnio, da zombaria. *Truanesco* é o que se mostra próprio de truão.

buganvília, pataquinha (Rio de Janeiro), **primavera** (S. Paulo), **rosa-do-**

-mato (idem), **sempre-viçosa** (Minas Gerais), **três-marias, unha-de-gato** – Plantas da família *Nyctaginaceae* (*Bougainvilles sp.*).

bugio, rabo-de-bugio – Planta da família *Combretaceae* (*Combretum bugio*).

bugio-preto, carajá – Nomes do macaco *Alouata caraya*.

bugre, caboclo, índio, tapuio – Nomes dados aos indígenas de diversos grupos que habitam o Brasil. *Bugre* é termo obsoleto, empregava-se para ressaltar a prevalência dos elementos originais da civilização indígena. *Caboclo* é o indígena já meio civilizado e também o mestiçado com o branco. *Índio* é denominação que abrange todos os indígenas que habitam as Américas. Provém de um erro de Colombo, que, ao chegar à ilha de Guanaâni, pensou haver alcançado as índias. Hoje diz-se *ameríndio*, para distinguir do verdadeiro índio, o da Ásia. *Tapuio* era termo pejorativo com que os tupi designavam os índios bravios mais selvagens do que eles; na Amazônia se aplica aos índios que mantêm boas relações com os brancos e aos mestiçados com brancos.

buque, estado maior de grades, xadrez, xilindró – Vocábulos de gíria que designam a prisão dos distritos policiais.

buranhém, guaranhém – Árvore da família *Sapotaceae* (*Chrysophyilum buranhem*).

buraqueira, codorna-buraqueira – Ave da família *Tinamidae* (*Nothura buraquira*).

burburinho, murmurinho, murmúrio – *Burburinho* ou *murmurinho* (menos comum) é o ruído confuso e mal contido das vozes de muita gente, falando ao mesmo tempo. *Murmúrio* é sussurro leve, como o da água corrente sobre pedras, o da viração que agita a folhagem.

burilar, cinzelar – Ambos os verbos significam, fundados no trabalho do gravador e no do ourives, dar perfeição de forma ao estilo, parecendo dominar *no primeiro* a ideia de energia, de força, como se emprega para gravar, e *no segundo*, a de esmero, nitidez, extrema delicadeza de detalhes, lembrando uma joia que houvesse saído das mãos de um Benevenuto Cellini. Osório Duque Estrada, na *Revista de Língua Portuguesa*, XXVI, 136, censura o emprego de *burilar* em sentido figurado. Segundo a lição dos bons dicionaristas, um e outro assim se usam. Morais cita dois versos: “O Musa, pinta com buril ardente/O crime horrendo aos séculos vindouros”. Bilac, na *Profissão de fé*, diz imitar o ourives: “Por isso corre, por servir-me,/ Sobre o papel/A pena, como em prata firme/ Corre o cinzel”. Nada impede o uso de ambos em sentido figurado.

buriqui, mariquinha, mono, muriqui – Símio da família *Cebidae* (*Eriodes arachnoides*).

buriti, buritizeiro, miriti, muriti, muruti – Palmeira *Mauritia vinifera*.

burra, caixa-forte, cofre-forte – Armário de ferro ou de aço, às vezes com paredes e porta dupla e com fechadura de segredo, destinado à guarda de dinheiro, títulos, documentos, valores. *Cofre-forte* é palavra repelida pelos inimigos dos galicismos.

buscar, catar, procurar – A diferença entre *buscar* e *procurar* está na ideia de maior diligência *no primeiro*. Brunswick, não aceitando esta diferença, pensa que *buscar* inclui sempre a ideia de movimento e que *procurar* não inclui esta ideia. Dá como diferença o fato de quem busca ignorar se há ou não o que anda buscando, ao passo que quem procura sabe que há. Não há tal. Quem busca trabalho tem comida no borralho, diz o provérbio. Ora, a pessoa que foi buscar trabalho para ter comida no borralho, não sabia que trabalho iria encontrar. *Procurar agulha em palheiro* é frase feita que mostra que a pessoa sabe que há tal agulha, embora seja difícil de encontrar. A primeira suposição não é tão desarrazoada como pareceu a Brunswick. Um arquivista quando quer um documento, procura-o no respectivo lugar. Estando extraviado o documento, dá uma busca. Quando a polícia tem muito empenho de encontrar um criminoso, dá buscas, não procura. *Catar* hoje se restringe a tirar insetos nocivos (piolhos, lagartas, pulgas etc.)

butuca, mutuca, tavão (Portugal) – Moscas da família *Tabanidae*, pertencentes ao gênero *Tabanus* e a outros.

C

caajuçara, tamearana, urtiga-tamearana – Planta da família *Euphorbiaceae* (*Dalechampia brasiliensis*).

caapeba, capeba, pariparoba – Planta da família *Piperaceae* (*Piper umbellatum*).

caapiá, caiapiá – Planta da família *Moraceae* (*Dorstenia brasiliensis*).

caapomonga, louco, queimadeira – Planta da família *Plumbaginaceae* (*Plumbago scandens*).

caba (Norte), **maribondo** ou **marimbondo, vespa** (S. Paulo) – Nome genérico dos himenópteros que não são abelhas nem formigas. Só *o último nome* existe em Portugal.

caba-caçadeira, maribondo-caçador, mata-cavalo, vespa-caçadora, vespão – Nomes dos himenópteros maiores das famílias *Pompilidae* e *Scoliidae*.

cabaceiro, coité, cuia, cuieira, cuieté, cuietê, cuité, cuitezeira – Árvore da família *Bigoniaceae* (*Crescentia cujete*).

cabala, conluio, enredo, intriga, mexerico, trama – *Cabala* são maquinações secretas de indivíduos associados para conseguir certos fins, proteger candidatos etc. *Conluio* é combinação entre duas ou mais pessoas, para fazer mal, para prejudicar a alguém. *Enredo* é trama complicada, tecida de mentiras, urdida com astúcia, para prejudicar a alguém. *Intriga* é o manejo oculto, feito com astúcia e cautela, para conseguir um fim, às vezes para prejudicar e usando meios reprováveis. *Mexerico* é o gosto de referir coisas ignoradas, ditas ou feitas por alguém, com o fim de excitar dissensões. *Trama* é desígnio perverso contra alguém ou alguma instituição, entre duas ou mais pessoas.

cabana, caluje (Brasil), **casebre, choça, choupana, palhoça, palhota, palhote, tugúrio** – São habitações pequenas e de pouco conforto. *Cabana* é pequena casa rústica, de madeira, com teto de colmo, para camponeses, pastores, pescadores etc. *Caluje* é casa rústica coberta de palha ou colmo. *Casebre* é casa pequena, velha e arruinada. *Choça* é casa muito rústica, formada de estacas ou ramos de árvores, coberta de colmo. *Choupana* é casa rústica de madeira ou de ramos de árvores, para habitação de pastores. *Palhoça*, *palhota* e *palhote:* casa pequena com paredes de barro ou tijolo, mas coberta de palha. *Tugúrio* é construção ligeira que serve de abrigo a um vivente, por tempo mais ou menos longo. Como diz o *Digesto*, L. I. T. XVI, fr. 180, *tugurii appellatione omne aedificium, quod rusticae magis custodiae convenit, quam urbanis eadibus significatur*.

cabapiranga, caboclo (S. Paulo), **cavapitã** (Mato Grosso), **maribondo-caboclo, vespa-cabocla** (Sul) – Nomes de insetos da família *Vespidae*, pertencentes ao gênero *Polistes*.

cabatatu, tatu, tatu-vespa – Inseto da família *Vespidae* (*Synoeca cyanea*).

cabeça de jacaré, jacaré, pedra do pará – Certo arenito cimentado por limonito. *Os dois primeiros nomes* vêm do aspecto. *O terceiro*, de uns lugares onde existe.

cabeça-de-moleque, cabeça-de-negro, tejuco – Planta da família *Cucurbitaceae* (*Caput nigri*).

cabeça-de-pedra (Amazônia), **cabeça-seca** (Mato Grosso), **passarão** (Amazônia), **tuiuiú** (Sul) – Ave da família *Ciconiidae* (*Tantalus americanus*).

cabeça-seca, cachimbo, calango, carango, gafonha, galo-enfeitado, guita, macaco, maenga, mata-cachorro, meganha, milico (Rio Grande do Sul), **morcego, pitéu, praça, urbano** – Soldado de polícia.

cabeçote, cabeçudo, girino – Larva de batráquio. *O segundo nome* é mais usado em Portugal, onde também existem os de *peixe-sapo* ou *bicho-sapo* (Cadaval), *cágado* (Beira, segundo Leite de Vasconcelos, *Etnografia*, II, 181), e outros que vêm em *Museus Escolares*, de Augusto Vasconcelos.

cabeleira, coma, grenha, guedelha, madeixa, melena – *Cabeleira* é todo o cabelo, principalmente em profusão, o qual uma pessoa tem na cabeça; aplica-se também a cabelos postiços. *Coma*, palavra erudita, é cabeleira longa e farta. *Grenha* é cabelo embaraçado, não penteado, revolto; o vocábulo vive no derivado *desgrenhado*. *Guedelha* é pequena porção de cabelo da cabeça ou da barba: "Dormindo Sansão no regaço de Dalila lhe cortaram sete guedelhas dos cabelos..." (Fr. Heitor Pinto, *Imagem da Vida Cristã*, ed. de 1843, II, 18). *Madeixa* é propriamente porção de algodão, lã, linho, seda, que com a dobadoura se pode reduzir a novelo; por extensão, é porção de cabelo, enovelado ou trançado. *Melena* é porção de cabelo, composta e penteada, caindo pelas faces ou sobre os ombros.

cabelo, pelo, velo – *Cabelo* é pelo da cabeça do homem. *Pelo* é produção filiforme da pele do homem e de certos mamíferos. *Velo* é pelo comprido de animais e especialmente de carneiro. Hoje quase que só se aplica ao velo de ouro que Jasão conquistou na Cólquida.

cabelo-de-negro, coca-do-paraguai, fruta-de-tucano-do-campo – Planta da família *Erythroxylaceae* (*Erythroxylum campestre*).

cabelos-de-vênus, dama-entre-verdes, nigela-dos-jardins – Planta da família *Ranunculaceae* (*Nigella damascena*).

cabeludo, macaco-cabeludo, parauacu, parauaçu (Mato Grosso) – Símio da família *Cebidae* (*Pithecia mo-nacha*).

cabixi, cauí, cauixi, paracutaca – Espongiários *Tubella reticulata* e *Parmula batesii*.

cabo, ponta, pontal, promontório – *Cabo* é grande ponta de terra, com elevação não muito destacada. *Ponta* é porção de terra a qual se estende pelo mar sem elevação. *Pontal* é ponta formada pelo material móvel da praia. *Promontório*, cabo muito elevado, terminando em rocha escarpada ou em monte. O Rio de Janeiro apresenta, entre outras, a *ponta* Negra; entre outros, dois *cabos*, o de S. Tome é o Frio. Na foz do rio S. Francisco há *o pontal* da Barra.

Promontório é vocábulo mais usado em literatura: "Neste meu nunca visto promontório" (*Lusíadas*, V, 50, 6).

cabo, fim, termo – *Cabo* é o ponto em que uma coisa acaba no sentido do comprimento: "A esta voz, lá na orla da floresta, ao cabo do sarçal, surgiram de repente uns reflexos metálicos" (A. Herculano, *apud* Aulete). *Fim* se refere a uma ação, a uma duração de tempo: "O jantar acabou porque todas as coisas hão de ter fim". (Rebelo da Silva, *apud* Aulete.) Na linguagem corrente isto não se observa; diz-se, por exemplo: "Ao cabo de alguns minutos cheguei ao fim da rua". *Termo* é o ponto em que é preciso parar, é cabo fixado, demarcado.

caboatã, caboatã-de-capoeira – Arbusto da família *Sapindaceae* (*Cupania vernalis*).

cabo-verde (Bahia), **caburé** (Mato Grosso), **cafuz** (Norte), **cafuzo** (Pará), **carafuz, carafuzo** (Pará), **taioca** (Amazônia) – Nomes do mestiço de índio com negro.

cabriola, pincho, pinote, pirueta, pulo, salto – *Cabriola* é salto ágil no qual a pessoa se eleva muito alto, com muito movimento. *Pincho* é um pinote para investir: "... sem parar coisa que o touro não leve a pinchos nas pontas" (Lucena, *Vida de S. Francisco Xavier*, L. VI, cap. 8°). *Pinote* é salto súbito e violento, quase sempre repetido, como os dão as bestas. *Pirueta* é volta inteira de uma pessoa sobre si, equilibrando-se na ponta de um só pé. *Pulo* é salto para cima, caindo no mesmo lugar ou próximo dele. *Salto* é movimento esforçado, para se levantar inteiramente do chão, ou de cima para baixo, ou para os lados.

cabuim, carrapato-do-mato, mundaú – Planta da família *Euphorbiaceae* (*Phyllanthus sp.*).

caburé-do-campo, coruja-buraqueira, coruja-do-campo – Ave da família *Strigidae* (*Speotyto cunicularia grallaria*).

cação-do-fundo, cação-peru, serra-garoupa – Peixe da família *Carchariidae* (*Carcharis limbatus*).

caçapo, láparo – Coelho pequeno. Pouquíssimo usados no Brasil.

caçarema-grande, formiga-mole – Formiga da subfamília *Dolichoderini* (*Dolichoderus bidens*).

caçaroba, picuçaroba, pomba-amargosa, pomba-de-santa-cruz (Amazônia) – Ave da família *Columbidae* (*Columba plumbea*).

caçaú, cipó mil-homens, jarrinha, papo-de-peru – Nomes de diversas plantas da família *Aristolochiaceae*, pertencentes ao gênero *Aristolochia*.

cachamorra, cachaporra, clava, maça, moco, tacape – Pau pesado, com uma extremidade mais grossa do que a outra e usado como arma. *Os dois primeiros nomes* são pouco empregados. *O terceiro* se aplica com relação à arma do semideus Hércules. *O sexto* é arma dos nossos índios.

cachimbar, pitar (Brasil) – Fumar cachimbo. *Pitar* é genérico; aplica-se também ao cigarro e ao charuto.

cachimbo, pito (Goiás, Mato Grosso, S. Paulo) – Aparelho de fumante, formado por um fornilho onde se põe o fumo e um tubo por onde se aspira.

cachimbó, tico-tico-do-biri – Pássaro da família *Dendrocolaptidae* (*Phleocryptes melanops*).

cachoeira, cascata, catadupa, catarata, corredeira, corridas, ponto, queda, rápido, salto – *Cachoeira* é um ponto em que a corrente de água, mudando repentinamente de nível, forma cachões: *cachoeira de Paulo Afonso*. *Cascata* é queda de água, de altura e com algum ruído, entre rochedos e com volume de água não muito considerável: *cascata da Tijuca*. *Catadupa* é queda com algum volume de água, de certa altura e com estrondo (do grego *doupéo*, fazer ruído, sobretudo caindo): "O estrondo das águas do Nilo quando caem do salto altíssimo das serras da Etiópia, que chamam Catadupa, não tolhendo o ouvir aos naturais, endurece aos estrangeiros". (Fr. Luís de Sousa, *Vida do arcebispo*, ed. de 1853, II, 256). *Catarata* é queda de água de grande volume, de grande altura e de grande estrondo: a do Niágara, a do Zambeze. *Corredeira* (*carreiras* no nordeste da Bahia, *corridas* no sul da Bahia, *ponto* na Beira) é o trecho do rio, no qual as águas, pela maior declividade do leito, adquirem grande velocidade, sem formar queda. *Queda* é a caída da água, devida a interrupção brusca do nível do leito do rio. *Rápido*, talvez galicismo, é o mesmo que *corredeira*. *Salto* é vocábulo genérico como *queda* e com o mesmo significado; o uso, entretanto, lhe dá o sentido de *catarata* e o de *catadupa*: *Salto do Iguaçu*.

cachorrinho-d'água, cachorro-da-areia (Ceará), **frade, grilo-toupeira, macaco** (Rio de Janeiro, S. Paulo), **paquinha, toupeirinha** – Inseto da família Grillidae (*Gryllotalpa oxydactyla*).

cachorro, cão – Mamífero da família *Canidae* (*Canis familiaris*). *Cachorro* é propriamente, como em espanhol, o filhote da cadela, da loba, da leoa etc. *Cão* é o animal, depois de crescido. No Brasil, porém, não se faz esta distinção. Usa-se habitualmente *cachorro*, talvez porque *cão* seja termo insultuoso e um dos eufemismos que evitam a palavra *diabo*. Cão ainda novo chama-se *cachorrinho*.

cacique, curaca (Amazonas), **morubixaba, tuxaua** (Amazônia) – Nomes de chefe de tribo índia. *O segundo*, de origem quíchua. *O terceiro*, com as variantes *muruxaua*, *murumuxaua*, de origem tupi. *O quarto* (com a variante *tubixaua*) é também de origem tupi e usado na Amazônia.

caçoada, mangação, troça – Ato de caçoar, mangar, troçar, *q.v.*

caçoar, mangar, troçar – Meter a ridículo, mais por brincadeira do que para escarnecer, zombar.

cacoete, sestro – Mau hábito de torcer a cara ou fazer gestos e ademanes desagradáveis.

caçonete, caparari, jurupoca, loango, pintado (Sul), **piracajara, surubi, surubim** – Nomes de peixes da família *Pimelodidae*, pertencentes ao gênero *Pseudoplatystoma*.

caçote (de Pernambuco ao Ceará), **ferreiro, perereca** (Sul), **rã** (Bahia), **rã-das-moitas** (Portugal), **raineta** (idem), **rela** (idem), **rubeta** (idem) – Nomes dos batráquios pequenos arborícolas da família *Hylidae*, pertencentes ao gênero *Hyla* e a outros e dos da família *Dendrobatidae*.

cacto-de-flor-grande, flor-cheirosa, flor-da-noite, flor-do-baile – Planta da família *Cactaceae* (*Cactus grandiflorus*).

caculucage (Minas), **madre-cravo, quitoco** – Planta da família *Compositae* (*Pluchea quitoc*).

cacumbi (Rio de Janeiro), **cacuri** (Pará), **jequi** (de Alagoas ao Pará), **juquiá** (Mato Grosso) – Certa nassa.

cacundeiro (Minas Gerais), **capanga, curimbaba** (Minas Gerais), **guarda-costas, peito-largo** (Nordeste), **quatro-paus** – Valentão a soldo de um maioral.

cada, todo – Ambas as palavras dão a entender que se quer falar da totalidade de indivíduos, tomados um a um.

Cada, porém, faz pensar nas diferenças que os distinguem, ao passo que *todo* implica que só se consideram no que têm de semelhante: "Cada macaco no seu galho". "Todo homem é mortal".

cadafalso, patíbulo – Lugar onde os condenados sofrem pena capital. *A primeira palavra* significou primitivamente tablado alto do chão, permitindo ver melhor o que nele se executa: "... e em outros lugares houve muitos cadafalsos de muitos e mui naturais entremeses e representações ..." (Garcia de Resende, *Crônica d'el-rei D. João II*, ed. de 1902, II. 86). *Cadafalso* não tem o caráter infamante que se encontra em *patíbulo* (cfr. *face patibular*, isto é, de um monstro merecedor de patíbulo). Não se dirá que Maria Antonieta subiu ao patíbulo e sim, ao cadafalso.

cadeia, calabouço, cárcere, enxovia, ergástulo, masmorra, prisão – *Cadeia* é casa que serve de prisão pública. *Calabouço* é casa-forte de cadeia, prisão funda em que se encerram os presos acusados de grandes crimes. *Cárcere*, palavra erudita, significa o mesmo que *cadeia*, mas aparece modificado pelo adjetivo *privado*, quando quem prende não é a autoridade. *Enxovia* era a parte mais segura da cadeia, ficando rente com a rua ou abaixo do seu nível, escura, úmida e malsã, na qual se prendiam os grandes criminosos. *Ergástulo* é o cárcere rigoroso, com obrigação de pesados trabalhos (do grego *ergázomai*, trabalhar). *Masmorra* era cova subterrânea onde os mouros guardavam seus cereais e onde recolhiam os cativos; era funda, fria e escura. *Prisão*, termo genérico, é casa ou lugar onde se prende alguém.

cadeira, disciplina, matéria – Qualquer ramo de conhecimentos, considerado como objeto de ensino em colégio ou faculdade. Aplica-se a *primeira palavra*, geralmente quando se tem em vista o cargo: "Afinal conquistei a tão desejada cadeira". *A segunda*, quando se tem em vista o aluno: "Que disciplinas estuda você?" *A terceira*, quando se tem em vista o assunto: "As matérias das cadeiras da 1ª série são fáceis". Em certos casos uma cadeira abrange duas ou mais matérias, como a de mineralogia e geologia, nas escolas de engenharia, por exemplo.

cadência, compasso, ritmo – Na linguagem corrente, é o efeito obtido pela sucessão regular dos tempos fortes e dos fracos na música, de sílabas acentuadas e de átonas no período, no verso, dos movimentos da dança ou da marcha.

cadinho, crisol – Vaso de argila refratária ou de metal, no qual se fundem metais. *O segundo vocábulo* é mais usado em sentido figurado e na literatura do que o primeiro.

caducidade, caduquez, caduquice – *Caducidade* ou *caduquez* é o estado de caduco. *Caduquice* é o mesmo e mais, ato ou dito de caduco.

caduco, decrépito – *Caduco* é o que, por haver perdido as forças do espírito, caiu em estado vizinho da idiotia. *Decrépito* é o que está em extrema velhice, em lenta e progressiva dissolução, como a lâmpada que deixa de crepitar por falta de azeite. Nem todo caduco é decrépito.

café-bravo, pau-espeto, pequiá-café – Arbusto da família *Flacourtiaceae* (*Casearia foetida*).

café-de-mato-grosso (Minas Gerais), **fava-de-café, feijão-café, pó-de-mico** – Planta da família *Leguminosae* (*Mucuna pruriens*).

cafeeiro, cafezeiro – Arbusto da família *Rubiaceae* (*Coffea arabica*).

caferana, jacarearu, jacaruaru, quássia-do-jacaruaru, quássia-do-pará – Arbusto da família *Gentianiaceae* (*Tachia guyanenses*).

cafife (Nordeste), **mundiça** (Bahia), **nenen-de-galinha** (Pernambuco), **pichelingue** (Nordeste), **piolho-de-galinha, praga-de-galinha** (Rio de Janeiro) – Inseto da família *Mallophagidae* (*Goniodes stylifer*).

cáften, proxeneta, rufião – Indivíduo que vive à custa de prostitutas. *O primeiro vocábulo* é um brasileirismo; *o segundo*, um eufemismo erudito; *o terceiro* é popular, sobretudo em Portugal.

cágado, jabuti, tartaruga – *Cágado* é o quelônio de água doce; *tartaruga*, o de água doce ou salgada ou terrestre, *jabuti* o terrestre (Aulete).

caga-fogo (Portugal, Pernambuco), **caga-lume** (Portugal), **lampiro, lumeeira** (Portugal), **luze-luze** (Portugal), **pirilampo, uauá** (Bahia), **vaga-lume** – Nomes de insetos da subfamília *Lampyrini* da família *Cantharidae*, pertencentes ao gênero *Lampyris*. Leite de Vasconcelos, Etnografia, II, 190, dá muitos sinônimos regionais de Portugal. *Pirilampo* é palavra literária, neologismo criado em 1696 pela Academia dos Generosos. Alberto de Oliveira empregou *lampiro* (*Poesias*, I, 64).

caga-fogo, formiga-de-fogo, lava-pés – Inseto da família *Myrmecidae* (*Solenopsis geminata*).

caga-fogo, tatá, tataíra – Abelha da família *Meliponidae* (*Trigona cagafogo*).

caga-sebo, papa-sebo (Amazônia) – Nomes de pássaros da família *Tyrannidae*, pertencentes aos gêneros *Myobius*, *Euscarthmus* etc.

caiçaca (Bahia, Espírito Santo e Rio de Janeiro), **jararaca** – Nomes da serpente *Bothrops atrox*, da família *Viperidae*. O segundo cabe aliás, em rigor, à *Bothrops jararaca* (Ihering, *Dicionário dos Animais do Brasil*).

caicanha, carcanha – Peixe da família *Haemulidae* (*Genyatremus luteus*).

caiçara (S. Paulo), **sardinha-laje** (idem), **sardinha-larga** (idem), **sardinha-de-gato** (Pará e Maranhão), **sargo** – Designa talvez as espécies de sardinha que têm o ventre serrilhado segundo Ihering, *Dicionário dos Animais do Brasil*.

caimão, jacaré – *Caimão*, nome de origem taina, dicionarizado por Morais, Aulete e Figueiredo, é o mesmo que *jacaré*, mas pouquíssimo se emprega. Existe uma abonação de Porto Alegre, *Colombo*, 510: "Do conchado caimã, da grã jiboia..." Não se confunda *o jacaré* com o *aligátor*, que é da América do Norte e difere no número de dentes, nem com o *crocodilo*, que é da África, nem com o *gavial*, que é da Ásia. *Jacaré* é o nome vulgar, de origem tupi, dos reptis emidossauros da família *Crocodilidae*, pertencentes aos gêneros *Caiman* e *Jacaretinga*.

cainçalha, canalha, canzoada, matilha – Todos significam bando de cães, sendo que *canalha* passou a significar a plebe mais vil e indivíduo infame, biltre, patife, e *matilha* se aplica aos cães de caça.

caipira, jeca, matuto, roceiro, tabaréu – Todas estas palavras designam o homem da roça, em oposição ao da cidade. Além destas há outras, de caráter regional: *araruama* (Bernardino de Souza), *babaquara* (Rio de Janeiro, segundo Beaurepaire Rohan), *baiano* (Piauí, segundo B. Rohan), *baiquara* (R.G. do Sul, segundo Luís Carlos de Morais), *beira-corgo* (S. Paulo, segundo Sebastião de Almeida Oliveira), *biriba* ou *biriva* (S. Paulo, R.G. do Sul, segundo Bernardino de Souza), *botocudo*, *buaqueno* (segundo B. de Souza), *caapora* (usado pelos índios), *caboclo*, *caburé* (segundo B. de Souza), *cafumango* (S. Paulo, segundo Valdomiro Silveira), *caiçara* (S. Paulo, segundo B. de Souza), *cambembe* (Alagoas, segundo B. de Souza), *camisão* (Alagoas, segundo B. de Souza), *canguaí*, *canguçu*, *capa-bode* (Nordeste), *capiau* (Minas Gerais é Bahia, segundo B. de Souza), *capicongo* (Bahia, segundo B. de Souza), *capuava* (segundo B. de Souza), *capurreiro*, *casaca* (Piauí, segundo B. Rohan). *casacudo* (Bahia, segundo B. de Souza), *catatuá* (segundo Cândido de Figueiredo), *catimbó* (Nordeste), *catrumano* (Minas Gerais, segundo B. de Souza), *chapadeiro* (Minas Gerais, segundo B. de Souza), *curau*, (Sergipe, segundo B. Rohan), *curumba* (Paraíba, segundo B. Rohan), *groteiro* (Minas Gerais, segundo B. de Souza), *guasca* (R.G. do Sul, segundo B. Rohan), *mambira* (R.G. do Sul, segundo Romaguera e Callage), *mandi* ou *mandim* (S. Paulo, segundo B. de Souza), *mandioqueiro* (Minas Gerais, segundo B. de Souza), *manojuca* (R.G. do Sul, segundo Romanguera e Callage), *maratimba*, *mateiro* (segundo B. de Souza), *mixanga* (R.G. do Sul), *mixuango* (S. Paulo, segundo Valdomiro Silveira), *mocorongo* (segundo Alberto Lamego Filho), *mucupo* (S. Paulo, segundo B. de Souza), *muxuango* (Rio de Janeiro, segundo B. Rohan), *pé-duro* (Bahia, segundo B. de Souza), *pé no chão*, *pioca* (Minas Gerais e S. Paulo, segundo B. de Souza), *piraquara* (S. Paulo, segundo B. Rohan), *queijeiro* (Goiás, segundo B. de Souza), *restingueiro*, *saquarema* (E. do Rio), *sertanejo*, *sitiano* (Pará, segundo B. Rohan), *tapiocano* (Rio de Janeiro, Minas Gerais e S. Paulo, segundo B. Rohan e B. de Souza), *urumbeva* (S. Paulo, segundo B. de Souza).

cais, píer, plataforma – Parte das estações das estradas de ferro, na qual embarcam ou se apeiam passageiros ou se carregam e descarregam mercadorias. *O primeiro* se usa em Portugal e *o segundo* no Brasil. *Cais*, no Brasil, refere-se mais ao lugar de atracação de navios para embarque e sesembarque de passageiros e carga. O mesmo para *píer.*

caitetu, caititu, canela-ruiva, cateto, taitetu, taititu, tateto – Mamífero da família *Suidae* (*Tayassu tayassu*). *O quarto nome* é da Amazônia.

caixeta, pau-de-tamanco, pau-paraíba, tabebuia – Árvore da família *Bignoniaceae* (*Tabebuia cassinoides*).

cajá, cajá-manga – Fruto da árvore *Spondias dulcis* da família *Anacardiaceae.*

cajá-açu, taperebá-açu – Fruto da árvore *Spondias macrocarpa*, da família *Anacardiaceae.*

cajá-mirim, taperebá – Fruto da árvore *Spondias lutea*, da família *Anacardiaceae.*

calado, mudo, silencioso, silente, taciturno – *Calado* é o que se abstém de falar ou o que fala pouco ou o que não revela o que sabe ou o que não revela o que sabe ou o que sente. *Mudo* é o que não fala, ou por defeito orgânico ou por determinado motivo, como espanto, medo, por exemplo: "... mudo e quedo/E junto de um penedo outro penedo!" (*Lusíadas*, V, 56, 7-8). *Silencioso* é o que guarda silêncio quando todos falam. *Silente* é forma erudita e literária de *silencioso*. *Taciturno* é o calado e triste, sombrio, falando a custo, esquivo ao trato social.

calango, lagartinho, taraguira – Réptil da família *Iguanidae* (*Tropidurus torquatus*).

calão, geringonça, gíria, jargão – *Calão* é a gíria dos malfeitores. *Gíria* é linguagem especial que permanece intencionalmente secreta, ou que forja, todas as vezes que a necessidade o reclame, palavras e frases intencionalmente mantidas na sombra, porque seu fim consiste essencialmente na defesa do grupo que a fala (Niceforo, *Le Génie de l'Argot*). Toma-se geralmente como linguagem pitoresca do vulgo. *Geringonça* e *jargão* são falas populares, complicadas e difíceis de entender.

calçada, passeio – Parte lateral e um tanto elevada, de quase todas as ruas, destinada ao trânsito dos pedestres.

calçada, ladeira – Rua íngreme empedrada (Portugal), *a primeira palavra*. Encosta suave, fácil de subir, empedrada ou não (Portugal e Brasil), *a segunda*.

calçado, sapato – *Calçado* é o nome genérico de tudo o que serve para cobrir e resguardar o pé, as pernas. *Sapato* é o calçado que cobre total ou parcialmente o pé.

calcular, computar, contar – *Calcular* é fazer operações matemáticas para chegar a um resultado. *Computar* é fazer um cálculo aproximado, prevendo um resultado. *Contar* é verificar o número: "Conte os livros desta prateleira".

cálculo, cômputo, conta – V. *calcular*.

caldo, suco, sumo – *Caldo* é a água em que se ferveu carne, peixe, qualquer adubo gorduroso; aplica-se ao sumo da cana. *Suco* é um líquido substancioso, com propriedades nutritivas: *suco de carne*, *suco de uvas*. *Sumo* é líquido extraído de vegetais, de frutas: *sumo de alface*, *sumo de limão*.

caleça, caleche – *Caleça* é carruagem para jornada e caleche é carro de dois assentos e quatro rodas, descoberto na parte dianteira (Aulete).

calejado, tarimbado, veterano – Todos qualificam pessoa com longa prática de uma arte, de um ofício. O *calejado* tem calos nas mãos, *o tarimbado* está bem acostumado com a tarimba, *o veterano* é velho no serviço.

calhandra, sabiapoca – A *calhandra* é um pássaro europeu da família *Alaudidae* (*Alauda arvensis*). Entre nós há quem designe assim o sabiapoca (*Mimus saturninus*).

calhau, seixo – *Calhau* é fragmento de rocha, com três centímetros de diâmetro, mais ou menos. (Backheuser, *Glossário*). *Seixo* é fragmento de dimensões menores que as do calhau porém maiores do que as da areia grossa.

calheta, esteiro, furo, igarapé – *Calheta* é braço de mar ou de rio, apertado entre duas pontas de terra. *Esteiro* é braço de mar ou de rio, pouco profundo, penetrando nas terras. *Furo* é estreito entre duas ilhas ou entre uma ilha e a terra firme, *igarapé* vem a ser, na Amazônia, riacho apenas navegável pelas canoas.

cálice-de-vênus, trombeta-branca, trombeteira-branca, trombetão-branco – Arbusto da família *Solanaceae* (*Datura arborea*).

caliginoso, escuro, sombrio, tenebroso, trevoso – Todos estes adjetivos exprimem falta de luz. *Caliginoso* é palavra erudita que também se aplica ao último grau de escuridão. *No escuro*, falta a luz ordinária, mas ainda resta alguma claridade. *No sombrio* falta a plenitude do dia: *mata sombria*, isto é, aquela cuja espessura impede a penetração da luz do dia, passando apenas débeis reflexos. No *tenebroso* falta toda luz. *Trevoso* é forma popular de *tenebroso*.

calma, fleuma, paz, placidez, serenidade, sossego, tranquilidade – *Cal-*

ma é a quietação que vem aliviar: "O doente agora está em calma". *Fleuma* é uma impassibilidade própria do temperamento de uma pessoa. É clássica a fleuma inglesa. *Paz* é a tranquilidade a respeito de inimigos que nos hostilizem. *Placidez* é a serenidade dos brandos de coração. *Serenidade*, qualidade de sereno, é o estado doce e pacífico, modo de ser isento de agitação. *Sossego* é a tranquilidade que sucede à agitação. *Tranquilidade* é o estado de alma isento de toda agitação ou perturbação.

calunga, cambito, cavalinho-do-judeu, cavalo-do-cão, donzelinha, donzelo, jacina, lava-bunda, lavadeira, lavandeira, libélula, pito – Nomes dos insetos da família *Libellulidae*. *Os dois primeiros* são do Nordeste; *o terceiro* é da Bahia; *o quarto* vai de Pernambuco a Amazônia; *o quinto* e *o sexto* são de Portugal; *o nono* se ouve no Rio de Janeiro; *o penúltimo* é erudito; *o último* é do sul de Minas.

calunga, camundongo, catita, murganho – Mamífero roedor da família *Muridae* (*Musmusculus*). *O quarto nome*, usado no Maranhão e na Amazônia, designa em Portugal um insetívoro da família *Sorecidae* (*Sarex araneus*).

caluniar, denegrir, difamar, infamar – *Caluniar* é levantar calúnia (v. *calúnia*). *Denegrir* ou *denigrir* é manchar, conspurcar a pureza, a honra. *Difamar* é tentar destruir a fama, imputando fato ofensivo à reputação (art. 139 do Cód. Penal). *Infamar* é privar da fama, marcando de infâmia, lançando um labéu desonroso.

calvo, careca – Sem cabelo em todo o casco da cabeça ou em parte dele. *O segundo vocábulo* é vulgar.

cama, leito, tálamo – Móvel destinado para se dormir ou descansar deitado. *A primeira palavra* é vulgar; *a segunda* é culta: *leito de morte; a terceira* é literária e significa leito nupcial: "Os desejados tálamos enjeita". (*Lusíadas*, III, 122, 2).

camada, casta, categoria, classe, grupo, hierarquia, jerarquia – *Camada* (social) é o nome que se dá à classe quando se trata de categorias sociais. *Casta* é uma divisão feita sob o critério do nascimento ou da profissão. *Categoria* é a gradação entre pessoas da mesma classe. *Classe* é uma divisão em que se acomodam categorias. *Grupo* é o conjunto de indivíduos de uma classe. *Hierarquia* ou *jerarquia* é o grau de autoridade entre pessoas de uma classe.

camalote (Sul e Mato Grosso)**, matupá** (Amazônia), **periantã** (idem) – Ilha flutuante, formada de plantas aquáticas, a qual desce os rios à mercê da corrente.

camará, cambará – Planta da família *Verbenaceae* (*Lantana camara*).

camará-branco, camaratinga – Planta da família *Verbenaceae* (*Lantana brasiliensis*).

camará-bravo, falsa-erva-de-rato, oficial-de-sala – Planta da família *Asclepiadaceae* (*Asclepias curassavica*).

camarada, colega, companheiro, confrade – *Camarada* é o companheiro que tratamos com familiaridade. *Colega* é o companheiro de colégio, é aquele que faz parte de um mesmo corpo, exerce as mesmas funções ou a mesma profissão que outra ou outras pessoas. *Companheiro* é o que anda na mesma companhia que outro ou outros; pode-se ser companheiro sem ser camarada. *Confrade* é o colega com quem estamos efetivamente ligados porque servimos a mesma causa, trabalhamos pelo mesmo ideal.

camaradagem, contubérnio, familiaridade, intimidade – *Camaradagem* é o trato ameno entre camaradas. *Contubérnio* é camaradagem entre pessoas de condição desigual, aliadas para fim, geralmente ilícito. *Familiaridade* é o modo de tratar um estranho, como se fosse pessoa da família. *Intimidade* é uma amizade com familiaridade, com dispensa de cerimônias.

camaradinha, jurujuba, verbena, verberão – Planta da família *Verbenaceae* (*Verbena chamaedryfolia*). A verbena europeia é a *Verbena officinalis*.

camarão-de-água-doce, pitu – Nome de crustáceos da família *Palaemonidae*, pertencentes ao gênero *Bithynis*.

câmaras-de-sangue, disenteria – Evacuações hemorrágicas causadas por inflamação dos intestinos. Nome popularizado, outrora nome culto.

camarote do torres, galeria, paraíso, poleiro, torrinhas – Nomes populares das localidades mais altas dos teatros.

camarupim, camuripim (Ceará e Maranhão), **cangurupi** (Pará), **canjurupim, pirapema** (Pará) – Peixe da família *Tarpon atlanticus*.

camba, pina – Peça curva da roda do carro, na qual se embebem os raios.

cambacica, mariquita – Pássaro da família *Coerebidae* (*Coereba chloropyga*).

cambada, canalha, caterva, corja, malta, matilha, matuta, súcia – Todos significam grupo de pessoas de mau procedimento, velhacas, perversas.

cambaxilra, cambaxirra, carriça (Bahia), **corruíra** (Sul), **cutipuruí** (Amazônia), **garriça** (Bahia), **garricha** (Minas), **garrincha** (Sergipe) – Pássaros da família *Troglodytidae* (*Troglodytes sp.*). Em Portugal, *carriça* é outro pássaro (*Troglodytes parvulus*).

cambeva, peixe-gato – Peixe da família *Trichomycteridae* (*Trichomycterus brasiliensis*).

camboatá, carrapeta, jitó, marinheiro, nogueira-do-mato – Planta da família *Meliaceae* (*Guarea trichilioides*).

camboatá, soldado (Ceará), **tambuatá, tamuatá** – Peixes da família *Callichthyidae* (*Callichthys sp.*).

cambrone (Pernambuco)**, casinha, comua, gabinete, latrina, necessária, nº 100, privada, quartinho, reservada, retrete, secreta, sentina** (Nordeste), **toalete, W.C.** – Todos designam o lugar privado onde se urina ou evacua.

cambucu, pescada-branca, perna-de-moça – Peixe da família *Sciaenidae* (*Cynoscion leiarchus*).

camburão, tintureiro, viúva-alegre – Carro policial, para transporte de presos.

cameleão (ou **camaleão**), **papa-vento, preguiça** (Nordeste), **senembi** ou **senembu** (Goiás, Mato Grosso), **sinimbu** (Brasil Central) – Réptil da família *Iguanidae* (*Iguana tuberculata*).

camélia, rosa-do-japão (Portugal) – Flor da *Camellia japonica*, da família *Theaceae*.

caminheiro, cotovia, peruinho-do-campo (Norte) – Pássaros da família *Motacillidae* (*Anthus sp.*). Em Portugal *cotovia* é uma espécie de calhandra.

caminho, estrada, senda, trilha, vereda, via – Significam espaço aberto que leva de um lugar a outro. *O primeiro* compreende esta ideia geral. *Estrada* é o caminho, mais ou menos longo, construído com mais ou menos arte, desde a terra calcada até a asfaltada, servindo para o tráfego de pedestres e veículos. *Senda, trilha* e *vereda* são caminhos estreitos, geralmente alternativos, atravessanco o campo, ou o mato, ou floresta; *Via* é apenas meio de comunicação, por terra, mar, lago, rio, ar.

Caminho de São-Tiago, Caminho das Almas, Galáxia, Rio Celeste, Via-Láctea – Nebulosa a que pertence o sistema solar.

camioneta (Portugal), **garota, gôndola, jardineira, marinete, ônibus, perua, sopa,** (Nordeste), **van** – Grande veículo público para o transporte de muitas pessoas numa cidade ou de um lugar para outro.

camiranga, jereba, urubu-caçador, urubu-campeiro, urubu-de-cabeça-vermelha, urubu-gameleira, urubu-ministro, urubupeba, urubu-peru – Ave da família *Cathartidae* (*Cathartes aura ruficollis*).

camocica, mão-curta (Rio Grande do Sul), **veado-bororó, veado-cariacu** – Mamífero da família *Cervidae* (*Mazama rufina*).

camomila, macela – Planta da família *Compositae* (*Anthemis nobilis*).

campa, carneiro, catacumba, cova, jazigo, mausoléu, sepulcro, sepultura, tumba, túmulo – *Campa* é propriamente a pedra com que se cobre a sepultura (Morais): "lhe mandou pôr uma bem lavrada campa" (Rocha Pita, *Hist. da Amér. Port.*, 443). *Carneiro* é sepultura murada em que se consome a carne dos cadáveres. *Catacumba* é vasta construção subterrânea, escura, destinada à guarda de cadáveres. *Cova* é abertura mais ou menos ampla e profunda, feita na terra, para enterramento de cadáveres ou de corpos mortos de animais. *Jazigo* é pequeno edifício, num cemitério, no qual se depositam ataúdes ou ossos dos membros de uma família. *Mausoléu* é um jazigo suntuoso. *Sepulcro* é sepultura adornada com campa ou qualquer construção acima do solo. Dá-se este nome ao mausoléu erguido no Calvário de Jerusalém. *Sepultura* é cova mais cuidada, sem construções acima do solo. *Tumba* é propriamente o caixão, mas toma-se vulgarmente no sentido de sepultura. *Túmulo* é a sepultura não rasa, com um montículo (lat. *tumulus*) de terra por cima.

campainha, úvula – Apêndice do véu palatino. *O primeiro nome* é popular.

campanha, expedição – *Campanha* é uma série de operações executadas por corpos de exército contra tropas inimigas. *Expedição* é empresa militar, geralmente longe do país, em outros continentes, numa viagem mais ou menos longa. A tropa leva consigo ou arranja aquilo de que necessita.

campina, campo, prado – *Campina* é campo dilatado, descoberto de árvores (Morais). *Campo* é uma extensão plana, de terra, o solo onde se trabalha, terreno de cultura. *Prado* é campo de erva não cultivado, e de ordinário para pastos (Morais).

campineiro, capineiro (Minas), **piaba-torta** (Minas), **ximburetinga** – Peixe da família *Characidae* (*Anastomus knerii*).

campo (Portugal), **mato** (Brasil), **roça** (idem) – Lugar de habitação, em contraposição à cidade (B. Rohan).

campo-santo, cemitério, necrópole – Terreno onde se enterram os mortos. *A primeira palavra* é um italianismo; é célebre o *Campo Santo* de Gênova. *A segunda* é popular. *A terceira* é erudita.

camuengo (Ceará), **jataí-mosquito** (S. Paulo, Rio de Janeiro), **jataí-preta** (idem) – Abelha da família *Meliponidae* (*Melipona testaceicornis*).

camurim (Nordeste e Norte), **robalo** (Sul) – Peixes da família *Centropomidae* (*Centropomus sp.*). Em Portugal, o nome de robalo se aplica a peixes da família *Percidae* (*Labrax sp.*).

camuripema, pema – Exemplar novo de camuripim.

cana, cana-de-açúcar, cana-doce – Planta da família *Gramineae* (*Saccharum officinarum*). Emprega-se a *segunda palavra* quando há necessidade de determinar a espécie de cana. *A terceira*, de que há exemplos em Fr. Gaspar, *Memórias*, 153, 169, se mantém *no dito: chucha, que é cana doce*.

canadense, canadiano – Natural do Canadá, relativo a este país. *O primeiro adjetivo* se usa no Brasil; *o segundo*, em Portugal.

cana-do-brejo, paco-catinga, periná – Planta da família *Zingiberaceae* (*Costus sp.*).

canapé, divã, sofá – *Canapé* é um assento com costas, o qual pode servir para várias pessoas. O *divã* se distingue do canapé por não ter braços nem costas. *O sofá* apresenta três espaldares.

canário-da-terra, canário-do-ceará – Pássaros da família *Fringillidae* (*Sicalis sp.*).

canário-do-reino, canário-legítimo – Pássaro da família *Fringillidae* (*Fringilla canariensis*).

canário-pardo, manimbé, tico-tico--do-campo – Pássaro da família *Fringillidae* (*Myospiza manimbe*). *O primeiro nome* é da Amazônia.

cancã (Amazônia), **caracará-preto** (Sul) – Ave da família *Falconidae* (*Ibyter americanus*).

cancã (Sul), **gavião-caipira** (Amazônia) – Ave da família *Falconidae* (*Hypomorphus urubitinga*).

cancã (Nordeste), **gralha, piom-piom** (Nordeste) – Pássaro da família *Corvidae* (*Cyanocorax sp.*).

cancã, marreta, marrequinha, paturi – Ave da família *Anatidae* (*Nomonyx dominicus*).

canção, cântico, cantiga, canto – *Canção* é peça em verso, quase sempre de estilo jocoso, dividida em estrofes iguais chamadas coplas, terminando geralmente por um estribilho e destinada a ser cantada. *Cântico* é canto religioso. *Cantiga* é o nome popular da canção. *Canto* é composição musical que deve ser executada por voz.

Cândia, Creta – Ilha da Grécia.

cândido, ingênuo, simples – V. *candura*.

candimba, coelho-do-mato, lebre, tapiti – Mamífero roedor da família *Leporidae* (*Silvilagus minensis*). Em Portugal, a lebre comum é *Lepus europaeus*.

candomblé, terreiro, xangô – Local para prática de feitiçarias (B. de Souza).

candura, ingenuidade, inocência, simplicidade – *Candura* é a ingenuidade que resulta da inocência. *Ingenuidade* é a simplicidade das crianças; revela-se em certos atos e principalmente em perguntas e respostas. *Inocência* é a falta de percepção ou ignorância de coisas vis, ou relativas ao sexo etc. *Simplicidade* é a ausência de malícia, de intenções secretas ou desviadas.

caneca, caneco – *Caneca* é um vaso para beber, de louça, ou de folha. *Caneco* é caneca estreita e alta, de madeira ou de folha.

cangambá, iritacaca, jacutaia – Planta da família *Lauraceae* (*Nectandra canescens*).

cangambá, iritataca, jaguaritaca, jaritacaca, jaritataca, jeritacaca, maritacaca (Pernambuco), **maritafede, maritataca, tacaca** – Mamífero da família *Mustelidae* (*Conepatus chilensis*).

canguçu, jaguarapinima, jaguaretê, onça, onça-pintada, onça-preta, ti-

gre – Mamífero da família *Felidae* (*Felis onsa*). O nome de *tigre* é impróprio pois cabe ao *Felis tigris*.
cangulo, cangurro – Peixe da família *Balistidae* (*Balistes sp.*).
cangulo-de-fernando, peixe-porco – Peixe da família *Monacanthidae* (*Monacanthus ciliatus*).
canhoto (Brasil), **talão** (Portugal) – Parte de documento, a qual o reproduz e de ordinário se conserva com quem dá o documento.
canino, colmilho, presa – Dente com que os carnívoros dilaceram a presa. *O primeiro nome* é o comum; *o segundo*, erudito; *o terceiro*, popular.
canivete, piquira – Peixe da família *Characidae* (*Characidium fasciatum*).
canjarana, canjerana – Árvore da família *Meliaceae* (*Cabralea cangerana*).
canjica, canjiquinha, pipoca – Nomes populares do cisticerco da *Taenia solium*.
canjica (do Rio de Janeiro ao Rio Grande do Sul, Minas, Goiás e Mato Grosso), **mucunzá, mungunzá** (Nordeste e Norte) – Sopa de milho branco, temperada com açúcar, leite de vaca, leite de coco, canela em pau, cravo-da-índia, manteiga.
canjica (Nordeste e Norte), **canjiquinha** (Rio de Janeiro), **corá** (Minas e Rio de Janeiro), **curau** (S. Paulo e Mato Grosso), **papas de milho** (Rio de Janeiro) – Papa feita de milho verde, temperada com leite de vaca e coco, açúcar, manteiga.
canoura, moega, tegão, tremonha – Peça de moinho.
cansaço, canseira, estafa, fadiga, lassidão – *Cansaço* é a indisposição que impede de continuar a executar um trabalho, exercer um esforço. *Canseira* tem o mesmo significado, mas se aplica especialmente ao trabalho que traz cansaço. *Estafa* é um extremo cansaço, extenuação. *Fadiga* é o cansaço de quem apurou todas as forças em trabalho difícil ou aturado. *Lassidão* é a fadiga que relaxa os músculos, que prostra.
cansado, esfalfado, estafado, exausto, extenuado, fatigado – *Cansado* é o que experimenta cansaço (v. *cansaço*). *Esfalfado* é o que gastou as forças por abuso de funções orgânicas. *Estafado* é o muito cansado. *Exausto* é o esgotado de forças. *Extenuado*, enfraquecido ao extremo, esgotado de forças, abatido. *Fatigado*, o acabrunhado de fadiga (v. *fadiga*).
cansativo, fatigante – Que cansa, que fatiga (v. *cansaço, fadiga*).
canzá, caracaxá, ganzá, querequexê – Instrumento músico de percussão, formado por um cilindro de folha, o qual contém grãos ou seixos, é fechado e se segura por um cabo (Renato Almeida, *História da Música Brasileira*, 2ª ed., 114).
cão, capeta, coisa-ruim, demo, demônio, diabo, diacho, pé de pato, sujo, tinhoso – Principais nomes do anjo decaído, habitante do inferno e tentador dos homens. *Cão* é o nome injurioso aplicado ao homem e no mesmo caráter ao diabo. *Capeta* é um brasileirismo que Lindolfo Gomes, *Contos Populares*, 154, considera haplologia de *capa preta;* homem da capa preta seria o diabo, que nas alegorias aparece de capa ou manta. Na falta de melhor explicação, esta pode ir servindo. *Coisa-ruim* é nome que lembra a maldade do diabo. *Demo* é expressão familiar que em 1932 eu filiei ao grego *daímon* pelo latim *daemon*, mas que mais me parece, à vista do seu caráter, uma forma eufêmica de *demônio*, palavra considerada

tabu. *Demônio* era um ser intermediário entre os deuses e os homens, eram gênios bons ou maus (*agathodaímon*, *kakodaímon*). Fixando a significação má, passou a designar os espíritos maus, vendo-se neles a contrapartida dos espíritos benfazejos, os anjos do Senhor, e tendo eles como chefe Satã ou Diabo. Depois, transmitiram seu nome ao chefe, que passou a ser chamado *Demônio*, assim como eles. Recebendo o nome do chefe, passaram a ser chamados *diabos* (v. Meillet, *Linguistique Historique et Linguistique Générale*, I, 348, II, 42). Já no tempo de Plutarco se chamavam *deus* e *diabo* a duas entidades divinas, uma oposta à outra em suas obras: *hoi de ton men ameinona*, *theon*, *ton de heteron*, *daimona kalousin* (chamam deus ao melhor e demônio ao outro) em *Peri Isidos kai Osiridos*, XLVI. *Diabo* vem do grego *diábolos* pelo latim *diabolu*. A palavra grega foi a melhor que os Setenta acharam para traduzir o hebraico *Satã* (*Jó*, I, 6, e *passim*, *Paralipômenos*, I, XXI, I). Na falta de nome especial para entidade que os gregos não conheciam, lançaram eles mão da palavra *diábolos*, que quer dizer *caluniador* (Meillet, *op. laud.*, I, 348, II, 41. *Diábolos* aparece também no *Novo Testamento*, S. Mateus, 1, 4, S. Lucas, IV, 2 e *passim*). O diabo, com efeito, calunia junto aos homens a virtude, desacredita-a, incitando-os ao vício. As ideias de maldade, fealdade, ódio a tudo o que é bom, ligam-se melhor à palavra *diabo* do que à palavra demônio. *Diacho* é um eufemismo, para evitar proferir o nome do diabo, espécie de tabu; substituiu-se a terminação *-abo* por *-acho* por causa do sentido depreciativo que tem em palavras assim terminadas (*coiracho*, *sombracho* etc.). Leite de Vasconcelos, *Lições de Filologia* 399. *Pé de pato* é expressão popular que lembra a lenda que afirma ter o diabo os pés como os daquela ave; aparece na jura popular *pé de pato*, *mangalô*, *três vezes*, usada para afastar a cábula. Parece ser brasileirismo. *Sujo* é epíteto injurioso, bem digno, física e moralmente, desta entidade. *Tinhoso*, isto é, cão tinhoso, nojento, hediondo, repelente, também é epíteto injurioso, nas mesmas condições do precedente. Além destes nomes, os mais comuns, há muitos outros, alguns dos quais substantivos próprios: *Amaldiçoado* (Pereira da Costa, *Vocabulário Pernambucano*). Nome injurioso. *Anhagá*. Nome de um demônio dos nossos índios. Batista Caetano interpretou como alma do mal, Teodoro Sampaio como alma errante, José de Alencar como só alma. *Anjo das trevas*, *anjo decaído*, *anjo do mal*, *anjo mau*, *anjo negro*, *anjo rebelde* (Firmino Costa, *Vocabulário Analógico*, José Maria Adrião, *Retalhos de um adagiário*, *Revista Lusitana*, XXIX, 144). Nomes que lembram a condição primitiva do diabo. *Arrenegado* (Pereira da Costa, *op. laud.* e *Folclore Pernambucano*). Nome injurioso. *Asmodeu*. E o demônio da sensualidade no *Avesta*, Ashma Daeva; como demônio da tentação aparece no livro de Tobias, VI, 14, 16, VIII, 8. *Beiçudo* (João Ribeiro, *Frases Feitas*, II, 220). Nome injurioso. *Belial*. Vem de palavra hebraica que significa maldade, perversidade e também destruição, devastação (Sander e Trenel, *Dictionnaire Hébreu-Français*). O nome aparece na segunda epístola de S. Paulo aos coríntios. VI, 15. *Belzebu* (com as variantes Barzabu, Barzabum, Berza, Barzabumbu, Brazabu, Brazabum) significa em hebraico deus das moscas, isto é, deus invocado contra as moscas (Sander e Trenel). Era divindade dos acaronitas

(IV Reis, I, 2); S. Lucas, XI, 15, aplicou depois ao príncipe dos demônios. *Betordo* (José Maria Adrião). Provincialismo minhoto. *Bicho, bicho feio* (J. M. Adrião), *bicho negro* (idem). *Bode preto*. Uma das formas com que a imaginação popular representa o diabo (Firmino Costa). O nome aparece em referência à maçonaria. *Bute* (Nordeste). *Canfiambé* (Heitor P. Fróis, *Revista Brasileira*, XIX, 127, *Valorização científica e literária dos estudos especializados e das investigações especulativas*). *Cafute*. *Cafutinho* (Pereira da Costa). *Caneco*. Possível pejorativo de cão. Cfr. a frase *pintar o caneco*, pintar o diabo. *Caneta* (Figueiredo). Usado nos Açores; diminutivo de *cão*. *Canhim* (Nordeste). De *cãoinho*, forma hipotética, diminutivo de *cão*. *Canhim miúdo* (Nordeste). Duplo diminutivo. *Canhoto*. J. M. Adrião relaciona este nome com a significação de mau agouro dada à mão esquerda. Rocha Pombo pensa que sugere a ideia dos intentos sinistros que tem sempre contra as almas o espírito mau. Aparece na jura: *Cruz, canhoto! Cão miúdo, cão negro, cão sujo* (Açores), *cão tinhoso*. V. F. Costa, Aulete, José Maria Adrião. *Capataz* (Pereira da Costa). *Capiroto* (Rodolfo Garcia, *Dicionário de Brasileirismos*). É do Nordeste. *Carapuça vermelha* (o da ...). Palavra de Taboaço, Rio dos Moinhos etc. (J. M. Adrião). *Careca* (Firmino Costa). *Cariapemba*. Nome do diabo entre os congueses (Artur Ramos, *O Folclore Negro do Brasil*, 24). *Carocho* (Figueiredo). Nome popular em Portugal. *Cifé*. *Coisa má, a tal coisa* (J. M. Adrião). *Compadre*. Nome usado pelos umbandistas. *Condenado* (Manuel Viotti, *Dicionário da Gíria Brasileira*). *Cornudo* (João Ribeiro, *Frases Feitas*, II, 220); cfr. *bode preto*. *Coxo* (Heitor Fróis). *Crespo* (José M. Adrião), Palavra de Cabeceiras de Basto, *Decho* (João Ribeiro, *Frases Feitas*, II, 220). Aparece em Simão Machado. *Alfeia*, em Gil Vicente. *Demonarca*, chefe dos demônios. *Demongre* (Leite de Vasconcelos, *Lições de Filologia*, 400). Eufemismo. *Detnontres* (idem). *Demontres* (Figueiredo). Palavra de Viana e Vila Real. Eufemismo. *Dexemo* (Leite de Vasconcelos, *op. laud*, 401). Cruzamento de *decho* com *demo*. Encontra-se em Gil Vicente, *Diá* (M. Viotti). Aparece em exclamações. Abreviação eufêmica de *diabo*. *Diabre* (Figueiredo, Martinz de Aguiar. *Repasse Crítico*, 78). Termo de Trás-os-Montes e do Nordeste. *Diales* (M. Viotti). *Dialho* (Leite de Vasconcelos, *op. laud.*, 399). Eufemismo onde se substitui a terminação *-abo* por *-alho*, por causa do sentido depreciativo que têm diversas palavras assim terminadas, como *porcalho*, *bandalho*. Júlio Ribeiro. *Gram. Porl.* 162, afirma que a palavra é de Minas. *Diana* (José M. Adrião). *Dianga* (M. de Aguiar, *ibidem*). Eufemismo. *Diangas* (Leite de Vasconcelos, *op. laud.*, 399). Eufemismo. *Diangras* (idem). *Dianho* (Leite de Vascocelos.op. *laud.*, 399). Eufemismo onde a terminação *-abo* foi substituída por *-anho* por causa do sentido depreciativo que têm diversas palavras assim terminadas, como *tacanho*, *canho*, Júlio Ribeiro, *Gram. Port.*, 162, afirma que a palavra é de S. Paulo. *Diano* (Leite de Vasconcelos, *op. laud.*, 401). Eufemismo do Algarve. *Diantre* (M. de Aguiar). *Dinga* (M. Viotti). *Diogo* (Leite de Vasconcelos, *op. laud.*, 399). Eufemismo que se apoderou de palavra de começo igual. *Diolho* (M. de Aguiar). *Dragão infernal* (Morais). *Espinhaço de cavalo magro* (H. Fróis). *Espírito das trevas*, *espírito de sedução*, *espírito imundo*, *espírito infernal*, *espírito malino*, *espírito* *mau* (Aulete, F. Costa. J. M. Adrião). Lembram a essência espiritual do diabo. *Espritado* (M. de Aguiar). *Excomungado* (Pereira da Costa). *Exu* (A. Ramos). Demônio dos jocubanos. *Farrapeiro* (J. M. Adrião). *Feio*. O diabo é pintado muito feio; daí o ditado: "O diabo não é tão feio como se pinta". *Ferrabrás* (Pereira da Costa). *Fúria* (Pereira da Costa). *Fute* (Raimundo Magalhães, *Dic. de Brasil*). É do Norte. *Gadelha* (Figueiredo). Provincialismo. *Galhardo* (Figueiredo, J. M. Adrião). Provincialismo beirão. *Gênio das trevas*, *gênio do mal* (F. Costa, J. Maria Adrião). Lembram a essência espiritual do diabo. *Grou* (F. Costa). Aparece em Gil Vicente, *Barca do Purgatório*. *Guedelha*. O mesmo que *gadelha*, *q.v. infeliz* (H. Fróis). *Inimigo mau* (J. M. Adrião). *Inimigo do gênero humano* porque leva as almas à perdição. É tradução do hebraico *Satã*, *q.v. João grou*. V. *grou*. *Jurupari*. Demônio incubo dos índios tupi. *Labrego* (Figueiredo). É dos Açores. *Leba* (A. Ramos). Demônios dos geges. *Lúcifer*. Nome da estrela-d'alva; de *lux*, luz, e *ferre*, trazer, o que traz luz (Cícero, *De natura deorum*, II, 20). A Vulgata o emprega em *Isaías*, XIV, 12: "Quomodo cecidisti de caelo, Lucifer, qui mane oriebaris?" (Como caíste do céu, Lúcifer, tu que nascias ao romper do dia?) Passou a aplicar-se ao diabo, talvez, como pensa Littré, em recordação desta passagem (Carré, *Mots dérivés du latin et du grec*, 143). De fato o nome pode conter uma alusão ao brilho das perfeições de que antes da queda gozava o príncipe dos demônios. *Lusbel*. Derivado de *Lúcifer*, através da forma *Lucifel*, que se encontra no *Onomástico Medieval* de Cortesão. *Mafarrico* ou *manfarrico* (Aulete). Nome popular. *Má-jeira* (Figueiredo). Provincialismo beirão. *Maldito* (Pereira da Costa). *Malino* (Firmino Costa). *Malvado*, *Manjeira* (J. Maria Adrião). Usado no Minho. Corruptela de *má-jeira*. *Manguinho* (Figueiredo). Do Minho. *Manquito* (J. M. Adrião). *Mefistófeles*, ou abreviadamente *Mefisto*. Neologismo de Goethe, interpretado como o *inimigo da luz*. "Ein Teil von jener Kraft, die stets das Böse wil und stets das Gute schafft; der Geist, der stets verneint" (uma parte daquela força que continuamente quer o mal e cria o bem, o espírito que continuamente nega), conforme no *Fausto* ele mesmo diz, quando o doutor lhe pergunta quem é. *Mentiroso* (João Ribeiro, *Curiosidades Verbais*, 121). *Mermelho* (Heitor Fróis). *Mico* (Figueiredo). Provincialismo minhoto. *Mofeno*, *Mofino* (Pereira da Costa). *Moleque do surrão* (Sílvio Romero, *Cantos Populares*, I, 248). *Nabo* (Leite de Vasconcelos, *Lições de Filologia*, 400). Eufemismo de Pedrógão Grande, no qual se substitui *diabo* por palavra terminada do mesmo modo. Este aparece, no Brasil, numa réplica um tanto grosseira a quem diz diabo: *Diabo é nabo, chicote pra teu rabo*. *Não sei que diga* (Pereira da Costa). Tipo de tabu evitado. *Padeiro* (Alberto Bessa). Da gíria portuguesa. *Pai da discórdia*, *pai da mentira*, cfr. *mentiroso*, *pai da sedução*, *pai do mal* (J. M. Adrião, Firmino Costa). *Pecado* (J. Maria Adrião). *Pé-de-gancho* (Heitor Fróis). *Pedro Botelho* (Leite de· Vasconcelos, *Opúsculos*, VII, 1327). Aparece na frase *ir para a caldeira de Pedro Botelho*, isto é, ir para o inferno. *Pedro Malasartes* (Leite de Vasconcelos, *Opúsculos*, VII, J. M. Adrião). Nem sempre. *Peneireiro* J. Maria Adrião. *Peste*. *Porco sujo* (João Ribeiro, *Frases Feitas II*. J. M . Adrião. *Príncipe das trevas* (F. Costa), *príncipe deste mundo* (idem). *Príncipe do ar* (idem). Provincialismo beirão. *Rabão* (A. Bessa). Da gíria antiga, *Rabudo* (M. Viotti). *Rapaz* (Heitor Fróis). *Romão* (Heitor Fróis). *Romãozinho* (Figueiredo, M. Viotti, Heitor Fróis). Brasileirismo. *Roto* (Heitor Fróis). *Sapucaio* (Heitor Fróis). *Saramantelho* (J. Maria Adrião. I. 6). *Satã*. Do hebraico *Satan*, inimigo, adversário, contraditor (*Jó*, I, 6). *Satanás*. Do hebraico *Satan*, através da forma grecizada *Satanás* (com a desinência de um dos tipos de primeira declinação), através do latim *Satanas*. *Satânico*. Adjetivo substantivado. *Sem-vergonha* (H. Fróis). *Serpente infernal* (Morais), *serpente maldita* (F. Costa). Alusão à perdição de Adão e Eva. *Taneco* (Figueiredo). V. *caneco*. *Tardo* (J. M. Adrião). Aparece tarde da noite. *Tatro* (J. Maria Adrião). *Temba* (Figueiredo). Brasileirismo de Minas. *Tendeiro* (A. Bessa, J. M. Adrião). De gíria portuguesa. *Tanego* (Heitor Fróis). *Tentação*, subst. masc. (F. Costa). *Tentador* (Morais). *Tibério da capa verde* (Heitor Fróis). *Tição* (Figueiredo, Pereira da Costa). De Turquel e do Nordeste. *Tisnado* (Pereira da Costa). *Trasgo* (Leite de Vasconcelos, *Tradições Populares de Portugal*, 312). *Vadio* (Heitor Fróis). *Veneno* (José Maria Adrião). *Zangão* (J. Maria Adrião). *Zarapelho* (A. Bessa). Da antiga gíria portuguesa. *Zumbi* (A. Ramos). Demônio dos congueses.

capacete, elmo – *Capacete* é armadura protetora da cabeça. *Elmo* é capacete ornado: "Qual co'os penachos do elmo açouta as ancas" (*Lusíadas*, VI, 64, 8).

capacitar, convencer, persuadir – *Capacitar* é fazer crer. *Convencer* é levar por provas evidentes a reconhecer uma verdade, a não poder negá-la. *Persuadir* é mover a vontade para fazer alguém querer ou praticar alguma coisa.

capar, castrar – É extrair ou inutilizar os órgãos reprodutores. *A primeira palavra* tem caráter vulgar.

capcioso, caviloso, insidioso – *Capcioso* é o que enreda a inteligência de alguém com aparência de verdade, de modo que impede toda escapatória, como um caçador capta a sua presa. *Caviloso* é o que encerra má fé, sofisma, fraude ou mentira, com o fim de enganar. *Insidioso* é o que encerra insídias, ciladas, o que usa destes expedientes.

capeba (Bahia, Sergipe), **cipó-de-cobra, pariparoba** – Planta da família *Piperaceae* (*Piper umbellatum*).

capela, ermida – *Capela* é sala destinada ao culto ou pequena igreja sem categoria de matriz. *Ermida* é igrejinha em lugar ermo.

capim-cheiroso, capim-limão – Planta da família *Gramineae* (*Andropogon schoenanthus*).

capim-gordura, capim-melado – Planta da família *Gramineae* (*Mellinis minutiflora*).

capitulação, rendição – Designam o ato de entrega de uma praça de guerra, com a diferença de que, *na primeira* se capitulam as condições em que a praça e entrega, e *na segunda* a entrega se faz incondicionalmente, por falta de prévio ajuste.

capixaba, espírito-santense – Natural do Espírito Santo ou relativo a este Estado. *O primeiro adjetivo* apresenta caráter jocoso.

capoeira, uru – Aves da família *Odontophoridae* (*Odontophorus sp.*).

capricho, esmero, primor – *Capricho* é o cuidado tenaz e minucioso. *Esmero* é o esforço para se fazer do melhor modo possível. *Primor* é a perfeição absoluta que coloca a coisa que se fez, entre as primeiras de sua classe.

caquera, mata-pasto, tareroqui – Planta da família *Leguminosae* (*Cassia bicapsularis*).

Caquetá, Japurá – Rio do Amazonas.

cara, face, fácies, fisionomia, rosto, semblante – Todos significam a parte anterior da cabeça do homem. *Cara* é a palavra vulgar e tem um tanto de grosseiro: *bofetada na cara*, *vergonha na cara*. *Face*, propriamente a parte da cara que vai dos olhos ao queixo, significa, por extensão, o mesmo que *cara* e é palavra delicada, literária, e se usa especialmente quando a cara está voltada para quem a olha. *Fácies*, termo de medicina, é o aspecto do rosto do doente. *Fisionomia* é o conjunto dos traços do rosto, traços reveladores da índole, do caráter de cada pessoa. Antônio José, *Teatro*, I, 89, empregou a expressão *fisionomia do rosto*. *Rosto* significa o mesmo que *cara* e usa-se corretamente em vez desta palavra: *lavar o rosto*. Emprega-se a palavra *semblante* quando se quer aludir aos sentimentos que transparecem no rosto: *Vultus animi sensus plerumque indicant* (Cícero, *De Oratore*, II, 35). Francisco de Morais empregou no *Palmeirim de Inglaterra*, II, 85, a expressão *semblante do rosto*.

cará, inhame – Planta da família *Dioscoreaceae* (*Dioscorea saliva*).

caracará, carcará, carrapateiro – Ave da família *Falconidae* (*Mivalgo chimachima*). Em algumas regiões (erradamente) lhe dão o nome de carancho, que cabe ao *Polyborus tharus*.

caracol, caramujo – Moluscos gastrópodes de concha enrolada em espiral. *Caracol* designa as espécies terrestres ou de água doce; é de casca fina e pequeno. *Caramujo* abrange as espécies marinhas. Há entretanto em terra o aruá ou caramujo-do-mato e o chamado caramujo-do-café.

caraguatá, língua-de-araçari, língua-de-tucano – Planta da família *Umbelliferae* (*Eryngium pristis*).

caramujeiro, gavião-de-uruá – Ave da família *Falconidae* (*Rostrhamus sp.*).

caraná (Bahia), **carandá** (Mato Grosso), **carnaíba** (Bahia), **carnaúba, carnaubeira** – Nomes da palmeira *Copernicia cerifera*.

carandaí, buritirana – Nomes da palmeira *Mauritia aculeata*.

carangonço (Minas), **escorpião, lacrau, rabo-torto** (Pará e Maranhão) – Nomes dos aracnídeos da ordem dos *Scorpionidae*.

carão, pito, sabão, sabonete, sarabanda – Sinônimos populares de *repreensão*, *q.v.*

carapanã (Amazônia), **muriçoca** (Nordeste), **pernilongo** (Sul) – Nomes dos mosquitos da família *Culicidae*.

carapau, garapau (Bahia) – Exemplar juvenil do chicharro.

carapina (popular), **carpina** (idem), **carpinteiro** – Artífice que faz obras grosseiras de madeira.

carapinha, pixaim – Cabelo crespo e lanoso dos pretos.

caráter, gênio, humor, índole, natural, temperamento – *Caráter* são disposições de espírito, sobretudo as relativas à moralidade, as que estabelecem distinções entre os homens. *Gênio* é a disposição natural com que cada um revela sua vontade, suas emoções. *Humor* são as relativas à sociabilidade ou à fala dela: *humor alegre*, *humor triste*. O primeiro é permanente; o segundo, passageiro. *Índole* é a inclinação natural de cada um. *Natural* é a disposição natural para o bem ou para o mal, determinada pelo gênio e pela índole. *Temperamento* são os movimentos da sensibilidade, considerando-a no seu grau de força, como algo de apaixonado, que é difícil de conter.

caraúna, craúna, guaraúna – Ave da família *Ibididae* (*Plegadis guarauna*).

caraxixu, erva-moura, pimenta-de--galinha – Planta da família *Solanaceae* (*Solanum nigrum*).

caraxuê (Amazônia), **guiraxué** (idem), **sabiá** – Nomes dos pássaros canoros da família *Turdidae*.

carcassa, esqueleto – *Carcassa* é a porção de ossos que formam o tronco; *esqueleto*, o conjunto de todos os ossos.

cardápio, menu – Lista dos pratos de uma refeição. *O primeiro*, neologismo de Castro Lopes, apresenta um caráter meio jocoso; *o segundo* tem a pecha de galicismo.

carecer, necessitar, precisar – *Carecer* significa não ter (coisa de que se necessita ou precisa): "A gente Biscainha, que carece / De polidas razões" (*Lusíadas*, IV, 11, 2-3). Como se necessita ou precisa daquilo que não se tem, daí veio ao verbo *carecer*, na linguagem moderna, o sentido dos outros dois: "Não tire a força de que careço para os submeter" (Coelho Neto, *Rajá*, II, 55). *Necessitar* é carecer sentindo a falta e *precisar* é carecer de coisa que muito conviria. Necessitamos de água para matar a sede e precisamos de 100.000 reais para fechar um negócio.

carência, escassez, falta, inópia, insuficiência – *Carência* é falta que se faz sentir. *Escassez* é a qualidade de escasso, isto é, de ser pouco abundante, de mal chegar para o que se quer. *Falta* é simplesmente a ausência de uma coisa. *Inópia* é a carência absoluta. *Insuficiência* é a qualidade de não bastar para o fim a que se destina.

carestia, careza – *Carestia* é a careza determinada pela carência, pela escassez. *Careza* é a qualidade de caro, isto é, de ter alto preço.

careta, carita, carito, feijão-fradinho (Portugal, as quatro), **feijão-miúdo** (Brasil) – Planta da família *Leguminosae* (*Dolychos monachalis*).

cargo, colocação, emprego, funções, lugar, ministério – *Cargo* é uma posição que traz um título honroso, vantagens etc., mas também acarreta o peso de importantes deveres. *Colocação* é emprego permanente e de certa monta. *Emprego* traz ideia de sujeição a trabalho obrigatório e permanente. *Funções* são o conjunto de obrigações decorrentes de cargo, colocação, emprego, lugar, ministério. *Lugar* é emprego de pouco tempo ou de pouca monta. *Ministério* é o desempenho de cargo em nome de outro. O sacerdócio é um ministério.

cariacu, cervo, suaçuapara, suaçupucu, suçuapara, veado-dos-mangues, veado-galheiro – Mamífero da família *Cervidae*.

cariaponga (Pernambuco), **curiango** (Sul), **curiavo, mede-léguas, noitibó** (Norte), **oitibó** (Ceará) – Nomes de aves da família *Caprimulgidae*.

cariboca, carijó, curiboca, mameluco – Mestiço de índio com branco.

carícia, carinho, mimo – *Carícia* é demonstração amorosa feita por meio de afagos. *Carinho* é o trato afetuoso. *Mimo* é carícia ou carinho especiais.

caridade, filantropia – *Caridade* é a virtude cristã que, além de levar a amar a Deus sobre todas as coisas, leva a amar o próximo como a nós mesmos. *Filantropia* é o sentimento que leva a ajudar os homens porque são seres da nossa espécie.

caridoso, caritativo – *Caridoso* é o que revela caridade, *caritativo*, o que é naturalmente inclinado a atos de caridade.

Pode-se praticar um ato de caridade sem ser-se caridoso.

carijó, pedrês – Com penas salpicadas de preto e branco (galo, galinha).

cariocinese, mitose – Processo de divisão da célula.

carne do ceará (Pernambuco), **carne do sertão** (Bahia), **carne-seca** (Pará, Rio de Janeiro e adjacências), **charque** (Sul), **jabá** (litoral norte da Bahia, Sergipe e Alagoas) – Carne de vaca, salgada e disposta em mantas.

carne esponjosa, pólipo – Tumor desenvolvido em mucosa. Expressão popular, expressão erudita.

carniça (Sul), **eixo-badeixo** (Portugal e Norte) – Brinquedo de meninos, no qual todos saltam por cima de um, que fica com as costas encurvadas.

carniceiro, carnívoro – *Carniceiro* é o animal que vive unicamente de carne, possui armas para a caça aos outros e se compraz na carnificina. *Carnívoro* é o que come ordinariamente carne, podendo usar outra nutrição.

carnificina, chacina, extermínio, holocausto, massacre, matança, mortandade, morticínio – *Carnificina* é destruição sangrenta de muitos homens, de muitos irracionais. *Chacina* é matança de gado, com esquartejamento, limpeza e separação das carnes. Propriamente, é carne salgada e curada, de porco ou outros animais, para provisão. *Extermínio* é a eliminação total e dirigida de um certo grupo, ou categoria. *Holocausto* é o termo atribuído ao extermínio de 6 milhões de judeus pelos nazistas, durante a Segunda Guerra Mundial. *Massacre* (galicismo) é carnificina em que não se poupa ninguém, em que se fere indistintamente e se esmaga tudo que se encontra sob os golpes. *Matança* é o ato de matar grande número de irracionais. *Mortandade* é grande número de mortes, por peste, em batalhas etc. *Morticínio* é o ato de matar muitas criaturas humanas, incapazes de se defender.

caro, custoso, dispendioso – *Caro* é o que tem preço acima do valor real. *Custoso* é o difícil, pela careza, de ser adquirido. *Dispendioso* é o valor que importa numa despesa grande. Um objeto que vale dez reais e pelo qual pedem vinte é caro, sem ser custoso nem dispendioso. Um quadrimotor é custoso. A compra de muitos objetos baratos pode ser dispendiosa.

carpina, ipecu (Amazônia), **peto** (Portugal), **pica-pau** – Nomes de aves da família *Picidae*.

carpir-se, chorar, gemer, lagrimar, lamentar, prantear, soluçar – *Carpir-se* é lamentar desgrenhando os cabelos, desfigurando o rosto etc. *Chorar* é verter lágrimas. *Gemer* é exprimir grande dor, por meio de voz inarticulada e lamentosa. *Lagrimar* é chorar por efeito de imensa dor. *Lamentar* é queixar-se com prantos continuados, gritos doridos e outras mostras de dor. *Prantear* é chorar com vozes queixosas, lamentos, soluços. *Soluçar* é chorar soltando soluços, clamando em desespero a alma aflita.

carraça (Portugal), **carrapato** (Portugal e Brasil) – Aracnídeos da família *Ixodidae*.

carrapateira, mamona, mamoneira, rícino – Planta da família *Euphorbiaceae* (*Ricinus communis*).

carrapatinho, carrapato-fogo, carrapato-pólvora, meio-chumbo (São Paulo) – Larvas e ninfas do carrapato-estrela.

carrapato-estrela, carrapato-rodolego (Sergipe), **picaço** (Minas), **rodeleiro** (Norte), **rodoleiro** (Norte) – Nomes dos indivíduos adultos do *Amblyomma* *cayennense* da família *Ixodidae*, de aracnídeos.

carrapicho, picão, quambu (erradamente grafado *cuambu*, quando se trata de um ditongo ascendente em sílaba átona) – Planta da família *Compositae* (*Bidens pilosus*). No Aulete e Volp cuambu

Carreta, Ursa Maior, Barca, Barquinha – Constelação boreal. *O primeiro* é o nome popular em Portugal. *O terceiro* e *quarto* também.

carril, trilho – Barra de ferro, com a parte superior arredondada, sobre a qual giram as rodas de locomotivas, vagões, bondes. *O segundo* é brasileirismo (Figueiredo); *o primeiro* deu o nome à nossa primeira companhia de bondes, a Ferro Carril do Jardim Botânico.

carro, carruagem, coche, plaustro, sege – *O primeiro* é o termo genérico para meio mecânico de transporte, de coisas e pessoas. *Carruagem* é carro de molas tirado por cavalos ou muares e destinado ao transporte de pessoas. Em Portugal aplica-se aos vagões ferroviários para passageiros. *Coche* é o carro fúnebre. *Plaustro* é palavra literária: "O áureo plaustro do sol nas nuvens solavancas" (Francisca Júlia, *Musa Impassível*). *Sege*, carruagem de luxo, embora vivo ainda no derivado *segeiro*, não se usa hoje. O automóvel abalou muito esta nomenclatura.

carta, e-mail, epístola, mensagem, missiva, post, *SMS* – *Carta* é escrito dirigido a alguém, dando notícias, felicitando, tratando de assuntos de interesse etc. *E-mail* é mensagem, ou carta, enviada entre meios eletrônicos como computadores, celulares, *tablets* etc. *Epístola* é carta cujo assunto interessa a muitos, tratando de assuntos graves, com certa solenidade; são notáveis as de S. Paulo aos romanos, aos coríntios, aos efésios etc. *Missiva* é carta de negócio, destinada a ser enviada imediatamente. Também se diz *carta mandadeira*. *Post* é mensagem curta enviada para um *site* na internet. *SMS* (do inglês *short message service*) é uma mensagem curta enviada entre celulares.

cartaginês, púnico – Relativo a Cartago. *O segundo* se aplica especialmente na qualificação das guerras que os romanos tiveram com os cartagineses.

cartucheira, patrona – Bolsa para cartuchos.

caruaru (Maranhão), **jacuruaru** (Amazônia) – Nomes dos grandes lacertílios da família *Tejidae*.

caruru-azedo (Alagoas, Bahia e Rio), **vinagreira** (Pará, Maranhão e Pernambuco) – Planta da família *Malvaceae* (*Hibiscus sabdariffa*).

carvalho, roble – Aulete e Figueiredo dão como sinônimas estas duas palavras. Morais, entretanto, diz ser espécie de carvalho *a segunda*, com tronco e ramos tortuosos, cortiça escabrosa e altura menor que a do carvalho.

carvalho-do-brasil, cuticaém – Arbusto da família *Proteaceae* (*Adenostephanus sellowii*).

casa, domicílio, edifício, habitação, lar, mansão, morada, residência, teto, vivenda – *Casa* é o termo genérico para o edifício destinado a habitação do homem. *Domicílio* é o lugar onde a pessoa estabelece a sua residência com ânimo definitivo (art. 70 do Cód. Civ.). *Edifício* é casa de mais de dois andares. *Habitação*, de ato de habitar, passou a significar a própria casa. *Lar* é a habitação encarada como lugar onde uma família tem seu abrigo seguro e tranquilo. *Mansão* é o lugar onde se permanece (lat. *manere*) e, como o lugar onde isto mais tempo se dava era a casa, passou ao significado de casa. É termo literário. Cfr, o fr. *maison*. *Morada* é a habitação onde se mora, onde se vive habitualmente, por tempo mais ou menos longo. *Residência*, além da ideia de morada, pode referir-se a lugares vastos (*residir no Rio*, *residir na Tijuca*) e às vezes implica a ideia de prazo para certos efeitos legais, como o de ser votado, por exemplo. *Teto* traz ideia de aconchego, convivência agradável, proteção. *Vivenda* traz ideia da comodidade da casa.

casaco, paletó – Peça do vestuário a qual se traz sobre a camisa ou sobre o colete. *A segunda palavra* é brasileirismo: "Nem para comer fiambre / A esse templo vás só: / Ali quem não abre o chambre... / Abotoa o paletó" (Belmiro Braga, *O Templo da Justiça*). Em Portugal, *paletó* conservou o sentido francês de sobretudo: "A verdade – aqui entre nós – é que VV. SS. podem ao subir para as festas dar os seus paletós a guardar" (Eça, *Uma Campanha Alegre*, II, 85). Quando tem modelo esportivo e não compõe com as calças um terno, é chamado ***blazer***, pronuncia-se *blêizer*.

casadouro, núbil – Significam que está em idade de casar. *A primeira palavra* é comum; *a segunda*, literária.

casar, matrimoniar – Unir em casamento, em matrimônio. *O segundo* é menos usado. V. *Casamento*, *matrimônio*.

cascavel, guizo – Esfera oca de metal, com uma bolinha dentro, para produzir ruído quando agitada. *A primeira palavra* usa-se menos, talvez por se ter aplicado ao nome de uma serpente.

cascudo, peteleco – Pancada na cabeça, dada com os nós dos dedos. São palavras populares.

cascudo-espada (S. Paulo), **cascudo-viola** (Rio Grande do Sul) – Nome dos peixes da subfamília *Loricariidi* da família *Loricariidae*, pertencentes ao gênero *Loricaria*.

caseira, comborça, companheira, concubina – *Caseira* é companheira tomada por um viúvo ou um solteirão, para tomar conta da casa. *Comborça* é denominação humilhante de concubina. *Concubina* é amante fixa de homem casado, mantida por ele. (Cod. Penal de 1890, art. 279, § 1º, nº 1 e 2).

caso, circunstância, conjuntura, ocasião, ocorrência, situação – *Caso* refere-se a fato possível: "Em caso de chuva não haverá espetáculo". *Circunstância* é particularmente do fato principal: "A embriaguez propositada é circunstância agravante do crime". *Conjuntura* é o conjunto de fatos que acontecem no mesmo tempo que o principal, podendo trazer-lhe vantagens ou desvantagens. *Ocasião* é circunstância súbita, quase sempre favorável, da qual cumpre tirar proveito depressa, antes que ela se escape. A *ocorrência*, imprevista como a ocasião, é menos súbita que esta; parece resultar mais necessariamente de um conjunto de fatos e aplica-se ao que é agradável. *Situação* é o conjunto de circunstâncias que, num dado momento, determinam o estado ou a condição de pessoa, coisa, sucesso etc.

casquilho, faceiro, janota, nos trinques – Vestido no rigor da moda e comprazendo-se em ostentar sua elegância. *Faceiro* neste sentido é brasileirismo.

cassaco (Nordeste), **gambá** (Rio e adjacências, Sul), **micurê** (Mato Grosso), **mucura** (Maranhão e Amazônia), **raposa** (S. Paulo e Paraná), **sariguê** (Bahia), **sarigueia** (idem), **saruê** (Bahia e

Sergipe), **timbu** (Nordeste) – Nomes das nossas espécies de mamíferos marsupiais da família *Didelphiidae*, do gênero *Didelphis*.

castanheta, salema-feiticeira – Peixes da família *Pomacentridae* (*Eupomacentrus sp*.).

castelhano, espanhol – "La lengua principal de los naturales de España se llama *española*. Tambien se llama comúmente lengua *castellana*, porque Castilla... logro que su própria lengua prevaleciese sobre los dialectos afines... e hizo que se propagase por la conquista a Andalucía, Murcia y Extremadura, y luego a las inmensas regiones descubiertas y civilizadas por los espanoles en América y Oceania". (Introdução de Gramática da Real Academia Española.) "*Castellano y español* son nombres que la gente alterna según preferencias y hábitos pocas veces conscientes" (Amado Alonso, *Castellano, Español, Idioma Nacional*, p. 138).

castiço, puro – *Castiço* quer dizer *que é de casta*, *que é de boa raça*. O casticismo defende o que é da casta e repele o que seja de casta alheia, o estrangeirismo. *Puro* quer dizer *sem mistura*. O purismo também repele o estrangeirismo. Diferenciam-se em ater-se o casticismo na imitação da língua do período clássico.

castidade, continência – *Castidade* é a abstinência total de pensamentos, palavras e atos, eivados de luxúria. *Continência* é a abstinência atual de deleites carnais.

castigar, punir – *Castigar* é impor com autoridade um sofrimento a quem cometeu erro, descuido, omissão. *Punir* é impor com autoridade um sofrimento a quem cometeu crime ou falta grave.

castigo, pena, punição – *Castigo* e *pena* são sofrimentos impostos por quem castiga ou pune. *Punição* é propriamente o ato de punir.

catafalco, essa – *Catafalco* é uma *essa* suntuosa, levantada no meio do templo, por ocasião das exéquias. *Essa* é a banqueta ou estrado em que assenta o caixão do defunto.

catamênio, mênstruo, regras – Fluxo periódico de sangue proveniente do útero. Há outros sinônimos grosseiros.

"catch-as-catch-can", luta livre, vale-tudo – Esporte em que dois atletas têm permissão para aplicar qualquer espécie de golpe.

catecúmeno, neófito – *Catecúmeno* é o que se prepara para receber o batismo. *Neófito* é o recém-batizado.

catedrático, lente, mestre, professor – *Catedrático* é o titular de cátedra de ensino secundário ou superior. *Lente* (hoje desusado) é o mesmo que professor de ensino secundário ou superior. *Mestre* é todo aquele que se mostra perito em assunto de que dá lição e aplica-se em todos os graus de ensino. *Professor* é o que ensina publicamente ciência ou arte. Também se aplica a todos os graus de ensino.

categórico, decisivo, definitivo, peremptório, terminante – *Categórico* é tão bem definido, positivo e claro, que não deixa lugar a dúvidas. *Decisivo* é o que põe termo à dúvida, o que fixa a opinião. *Definitivo* é o que explica, resolve, sem deixar lugar a dúvidas, observações. *Peremptório* é o que decide completamente, não sujeitando mais a dúvidas ou a nova resolução. *Terminante* é o que põe termo à questão, forçando a razão a assentir.

catinga (Brasil), **raposinho** (Portugal) – Transpiração fétida.

catinga-de-mulata, gerânio, pelargônio, sardinheira (Portugal) – Planta da família *Geraniaceae* (*Pelargonium zonale*).

catingueiro, cigana – Ave da família *Opisthocomidae* (*Opisthocomus cristatus*).

catingueiro, virá – Mamífero da família *Cervidae* (*Mazama simplicicornis*).

cativeiro, escravidão, servidão – Estado de cativo, escravo, servo.

cativo, prisioneiro – *Cativo* é o que foi capturado, perdeu sua liberdade e ficou retido. *Prisioneiro* é o que ficou encerrado numa prisão e também o soldado que se deixou tomar pelo inimigo, embora não fique preso.

catolé, palmeirim – É a palmeira *Attalea humilis*.

catorra, caturrita – Nomes do papagaio *Myiopsia monachus*.

cauanã (Norte), **jabiru-moleque** (Sul), **jaburu-moleque, tabuiaiá, trepa-moleque** – Ave da família *Ciconiidae* (*Euxenura maguari*).

cauda, rabo – Apêndice posterior, móvel, do tronco de grande número de animais. *O segundo vocábulo* é grosseiro.

cauré, coleirinha, tem-tenzinho – Ave da família *Falconidae* (*Falco albigularis*).

causa, motivo, móvel, pretexto, razão – *Causa* é tudo o que produz um efeito, um resultado, uma ação; o fato em virtude do qual outro se dá. *Motivo* é a causa refletida que também faz um ser agir. *Móvel* é a causa, espontânea e cega, que faz um ser agir. *O primeiro* vem da sensibilidade; *o terceiro*, da inteligência. *Pretexto* é uma razão suposta, aparente, destinada a cobrir ou paliar a verdadeira. *Razão* é o motivo, fundado ou não, alegado para justificar uma ação.

cáustico, escarninho, ferino, irônico, mordaz, pungente, sarcástico, satírico – *Cáustico* é o que dirige a outrem ditos malignos, irritantes, que queimam e deixam traços. *Escarninho* é o que zomba, oferecendo e expondo à vergonha. *Ferino* é o que, na zombaria, se mostra feroz. *Irônico* é o que faz ironia, isto é, usa de palavras, gestos, atitudes, que exprimem exatamente o contrário do que diz ou afeta. *Mordaz* é o maligno que ataca tudo e todos, não poupando a ninguém; está sempre disposto a ofender com seus ditos a honra, a boa fama dos outros. *Pungente* é o que fere agudamente, como um espinho que pungisse. *Sarcástico* é o que lança mão de uma zombaria acerba, que revela desprezo, vontade de humilhar, como que dilacerando as carnes e arrancando pedaços. *Satírico* é o que, motejando, ataca costumes censuráveis, vícios, defeitos, com o intuito de corrigi-los por meio dos seus gracejos, vivos, picantes e às vezes veementes.

cautela, precaução, prevenção, prudência – *Cautela* é a atenção, a vigilância contra o que pode sobrevir. *Precaução* é o ato de precaver-se (v. *precaver*). *Prevenção* é o ato de prevenir (v. *prevenir*). *Prudência* é a sábia ponderação que faz o ânimo calmo, refletido e seguro no agir.

cauteloso, cauto, precavido, prevenido, prudente – *Cauteloso* é o muito cauto. *Cauto* é o seguro no guardar-se contra os perigos. *Precavido*, o que se precaveu (v. *precaver*). *Prevenido*, o que se preveniu (v. *prevenir*). *Prudente*, o que tem prudência (v. *prudência*.)

cavaco, cavaqueira, colóquio, confabulação, conferência, conversa, conversação, palestra, prosa – *Cavaco é* conversação ligeira e sem assunto fixo. *Cavaqueira* é cavaco prolongado. *Colóquio* é conversa reservada entre duas pessoas. *Confabulação* é mais que um simples entretenimento. Supõe um motivo ou um objeto, a respeito do qual, conquanto nada se adiante, pelo menos sugerem ideias os que confabulam. *Conferência* é conversa entre duas ou mais pessoas na qual cada uma delas apresenta as suas e estuda as ideias das demais, no intuito de chegarem todas a um acordo. *Conversa* é troca de ideias entre duas ou mais pessoas, sobre assunto que no momento interessa. É quase um começo de trato. *Conversação* é a troca de ideias, agradável, para entretimento do espírito. *Palestra* é conversação ligeira, sobre assuntos de pouca importância. *Prosa* é conversação ligeira e agradável, para passatempo.

cavala-perna-de-moça, cavala-preta, cavala-verdadeira – Peixe da família *Scombridae* (*Scomberomus cavalla*).

cavaleiro-das-onze-horas, flor-de-seda, onze-horas, rosa-de-santa-teresinha – Planta da família *Portulacaceae* (*Portulaca grandiflora*).

cavalo, patrão, porta-enxerto – Nomes da planta que recebe o enxerto.

caxim-dalbo, mata-olho, santa-luzia – Árvore da família *Euphorbiaceae* (*Ophthalmoblapton pedunculare*).

caxumba, orelhão, papeira, parotidite, trasorelho – Inflamação da parótida. *O primeiro vocábulo* é brasileirismo; *o segundo*, *o terceiro* e *o quinto* são de Portugal: *o quarto*, erudito.

cazuza (Pernambuco), **cazuzinha** (idem), **piolho-de-umbu** (Bahia) – Vespa solitária dos gêneros *Bombax* e *Monedula*.

cefalalgia, cefaleia, dor de cabeça, enxaqueca, hemicrania – Sensação dolorosa na cabeça. *Cefalalgia* é palavra erudita; *dor de cabeça* é a expressão comum. *Cefaleia* é a dor de cabeça, quando crônica, podendo mostrar-se contínua ou intermitente. *Enxaqueca* palavra comum, é *hemicrania*, palavra erudita, significam dor forte que ocupa apenas uma das metades da cabeça.

Cefalônia, Zante – Uma das ilhas Jônicas, da Grécia.

cegueira das cores, cromatopseudopsia, daltonismo – Impossibilidade de distinguir cores. O mais usual é o terceiro.

ceifa, colheita, messe, seara – *Ceifa*, tanto é o ato de ceifar, como o cereal ceifado. *Colheita* é o ato de colher, assim como a totalidade da produção colhida. *Messe*, palavra literária, tanto é a ceifa como o cereal maduro, a ponto de ser colhido. *Seara* é o cereal já nascido, o cereal crescido, mas ainda não maduro.

celebrar, comemorar, festejar, solenizar – Significam render homenagem a pessoa ou acontecimento. *Celebrar* traz a ideia de grande concurso de povo (lat. *celeber*, frequentado) e de aparato: *os sacerdotes celebram missa*. *Comemorar* quer dizer celebrar ou festejar, recordando acontecimento extraordinário na vida de uma família, de uma pessoa ou de um povo. *Festejar* traz ideia de festa, alegria ruidosa: *Em junho se festejam Sto. Antônio, S. João, S. Pedro*. *Solenizar* dá ideia de pompa extraordinária, que impressione.

célebre, ilustre – *Célebre* é aquele ou aquilo de que se fala muito, sobretudo nas classes instruídas. *Ilustre* é o que tem uma glória, um brilho, relativos ao seu mérito e independente do que os homens digam.

celebridade, fama, glória, honra, nome, nomeada, renome, reputação – *Celebridade* é o brilho que se liga aos talentos ou aos fatos históricos importantes, atraindo a atenção das classes esclarecidas ou fixando a da posteridade. *Fama* é a conta em que alguém é tido geralmente e também o conceito brilhante, conferido pela voz pública. *Glória* é a alta fama de quem prestou eminentes serviços à pátria ou à humanidade. *Honra* é a demonstração exterior com que se venera o mérito ou as ações extremadas de alguém. *Nome* é a pequena celebridade de quem faz falar de si. *Nomeada* é a fama ligeira, de pouca duração, limitada a pequeno círculo. *Renome* é a fama conquistada por virtudes ou boas ações, e que faz o nome ser repetido em toda parte e com acatamento. *Reputação* é a conta, boa ou má, em que alguém é tido no meio em que vive.

celerado, facínora, malfeitor – *Celerado* é o indivíduo que praticou ou é capaz de praticar grandes crimes. *Facínora* é o perverso, inveterado na prática de crimes. *Malfeitor* é o indivíduo que pratica ações contrárias à boa ordem social, ao direito dos seus concidadãos etc.

célere, rápido, veloz – *Célere* é o muito veloz mas sem ideia de força nem de violência. *Rápido* é o muito veloz, arrebatadamente. *Veloz* é o que percorre muito espaço em pouco tempo.

celeste, celestial, célico – *Celeste* é o próprio do céu: *corpos celestes*. *Celestial* é também próprio do céu e mais, que é como se fosse celeste: *êxtase celestial*. *Célico* é palavra poética: "Olhava ao longo o célico declívio" (Alberto de Oliveira, *Os amores da estrela*).

celibatário, solteiro – *Celibatário* é o homem que não se casou, porque não quis ou porque não pôde. *Solteiro* é o que ainda não se casou, sem querer isto dizer que vá ser celibatário.

cenóbio, claustro, convento, mosteiro – *Cenóbio*, do grego *koinóbion*, lugar onde se vive em comum, e *convento*, do latim *conventus*, ajuntamento, são casas habitadas por pessoas religiosas que vivem em comum e como irmãos (frades e freiras), debaixo da mesma regra. *A primeira palavra* é de uso literário: "Quando em 1834 se extinguiu o antigo e célebre cenóbio de Santa Cruz de Coimbra..." (Herculano, *Opúsculos*, tomo I, 149). *Claustro* é o mesmo, mas aplica-se quando se quer dar ideia de clausura, encerramento, separação das coisas do mundo; Junqueira Freire chamou um de seus livros *Inspirações do Claustro*. *Mosteiro*, do grego *monastérion*, de *monázo*, viver só, é casa religiosa onde vivem monges ou monjas, sob o governo de abade ou de abadessa. Além do título do superior, mosteiro traz ideia de solidão. Muitos mosteiros, cujos monges levavam vida contemplativa, eram construídos longe dos povoados.

cenobita, frade, monge, religioso – *Cenobita* ou *frade* é habitante de cenóbio ou convento. A primeira palavra é literária: "Expulsos os cenobitas..." (Herculano, *Opúsculos*, tomo I, 149). *Monge* é o habitante de mosteiro. "*Monge* quer dizer solitário & apertado da secular conversaçam" (Fr. Heitor Pinto, *Imagem*, I, 104). *Religioso* é todo o que entrou em religião, professando e vivendo conventual ou monasticamente.

cenotáfio, sarcófago – *Cenotáfio*, palavra proveniente do grego *kenotáphion*, formado de *kenós*, vazio, e *táphos*, túmulo, é sepulcro levantado em memória de um morto, enterrado em outro lugar. Os ingleses ergueram ao seu soldado desconhecido um cenotáfio em Whitehall. *Sarcófago* é o ataúde de pedra. Na história da arte é célebre o sarcófago dito de Alexandre, existente no Museu de Istambul. Era primitivamente o feito de um calcário que em quarenta dias consumia carne e ossos (gr. *sarx*, carne, e *phagêin*, comer).

censo, recenseamento – *Censo* é o rendimento coletável, julgado necessário pela lei, para o exercício de certos cargos. *Recenseamento* é o arrolamento da população com a indicação de circunstâncias determinadas pela lei.

censurar, criticar – *Censurar* é repreender com o intuito de corrigir. *Criticar*, que propriamente significa julgar, notando qualidades e defeitos, foi tomando o sentido de ferir notando defeitos, sem intuito de corrigir, porque os críticos são mais inclinados a ver estes do que aquelas.

centáurea-menor, fel-da-terra, quebra-febre – Planta da família *Gentianaceae* (*Erythraea centaurium*).

centeio-espigado, centeio-esporaúdo, cravagem, esporão-de-centeio, fungão-de-centeio, morrão-de-centeio – Cogumelo que se desenvolve na semente de centeio.

centelha, chispa, fagulha, faísca, faúlha, fona – *Centelha* é partícula de viva luz que se desprende de corpo luminoso, brilhando por um momento e depressa desvanecendo; é a luz das estrelas. *Chispa* é a partícula ardente que se desprende rápida; daí o *chispar* da gíria. *Fagulha*, *faísca* e *faúlha* são partículas de fogo ou de matéria inflamada que se desprende de fogo maior. *Fona* (desusado no Brasil) é faísca que se apaga antes de cair em terra; parece ser o que nós chamamos *menino-de-escola*.

centopeia, lacraia, rabo-de-tesoura (Bahia) – Nome dos artrópodes quilópodes da família *Scolopendridae* (*Scolopendra sp.*).

centro, meio – *Centro* é o ponto do círculo o qual fica a igual distância de todos os pontos da circunferência, ou o ponto da esfera a igual distância da superfície. *Meio* além de significar ponto médio, parte equidistante dos diversos pontos de uma periferia, significa também qualquer ponto de uma área, que não seja nos extremos, nem na periferia, embora não coincida com o centro; "O eixo está no centro da roda. A estátua está no meio do lago".

céptico, pirrônico – O *céptico* dúvida de tudo; o *pirrônico* abstém-se de afirmações dogmáticas.

cera (do ouvido), **cerúmen** – Secreção das glândulas sebáceas da parede cutânea do conduto auditivo externo. *A primeira palavra* é popular; *a segunda*, erudita.

cercar, cingir, circundar, rodear, sitiar – *Cercar* quer dizer ficar em toda a volta, não deixando solução de continuidade, não permitindo a entrada no recinto fechado nem a saída dele. *Cingir* é ficar em volta, em estreito contato com o que é cingido, como acontece com um cinto, com um diadema. *Circundar* é simplesmente ficar em volta. *Rodear* é ficar em volta, sem solução de continuidade, perto e como dependência externa. *Sitiar* é estabelecer cerco (em cidade, fortaleza etc.) para atacar.

cérebro, miolos – Massa de matéria nervosa que ocupa a cavidade craniana no homem e em irracionais. *A primeira palavra* é erudita; *a segunda*, popular.

Ceres, Demeter – Nome latino e nome grego da deusa da agricultura.

cerimônia, rito, ritual – *Cerimônia* são formas exteriores dos atos de culto. *Rito* é ordem ou conjunto das cerimônias religiosas, determinado pela autoridade competente, cerimônia religiosa própria de uma comunidade. *Ritual* é o livro que contém a ordem e a forma das cerimônias religiosas, com as palavras e orações que as devem acompanhar.

cerro, colina, cordilheira, montanha, monte, morro, outeiro, serra, serrania – São porções mais ou menos elevadas de terra. *Cerro* é pequeno monte penhascoso e abrupto. *Colina* é um pequeno outeiro. *Cordilheira* ou cadeia de montanhas é uma série de serras, encadeadas umas nas outras. *Montanha* é monte de considerável grandeza, amplo, elevado. *Monte* é porção da superfície da terra a qual se eleva acima da planície adjacente, em declive mais ou menos rápido, mas sempre bastante sensível. *Morro* é o monte pouco alto e de suave declive. *Outeiro* é pequeno monte, menos elevado do que o morro. *Serra* é montanha prolongada, com vários cabeços e picos, que fazem lembrar a serra do carpinteiro; daí lhe vindo talvez o nome. *Serrania* é uma serra muito extensa, com ramificações para diferentes lados.

certeza, confiança, fé – *Certeza* é a segurança fundada num fato material, num cálculo bem feito. *Confiança* é a segurança baseada em nossas esperanças. *Fé* vem a ser a segurança fundada em nossos pressentimentos: "Tenho certeza de que o dinheiro chega para a despesa. Tenho confiança no meu time; tenho fé que tudo correrá bem".

certeza, precisão – *Certeza* é a qualidade de certo. *Precisão* é a certeza absoluta, levada a minúcias externas, como se dá na matemática.

certo, confiante, seguro – Estar certo refere-se ao passado e ao presente; estar seguro, ao futuro. *O primeiro* exprime adesão do espírito a verdade reconhecida como tal; *o segundo* e o *terceiro* querem dizer ter confiança, crer que não há de faltar.

Cervino, Matterhorn – Picos dos Alpes Peninos.

cervo, veado – Mamífero da família *Cervidae* (*Cervus elaphus*). A primeira palavra é erudita: a segunda, popular.

cessar, descontinuar, deter, interromper, parar, sobrestar, sustar – *Cessar* é fazer ponto, suspender a ação. *Descontinuar* é romper a continuidade de ação, suspendendo-a por algum tempo, para depois continuar. *Deter* é obstar com força. *Interromper* é fazer cessar, sugerindo a ideia de prosseguir. *Parar* é cessar de mover-se. *Sobrestar* é descontinuar, até nova determinação. *Sustar* é fazer com que não continue. Também se diz em em processos complexos, e em informática, ***abortar***.

céu, firmamento – *Céu* é o espaço indefinido em que se movem os astros e, especialmente, a parte dele acima das nossas cabeças, limitada pelo horizonte. *Firmamento* é o mesmo que céu, mas se usa literariamente. O poeta português Soares dos Passos escreveu uma bela poesia com este título. *Firmamento* quer dizer coisa que firma, que dá apoio. Vem do latim *firmamentum*, palavra com que S. Jerônimo traduziu o hebraico *rakia* dos versículos 6, 7 e 8 do primeiro capítulo do *Gênese*. Era uma abóbada de cristal que separava as águas de cima das de baixo (o mar) e não as deixava cair sobre a terra (cfr. *Salmo* 148, 4). Mais tarde, passou a ser a abóbada cristalina do oitavo céu, a das estrelas fixas. Vide entretanto Vieira, *Sermões*, X, 44.

céu, empíreo, paraíso – *Céu* é o tabernáculo da divindade. *Empíreo* era, em sistemas cosmológicos, a esfera celeste superior, onde estava reunido o elemento ígneo (gr. *pyr*, fogo) e a qual habitavam os deuses. *Paraíso* é a sede dos bem-aventurados, que gozam das delícias divinas. V. o artigo precedente.

cevadilha, eloendro, espirradeira, loendro, loureiro-rosa – Arbusto da família *Apocynaceae* (*Nerium oleander*).

chá-da-europa, verônica-oficinal – Planta da família *Schophulariaceae* (*Veronica officinalis*).

chácara, fazenda, granja, quinta, roça, rocinha, sítio, situação – *Chácara* é terreno, de maior ou menor extensão, em bairro residencial ou perto de cidade ou vila, plantado de flores ou de árvores frutíferas. *Granja* é prédio rústico, tratado, para se tirar lucro com os seus frutos (aves, ovos, leite etc). *Fazenda* é prédio rústico destinado à criação de gado (sobretudo bovino e cavalar), ou à lavoura em grande escala. *Quinta* é prédio rústico de recreio. A palavra é de Portugal. No Brasil (Rio de Janeiro), existe a Quinta da Boa Vista, doada para residência campestre de D. João VI, pelo súdito Elias Antônio Lopes. *Roça*, na Bahia, é o mesmo que *chácara* (B. Rohan). *Rocinha*, no Pará igualmente (idem). *Sítio*, o mesmo que *chácara* em Pernambuco, segundo B. Rohan, é estabelecimento agrícola, nas vizinhanças de cidade ou vila, destinado a pequena lavoura (do Rio a Pernambuco). Em alguns Estados ainda se diz *situação*.

chacota, chasco, escárnio, gracejo, irrisão, mofa, motejo, remoque, sátira, troça, zombaria – Todos significam ato de fazer rir à custa de alguém. Na *chacota* zomba-se por meio de ditos burlescos. O *chasco* é um remoque com ideia de desprezo. O *escárnio* ofende trazendo repulsa e expondo à vergonha. O *gracejo* é o dito engraçado, podendo não ser malicioso. A *irrisão* torna a pessoa alvo de um riso piedoso. A *mofa* é a zombaria acompanhada de trejeitos do rosto e de ademanes ridículos. O *motejo* é a zombaria por meio de motes, isto é, de ditérios satíricos agudos. *Remoque* é o dito picante que mal dissimula a crítica malévola. *Sátira* é o juízo parcial em que se zomba dos defeitos sem levar em conta as qualidades. *Troça* é a zombaria aparatosa, mais para brincar do que para ofender. *Zombaria* é o dito ou o gesto com que se falta ao respeito, à devida consideração expondo ao ridículo.

chaga, ferida, úlcera – *Chaga* é a solução de continuidade da pele ou das mucosas, cruenta ou em supuração. *Ferida* é todo mal trazido à pele por ferimentos ou contusão. *Úlcera* é a solução de continuidade, com perda de substância, ordinariamente determinada ou mantida por uma causa interna ou um vício local.

chama, flama, labareda – *Chama* é a parte mais luminosa do fogo, a que se levanta em forma de pirâmide, acima do corpo que arde. *Flama* é a forma erudita de chama. *Labareda* é a grande chama, que se eleva em línguas de fogo.

chama-maré, maracuani (Pará) – Crustáceo da família *Ocypodidae* (*Uca vocator*).

chamar (por), **evocar, invocar** – *Chamar por* é dirigir vozes para que venha socorrer num perigo ou numa empresa. *Evocar* é chamar para perto, trazendo à lembrança, fazendo aparecer por meio de preces, encantamentos, sortilégios. *Invocar* é forma erudita de *chamar por*.

chamariz, engodo, isca – *Chamariz* é o que atrai o público a um lugar. *Engodo* é o chamariz com astúcia enganosa. *Isca*, outro tanto.

chamuscar, crestar, sapecar, tostar – *Chamuscar* é queimar de leve, passando por pequena chama. *Crestar* é queimar, secando a crosta. *Sapecar*, de origem tupi, é o mesmo que *chamuscar*. *Tostar* é queimar ficando escuro.

chanchã, pica-pau-do-campo – Ave da família *Picidae* (*Colaptes campestris*).

chanfalho, durindana, espada, gládio, montante, refle, sabre – *Chanfalho*, palavra vulgar, é espada velha, enferrujada, sem corte. *Durindana*, palavra burlesca, é espada grande, pesada e maçadora, como a usada pelo paladino Orlando. *Espada*, termo genérico, é arma ofensiva e defensiva, formada por lâmina de ferro ou aço, comprida, direita, cortante de um ou de ambos os bordos e com punho e guardas. *Gládio* era a espada romana de lâmina fina, menos larga que a da *spatha;* hoje, é forma literária de *espada*. *Montante* era a espada grande, pesada, brandida com as duas mãos. *Refle* termo de gíria é o sabre dos polícias. *Sabre* é pequena espada ligeiramente recurvada, de um só gume.

chapa, chavão, clichê, lugar-comum – Fórmula muito repetida de falar ou escrever.

chapeleta (Portugal), **sardinheta** (Brasil) – Salto que dá um projétil lançado obliquamente à superfície da água.

chapéu de palha, palheta (Sul), **palhinha** (Alagoas), **picareta** (Minas e Rio Grande do Sul) – Nomes de chapéu de palha.

charutaria (Brasil), **estanco** (Portugal) **tabacaria** – Loja em que se vendem charutos, cigarros e outros artigos para fumantes.

charuteiro, estanqueiro – *Charuteiro*, no Brasil, é o dono ou o gerente de charutaria; em Portugal, é o manipulador de charutos (Figueiredo). *Estanqueiro* é, em Portugal, o dono de estanco (Aulete). V. *charutaria*, *estanco*.

chato, piolho-ladro (Portugal) – Inseto da família *Pediculidae* (*Phthirius púbis*).

chavelho, chifre, corno, galho, guampa, ponta – Nomes do apêndice sólido que faz saliência na cabeça de alguns animais, principalmente mamíferos e que lhes serve de arma. *O primeiro* é pouco usado; costuma aparecer em referência aos do diabo. *O segundo* é o comum. *O terceiro* é grosseiro; usa-se contudo em expressões estereotipadas: *corno da abundância*, *pôr nos cornos da lua*. *O quarto* se aplica aos ruminantes. *O quinto* é o chifre de animal vacum e se usa no Rio Grande do Sul (Callage); propriamente, o chifre preparado como vasilha. *O sexto* é metafórico.

chávena, xícara – A *chávena* (do chinês *cha-kvan*, vasilha para chá) hoje é sinônimo perfeito de *xícara*, esquecida a etimologia. Eça empregou a expressão chávena de chá (*Novas Cartas Inéditas*, Rio, 1940, p. 22). *A xícara* (do náuatle *xicalli*) é pequena vasilha, de louça ou metal, com asa, usada para se beber café, chá, mate, chocolate, leite e outras bebidas, quentes ou frias. Era originariamente vasilha para chocolate; depois, generalizou também o sentido.

cheia, dilúvio, enchente, inundação – *Cheia* é o alteamento das águas dos rios, as quais, transbordando, alagam alguns sítios. *Dilúvio* é grande inundação, capaz de alagar um continente, ou mesmo o mundo inteiro; a Bíblia narra um dilúvio universal. *Enchente* é uma grande cheia, que alaga vastas terras. Como antônimo de vazante significa subida de água. *Inundação* é uma cheia muito grande, aplicando-se a rios e mares.

cherne (Sul), **chernete** (idem), **chernote** (idem), **cirigado-cherne** (Norte) – Peixe da família *Serranidae* (*Garrupa niveata*).

chibé (Amazônia), **jacuba** (Sul), **tiquira** (Ceará) – Refrigerante de água com açúcar e farinha.
chicharro, garaçuma (Pernambuco), **guaraçuma** (idem) – Peixe da família *Carangidae* (*Trachurus trachurus*).
chichica, cuíca, guaicuíca, mucura-chichi (Amazônia), **mucura-chichita** (idem) – Nomes dos marsupiais menores da família *Didelphidae*, pertencentes aos gêneros *Matachirus*, *Marmosa* e *Peramys*.
chichica-d'água (Amazônia), **cuíca-d'água** – Marsupial da família *Didelphidae* (*Chironectes minimus*).
chicolerê, dormião, fevereiro, jacuru, joão-bobo, joão-doido, jucuru, juiz-do-mato, rapazinho, sucuru, tamatião – Ave da família *Buconidae* (*Nystalux chacuru*).
chifrada, cornada, guampaço ou **guampada** (Rio Grande do Sul), **marrada** – Pancada com chifre, corno. *A segunda palavra* é grosseira. *A última* se aplica a chifrada de animais pequenos, como bezerros, carneiros, cabras etc. *Guampada* ou *guampaço* é pancada com a guampa.
chincoã (Amazônia), **cucu, papa-lagarta** – Ave da família *Cuculidae* (*Coccyzus melacoryphus*).
chinela, chinelo – *Chinela* é calçado de homem ou de mulher, com talão ou sem ele, usado ordinariamente em casa. *Chinelo* é sapato velho acalcanhado. Na prática confunde-se a segunda palavra com a primeira.
chinquilho (Portugal), **fito** (idem), **malha** (Brasil) – Jogo em que derribam com chapas metálicas redondas ou oitavadas paus erectos no chão.
chioba, cioba – Nome de peixes da família *Lutjanidae* (*Neomaenis sp.*).
chiqueira, espanta-boiada (Mato Grosso, Sergipe e Pernambuco), **gaivota-preta, quero-quero** (Sul), **terém-terém** (Norte), **tero-tero, tetéu, téu-téu** (de S. Paulo para o Norte) – Ave da família *Charadriidae* (*Belonopterus cayennensis*).
chiste, espírito, facécia, gozação, graça, gracejo, piada, pilhéria, troça – *Chiste* é dito agudo, gracioso e sem malignidade, fazendo rir. *Espírito* é a faculdade de exprimir de modo fino, picante, engenhoso, original, a opinião sobre pessoas, fatos etc. *Facécia* é a graça leve, sutil, galante. *Gozação* é o ato de ridicularizar algo ou alguém, de brincadeira ou não. *Graça* é o dito despretensioso que provoca o riso. *Gracejo* é o dito zombeteiro mas ofensivo ou pouco ofensivo. *Piada* é uma história engraçada, contada ou escrita para fazer rir. Tb. ***anedota***. *Pilhéria* é brincadeira, conto, inventados para todos rirem, até a vítima. *Troça* é brincadeira para fazer rir à custa de alguém.
chistoso, engraçado, faceto, espirituoso, jocoso, pilhérico, trocista – *Chistoso* é o que diz chistes. *Engraçado* é o que tem graça. *Faceto* é o que diz facécias. *Espirituoso* é o que tem espírito. *Jocoso* é o que diverte com ditos engraçados, brincadeiras. *Pilhérico* é o amante de pilhérias. *Trocista*, o amante de troças.
chocar, incubar – *Chocar* é fazer a ave desenvolver o gérmen do ovo, cobrindo o ovo e aquecendo-o com o corpo. *Incubar*, palavra erudita, significa fazer germinar o ovo, natural ou artificialmente, razão pela qual se deve dizer incubadora artificial e não chocadeira artificial.
chocar, melindrar, ofender – *Chocar* (considerado galicismo neste sentido) é ofender causando abalo mais ou menos violento. *Melindrar* é ofender no que a pessoa tem de mais delicado e sensível

em sua natureza. *Ofender* é fazer a uma pessoa coisa de que ela se ressinta.

chocar, embater, encontroar - *Chocar* é encontroar com a força suficiente para produzir um abalo, um ruído qualquer. *Embater* é chocar-se violentamente. *Encontroar* é dar um encontrão, mais ou menos violento. Dois veículos em marcha reduzida, se se põem em contato, encontroam-se. Se a marcha não é reduzida mas também não é veloz, podem chocar-se. Se a marcha é veloz, embatem-se.

chofer, motorista – *Chofer* é o condutor de automóvel; *motorista*, o de ônibus.

chora-lua, jurutau (Amazônia), **mãe-da-lua, manda-lua, urutágua, urutau** – Nomes de aves da família *Capri-mugidae* pertencentes ao gênero *Nyctibius*.

choramingas, chorão, lamuriento, manhoso – *Choramingas* (e sua forma originária *choramigas*) é a criança que chora por ninharias. *Chorão* é o que chora muito. *Lamuriento* é que se lamenta, fica de lamúrias o tempo todo. *Manhoso* é o que chora sem causa justificada.

choro, pranto - *Choro* é o ato de chorar (v. *chorar*). *Pranto* é propriamente a demonstração do sentimento por meio de vozes queixosas: "Dei logo olhos ao choro, a língua ao pranto" (Diogo Bernardes, *Rimas*, 2). "...as outras estavam povoadas de prantos e choros das donzelas" (F. de Morais. *Palmeirim*, II, 341). *Pranto* vem do latim *planctus*, ato de bater com ruído. O pranto chamava-se assim, porque se batiam as mãos uma com a outra, quando se chorava (Vieira, *Lágrimas de Heráclito*). O pranto acompanhado de lágrimas é o pranto de choro: como este é o comum, a palavra *pranto* passou a significar choro queixoso.

chulipa, dormente, sulipa, travessa – Toro de madeira que se atravessa na via e que serve para assento dos trilhos. *O terceiro nome* (Nordeste) é corruptela do primeiro. O mais usado é *o segundo*.

chupa-dente, cuspidor – Ave da família *Conopophagidae* (*Conopophaga lineata*).

chupador, chupão, pulga-de-anta (Maranhão), **pulgão, tamajuá** (Minas) – Inseto da família *Cimicidae* (*Mormidea poecila*).

chupa-ovo, papa-ovo – Cobra da família *Colubridae* (*Drymarchon corais*).

chupim (Rio de Janeiro, Rio Grande do Sul), **vira** (S. Paulo), **vira-bosta** (idem) – Pássaro da família *Icteridae* (*Aeptus chopi*).

chuva-de-pedra, granizo, pedrisco, saraiva – Meteoros aquosos formados por água que congela no ar e cai no solo. Parece que caem do céu pedras, pequenos grãos: daí os nomes. *Chuva-de-pedra*, *granizo* e *saraiva*, praticamente, vêm a ser a mesma coisa. *Pedrisco* é a chuva de pedra miúda.

cianídrico, prússico – Qualificativos de um ácido formado pela combinação de um átomo de hidrogênio, um de carbono e um de azoto.

cianose, moléstia azul - Moléstia circulatória que azulece a pele.

Cibele, Reia – Nome da mãe dos deuses, na mitologia greco-romana.

cidadão, súdito, vassalo - *Cidadão* é o indivíduo no gozo de seus direitos civis e políticos, em país republicano. *Súdito* é a pessoa submetida à autoridade de um soberano. *Vassalo* é a pessoa submetida à autoridade de um senhor feudal.

cidadela, fortaleza, forte, fortim, praça forte – *Cidadela* é fortaleza que domina uma cidade dentro da qual está edificada. *Fortaleza* é construção erguida para defender cidade ou passo, lendo guarnição permanente. *Forte* é obra de fortificação de forma poligonal, fechada, com frentes munidas de bastiões e não estabelecida em torno de um centro de população. *Fortim* é um pequeno forte. *Praça forte* é povoação cercada de muralhas e baluartes, contendo, além da guarnição, população mais ou menos numerosa.

cifra, nada, zero – *Cifra* e *zero* são algarismos sem valor absoluto. *Cifra* quase não se usa senão nos significados de cômputo total e de chave de escrita secreta. *Nada* é o nome que se dá ao resultado da tirada dos noves, quando ela não produz valor absoluto algum.

cigana, paraguaia – Inseto da família *Formicidae* (*Iridomyrmex humilis*).

cilíndrico, roliço – Com forma de cilindro. *O primeiro* é erudito; *o segundo*, popular.

cílio, celha, pestana – Pequeno pelo que guarnece a borda da pálpebra. *O primeiro* é erudito e literário; *o segundo* pouco se usa; *o terceiro* é o comum.

cima (por), **sobre** – *Por cima* indica a situação local de um corpo em relação a outro: "O avião passou por cima da torre". *Sobre* mostra a posição superior de coisa que tem debaixo de si, indicando o corpo que gravita e o que suporta esta gravidade: "O livro está sobre a mesa".

cimicífuga, erva-de-são-cristóvão – Planta da família *Ranunculaceae* (*Cimicifuga racemosa*).

cinca, cincada, claudicação, desacerto, erro – *Cinca* é a perda de cinco pontos, no jogo da bola, por não passar esta além de certos limites; passou a significar falta cometida por imperícia. erro de ofício, erro cometido por profissional. *Cincada* é o ato de cincar e também se toma por *cinca*. *Claudicação* é o ato ou efeito de claudicar, *q.v.*; erro, falta, imperfeição. *Desacerto* é o erro cometido por irreflexão ou inadvertência. *Erro* é o ato de não fazer certo, de não tocar no ponto certo.

cínico, desavergonhado, descarado, deslavado, despudorado, impudente, impudico – *Cínico* é o que se vangloria de sua falta de vergonha. *Desavergonhado* é o que perde a vergonha. *Descarado* é o que até na cara revela sua falta de vergonha. *Deslavado* é o que revela sua falta de vergonha no rosto um tanto sem cor, pela prática de ação pouco digna; não chega a ser um descarado. *Despudorado* é o desprovido de pudor. *Impudente* é o que pratica atos indignos, fria e impassivelmente, sem se incomodar nem com o testemunho nem com a censura alheia. *Impudico* é o que não tem o pudor que lhe seria próprio ou natural.

cinta, cinto – São faixas que cingem o meio do corpo. A *cinta* dá mais de uma volta em roda; o *cinto* dá uma só.

ciobinha, cioquira, cririca, piracirica – Nomes das ciobas novas e das espécies mínimas do gênero *Neomaenis*.

cioso, zeloso – *Cioso* é o cheio de cuidado, atenção, interesse por uma coisa. *Zeloso* é o muito cioso.

circunlóquio, perífrase, rodeios – *Circunlóquio* é um circuito de palavras empregadas quando a palavra escapa ou quando se quer formular pensamento difícil ou perigoso de exprimir. *Perífrase* é figura de retórica a qual usa do circunlóquio para ornar o estilo. *Rodeios* são digressões preliminares para preparar o ataque do ponto principal.

circunspecção, discrição – *Circunspecção* consiste em examinar por todos os lados, considerar atentamente, escolhendo os meios mais seguros e oportunos de realizar os intentos. *Discrição* é o acertado juízo de seguir o que nos propomos.

cirro, estertor – Ronquido da respiração dos moribundos ou de doentes de certas moléstias respiratórias.

cisco, lixo, varredura – *Cisco* é o pó de carvão, são cinzas misturadas com matérias terrosas e fragmentos de carvão. *Lixo* é tudo o que é varrido de uma casa, tudo o que na cozinha não se aproveita, tudo o que se lança fora; em geral numa lata, chamada do lixo. *Varredura* é o que a vassoura arrasta em qualquer parte, numa oficina, numa rua, num jardim etc.

ciúme, zelos – *Ciúme*, este monstro de olhos verdes, na frase de Shakespeare, é um sentimento penoso, causado pela pretensão real ou suposta de outrem, em relação a pessoa de quem queremos o amor exclusivo. *Zelos* são ciúmes excessivos, cujo único móvel é o ardor voluptuoso.

cível, civil – Nas relações jurídicas, *cível* é relativo ao direito civil, em oposição ao direito criminal: *vara cível*. *Civil*, além de referente aos cidadãos em suas relações entre si, opõe-se a militar e a eclesiástico.

cívico, patriótico – *Cívico* quer dizer do cidadão, considerado como membro de uma sociedade política. *Patriótico* quer dizer do patriota, de quem ama com ardor a sua pátria.

civil, paisano – São palavras sinônimas no sentido de *não militar*.

civilização, cultura – *Civilização* é o estado da sociedade em que há leis, um bom governo, justiça bem administrada, uma cultura enraizada. *Cultura* é o amor ao saber, o esforço contínuo para desenvolver a educação científica, artística e literária, a proteção aos que sobressaem pela inteligência.

civismo, patriotismo – *Civismo* é a virtude do bom cidadão, que cumpre com os seus deveres e exerce os seus direitos, como membro de uma sociedade política. *Patriotismo* é o ardente amor consagrado à pátria, o desejo de vê-la feliz e coberta de glória.

cizânia, desacordo, desarmonia, desavença, desconcerto, desinteligência, discordância, discórdia, discrepância, dissensão, dissentimento, dissidência, dissídio, divergência – *Cizânia* é a falta de boa paz, lançada por algum malvado: "... semeava / A fera Erínis dura e má cizânia" (*Lusíadas*, VI, 43, 6-7). *Desacordo* é a falta de acordo, isto é, de união de sentimentos, ideias, opiniões. *Desarmonia* é a falta de harmonia, isto é, quebra de harmonia existente, do ajustamento de uma vontade a outra. *Desavença* é a falta de fidelidade a contrato, combinação, feitos. *Desconcerto* é o fato de se pôr alguém abertamente fora do que concertou com outra pessoa. *Desinteligência* é o fato de não se entenderem direito as pessoas. *Discordância* é o fato de não terem as pessoas o mesmo sentir. *Discórdia* é desarmonia no último grau, manifestada de modo violento, causada pela irritação das paixões. *Discrepância* é a disparidade em que se fica por não ser da opinião de outrem. *Dissensão* é cessação de harmonia, manifestada pela disputa. *Dissentimento* é dissensão fraca. *Dissidência* é a separação trazida por desacordo ocorrente. *Dissídio* é desacordo momentâneo. *Divergência* é a direção contrária tomada por pessoa que partiu do mesmo ponto que outra.

clandestino, secreto – *Clandestino* é o que se pratica às escondidas, procurando infringir a lei, sem que ninguém saiba. *Secreto* é o que não chegou ao conhecimento de ninguém ou chegou ao de poucas pessoas.

clarão, claridade – *Clarão* é luz forte, que se mostra subitamente e depois desaparece, ou é princípio de claridade. *Claridade* é graduação de luz que mostra distintamente os objetos.

clarear, clarificar – *Clarear* é ficar claro: "O dia amanheceu escuro, mas agora clareou". *Clarificar* é tornar claro: "Clarifique este vinho; está muito turvo".

clareza, claridade – Querem dizer qualidade de claro. *A primeira* se emprega em sentido figurado; *a segunda*, no sentido próprio.

claro, evidente, manifesto – O que é *claro* concebe-se facilmente; não dá lugar a equívoco, não precisa explicação. O que é *evidente* determina por si mesmo o assentimento; não precisa ser provado. O que é *manifesto* aparece a descoberto; nada o oculta, nada o dissimula.

classe, ordem – São agrupamentos convencionais. *Classe* é uma coleção de objetos com pelo menos uma propriedade comum. Na classe entram gradações. Na *ordem* tudo é igual ou se reputa como tal.

classificar, coordenar, dispor, distribuir, ordenar – *Classificar* é dispor por classes ou indicar a classe. *Coordenar* é submeter a relações de dependência coisas já ordenadas. *Dispor* é arranjar de um modo qualquer. *Distribuir* é pôr, sob certo critério, cada pessoa ou coisa, entre muitas, no seu lugar próprio. *Ordenar* é dispor por ordens.

claudicar, coxear, mancar, manquitolar – Significam arrastar de uma perna. *O primeiro* é erudito (e muito usado em sentido figurado) os demais são de uso popular, assim como ***capengar***.

clemência, comiseração, compaixão, dó, indulgência, misericórdia, pena, piedade – *Clemência* é a virtude dos que têm autoridade para castigar a qual os leva a poupar o castigo merecido ou a infligir pena moderada. Nenhuma outra assenta melhor num príncipe do que ela. *Comiseração* é a profunda dor moral por uma desgraça que se dá diante de nós, que nos comove no próprio momento. *Compaixão* é o sentimento que leva a compadecer-nos, a tomar parte real nos males dos outros, como se estes males fossem nossos. *Dó* é a dor moral inspirada pelo que sofre, pelo infeliz. *Indulgência* é a falta de propensão a usar de rigor e severidade com os que erraram. *Misericórdia* é a compaixão infinita, o grande dó, que levam a não só perdoar, mas também a socorrer o desgraçado. *Pena* é sofrimento sentido por ver alguém sofrer. *Piedade* é a compaixão ou o dó, acompanhados do desejo de livrar do mal o desgraçado.

clepsidra, relógio-de-água – Antigo mecanismo que indicava as horas por meio do escoamento da água. *O primeiro* é erudito.

clérigo, cura, eclesiástico, padre, pároco, presbítero, reverendo, sacerdote, vigário – *Clérigo* é todo aquele que possui uma ordem sacra. *Cura* é o sacerdote que doutrina e dirige espiritualmente certo número de fiéis. *Eclesiástico* é todo aquele que pertença à classe sacerdotal, seja qual for a sua hierarquia, do papa ao mais humilde capelão. *Padre* é todo clérigo secular que recebeu ordens que lhe permitam dizer missa. *Pároco* é o sacerdote a quem foi confiada uma paróquia. *Presbítero* é o mesmo que *padre*, isto é, clérigo que recebeu a ordem maior do presbiterado. *Reverendo* é tratamento honroso, conferido aos padres. *Sacerdote* é termo genérico que abrange os ministros de todas as religiões que admitem sacrifícios (lat. *sacer);* implica a celebração das cerimônias do culto. *Vigário* é o mesmo que *pároco*, isto é, o sacerdote a quem foi confiada uma freguesia. Faz as vezes do bispo.

cliente, constituinte – A língua viva emprega hoje estas palavras do seguinte modo: *cliente* é a pessoa que consulta habitualmente um médico; *constituinte* é a pessoa que entrega a defesa de seus direitos ou interesses a um advogado, a um procurador.

clientela, clínica, freguesia – *Clientela* (galicismo neste sentido) é o conjunto de clientes de um médico, de um dentista etc.; também se toma no sentido *de freguesia*. *Clínica*, que significa propriamente ensino médico feito junto ao leito do doente, prática da medicina em consultório para doentes que caminham por seu pé, apresenta na linguagem comum o sentido de clientela de médico: "O Dr. Fulano meteu-se a literato; perdeu a clínica". *Freguesia* é o conjunto de pessoas que frequentam habitualmente uma loja, para fazer suas compras, consumações etc., que se utilizam dos serviços de um profissional.

coagir, constranger, forçar, obrigar, violentar – Todos indicam restrição da liberdade. *Coagir* é levar a fazer ou não fazer uma coisa, usando de força física ou moral, havendo porém relutância do coacto. *Constranger* é não deixar o poder de fazer senão uma coisa, que não é justamente a que se prefere. *Forçar* é levar a fazer ou não fazer, usando de força irresistível. *Obrigar* lembra a ideia de uma obrigação moral, de um dever. *Violentar* é usar de uma força bruta, material, supondo-se uma tentativa, ou pelo menos um desejo, de resistência.

coagulador, coalheira, abomaso – Nomes do quarto estômago dos ruminantes.

Coari, Tefé – Afluente da margem direita do Amazonas.

cobaia, porquinho-da-índia, préa-da-índia (Sergipe) – Mamífero da família *Caviidae* (*Cavia porcellus*). *O segundo nome* é o popular.

cobarde ou **covarde, fraco, medroso, poltrão, pusilânime, tímido, timorato** – *Cobarde* é o que só ataca os fracos, o que, havendo provocado, recua ou fere à traição. *Fraco* é o que não tem força para resistir, sem que seja necessariamente um poltrão, um medroso, um pusilânime, um tímido. *Medroso* é o que recua ou não avança, porque tem medo. *Poltrão* é o que, espantado pelo perigo, foge. *Pusilânime* é o que tem ânimo muito pequeno (lat. *pusillus*, pequenino), um caráter tímido, que a menor dificuldade espanta ou paralisa. *Tímido* é o medroso por defeito de educação. *Timorato* é o medroso por escrúpulo.

cobra, serpente – Desde Bluteau se faz diferença entre uma e outra. O nome *cobra* abrange todos os ofídios, ao passo que *serpente*, palavra tanto ou quanto erudita, vem a ser a cobra peçonhenta. O povo, porém, não faz esta distinção. Diz: *ruim como cobra*, *ficar como cobra que perdeu o veneno*. *Serpente* se aplica à cobra que tentou Eva no paraíso; emprega-se em sentido figurado: *serpente do ódio*, *serpente da calúnia*.

cobra-capelo, naja – Serpente da família *Elapidae* (*Naja tripudians*).

cobra-corre-campo (Ceará), **cobra-corredeira** – Cobra da família *Colubridae* (*Chlorosoma nattererei*).

cobra-de-asa, cobra-do-ar, jaquiranaboia, jiquitiranaboia, jitiranaboia, tiramboia – Nomes de insetos da família *Fulgoridae*, pertencentes ao gênero *Lanternaria*. *Os dois primeiros* são do Nordeste; *o terceiro* é da Bahia, *o último* é do Ceará.

cobra-de-duas-cabeças, mãe-de-saúva (Amazônia) – Nomes de reptis da família *Amphisbaenidae*, pertencentes aos gêneros *Amphisbaena* e *Lepidosternon*.

cobra-de-vidro, licranço – Réptil da família *Anguidae* (*Ophiodes striatus*). A espécie portuguesa é o *Anguis fragilis*.

cobra-papagaio (Amazônia), **jararaca-verde, ouricana, paraamboia** (Goiás), **patioba, pindoba, surucucu-patioba, surucucu-de-pindoba, uricana** – Serpente da família *Viperidae* (*Bothrops bilineata*).

cobra-tapete (Rio de Janeiro), **jaracuçu, jararacuçu, surucucu-tapete** – Serpente da família *Viperidae* (*Bothrops jararacussu*).

cobu, joão-deitado (Minas Gerais) – Biscoito, feito de fubá, assado sobre pedaços de folhas de bananeira.

coça, sova, surra, tareia, tosa, tunda – Todos significam grande quantidade de pancadas. Cada um deles lembra um ato. *Coca*, o de cocar, esfregar com as unhas. *Sova*, o de sovar, revolver com água e bater até ficar bem amassada (a farinha de trigo). *Surra*, o de surrar, pisar e machucar (peles) para dar macieza e flexibilidade. *Tareia* não se usa no Brasil. *Tosa*, o de tosquiar, cortar rente (o pelo, a lã). *Tunda* talvez venha do latim *tundere*, malhar, martelar, raiz *tud*, que se acha em *tudes*, martelo, malho.

cocção, cozedura – Significa ato de *cozer*. *A primeira palavra* é erudita; *a segunda*, popular.

cóccix, mucumbu, osso do pai joão (Ceará) – Osso da coluna vertebral.

coceira, comichão, prurido, titilação – *Coceira* é uma grande comichão. *Comichão* é uma sensação incômoda na pele, a qual obriga a cocar. *Prurido*, palavra erudita, é o mesmo que *comichão* ou *coceira*. *Titilação* é uma ligeira comichão, até agradável, cócegas leves.

cochichar, segredar – *Cochichar* é falar em voz muito baixa e às vezes até junto da orelha, para que ninguém ouça o que se diz. *Segredar* é dizer em segredo ou como se fosse um segredo. Pode-se segredar sem cochichar.

cochilar, toscanejar – Significam estar a cair de sono, abrindo e fechando os olhos. *O primeiro verbo* é um brasileirismo de origem africana.

coco-de-catarro (Rio de Janeiro), **bacaiuva** (Mato Grosso), **bocaiuva, macaíba** (Pernambuco), **mucajá** (Pará e Maranhão) – Palmeira *Acrocomia sclerocarpa*. Tenho ideia de haver ouvido chamar *catolé* no Ceará.

codilho, engano, ilusão, logro – *Codilho* é o logro preparado com astúcia e dissimulação. *Engano* é o erro causado pelo descuido. *Ilusão* é o erro a que o espírito é levado por coisa que parece o que não é. *Logro* é o erro devido à astúcia de outrem.

codorna, codorniz, inambuí – Ave da família *Tinamidae* (*Nothura maculosa*). A *codorniz* europeia (*Coturnix communis*) pertence à família *Tetraonidae*.

coetâneo, coevo, contemporâneo – *Coetâneo* e *coevo* significam ser da mesma idade, da mesma época, do mesmo tempo, referindo-se a passadas eras. Brunswick faz distinção que me parece especiosa. Diz ele que *coevo* assenta melhor que *coetâneo* quando aquele ou aquilo de que se fala teve toda a existência compreendida na duração do que lhe foi contemporâneo. Não justifica, porém, a distinção. Ora, no *Dicionário de Sinônimos Latinos*, ele estabelece a perfeita sinonímia de *aetas* e *aevum*, no sentido de homens que vivem numa mesma idade, sendo o primeiro o termo vulgar e o segundo a expressão seleta, solene e quase poética. Logo, não há também diferença entre *coetâneo* e *coevo*. *Contemporâneo* também significa ser do mesmo tempo, referindo-se não só ao que existiu, mas também ao que ainda existe.

cogitação, meditação, ponderação – *Cogitação* é o ato de pensar com cuidado e insistência. *Meditação* é a reflexão profunda e prolongada sobre objeto conhecido. *Ponderação* é a atenção que aprecia os fatos maduramente, pesando os prós e os contras, ao ter de resolver questão importante.

cogumelo, fungo, tortulho – Vegetal criptógamo, desprovido de clorofila. Nome vulgar dos cogumelos do gênero *Agaricus*.

coió, peixe-voador – Peixe da família *Cephalacanthidae* (*Cephalacanthus volitans*).

colaborar, cooperar – *Colaborar* é trabalhar com uma ou mais pessoas numa obra. *Cooperar* é juntar seus esforços aos de uma ou mais pessoas numa obra. Dois exemplos: "Colaborei com meu irmão na feitura de um compêndio. O Abrigo Cristo Redentor coopera com o governo na campanha pela mendicidade".

colacionar, comparar, conferir, confrontar, cotejar – *Colacionar* é comparar textos que diferem a fim de estabelecer o texto autêntico. *Comparar* é examinar juntamente, para notar igualdades e desigualdades, semelhanças e diferenças. *Conferir* é comparar para verificar a exatidão. *Confrontar* é comparar para ter certeza. *Cotejar* é comparar para determinar a superioridade.

coleira-do-brejo, gola – Pássaro da família *Fringillidae* (*Sporophila melanocephala ochrascens*).

cólera, fúria, furor, ira, raiva, sanha – *Cólera* é um movimento impetuoso da alma contra o que lhe desagrada. *Fúria* é manifestação de furor. *Furor* é a perda momentânea da consciência, provocada por grande choque moral ou violenta paixão. *Ira* é um furor breve (*Ira furor brevis est*, Horácio, *Epist.*, I, II, 62), excitado por mal ou injúria que se quer repelir. *Raiva* é o extremo grau da ira. *Sanha* é ira manifestada nos gestos, nas contorções do rosto; aplica-se hoje ao furor ou à ira dos irracionais.

colérico, encolerizado enfurecido, enraivecido, furibundo, furioso, iracundo, irado, iroso, raivento, raivoso, sanhudo – *Colérico* é propriamente o propenso à cólera, mas também se emprega no sentido de posto em cólera: "Encarando D. Nuno, bradou colérico..." (Rebelo da Silva, *apud* Aulete.) *Encolerizado* é o posto em cólera; pode-se estar encolerizado sem ser-se colérico. *Enfurecido* é o posto em fúria. *Enraivecido*, o posto em raiva. *Furibundo* é o que manifesta o furor por ações exteriores, o rosto desfigurado, por exemplo. *Furioso* é o possuído de furor. *Iracundo* é aquele que a ira domina com violência, arrasta, precipita. *Irado* é o atualmente tomado de ira. *Iroso* é o propenso à ira. Pode-se estar irado sem ser-se iroso nem iracundo. *Raivento* é o propenso à raiva. *Raivoso* é o atacado atualmente de raiva. *Sanhudo* é o cheio de sanha.

colete (Norte), **jaleco** (Maranhão), **meleta, mixila, tamanduá-colete** (Norte),

tamanduá-mirim (Sul) – Mamífero da família *Myrmecophagidae* (*Tamandua tetradactyla*).

colete-curto (Norte), **pau de cabeleira** – Pessoa que auxilia namoros.

coligir, concluir, deduzir, induzir, inferir – *Coligir* é inferir sem grandes fundamentos, pelas aparências. *Concluir* é tirar a consequência que termina um raciocínio. *Deduzir* é concluir do geral para o particular. *Induzir* é concluir do particular para o geral. *Inferir* é concluir do particular para o particular.

colombiano, columbino – *Colombiano* significa em Portugal relativo a Cristóvão Colombo: no Brasil, além desta significação, tem a de relativo à Colômbia, natural deste país. *Columbino* significa, no Brasil, relativo a pombo; em Portugal, além desta significação, tem a de relativo à Colômbia, natural deste país (Figueiredo).

colorido, cor – *Cor* é a impressão especial que a luz faz em nosso órgão da vista; permite que distingamos os corpos ou suas partes. *Colorido* é o efeito que resulta do conjunto e da disposição das cores de um quadro; "Os daltônicos distinguem mal as cores. Ticiano foi um mestre do colorido".

colossal, descomunal, gigantesco – *Colossal* é o que na estatura se compara com um colosso, isto é, com uma estátua de altura extraordinária, maior que a de um gigante. *Descomunal* é o que tem uma grandeza fora do comum. *Gigantesco* é o que tem estatura maior do que a ordinária, que na estatura se compara com um gigante. O mais alto gigante que tem havido foi um negro do Congo, com 2,60m de altura (Larousse); o mais célebre colosso, o de Rodes, tinha 32 metros de alto.

coluna, pilar, pilastra – Todos designam peças de arquitetura que servem de apoio a outras. A *coluna* é um suporte cilíndrico, geralmente ornado de lavores artísticos. *Pilar* é obra de alvenaria, servindo de suporte isolado, sem as proporções nem os ornamentos das colunas. *Pilastra* é um pilar quadrangular, com as proporções e os ornamentos das colunas, mas aderente à parede por uma das faces.

coma, letargia, letargo, modorra, sonolência, sopor, torpor – *Coma* é um estado patológico no qual as reações cerebrais são abolidas e as impressões exteriores incapazes de provocar reações voluntárias; é um sono mórbido. *Letargia* ou *letargo* (este, mais empregado em sentido figurado) é um sono mórbido profundo contínuo ou interrompido por pouco tempo, com esquecimento, por parte do doente, do que diz ou do que faz, de sorte que não acaba o que começa a dizer ou se esquece do que ia fazer. *Modorra* é hoje um sono ligeiro, de pessoa mais em estado de adormecida do que de dormente. *Sonolência*, estado intermediário entre a vigília e o sono, é uma disposição irresistível para adormecer. *Sopor* é o sono profundo, devido a narcóticos. *Torpor* é um letargo mais leve, mas com diminuição geral ou parcial da sensibilidade e do movimento, acompanhado de entorpecimento.

comando, direção, governo, mando – *Comando* é o governo exercido com império e exigindo obediência passiva. *Direção* é o poder de dirigir, guiar, conduzir. *Governo* é a direção superior, exercida em virtude de investidura de autoridade. *Mando* é o direito de dar ordens como superior.

combinação, mistura – *Combinação* é a associação de dois ou mais corpos que ficam indistintos, mas com suas moléculas ficando compostas; a água é um caso de combinação, do hidrogênio com o oxigênio. *Mistura* é a associação sem as moléculas ficarem compostas; o ar é um caso de mistura de azoto, oxigênio e de outros gases.

combinado, "scratch", seleção, selecionado – Todos significam um quadro de jogadores, formado de elementos de nomeada de diversos clubes, para pugnas de importância.

comboio, composição, trem – Reunião de vagões engatados e puxados por uma locomotiva. *O primeiro nome* é mais usado em Portugal do que no Brasil e *o terceiro*, em Portugal, designa carruagem, sege, carro de praça: "Ó Sr. Brás, a que horas é amanhã o comboio?" (Eça, *Cartas Inéditas de Fradique Mendes*, 109). "...procurando alguma coisa talvez uma pedra para calçar o trem" (Eça e Ramalho, *O mistério da estrada de Sintra*, 14).

começar, encetar, estrear, iniciar, principiar – *Começar* é dar começo (v. *começo*). *Encetar* é começar estreando. *Estrear* é fazer pela primeira vez, usar pela primeira vez, inaugurar. *Iniciar* é forma erudita de *começar*. *Principiar* é dar princípio (v. *princípio*).

começo, início, princípio – *Começo* é primeira manifestação de existência, o que se faz primeiro, o que é primeiro na extensão ou na duração. *Princípio* é o ato de começar, mas abrangendo a razão em virtude da qual a coisa se faz. *Começar* refere-se de preferência às coisas. *Início* é forma erudita de *começo*.

comédia, farsa – *Comédia* é peça de teatro a qual põe em cena, de modo alegre, tipos, costumes, fatos da vida comum. *Farsa* é uma comédia baixa ou grosseira.

comedir-se, moderar-se – *Comedir-se* é saber medir palavras e atos, de modo conveniente. *Moderar-se* é comedir-se com mais esforço e energia moral.

comensal, conviva – *Comensal* é aquele que come habitualmente na mesma mesa que nós. *Conviva* é aquele que toma parte conosco na mesa de banquete ou festim.

comer, devorar, tragar – *Comer* é mastigar e engolir. *Devorar* é comer ou tragar com sofreguidão e voracidade. *Tragar* é engolir sem mastigar. "Comer, disse Vieira, *Sermões*, VI, 255, é levar pouco a pouco, e a bocados: devorar é tragar e engolir de uma vez".

comerciante, negociante – O Código Comercial faz sinônimas estas duas palavras. Para alguém ser reputado *comerciante*, além da matrícula, é preciso que faça da mercancia profissão habitual (art. 4º), O art. 7º se refere aos *negociantes* matriculados e dos arts. ns, 10, 11, 12 em diante o Código só se refere a comerciante.

comércio, negócio, tráfico – *Comércio* é a troca de mercadorias. *Negócio* são as providências, os cálculos, as combinações, necessários para se fazer o comércio de modo vantajoso. *Tráfico* é o ato daquele que compra uma mercadoria para revender, mas tem conotação mais ligada ao antigo comércio de escravos e ao contemporâneo e criminoso comércio de drogas.

cometer, perpetrar, praticar – Todos significam levar a efeito, realizar ações, boas ou más *o último*, más *os dois primeiros*. *Perpetrar* se aplica nos casos em que a ação é anormal, por infringir grandes princípios de direito, de moral, de justiça, manifestando-se por fato o que se perpetra e sendo sempre contra alguém. Quem comete um erro, uma falta, pode prejudicar apenas a si mesmo, mas quem perpetra crime, violência, barbaridade etc., prejudica sempre a outrem.

cometimento, empreendimento, empresa – *Cometimento* é empreendimento ousado. *Empreendimento* é empresa de vulto, excluídas as de caráter mercantil. *Empresa* é tudo o que se empreende. Captar águas minerais é empresa lucrativa. Publicar as obras completas de Rui é um belo empreendimento. Aventurar-se por mares e terras desconhecidas foi cometimento comum no século XVI.

comilão, devorador, glutão, guloso, voraz – *Comilão* é o que come demais habitualmente. *Devorador* é o que se compraz em devorar. *Glutão* é o que come avidamente e depressa, para que não sobre nada para os outros. *Guloso* é o que gosta de manjares delicados. *Voraz* é o que come em excesso e com espantosa rapidez.

comitiva, cortejo, séquito – *Comitiva* é um conjunto de pessoas que acompanham outra ou outras de alta categoria: (*O presidente foi alojado no palácio; a comitiva ficou em hotéis*). *Cortejo* é um conjunto de pessoas que, em uma cerimônia, acompanha altos personagens, o ataúde de um amigo, para fazer honra. *Séquito* é um conjunto de pessoas que segue outra ou outras, quase sempre por dever ou em relação de dependência: *O presidente trouxe numeroso séquito de criados.*

como, assim como, bem como – Conjunção e locuções conjuntivas comparativas. Usa-se a conjunção quando se quer mostrar a paridade da ação da oração principal com a da oração subordinada; *Conto-te como me contaram*. *Assim como*, isto é, *do mesmo modo que*, se usa quando se quer reforçar a comparação. *Assim como a bonina... o cheiro traz perdido e a cor mudada: Tal está, morta, a pálida donzela* (*Lus.* III, 134). *Bem como* significa *de certo modo como: Bem como paciente e mansa ovelha* (*Lus.*, III, 131, 6).

como, já que, pois, pois que, por isso que, porquanto, porque, que, uma vez que, visto como, visto que – São conjunções e locuções conjuntivas causais. A de mais amplo sentido é *porque*, que encabeça oração que tem por fim dar a razão do que se acaba de comunicar: *Não digo porque não quero*. Nesta oração causal, há impressão de certeza e a causa, a razão, o motivo são enunciados de modo mais direto do que o teriam sido se se usasse outra conjunção. *Como* lembra a causa determinante, cuja consequência é o fato principal, e se enuncia em primeiro lugar: *Como viu S. Francisco de Borja o que era a alma, deixou o mundo* (Vieira, *apud* Grivet. *Gram. Anal.*, 415). *Já que* fundamenta a ação e indica que a causa determinante é fato bem conhecido: *Já que deixou de chover, retiro-me*. *Pois* indica, de modo um tanto vago, com um quê de probabilidade ou dúvida, que a causa é acontecimento evidente, natural, usual: *Não bebo o coquetel, pois pode jazer-me mal*. *Pois que* tem o valor *de pois*, com a diferença de que a indicação é menos vaga, é mais positiva: *Apesar dos perigos, / por ninguém o namoro foi notado, / Pois que o demônio as coisas sempre arranja* (Artur Azevedo, *Contos em Verso*, 21). *Por isso que* apresenta reforçadamente o que justifica o enunciado da oração principal: *Não jogo, por isso que sei que a sorte não me favorece*. *Porquanto* indica a causa, dando-a como acontecimento, evidente, proporcionado ao conteúdo da oração principal: *a resposta foi dura porquanto dura foi a ofensa, porém sem dúvida acharia que a presença de Deus não obraria naquele sujeito tanto como a humana, por-*

quanto aquela se percebe pelo espírito e esta pelos sentidos,... (Manuel Bernardes, *Nova Floresta*, Tít. II, cap. XVI.) *Que* tem o mesmo valor de *porque*; a diferença está em dar leveza à frase: *Saia da porta, que eu quero passar*. *Uma vez que* traz à causa um matiz temporal; indica que, realizado um acontecimento, é inevitável a realização do outro: *Uma vez que você vai, não preciso ir*. *Visto como* tem o mesmo valor que visto que, mas reconhece o modo de ser do fato: *Visto como ele se portou, a recusa foi justa*. *Visto que*, reconhecendo o fato, faz sobressair a ideia de ser o enunciado da principal devido à consideração do conteúdo da causal.

comoção, emoção – "*Emoção* é a impressão intrínseca experimentada pela alma; é ocasionada pela ternura, piedade, fé, pudor, comiseração, doce surpresa, admiração serena etc., ou produzida pela vista inesperada de uma pessoa que estimamos, pelo espetáculo de certos quadros da natureza, pela contemplação de obras artísticas, pela audição de certas músicas ou pela leitura e conhecimento de trechos e cenas levemente dramáticas, como o episódio da Francesa da Rimini, de Dante, a Cantata de Dido, de Garção etc. É menos que *comoção*. Esta significa uma impressão violenta, uma agitação viva e perturbadora, um abalo exterior sobre um órgão ou parte dele. cujas funções às vezes ofende, o choque de uma queda ou pancada, a turbação profunda e atordoadora do ânimo, o derramamento cerebral etc." (Heráclito Graça, *Fados da Linguagem*, 232). *Emoção* é palavra repelida pelos puristas como galicismo. Rui a empregou: "Admitamos que uma certa e determinada emoção..." (*Cartas de Inglaterra*, 191).

comodato, empréstimo, mútuo – *Empréstimo* é um contrato pelo qual cedemos a outrem, por certo tempo e gratuitamente (do contrário seria aluguel), o uso de uma coisa, com obrigação de restituir. (Também se dá este nome à cessão de dinheiro a juros). É termo genérico, que abrange o comodato e o mútuo. "*O comodato* é o empréstimo gratuito de coisas não fungíveis" (Código Civil). "O *mútuo* é o empréstimo de coisas fungíveis. O mutuário é obrigado a restituir ao mutuante o que dele recebeu em coisas do mesmo gênero, qualidade e quantidade." (Código Civil) Pode ser oneroso. "O contrato do empréstimo, diz Vieira, *Sermões*, XV, 52, posto que a nossa língua o não distingue, divide-se em duas espécies, uma que se chama comodato e a outra mútuo: no empréstimo de comodato sois obrigado a tornar aquilo mesmo que recebestes: emprestavam-vos uma espada, haveis de tornar a mesma espada: no contrato de mútuo, não sois obrigado a tornar, ou pagar o mesmo, senão outro tanto: emprestam-vos dez arrobas de açúcar, não haveis de tornar o mesmo açúcar, senão outro tanto peso." O grande pregador dá a mesma explicação no sermão undécimo do seu dia (XIV, 77).

comovedor, comovente, emocionante, tocante – *Comovedor* e *comovente* significam *que comove:* o primeiro se emprega de preferência quando há um complemento: "Assisti a um fato comovente. O fato é comovedor do coração mais empedernido". *Emocionante* significa *que emociona* (v. *emoção*). *Tocante* é o que comove enternecendo: *palavras tocantes*.

compacto, denso, espesso – *Compacto* é o corpo cujas partes, ligadas entre si, não podem ser separadas sem grandes esforços. *Denso* marca a aproximação das partes, da qual resulta ordinariamente maior peso específico. *Espesso* marca a aproximação das partes como impedindo a transparência ou não deixando vácuos, sensíveis à vista.

companheiras, lóquios, páreas, secundinas – Significam corrimento sanguinolento e seroso que sucede ao parto. *A primeira palavra* é brasileirismo; *a segunda* é erudita.

companhia, sociedade – Significam reunião de pessoas associadas; a diferença entre as duas palavras está em que na maioria dos casos se atribui a *companhia* intuito mercantil: *sociedade dramática* (reunião de amadores), *companhia dramática* (reunião de profissionais de teatro).

compartilhar, participar – *Compartilhar* é ter parte com uma ou mais pessoas, numa partilha. *Participar* é tomar parte numa coisa, com uma ou mais pessoas.

compartir (de), **participar** (de), **partilhar** – Tomar ou ter parte em alguma coisa. Carneiro Ribeiro condena a sinonímia entre *participar* e *partilhar* (*Serões*, 753). Mário Barreto, *Novos Estudos*, 539. reconhece a existência dela na linguagem corrente, mas recomenda prudência, à vista da oposição de Silva Túlio e de Cândido de Figueiredo. Ao espírito tolerante de Heráclito Graça, sempre respeitador dos direitos da língua viva, não repugna tal sinonímia (*Factos*, 388). A mim tão-pouco. V. *comunicar*, *compartilhar*.

compatrício, compatriota, concidadão, conterrâneo, patrício – *Compatrício*, *compatriota* e *patrício* significam pessoa que tem a mesma pátria que outra, parecendo que o prefixo *com* traz ideia de união estreita entre os patrícios. *Concidadão* é o cidadão da mesma sociedade política que outro. *Conterrâneo* geralmente se toma no sentido de pessoa da mesma terra, isto é, da mesma cidade, vila, povoação, que outra.

compêndio, epítome, extrato, resumo, suma, sumário, súmula – *Compêndio* é a exposição abreviada dos princípios de uma arte ou de uma ciência. *Epítome* é redução de obra que trata largamente das doutrinas de uma ciência ou dos preceitos de uma arte. *Extrato* é reprodução literal de trecho de uma obra. *Resumo* é o epítome que se põe no fim de um capítulo ou de uma obra à guisa de conclusão. *Suma* é um escrito condensado, que dá, em substância, a matéria de um trabalho. *Sumário* é a indicação preliminar na matéria contida num livro, num capítulo, à frente do qual se coloca. *Súmula* é uma pequena suma, em que apenas se indicam os capítulos de um livro, os artigos de uma revista.

compensar, indenizar, reparar, ressarcir – *Compensar* é atenuar o mais possível o prejuízo dando proveitos que correspondam ao esforço feito. *Indenizar* é compensar um prejuízo com um valor equivalente. *Reparar* é indenizar, apagando, fazendo desaparecer, tornando esquecido o mal causado. *Ressarcir* é ver-se livre de dano. de mal, de prejuízos sofridos.

compensar, contrabalançar, contrapesar, equilibrar – *Compensar* é fazer com que a valia de uma coisa supra a desvalia de outra. *Contrabalançar* é acrescentar a uma coisa o que tem de mais, ou tirar a uma coisa o excesso, para ficar valendo o mesmo que outra. *Contrapesar* é contrabalançar juntando peso adicional. *Equilibrar* é fazer com que duas coisas fiquem iguais no peso, no valor etc.

competência, competição, concorrência – Significam ato de competir. *A primeira palavra*, por causa dos outros sentidos que tem, vai perdendo terreno para *a segunda*, que é antiga na língua, e, na área comercial e empresarial, para a *terceira*. Morais abona com Barros (*Clarimundo*, c. 48) dando-a Aulete e Figueiredo com ares de moderna. Os outros sentidos de *competência* são: qualidade, direito, poder, para exercer uma função, para entender de uma questão, e qualidade de competente, isto é, conhecedor de um assunto.

competir, concorrer, emular, rivalizar – *Competir* é pôr-se em luta com outro ou com outros, para alcançar uma coisa. *Concorrer* é disputar a outro ou a outros uma coisa, procurando dar provas de ter mais direitos, de ter mais aptidões, de apresentar mais vantagens. *Emular* é esforçar-se por imitar ou exceder alguém, no que esta pessoa tem de melhor. *Rivalizar* é fazer por adiantar-se a alguém na posse de uma coisa ou por exceder numa qualidade ou num esforço.

complacência, condescendência, deferência – *Complacência* é a vontade de estar de acordo com os desejos de alguém. *Condescendência* é a complacência de um superior, que podia entretanto deixar de comprazer. *Deferência* é a complacência do inferior, que pelo respeito se abstém de fazer o que poderia desagradar a seu superior, na posição, no talento, na idade.

compleição, constituição – *Compleição* é o estado de saúde que resulta do equilíbrio das secreções internas, não considerado este estado do ponto de vista da força. *Constituição* resulta sobretudo da força, ou da fraqueza dos membros, sendo de certo modo visível.

complemento, suplemento – *Complemento* é aquilo que completa um todo, aquilo sem que o todo não seria perfeito. *Suplemento* é aquilo que se acrescenta a um todo já perfeito, para aumentar a utilidade a esse todo.

completar, perfazer – *Completar* é pôr o que falta para ficar perfeito. *Perfazer* é fazer até o fim, acabar de fazer, dar a última demão.

complexo, complicado – *Complexo* é o que contém várias partes ou vários elementos. *Complicado* é o enredado que fica difícil de ser entendido. Nem sempre o que é complexo é complicado e vice-versa.

comportamento, conduta, procedimento – Significam modo de comportar-se, de proceder, de pautar seus atos, seu modo de viver. *Conduta* é geralmente objetivo de censura dos puristas, por galicismo. O Cardeal Saraiva e Silva Túlio repelem também *comportamento*, no sentido de *procedimento*. Morais entende que *comportamento* e *conduta* abrangem o procedimento moral e prudencial, e *procedimento* refere-se ao moral mais ordinariamente. O galicismo *conduta* foi empregado por Santa Rita Durão (*Caramuru*, III, 61, 8). por José Agostinho de *Macedo* (*Motim Literário*, t. 2º, solilóquio 48. *apud* Heráclito Graça) *Fados*, 96. Machado de Assis (*Queda que as mulheres têm para os tolos*), Humberto de Campos (*Carvalhos e Roseiras*, 272. *Sepultando os meus mortos*, 128). Barcia (*Sinônimos Castellanos*, 386) diz que *conduta* se refere ao sistema de vida, ao arranjo de nossas ações morais, com relação à consciência *proceder* se relaciona com o trato das pessoas, o comércio do mundo, as leis de honradez, da justiça e do decoro, com relação aos costumes da sociedade em que se vive.

compostura, decência, decoro, dignidade, recato – *Compostura* é a correção com que nos compomos, no físico e no moral, para guardar com os outros a decência conveniente. *Decência* é o conjunto de exterioridades que, segundo as exigências da época em que se vive, se devem observar quanto ao vestuário, à linguagem, ao trato social etc. *Decoro* é a conveniência das ações e exterioridades de si e dos outros. Cícero o definiu no *De Officiis*, I, 127: "*quod ita naturae consentaneum est, ut in eo moderatio et temperantia appareat cum specie quadam liberali*" (aquilo que é consentâneo à natureza, de tal modo que nele a moderação e a temperança aparecem com certo aspecto de nobreza). *Dignidade* é o sentimento profundo das conveniências da posição social e o cuidado com que se evita tudo o que possa enfraquecer o respeito a que se tem direito. *Recato* é o cuidado de evitar tudo o que ofenda a decência.

compreender, conceber, entender, perceber, sentir – *Compreender* é tomar conhecimento cabal, pela perspicácia e sutileza do entendimento. *Conceber* é formar no ânimo, fazer conceito nítido. *Entender* é perceber por meio dos sentidos ou da memória, pela prática. *Perceber* é dar-se conta do que outro diz ou faz. *Sentir* é apontar o sentido, penetrar o íntimo.

compreensão, concepção, entendimento, percepção – *Compreensão* é a faculdade de apanhar um assunto inteiramente, em todas as suas particularidades. *Concepção* é a faculdade de formar uma imagem, uma ideia nítida das coisas. *Entendimento* é a faculdade de compreender, passivamente considerada, como coisa que recebe e guarda os conhecimentos. *Percepção* é o ato pelo qual o espírito tem uma visão dos objetos exteriores é das próprias sensações.

comprido, longo – Significam que tem muito comprimento; *a primeira palavra* pertence ao uso vulgar.

comprovar, confirmar, corroborar, ratificar – Todos significam dar força a afirmação. *Comprovar* é fazer prova mais forte de uma coisa que se afirmou. *Confirmar* é afirmar segunda vez, para tornar mais firme. *Corroborar* é dar mais força ao que se afirmou, trazendo testemunhos ou documentos valiosos. *Ratificar* é repetir categoricamente o que se afirmou, declarando definitivo.

comum, geral, público, universal – *Comum* é aquilo a que, sem ser próprio de ninguém, muitos têm direito. *Geral* é o que, dentro do gênero, pertence a todos, ou pelo menos à maior parte dos indivíduos. *Público* é o que pertence a todos sem exceção. *Universal* é o que alcança o mundo inteiro, o universo. A porta de uma casa de apartamentos é comum a todos os moradores. Diante de um abuso, a indignação costuma ser geral. Nenhum particular nos pode impedir de andar por uma rua, porque ela é uma via pública. O dilúvio universal, segundo a Bíblia, alcançou o mundo inteiro.

comumente, geralmente, ordinariamente, de ordinário, de regra, em regra – *Comumente* se refere ao número de pessoas que fazem a mesma coisa. *Geralmente* se refere à maioria dos casos. *Ordinariamente* e *de ordinário* se referem ao número de vezes. *De regra* e *em regra* significam segundo o que se dá quase sempre, o que quase invariavelmente se observa.

comunhão, eucaristia – *Comunhão* é propriamente a recepção deste sacramento, mas toma-se pelo próprio sacramento, na linguagem vulgar. *Eucaristia* é um sacramento da Igreja no qual o corpo e o sangue de Nosso Senhor Jesus Cristo estão presentes sob as espécies do pão e do vinho.

comunicar, participar – Significam fazer saber. *No segundo*, a notícia interessa diretamente à pessoa que a dá.

concatenar, encadear – Significam ligar com cadeia. *O primeiro* traz ideia de estabelecer conexão; *o segundo*, de prender.

conceder, outorgar – Ambos significam fazer mercê de uma coisa; o que os diferencia é que *o segundo* implica a ideia de autoridade (v. latim *auctoricare*). Quando caíram as monarquias absolutas, os soberanos outorgaram constituições aos povos. A lei confere à mulher casada autoridade para dar ou negar outorga para alienação ou gravame de bens imóveis (Código Civil).

conceição, concepção – Significam ato de conceber. A diferença é que *a primeira palavra* hoje se aplica à concepção da Virgem Maria, sem mácula do pecado original.

conceito, juízo, opinião – *Conceito* é uma ideia concebida pelo espírito, acerca de coisa, de pessoa. *Juízo* é o efeito de julgar, confrontando os elementos, as circunstâncias, as particularidades etc. *Opinião* é um modo de ver, livre e pessoal, não repousando às vezes em fundamento certo.

concernente, referente, relativo, respectivo – *Concernente* é o que se relaciona de modo muito íntimo. (Tb. ***atinente***). Referente é o que se refere direta e claramente. *Relativo* é o que tem relação com aquilo que se trata. *Respectivo* é o que respeita àquele ou àquilo a que se faz referência, ou a cada um em particular.

conciliar, concordar – Significam pôr de acordo (Tb. ***avir(-se)***). A diferença está em que *conciliar* supõe distância ou diversidade e *concordar*, contestação ou contrariedade.

conciso, lacônico, sucinto – *Conciso* é o que, sem circunlóquios e não faltando à clareza, só tem as palavras necessárias. *Lacônico* é o enunciado no menor número possível de palavras. *Sucinto* é o que só contém as ideias essenciais, sem pormenores, sem largos desenvolvimentos.

conclusão, consequência, dedução, ilação, indução, inferência – *Conclusão* é a proposição tirada de outras, considerada em si mesma, sob o aspecto da verdade do arrazoamento produzido. *Consequência* é também proposição tirada de outras, mas considerada como dimanada das premissas. Uma conclusão pode ser verdadeira apesar de ser má a consequência e ser falsa apesar de ser boa a consequência. *Dedução* é a operação pela qual o espírito conclui do geral ao particular. *Ilação* é uma consequência inferida, produto da analogia, da simples observação, na qual se concluiu do particular ao particular. *Indução*, ao contrário de dedução, é a operação pela qual o espírito conclui do particular ao geral. *Inferência* é o mesmo que *ilação*. Aliás ambas se prendem ao latim *infere; ilação* vem de *illatione* e *inferência* é formação vernácula de *inferir*.

concriz, corrupião, joão-pinto, sofrê – Pássaro da família *Icteridae* (*Xanthornus jamacai*).

concupiscência, lascívia, libidinagem, lubricidade, luxúria, sensualidade, volúpia, voluptuosidade – *Concupiscência* é a cobiça (*raiz cup*), o desejo imoderado de gozos materiais e especialmente os prazeres sensuais. *Lascívia* é a concupiscência a que o indivíduo se entrega, cedendo sem impetuosidade às exigências da própria natureza. *Libidinagem* é a concupiscência, acompanhada de paixão tão violenta que cancela toda a consciência moral. *Lubricidade* é a concupiscência impetuosa, desordenada, do bruto, do sátiro. *Luxúria* é a concupiscência requintada. *Sensualidade* é a qualidade de sensual, isto é, propensão a prazeres dos sentidos, sem que haja sempre concupiscência. *Volúpia* é o desejo de prazeres, deleites, significando em sentido restrito o desejo carnal. *Voluptuosidade* é provavelmente a qualidade de voluptuoso, mas geralmente se toma como volúpia.

conde, valete – Carta de jogar, inferior ao rei e superior à dama, a qual traz pintado um escudeiro.

condecoração, venera – *Condecoração* é propriamente o ato de condecorar, mas também se toma no sentido de insígnia de condecorado. *Venera* significa a concha que serve de insígnia dos romeiros de S. Tiago, mas hoje se toma como insígnia de quem foi condecorado.

condição, estado – *Condição* é a posição social, devida ao nascimento, às circunstâncias de que a pessoa está rodeada, à profissão que exerce, aos recursos de que dispõe, aos males de que sofre etc. *Estado* é o modo de ser, em si mesmo, ou melhor, a situação fixa que resulta do gênero habitual de vida.

condimento, tempero – Significam substância, que se junta à comida para torná-la mais saborosa. *A segunda palavra* tem caráter popular.

condolências, pêsames – Manifestação de pesar, geralmente por morte de alguém.

conduzir, dirigir, guiar, levar – *Conduzir* faz sentir autoridade, faz sentir que o conduzido não sabe para onde ir ou não ousa ir só. *Dirigir* é mostrar o caminho por onde se deve ir. *Guiar* é mostrar o caminho, indo adiante, ensinando. *Levar* também faz sentir autoridade; é fazer ir conduzido pela mão, carregado no colo, ajudando, excitando, e às vezes até obrigando.

confederação, federação – São associações de Estados independentes. *Na primeira*, cada Estado tem o gozo e o exercício de sua soberania, tanto interna como externa, salvo as ligeiras restrições, inerentes à ideia mesma de associação; não há autoridade comum, superior; o poder central representa a associação quando se trata dos interesses comuns. *Na segunda*, os Estados estabelecem uma autoridade superior que exerce em parte a soberania interna e é a única que tem o gozo e o exercício da soberania externa. (Bonfils, *Manuel de Droit inienuicionul Public*, 87, 89).

confeitaria, pastelaria – Loja em que se vendem doces. *A segunda palavra* é de Portugal: "Subia o então secretário de legação. de seu vagar aquela calçada ilustre, quando da porta de uma confeitaria – pastelaria, como lá (em Lisboa) se chama – se precipitou..." (João Luso. *Raimundo Correa visto de perto*. Revista da Academia Brasileira de Letras, v. 72, p. 17.)

configuração, conformação – *Configuração* é o modo por que se relacionam entre si as partes de um todo, de maneira que, no seu conjunto, tomem certa figura (v. *figura*). *Conformação* é o modo por que estão particularmente arranjadas as partes de um todo, modo que se revela pelo aspecto exterior, a forma (v. *forma*).

confinar, limitar-se, lindar – *Confinar* é tocar nos confins, lugares remotos, situados na linha divisória de dois países. *Limitar-se* é ter limites com. *Lindar*, pouco usado hoje, é o mesmo.

confirmação, crisma – É o sacramento da Igreja, destinado a completar a graça do batismo, comunicando o Espírito Santo e seus dons. *Crisma*, palavra mais usada, de óleo bento, perfumado com bálsamo, com o qual se unge o confirmado, passou a significar sacramento de confirmação.

confiscação, confisco – É o ato de confiscar. (Tb. ***arresto***) *A primeira palavra*, do latim *confiscatione*, se usa menos do que *a segunda*, mais curta, de formação vernácula, um deverbal de *confiscar*.

confissão, penitência – *Penitência* é o sacramento pelo qual a Igreja redime as faltas do pecador arrependido. *Confissão*, de uma das condições necessárias para o recebimento deste sacramento, passou a significar o próprio sacramento.

conforme, segundo – São preposições que exprimem a relação de conformidade. *A primeira* é mais própria para a conformidade absoluta, exata, rigorosa. *A segunda*, para a conveniência, a congruência. Exemplo: "O pintor fez o quadro conforme o modelo e aplicou as dimensões segundo a parede que recebeu o quadro".

confortar, consolar – Significam acudir num transe. *Conforta-se* dando forças, energia, animando, para que possa enfrentar bem a dor. *Consola-se* com carinhos, afagos, palavras e atos que revelem condoimento.

confraria, congregação, irmandade, ordem – *Confraria* é irmandade de certa importância, regida por estatutos ou compromissos. Machado de Assis ressalta esta diferença: "*Ex-tesoureiro de uma confraria, e irmão de várias irmandades,...*" (*Memórias póstumas de Brás Cubas, CXXIII*). *Congregação* é associação religiosa cujos membros não fazem votos solenes mas votos simples, temporários ou perpétuos, ou mesmo são apenas ligados por uma promessa de obediência que não vai até o voto. *Irmandade* é uma associação pia, de leigos, a qual tem por objeto o culto do Santíssimo, da Virgem, de um santo. *Ordem* é confraria importante que, além do culto, se ocupa com obras de beneficência.

congelar, gelar – Significam passar de estado líquido para o estado sólido, por meio do frio. *O primeiro verbo* se aplica aos líquidos; *o segundo* se aplica de preferência aos seres vivos, um tanto metaforicamente, à água que se transforma em gelo e aos líquidos muito resfriados.

congonha, erva (Paraná e Rio Grande do Sul), **erva-mate, mate** – Arbusto da família *Aquifoliaceae* (*Ilex paraguayensis*).

congratulações, cumprimentos, emboras, felicitações, parabéns, saudações – *Congratulações* são palavras com que uma pessoa faz sentir que se alegra, experimenta uma sensação de agrado, igual à de outra pessoa que teve algum sucesso feliz. *Cumprimentos* são as palavras com que cumprimos deveres de cortesia. *Emboras*, palavra antiquada e só usada em tom jocoso, é saudação ligeira, por motivo de pouca monta. *Felicitações* (acoimado de galicismo) são as palavras dirigidas a alguém para testemunhar-lhe a parte que tomamos numa coisa feliz que lhe aconteceu. *Parabéns* (plural de *para bem*, *parabém*, começo do antigo cumprimento *para bem lhe seja*) revelam satisfação por um proveito alcançado. *Saudações* são termos genéricos das palavras com que saudamos.

congregação, claustro – Reunião dos professores de um ginásio ou de uma faculdade. *A segunda palavra* não se usa com este sentido no Brasil. V. *confraria*.

conhecimento, noção – *Conhecimento* é o que se sabe perfeitamente, depois de estudo ou maduro exame. *Noção* é uma simples vista, geral e sumária, ou parcial e imperfeita.

conhecimento, guia – Documento com que se entregam encomendas, bagagens, despachados em estradas de ferro, vapores etc. *A segunda palavra* é a usada em Portugal: "... guias de bagagem". (Eça, *Correspondência*, 178.)

conivência, cumplicidade – *Conivência* é a indiferença, a dissimulação, o silêncio, a inação, com que se ajudou a prática de um ato culposo. *Cumplicidade* é o auxílio dado a um ato culposo, sem tomar parte direta na prática do mesmo ato.

conjectura, presunção – *Conjectura* é um juízo incerto a respeito de uma coisa. *Presunção* é um juízo formado por suspeita, com fundamento em fatos anteriores.

conjugal, matrimonial, nupcial – *Conjugal* é o que se refere à condição, à vida dos cônjuges, às relações deles entre si: *teto conjugal*. *Matrimonial* é o que refere ao contrato existente entre os cônjuges: *deveres matrimoniais*. *Nupcial* é o que se refere ao ato do casamento, às cerimônias do dia do casamento: *marcha nupcial*.

cônjuges, consortes, esposos – *Cônjuges*, termo jurídico (pelo Código Civil) e literário, são o homem e a mulher, unidos pelo matrimônio. *Consortes* são os cônjuges, considerados como pessoas que compartilham a mesma sorte. *Esposos* é plural que em certos casos abrange o esposo e a esposa (V. *esposa*, *esposo*).

conjuntivite granulosa, tracoma, xeroftalmia – Estado de secura e retração da conjuntiva ocular.

conjuntivo, subjuntivo – Qualificativos de um modo verbal que aparece conjunto com uma oração de verbo no indicativo e em oração subordinada, quase sempre.

conjuração, conspiração – A *conjuração*, precedida sempre de uma conspiração, é um desígnio secreto para operar uma revolução no Estado, feito por pessoas ligadas por juramento mais ou menos solene ou por compromissos próprios para prevenir traições. A *conspiração* é um desígnio formado secretamente por muitas pessoas para se livrarem de certos personagens ou certos corpos importantes do Estado, por meio de um grande golpe. Bruto chefiou uma conspiração contra César: Catilina, uma conjuração contra a república romana. O Código Penal de 1890, art. 115, exigia vinte pessoas para uma conspiração. O decreto-lei nº 431, de 18 de maio de 1938, art. 3º, nº IV, baixou este número para três.

conjurar, esconjurar, exorcismar, exorcizar – *Conjurar* é expulsar com clamor, em nome de Deus, um demônio que se apoderou de um possesso. *Esconjurar* é conjurar imprecando, maldizendo. *Exorcismar* ou *exorcizar* é usar de exorcismos, isto é, preces e esconjuros, para expulsar demônios.

consagrar, dedicar, votar – Todos significam oferecer a Deus, à pátria, a uma pessoa, a uma instituição, coisa reputada valiosa. *Consagrar* é oferecer a Deus de modo todo especial; é empregar num fim, de maneira completa. Só se diz do que tem muito valor ou de quem ou daquilo de que fazemos grande ideia. *Dedicar* dá ideia de homenagem; dedica-se um livro a uma pessoa, para homenageá-la. Quando o que se dedica é a própria pessoa, tem-se em vista a modificação que se vai produzir no objeto da dedicação. Assim, Fulano se dedicou à alfabetização de adultos: vemos nisto, de preferência, a instrução que os adultos vão receber. *Votar* traz ideia de renúncia, de privação. Quem se vota a um ideal, entrega a ele toda a sua pessoa, os seus bens, o seu sossego, o seu tempo, até a sua vida, se preciso for.

consciência, critério, discernimento, juízo, senso, tino – *Consciência* é a percepção do que se quer, diz ou faz. *Critério* é o juízo suficiente para deliberar, para escolher, fundado em razões apuradas. *Discernimento* é a qualidade de ver todas as diferenças que distinguem uma coisa da outra ou de outras, dando delas uma visão parcial e uma de conjunto, que permite classificá-los segundo o seu valor. *Juízo* é a faculdade pela qual, depois de haver discernido, se apreciam as condições relativas das coisas e se decide o que se vai fazer, usando das luzes da razão. *Senso* é a habilidade natural com que se entende. Fulano tem o senso da medida, isto é, não se excede nem se retrai. *Tino* é uma aptidão natural para dar com a verdade.

conselho, ditame, opinião, parecer, sentir, voto – *Conselho* é regra de conduta, a qual pode ser seguida ou não, regra esta dada com a autoridade conferida pela idade ou pela experiência. Os velhos dão bons conselhos, diz o adágio, porque não podem dar maus exemplos. *Experto crede Roberto*, diz outro adágio. *Ditame* é um preceito, ditado, imposto pela razão, pela consciência. *Opinião* é um modo pessoal de ver, resultante do direito que cada um de nós tem de pensar como entende. *Parecer* é a opinião de sabedoria, de pessoa douta, que foi consultada. *Sentir* é o modo de ver, ditado pelo sentimento. *Voto* é a manifestação da vontade ou da opinião.

consentimento, licença, permissão – *Consentimento* é o ato de consentir (v. *consentir*). *Licença* é a permissão excepcional, para fazer ou dizer. *Permissão* é o ato de permitir (v. *permitir*).

consideração, reputação – A *consideração* (social) são as atenções resultantes da posição social, dos serviços que se podem prestar, ou por ser poderoso, ou por ser rico. A *reputação* é propriamente o que os outros pensam de nós; resultados talentos, da habilidade, do saber, das ações que chamam a atenção.

consola, consolo – Móvel de sala, espécie de mesa em que se colocam objetos de arte, curiosidades etc.; *A segunda palavra* é a usada no Brasil.

conspícuo, distinto, egrégio, eminente, exímio, ilustre, ínclito, insigne, notável, preclaro – São qualificativos elogiativos. *Conspícuo* é o que dá nas vistas de todos (raiz *spec*, ver). *Distinto* é o que por seus méritos se destacou dos seus iguais. *Egrégio* é o que foi escolhido como o melhor, entre os da sua grei (*ex grege*). *Eminente* é o que se eleva muito alto, acima dos outros; é o tratamento dado aos cardeais. *Exímio* é o que por sua habilidade se destacou entre os de sua arte ou profissão. *Ilustre* é aquele a quem as qualidades, as ações dão lustre. *Ínclito* (raiz *clu*, que traz ideia de glória) é o que alcançou muita glória. *Insigne* é o que possui qualidades que o assinalam entre os mais. *Notável* é o digno de ser notado. *Preclaro* é o muito ilustre.

constância, fidelidade – *Constância* é a perseverança nos mesmos sentimentos, nos mesmos gostos. *Fidelidade* é a observância constante de um dever, da fé que se deu.

constância, duração, estabilidade, permanência – V. *constante, durável, estável, permanente.*

constante, durável, estável, permanente – *Constante* é o que não se mostra, ora de um modo, ora do outro. *Durável* é o que existe muito tempo, sem parecer nem desaparecer. *Estável* é o que está bem assente, tendo em sua maneira de ser atual garantias sérias de sua duração. *Permanente* é o que dura muito tempo, sem intermitências.

constante, firme, inabalável, inalterável, obstinado, perseverante, persistente, tenaz – *Constante* é o que se conserva tal como é próprio do seu dever ou da sua natureza ou condição. *Firme* é o que não se desfaz, não se abate facilmente. *Inabalável* é o que não pode ser abalado. *Inalterável* é o que não pode ser alterado. *Obstinado* é o tenaz, perseverante, por índole, por paixão, por ignorância. *Perseverante* é o que se esforça com constância, para alcançar o que quer. *Persistente* é o que persevera, mais por dever do que por querer. *Tenaz* é o perseverante que procura vencer os obstáculos.

Constantinopla, Istambul – *A primeira palavra* é o antigo nome da capital da Turquia; *a segunda*, o atual.

constipação, coriza, defluxo, resfriado – *Constipação* é propriamente prisão de ventre, mas vulgarmente se toma como resfriado. *Coriza* é inflamação da mucosa das fossas nasais, com derrame mucoso pelas ventas. *Defluxo* é a coriza com corrimento copioso. *Resfriado* é a inflamação das mucosas do aparelho respiratório, devida ao ar frio ou à umidade.

constituir, estabelecer, formar, fundar, instituir, organizar – *Constituir* é compor várias coisas que formem a base, a parte essencial. *Estabelecer* é dar existência com base estável. *Formar* é dar forma ao que se vai criar. *Fundar* é criar estabelecimento que deva ser permanente. Daí o nome de fundações, dado a certas instituições. *Instituir* é fundar regulamentando. *Organizar* é dar existência orgânica, dotar de órgãos cujo funcionamento constitua a vida.

construir, edificar – *Construir* é reunir e dispor os materiais de uma obra. *Edificar* é levantar uma obra considerável.

consumir, desperdiçar, dilapidar, dissipar, esbanjar, malbaratar, prodigalizar – *Consumir* é gastar até que a destruição seja completa. *Desperdiçar* é gastar sem proveito, em pura perda, desatinadamente. *Dilapidar* é gastar (os dinheiros públicos, grande fortuna) espalhando o dinheiro para todos os lados, às mancheias. *Dissipar* é gastar, reduzindo a nada, sem ver-se resultado, por despesas feitas a torto e a direito (prefixo *dis* e raiz *sup*, lançar). *Esbanjar*, termo familiar, é gastar rapidamente e à toa o dinheiro ganho com o trabalho, de presente, por herança. *Malbaratar* é gastar mal, por fazer pouco caso do dinheiro. *Prodigalizar* é gastar como um pródigo, que não vê o dia de amanhã, indo longe na despesa, não sabendo parar a propósito.

contágio, contaminação – *Contágio* é comunicação de uma doença por contato, mediato ou imediato. *Contaminação* é infecção por contato.

contar, dizer, narrar, referir, relatar – *Contar* é dar conta de coisas familiares, objeto da conversação comum, sem averiguar-lhes verdade ou ficção, a pessoa que quase sempre tem interesse de saber estas coisas. *Dizer* às vezes se toma na acepção de *contar:* "Por mais que diga, ainda há muito que dizer". *Narrar* é expor metódica e minuciosamente, para prender a atenção. *Referir* é contar fielmente o que se ouviu. *Relatar* é expor minuciosamente, depois de haver estudado a matéria.

contenda, pendência – *Contenda* é uma pendência esforçada, intensa, violenta. *Pendência* é um litígio em que as partes se empenham trocando razões e argumentos, indo às vezes à luta corporal.

contestar, contraditar, contradizer, contrapor, objetar, obtemperar, rebater, recriminar, redarguir, replicar, respingar, responder, retorquir, retrucar, revidar – *Contestar* é responder repelindo testemunhos, alegações, acusações. *Contraditar* é dar resposta ao que disse a parte contrária. *Contradizer* é dizer o contrário do que se disse. *Contrapor* é expor contra. *Objetar* é impugnar uma afirmação, contrapondo-lhe um argumento. *Obtemperar* é responder com modéstia, dentro dos limites da obediência, fazendo ver a falta de exatidão do que nos disseram ou a falta de razão da estranheza ao que dissemos. *Rebater* é repelir com rapidez e energia um golpe do adversário. *Recriminar* é rebater uma acusação com outra. *Redarguir* é responder no mesmo tom, opondo argumento a argumento. *Replicar* é responder às objeções do adversário, reforçando o que se disse. *Respingar* é responder com falta de respeito, de mau humor. *Responder* é dizer alguma coisa para atender a uma pergunta, a uma coisa que nos disseram. *Retorquir* é fazer voltar contra o adversário os argumentos que ele lançou contra nós. *Retrucar* é rebater vivamente o que nos foi dito com certa acrimônia. *Revidar* é rebater um ataque com outro mais violento.

contestável, duvidoso, hipotético, incerto, problemático – *Contestável* é o que, apesar de suas aparências de certo ou verdadeiro, pode ser contestado. *Duvidoso* é o que apresenta razões pró e contra, sem que o espírito possa discernir quais têm mais força. *Hipotético* é o que se funda em meras suposições ou aquilo cujo valor depende de demonstrações que ainda vão ser feitas. *Incerto* é o que supõe ausência ou insuficiência de razões para crer, o que deixa indeciso por ser desconhecido ou vago. *Problemático* é o que apresenta um problema para resolver, só se podendo fazer ideia segura depois da solução deste problema.

continuação, continuidade – *Continuação* é o ato ou o efeito de continuar. *Continuidade* é o estado de coisa contínua.

continuação, seguimento – *Continuação* anuncia uma relação tal, que o que precede e o que segue não fazem senão um mesmo todo. *Seguimento* exprime relação menos estreita; ele pode não ser senão um acessório, uma consequência mais ou menos direta.

continuado, contínuo – *Continuado* é o renovado depois de interrompido. *Contínuo* é o que vai sendo o que era, o que se faz sem intervalos.

continuamente, sempre – *Continuamente* quer dizer sem interrupção. *Sempre*, em tempo, lugar e ocasião oportunos: "Respiramos continuamente. Vamos sempre ao futebol aos domingos".

continuar, insistir, perseverar, persistir, prosseguir – *Continuar* é não interromper. *Insistir* é porfiar com obstinação. *Perseverar* é esforçar-se com prolongada constância na execução de uma obra ou num intento. *Persistir* é não desistir, mostrar firmeza, energia. *Prosseguir* é fazer avante, com o mesmo plano, o que começamos e quisemos que fosse até um ponto onde ainda não está.

contorcionista, deslocador – Artista circense que se exibe fazendo contorções com o corpo; *o segundo nome* é popular.

contrabaixo, rabecão – Instrumento músico de cordas friccionadas, o maior e o mais grave da família do violino. *O segundo nome*, popular, é menos usado hoje. Aparece no folclore: "A pulga toca flauta, / Percevejo, violão; / Piolho, por mais pequeno, / Também toca rabecão".

contrair, encolher – Diminuir o volume; para concentrar-se, *o primeiro* e, para reduzir-se, *o segundo*.

contraparente, parente afim – Parente por afinidade. *A primeira palavra* é popular.

contratorpedeiro, corveta, destróier – Navio de guerra, de grande velocidade e grande raio de ação, tendo o torpedo como arma principal e destinado a proteger as esquadras, dando caça aos torpedeiros.

contravir, desobedecer, infringir, transgredir, violar – *Contravir* é praticar ato que vem de encontro à lei. *Desobedecer* é faltar com a obediência à lei. *Infringir* é quebrar um preceito da lei. *Transgredir* é ir além do que estava preceituado. *Violar* é praticar estes atos cometendo violência.

contribuição, imposto, taxa, tributo – *Contribuição* é a quota que cada um é adstrito a pagar, para o Estado fazer frente às suas despesas. *Imposto* é o encargo, traduzido em dinheiro e que o Estado impõe aos cidadãos, para acudir aos gastos do mesmo Estado. *Taxa* é o pagamento de um serviço feito pelo Estado, a do correio, por exemplo. *Tributo* é o imposto lançado pelo Estado, em razão de sua soberania.

contudo, entretanto, todavia – São conjunções adversativas. *Contudo* indica restrição relativa a uma falta: "Procurou levar todo o material; contudo esqueceu-se do cimento". *Entretanto*, sem destruir a afirmação, traz restrição que tem certeza igual: "Ele tinha razão; entretanto foi obrigado a retratar-se". *Todavia* também não destrói a afirmação, mas a restrição que traz não pode deixar de ser encontrada se se compreendem todas as circunstâncias: "Ela percorreu o jardim à procura de uma rosa e não achou; acharia todavia se tivesse ido ao canteiro lateral". Exprime uma oposição forte.

conturbar, perturbar – Ambos significam pôr em desordem e confusão, mas *o segundo* se refere mais particularmente ao senso interior: "Conturbei-me quando a luz forte me perturbou a visão".

conveniência, proficuidade, proveito, utilidade, vantagem – *Conveniência* é a qualidade de conveniente (v. *conveniente*). *Proficuidade* é a qualidade de profícuo (v. *profícuo*). *Proveito* traz ideia de ganho: "Juntamente, a cobiça do proveito / Que espera do contrato lusitano..." (*Lusíadas*, VIII, 77, 1-2). *Utilidade* é a qualidade de útil (v. *útil*). *Vantagem* é alguma coisa útil que temos mais que outra pessoa e que faz com que estejamos na dianteira, avante, em superioridade. É, por conseguinte, conveniência, proveito, utilidade, superiores a outras.

conveniente, profícuo, proveitoso, útil, vantajoso – *Conveniente* é o que convém, o que combina com a nossa vontade, o que vale a pena fazer, porque interessa. *Profícuo* é o que não se faz sem proveito. *Proveitoso* é o que dá muito proveito. *Útil* é o que presta para alguma coisa, o que tem serventia.

Vantajoso é o que traz vantagem, o que se mostra muito conveniente, muito proveitoso, muito útil.

conversado (Portugal), **namorado** – Homem, geralmente moço, que anda de amores.

convés, tombadilho – *Convés* é um tabuado de popa à proa, fixado nos vaus e exposto ao tempo. *Tombadilho* é um assoalho que forma um plano acima da tolda à ré.

convescote, piquenique – Refeição festiva no campo, geralmente entre pessoas de duas ou mais famílias, na qual cada um concorre com artigos de comida ou de bebida. *A primeira palavra*, brasileirismo forjado por Castro Lopes para desalojar o anglicismo, se emprega burlescamente.

convicção, persuasão – *Convicção* é o efeito do ato de convencer-se, isto é, ser levado, por provas evidentes, por fortes razões, a reconhecer uma verdade, a não poder negá-la. *Persuasão* é o efeito do ato de persuadir, isto é, de levar alguém a querer ou a fazer uma coisa.

convincente, persuasivo, persuasório, suasório – *Convincente* é o que convence (v. *convencer*). *Persuasivo* é o que se mostra próprio para persuadir (v. *persuadir*). *Persuasório* é o que persuade. *Suasório* é o que persuade brandamente.

convir, cumprir, importar, relevar – *Convir* é estar de acordo com a nossa vontade, com o nosso interesse, ter todas as qualidades necessárias. *Cumprir* é ser de obrigação ou de dever. *Importar* é trazer proveito, utilidade, vantagem, ser de grande interesse. *Relevar* é importar muito: "Convém-me esta proposta; eu queria viajar de automóvel". "Cumpre que você avise a todos". "Importa-me comprar um terreno perto do futuro balneário; depois de construído este, os preços subirão". "Releva olhar pela cultura popular". V. *acordar*.

convivência, convívio – *Convivência* é o ato ou o efeito de conviver. *Convívio*, que significa etimologicamente festim, banquete (cfr. *conviva*), toma-se geralmente no sentido de *convivência:* "Apesar do longo convívio com Machado de Assis..." (Antônio Austregésilo, *Mário de Alencar*, Revista da Academia Brasileira de Letras, n° 63, p. 351.)

copiador, copista – Significam o que copia; *o segundo* o faz profissionalmente.

copiar, trasladar, transcrever – *Copiar* é reproduzir mais ou menos fielmente. *Trasladar* é copiar com toda a exatidão, de modo que a cópia sirva como se fosse o próprio original. *Transcrever* é copiar, transportando para um registro ou para lugar em que o escrito será mais bem conservado. O dactilógrafo copia os manuscritos. O escrevente de cartório transcreve documentos em livros de registro. As escrituras de compra e venda e outras são trasladadas.

copropriedade, condomínio – Significam propriedade em comum (Código Civil).

coproprietário, consorte, condômino – Significam proprietário em comum (Código Civil).

coqueluche, tosse comprida, tosse convulsa, tosse de guariba – Doença infecciosa, própria de crianças, manifestada por violentos acessos de tosse. *O segundo nome* é de S. Paulo (B. Rohan); o *quarto*, do Pará (idem).

coraleiro, jurueba, papagaio-caboclo, peito-roxo – Ave da família *Psittacidae* (*Amazona vinacea*).

corar, enrubescer, purpurear-se, ruborescer, ruborizar-se – Significam fazer assomar a cor vermelha às faces. Só *o primeiro* é popular.

corcova, bossa, corcunda, giba, gibosidade, marreca, mochila – Significam protuberância formada pelo desvio de ossos. *Corcova* é a do dromedário, são as do camelo, nas costas. *Corcunda* é a do homem, nas costas ou no peito. *Giba* é *o* mesmo que *corcunda;* usa-se pouco. *Gibosidade* é, no homem, a proeminência do tórax e, no camelo e no dromedário, a convexidade do dorso, proveniente da massa de tecido adiposo. *Bossa* se aplica de preferência a protuberância da superfície de osso do crânio. *Marreca* (Portugal) e *mochila* são termos de zombaria.

coreia, dança de são guido – Moléstia nervosa, caracterizada por movimentos contínuos, irregulares e involuntários. *O segundo nome* é popular.

cornamusa, gaita de foles, gaita galega – Instrumento músico de sopro, formado por um saco de couro ao qual se adaptam dois tubos.

cornuda, peixe-martelo – Peixe da família *Sphyrnidae* (*Sphyrna zygaena*).

coroado, pai-pedro – Pássaro da família *Tanagridae* (*Arremon silens*).

coró-coró, garaúna, graúna (da Bahia ao Ceará), **tapicuru** (S. Paulo) – Ave da família *Ibididae* (*Harpiprion cayennensis*).

coró-coró, tapicuru (S. Paulo) – Ave da família *Ibididae* (*Phimosus nudifrons*).

corozo, jarina, marfim-vegetal – Albúmen endurecido do coco da palmeira *Phytelephas macrocarpa*.

correição, guaju-guaju, morupeteca, saca-saia, taioca, taoca – Formiga da família *Dorylidae*, gênero *Eciton* e outros. *O terceiro* é *o quarto nomes* são da Amazônia; *o quinto* e *o sexto* vão da Bahia à Amazônia.

corrente, torrente – Significam levada de água, água que corre, *o primeiro* e água que para, *o segundo* (Francisco José Freire, *Reflexões*, 1, 129).

correr, dimanar, escoar-se, escorrer, fluir, manar – *Correr* (tratando-se de líquidos) é mover-se seguindo sua inclinação natural. *Dimanar* é brotar serenamente. *Escoar-se* é passar lentamente de um lugar para outro. *Escorrer* é estar correndo, graças à ação de causa atual, positiva. *Fluir* é forma erudita de correr. *Manar* é brotar perene e abundantemente.

corrigir, emendar, retificar – *Corrigir* e os demais verbos significam pôr nas condições em que se quer que fique. *Corrige-se* pondo direitos os erros. *Emenda-se* mudando para bem ou melhor o que estava mal ou menos bom, tirando, acrescentando. *Retificar* é endireitar o que está torto ou curvo, tornar de absoluta pureza.

corrompido, corrupto – Particípios de *corromper*. *O segundo* só se usa como adjetivo: "Engolindo o corrupto mantimento" (*Lusíadas*, VI, 97, 7).

corrução, maculo – Espécie de diarreia com prolapso da mucosa do ânus.

corrupto, depravado, perverso, viciado – O *corrupto* corrompe ou se deixa corromper, sacrificando a honestidade e a ética em proveito próprio. O *depravado*, apesar de seu desregramento, ainda vê o bem e o mal, mas prefere o mal porque nele acha prazer. O *perverso* se compraz em fazer o mal ou em vê-lo feito por outros. O *viciado* deixou que seus maus pendores tomassem sobre ele um império a que ele não sabe resistir.

corsário, flibusteiro, pirata – *Corsário* é o comandante de navio armado por particulares, com autorização do governo, para dar caça aos navios mercantes de nação inimiga; é como quê um pirata legalizado. *Flibusteiro* era o nome dado no século XVIII aos piratas dos mares da América, os quais viviam atacando navios e praças marítimas espanholas. Diz Vieira: "... muito maiores são os latrocínios, e mais poderosos os ladrões da terra, que piratas do mar. Estes se furtam sem carta de marca, enforcam-nos" (*Sermões*, XIII, 162). Barba-Roxa foi um pirata, Duguay-Trouin um corsário. *Pirata* é o ladrão do mar.

cortadeira, formiga-de-mandioca (Bahia), **formiga-de-roça** (Pernambuco), **maniuara** (Amazonas), **saúva** – Formigas da família *Attidae*, especialmente *a Atta sexdens*.

cortante, incisivo, talhante – *Cortante* é o que corta (v. *cortar*). *Incisivo* é o que se mostra próprio para cortar: *dente incisivo*. *Talhante* é o que talha (v. *talhar*).

cortar, incisar, talhar – *Cortar* é separar em duas ou mais partes, com instrumento provido de gume ou sem instrumento desta natureza. *Incisar* é fazer incisão (v. *incisão*). *Talhar* é cortar com instrumento provido de gume.

corte, fio, gume, incisão, talho – *Corte* é o ato ou o efeito de cortar e também o modo de cortar. "Dei um corte nesse dedo com a faca. Minha navalha tem bom corte". *Fio* é a linha extrema, finíssima, do gume. *Gume* é a parte destinada a cortar, independentemente de estar afiada ou não. *Incisão* é o corte cirúrgico. *Talho* é o ato ou o efeito de talhar e também o modo de talhar: "Este alfaiate tem bom talho". "Levei um talho no dedo".

cortejar, cumprimentar, saudar – *Cortejar* é cumprimentar com elegância, delicadeza, graça. Corteja-se uma senhora distinta. *Cumprimentar* é o termo genérico; significa fazer um gesto amável, baixando a cabeça, tirando o chapéu e tornando a polo, como prova de respeito, de consideração, de amizade, afeto. Cumprimenta-se um superior, um igual, um inferior. *Saudar* é cumprimentar com gestos e palavras, rendendo homenagem. Saúda-se um vitorioso.

cortesia, mesura, rapapé, reverência, salamaleque, zumbaia – *Cortesia* é a ação feita, segundo o estilo adotado, em testemunho de respeito e deferência; pode ser abaixando a cabeça, curvando o corpo, tirando o chapéu etc. *Mesura* era, em antigas danças, uma inclinação do corpo, a espaços medidos, dobrando o joelho e conservando direito o rosto. Passou a ser ato próprio de senhoras e hoje é mera inclinação de cabeça, em acatamento a alguém. *Rapapé* vem a ser uma saudação espalhafatosa, feita arrastando um pé para trás, inclinando repetidamente a cabeça, com respeito mais afetado que sincero. *Reverência* é um movimento de corpo, para saudar, inclinando a cabeça, dobrando os joelhos; em cortes europeias, faz-se aos soberanos. *Salamaleque* é propriamente a saudação dos muçulmanos entre si. Dizendo-se as palavras *es salamu alekum* (a paz esteja sobre ti), leva-se a mão direita à altura da orelha direita, ou com mais acatamento, à do olho direito, se a saudação é entre iguais, ou se leva ao chão, se se trata de inferior para superior. Entre nós, é reverência profunda, exagerada, com um quê de ridículo, partida de um reles adulador. *Zumbaia* vem do malaio *sembahyang*, saudação reverencial feita a um rei ou a um homem eminente. Consistia em abaixar a pessoa a cabeça até os joelhos, pondo a mão direita no chão, três vezes antes de chegar ao senhor e, uma vez chegada, meter a cabeça entre as mãos, em sinal de que lha oferecem (João de Barros, *Décadas*, II, IV, 2). Passou, em Portugal, a ser "profunda reverência com as mãos cruzadas" (Vieira, X, 27, *apud* Morais). Hoje é reverência de adulador, ainda mais exagerada e ridícula do que o rapapé.

corticeira, flor-de-coral, mulungu – Planta da família *Leguminosae* (*Erythrina crista galli*).

cortiço, estalagem – Significa uma habitação coletiva de gente pobre, formada por uma ou duas filas de casinhas, com serviços comuns de águas e esgoto. *A primeira palavra* serviu de título a célebre romance de Aluísio de Azevedo: "... em trechos extensos espremiam-se fileiras de casario térreo, vivendas modestas de peitoris com gelosias, covis de gretadas rótulas sebosas e oblíquas, interrompidas de quando em quando por desmantelados portões de cortiços, portas escancaradas de estalagens". (Gonzaga Duque, *Mocidade Morta*, 188). Das palavras *portões e portas* do trecho de Gonzaga Duque que se infere que o cortiço é maior do que a *estalagem;* entretanto, no tempo em que estas habitações eram mais comuns do que hoje, sempre as vi empregar como sinônimos. Elas correspondem mais ou menos ao que em Lisboa se chama *pátio*, e no Porto *ilha* (Leite de Vasconcelos, *Etnografia*, II, 320, 330).

corucão (Sul), **sebastião** (Norte), **tabaco-bom** (idem), **tiom-tiom** (idem) – Ave da família *Caprimulgidae* (*Podager nacunda*).

coruja, mocho – *Corujas* são todas as aves da ordem *Strigiformes*. *Mochos* são corujas que têm região auricular grande, maior que o olho, e ouvido provido de opérculo; uma grande coroa facial, de cada lado, abrange o olho no meio. Gêneros *Otus*, *Pulsatrix* e *Ciccaba*. Praticamente não se faz distinção entre uma coruja e um mocho; daí a sinonímia na linguagem popular.

coruja-das-torres (Portugal), **coruja-de-igreja, rasga-mortalha** (Amazônia), **suiná, suinara** (Amazônia), **suindá, suindara** – Ave da família *Strigidae* (*Strix flammea perlata*). A nossa ave é aliás uma subespécie da europeia.

coruja-do-mato, jucurutu (Amazônia) – Ave da família *Bubonidae* (*Bubo magellanicus*).

corvina, cururuca (de Pernambuco ao Pará)**, murucaia** (da Bahia ao Sul) – Nome de peixes da família *Sciaenidae*, pertencentes ao gênero *Micropogon*. *A corvina* europeia é por excelência a *Sciaena aquila*, da mesma família.

corvo, urubu – Ave da família *Cathartidae* (*Cathartes atratus brasiliensis*). *Corvo* europeu é um pássaro da família *Corvidae* (*Corvus corax*).

coser, costurar, suturar – *Coser* é unir por meio de pontos dados com linha, retrós, lã etc., enfiados em agulha. *Costurar* é empregar-se em trabalhos de costura. *Suturar* é coser cirurgicamente, como *incisar* é cortar cirurgicamente.

costas, dorso – *Costas* são a parte posterior do corpo do homem e dos outros vertebrados, a qual se estende das espáduas aos lombos. *Dorso*, palavra erudita, é o mesmo.

costela, dona, esposa, mulher, patroa, senhora, velha – *Costela*, *dona*, *patroa*, *velha* são palavras familiares que lembram, respectivamente, o episódio bíblico da criação da mulher, a circunstância da posse, a subordinação, a idade. *Esposa* é a mulher ligada ao homem pelo casamento. Pertence à linguagem nobre, jurídica ou administrativa, mas não à linguagem comum; quando empregada nesta linguagem, traz ideia de ironia ou de ênfase ridícula. *Mulher* (palavra oposta a *marido*) é, em sentido restrito, a pessoa do sexo feminino, quando casada. Pertence à linguagem comum. O Código Civil usa a palavra *mulher*. *Senhora*, palavra delicada da linguagem comum, também é a mulher casada. O emprego desta palavra por parte de um homem, em relação à própria esposa, traz a intenção de afastar intimidades.

costumar, estar afeito, soer – *Costumar* é ter por costume, repetir constantemente. *Estar afeito* é fazer com facilidade, por estar acostumado. *Soer*, verbo antiquado muito do gosto dos pedantes, significa costumar desde muito tempo: "E afora este mudar-se cada dia, / Outra mudança faz de mor espanto, / Que não se muda já como soía" (Camões, soneto *Mudam-se os tempos*). V. *acostumar*.

costume, hábito, ramerrão, rotina, usança, uso – *Costume* é modo de agir muito geral, que se acha em toda a parte; é uso repetido, tradicional (Leite de Vasconcelos, *Etnografila*, I, 16). Refere-se ao objetivo, à coisa, a que a vontade do agente se submete. *Hábito* é o impulso que leva a frequentemente fazer uma coisa ou a fazê-la do mesmo modo, naturalmente, à força de nos havermos afeito a ela ou de sentirmos prazer com a repetição dela. Como disse Aristóteles na *Grande Moral*, o hábito é uma segunda natureza. Refere-se à ação; é termo subjetivo. *Ramerrão* é rotina costumeira, continuada e uniforme, seguida sem crítica nem reflexão. *Rotina* é caminho seguido habitualmente, de modo maquinal, inconsciente, pela prática ou pela imitação, por ignorância ou por uma desídia que leva a preferir seguir processo cediço ou mau a aperfeiçoar o existente. *Usança* significava simplesmente ação de usar. O sufixo *ança* adquiriu depois certo caráter pejorativo e degenerativo. *Usança* será um uso pouco firme, gasto, degenerado (Leite de Vasconcelos, *loc. cit.*). *Uso* é menos extensivo do que o costume. É peculiar a determinado grupo da totalidade. Sá de Miranda empregou ambos juntamente: Aquilo é uso e costume, Que tanto tempo correu! (Égloga Basto).

couraçado, encouraçado – Navio de guerra, revestido de uma couraça de ferro ou de aço, com máximo poder ofensivo e defensivo, grande raio de ação e velocidade dentro dos limites do deslocamento. *O segundo nome* é o oficial no Brasil.

cozer, cozinhar – *Cozer* é fazer com que uma comida crua fique em estado de se poder comer, expondo-se em um líquido, à ação do fogo, ou também, como se procede em relação ao pão, submeter à ação do fogo, para adquirir certas propriedades. *Cozinhar* é preparar alimentos, cozendo, assando etc. As mesmas significações se encontram no espanhol *cocer* e *cocinar*, no italiano *cocere* e *cucinare*, no francês *cuire* e *cuisiner*. Por causa da homofonia entre *cozer* e *coser*, a língua deu a *cozinhar* o valor de *cozer*.

crápula, devassidão, libertinagem, orgia – *Crápula* significa etimologicamente bebedeira; do desregramento em beber, passou ao desregramento em prazeres sensuais, tornando-se também substantivo masculino, designativo de indivíduo canalha, de mau proceder. *Devassidão* é o desregramento de costumes, sem rebuços, com escandalosa publicidade, devassado por todos. Entende Brunswick que a devassidão consiste essencialmente no insólito dos atos praticados. *Libertinagem* é o desregramento e costumes do indivíduo liberto das regras da moral. *Orgia* é um festim noturno, licencioso e imoral, com excesso de gula, onde predomina a embriaguez.

crasso, grosseiro, palmar – *Crasso* quer dizer etimologicamente grosso, gordo (cfr. *graxo*); figuradamente aplica-se a um erro considerável, tendo-se em vista a pessoa que o perpetra. Assim, certo erro, que em um estudante seria admissível, num professor seria intolerável. *Grosseiro* é o erro tão baixo que nem merece refutação. *Palmar* é o erro que por sua grandeza (*palmar* vem de *palmo*) se torna visível, manifesto, merecendo castigo.

crauá, cruá, melão-caboclo – Planta da família *Cucurbitaceae* (*Sicana odorifera*).

cravo-da-índia, cravo-de-cabecinha, cravo-girofle – Planta da família *Myrtaceae* (*Caryophyllus aromaticus*).

cravo-da-roça, cravorana – Planta da família *Compositae* (*Ambrosia polystachya*).

cravo-do-maranhão, louro-cravo, pau--cravo – Árvore da família *Lauraceae* (*Dicypellium caryophyllatum*).

crebro, frequente, reiterado, repetido – *Crebro*, palavra erudita, usada em poesias, é o mesmo que *repetido:* "Ao crebro som do lúgubre instrumento" (Bocage, soneto *Um condenado à morte*). *Frequente* é o que se repete ou reitera a miúdo. *Reiterado* é o que se repete com insistência, esforço, empenho. *Repetido* é o que se faz mais de uma vez. "Tomei um sorvete e repeti. Reiterei ao criado a recomendação, pois desejo encerada a sala hoje sem falta. Minhas visitas à exposição tornaram-se frequentes."

Credo, Creio em deus padre, Símbolo dos apóstolos – Oração cristã que representa uma profissão de fé. *O segundo nome* é popular.

crédulo, crente – *Crédulo* é o que crê de leve, facilmente. *Crente* é o que crê, fundado em boas razões e se mantém firme em sua crença.

creme, escol, elite, nata – Literalmente o *primeiro* e o *quarto* designam parte do leite, a qual vem à superfície sob a forma de uma película, quando se deixa o leite em repouso até esfriar. *O quarto* é o vernáculo e o mais popular, é o mais usado, porque o primeiro, de origem francesa, também designa manjares pastosos feitos de nata e até feitos sem nata, como o creme de abacate, por exemplo. Em sentido figurado têm significado similar ao *segundo* e *terceiro*, do que supostamente é melhor num grupo, categoria, comunidade etc.

crença, fé – *Crença* é uma persuasão determinada pelo exame, pelos caracteres de verdade encontrados; só a razão constitui a sua base. *Fé* vem a ser a persuasão, a submissão do espírito inspirada pela confiança; o espírito se entrega cegamente, sem exame nem hesitação.

crepúsculo, lusco-fusco – Já vimos em *albor* o que é *crepúsculo*. *Lusco-fusco* é palavra popular com a significação de crepúsculo.

crer, cuidar, curar, julgar, pensar, presumir, supor – *Crer* (neste grupo) significa estar propenso a admitir que aquilo de que se trata é como se tem na mente ou como se lhe diz. *Cuidar* (também neste grupo) é cogitar é por isso esperar que o fato se dê de determinado modo: "Mas não lhe sucedeu como cuidava". (*Lusíadas*, I, 44, 8 e II, 70, 4.) *Curar* (neste grupo) é forma erudita de *cuidar*. *Julgar* é ter opinião baseada em razões suficientes para autorizar afirmação ou negação categórica. *Pensar* é ter no pensamento, mas sem base para uma convicção segura. *Presumir* é inclinar-se a crer, levado por indícios, pressentimentos, vagas ilações. *Supor* é admitir por hipóteses ou condicionalmente, segundo princípio de razão que se tem para crer.

crescente, meia-lua – Fase da lua, quando apresenta o disco iluminado em menos da metade, antes de ficar cheio. *O segundo nome* é popular.

cria (Portugal e Brasil), **filhote** (Brasil) – Animal novo, que ainda mama, ainda está no período de criação. *Filhote*, em Portugal, é o natural de uma localidade (Aulete).

criação, educação – *Criação*, diz Roquete, é o primeiro cuidado que o homem deve a seus pais ou a quem faz as suas vezes: tanto no físico, para a conservação de sua vida, saúde e robustez, como no moral, para a direção de sua conduta e estudo de suas obrigações. A *educação* recai sobre a moral e a instrução; supõe princípios mais elevados, ideias mais extensas, regras mais metódicas para ilustrar a razão, adornar o entendimento, aperfeiçoar o coração e suavizar os costumes. Um operário cria um filho. Um aio educa um príncipe.

criado, doméstico, empregado, fâmulo, lacaio, serviçal, servidor, servo – *Criado* é o indivíduo pago para fazer o serviço de uma casa; refere-se propriamente ao que trabalha em casa. *Doméstico*, adaptação do francês *domestique*, é eufemismo para atenuar possível preconceito na palavra *criado*. *Empregado* é o indivíduo que exerce um emprego, em casa de família, num estabelecimento público. *Fâmulo*, palavra erudita, é o mesmo que *criado*, mas com um quê de pejorativo. *Lacaio* era o criado, quase sempre vestido de libre, o qual acompanhava o amo. Hoje a palavra só se emprega em sentido ofensivo. *Serviçal* é o criado de servir, e tem conotação preconceituosa também. *Servo* é o nome ofensivo que procura ressaltar a ideia do servilismo de certos servidores.

criado-mudo, mesa de cabeceira – Pequena mesa que se coloca junto da cama, para nela se porem objetos que possam ser precisos durante a noite.

criancice, infantilidade, puerilidade – *Criancice* é ato ou dito próprios de criança. *Infantilidade* é criancice que às vezes agrada pela graça ou ingenuidade, que decorre da simpleza própria da infância; não traz ideia de censura nem de zombaria. *Puerilidade* é criancice de menino, ou mesmo de homem, que já deviam ter juízo, para agirem de modo mais razoável; provoca censura ou zombaria.

criar, gerar, produzir – Significam todos dar existência ao que não havia. *Criar* é tirar do nada, erigir, instituir. *Gerar* é propagar pela geração. *Produzir* é tirar de si com atividade ou ação vital. Deus criou o mundo. Um casal de animais gera filhos. Uma semente germinada produz uma planta. No sermão de N.S. do Carmo, comemorando palavras do papa Xisto V, relativas à Virgem Maria (*Dominum Nostrum Jesum Christum genuit et produxit Ordinem Beatae de Monte Carmelo*), diz Vieira: "A Cristo diz o Pontífice que o gerou a Virgem Maria: *genuit:* a Ordem e Família Carmelitana, diz que a produziu". Diz o mesmo orador sacro, no sermão undécimo do seu dia, que criar é produzir do nada.

crime, delito – O art. 7º do nosso Código Penal de 1890 definia *crime* como "violação imputável e culposa da lei penal". O Código Criminal de 1830, arts. 1º e 2º considerou crime e delito palavras sinônimas. O criminalista francês R. Garraud dá o nome geral de *delito* às violações da lei penal e o nome especial de delito aos delitos de direito civil (fato ilícito prejudicial a outrem), a delito, em direito penal, como oposto a contravenção, e a delito, ainda em direito penal, como infração reprimida por penas correcionais, ao lado de crime (infração reprimida por penas aflitivas e infamantes). Em favor do sentido geral, cita as expressões *flagrante delito*, *corpo de delito*, usadas pelas leis, e estabelece, como o art. 1º do Código Penal francês de 1810, diferença entre crime e delito, pelo critério de gravidade menor (*Précis de Droit Criminel*, 8ª ed., Paris, 1903, p. 56-58, 63-64). ***Contravenção*** é a transgressão de normas, de regras etc.

crispar, encrespar – Significam tornar crespo. *Crispar*, verbo erudito, emprega-se pronominalmente, no sentido de contrair-se espasmodicamente.

crispim, fenfém, martim-pererê, matimpererê, matintaperera (Amazônia), **malitaperê, saci** (Sul), **seco-fico** (Bahia), **sede-sede** (idem), **sem-fim** (idem), **tempo-quente** (Rio de Janeiro) – Ave da família *Cuculidae* (*Tapera naevia*).

cristal de rocha, quartzo hialino – É a sílica cristalizada e com aparência de vidro; *o primeiro nome* é *o* vulgar (Backheuser, *Glos.*, 226).

crivo, lavarinto (Ceará e outros Estados do Norte), **labirinto** – Trabalho de agulha o qual se faz, tirando fios de uma fazenda fina e enchendo as quadrículas necessárias para a formação do desenho, com passagens sucessivas da linha de coser.

crônico, inveterado – *Crônico* é qualificativo de moléstia que se prolonga e percorre lentamente o seu período. *Inveterado* é qualificativo do que está profundamente arraigado: *vícios inveterados*.

Cronos, Saturno – Nome grego e nome latino do pai dos deuses, símbolo do tempo, na mitologia greco-romana.

cruel, sevo – *Cruel* é o que se compraz em atos sanguinários, em causar tormentos, físicos ou morais, em ver praticar tais atos, tormentos. Vem do latim *crudele*, de *crudus*, filiado a *cruor*, sangue derramado (Walde LEW). *Sevo*, palavra erudita e literária, significa o mesmo: "Como da seva mesa de Tiestes" (*Lusíadas*, III, 133, 3). Não se aplicam só a homens e a irracionais; também se aplicam figuradamente a coisas.

crueldade, sevícia, tortura – *Crueldade* é a qualidade de cruel ou o ato cruel. *Sevícia* é a crueldade ferina e, geralmente no plural, significa também maus tratos; está no art. 317 do Código Civil. *Tortura* é martírio (físico ou moral) imposto a alguém

cruento, sangrento, sanguento, sanguinário, sanguíneo, sanguinolento – *Cruento* quer dizer em que se derrama sangue: *sacrifício cruento*. *Sangrento*, que está escorrendo sangue: *bife sangrento*. *Sanguento*, coberto de sangue ensanguentado: *sanguentas aras* (Gabriel Pereira de Castro, *Ulisseia*, 4, *apud* Morais). *Sanguinário*, amigo de derramar sangue: *Maria, a Sanguinária, rainha da Inglaterra*. *Sanguíneo*, relativo ao sangue, que tem sangue, em que o sangue predomina: *circulação sanguínea*, *suor sanguíneo*, *temperamento sanguíneo*. *Sanguinolento*, em que há grande derramamento de sangue: *batalha sanguinolenta*.

crumatá, curimã (Amazônia e Nordeste), **curimbatá, curumbatá** (Sul), **grumatá** (Rio Grande do Sul), **voga** (Santa Catarina e Rio Grande do Sul) – Peixe da família *Characidae* (*Prochilodus sp.*). Em Portugal existe a *boga*, que é o *Boops vulgaris* é o nome de três espécies do gênero *Chondrostoma*.

crupe, angina diftérica, difteria, garrotilho – Doença infectuosa, caracterizada pela formação de falsas membranas na garganta. *Crupe* é acoimado de estrangeirismo; veio do escocês através do francês. *Garrotilho* usa-se pouco.

cruzeiro, urutu – Serpente da família *Viperidae* (*Bothrops alternatus*).

cuandu (Nordeste), **cuim** (Sul), **ouriço-cacheiro** (Sul) – Mamífero da família *Coendidae* (*Coendu sp.*). A denominação aparece em Aires do Casal, *Corografia*, I, 36, ed. de 1943. A sinonímia de *cuandu* é abonada por Ihering. Diz Alfredo de Mata, *Vocabulário Amazonense*, que o *cuandu* amazônico é o roedor *Loncherus armatus* (da família *Octodontidae*). O *ouriço-cacheiro* europeu é um insetívoro da família *Erinacidae* (*Erinaceus europaeus*).

cuatá-branco, manquiçara (Pará) – Macaco *Ateles variegatus*.

cuba (Pernambuco), **cueba** (Minas), **mancueba** (S. Paulo) – Indivíduo poderoso, influente.

cu-de-galinha (Santa Catarina), **rosquinha** – Molusco da família *Trochidae* (*Tegula viridula*).

cudo, curó, erva-do-malabar – Planta da família *Apocynaceae* (*Holarhana antidysenterica*).

cugar, cuguardo, leão-da-américa, onça-parda, onça-vermelha, puma, suçuarana – Mamífero da família *Felidae* (*Felis concolor*). *O quarto*, *o quinto* e *o sétimo* é que são os nomes vulgares.

cuidado, desvelo, diligência, esmero, exação, solicitude, zelo – *Cuidado é* uma aplicação especial, no sentido de fazer bem uma coisa. *Desvelo* é cuidado e vigilância contínua, com um quê de carinho, às vezes. *Diligência* é uma atividade cuidadosa. *Esmero* é o cuidado, acompanhado do esforço para fazer o melhor que se pode. *Exação* é o cuidado para que a coisa saia exata, perfeita. *Solicitude* é a diligência obsequiosa, instante, com inquietação do espírito. *Zelo* é o cuidado acompanhado de escrúpulo no desempenho da tarefa.

cuidadoso, desvelado, diligente, esmerado, exato, solícito, zeloso – V. *cuidado.*

culpa, erro, falta – *Culpa* é ato ou omissão que merece severo castigo ou severa repreensão. *Erro* é ato desacertado, praticado por ignorância e menos grave do que a culpa. *Falta* é culpa leve contra o dever, cometida por descuido e menos grave do que o erro.

culpa, dolo, fraude – *Culpa* (neste grupo) é ação ou omissão prejudiciais ao direito de outrem, mas não intencional. *Dolo* é manobra desleal, destinada a induzir em erro aquele com quem se contrata, de modo que seja levado a dar o seu consentimento. Baseado em um texto de Ulpiano (*Fraus enim in damno accipitur pecuniario Dig.*, L, XXXVIII, T. V, Fr. I, § 15), diz o cons. Ribas: "A palavra *fraude* geralmente se emprega como sinônimo de *dolo*, mas ela significa especialmente o resultado do dolo, ou os prejuízos por ele causados" (*Curso de Direito Civil Brasileiro*, Rio, 1903, p. 413). O Código Penal fala em homicídio culposo. O Código Civil, em omissão dolosa. A lei de falências as classifica em casuais, culposas e fraudulentas. Diz o *Digesto* L. L. T. XVI, Fr. 226: *magna negligentia, culpa est; magna culpa, dolus est.*

culposo, doloso, fraudulento – V. *culpa.*

cultivo, cultura, lavoura – *Cultura* é o conjunto de operações necessárias para obter os produtos da terra. *Cultivo* e *lavoura* é o modo pelo qual se faz uma cultura especial, os cuidados e meios empregados para se ter determinado produto: "Nesta fazenda os colonos se entregam a várias culturas; são mestres porém no cultivo do algodão". Figuradamente, *cultura* é o desenvolvimento dado às faculdades naturais por assíduos cuidados: "Por aquelas regiões haviam noutro tempo demorado tribos adiantadas em cultura intelectual". (Latino Coelho, *apud* Aulete). *Cultivo* é o ato de cultivar, desenvolver pelo estudo: "Dos raros ócios que lhe deixavam o trato dos negócios é o cultivo de todo gênero de ciências e letras..." (Latino Coelho, *apud* Aulete).

culto, douto, erudito, ilustrado, instruído, sabedor, sábio, sapiente – *Culto* é o que cultivou o espírito, o que adquiriu cultura. *Douto* é o que sabe bem, que reflete sobre os assuntos, estabelece doutrinas, revela inteligência e tino. *Erudito* é o que sabe muito, porque muito leu, se aplicou paciente ao estudo, tem boa memória. Há muito erudito que não é douto. *Ilustrado* é o que tem ilustração, isto é, cópia de conhecimentos variados, que dão luz, dão notícia clara de muita coisa. *Instruído* é o que recebeu instrução, isto é, adquiriu conhecimentos, dos primários aos superiores. *Sabedor* é o que sabe, por ter tido notícia (este é o sentido comum) ou pela longa prática: "... de coração vos estimo, honrado e sabedor construtor do mosteiro de Santa Maria" (Herculano, *Lendas e Narrativas*, I, 266). *Sábio* é o que sabe com inteligência, com penetração, que é versado em uma ou mais ciências, de cujos princípios sabe tirar consequências: "Vejam agora os sábios na escritura. / Que segredos são estes de Natura." (*Lusíadas*, V, 22, 7-8.) *Sapiente* é o sábio, no sentido mais alto e espiritual, o que possui a sabedoria suprema que lhe permite ascender às mais altas verdades.

cume, cumeada – *Cume* é o ponto mais alto de grandes elevações. *Cumeada* é a prolongação do cume, é a série de cumes da serra ou cordilheira.

cumprir, guardar, observar – *Cumprir* uma lei é fazer com toda a exatidão o que ela manda. *Observa-se*, tendo atenção em executar o que ela prescreve. *Guarda-se*, pelo cuidado contínuo de velar para que ela não seja violada em ponto algum.

cupi ou **cupim, formiga-branca** (Portugal), **térmita** ou **térmite** – Nomes de insetos isópteros da família *Termitidae*, pertencentes ao gênero *Termes* e a outros. *O primeiro nome* é o popular.

Cupido, Eros – Nome latino e nome grego do deus do amor na mitologia greco-romana.

cupim, cupineiro, cupinzeiro, itacuru (Mato Grosso, Rio Grande do Sul), **itapecuim** (Amazônia), **tapecuim** (idem), **tacuru** (Rio Grande do Sul) – Nomes do ninho do cupim.

cúpula, domo, zimbório – *Cúpula* é a parte interior, côncava, do domo. *Domo* é uma abóbada dúplice, repousando geralmente em base circular, a qual remata superiormente grandes igrejas ou grandes monumentos. *Zimbório* é a parte exterior do domo, a que cobre a cúpula.

cura, tratamento – *Cura* é o resultado dos esforços do médico e da força medicatriz da natureza no desaparecimento do mal. *Tratamento* é a série metódica de aplicações medicinais que se empregam para combater a doença.

curanchim (S. Paulo), **mitra, sobre, sobrecu, uropígio, sambiquira** (Sul), **rabadela, rabadilha** – Nomes da extremidade da espinha dorsal das aves. *O segundo* lembra a forma. *O terceiro* é uma abreviação eufêmica do *quarto*, que lembra a posição. *O quinto* é erudito.

curadoria, curatela – São o encargo do curador. *A primeira* refere-se aos ausentes (Código Civil); *a segunda*, a loucos, surdos-mudos e pródigos (Código Civil).

curar, sarar – *Curar* é alcançar a saúde aos poucos, por meio da virtude natural dos remédios. *Sarar* é passar de repente da enfermidade à saúde. A lição é de Vieira, sermão do evangelista S. Lucas.

curiantã (Pernambuco e Bahia), **gaturamo** (Sul), **guaratã, guarinhatã** (Pernambuco e Bahia), **guriatã** (idem) – Pássaros da família *Tanagridae* (*Euphonia sp.*).

curica, curuca – Espécies de papagaios do gênero *Amazona* e da espécie *Pionopsitta barrabandi*.

curimã (da Bahia para o Norte), **tainha** (do Rio de Janeiro para o Sul) – Nomes das espécies listradas do gênero *Mugil*, da família *Mugilidae*. *Curimã* é nome tupi. Em Portugal, o nome de tainha se aplica à *fataça* (*Gobio cyprinus*), ao *mugem* ou *mugeira* (*Mugil cephalus*), ao *cadoz* (*Cotius gobio*) e à *tenca* ou *tinca* (*Tinca vulgaris*).

curimbó, tabaque, tambaque – Tambor feito de um tronco oco.

curioso, extraordinário, raro, singular – *Curioso* é o que desperta interesse ou atenção viva, por ser original, raro, esquisito, imprevisto. *Extraordinário* é o que chama a atenção por sair da ordem normal, por estar acima ou abaixo da medida comum. *Raro* é o que chama a atenção por não ser frequente, suceder poucas vezes, não se encontrar comumente. *Singular* é o que é único em seu gênero, não tem igual nem semelhante.

curso (Bahia, S. Paulo), **lufada** (Maio Grosso), **piracema** (Amazônia e S. Paulo) – Migração anual dos peixes rio acima, na época da reprodução (Bernardino de Souza).

curubixá, grumixá – Casulo das larvas de insetos da ordem dos Tricópteros,

curu-curu (Brasil Central), **tuco-tuco** (Rio Grande do Sul e Sul de Mato Grosso) – Mamíferos da família *Octodontidae*, *Ctenomys brasiliensis* o primeiro e *C. torquatus*, o segundo.

curuiri, pitombeira-da-baia – Árvore da família *Myrtaceae* (*Eugenia luschnathiana*).

curva da perna, jarrete – Região da perna, na qual ela se dobra por detrás da articulação do joelho. *O primeiro nome* é o popular.

curvo, encurvado, recurvado – *Curvo* é aquilo cuja direção muda progressivamente, sem formar ângulo. *Encurvado* é o que foi tornado curvo. *Recurvado* é o que se mostra várias vezes curvo ou o que é curvo de maneira a reentrar, a voltar sobre si mesmo.

cuscuzeiro (Pernambuco), **morro-de-chapéu** (Bahia, Minas, Sul) – Cume arredondado, lembrando a copa de um chapéu ou a forma do cuscuz.

cuspe, cuspinho, cuspo, esputo, saliva – Secreção de glândulas da boca. *O primeiro nome* é popular; *o segundo* é de Portugal (Aulete); *o terceiro* é o nome comum; *o quarto* é erudito e pouco usado; *o quinto* é erudito e mais usado do que o precedente.

cuspir, escarrar, esputar, salivar – Expelir o cuspo, o esputo, a saliva, ou o escarro. V. *cuspo*.

custa, expensa – *Custa* dá ideia de despesa, gasto, e também de sacrifício, esforço penoso. *Expensa* (mais usado no plural) dá ideia de despesa, gasto, que muitas vezes pode não representar sacrifício.

custo, preço, valor – Significam quantia com que se paga uma coisa. *Custo* dá ideia do esforço para despender a quantia. *Preço* lembra o valor estimativo. *Valor* é propriamente o que a coisa vale intrinsecamente.

custódia, ostensório – Aro circular de ouro ou de prata, ornado de raios, no qual estão engastadas duas lâminas circulares de cristal, destinadas a receber entre si a hóstia consagrada, para expor à adoração dos fiéis. *O primeiro nome* lembra a função de guardar; *o segundo*, a de expor.

custodiar, encerrar, guardar – *Custodiar* é pôr em lugar seguro. *Encerrar* é pôr em lugar fechado. *Guardar* é pôr em lugar onde fique cuidadosamente protegido.

cutia-de-rabo (Norte e Nordeste), **cutiaia** (Amazônia) – Mamífero da família *Caviidae* (*Dasyproeta acauchy*).

cútis, pele, tez – *Cútis*, palavra erudita, é a parte da pele a qual se pode sentir pelo tato: *cútis macia*. *Pele* é o tegumento, estendido sobre todo o corpo dos animais. *Tez* é a superfície da pele, principalmente do rosto, considerada quanto à cor. "Os povos mediterrâneos apresentam tez morena".

cutiú-preto, gavião pega-macaco – Ave da família *Falconidae* (*Spizaetus tyrannus*).

cutucurim, gavião-real, harpia, papa-mico, uiraçu, uiruucotim – Ave da família *Accipitridae* (*Thraseatus harpyia*). *O primeiro nome* e *o quarto* são dos indígenas. *O terceiro* é erudito. O comum é *o segundo*.

D

dama, **dona**, **matrona**, **mulher**, **senhora** – *Dama* é a mulher de grande distinção, nobre, da alta sociedade: *a primeira dama do país*. *Dona* é a mulher, casada ou viúva; usa-se mais como tratamento. *Matrona* é a mãe de família, virtuosa, honesta, cumpridora dos seus deveres. *Mulher* é a palavra genérica, significando criatura racional do sexo feminino, em oposição ao homem, aplicando-se também à casada. *Senhora* é a mulher distinta por sua compostura e também a casada.

danado, **hidrófobo** – Qualificativo de animal atacado de raiva ou hidrofobia. *O primeiro* é popular; *o segundo*, erudito.

dançador, **tangará** – Pássaro da família *Pipridae* (*Chiroxiphia caudata*).

dano, **detrimento**, **prejuízo** – *Dano* é a alteração para mal, causada a alguém ou sofrida por alguém, seja qual for a origem. *Detrimento* é o dano resultante do uso, resultante de coisa que deteriora outra. *Prejuízo* é o dano que afeta os bens, que atenta contra os direitos reais.

danoso, **lesivo**, **maléfico**, **nocivo**, **pernicioso**, **prejudicial**, **ruinoso** – *Danoso* é o que causa dano. *Lesivo* é o que acarreta lesão. *Maléfico* é o que faz mal. *Nocivo* é o próprio para causar dano; traz complemento obrigatório; *nocivo à saúde*, *nocivo ao comércio*. *Pernicioso* é o que produz males muito graves ou irremediáveis (latim *pernicies*, ruína, destruição, morte): *acesso pernicioso*. *Prejudicial* é o que causa prejuízo. *Ruinoso* é o que causa ruína, deixa estragos gerais.

dar, **doar** – *Dar* é transferir gratuitamente, sem formalidades, com a simples entrega, a propriedade de uma coisa. *Doar* é também transferir gratuitamente a propriedade, mas mediante contrato por escritura pública Ou particular (Código Civil) e às vezes para fins determinados.

dardo, **flecha**, **seta** – São armas de arremesso. *O dardo* é lança delgada e curta, com ponta de ferro, lançada geralmente pelo braço. *Flecha* é uma haste delgada e curta, com ponta de ferro ou de osso, com penas na extremidade oposta a ponta as quais servem para manter a direção, e é lançada por meio de arco. *Seta* é uma flecha sem penas. O padre Manuel Bernardes, *Nova Floresta*, II, 191, os emprega indiferentemente.

debalde, **embalde**, **inutilmente**, **vãmente**, **em vão** – *Debalde* e *embalde* (hoje sinônimos) significam *sem proveito*, *apesar dos esforços*. *Inutilmente* quer dizer *sem utilidade*. *Vãmente* exprime o modo pelo qual a coisa se faz. *Em vão* se refere ao proveito que se pretende tirar da ação. Assim: "Vãmente se gloria alguém de ter muitos amigos, sendo eles na realidade tão raros". "Se o Senhor não edificar a casa, diz o Salmo 126, em vão trabalham os que a edificam", isto é, fazem obra, mas obra inútil.

decidir, **deliberar**, **determinar**, **resolver** – *Decidir* é, por força das razões, motivos, argumentos, levar a uma vontade bem fixada. *Deliberar* vem do latim *deliberare*, derivado *de libra*, balança. Quer dizer, por conseguinte, *pesar na balança*. (Bréal e Bailly, Walde), meditar, refletir, debater antes de fixar a vontade. *Determinar* é apenas pôr termo à indecisão, inclinando-se a tomar um partido. *Resolver* é fixar bem uma vontade, mas por força da autoridade, da necessidade, antes que pela dos motivos: "Ouvindo as explicações dele, *decidiu* comprar o terreno. Depois de longos pareceres e longos debates, a assembleia *deliberou* rejeitar o projeto. Hesitei muito se iria ou não; *determinei* ir. O ministro *resolveu* admitir dez extranumerários".

decisão, **deliberação**, **determinação**, **resolução** – Atos ou efeitos de decidir, deliberar, determinar, resolver.

decorrer, **derivar**, **emanar**, **proceder**, **provir**, **vir** – *Decorrer* significa vir naturalmente, como a água que corre de um ponto para outro mais baixo. *Derivar* supõe um desvio, um afastamento da corrente principal, como no caso da sangria que se faz num rio; a origem não é direta, pois entre ela e a consequência há um fato. *Emanar* é decorrer com força. *Proceder* se refere à ideia, às abstrações; é a inteligência que decide que uma coisa vem de outra, como o efeito da causa. *Provir* se refere à realidade, às coisas materiais: são os sentidos que verificam a proveniência. *Vir* é o termo genérico para a ideia de origem.

decreto, **lei** – A diferença entre estes dois atos do Congresso Nacional está no seguinte: a *lei* contém normas gerais e disposições de natureza orgânica, ou que tenham por fim criar direito novo; *o decreto* consagra medidas de caráter administrativo ou político, de interesse individual ou transitório.

dédalo, **labirinto** – Significam lugar onde o cruzamento confuso dos caminhos torna difícil a saída. No sentido próprio, *labirinto* vai melhor do que *dédalo;* no figurado, *dédalo* é mais poético. *Dédalo* chama a atenção para a arte, a engenhosidade da construção; *labirinto*, para a natureza intrincada dela.

defender, **justificar** – *Defender* é, reconhecendo o ato incriminado, rebater ou destruir as acusações. *Justificar* é estabelecer a inocência, mostrando a justiça do ato praticado.

defensável, **defensível** – Significam que pode ser defendido. *O primeiro*, de formação vernácula, é mais usado, naturalmente por analogia com o antônimo *atacável*.

definido, **definito** – Qualificativos do artigo que define, individualiza de modo positivo a significação do substantivo. É mais natural *o primeiro*.

deflorar, **descabaçar**, **desonestar**, **desvirginar**, **fazer mal**, **infelicitar** – Falta um da gíria. Significam fazer perder a virgindade. *O segundo* é grosseiro e chulo; *o terceiro* é formal; *o quarto* Rui repeliu na *República* sob a acusação de barbarismo; *o quinto* é popular; *o sexto* também é formal. O Código Penal de 1890 empregou o primeiro no art. 267.

defluir, **efluir**, **fluir** – *Defluir* é correr de cima para baixo. *Efluir* é correr para fora, sutilmente. *Fluir* é forma erudita de *correr*.

deforme, disforme, informe – *Deforme* quer dizer sem a forma natural ou habitual. *Disforme*, de forma diferente, de forma que excede a comum. *Informe*, sem forma.

deformar, desfigurar – *Deformar* é mudar a forma, deixando defeituoso. *Desfigurar* é tirar a figura, alternando o aspecto.

defunto, falecido, finado, morto – *Defunto* (do latim *defunctus, scilicet vita*) é o que já se desobrigou da vida. *Falecido* é o que faltou à nossa convivência. *Finado* é o que chegou ao fim da sua vida. O Código Civil emprega *falecido* e *finado*. *Morto*, isto é, que perdeu a vida, é termo genérico, aplicável ao homem e aos animais. Os outros são eufemismos, aplicáveis só ao homem.

deglutir, engolir, ingerir, tragar – *Deglutir*, palavra erudita, significando o mesmo que engolir, faz ressaltar a ideia de esforço. *Engolir* é fazer passar pela goela, para levar ao estômago. *Ingerir* é introduzir no estômago. *Tragar* é engolir com avidez, de um trago.

degradante, humilhante – *Degradante* é o que rebaixa na dignidade, na categoria. *Humilhante* é o que rebaixa no orgulho.

deidade, deusa, diva – Significam mulher divina. *O primeiro* e *o terceiro* são eruditos: "Que habitam estas úmidas deidades". (*Lusíadas*, VI, 8, 8.) *Casta Diva*. Figuradamente, *deidade* quer dizer mulher formosíssima e *diva* (por italianismo), cantora notável: "A Patti foi uma diva".

deísmo, teísmo – São doutrinas filosóficas que aceitam a existência de Deus, negando *a primeira* a ação de Deus sobre o mundo e afirmando *a segunda* a ação providencial de Deus no mundo.

deísta, teísta – V. *deísmo*.

deixa, legado – *Legado* é o ato de legar, isto é, deixar a uma ou mais pessoas, físicas ou jurídicas, coisas tiradas da parte disponível da herança. É este o sentido de *legado* no Código Civil, que fala também em coisa legada. Todavia *legado* se toma como parte de herança, da qual o testador dispôs, que ele deixou a quem não é herdeiro nem fideicomissário (Código Civil português). *Deixa* é a coisa legada. Usa-se pouco hoje, talvez por causa da significação que adquiriu na linguagem teatral.

dejeções, excrementos, fezes – Significam matérias fecais evacuadas.

delegacia, distrito (Brasil), **esquadra** (Portugal) – Posto policial.

deleitar, deliciar – Significam causar deleite, causar delícia.

deleite, delícia, prazer – *Deleite* é um prazer delicioso, demorado, atraente, cheio de voluptuosidade. *Delícia* é o prazer fino, suave. *Prazer* é uma sensação agradável (latim *placere*, agradar).

delgado, fino – *Delgado* é o que tem pouca espessura. *Fino*, o que tem grossura pouca.

delicadeza, gentileza – *Delicadeza* é uma atenção delicada, que sai do comum. *Gentileza* é delicadeza própria de um fidalgo, de um gentil-homem.

delírio, desvairo, frenesi – *Delírio* é perturbação das faculdades mentais por qualquer causa, é o estado de um doente a quem o ardor da febre faz divagar, é um estado de exaltação de imaginação. *Desvairo* é a continuação do delírio, um estado mais duradouro cuja perturbação se manifesta sobretudo no olhar e às vezes por atos esquisitos. *Frenesi* é um desvairo que chega ao furor, com violência que nada detém e que se embriaga com os próprios excessos.

demandar, **deprecar**, **exigir**, **exorar**, **impetrar**, **implorar**, **obsecrar**, **orar**, **pedir**, **postular**, **requerer**, **rogar**, **solicitar**, **suplicar** – O genérico é *pedir*, isto é, fazer conhecer o desejo ou a vontade de ter. *Demandar* é pedir com direito, pedir em juízo. *Deprecar* é pedir que não suceda um mal ou pedir (uma autoridade judiciária a outra) o cumprimento de um mandado ou a execução de uma diligência. *Exigir* é pedir com autoridade, em nome de direito real ou suposto, impondo, usando às vezes de violência. *Exorar* é pedir com instância, reiteradamente. *Impetrar* quer dizer propriamente *alcançar*, mas, tomando-se o efeito pela causa, passou a significar pedir (graça ao superior), o que também se deu em espanhol (Cuervo. *Apuntaciones*, § 611. *Dicionário* da Real Academia). *Implorar* é pedir chorando (latim *plorare*, chorar). *Obsecrar* é pedir por alguma coisa, sagrada ou respeitável (latim *sacer*, sagrado). *Orar* é pedir a Deus (v. Vieira, T. 2°, p. 239, da 1ª ed., *apud* Morais). *Postular* é pedir instantemente, é pedir em juízo. *Requerer* é pedir a autoridade superior que dê o que a lei concede ou autoriza a pedir. *Rogar* é pedir por favor, graça ou mercê: "... e ali, não como súdita, senão como Senhora, não rogais, ou pedis por favor, mas mandais ..." (Vieira, *Sermões*, XII, 351). *Solicitar* é pedir com empenho, trabalho, inquietação. *Suplicar* é pedir com humildade e submissão, curvando o corpo (lat. *sub* e *plicare*), de joelhos, com as mãos postas.

demasia, **troco** – Dinheiro que sobra de uma compra. *A primeira palavra* só em Portugal se emprega neste sentido: "Dei um franco (dinheiro francês) ao dono de uma tabacaria para que ele me desse dez soldos de demasia" (Pinheiro Chagas, tradução de *Marrocos*, de E. de Amicis, 47).

demasia, **excesso** – *Demasia* significa o que é demais, dando ideia de grande quantidade. *Excesso* é o que excede a medida, o limite, pouco ou muito.

demasiado, **excessivo**, **nímio**, **sobejo**, **sobrado**, **superabundante**, **supérfluo** – *Demasiado* é o que existe em demasia (*v. demasia*). *Excessivo* é o que existe em excesso (v. *excesso*). *Nímio*, palavra erudita, é o mesmo que *demasiado* e tem emprego literário: "Esta paixão que sempre lhe ocultei por nímia adoração" (Castilho, *apud* Aulete). *Sobejo* é o que sobra em grande quantidade. Quem tem uma ou duas razões das necessárias não pode dizer que tem sobejas razões. *Sobrado* é simplesmente o que sobra, em grande ou pequena quantidade: "Cá estão os dois cruzeiros sobrados". *Superabundante* é o que superabunda, o que abunda em grande quantidade, com certa ostentação. *Supérfluo* é o que, além de excessivo, se mostra inútil.

demência, **doidice**, **loucura**, **mania** – *Demência* é uma decadência da mente, um enfraquecimento progressivo das faculdades mentais, privação de entender, de raciocinar. *Doidice* é loucura em grau elevado, manifestada por ações contrárias à boa razão, ao senso comum. *Loucura* é a perda da razão, a ausência do raciocínio. *Mania* é loucura parcial que fixa a atividade mental numa só ideia.

demente, **doido**, **louco**, **maníaco** – São os que se acham em estado de demência, doidice, loucura, mania. V. *demência*.

demitir, **despedir**, **dispensar**, **exonerar** – *Demitir* é mandar embora, tirar do lugar, por falta de cumprimento dos deveres; demite-se um empregado relapso. *Despedir* é mandar embora por não prestar, cumprir mal seus deveres (serventuário de ínfima categoria); despede-se um criado. *Dispensar* é mandar embora por não serem mais necessários os serviços: "A obra está no fim; vou dispensar a maioria dos operários". *Exonerar* é livrar de um encargo (latim *ex* e *onus*, *eris*, carga): "Vou pedir ao ministro que me exonere do cargo de diretor".

demoníaco, **diabólico**, **infernal**, **mefistofélico**, **satânico** – *Demoníaco* é o que parece possuído ou inspirado pelo demônio: *mulher demoníaca*. *Diabólico* quer dizer maligno, fino, astuto como o diabo, só mesmo do diabo: *indivíduo diabólico*, *invenção diabólica*. *Infernal* quer dizer do inferno, de maldade horrível, digna do inferno: *pedra infernal*, *máquina infernal*. *Mefistofélico* quer dizer malicioso, friamente zombador, de ironia desdenhosa, de perversidade e refinamento de malvadez que espantam: *sorriso mefistofélico*. *Satânico* quer dizer próprio ou digno de Satanás, levado a um grau de malvadez que só Satanás pode apresentar: *orgulho satânico*.

demonstração, **evidência**, **mostra**, **prova** – *Demonstração* é prova completa, manifestação mais decisiva. *Evidência* é uma indicação que faz supor uma verdade, um fato. *Mostra* é uma ligeira manifestação. *Prova* é uma segura manifestação, que patenteia bem.

demonstrar, **provar** – *Demonstrar* é estabelecer a verdade por meio de raciocínio, argumentando, explicando, deduzindo. *Provar* é estabelecer a verdade com fatos, documentos, testemunhos.

demora, **detença**, **parada**, **permanência** – *Demora* é a parada que, interrompendo a viagem, a retarda. *Detença* é a demora forçada. *Parada* é a cessação da marcha. *Permanência* é o ato de permanecer algum tempo num lugar, embora sem ser definitiva a estada.

demorado, **diuturno**, **duradouro**, **lento**, **moroso**, **tardio**, **tardo**, **vagaroso** – *Demorado* é aquilo em que demora (v. *demora*). *Diuturno* é o que dura longo tempo. *Duradouro* é o que há de durar muito. *Lento* é o que por sua natureza anda, atua com vagar. *Moroso* é o que se mostra muito demorado. *Tardio* é o que chega sempre tarde, o que, além de tardio, se mostra retardatário. *Tardo* é o que anda muito devagar. Ex.: "A viagem, que já estava demorada, tornou-se morosa. Tiveste trabalho diuturno para não fazer coisa duradoura. Os bois são lentos; este porém, chega a ser tardo. Os arrependimentos sempre são tardios". *Vagaroso* é o que não se mostra com a atividade que podia ou devia ter.

denegrecer, **denegrir**, **enegrecer** – *Denegrecer* é tornar negro, tendo perdido o valor de incoativo. *Denegrir* é tornar negro. *Enegrecer* é o mais comum.

denúncia, **pronúncia** – *Denúncia* é o ato de (o representante do ministério público) indicar como possível criminoso. *Pronúncia* é o ato de (o juiz) aceitar a denúncia, para o julgamento posterior.

depauperar, **empobrecer** – Significam tornar pobre. *No primeiro* há uma ideia de esgotamento; *no segundo*, uma de começo de ação.

dependente, **anexo** – Uma coisa *anexa* a outra fica fazendo parte desta, embora conserve o seu modo de ser. Uma coisa *dependente* de outra, embora forme corpo à parte, acha-se sujeita a essa outra.

dependurar, **pendurar** – *Dependurar* é o mesmo, mais expressivo porém, por causa do prefixo. *Pendurar* é suspender em lugar elevado, segurando.

deplorar, **lamentar**, **lastimar** – *Deplorar* é provavelmente *chorar por*, manifestar mágoa por acontecimento desagradável, ruidoso etc. *Lamentar* é soltar prolongados grilos queixosos. *Lastimar* é sentir profunda compaixão: "Quando o vi lamentar-se, deplorei a sorte da mulher enlouquecida e lastimei a da filha suicida".

deplorável, **lamentável**, **lastimável** – *Deplorável* é o que leva a chorar, a manifestar mágoa. *Lamentável* é o que merece ou excita lamentações, gritos queixosos e longos. *Lastimável* é o que se mostra digno de lástima, que inspira profunda compaixão.

depois, **logo** – Ambos os advérbios significam em tempo posterior, não imediato ou imediato. *Depois* pode ser ainda hoje, amanhã, na semana que vem, no mês que vem; *logo* é no mesmo instante, imediatamente: "Faça isso depois; não precisa agora. Faça isso logo; o caso requer urgência". *Logo*, entretanto, também pode significar *mais tarde:* "Até logo".

depor, **destituir** – Significam tirar à força, ou por medida excepcional, do lugar em que está. A diferença entre estes dois verbos se acha na categoria do cargo ocupado. *Depõe-se* um imperador, um rei, ditador. *Destitui-se* um empregado subalterno.

depreciar, **desapreciar**, **desestimar**, **menoscabar**, **menosprezar**, **deprimir**, **vilipendiar** – *Depreciar* significa diminuir o preço. *Desapreciar*, deixar de dar apreço (v. *apreço*). *Desestimar*, deixar de dar estima (v. *estima);* é mais forte do que o precedente. *Menoscabar*, etimologicamente dar um cabo menor, reduzir a menos, encurtar, significa privar de parte do brilho, do valor, diminuindo assim a estimação; há uma ponta de desprezo neste verbo. *Menosprezar* quer dizer prezar menos, com injustiça; há também uma ponta de desprezo neste, porém, menor do que no precedente. *Deprimir*, etimologicamente calcar para baixo (cfr. *depressão*), rebaixar para prejudicar. *Vilipendiar* é tratar com descaso, desprezo.

depressa, **já**, **logo**, **prontamente** – *Depressa* indica celeridade de ação. *Já*, neste momento, sem demora. *Logo*, daqui a pouco ou imediatamente. *Prontamente*, sem nenhuma detença ou delonga.

depurar, **expurgar**, **purgar**, **purificar** – *Depurar* é purificar com grande cuidado, por uma ação lenta ou repetida várias vezes. *Expurgar* é purgar completamente e com certa violência. *Purgar* é tornar puro, expelindo as matérias estranhas ou prejudiciais, como se faz por meio de purgativos. *Purificar* quer dizer tornar puro, atuando sobre a substância da coisa, fazendo desaparecer as partes infectas, dissolvendo-as, subtilizando-as.

derradeiro, **último** – *Derradeiro* é o que ficou atrás de todos, que não tem outro depois de si. *Último* é o que, não tendo outro depois de si, ficou mais afastado do primeiro.

derramamento, **efusão** – São o ato de extravasar-se. *No segundo*, mais empregado aliás em sentido figurado, existem as ideias de rapidez, abundância e continuidade.

derramar, **entornar**, **verter** – *Derramar* é deixar sair pelos bordos da vasilha o líquido excedente. *Entornar* é deixar sair virando, emborcando. Ao encher um copo numa bica de água, não se tendo o cuidado de fechar a bica a tempo, a água se derrama. Dando-se uma cotovelada num copo de vinho, o copo cai e o vinho se entorna. *Verter* é fazer transbordar.

derreter, **fundir**, **liquefazer** – *Derreter* é fazer passar, pela ação do calor, do estado sólido para o estado líquido. A manteiga, numa frigideira levada ao fogo, se derrete. *Fundir* é provavelmente derreter e lançar (latim *fundere*) no molde, mas também se emprega no sentido de derreter simplesmente, como se dá com o gelo, por exemplo, com os metais. *Liquefazer*, palavra erudita, quer dizer apenas tornar líquido, sem ideia acessória. O termo popular é o primeiro.

derretimento, **fundição**, **fusão** – *Derretimento* é o ato ou o efeito de derreter, *q.v.* *Fundição* é o ato ou o efeito de fundir *q.v.* *Fusão* é o mesmo, mas, ao passo que *fundição* se aplica ao lançamento no molde, *fusão* se aplica à mudança de estado.

desabitado, **deserto**, **despovoado**, **ermo**, **inabitado**, **solitário** – *Desabitado* é o que, não tendo habitações, também não tem habitantes. *Deserto* é o que se acha abandonado por impróprio para a cultura, por nocivo à saúde etc. *Despovoado* é o que não tem povoação. *Ermo* é o que, além de deserto, se mostra sombrio, sossegado, infundindo desolação. *Inabitado*, palavra erudita, significa o mesmo que *desabitado*, com a diferença de não poder significar o que já foi habitado: "Para se aqui deter não vê razão, / Que inabitada a terra lhe parece" (*Lusíadas*, I, 44, 5-6). *Solitário* é o que os homens não frequentam.

desabonar, **desacreditar**, **desdourar**, **deslustrar**, **desluzir**, **desonrar**, **envergonhar**, **macular**, **manchar** – *Desabonar* é tirar a qualidade de bom, diminuindo o crédito. *Desacreditar* é tirar o crédito. *Desdourar* é diminuir o brilho da reputação. *Deslustrar* é fazer perder a qualidade de ilustre. *Desluzir* é tirar o luzimento, desdourar muito. *Desonrar* é tirar a honra. *Envergonhar* é causar vergonha. *Macular*, palavra erudita, e *manchar* significam trazer mácula, mancha, que suje, que empane o brilho.

desacato, **desatenção**, **descortesia**, **grosseria**, **incivilidade**, **indelicadeza** – *Desacato* é falta de acatamento, *q.v.* *Desatenção* é falta de atenção, *q.v.* *Descortesia* é falta de cortesia, *q.v.* *Grosseria* é ato ou dito de grosseiro. *Incivilidade* é falta de civilidade, *q.v.* *Indelicadeza* é falta de delicadeza, *q.v.*

desaconselhar, **desconvencer**, **desenganar**, **desiludir**, **despersuadir**, **dissuadir** – *Desaconselhar* é não concordar com um conselho dado. *Desconvencer* é tirar de uma convicção. *Desenganar* é tirar do engano. *Desiludir* é tirar da ilusão. *Despersuadir* é tirar da persuasão. *Dissuadir* é fazer perder uma opinião para aceitar a que se quer incutir.

desacostumado, **desusado**, **estranho**, **insólito**, **insueto**, **inusitado** – *Desacostumado* é o que está fora do costume. *Desusado* é o que está fora do uso. *Estranho* é o que choca, que causa um espanto, às vezes desagradável, por sua condição de extraordinário. *Insólito* é o que, além de não estar nos costumes, é desabrido (cfr. *insolência*). *Insueto*, palavra erudita, é o mesmo que *desacostumado;* emprega-se pouco. *Inusitado*, palavra erudita igualmente, é o mesmo que *desusado*, com a diferença de poder significar que *nunca esteve em uso:* "Ouvindo o instrumento inusitado" (*Lusíadas*, II, 107, 3).

desafetação, **naturalidade** – Significam modo de apresentar-se sem artifícios. A diferença está em que a *desafetação* traz ideia de propósito feito, de parecer natural, sem afetação.

desafinado, **desentoado**, **destoante**, **malsoante** – *Desafinado* é o que não está com o devido número de vibrações ou que saiu do tom próprio. *Desentoado* é o que perdeu a entoação ou o que não tem entoação. *Destoante* é o que não pertence ao tom: *dó* sustenido, por exemplo, é uma nota destoante do tom de *dó* maior. *Malsoante* é o que soa mal, o que se dá com o desatinado, com o desentoado e com o destoante.

desafio, **provocação**, **repto** – *Desafio* é o ato de provocar para combate singular. *Provocação* é o ato de provocar, isto é, de chamar alguém instantemente e com ânimo hostil. *Repto* é o desafio por motivo de honra.

desafortunado, **desditoso**, **desgraçado**, **desventurado**, **inditoso**, **infeliz**, **infortunado**, **mal-afortunado**, **mal-aventurado**, **malditoso**, **miserável** – *Desafortunado* é o desamparado pela fortuna, em dado momento. *Desditoso* é o que não tem dita, é aquele que foi vítima de uma desdita, em dado momento. *Desgraçado* é aquele a quem aconteceu uma desgraça ou várias. *Desventurado* é o que não tem ventura, o que é vítima da sorte adversa. *Inditoso* é *o* que nunca tem dita. *Infeliz* é o que não tem felicidade, o que não é feliz. *Infortunado* é o que nunca tem fortuna. *Mal-afortunado* é o que não teve fortuna tão boa como a que sempre tivera. *Mal-aventurado* é o que não teve tão boa ventura como sempre tivera. *Malditoso* é o que não teve dita tão boa como a de sempre. *Miserável* é o digno de compaixão por sua extrema desgraça.

desafronta, **desforço**, **desforra**, **despique**, **represália**, **retaliação**, **vindicta**, **vingança** – *Desafronta* é a reparação de uma afronta. *Desforço* é o emprego da força na reparação de uma afronta. *Desforra* é a retribuição de uma desvantagem sofrida. *Despique* é a vingança mesquinha, pequenina. *Represália* é dano, feito em revide de outro. *Retaliação* é o ato de causar a alguém mal igual ao que esta pessoa causou. *Vindicta* é vingança imposta como castigo. *Vingança* é o ato de infligir um mal a quem praticou outro.

desandar, **recuar**, **regressar**, **retornar**, **retroceder**, **retrogradar**, **tornar**, **voltar**, **volver** – *Desandar* é andar em sentido contrário daquele em que andava. *Recuar* é afastar-se para trás, fugindo a um perigo, cedendo a uma conveniência. *Regressar* é voltar, depois de ausência mais ou menos longa ou vindo de lugar distante. *Retornar* é o mesmo que *voltar;* emprega-se hoje pouco. *Retroceder* é caminhar em sentido contrário daquele que devia seguir. *Retrogradar* é o mesmo que retroceder. De *tornar* pode-se dizer o mesmo que de voltar. *Voltar* é vir de um lugar para o lugar donde partiu: *passagem de ida e volta*. *Volver* é virar para um lado ou para o outro: *Direita, volver!*

desaparecer, **sumir-se** – *Desaparecer* é não aparecer mais, deixar de ser visto. *Sumir-se* é desaparecer, sem que se saiba o paradeiro: "A lua desapareceu atrás da colina. O dinheiro que estava sobre a mesa sumiu-se". *O segundo* não é pronominado na linguagem corrente.

desapegar, **despegar** – *Desapegar* é fazer perder o apego. *Despegar* é separar o que está pegado.

desapercebido, **despercebido** – *Desapercebido* significou desprovido, desaparelhado (do necessário). *Despercebido* significa não percebido. Aconteceu que, por influência do francês (queira-se ou não, o francês influiu), o verbo *aperceber-se*, que significa *prover*, *aparelhar*, arcaizou-se neste sentido e passou a viver com o significado de *perceber pelo sentido da vista* e transmitiu este novo significado ao seu antônimo. Assim, *desapercebido* passou a significar, do mesmo modo que *despercebido*, o que não é notado. Talvez tenha concorrido para isto a sua estrutura, onde o prefixou, quebrando a relativa aspereza do grupo *sp*, concorreu para melhor constituição das sílabas. Heráclito Graça, rejeitando a influência francesa, prefere explicar a sinonímia vendo em *perceber* e *aperceber* dois verbos com o mesmo sentido, como há tantos na língua, um com o prefixo *a* e outro sem ele (*Factos da Linguagem*, 207). Aponta exemplos de Castilho, Camilo, Rebelo da Silva, Arnaldo Gama, Oliveira Martins, Eça. Citarei um do nosso Garcia Redondo: "E fiz, porque ela só se apercebeu de minha presença..." (*Canetas*, 4ª ed., 45), com o verbo *aperceber*. Com *desperceber*, nem preciso citar; a língua viva está aí, ao alcance de todos. Os exemplos que aparecem, *de desapercebido* com o velho sentido, acham-se em escritores apegados a velharias ou em escritores que procuram escrever difícil, para impressionar. Não se pode hoje negar à língua o direito de introduzir as modificações fonéticas, semânticas ou de outra natureza, que sejam adequadas à sua melhor expressividade.

desapiedado, **impiedoso** – Significam sem piedade; há mais intensidade no segundo.

desapossar, **confiscar**, **despojar**, **esbulhar**, **espoliar**, **extorquir**, **privar** – *Desapossar* é privar da posse. *Despojar* é tirar, com violência, o que pertence a alguém. *Confiscar* é tomar bens em benefício do fisco, ger. por meios legais. *Esbulhar*, hoje pouco empregado em relação a bens materiais, é privar da posse de direito ou privilégio. *Espoliar*, palavra erudita, é o mesmo que *esbulhar*. *Extorquir* é tirar, usando de grande violência, infligindo tortura. *Privar* é fazer cessar uma posse natural, legítima.

desapropriar, **expropriar** – Significam fazer perder legalmente a propriedade, por necessidade ou utilidade pública ou interesse social (Constituição, Código Civil). *A segunda palavra* tem forma erudita.

desarmado, **inerme** – Significam sem arma. A diferença está em que *o primeiro* assim se acha porque perdeu a arma ou foi despojado dela e *o segundo* não tem ou nunca teve arma.

desarraigar, **desenraizar**, **erradicar**, **extirpar** – Significam arrancar com a raiz. *O primeiro* e *o terceiro* usam-se geralmente em sentido figurado, sendo o terceiro palavra erudita. *O quarto* se usa na linguagem médica e também no sentido figurado: *extirpar um polipo*, *extirpar um vício;* acrescenta a ideia de tirar do lugar, não implícita nos outros. Um furacão desenraíza uma árvore: nem sempre a extirpa.

desarranjar, **desconsertar**, **desconchavar**, **desmanchar**, **desordenar**, **desorganizar**, **transtornar** – *Desarranjar* é desfazer o arranjo. *Desconsertar* é desfazer a boa disposição das partes, tornando impróprio para a serventia. *Desconchavar* é desfazer o conchavo, o ajuste. *Desmanchar* é desfazer desconjuntando, desarmando, separando as partes. *Desordenar* é tirar da ordem. *Desorganizar* é demanchar a organização que dava ao todo a sua individualidade. *Transtornar* é desarranjar, desordenar, desorganizar completamente.

desarranjo, **destempero**, **diarreia**, **soltura** – Evacuação de ventre, líquida e frequente.

desatar, **desligar**, **desprender**, **desunir**, **soltar** – *Desatar* é tirar o que está atado, deixar livre do nó. *Desligar* é tirar o que está ligando. *Desprender* é tirar o que está prendendo, separar o que estava preso. *Desunir* é separar o que está unido, desmanchar a união. *Soltar* é deixar livre, usando ou não dos processos atrás indicados.

desatino, **despautério**, **despropósito**, **destampatório**, **destempero**, **disparate** – *Desatino* é falta de tino, é ato desarrazoado que raia pelos excessos dos doidos. *Despautério* é disparate de tal ordem que nem merece que se combata. *Despropósito* é ato ou dito fora de propósito, em desacordo com aquilo de que se trata. *Destampatório* é um grande destempero. *Destempero* é ato que revela falta de moderação, desconhecimento da arte de manter-se dentro dos limites da razão. *Disparate* é ato fora de propósito por falta de paridade, por incoerência, provocando às vezes o riso.

desatravancar, **desembaraçar**, **desentulhar**, **desentupir**, **desimpedir**, **desobstruir**, **desocupar**, **despejar** – *Desatravancar* é tirar as travancas, remover coisas em desordem, impedindo o movimento. *Desembaraçar* é tirar os embaraços. *Desentulhar* é remover entulho, coisa que entupa qualquer vão, cavidade, cova ou fossa. *Desentupir* é tirar o que esteja entupindo, tapando o curso, o escoamento, a saída. *Desimpedir* é fazer cessar é impedimento, o que estiver impedindo a entrada, a passagem, o trânsito, a ação em geral. *Desobstruir* é fazer cessar a obstrução, tornando livre o trânsito, a passagem, a circulação. *Desocupar* é fazer cessar a ocupação, removendo o que esteja ocupando o lugar. *Despejar* é esvaziar de um líquido e intimar a desocupar uma casa por falta de pagamento do aluguel.

desautorar, **exautorar** – *Desautorar* é privar, por castigo, de autoridade, honras, dignidades. *Exautorar* é simplesmente privar da autoridade por um motivo qualquer, conveniência, vingança etc.

desbaratador, **desperdiçado**, **dilapidador**, **dissipador**, **esbanjador**, **estragado**, **gastador**, **pródigo** – *Desbaratador* é o que desbarata os seus bens dando-os por menos do valor, por preço vil. *Desperdiçado* é o que desperdiça (v. *desperdiçar*). *Dilapidador* é o que dilapida (v. *dilapidar*). *Dissipador* é o que dissipa (v. *dissipar*). *Esbanjador* é o que esbanja (v. *esbanjar*). *Estragado* é o que põe em mau estado a sua fortuna, fazendo mau uso dela. *Gastador* é o que tem o hábito de gastar, mas com desperdício. *Pródigo* é o que prodigaliza (v. *prodigalizar*).

descaída, **deslize**, **queda** – *Descaída* é deslize cometido, por ingenuidade ou inconsciência. *Deslize* é um ligeiro desvio da linha reta de conduta. *Queda* é um grande desvio daquela linha; culposo.

descaminho, **desvio** – *Descaminho* é o ato de tomar caminho errado ou de perder o verdadeiro caminho. *Desvio* é o ato de mudar de caminho, de rumo, de direção.

descanso, **quietação**, **quietude**, **repouso**, **tranquilidade** – *Descanso* é a cessação de trabalho incômodo ou fatigante. *Quietação* é o estado de quieto, a falta de movimento. *Quietude* é a qualidade de quieto. *Repouso* é a pausa para descanso. *Tranquilidade* é o estado de tranquilo, isto é, de quem não tem nada que agite ou perturbe o espírito.

descendência, **posteridade**, **progênie**, **prole** – *Descendência* é a série de pessoas que descendem de um progenitor. *Posteridade* é a série de pessoas que procederam ou procederão de um progenitor ou, de um modo geral, as gerações que se hão de seguir. *Progênie* é o mesmo que *descendência;* "Quero que haja no reino neptunino,/Onde eu nasci, progênie forte e bela" (*Lusíadas*, IX, 42, 1-2). "Com honra minha progênie acabará ao menos?" (Garrett, *Dona Branca*, 175). Tem sido empregada como *ascendência:* "...respondeu que era mercador & de boa progênie (Fernão Mendes Pinto, *Peregrinação*, I, 157). "Nome é sangue ignoro/ De tão bela senhora, mas por certo/D'alta progênie o tenho" (Garrett, *ibidem*, 143). *Prole* são todos os filhos de um casal.

descerrar, **entreabrir**, **soabrir** – *Descerrar* é separar o que estava cerrado, abrindo totalmente ou apenas deixando a abertura necessária para o que tem de passar. *Entreabrir* é abrir pouco, abrir pela metade, e geralmente ao de leve, de mansinho. *Soabrir* é abrir muito pouco.

descida, **descimento** – *Descida* é o ato de descer. *Descimento* é o mesmo, mas hoje só se aplica ao ato de descer da cruz o corpo de Jesus.

descoberta, **descobrimento** – *Descoberta* é aquilo que se descobre nas ciências e nas artes; a pólvora, a bússola, a imprensa etc. "A notícia procedente de São Salvador informa que a polícia tomou conhecimento da descoberta, e está procurando desvendar o mistério" (Humberto de Campos, *Destinos*, 193). *Descobrimento* é o ato de descobrir: descobrimento da América, descobrimento do Brasil.

descobrir, **desvendar**, **expor**, **manifestar**, **mostrar**, **patentear**, **revelar** – *Descobrir* é tirar o que cobre ou encobre, para que se possa ver. *Desvendar* é tirar a venda, fazer com que alguém veja o que precisa ver. *Expor* é pôr para fora, apresentar à vista. *Manifestar* é pôr ao alcance dos olhos, de modo que se possa ver, que se toque com a mão (latim *manus*). *Mostrar* é expor à vista, fazer ver, apresentar, patentear. Denotar, significar, dar a conhecer por atos e gestos. Provar, demonstrar. *Patentear* é expor com grande publicidade, em termos claros e precisos, de modo que fique evidente o que se *expõe*. *Revelar* é levantar o véu que tapava completamente, contando a um ou a muitos, faltando às vezes a compromissos ou juramentos, coisa muito reservada ou secreta.

desconfiança, **receio**, **suspeita** – *Desconfiança* é a falta de confiança, é o temor habitual de ser enganado. *Receio* é a dúvida de que alguém ou alguma coisa nos seja útil ou agradável, de que fatos sucedam para bem. *Suspeita* é a conjetura de que acontecerá algum dano, por isso que outros têm acontecido em circunstâncias análogas; é o mau juízo, em virtude de indícios.

desconfiar, **recear**, **suspeitar** – V. *desconfiança*.

desconhecer, **ignorar** – O sentido próprio de *desconhecer* é não conhecer como o mesmo, já conhecido em outros tempos, em virtude das mudanças experimentadas: "Ele raspou a barba e os bigodes; por isso, desconheci-o". *Ignorar* é não saber: "Conheço-o de vista, mas ignoro o seu nome". Na linguagem comum, toma-se o primeiro pelo segundo.

desconhecido, **incógnito**, **ignorado**, **ignoto** – *Desconhecido* é aquele que não foi conhecido por estar mudado, ou aquele que não é conhecido. *Incógnito*, palavra erudita, é o mesmo que desconhecido (no segundo sentido indicado) e também o que não se dá a conhecer ou não se publica por quem é: "Viram gentes incógnitas e estranhas" (*Lusíadas*, IV, 65, I). D. Pedro II viajou incógnito muitas vezes. *Ignorado* é aquilo de que não se tem conhecimento. *Ignoto*, palavra erudita, é o mesmo que *desconhecido*, não conhecido: "Que às suas terras vem da ignota Espanha". (*Lusíadas*, VIII, 45, 8.)

descontente, **mal-contente** – *Descontente* é o que não está contente. *Mal-contente* é o que está pouco contente.

descorado, **lívido**, **macilento**, **pálido** – *Descorado* quer dizer sem cor, por ter perdido as suas boas cores. *Lívido* é o que tem uma cor que lembra a do chumbo, entre preto e branco, como se nota às vezes em pessoas doentes, em cadáveres. *Macilento*, amarelento, sem a força que se nota nas pessoas que têm saúde. *Pálido* é o que perdeu o rosado do rosto, apresentando uma coloração entre branco e amarelo.

descuidado, **negligente**, **relaxado** – *Descuidado* é o que habitualmente se descuida, revela falta de cuidado. *Negligente* é o que despreza, não tem em consideração as suas obrigações. *Relaxado* é o frouxo no cumprimento dos deveres, com certa falta de brio.

descuidar, **descurar** – Significam não ter cuidado. *O primeiro* é o comum; o *segundo* é erudito.

descuido, **inadvertência**, **negligência**, **relaxamento** – *Descuido* é falta de cuidado, devida a distração, engano cometido por falta de atenção. *Inadvertência* é a falta de cuidado, por distração involuntária e às vezes tarda percepção do ânimo. *Negligência* é o ato do negligente, *q.v.* *Relaxamento* é a qualidade de relaxado, *q.v.*

desculpa, **escusa**, **perdão** – *Desculpa* é a razão apresentada para livrar de uma culpa. Quando reconhecemos que procedemos mal com alguém, pedimos-lhe desculpa. *Escusa* é a razão pela qual se explica porque não se pode fazer o que nos pedem. *Perdão* é a remissão de pena, castigo, em que se incorreu.

desdém, **desprezo**, **menoscabo**, **menosprezo** – *Desdém* é um desprezo orgulhoso. *Desprezo* é a falta de apreço. O desprezo resulta, ou admite-se que resulta, dos vícios do objeto; supõe que este foi julgado e achado indigno de estima. O desdém resulta da alta ideia que a pessoa faz de si; não supõe que o objeto seja mau (como não supõe que seja bom), julgando-o apenas indigno de atenção. *Menoscabo* e *menosprezo* indicam uma apreciação negativa de algo ou alguém, que resulta em desprezo.

desdizer-se, **retratar-se** – *Desdizer-se* é dizer o contrário do que se disse. *Retratar-se* é voltar atrás com certa formalidade e com certa publicidade, do que disse antes. Já se vê que o primeiro se usa em casos menos importantes que os do segundo.

desejar, **querer** – Ambos significam ter vontade. A diferença entre eles está em que a realização da *vontade de quem quer* depende apenas dos meios empregados, ao passo que a da *vontade de quem deseja* depende menos dos meios empregados do que da vontade alheia ou de circunstâncias em que não tem poder a vontade da pessoa. "Eu quero água mineral e não cerveja. Eu desejo que você me copie uma poesia."

deselegância, **inelegância** – Significam falta de elegância. *O segundo* é pouco empregado.

deselegante, **inelegante** – V. o precedente.

desencaminhar, **desviar** – V. *descaminho*, *desvio*.

desenlace, **desfecho**, **epílogo**, **fecho**, **final**, **remate** – *Desenlace* é o momento em que o autor de uma peça teatral solta dos laços o enredo e o espectador vê a conclusão. *Desfecho* é um desenlace imprevisto e emocionante. *Epílogo* é um suplemento em que se explica o destino ulterior do protagonista ou de outros personagens da peça. *Fecho* é o que não dá entrada a novas situações na peça. *Final* é a situação dramática que aparece no fim. *Remate* é o que vem terminar o final.

desenterrar, **exumar** – *Desenterrar* é simplesmente tirar de dentro da terra. *Exumar* é desenterrar para determinado fim, um exame médico-legal, a colocação num jazigo etc.

desenxabido, **insípido**, **insosso**, **insulso**, **sensabor**, **sensaborão** – Sem sal ou com pouco sal, sem gosto, sem sabor. *Insípido* e *insulso* são formas eruditas. *Insosso* e *desenxabido*, formas populares. *Sensabor* e *sensaborão* equivalem-se, apesar do sufixo do segundo.

deserto, **ermo**, **recanto**, **retiro**, **solidão** – *Deserto* é o lugar abandonado pelo homem. *Ermo* é o deserto silencioso, triste, desolado. *Recanto* é um canto escuro, retirado, oculto. *Retiro* é um lugar afastado e sossegado, onde uma pessoa se refugia, evitando o bulício do mundo. *Solidão* é o lugar solitário, aquele onde se pode ficar só. V. *desabitado*.

desertor, **trânsfuga** – *Desertor* é o soldado que abandona as fileiras. *Trânsfuga* é o desertor que se passa ao inimigo.

desesperação, **desesperança**, **desespero** – *Desesperação* é a impaciência, a aflição, causadas pela desesperança. *Desesperança* é a perda de esperança. *Desespero* é a irritação causada também pela desesperança.

desfiladeiro, **garganta** – *Desfiladeiro* é passagem estreita em montanha, passagem na qual uma força de infantaria não pode marchar senão em fila de um a um. *Garganta* é também passagem estreita, mas representa antes a forma que a montanha toma e pinta menos vivamente a dificuldade da passagem.

desfrutar, **fruir**, **gozar**, **usufruir**, **usufrutuar** – *Desfrutar* é propriamente colher frutos naturais de plantas existentes em terra que a pessoa não cultivou. *Fruir*, palavra erudita, é o mesmo que *gozar*. *Gozar* é aproveitar coisa agradável, útil, vantajosa. *Usufruir* é também palavra erudita e significa ter o uso e o gozo de uma coisa, aproveitando-se dos frutos dela. *Usufrutuar*, pouco usado, é o mesmo que *usufruir*.

desígnio, **intenção**, **plano**, **projeto** – *Desígnio* é a determinação refletida da vontade, para fazer coisa reputada conveniente, útil, necessária. *Intenção* é o pensamento que leva a coisa que se quer conseguir ou realizar; seu caráter de indecisão não revela como nem quando se vai agir. *Plano* é o conjunto de disposições, que, depois de longa meditação, se fixam para a execução de um projeto, a precisa linha de conduta, traçada do princípio ao fim. *Projeto* é uma intenção vaga, referente a coisas afastadas.

desigualdade, **dessemelhança**, **diferença**, **disparidade**, **distinção**, **diversidade**, **variedade** – *Desigualdade* é falta de igualdade, da qualidade de igual. *Dessemelhança* é a falta de semelhança, *q.v.* *Diferença* é a qualidade de diferente, isto é, de ser outro, de não ser o mesmo a que foi comparado. *Disparidade* é a diferença entre duas pessoas ou coisas que não têm entre si relações de analogia ou semelhança. *Distinção* é o que exclui a perfeita identidade, evitando confusão. *Diversidade* implica falta de acordo, oposição. *Variedade* é coletiva: faz considerar as diferenças que distinguem várias coisas do ponto de vista do prazer que pode resultar para os olhos ou para o espírito.

deslembrar, **esquecer** – *Deslembrar* é não lembrar, não fazer presente à memória uma impressão. *Esquecer* é deixar sair da memória, não reter.

deslizar, **escorregar**, **resvalar** – *Deslizar* é escorregar sem grande esforço e de modo suave, sereno. *Escorregar* é, ao mover-se, ser arrastado pelo próprio peso, sobre superfície lisa. *Resvalar* é escorregar, perdendo o equilíbrio e caindo. Ex.: "O patinador deslizava maravilhosamente pela pista gelada. Atravessando a sala encerada, escorreguei mas não caí. ...quase vencendo o cabeço do monte, resvala hua das azêmolas de carga, e em resvalando tudo foi, hum resvalar & hir em tombos pola costa abaixo" (Fr. Luís de Sousa, *Vida do Arcebispo*, L. III, Cap. V).

deslocar, **destrancar**, **luxar** – Significam tirar do lugar (osso), desfazendo a articulação. *O segundo verbo*, que na realidade quer dizer separar do tronco, é popular no sentido de deslocar. *O terceiro* é erudito.

desnecessário, **dispensável**, **escusado**, **inútil** – *Desnecessário* é o que não é mais necessário. *Dispensável* é o que se pode dispensar. *Escusado* é o que se deve dispensar, por não ser necessário, nem conveniente. *Inútil* é o escusado por falta de serventia ou eficácia.

desnudar, **despir**, **desvestir** – *Desnudar* é pôr completamente nu. *Despir* é tirar a roupa. *Desvestir* é tirar as vestes, as vestiduras.

desobediência, **infração**, **inobediência**, **transgressão**, **violação** – *Desobediência* é o ato de desobedecer ao estatuído. *Infração* é o ato de infringir os preceitos com ações ou omissões. *Inobediência*, latinismo pouco usado, é o mesmo que desobediência. *Transgressão* é o ato de transgredir, isto é, de ir além do que está preceituado. *Violação* é o ato de violar, isto é, de infringir os preceitos, usando da violência.

desocupação, **inação**, **inatividade**, **inércia**, **lazer**, **ociosidade** – *Desocupação* é a falta de ocupação, de um trabalho regular. *Inação* é a falta de ação; é passageira, tem às vezes causa exterior; não se age porque qualquer coisa impede de agir. *Inatividade* é a falta de atividade; é a inação como hábito. *Inércia* é a inatividade absoluta, supondo até a impotência de agir. *Lazer* é repouso momentâneo, tempo de liberdade deixado pelas ocupações ordinárias, aproveitado muitas vezes para se fazerem coisas úteis, para distrações. *Ociosidade* é a falta de um trabalho regular permanente ou momentaneamente.

desonesto, **imoral**, **impudico**, **impuro**, **indecente**, **indecoroso**, **obsceno**, **pornográfico**, **torpe** – *Desonesto* é o que falta à honestidade que a sociedade exige, o que por atos ou palavras ofende a castidade, o pudor; o que procede sem honra. *Imoral* é o contrário à moral, aos bons costumes. *Impudico* é o que não tem o pudor que lhe seria próprio ou natural. *Impuro* é o que não tem pureza, que é moralmente sujo, imundo, repelente. *Indecente* é o que falta à decência, *q.v.* *Indecoroso* é o desprovido de decoro, *q.v.* *Obsceno*, mais próprio do que se oferece à vista (prefixo *obs*), vem do latim *obs* e *coenum*, lama (Walde, LEW). É o que além de desonesto se mostra imundo, asqueroso e grosseiro. *Pornográfico* refere-se ao que visa exclusivamente à excitação sexual com descrições, imagens, filmes etc., sem qualquer preocupação estética e frequentemente com grosseria. *Torpe* é o que se mostra hediondo, asqueroso, sórdido, infame, vil.

desonra, **ignomínia**, **infâmia**, **opróbrio**, **vergonha** – *Desonra* é a perda da honra, a perda da boa opinião granjeada pelo cumprimento dos deveres e pela prática de ações nobres. *Ignomínia* é a perda do nome (do latim *ignomínia*, formado do prefixo *in* negativo e de *nomen*, nome, com cruzamento da raiz de *(g)nosco*, Walde, LEW). *Infâmia* é a perda da boa fama, grande vergonha proveniente de má conduta pública, ou com muitas testemunhas pelo menos. *Opróbrio* é a manifestação da ignomínia e da infâmia, por ultrajes e vitupérios (do latim *opprobriu*, de *ob* e *probum*, vitupério, ultraje, Walde, LEW). *Vergonha* é o constrangimento resultante da ideia ou do receio da desonra.

despachar, **enviar**, **expedir**, **mandar**, **remeter** – *Despachar* é remover o que empacha, deixar cair. *Enviar* é pôr na via, no caminho. *Expedir* é tirar o que impede, para que possa seguir. *Mandar* é propriamente confiar às mãos de pessoa que leve (do latim *mandare*, de *manus*, mão, e *dare*, dar, Walde, LEW). *Remeter*, etimologicamente mandar de novo, perdeu a força de repetição.

despedaçar, **dilacerar** – *Despedaçar* é fazer em pedaços. *Dilacerar* é despedaçar rompendo, rasgando, com garras, dentes, pontas de ferro etc.

despender, **gastar** – *Despender* dá ideia de uma absorção completa. *Gastar* é consumir. *...gaste*, e *despenda todas as horas em vós* (Tomé de Jesus, *Trabalhos de Jesus*, 1ª parte, p. 67, 6ª ed.).

despido, **nu** – *Despido* é aquele a quem tiraram a roupagem ou aquele que tirou a própria roupa. *Nu* é o que não tem roupagem.

déspota, **tirano** – *Déspota* significava primitivamente soberano absoluto. Como porém os soberanos abusavam do poder, passou a ter a significação de soberano absoluto arbitrário. *Tirano* era o mesmo que usurpador do poder. Mais tarde, quando os tiranos, apoiados em seus guardas, passaram a exercer o governo em seu proveito, mostrando-se cruéis e injustos, oprimindo os súditos, privando-os dos benefícios das leis, a palavra *tirano* passou a ter o significado de déspota cruel e injusto. *Tyrannus autem*, disse Sêneca, *a rege distat factis*, *non nomine*. Há déspotas não tirânicos.

desquite, **divórcio**, **repúdio** – *Desquite* é a terminação da sociedade conjugal, com separação de corpos e bens, mas sem a dissolução do vínculo (Código Civil). *Divórcio* é o mesmo, mas com dissolução do vínculo matrimonial e por conseguinte liberdade de contrair novo matrimônio. Existiu na Grécia e na Roma antigas e existe em muitos países. *Repúdio* é o ato de o marido enjeitar a mulher; uma renúncia, como diz o *Digesto* (L. XXIV, T. II, fr. 2°, § 1°). Existiu na Roma antiga e, autorizado pelo Corão, existe nos países muçulmanos. Obedeceu originariamente a uma questão de pudor (raiz latina *pud*); dominaria depois o capricho.

destaque, **evidência**, **proeminência**, **realce**, **relevo** – *Destaque* é a situação daquele ou daquilo que se destaca. É um deverbal de *destacar*, "antiquíssimo na língua, pois já aparece em leis de D. Dinis" (Heráclito Graça, *Factos*, 187, 223), mas, no sentido de sobressair, consideram-no galicismo. Há exemplos de bons escritores: "...Lágrimas que destacavam no rubor da epiderme" (Camilo, *Brasileira*, 81). "...cuja figura impávida se destaca" (Guerra Junqueiro, *Prosas dispersas*, 15). "No confuso rumor que se formava destacavam-se risos" (Aluísio Azevedo, *O Cortiço*, 44). "...As sombras, muito negras, destacavam-se" (Coelho Neto, *Rajá*, I, 65). "De quando em quando à flor do Nilo se destaca" (Alberto de Oliveira, *A galera de Cleópatra*). "...cujo rosto amarelo e bexiguento não se destacava logo, à primeira vista; mas logo que se destacava era um espetáculo curioso" (Machado de Assis, *Brás Cubas*, 117). O sentido de *destacar* é separar. Quem num grupo atua melhor do que os seus companheiros, deles se separa, sobressaindo. Por conseguinte, mesmo sem influência francesa o verbo podia ter assumido a nova significação. Mas, se houve tal influência, que mal há nisto? A língua soberanamente deu remédio, como quis, às suas necessidades. *Evidência* é a noção clara e perfeita de verdade incontestável, de que ninguém pode duvidar. *Proeminência* é o estado de proeminente, isto é, que é mais alto do que aquilo que o rodeia. *Realce* é o que se evidencia pelo brilho, pela figura, pela majestade. *Relevo* é a qualidade que ilustra, caráter que sai da vulgaridade; brilho, realce de uma coisa em detrimento de outra ou de outras.

destemido, **intimorato** – Que não teme, que não sente temor. Equivalem-se.

destra, **direita** – A mão direita. *A primeira palavra* é erudita.

destratar, **detratar** – São brasileirismos. *O primeiro* significa maltratar com palavras. *O segundo*, com exemplos de Afonso Celso e de Afrânio Peixoto, em Teschauer, é o mesmo que *detrair* e por este o manda substituir Mestre Carneiro Ribeiro, *Serões*, 753.

desumanidade, **inumanidade** – Qualidade de desumano ou ato desumano. *A segunda palavra* é um latinismo pouco usado.

desumano, **inumano** – Significam que não tem humanidade. V. o precedente.

desvanecer, **dissipar** – *Desvanecer* é fazer desaparecer reduzindo a uma coisa vã, atenuando, adelgaçando; emprega-se mais em sentido moral. *Dissipar* é também fazer desaparecer, mas lançando para diversos lados.

detalhe, **minúcia**, **particularidade**, **pormenor** – *Detalhes* são partes pequenas, porções pequenas, circunstâncias mínimas. É antigo galicismo, de tal vigor expressivo que muitas línguas o adotaram: o espanhol, o italiano, o inglês, o alemão, o dinamarquês, o sueco, o russo (Said Ali, *Meios de Expressão*, 153). Dá uma ideia de especificação. *Minúcia* e o castelhanismo *minudência* dão mais ideias da pequenez da coisa, de seu pouco valor do que da sua particularização, de sua individualização. *Particularidade* é circunstância particular, tomada em confronto com a generalidade do todo. *Pormenor* se aplica às minúcias de um fato.

detenção, **posse**, **retenção** – *Detenção* é uma posse em nome de outro e sem ânimo de fazer-se proprietário. É um temporário, como se vê no caso do usufrutuário, do credor pignoratício, do locatário, daquele que, achando-se em relação de dependência para com outro, conserva a posse em cumprimento de ordens ou instruções desse outro (Código Civil). *Posse* é o ato de ter em seu poder uma coisa de que se usa e goza; é o exercício, pleno ou não, de algum dos poderes inerentes ao domínio ou propriedade (Código Civil). *Retenção* é o ato de conservar a posse para garantia. É direito que, nos casos que especifica, a lei dá ao credor pignoratício, ao locatário, ao depositário (Código Civil).

detentor, **posseiro**, **possuidor**, **retentor** – *Detentor* é quem detém (V. *detenção*). *Posseiro* é aquele que, por posse contínua e pacífica, no fim do tempo legal, se torna proprietário por usucapião (Código Civil). *Possuidor* é quem está de posse (v. *posse*). *Retentor* é quem retém (v. *retenção*).

detração, **maledicência** – *Detração* é o ato de detrair, *q.v.* *Maledicência* é o efeito de dizer mal. V. *dizer mal*.

detrair, **dizer mal** – *Detrair* é dizer mal, para diminuir o crédito, para denegrir. *Dizer mal* é falar contra as qualidades, contra o procedimento de alguém. Ao passo que o maldizente é quase sempre um falador, um ocioso, o detrator é sempre um malvado, um perverso, um invejoso.

detritos, **escória**, **resíduo**, **restos** – *Detritos* são o que resta dos corpos, organizados ou inorgânicos, desfeitos. Há detritos minerais, como os sedimentos incoerentes que a desagregação de uma rocha, por vários agentes de destruição, venha a produzir (Backheuser, *Glossário*). Há detritos vegetais e animais. *Escória* é a matéria grosseira e de pouco valor e às vezes inútil, parte silicosa que se forma conjuntamente com a fusão das partes metálicas e que sobrenada a estas (Backheuser, *ibidem*). *Resíduo* é o que assentou (latim *sedere*), e que ficou no fundo, o que subsistiu de coisa que desapareceu, que deixou de existir. *Restos* são o que resta de um todo; geralmente coisas inferiores, pouco aproveitáveis, inaproveitáveis.

Deus, **divindade**, **divo**, **providência** – *Deus* é o ser supremo. *Divindade* é propriamente a essência divina, mas também significa *Deus*. *Divo* é um latinismo literário, um tanto antiquado: "Aqui, só verdadeiros, gloriosos / Divos estão" (*Lusíadas*, X, 82, 1-2). "Quais em euges ao divo, em seu rústico idílio" (Alberto de Oliveira, *A um poeta*). Hoje, por italianismo, aplica-se mais a um cantor célebre, geralmente tenor: Caruso foi o maior divo do começo do século. *Providência*, presciência do futuro para providenciar em relação a ele, aparece às vezes como o próprio Deus.

devassa, **indagação**, **investigação**, **perquirição**, **pesquisa**, **sindicância** – *Devassa* é uma investigação completa para pôr à luz do sol, fatos irregulares, passados ocultamente, sobre a conduta privada de alguém. *Indagação* é o ato de indagar, isto é, buscar a verdade informando-se, perguntando, com habilidade, como o caçador busca a caça empregando armadilhas, redes. *Investigação* é o ato de investigar, isto é, procurar os vestígios, indagando cuidadosamente. *Perquirição* é pesquisa minuciosa, com caráter legal, feita pela justiça. *Pesquisa* é busca para averiguação da realidade. *Sindicância* é o ato de sindicar, isto é, de, por ordem superior, informar-se ou inspecionar, para saber o que houve de anormal.

dever, **obrigação** – *Dever* é uma regra imposta à vontade pela moral, pela razão. *Obrigação* é também uma regra imposta à vontade, mas peta lei, com as competentes sanções.

devoção, **piedade**, **religião** – *Devoção* é o fervor com que se praticam certos exercícios religiosos; daí resulta ser a devoção sobretudo exterior e esta aparência pode às vezes ser enganadora e ocultar a hipocrisia. *Piedade*, no contexto religioso, é o zelo na religião, é a virtude que leva a amar a Deus afetuosamente; é interior. *Religião* é a crença em Deus, e numa certa forma de se relacionar com Ele, de se comportar de acordo com o que se supõe seja a Sua vontade; uma pessoa pode ser religiosa sem ser devota.

devolver, **restituir** – *Devolver* é fazer voltar àquele de quem se recebeu: "Devolvi ao carteiro uma carta que ele deixou em minha casa e que era destinada a um vizinho". *Restituir* é devolver ao dono: "Acabei de ler o livro; vou agora restituí-lo ao dono. Recebi dinheiro a mais quando paguei a conta; vou restituir o excesso".

diáfano, **transparente**, **translúcido** – *Diáfano*, termo erudito e literário, é o que, deixando a luz passar bem, permite a perfeita visão dos objetos. *Translúcido* é o que, deixando passar a luz, não permite todavia perfeita visão; percebem-se apenas os contornos. *Transparente* é o mesmo; ambos os adjetivos vêm de elementos, gregos no primeiro, latinos nos outros. O vidro comum é diáfano ou transparente; o fosco é translúcido.

diaforético, **sudorífico** – Significam *que provoca transpiração*. *O primeiro*, de origem grega, é erudito.

dialética, **lógica** – A *dialética* é a arte de expor bem argumentos, a fim de convencer os outros, de disputar com exatidão. A *lógica* é a arte de dirigir bem a razão na pesquisa da verdade, a arte de bem raciocinar. Uma busca a verdade; a outra demonstra a verdade achada.

dialeto, **patoá** – *Dialeto* é forma particular, tomada por uma língua num domínio dado. *Patoá* é falar local, empregado por população de civilização inferior à que representa a língua comum que o cerca (Marouzeau).

diamba, **fumo-d'angola**, **liamba**, **maconha**, **macumba**, **pango**, **riamba** – Folhas secas de *cânhamo* (*Cannabis indica*). Com exceção do *segundo*, os demais são nomes africanos.

diário, **quotidiano** – *Diário* é o que se faz, o que sucede, o que se publica todos os dias. *Quotidiano* significa próprio de cada dia, com mais ideia de regularidade do que de prazo. Assim, *conta diária* de um hotel, diferençando-a da semanal ou mensal; no pai-nosso referimo-nos ao pão nosso quotidiano, que queremos no dia em que rezamos e com a costumeira regularidade.

diário, **diurno** – *Diário* (v. o artigo precedente) e *diurno* se prendem a dia. *Diurno* é o que se faz, o que sucede, o que se publica durante o dia e não durante a noite. Um jornal diário pode não ser diurno.

dicção, **elocução** – *Dicção* é a maneira de dizer, ler ou recitar em público, articulando bem, com timbre mais ou menos agradável, com ritmo, com expressão. *Elocução* é a maneira de exprimir os pensamentos; considera menos as palavras do que as frases.

dicionário, **glossário**, **léxico**, **vocabulário** – *Dicionário* é obra onde grande número de palavras, muitas vezes todas as de uma língua, se acham dispostas em ordem alfabética, acompanhadas da respectiva definição e de outras indicações. *Glossário* é um dicionário especialmente consagrado à explicação de termos obscuros, arcaicos, dialetais, mal conhecidos. *Léxico*, originariamente dicionário grego, mais tarde também o latino, hoje é o mesmo que *dicionário*. *Vocabulário* pode receber várias acepções: coleção de todos os vocábulos de uma língua, sem as definições, com o fim de ensinar apenas grafia e a pronúncia; dicionário em que cada palavra recebe apenas curta explicação; coleção de palavras próprias de uma arte, de uma ciência. Ex. *Dicionário* de Morais, *Glossário Luso-Asiático* de Dalgado, *Léxico* de Suidas, de Forcellini, *Léxico de Terminologia Linguística*, de Marouzeau, *Vocabulário Ortográfico* e *Remissivo da Língua Portuguesa* de Gonçalves Viana.

dicionarista, **glossarista**, **lexicógrafo**, **vocabularista**, **vocabulista** – Autor de dicionário, *q.v.* glossário, léxico, vocabulário.

diferençar, **diferenciar** – Significam estabelecer diferença. *O segundo*, de aspecto erudito, em matemática quer dizer achar a diferencial.

diferente, **distinto**, **diverso** – *Diferente* é o que não se mostra semelhante nas propriedades, nas condições etc. *Distinto* é o que não se mostra idêntico. *Diverso* é o que nos efeitos se mostra oposto, contrário.

dificuldade, **embaraço**, **empecilho**, **estorvo**, **impedimento**, **obstáculo** – *Dificuldade* é o que torna difícil uma coisa; depende da natureza do objeto. Enquanto ela dura, adianta-se pouco. *Embaraço* é como que uma barra, que não deixa livre a passagem, a ação, o movimento. *Empecilho* é o embaraço intencional, para causar dano. Estorvo é o que vem perturbar a marcha; é deverbal de *estorvar*, do latim *exturbare*. *Impedimento* é o que impede, o que cria dificuldades para a marcha; latim *impedire*, pôr entraves nos pés. *Obstáculo* é o que obsta, o que fica defronte, ocupando o caminho, tornando impraticável a coisa. Enquanto ele dura, não se adianta nada. O impedimento depende da força superior; o obstáculo nasce de causa estranha.

dificultar, **embaraçar**, **estorvar**, **impedir**, **inibir**, **obstar**, **tolher** – *Dificultar* é tornar difícil, criar dificuldades, *q.v.* *Embaraçar* é criar embaraço, *q.v.* *Estorvar* é criar estorvo, *q.v.* *Impedir* é criar impedimento, *q.v.* *Inibir* significa propriamente proibir judicialmente que se faça; generalizou o sentido para proibir, impossibilitar e especializou para suprimir a atividade de uma parte do organismo, por efeito de excitação nervosa. *Obstar* é criar obstáculo, *q.v.* *Tolher* é impedir de mover-se, de agir.

difundir, **disseminar**, **distribuir**, **espalhar** – *Difundir* é fazer que se estenda a todos; "Os governos difundem a instrução". *Disseminar* é semear em diversos lugares, aqui e ali. *Distribuir* é entregar a cada um: "O padre distribuiu as esmolas com os pobres". *Espalhar* é separar o que não se quer que esteja reunido.

difuso, **longo**, **prolixo** – *Difuso* é o que está cheio de palavras imprecisas que não conseguem designar aquilo de que se trata, senão por perífrases longas, arrastadas. *Longo* é o que dura muito tempo. *Prolixo* é o que se tornou extenso e fatigante pela grande quantidade de minúcias inúteis, supérfluas.

digressão, **divagação** – *Digressão* é a saída do assunto principal de que se está tratando, para se ocupar com outros mais ou menos diretamente relacionados. *Divagação* é também saída do assunto principal, mas para vaguear através de outros sem relação direta com ele.

diluir, **dissolver** – *Diluir* é tornar mais fluido, menos denso, misturando com um líquido, estendendo num líquido. *Dissolver* é fazer cessar a coesão das moléculas pondo em contato com um líquido, fazendo desaparecer na massa deste líquido, para dar um todo homogêneo.

dimanar, **emanar** – *Dimanar* é brotar serenamente e *emanar*, brotar com violência. V. *correr*.

dimensão, **grandeza**, **magnitude**, **proporção**, **tamanho**, **volume** – *Dimensão* é a medida de uma grandeza no sentido do comprimento, da largura ou da espessura. Quando se refere à extensão de uma superfície ou ao volume de um corpo, vem no plural: "Heródoto dá as dimensões das pirâmides egípcias. Que vastas dimensões tem a superfície dos grandes porta-aviões!" *Grandeza* é a qualidade de grande, a extensão considerada fisicamente em relação ao excesso de um corpo sobre o comum de outros, mas sem relação determinada a medidas e proporções. *Magnitude* é a extensão, debaixo de relação determinada a medidas e proporções. *Proporção* é a relação e conveniência das partes entre si e com o todo. No plural também se refere à grandeza do todo: "O Colosso de Rodes apresentava grandíssimas proporções". *Tamanho* é o volume determinado de corpo que se pode facilmente medir; sugere ideia de grandeza normal ou já conhecida. *Volume* (fora do conceito geométrico) é a grandeza do corpo, mal destacada do conjunto, quando não se pode apanhar bem a forma ou as proporções.

diminuir, **minguar**, **minorar** – Significam tornar menor. *Minguar* dá ideia de uma diminuição progressiva e que vai determinar uma falta que se fará sentir. *Minorar* é palavra erudita, muito empregada em sentido moral.

diplópode, **quilógnato** – Miriápode com dois pares de patas em cada segmento.

direito, **justiça** – *Direito* é o objetivo da justiça. *Justiça* é a conformidade das ações com a lei.

discordar, **discrepar**, **dissentir**, **divergir** – *Discordar* é não chegar a acordo, *q.v.* *Discrepar* é não ser conforme, não ser da mesma opinião, apresentar diferença, disparidade. *Dissentir* é ter sentimento diferente. *Divergir* é, partindo do mesmo ponto, tomar direção diferente.

discursador, **orador** – Significam homem que discursa, mas, ao passo que *o segundo* é o que discursa seguindo as normas da retórica, *o primeiro* é mais o indivíduo que tem a mania, o vezo de andar fazendo discursos, o mau orador. Não se dirá que Rui tenha sido um discursador.

discurso, **oração** – *Discurso* é uma série de períodos encadeados com arte, com o fim de convencer, persuadir ou comover. *Oração* é discurso de grande mérito literário, como são os de Demóstenes e os de Cícero.

diserto, **eloquente**, **facundo** – *Diserto* é o orador que disserta com elegância. Conhece a arte da palavra, mostra habilidade, agrada, mas raramente comove: falta-lhe o gênio. *Eloquente* é o que domina o auditório, apodera-se dos espíritos, comove os corações, é enérgico, escolhe boas razões, argumentos eficazes. Brilha não tanto pela dicção como o diserto, mas pela grandeza dos pensamentos e pela elevação. *Facundo* é o que fala (raiz *fa*, de *fari*) bem, tem facilidade de falar, ajudado por uma boa elocução. Recebeu da natureza este dom; não cultivou as faculdades oratórias, como precisou fazer o maior orador de todos os tempos. Horácio. *Odes*, I, X, chamou a Mercúrio, o deus da eloquência, *facundo neto de Atlas*. Camões chamou a Ulisses *facundo*, em dois passos dos *Lusíadas* (II, 45, I e V, 86, 3-4) e ainda se refere à língua facunda do mesmo (VIII, 5, 2).

dispensa, **franquia**, **imunidade**, **isenção** – *Dispensa* é o ato gracioso de permitir que não faça o que os outros são obrigados a fazer. *Franquia* é o ato de tornar franco, aberto, para que possa entrar, para que possa passar. *Imunidade* é a qualidade de imune, isto é, livre de um encargo (latim *munus*); é um direito excepcional, estabelecido pela lei, concedido aos membros de uma coletividade por motivos não pessoais, mas sim de interesse público. Exemplo típico está nas imunidades parlamentares. *Isenção* (latim *exemptione*, ato de separar, tirar de) é o ato de isentar, isto é, tirar de um encargo difícil, à vista da impossibilidade de desempenhá-lo. Também é ato gracioso, não de puro favor como a dispensa, mas pela fraqueza do isento. O caso do serviço militar é típico.

dissertação, **tese** – *Dissertação* é monografia apresentada pelos candidatos ao doutoramento, juntamente com as teses que vão defender. *Tese* é uma proposição que se expõe para controvérsia. Como as teses sobre assuntos de cada cadeira do curso vinham impressas em seguida à dissertação, passou-se a dar a esta o nome de *tese*.

dissimulação, **simulação** – Ato ou efeito de *dissimular* e de *simular*, *q.v.* *Pela dissimulação*, fingimos o que não há; pela *simulação* encobrimos o que há (Manuel Bernardes, *Nova Floresta*, III, 276).

dissolução, **solução**, **soluto** – *Dissolução* é o ato de dissolver. *Solução* é o líquido contendo a substância dissolvida; é o resultado da dissolução. *Soluto* é o mesmo que solução.

distintivo, **emblema**, **insígnia** – *Distintivo* é sinal que serve para distinguir, isto é, separar, estabelecer diferença entre os membros de uma coletividade e as pessoas a ela estranhas. *Emblema e insígnia* são sinais distintivos, representativos de uma dignidade, uma instituição: "Os sócios traziam no peito o distintivo da sociedade, mas a diretoria trazia os respectivos emblemas e insígnias".

distração, **diversão**, **entretenimento**, **entretimento**, **passatempo**, **recreação** – São modos de dar ao espírito uma ocupação agradável. A *distração* é o ato de afastar de um objeto exterior para outro interior a atenção. *A diversão* é o ato de substituir as ocupações habituais por outras mais agradáveis. *Entretenimento* ou *entretimento* é uma ocupação agradável entre duas outras de obrigação. *Passatempo* é uma ocupação agradável em que nos empregamos para passar o tempo. *Recreação* é ocupação agradável para descanso de um trabalho e ganhar forças para continuar a trabalhar.

distrair-se, **divertir-se**, **entreter-se**, **espairecer**, **recrear-se** – *Distrair-se* é ocupar ligeiramente o espírito, de modo que não se sinta o peso do tempo ou o do trabalho. *Divertir-se* é fazer com que, por uma sucessão de prazeres, não se sinta o tempo. *Entreter-se* é empregar-se numa ocupação agradável entre duas obrigações. *Espairecer* é passar despreocupado, para que o espírito paire acima das ocupações habituais, acima das tristezas. *Recrear-se* é empregar-se numa ocupação agradável, para descansar do trabalho e criar forças para continuar.

dita, **felicidade**, **fortuna**, **sorte**, **ventura** – *Dita* é um acontecimento favorável que traz à alma grande satisfação. *Felicidade* é o contentamento da alma.

Fortuna é um acontecimento favorável, que dá satisfação física e material. *Sorte* é o que de bom, numa série de coisas boas e más, nos coube. *Ventura* é o que nos veio ou virá de bom, sem termos concorrido em nada.

diversos, **vários** – *Diversos* significa muitos, em número indefinido, acima de dois e com ideia de diversidade. *Vários* significa alguns, uns quantos, em número indefinido, acima de dois e com ideia de variedade.

dividir, **repartir** – *Dividir* é separar em duas ou mais partes. *Repartir* é dividir, distribuindo as partes.

divinal, **divino** – *Divinal* é o que é como se fosse divino. *Divino* é o que é próprio de Deus: "O poder divino não conhece limites. Um acento de ternura, de ternura divinal" (Gonçalves Dias, *apud* Aulete).

divisa, **lema** – *Divisa* é palavra ou são palavras, adotadas por uma pessoa, por uma família, por uma corporação, para indicar o seu caráter, o seu sentimento dominante, a sua finalidade. A divisa de Rio Branco é: *Ubique patriae memor*. *Lema* é a divisa de um partido, de um povo. O lema do nosso povo é: *Ordem e Progresso*.

divisão, **seção** – *Divisão* é cada uma das partes em que se dividiu um todo. *Seção* é o mesmo mas com ideia de especialização: "Esta gaveta tem três divisões. Esta chapelaria tem uma seção de chapéus de homem e outra de chapéus de senhora".

divulgar, **vulgarizar** – *Divulgar* é espalhar pelo vulgo. *Vulgarizar* é tornar vulgar, acessível ao vulgo: "Não vulgarize estas alarmantes notícias. O progresso vulgarizou muita coisa confortável de que outrora só os riscos gozavam".

dizer mal, **maldizer** – *Dizer mal* é falar contra as qualidades, o talento, o procedimento de alguém. *Maldizer* é proferir ditos maus contra.

doação, **donativo** – *Doação* é o que se doa, isto é, se dá, com as formalidades e solenidades da lei e, às vezes, determinando um fim. *Donativo* é coisa que se dá, sem formalidades, por filantropia, por piedade ou por outro sentimento nobre.

dobra, **prega**, **vinco** – *Dobra* é parte de um objeto, a qual se volta, sobrepondo-se a outra parte. *Prega* é dobra feita de propósito numa fazenda, num tecido. *Vinco* é a aresta bem marcada, por uma dobra ou prega, como na calça, por exemplo.

dobradiça, **gonzo**, **quício** – Aparelho que serve para dar movimento a peças que abrem e fecham, como portas, janelas, tampas etc. O nome comum é *o primeiro; o terceiro* é erudito.

dobrar, **duplicar** – Significam multiplicar por dois. *O primeiro* é popular; *o segundo*, erudito.

dobrez, **duplicidade** – Moralmente, é a condição de ter ânimo refalsado, enganando uma parte e outra.

dobro, **duplo** – Significam o produto por dois, duas vezes a mesma coisa. *O primeiro* é popular; *o segundo*, erudito.

doce seco, **pastel** – No Brasil chama-se *doce seco* ao doce sem calda, feito em pequenas porções geralmente tendo como ingredientes farinha de trigo, ovos, leite, frutas etc. *Pastel* é massa de farinha de trigo, estendida à mão ou por meio de rolo, passada na gordura ou levada ao forno, depois de dentro dela meter-se carne picada e azeitonas, camarão etc. Por exceção, diz-se *pastel de nata* e *pastel de santa clara*, doces vindos da cozinha portuguesa. Em Portugal um e outro têm indistintamente o nome *de pastel* (v. *confeitaria*).

dócil, fléxil, flexível, obediente, submisso – *O dócil* cede *à* voz do mestre que instrui, obedece com a convicção de que a ordem dada é razoável. *Fléxil* é forma literária *de flexível. O flexível* não tem força de resistência; dobra sob a vontade dos outros. O *obediente* tem o costume de atender solicitamente ao que se lhe ordena. O *submisso* está habitualmente disposto a obedecer, conformando sua vontade com a de quem manda. Às vezes adivinha a vontade do superior e faz de antemão o que sabe dever ser agradável.

doçura, dulçor – E a qualidade de doce. *A segunda palavra* é erudita e literária.

doentio, mórbido – *Doentio* é que causa doença. *Mórbido* é relativo a doença.

dois-amores, sapatinho-de-judeu, sapatinho-do-diabo, sapatinho-dos-jardins – Planta da família *Euphorbiaceae* (*Pedilanthus tithymaloides*).

dolente, dolorido, doloroso, dorido – O *dolente* causa dó. *O dolorido* exprime dor, está ressentido de dor. O *doloroso* faz sentir dor. O *dorido* é como o dolorido.

dominga, domingo – Primeiro dia, da semana, o que precede a segunda-feira. Foi o dia consagrado ao Senhor, em memória de Ressurreição (*Gênese* II, 2, 3; *Atos dos Apóstolos*, XX, 7). Diz-se *dominga* (latim *dies dominica*), quando se fala de algum domingo em particular (V. Basílio Rower, *Dicionário litúrgico*), como são os do Advento e os da Quaresma.

Domingo do Espírito Santo, Pentecostes – Nomes do sétimo domingo depois da Páscoa. *O primeiro* lembra a descida do Espírito Santo. *O segundo* do grego *pentekostés*, quinquagésimo, lembra que o fato se passou no quinquagésimo dia depois da Ressurreição (*Atos dos Apóstolos*, II, I). No texto original: Kai en tô symplerosthai tèn heméran tês Pentekostés êsan....

domingueiro, dominical – Do domingo, relativo ao domingo: *fato domingueiro, letra dominical*.

domínio, propriedade, senhorio – *Domínio* é o poder do dono (latim *dominus*, dono). É a expressão usada pelo Código Civil no art. 521 e na parte relativa à enfiteuse (domínio direto, domínio útil). Significa também aquilo sobre que se exerce este poder, especialmente territórios dominados, vastos terrenos, latifúndios. Seria ridículo chamar domínio a um terreninho de 30 m por 50 m. Carlos V dizia com razão: "O sol não se põe em meus domínios". *Propriedade* é a qualidade de próprio, isto é, de não ser de outrem, é de ter o direito, sobre bens legitimamente adquiridos, de usar, gozar e dispor de seus bens e de reavê-los do poder de quem quer que injustamente os possua (Código Civil). Significa também aquilo sobre que se exerce este direito e especialmente bens imóveis, prédios, bens chamados de raiz. *Senhorio* é a autoridade do senhor e também a pessoa investida desta autoridade. O Código Civil emprega a palavra, quando trata da enfiteuse. Significa também locador de um prédio, em relação ao seu inquilino.

dono, proprietário, senhor – Significam pessoa a quem pertence uma coisa. *Dono* traz ideia de superioridade. O Código Civil emprega a palavra ao tratar das servidões e do usufruto. *Proprietário*, expressão genérica, emprega-se especialmente em contraste com usufrutuário, usuário, inquilino, rendeiro. O Código Civil emprega em vários artigos e em todo o título relativo à propriedade. *Senhor* traz ideia de superioridade e poder efetivo; aplicou-se especialmente aos senhores feudais, que tinham servos sob o seu domínio e aos que outrora possuíram escravos. Ainda aparece nas fórmulas tabelioas: *sendo senhor e possuidor de...*

donzela, **moça**, **rapariga**, **senhorita** – *Donzela* é hoje a mulher solteira e virgem, de qualquer idade. *Moça* é a mulher jovem; ainda nova e solteira. *Rapariga*, pouco usado no Brasil, é a mulher no período entre a infância e a adolescência. Em Portugal também significa moça rústica e no Norte e no Nordeste significa prostituta. *Senhorita* é termo de cortesia aplicado a moças.

dor, **pena**, **sentimento** – *Dor* é desgosto muito grave e pungente; sente-se pela perda de um ente chegado a nós. *Pena* é certo vago desgosto; sente-se por um pobre. *Sentimento* é desgosto determinado, incômodo; experimenta-se por um amigo.

dorme-dorme (Sul), **dorminhoco**, **sabacu-de-coroa** – Ave da família *Ardeidae* (*Nycticorax hoactli*).

dorme-maria, **dormideira-grande** – Planta da família *Leguminosae* (*Mimosa vellosiana*).

dormideira, **malícia-de-mulher**, **sensitiva** – Planta da família *Leguminosae* (*Mimosa pudica*).

dotação, **dote** – *Dotação* é renda estabelecida em favor de uma fundação, de um estabelecimento, de um serviço público. *Dote* são os bens que a mulher leva para o marido, a fim de ajudar a suportar os encargos do casamento.

dotal, **parafernal** – Qualificativo de bens que a mulher leva para o casal. A diferença entre eles está em que o marido tem o direito de administrar os primeiros (Código Civil) e dos segundos a mulher conserva a administração, o gozo e a livre disposição, não podendo todavia alienar os imóveis.

dotes, **prendas** – *Dotes* são talentos, graças, dados pela natureza. *Prendas* são qualidades adquiridas pelo estudo, pela aplicação, pela diligência.

douradão, **douradinha-do-campo**, **gritadeira** – Planta da família *Rubiceae* (*Policourea rigida*).

dourado (do mar), **graçapé**, **guaraçapé**, **sapé** – Peixe da família *Coryphaenidae* (*Coryphaena hippurus*).

drama, **tragédia** – *Drama* é peça teatral que representa o meio-termo entre a tragédia e a comédia, achando-se o trágico mesclado ao cômico. *Tragédia* é peça teatral, escrita em linguagem poética, nobre, elevada, representando uma ação violenta, com desencadeamento de paixões extraordinárias ou piedade, esmagados os heróis por um destino inflexível. Seus personagens são, em regra, figuras históricas, mitológicas, homens ilustres.

dúbio, **duvidoso** – *Dúbio* é o que encerra dúvida calculada, com segunda intenção. *Duvidoso* é o que encerra dúvida, põe o espírito num estado em que ele não se inclina para uma nem para outra parte, hesita entre a afirmativa e a negativa.

duelo, **monomaquia** – Combate entre duas pessoas. "... por não ser mais que um seminário e aprovação da *monomaquia* ou *duelo*" (Manuel Bernardes, *Nova Floresta*, IV, 23).

dueto, **duo** – Composição musical para duas vozes ou dois instrumentos. *A segunda forma* é mais comum.

duna, **médão** – *Duna* é monte de areia móvel, formado pela ação do vento, nos desertos ou nas marinhas (Backheuser, *Glossário*). É palavra moderna, vinda do céltico através do francês. *Médão*, pouco usado, é o termo vernáculo, "... chamam os ingleses *downes* ao que nós dizemos medas de areia no mar, ou costas", diz D. Francisco Manuel de Melo, nas *Epanáforas*, embora não empregue *médão*.

duplo, **dúplice** – *Duplo* é o maior do que outro duas vezes. *Dúplice* é uno, mas dividido em duas partes. O volume desta esfera é duplo do daquela. França e Inglaterra concluíram dúplice entendimento, nos tempos de Eduardo VII.

duri, **guarapu-do-miúdo**, **manduri**, **mandurim**, **monduri**, **taipeira** – Abelha da família *Meliponidae* (*Melipona marginata*).

E

ebulição, **efervescência**, **fervor**, **fervura** – *Ebulição* é um fenômeno que representa o termo da passagem de um corpo, do estado líquido para o estado gasoso, soltando-se em bolhas. *Efervescência* é uma fervura tumultuosa, produzida pelo desprendimento rápido de um fluido gasoso que atravessa um líquido sob a forma de bolhas que vêm arrebentar à superfície. *Fervor*, mais usado em sentido figurado, é o mesmo que *fervura*. *Fervura* é a agitação de um líquido que ferve.

ebúrneo, **marfíneo** – Significam *de marfim*. *O primeiro* é um latinismo. O *segundo*, menos empregado, é um neologismo de que alguns poetas têm usado: "Os marfíneos botões" (Alberto de Oliveira, *Um átomo*). "De tons marfíneos" (Alphonsus de Guimaraens, *Kyriale*, V, II).

ecoar, **repercutir**, **ressoar**, **retinir**, **retumbar**, **ribombar** – *Ecoar* é fazer eco, isto é, repetir-se pela reflexão das ondas sonoras que, batendo num ou mais corpos, mudam de direção e produzem no ouvido, depois da impressão direta, uma ou mais impressões novas. *Repercutir* é repetir-se mais ou menos atenuado fora do lugar onde se produziu. *Ressoar* é soar repetidamente, como os passos de uma pessoa, de um animal, ou prolongar-se confusamente, por efeito acústico: "Pelas ruas caladas e ermas de Braga só ressoa o piso de dois cavalos possantes e velozes..." (Castilhos, *Quadros Históricos*, 40). "Na torre do alcácer ressoam brados de triunfo" (Rebelo da Silva, *apud* Aulete). *Retinir* é tinir prolongadamente (som agudo): "Retinindo os malhos do ferreiro" (Diogodo Couto, V. 5,1, *apud* Morais). *Retumbar* é ressoar com estrondo cavo e profundo; "Co'o som da voz os bosques retumbam." (João Franco Barreto, *Eneida*, III, 151). *Ribombar* é retumbar produzindo grande abalo, como faz uma bomba que explode, como faz o trovão.

econômico, **parcimonioso**, **parco**, **poupado** – *Econômico* é o que sabe administrar bem a sua casa, fazendo despesas imprescindíveis e de proveito e ainda guardando dinheiro (do grego *oikos*, casa, e *nómos* lei). *Parcimonioso* é o que tem muita parcimônia, o que é excessivamente parco, poupa migalhas, só gasta naquilo de que absolutamente não se pode privar. *Parco* é o que despende o suficiente, eliminando o supérfluo, o voluntário. *Poupado* é o que poupa, o que só gasta o estritamente indispensável.

Éden, **Paraíso** – Nomes do jardim de delícias onde o Senhor pôs Adão e Eva (*Gênesis*, I, II, 8). *O primeiro* é de origem hebraica e quer dizer *amenidade; o se-*

gundo, de origem persa, veio através do grego e do latim. O texto dos Setenta dá a entender que Éden era o nome da região (ephyteusen ho theos paradeison en Edem...). Traduzindo o texto hebraico, Sander e Trenel, *Dict. Hébreu-Français*, página 511: (Dieu planta) un jardin en Eden. *Paraíso* quer dizer *jardim*.

edênico, **paradisíaco** – Do Éden, do Paraíso. V. o precedente.

edil, **vereador** – *Edil* era magistrado romano encarregado da inspeção dos edifícios (latim *aedes*), da direção dos jogos públicos e do cuidado de abastecer a cidade; por extensão, aplicou-se o nome aos magistrados nomeados para funções municipais, chamados *vereadores*, e mais tarde aos substitutos destes, representantes do povo, eleitos para as câmaras municipais. No Rio de Janeiro, o nome, que na república foi substituído por *intendente* e *conselheiro municipal*, voltou depois da revolução de 30.

educador, **instrutor**, **lente**, **mentor**, **mestre**, **professor** – *Educador* é o que educa (v. *educar*). *Instrutor*, em sentido lato, é o que instrui (v. *instruir*) e, em sentido restrito, o que ministra instrução de caráter prático, a militar, a da ginástica, a da esgrima, a de equitação, a da natação, a do voo. *Lente* era o professor universitário que lia as lições que dava: passou depois a ser professor de ensino superior ou secundário, o que se deu aqui até a reforma de ensino de 1911. *Mentor*, lembrando o amigo de Ulisses, do qual Palas tomou a figura quando quis servir de guia a Telêmaco, é o conselheiro sábio e amável. *Mestre* é o que ensina uma arte ou uma ciência e, especialmente, o que é versado numa ou noutra, ou o oficial senhor do seu ofício, chefe de outros. *Professor* (latim *profiteri*, confessar publicamente) é o que ensina, publicamente. É, como mestre, um termo genérico, abrangendo o ensino primário, o secundário, o superior, as línguas, as artes, as ciências.

educar, **ensinar**, **instruir** – *Educar* é promover o desenvolvimento das faculdades físicas, morais e intelectuais. *Ensinar* é transmitir, por meio de lições, o que deve ser aprendido. *Instruir* é preparar, por um bom ensino, numa arte ou ciência, a fim de pôr em estado de agir.

efêmero, **passageiro**, **provisório**, **temporário**, **transitório** – *Efêmero* (do grego *epí*, sobre, e *heméra*, dia) é o que dura muito pouco. *Passageiro* é o que passa, o que dura pouco tempo, o que vai e volta. *Provisório* é o que serve até se prover outro melhor. *Temporário* é o que serve para algum tempo. *Transitório* é o que serve de transição: "A rosa tem vida efêmera. Os amuos de namorados são passageiros. O Governo Provisório de 1889 durou até a eleição do generalíssimo Deodoro para presidente da República. Os empregos dos cantores líricos são temporários; os contratos se fazem por temporada. O crepúsculo é um período transitório entre o dia e a noite".

efetivo, **real** – *Efetivo* é o que existe de fato (latim *effectus*, de *efficere*, de *facere*). *Real* é o que existe na natureza ou nos acidentes de uma coisa (latim *res*, *coisa*). "Você não tornou efetiva a sua promessa. A Igreja afirma a presença real de Cristo na hóstia consagrada".

efetuar, **executar**, **realizar** – *Efetuar* é levar a efeito, transformarem fato positivo, o que não passava de esperança, de promessa. *Executar* é dar seguimento (latim *exsequi*, de *sequi*, seguir) a um plano, a um projeto. *Realizar* é tornar real, pôr por obra, deixar de ser apenas imaginário.

eficácia, **energia**, **força**, **violência** – *Eficácia* é a qualidade de eficaz, isto é, de possuir tal grau de energia que produz sem falta o desejado efeito. *Energia* é a força em ação. *Força* é uma potência, natural ou artificial, para produzir certos efeitos. *Violência* é o sumo grau de energia, no qual a força opera com grande impulso, intensidade, ímpeto.

efígie, **imagem** – São representações de pessoas ou coisas. A *efígie* representa real e verdadeiramente a pessoa. Os contumazes outrora eram executados em efígie. *Imagem* é representação que dá uma ideia da pessoa ou da coisa.

égloga, **idílio** – São poesias do gênero pastoril. A *égloga* é um pequeno poema em forma dialogada ou, pelo menos, apresentando algum movimento dramático. O *idílio*, não requerendo tanto movimento, exige entretanto suavidade e riqueza de imagens.

egoísmo, **egotismo**, **exclusivismo** – *Egoísmo* é o exagero do amor de si mesmo, ditado pelo instinto de conservação. *Egotismo* é o sentimento exagerado da própria personalidade, do próprio valor, dos próprios direitos pessoais. *Exclusivismo* é o egoísmo que vê com maus olhos o que outros possuem.

eleger, **escolher**, **optar**, **preferir**, **selecionar** – *Eleger* é escolher para determinado fim, por via de sufrágio. Quem elege dá seu voto ao que acha melhor. *Escolher* é, depois de haver comparado, colher, tirar um ou mais, dentre muitos. Quem escolhe tira o bom e deixa o mau. *Optar* é escolher obrigado: "O réu teve de optar entre o fuzilamento e a forca". *Preferir* é antepor uma coisa ou uma pessoa a outra, por qualquer motivo. Quem prefere coloca um antes de outro, por amizade, por um simples capricho, para prejudicar o não preferido. *Selecionar*, neologismo, um tanto bárbaro, é fazer seleção, isto é, uma escolha ditada pelo raciocínio e fundamentada em seus motivos.

eleição, **escolha**, **opção**, **preferência**, **seleção** – *Eleição* é o ato ou o efeito de eleger, *q.v.* *Escolha* é o ato ou o efeito de escolher, *q.v.* *Opção* é escolha obrigada, v. *optar*. *Preferência* é escolha entre dois ou mais e por qualquer motivo. *Seleção* é escolha raciocinada.

elementar, **primário** – Qualificativos do ensino dos elementos, das primeiras noções da leitura, da escrita e da aritmética.

elementos, **noções**, **rudimentos** – *Elementos* são partes simples de uma coisa, aquelas que devemos primeiro mostrar, quando queremos fazer conhecer pouco a natureza desta coisa. *Noção* é a ideia, considerada em seu objeto ou no sujeito que a percebe e também uma vista geral e sumária ou uma vista parcial e imperfeita. *Rudimentos* são elementos rudes, informes, grosseiros, necessitando ainda de elaboração.

elipse, **oval regular** – *Elipse* é uma curva, plana, fechada, em que cada ponto é tal que a soma de suas distâncias de dois pontos fixos, os focos, é constante. *Oval regular* é uma curva, plana, fechada, alongada, simétrica como a elipse em relação aos seus dois eixos, mas podendo ter outros elementos sem serem os desta última.

elogiar, **gabar**, **louvaminhar**, **louvar** – *Elogiar* é dar elogio, *q.v.* *Gabar* é elogiar perante todo o mundo: "Quem gabará a moça? é o pai que a quer casar". *Louvaminhar* é fazer louvaminhas. *Louvar* é dar louvor, *q.v.*

elogio, **encômio**, **gabo**, **louvaminha**, **louvor**, **panegírico** – *Elogio* é um juízo favorável motivado. *Encômio* é um discurso à glória de alguém. *Gabo* é louvor perante todo o mundo. *Louvaminha* é louvor contínuo, afetado e demasiado, tendendo a lisonja. *Louvor* é juízo favorável não motivado. *Panegírico* é discurso em que se elogiam as qualidades cívicas, morais, domésticas e sociais, de uma pessoa ilustre. Plínio, o Moço, escreveu um de Trajano. O louvor, não contendo senão admiração e estima, pode ser interessado ou hipócrita, ao passo que o elogio, sempre justificado, não exclui a crítica.

eloquência, **facúndia** – Qualidade de eloquente, qualidade de facundo, *q.v.*

elucidar, **esclarecer**, **explanar**, **explicar**, **ilustrar** – *Elucidar* é dar completa lucidez, tornar perfeitamente claro. *Esclarecer* é aclarar o que há muito tempo era objeto de pesquisas e estudos, que parecia confuso, duvidoso. *Explanar* é desenvolver esclarecendo, tornando simples, fácil de ser entendido. *Explicar* é esclarecer como que desdobrando (latim *ex*, para fora, e *plicare*, dobrar), tirando as complicações que faziam difícil a coisa, *ilustrar* é lançar luz, dar brilho.

ema, **nhandu**, **xuri** – Ave da família *Rheidae* (*Rhea americana*).

emagrecer, **emagrentar** – *Emagrecer* é começar a ficar magro. *Emagrentar* é ficar magro.

embaçar, **embaciar** – Significam tornar baço. *O segundo* tem certo matiz frequentativo. *O primeiro* se usa mais no sentido figurado de enganar, iludir.

embaçar, **embair**, **enganar**, **iludir**, **ludibriar** – *Embaçar* é enganar empanando a verdade. *Embair* é enganar com mentiras, embustes, embelecos. *Enganar* é fazer crer o que não é. *Iludir* é enganar com pretextos ou falsas aparências. *Ludibriar* é enganar com escárnio.

embarcadiço, **marinheiro**, **marítimo**, **marujo** – *Embarcadiço* é o indivíduo que, por amor à vida do mar, gosta de trabalhar embarcado. *Marinheiro* é o embarcadiço ou o recrutado da Armada, o qual trabalha nos serviços e manobras da navegação. *Marítimo* é o homem do mar, marinheiro, maquinista, foguista, taifeiro, pescador. *Marujo* é o mesmo que marinheiro.

embebedar, **emborrachar**, **embriagar**, **encachaçar**, **inebriar** – *Embebedar* é tornar bêbedo, *q.v.* *Emborrachar* é tornar borracho, *q.v.* *Embriagar* é tornar ébrio, *q.v.* *Encachaçar* é embebedar com cachaça. *Inebriar*, palavra erudita, é tornar momentaneamente ébrio e se usa geralmente em sentido figurado.

embelecer, **embelezar** – *Embelecer* é começar a embelezar. *Embelezar* é tornar belo.

emboca (Nordeste), **penetra** (Sul) – Indivíduo que entra numa festa sem ter sido convidado.

êmbolo, **pistão** – Disco ou cilindro que se move alternativamente dentro de um corpo de bomba, para fazer este funcionar.

embravear, **embravecer** – *Embravear* é tornar bravo; pouco se usa. *Embravecer* é começar a embravear, mas pelo pouco uso de *embravear* tomou o seu lugar.

embrião, **feto** – *Embrião* é o ovo fecundado, nos primeiros estádios de sua evolução. *Feto* é o nome que o embrião recebe quando, entre os mamíferos, deixando de ser informe, apresenta clara e distintamente suas partes, já tem a figura correspondente à sua espécie.

emético, **vomitório** – Substância medicamentosa que provoca o vômito. O *primeiro nome*, de origem grega, é erudito; *o segundo* é o comum.

emigrado, **emigrante** – Significam *indivíduo que emigra*. A diferença está em que *o primeiro* emigra para evitar perseguição política ou religiosa e *o segundo*, para aventurar a vida em países novos. Os aristocratas que deixaram a França depois da tomada da Bastilha e os protestantes franceses que fizeram o mesmo por ocasião da revogação do edito de Nantes eram emigrados. Os camponios que sofrem dificuldades de vida em suas aldeias europeias e embarcam para as Américas são emigrantes.

emissário, **enviado**, **mensageiro**, **núncio**, **representante** – *Emissário* é pessoa mandada em missão de certa importância, cujo êxito muito depende da habilidade dela. *Enviado* é pessoa mandada numa missão, com a incumbência de cumprir estritamente as ordens que leva. *Mensageiro* é o que leva mensagem de alguém, de alguma instituição. *Núncio* é o que anuncia, levando mensagem sua. *Representante* é o encarregado de representar alguém, alguma instituição em determinado lugar e em determinada circunstância.

empanada, **estore**, **transparente** – Pano fino, de linho ou de algodão, pregado a um caixilho, que se coloca diante das janelas para amortecer a claridade do sol. *O segundo*, vindo através do francês, é o mais usado. *Empanada* lembra o pano; *transparente*, a transparência.

empeçonhar, **envenenar**, **intoxicar** – *Empeçonhar* é propinar peçonha, incutir peçonha, corromper com peçonha. *Envenenar* é propinar veneno, corromper com veneno. *Intoxicar* é incutir um tóxico, animal, vegetal ou mineral, sólido, líquido ou gasoso.

empenho, **obstinação**, **porfia**, **teima** – *Empenho* é o desejo interessado de conseguir uma coisa. *Obstinação* é a insistência usada até alcançar o fim. *Porfia* é a insistência, acompanhada de contenda ou luta. *Teima* é o desejo pertinaz de obter, insistindo indocilmente.

empoar, **polvilhar** – *Empoar* é cobrir de pó. As damas empoavam o cabelo no século XVIII. *Polvilhar* é salpicar de pó. Polvilha-se um mingau com canela.

empório, **entreposto** – Grande armazém, centro de comércio internacional.

empório (S. Paulo), **mercearia** (Maranhão e Portugal), **venda**, **armazém** (Rio de Janeiro), **tenda** (Portugal) – Loja de secos e molhados. Em Portugal, *venda* é o mesmo que *taberna*, loja em que se vende especialmente vinho, e *tenda* é loja onde se vendem artigos de mercearia (Aulete).

emprazamento, **enfiteuse**, **aforamento** – Dá-se o *emprazamento*, a *enfiteuse*, ou *aforamento*, quando, por ato entre vivos ou de última vontade, o proprietário de um imóvel atribui a outrem o domínio útil deste imóvel, perpetuamente, pagando o emprazador, o enfiteuta ou o foreiro ao senhorio direto uma pensão ou foro, anual, certo e invariável (Código Civil).

empregar, **servir-se**, **usar**, **utilizar** – *Empregar* é fazer aplicação especial de coisa ou pessoa, segundo suas disposições naturais. *Servir-se* é aplicar em proveito próprio, segundo o poder de assim fazer. *Usar* é fazer uso, empregar frequentemente. *Utilizar* é tirar a utilidade que a coisa tem.

emprego, **uso**, **utilização** – *Emprego* é a aplicação especial de uma coisa ou de uma pessoa, segundo suas disposições naturais. *Uso* é o emprego frequente. *Utilização* é o ato ou o efeito de utilizar, isto é, de tirar utilidade, serventia.

empurrar, **impelir** – *Empurrar* é afastar de si, fazer cair ou mover-se. *Impelir* é empurrar com força.

emulação, **rivalidade** – *Emulação* é o sentimento de quem é êmulo de outro ou de outros. *Rivalidade*, o de quem é rival. V. *êmulo*, *rival*.

enapupê, **inabupé** (Sergipe), **napopé**, **perdiz** – Ave da família *Tinamidae* (*Rhynchotus rufescens*). A perdiz europeia pertence à família *Phasianidae* (*Perdix sp.*).

encabulado, **encafifado**, **encalistrado**, **enfiado**, **envaretado** (Rio Grande do Sul), **envergonhado** – Qualificativo de quem fica vexado por alguma graçola, por algum acontecimento ridículo. *Os três primeiros* são familiares.

encaixar, **inserir**, **intercalar**, **interpolar**, **interpor** – *Encaixar* é meter entre duas coisas outra que se adapte bem a elas: encaixam-se peças de madeira, devidamente talhadas, *inserir* é meter entre duas ou mais coisas, atando, ligando, relacionando (lat. *serere*, atar): inserem-se meios numa progressão. *Intercalar* é dar um lugar entre duas coisas a outra que seja de mais, que não tenha colocação determinada: intercala-se um dia entre o último de fevereiro e o primeiro de março, nos anos bissextos. *Interpolar* é colocar entre duas coisas, trazendo alteração, procurando completar, consertar: "Um copista interpolou várias glosas e outro as fundiu no texto". *Interpor* é simplesmente pôr entre duas ou mais coisas, ou pessoas: "Alexandre interpôs-se entre Diógenes e o sol".

encalacrar-se, **endividar-se** – Significam contrair dívidas. *O primeiro* dá ideia de avultadas dívidas.

encarar, **fitar** – *Encarar* é dar de cara, olhar na cara, para reconhecer, para desfeitear, para analisar. *Fitar* (do latim *fictus*, de *figere*, fixar os olhos): "Fitei os olhos na moça" (Gregório de Matos, VI, 289). O objeto direto fundiu-se depois com o predicado e *fitar* passou a significar fixar os olhos e recebeu outro objeto direto, aquilo em que se fitavam os olhos: "Fita o sol" (Alphonsus de Guimaraens, *Epifania*).

encarecer, **exagerar** – Significam louvar com excesso, referindo-se *o primeiro* às circunstâncias que fazem apreciável e *o segundo*, às que fazem notável.

encarnado, **rubro**, **vermelho** – Qualificativos da cor da carne viva, do sangue dos vertebrados, da chama. *Rubro*, palavra erudita e literária, é o mesmo que *vermelho*. *Vermelho* é um encarnado muito vivo.

encarquilhar, **engelhar**, **enrugar** – *Encarquilhar* é encolher secando, apergaminhando-se, formando carquilhas, rugas. *Engelhar-se* é contrair-se tornando rugoso, cheio de gelhas, pela evaporação dos sucos, como acontece com o grão de trigo que não se desenvolve completamente. *Enrugar-se* é formar lentamente rugas.

encerado, **oleado** – Pano grosso, coberto de uma camada de cera ou de óleo, que o torna impermeável à água.

encerrar, **guardar** – *Encerrar* é meter em lugar que se fecha, um aposento, um cofre, uma gaveta, por exemplo. *Guardar* é meter em lugar onde fique protegido, defendido. V. *custodiar*.

enchente, **fluxo**, **preamar** – Nomes do movimento das águas da maré montante. *Enchente* traz ideia do corrimento das águas num sentido (cfr. *refluxo*). *Fluxo* é o movimento, principalmente ascendente, de águas num sentido, e em especial das águas do mar. *Preamar*, isto é, cheio mar, com vestígio do antigo gênero da palavra *mar*, também traz ideia de encher.

encobrir, **esconder**, **ocultar** – *Encobrir* é fazer que não se veja, lançando alguma coisa por cima. *Esconder* é pôr em lugar onde a vista não possa alcançar ou divisar. *Ocultar* é tirar de diante dos olhos, para não ser visto, é evitar que se veja.

encontro, **soldado-do-bico-preto** – Pássaro da família *Icteridae* (*Xanthornus pyrrhopterus*).

endentar, **engranzar**, **engrazar**, **engrenar**, **entrosar** – Travar (uma roda) os dentes nos de outra. *O quarto* tem a pecha de galicismo, mas é muito usado.

endovenoso, **intravenoso** – Qualificativo da injeção dada na veia.

êneo, **éreo** – Adjetivos eruditos que significam *de bronze*. Morais abona o *primeiro* com Vasco Mousinho de Quevedo, *Afonso Africano*, f. 37, e *o segundo* com João Franco Barreto, *Eneida*, X, 76, XII, 99.

enevoado, **nevoento** – Significam cheios de névoa. Acidentalmente, *o primeiro*. Habitualmente, o *segundo:* "O Pão de Açúcar está enevoado. A Escócia é um país nevoento."

enfado, **importunação**, **tédio** – *Enfado* é o aborrecimento, o desagrado, causado pela insipidez. *Importunação*, o causado pela insistência. *Tédio*, o que dá nojo.

enfadonho, **enfastioso**, **fastidioso**, **importuno**, **tedioso** – *Enfadonho* é o que causa enfado, *q.v. Enfastioso* e *fastidioso* é o que causa fastio, certa repugnância. *Importuno*, *o* que causa importunação. *q.v. Tedioso*, o que causa tédio. *q.v.*

enfastiado, **fastiento** – *Enfastiado* é o que está sentindo fastio. *Fastiento*, o que, por natureza, sente fastio.

enfiar, **engranzar**, **ensartar** – Significam meter por um orifício (contas, pérolas etc). *O primeiro* lembra o fio; *o segundo* o grão, a bolinha engranzada; *o terceiro*, o ato de juntar, ligar (latim *insertare*, pôr em grinalda, coroa).

enfiteuta, **foreiro** – Indivíduo que por enfiteuse ou aforamento recebe o domínio útil de um imóvel (Código Civil). *O primeiro* é erudito e jurídico; *o segundo*, o comum.

enflorar, **florescer**, **florir**, **florear**, **florejar** – *Enflorar* é fazer nascer flores, ornar de flores: "A primavera enflora os campos" (Aulete). *Florescer* é produzir flores e, figuradamente, prosperar, existir com renome: "Floresce a murta" (Garrett, *apud* Aulete). "Floresça, fale, cante, ouça-se e viva/ A portuguesa língua..." (Antônio Ferreira). *Florir* é desabrochar a flor: "Secaram as rosas vermelhas, florindo as brancas" (Rebelo da Silva, *apud* Aulete). *Florear* é ornar de flores, encher de ornatos, dar beleza, graça, elegância: "A primavera floreia os prados" (Bocage, *apud* Morais). Resolução floreada de tantos louvores (Vieira, *apud* Morais). *Florejar* é o mesmo que *florear:* "Brota e floreja copada e opulenta a árvore gigante do teatro espanhol" (Latino Coelho, *apud* Aulete).

enfocar, **focar**, **focalizar** – São verbos relativamente modernos que significam pôr em foco. *O primeiro* usa-se em Portugal; *o terceiro* é mais usado no Brasil.

engalicado, **luético**, **sifilítico** – Doente de gálico (*lues* ou *sífilis*).

enganador, **charlatão**, **enganoso**, **falaz** – *Charlatão* é quem explora a boa-fé de outrem pretendendo ter qualificações que não tem. *Enganador* é o que leva a engano. *Enganoso* é o cheio de enganos. *Falaz* é o intencionalmente enganador.

enganar-se, **equivocar-se**, **errar** – *Enganar-se* é não fazer certo, por descuido. *Equivocar-se* é não fazer certo, iludido pela igualdade da aparência. *Errar* é não fazer certo, por ignorar.

engano, **equívoco**, **erro** – V. o precedente. V. *codilho*.

engendrar, **gerar** – *Engendrar* é um castelhanismo que significa o mesmo que *gerar* e é muito empregado em sentido figurado: "Sempre estou para ver a sua habilidade, como de um maranhão me engendra uma verdade" (Castilho, *apud* Aulete). *Gerar* é dar origem a um ser, a uma entidade, semelhante ao princípio gerador: um casal de animais gera um animal igual a ele.

engenho, **gênio**, **talento** – *Engenho* é a faculdade inventiva, atuando com habilidade, com facilidade: "Se a tanto me ajudar o engenho e arte" (*Lusíadas*, I, 2, 8). *Gênio*, que Buffon definiu impropriamente aliás como uma longa paciência, é um dom natural e eminente, uma inspiração criadora que singulariza e isola das outras pessoas a que dele é dotada. Camões foi um gênio. *Talento* é uma disposição do intelecto que dá capacidade para artes ou ciências, uma aptidão adquirida pelo trabalho, da qual o homem usa para bem ordenar suas ações e palavras: "Não sepulte o seu talento; cultive-o com amor".

engradado, **gaiola** – Armação de ripas ou tábuas estreitas, para transporte de móveis, animais, plantas etc. *O primeiro* é um brasileirismo; *o segundo* é o termo usado neste sentido em Portugal.

engraxador, **engraxate** – Indivíduo que profissionalmente engraxa calçados. A *segunda palavra* é um brasileirismo: "O transeunte era um engraxate que recolhia da cidade" (Bilac, *Crítica e Fantasia*, 30). *A primeira* é de Portugal. Machado de Assis a empregou (*A Semana*, I, 212).

enjeitar, **rejeitar** – *Enjeitar* é lançar de si com desamor. *Rejeitar* é repelir de si o que alguém dá.

enlamear, **enlodar**, **entijucar** – *Enlamear* é sujar de lama, *q.v.* *Enlodar* é sujar de lodo, *q.v.* *Entijucar*, brasileirismo de origem tupi, é sujar-se de tijuco (lama de cor escura, segundo Beaurepaire Rohan).

enluarado, **luarento** – *Enluarado* é banhado pelo luar: *campo enluarado*. *Luarento* é em que há luar: *noite luarenta*.

enobrecer, **nobilitar** – Significam tornar nobre. *O primeiro* se refere de preferência a um feito, a uma ação digna: *o segundo*, a mercê de soberano que confira foros de nobreza.

enoitar, **enoitecer** – Significam converter em noite. *O segundo* tem força incoativa: difere de *anoitecer* em significar fenômeno anormal, um escurecimento do tempo por uma causa qualquer.

enorme, **imenso** – *Enorme* é o que sai da norma, o que a excede. *Imenso* é o que não foi medido, que por sua extensão não se pôde medir.

enraivar, **enraivecer** – Significam encher de raiva; *o segundo* tem força incoativa, um tanto atenuada.

enregelar, **regelar** – Significam tornar demasiadamente frio; *o primeiro* dá ideia de mais intensidade que *o segundo*.

enricar, **enriquecer**, **locupletar-se** – Significam tornar rico. *O segundo* usa-se mais do que *o primeiro*. *O terceiro* traz ideia de desonestidade.

enrola-cabelo, **torce-cabelo** – Nome de abelhas da família *Meliponidae*, pertencentes ao gênero *Trigona*.

enrouquecimento, **rouquidão** – *Enrouquecimenio* é rouquidão incipiente. *Rouquidão* é o estado de rouco.

enrugar, **franzir** – *Enrugar* é fazer criar rugas lentamente. *Franzir* é fazer rugas no momento: "A velhice enrugou-lhe a face. A cólera franziu-lhe a testa". V. *encarquilhar*.

ensaiar, **experimentar**, **provar** – *Ensaiar* é ver se é próprio para o emprego a que se destina. *Experimentar* é procurar conhecer as qualidades para se aproveitar delas. *Provar* é ver se é bom ou mau.

ensanguentado, **sangrento** – Significam coberto de sangue. *No primeiro caso*, de um sangue que correu não importa de onde, sem nada especificar sobre o que foi a causa desta efusão. *No segundo*, é do sangue da própria pessoa ou do próprio animal ou do sangue que uma ou outro fez correr com violência.

ensebado, **sebáceo**, **sebento**, **seboso** – *Ensebado* é aquilo em que se botou sebo. *Sebáceo* é da natureza do sebo ou produtor de sebo, de matérias sebáceas. *Sebento* é naturalmente sujo de sebo. *Seboso* é cheio de sebo.

ensurdecimento, **insurdescência**, **surdez** – *Ensurdecimento* é surdez incipiente. *Insurdescência*, palavra erudita, é o mesmo que *ensurdecimento*. *Surdez* é o estado do surdo.

ente, **ser** – *Ente* é o que existe ou pode existir, dotado de ação, de inteligência, o homem, as criaturas sobrenaturais, a divindade (ente supremo). *Ser* é o que é, o que existe (mas tendo-se em vista a substância), os minerais, seres inorgânicos, e os vegetais e animais, seres organizados.

entendimento, **inteligência**, **mente** – *Entendimento* é a faculdade de compreender, considerada como qualquer coisa de passivo, que recebe por várias vias as impressões; pode ser aberto ou fechado, largo ou estreito. *Inteligência* é a faculdade de compreender, considerada como qualquer coisa de ativo, que opere com instrumentos, apanhando, percebendo; pode ser viva, rápida, penetrante. Se um se pode comparar com o ouvido que recebe passivamente os sons, a outra se pode comparar com a vista, que busca o objeto que quer ver. *Mente* é o entendimento que já compreendeu, comparou, analisou. V. *compreensão*.

entenebrecer, **escurecer**, **obscurecer** – *Entenebrecer* é cobrir de trevas, privar de toda luz. *Escurecer* é ficar escuro. *Obscurecer* é tornar escuro.

enternecimento, **ternura** – *Enternecimento* é o ato ou o efeito de enternecer ou enternecer-se. *Ternura* é a qualidade de terno.

enterramento, **enterro**, **exéquias**, **funeral**, **saimento** – *Enterramento* é o ato ou efeito de enterrar, isto é, pôr dentro da terra, esconder na terra. *Enterro* é o ato de levar a enterrar um morto e o acompanhamento que vai com o morto ao cemitério. *Exéquias* são pomposo ofício fúnebre, celebrado num templo, em honra de defunto ilustre. *Funeral* é a pompa fúnebre com que se faz um enterro. *Saimento* é o cortejo fúnebre em homenagem a um morto, que sai a enterrar.

enterrar, **inumar**, **sepultar** – *Enterrar* é pôr dentro da terra, esconder debaixo da terra (qualquer coisa). *Inumar*, palavra erudita, é enterrar defunto. *Sepultar* é dar sepultura a um defunto, enterrando-o ou depositando num jazigo.

entibiamento, **tibieza** – *Entibiamento* é o ato ou o efeito de entibiar-se. *Tibieza* é a qualidade de tíbio.

entorpecimento, **torpor** – *Entorpecimento* é o ato ou efeito de entorpecer-se. *Torpor* é o estado do entorpecido.

entranha, **víscera** – *Entranha* (mais usado, no plural) são as vísceras abdominais. *Vísceras*, palavra erudita, são os grandes órgãos, os órgãos vitais, do organismo, tais como o coração, os pulmões, o fígado etc.

entrar, **penetrar** – *Entrar* é ir para dentro. *Penetrar* é entrar profundamente.

entrecasca, **floema**, **líber** – Parte do caule, entre a casca e o lenho. *O segundo nome*, de origem grega, é erudito e menos usado que *o terceiro*, de origem latina; também é erudito.

entrevado, **paralítico**, **paraplégico**, **tetraplégico**, **tolhido** – É aquele que não pode mover um ou mais membros. O *entrevado* tem como que uma trave que não permite o movimento; o *paralítico* sofreu um relaxamento de suas fibras musculares; o *paraplégico* tem parlisia dos membros inferires e da parte inferior do tronco; o *tetraplégico* tem braços e pernas paralisados; o *tolhido* ficou impedido de mover-se.

entristecimento, **tristeza** – *Entristecimento* é o ato ou o efeito de entristecer-se. *Tristeza* é o estado do triste.

entronar, **entronizar** – Colocar no trono. *O segundo* é mais usado.

enunciar, **exprimir** – *Enunciar* é dar a conhecer o pensamento por meio de palavras faladas. *Exprimir* é fazer o mesmo, mas por qualquer modo, palavras, gestos etc. e significativamente.

envaidar, **envaidecer** – Encher de vaidade. *O primeiro*, forma haplológica de um suposto *envaidadar*, é mais antigo na língua e menos usado hoje.

envelope, **sobrecarta**, **sobrescrito** – Espécie de capa de papel, a qual envolve a carta e na qual se escreve o nome da pessoa a quem a carta é dirigida e outras indicações. *O primeiro nome*, o mais usado, tem a pecha de galicismo, o que em nada o prejudica. *Sobrecarta* significa propriamente carta suplementar a outra, corroborando ou modificando o que se disse nesta. Castro Lopes, *Neologismos*, 131, apresentou como sucedâneo e Machado de Assis o empregou em *A Mão e a Luva*, 87: "Não tinha sobrecarta; era um simples papelinho dobrado, recendendo a amores". *Sobrescrito*, no Brasil, são as indicações que se escrevem no envelope.

envenenar, **intoxicar** – *Envenenar* é propinar veneno. É ato proposital. *Intoxicar* é impregnar de substância tóxica. Espontaneamente. V. *empeçonhar*.

enxadrezar, **enxequetar** – Dividir em quadrados, a modo de um tabuleiro de xadrez. *O segundo verbo* é de heráldica.

enxugar, **secar** – *Enxuga-se* o que está molhado externa e acidentalmente. *Seca-se* o que tem umidade própria ou está penetrado de umidade.

epiceno, **promíscuo** – Qualificativo da modalidade de gênero gramatical na qual há uma só forma para ambos os sexos. *O primeiro* é mais usado.

epíploon, **redenho** – Grande prega do peritônio, a qual flutua sobre a superfície dos intestinos. *O primeiro nome* é erudito.

epíteto, **qualificativo** – *Epíteto*, termo de retórica, é um qualificativo que torna a ideia do substantivo ainda mais viva, animada, pitoresca, colorida; dá-se este nome, em geral, aos qualificativos elogiosos ou injuriosos. *Qualificativo* é vocábulo (adjetivo) que, exprimindo uma qualidade do substantivo, dá mais vida à ideia expressa por este.

época, **era**, **período** – *Época* é uma série de anos, considerada em relação aos acontecimentos nela passados ou aos homens que viviam então: *época das cruzadas*, *época de Leão X*. *Era* é um sucesso memorável que serve de ponto de partida para o cômputo dos anos, numa dada cronologia: *era cristã*, a que começa do nascimento de Cristo. *Período* (histórico) é uma série de anos que medeia entre uma época e outra, na qual se desenvolvem as consequências dos acontecimentos precedentes e se preparam os seguintes de que são causa.

equidade, **justiça**, **retidão** – *Equidade* é a virtude de respeitar o direito, não segundo a letra da lei, mas segundo o nosso sentimento do que é justo, penetrando as causas e intenções, adoçando o rigor da estricta justiça (*summum jus, summa injuria*). *Justiça* é a virtude de respeitar os direitos de outrem, concedendo o que é justo; só tem em vista a lei positiva e o fato em si, sem penetrar nas causas nem nas intenções. Seu caráter é mais social do que individual. *Retidão* é a virtude de seguir retamente, sem se desviar, a direção indicada pela equidade. Tanto a equidade quanto a retidão são mais individuais do que sociais.

equimose, **hematoma**, **sangue pisado** – *Equimose* e *sangue pisado* referem-se a mancha lívida, formada na pele por sangue extravasado em consequência de contusão. *Hematoma* é o acúmulo num tecido do corpo, num órgão, do sangue extravasado por contusão, rompimento de veias etc.

equipagem, **tripulação** – *Equipagem* é pessoal necessário para as manobras de um navio, excluídos os oficiais. *Tripulação* é todo o pessoal do navio, comandante, oficiais, marinheiros e todas as demais pessoas empregadas no serviço do navio, menos os sobrecargas (art. 564 do Código Comercial). Este artigo considera sinônimas as duas palavras. *Equipagem* é um galicismo que desbancou a palavra portuguesa *esquipação*, derivada de *esquipar*, prover o navio de gente, de aparelhos, de munições de boca etc.

equiparar, **igualar** – *Equiparar* é igualar, mas tomando um como modelo. *Igualar* é tornar iguais.

equitativo, **justo** – V. *equidade*, *justiça*.

erário, **fisco**, **tesouro** – *Erário*, palavra erudita, era na antiga Roma o tesouro público, diferente de *fisco*, tesouro particular do imperador; hoje é também o tesouro público, sem necessidade daquela distinção. *Fisco* é hoje o direito que tem o tesouro público de fazer cobrar o que lhe é devido. *Tesouro* (público) é a repartição onde se arrecadam os rendimentos do Estado.

erguer, **erigir**, **levantar** – *Erguer* é levantar o que estava deitado, pondo em posição vertical. *Erigir* é levantar um edifício, um monumento, que lembre pessoa ou acontecimento notáveis. *Levantar* é pôr ao alto o que caiu, o que estava deitado.

Erínies, **Eumênides**, **Fúrias** – Nomes gregos, os dois citados primeiro, e nome latino, o citado por último, das deusas da vingança, guardiãs da lei moral, perseguidoras dos culpados.

errabundo, **errante**, **errático** – *Errabundo*, palavra erudita, é o muito errante. *Errante* é o que erra (v. *errar*, *vagar*). *Errático* é o irregularmente errante: *dor errática*, a que passa de uma parte do corpo para *outra*; *febre errática*, a que em seus acessos não apresenta regularidade; *bloco errático*, o que foi transportado por uma geleira e depositado muito longe do ponto em que se separou da rocha.

errar, **vagar** – *Errar*, etimologicamente, é perder-se do caminho e ficar andando de um lado para outro até achar a direção certa. *Vagar* é errar sem ocupação, sem destino: "A misérrima Dido / Pelos paços reais vaga ululando" (Garção, *Dido*). V. *enganar-se*.

erva, **planta** – "Nome genérico de todas as plantas cujo talo perece cada ano depois de ter dado a sua semente: (*h*) *erva*, diz-se da que naturalmente se dá, sem cultura, no que difere de *planta*" (Morais).

erva-colégio, **erva-grossa**, **erva-do-veado**, **fumo-bravo**, **pé-de-elefante**, **suaçuaia**, **suçuaia** – Planta da família *Compositae* (*Elephantopus scaber*).

erva-de-bicho, **cataia**, **pimenta-d'água** – Planta da família *Polygonaceae* (*Polygonum acre*).

erva-de-são-joão (Rio, S. Paulo, Minas), **mentastro** (Norte), **catinga-de-barrão** – Planta da família *Compositae* (*Ageratum conyzoides*).

erva-do-carpinteiro, **mil-em-rama**, **mil-folhas** – Planta da família *Compositae* (*Achillea millefolium*).

erva-guiné, **erva-pipi**, **guiné**, **mucuracaá**, **tipi** – Planta da família *Phytolocaceae* (*Petiveria alliacea*).

erva-lanceta, **lanceta**, **rabo-de-rojão** – Planta da família *Compositae* (*Solidago microglossa*).

erva-molarinha, **fumaria**, **fumo-da-terra** – Planta da família *Papaveraceae* (*Fumaria officinalis*).

ervedeiro, **êrvodo**, **medronheiro** – Árvore da família *Ericaceae* (*Arbustus unedo*).

esborcelar, **esborcinar** – Significam quebrar os lavores altos, as beiras, os bordos. *O segundo* é corruptela do primeiro.

escabiosa-dos-jardins, **flor-de-viúva**, **saudade** – Planta da família *Dipsaceae* (*Scabiosa atropurpurea*).

escanifrado, **escanzelado** – Significam magro como um cão. São termos populares.

escapar, **escafeder-se**, **esquivar**, **evadir-se**, **fugir** – *Escapar* é livrar-se de um mal, já estando nele (escapar de) ou evitando-o (escapar a): "Estava no teatro quando ele pegou fogo, mas consegui escapar do incêndio. Não embarquei na lancha *Cubana* e assim escapei ao naufrágio". *Escafeder-se* é fugir apressadamente, desaparecer sem deixar rastro. *Esquivar* é evitar o que desagrada. "Por mais de uma vez se me deu ocasião de travar conhecimento com alguns dos religiosos, esquivei-a sempre." Também se usa pronominalmente e construído com *de*. *Evadir-se* é ir para fora (Camilo, *apud* Aulete) (latim *ex* e *vadere*), fugir, furtivamente, com astúcia. *Fugir* é afastar-se para o mais longe possível e, às vezes, o mais depressa possível.

escapatória, **evasiva**, **subterfúgio** – Recursos para evadir-se, escapar, fugir a uma dificuldade. No *terceiro*, o prefixo dá a entender a ideia de ocultação.

escarcéu, **mareta**, **marouço**, **onda**, **vaga** – *Escarcéu* é o cume espumoso de vaga que rebenta em flor. *Mareta* é vaga que persiste depois da borrasca. *Marouços* são montes de ondas. *Onda* é a elevação que, ao mover-se, as águas formam à superfície do mar, de rios, lagos, lagoas, açudes etc. *Vaga* é onda elevada a grande altura, em águas agitadas.

escarrar, **expectorar** – Significam expelir com esforço, da boca, por um movimento especial das bochechas, da língua e dos lábios (o catarro). *O segundo verbo* é erudito.

escasso, **falto**, **insuficiente** – *Escasso* é o que mal chega para o fim a que se destina. *Falto* é o que não tem, o que perdeu ou está privado de alguma coisa. *Insuficiente* é o que não basta.

escolta, **guarda**, **piquete** – *Escolta* é um destacamento de homens de armas que acompanham uma pessoa, para honrar, proteger ou vigiar. *Guarda* é um corpo de tropa, encarregado de serviços de vigilância, podendo também ser encarregado de fazer honras militares a um grande personagem. *Piquete* é nome antigo da escolta (General Caetano

M. de F. e Albuquerque, *Dicionário Técnico Militar de Terra*). Note-se que a escolta também protege coisas.

escombros, **ruínas** – *Escombros*, castelhanismo relativamente moderno, são destroços formando montículos (cômoros, combros), entulhando, obstruindo a passagem: "fumegante caos de escombros e ruínas" (Latino Coelho, *História Política*, I, 17). *Ruínas* são as partes mais ou menos informes de construção que ruiu.

escondido, **grunado**, **itararé**, **sumidouro** – Curso subterrâneo das águas de um rio, através de rochas calcárias. *O primeiro nome* é do Sul da Bahia; *o segundo*, das Lavras Diamantinas baianas; *o terceiro*, de S. Paulo; *o quarto*, de Minas (Bernardino de Souza, *Dicionário*).

escora, **espeque**, **estaca**, **esteio**, **finca**, **fulcro** – *Escora* é peça de madeira ou de metal, que se põe obliquamente de encontro ao que se quer amparar. *Espeque* é um pau, maior ou menor, com que se impede que uma coisa caia. *Estaca* é um pau aguçado que se crava na terra ou em outro lugar, para diversos fins, entre os quais o de servir de suporte. *Esteio* é peça de madeira, ferro, pedra etc., destinada a suster alguma coisa. *Finca*, pouco usado, é o que se finca para estribar-se com maior firmeza. *Fulcro*, palavra erudita, é o que dá um apoio sólido e seguro.

escorpião, **lacrau**, **rabo-torto** – Nomes dos aracnídeos escorpiônicos da família *Scorpionidae* (*Scorpio sp.*). *O primeiro* é o mais comum; *o terceiro* é do Maranhão.

escorregadiço, **escorregadio**, **resvaladio** – *Escorregadiço* é o que facilmente escorrega ou aquilo em que se escorrega facilmente. *Escorregadio* é aquilo em que facilmente se escorrega. *Resvaladio* é aquilo em que facilmente se resvala.

escorropicha-galhetas, **sacrista**, **sacristão** – Empregado que tem a seu cargo o arranjo de uma igreja e auxilia o sacerdote nos serviços divinos. *Os dois primeiros* são jocosos e pejorativos.

escravidão, **servidão** – Estado de escravo, de servo, *q.v.*

escravista, **escravocrata** – Partidário do regime da escravidão. *O primeiro vocábulo* é corrente em Portugal; Camilo o emprega no *Perfil do Marquês de Pombal*, 284, *apud* Figueiredo. Xavier Marques também o empregou em *Castro Alves*, 93. *Escravocrata* é um neologismo brasileiro; Joaquim Nabuco o empregou em *Minha Formação*, 204.

escumilha, **extremosa**, **norma** – Arbusto da família *Litraceae* (*Lagerstroemia indica*). *O último nome* é de Portugal e da Bahia.

escuridão, **obscuridade**, **treva** – *Escuridão* é a qualidade de escuro, a falta de claridade. *Obscuridade* é a qualidade de obscuro, a faita de clareza, nas ideias, nas expressões. *Treva* é a escuridão absoluta.

escuro, **obscuro** – Ambos significam *sem claridade*. *O primeiro* é forma herdada; *o segundo*, forma erudita. *O primeiro* se emprega mais no sentido material: *o segundo*, no figurado. Luís Delfino usou *antro obscuro* (*Imortalidades*, I, 147).

escutar, **ouvir** – *Escutar* é prestar ouvido atento. *Quem escuta, de si ouve*, diz o ditado. Montaigne, *Essais*, I, 42, ed. Garnier, traz uma interessante citação de Pacúvio: "*Magis audiendum quam auscultandum censeo*" (julgo mais digno de ser ouvido que de ser escutado). *Ouvir* é sentir a impressão causada pelo som no ouvido.

eserê, **fava-de-calabar** – Planta da família *Leguminosae* (*Physostigma venenosum*).

esfaimado, **esfomeado**, **famélico**, **faminto**, **famulento** – *Esfaimado* é o muito faminto. *Esfomeado* é forma popular de *esfaimado*. *Famélico*, palavra erudita e literária, é o mesmo que *faminto:* "Mais que lesões famélicos ..." (*Lusíadas*, X, 43, 6). *Faminto* é o que sente fome: "E renderam-se enfim, mas de famintos, de sequiosos" (Gonçalves Dias, *apud* Aulete). *Famulento*, palavra erudita, é o que sente fome insaciável: "Imaginando como o famulento / que come mais e a fome vai crescendo,..." (Camões, canção *A instabilidade da Fortuna*).

esfola-bainha, **pachinhos** – Planta da família *Anonaceae* (*Xylopia aromatica*).

esgueirar-se, **moscar-se** – Significam retirar-se sem ser sentido. *O primeiro* lembra a cautela de quem se esgueira; *o segundo*, o modo, semelhante ao de uma mosca, que desaparece das nossas vistas sem que percebamos.

esguelha (de), **soslaio** (de) – Estas locuções adverbiais significam por um lado, não em cheio, obliquamente; sua etimologia desconhecida não permite um conceito diferencial.

espada-de-são-jorge, **lança-de-ogum** – Planta da família *Liliaceae* (*Sanseviera sp.*).

espalitar, **palitar** – Limpar com palito. *O primeiro*, mais usado no Brasil, é, segundo Figueiredo, um provincialismo.

espanta-porco, **tovaca** – Nomes de dois pássaros da família *Formicariidae*, pertencentes ao gênero *Chamaeza*, *C. brevicauda* e C. *ruficauda*.

espantoso, **horrendo**, **horrente**, **hórrido**, **horrífero**, **horrífico**, **horripilante**, **horrível**, **horroroso**, **medonho**, **pavoroso**, **temeroso**, **terrível** – *Espantoso* é o que causa espanto, *q.v. Horrendo* é o que pelo seu tamanho, pela sua fealdade etc., causa horror a quem o vê, a quem o ouve: "C'um tom de voz nos fala, horrendo e grosso... Mais ia por diante o monstro horrendo" (*Lusíadas*, V, 40, 5 e 49, 1). *Horrente*, *hórrido*, *horrífero*, *horrífico* são palavras eruditas e literárias significando o mesmo que *horrendo*. *Horripilante* é o horrendo que arrepia os cabelos (latim *horrere* e *pilus*). *Horrível* é o capaz de horrorizar e o que horroriza. *Horroroso*, o que causa muito horror. *Medonho* é o que mete medo, *q.v. Pavoroso* é *o* que infunde pavor, *q.v. Temeroso*, o que infunde temor, *q.v. Terrível* o que infunde terror.

especial, **específico**, **exclusivo**, **particular**, **peculiar**, **privativo** – *Especial* é o próprio de uma espécie, dos indivíduos de uma espécie, de certo grupo de pessoas ou coisas. *Específico* é o que determina uma espécie, distinguindo, caracterizando: *peso específico*, o que determina cada substância pelo peso de um centímetro cúbico; *medicamento específico*, o que é de eficácia absoluta em determinada moléstia. *Exclusivo* é o próprio de alguém ou de alguma coisa, com exclusão das demais pessoas ou coisas. *Particular* (oposto a *público*) é o que, pertencendo a um ou a poucos, não se estende a todos nem a muitos, o que distingue um de outro, alguns de muitos. *Peculiar* é o que constitui um atributo essencial, como que fazendo parte do pecúlio. *Privativo* é o que, por direito especial, por exceção, pertence a uma pessoa, a uma corporação, em razão de um cargo, de uma circunstância qualquer.

espécie, **gênero** – *Espécie* é um grupo de seres que têm a mesma aparência (latim *species*) e se distinguem dos outros por caracteres próprios. *Gênero* é um grupo de espécies que apresentam caracteres comuns. Daí se vê que a noção de gênero é mais extensa do que a de espécie. A linguagem comum, entretanto, as confunde: *do mesmo gênero*, *da mesma espécie*, *de todo gênero*, *de toda espécie*.

espelina, **purga-de-carijó**, **tomba** – Planta da família *Cucurbitaceae* (*Cayaponia espelina*).

esperlina, **feijão-do-mato** – Planta da família *Leguminosae* (*Phaseolus prostratus*).

espezinhar, **pisotear** (Sul) – Calcar aos pés. *O primeiro* ressalta o instrumento (o pé); *o segundo*, o ato de pisar.

espia, **espião** – *Espia* é o indivíduo que, por sua própria conta e geralmente escondido ou de modo disfarçado, procura observar o que se passa. *Espião* é o que recebe paga para observar o que se passa e vir dar conta do que observou.

espiar, **espionar**, **espreitar**, **tocaiar** – *Espiar* é procurar observar, escondida ou disfarçadamente, por simples curiosidade ou para fim de seu interesse. *Espionar* é procurar observar, do mesmo modo, mas por dever de ofício ou recebendo paga de quem incumbiu disto. *Espreitar* é espiar ocultamente, em emboscada, para fazer mal. Um abelhudo espia, um detetive espiona, um ladrão espreita. *Tocaiar* é de tocaia, escondido, espreitando.

espingardear, **fuzilar** – Matar com espingarda, matar com fuzil. Especialmente, infligindo um suplício. *Fuzilar* é galicismo já aceito.

espinheiro, **espinho-de-vintém**, **maminha-de-cadela**, **maminha-de-porca**, **tinguaciba** – Planta da família *Rutaceae* (*Xanthoxylum rhifolium*).

espinheiro, **espinho-de-maricá**, **espinho-roxo**, **maricá** – Planta da família *Leguminosae* (*Mimosa sepiaria*).

espinho-de-santo-antônio, **não-me-toques**, **sucará** – Planta da família *Compositae* (*Chuquiragua spinescens*).

espinotear, **pinotear** – Dar pinotes; há mais intensidade *no primeiro*.

espiritualidade, **espiritualismo** – *Espiritualidade* é a qualidade de espiritual. *Espiritualismo* é a doutrina espiritualista.

espirro, **esternutação** – Movimento convulsivo dos músculos da respiração, provocando expiração violenta e estrepitosa do ar. *O primeiro nome* é o comum; *o segundo*, erudito.

esplanada, **planície** – *Esplanada* é terreno muito plano, à frente ou em volta de edifício. *Planície* é uma extensão de terras baixas, não em montanha.

espontâneo, **livre**, **voluntário** – *Espontâneo* é o que se pratica sem obrigação a vontade, sem se advertir nem se poder impedir. *Livre* é o que se pratica por determinação da vontade, podendo deixar-se de praticar. *Voluntário* é também o que se pratica por determinação da vontade, mas que a partir da vontade não pode deixar de ser praticado, porque a vontade já o assumiu.

esposo/a, **homem/mulher**, **marido/mulher**, **velho/a** – *Esposo/a* é o quem é ligado ao cônjuge pelo casamento. Pertence à linguagem formal, mas não à linguagem comum, que privilegia os termos *marido, mulher, companheiro/a*. *Homem*, na linguagem popular de Portugal, é o mesmo que *marido*. No Brasil, aplica-se também em relação ao *amante*. *Marido/mulher* é a linguagem comum para os cônjuges de um casamento heterossxual. O Código Civil a usa. *Velho/a* é um termo carinhoso, usado por casal já de certa idade, em relação aos seus companheiros ou cônjuges. V. *cônjuges*.

espreguiçadeira, **espreguiçador**, **preguiceira** – Espécie de cadeira ou caminha, para descansar, para dormir a sesta. No Brasil se usa *o primeiro nome:* "Seu Alexandre, na espreguiçadeira recebeu as notas que ele lhe dava" (José Lins do Rego, *Moleque Ricardo*, 45). Artur Azevedo (filho de português) empregou *preguiceira* nos *Contos fora da Moda*, 160: "No dia do espetáculo ela acabara de jantar e, reclinada na sua preguiceira, relia...". *Espreguiçador* é o mesmo que *espreguiçadeira*.

esquecer, **olvidar** – Perder da memória. *O segundo* é palavra literária. Em *esquecer* há uma diferença entre a forma pessoal e a impessoal. A pessoal indica que a pessoa parece culpada do esquecimento, ao passo que na impessoal o esquecimento foi involuntário.

esquecimento, **olvido** – V. o precedente.

essencial, **inerente**, **inseparável**, **intrínseco**, **próprio** – *Essencial* é o que faz parte da essência do ser, aquilo sem que o ser não existiria, pois é da própria natureza. *Inerente* é o que se acha tão intimamente ligado (latim *haerere*) que parece fazer parte. *Inseparável* é o que não pode separar daquilo a que está unido. *Intrínseco* é o que está dentro de uma coisa, independentemente de condições exteriores. *Próprio* é o que pertence, de natureza ou de direito.

estabilidade, **firmeza** – Qualidade de estável, qualidade de firme, *q.v.* V. *constância*.

estada, **estadia** – *Estada* é o ato de estar, demora ou detença num lugar: "Ao Sr. Roberto Bacon bastaram estes quatro dias de estada entre nós..." (Rui Barbosa, *Saudação a mr*. R. B.). *Estadia* é a demora que um navio fretado é obrigado a ter no porto de descarga, sem direito a indenização; v. Código Comercial, arts. 561 e 591.

estado, **nação**, **povo** – São agregações de homens; frequentemente se emprega o nome de uma pelo de outra. *Estado* é uma reunião permanente e independente de homens, proprietários de certo território comum, associados sob uma autoridade comum organizada para o fim de assegurar a cada um o livre exercício de sua liberdade (Bonfils, *Manuel de Droit International Public*, 4ª ed., Paris, página 2). *Nação* é a reunião de pessoas, unidas pela identidade da origem (latim *natione*, de *nasci*, nascer), da língua e da conformação física, por longa comunidade de interesses e de sentimentos, por fusão de existência trazida pelo decorrer dos séculos (*ibidem*). *Povo* é um conjunto de homens com formação comum que vivem sob a mesma lei e sob o mesmo governo. Uma nação nem sempre está constituída sob a forma de Estado; antes da guerra de 1914 havia uma nação polaca mas não havia um Estado polaco. Um Estado pode compreender várias nações, como o fazia o antigo império austro-húngaro. V. *condição.*

estagnar, **estancar** – Significam fazer com que deixe (um líquido) de correr. *O primeiro* se aplica à água parada em poças, poço, lago, pântano etc. *O segundo*, ao sangue, às lágrimas, a uma fonte etc.

estalido, **estampido** – *Estalido* é ruído de coisa que estala. *Estampido*, de coisa que explode.

estampilha, **selo** (do correio) – Pequena estampa, com a indicação de um valor em dinheiro, a qual se cola nas cartas, cartões-postais e outros papéis que se remetem pelo correio. *O primeiro nome* se usa em Portugal; *o segundo*, em Portugal e no Brasil. No Brasil, *estampilha* era a pequena estampa, também com o valor indicativo, a qual se cola nos requerimentos, nos recibos, notas promissórias, documentos apensos etc., e que em Portugal se chama selo de estampilha (Aulete).

estampilhar, **selar** – *Estampilhar* é pôr estampilha. Em Portugal, pôr a estampilha (ou selo postal) ou o selo de estampilha e no Brasil, pôr a estampilha (ou selo de estampilha). *Selar* é pôr selo, seja o postal, seja o de estampilha.

estância, **estrofe** – *Estância* é cada um dos grupos de versos com disposições semelhantes de rimas, nos quais se dividem certas composições poéticas. *Estrofe* é a primeira estância de um conjunto de três, da ode pindárica. Usa-se com o valor de *estância*.

estar, **fazer** – Em relação à temperatura e a certos fenômenos, em Portugal usa-se mais *estar* do que *fazer* e no Brasil se dá justamente o contrário: "É que estava um calor..." (Ferreira de Castro, *A Selva*, 22).

estar, **ser** – *Estar* exprime qualidade acidental, transitória, de fresca data: "O mar está agitado". *Ser* exprime qualidade natural, permanente ou habitual: "O céu é azul".

estatura, **talhe** – *Estatura* é a altura de uma pessoa posta em pé. *Talhe* é a disposição, a proporção, o corte, enfim, toda a configuração de uma pessoa.

estável, **firme** – *Estável* é o capaz de ficar de pé, o que está bem assente. *Firme* é o que está bem fixo. V. *constante*.

estelionato, **furto**, **ladroeira**, **latrocínio**, **peculato**, **rapina**, **roubo** – *Estelionato* é o ato de obter, para si ou para outrem, vantagem ilícita, em prejuízo alheio, induzindo ou mantendo alguém em erro, mediante artifício, ardil ou qualquer meio fraudulento (art. 171). *Furto* é a subtração, para si ou para outrem, de coisa alheia móvel (artigo 155 do Código Penal). *Ladroeira* é a façanha do ladrão. *Latrocínio* é o roubo de cuja violência resulta morte. Rocha Pombo contesta a afirmação de que o latrocínio implique sempre a morte do roubado. Cita um passo em que Vieira (*Sermões*, III, 324) traduz um trecho de S. Tomás de Aquino. No tempo de Vieira seria assim; hoje, porém, não. *Peculato* é o fato de um funcionário público apropriar-se de dinheiro, valor ou qualquer outro bem móvel, público ou particular, de que tem a posse em razão do cargo, ou desviá-lo em proveito próprio ou alheio (art. 312). *Rapina* é o roubo do salteador, do ladrão que cai sobre a vítima com surpresa, rapidez e violência, como fazem as aves rapaces com as suas presas. *Roubo* é a subtração de coisa alheia móvel, para si ou para outrem, mediante grave ameaça ou violência a pessoa, ou depois de havê-la, por qualquer meio, reduzido à impossibilidade de resistência (art. 157 do Código Penal).

estender, **esticar**, **estirar** – *Estender* é dar desafogo ao que estava reduzido. *Esticar* é estender o que estava comprimido, puxando com força. *Estirar* é estender ao comprido sobre uma superfície.

estenografia, **taquigrafia** – Arte de escrever com sinais que representam sílabas, acompanhando assim o que uma pessoa fala. *O primeiro nome* (do grego *stenós*, apertado) lembra a abreviação dos sinais: *o segundo* (do grego *tachys*, rápido) lembra a rapidez de escrita. Há outra diferença ainda. A estenografia se aplica a um ditado comum e a taquigrafia, a um discurso.

estenógrafo, **taquígrafo** – V. o precedente.

estepe, **lhanos**, **pampa**, **savana**, **tundra** – São vastas planícies, do sul da Rússia e da Sibéria, da Venezuela, da Argentina, da Flórida e da Sibéria setentrional.

esterco, **estrabo**, **estrume** – *Esterco* são excrementos de animais, matéria vegetal apodrecida, que se lançam à terra para aumentar-lhe a fertilidade. *Estrabo* são excrementos de bestas e animais de estábulo. *Estrume* é toda substância, sólida ou líquida, animal, vegetal ou mineral, usada como fertilizante.

esternutatório, **ptármico** – Que provoca espirro. *O primeiro* é de fundo latino; *o segundo*, de fundo grego.

esterqueira, **esterquilínio**, **estrumeira** – *Esterqueira* é lugar onde se acumula esterco. *Esterquilínio*, palavra erudita, é o mesmo que *esterqueira:* "Jó no esterquilínio com um pedaço de telha na mão" (Bernardes, *Nova Floresta*, I, 6, 47). *Estrumeira* é lugar onde se acumula estrume.

estilar, **gotejar**, **manar**, **pingar** – *Estila*, quando pinga ou goteja lançando de si o mais fino, o mais apurado. *Goteja* quando pinga amiudadamente. *Mana*, quando sai em fio. *Pinga*, quando cai em gota.

estimação, **preço**, **valor** – *Estimação* é o merecimento extrínseco, determinado pelo apreço do possuidor. *Preço* é a relação de compra e venda. *Valor* é o merecimento intrínseco.

estio, **verão** – Nomes da estação quente do ano. *Verão* foi a segunda metade da primavera, a que fica antes do *estio*, mais ou menos o *ver adultum* dos romanos, em contraposição ao *ver novum*, ao *primum ver*, segundo o cardeal Saraiva, *Sinônimos*, I, 60, que cita em seu apoio um passo de Vieira. Interpretando o mesmo passo, Roquete, *Dic. de Sin.*, 539, discorda do cardeal, mas a razão está com o cardeal, como se colige da etimologia de verão (*tempus veranum*). Roquete e Lacerda consideram *verão* todo o tempo do ano no qual faça calor.

estivai, **estivo** – Significam de estio. *O segundo* é poético.

estomacal, **estomáquico. gástrico** – Relativo ao estômago, bom para o estômago. *O primeiro* é palavra erudita, formada já na língua; *o segundo* vem do latim *stomachicu*, que aliás quer dizer *que sofre do estômago*. O *terceiro* é o mais usado.

estomatite cremosa, **estomatomicose**, **farfalho** (Portugal), **sapinhos** – Micose da boca das crianças e dos velhos causada pelo cogumelo *Endomyces albicans* (Plácido Barbosa, *Dicionário de Terminologia Médica Portuguesa*).

estonteamento, **tontura**, **vertigem** – *Estonteamento* é o ato ou o efeito de estontear. *Tontura* é o estado do tonto. *Vertigem* é a sensação de falta de equilíbrio resultante de tontura.

estorga, **torga**, **torgo** – Plantas da família *Ericaceae* (*Erica sp.*).

estrábico, **vesgo**, **zanaga**, **zarolho** – Significam *que tem estrabismo*. *O primeiro* é erudito; *o segundo*, comum; *o terceiro* e *o quarto*, populares.

estrabismo, **vesguice** – Disposição viciosa dos olhos, que faz com que os raios visuais não se possam dirigir ao mesmo tempo para o mesmo ponto. *O primeiro nome* é erudito; *o segundo*, popular.

estrada de ferro, **ferrovia** – Caminho para ser percorrido por locomotivas puxando vagões sobre trilhos de ferro ou aço. *O segundo* é um neologismo de pouco uso.

estrada e rodagem, **rodovia** – Estrada por onde rodam veículos. *O segundo nome* é um neologismo brasileiro muito usado; vantajoso, por ser curto.

estrapilho, **farroupa**, **farroupilha**, **fraca-roupa**, **malroupido**, **maltrapido**, **mal-**

trapilho, **pelitrapo**, **samango**, **tribufe**, **tribufu**, **trolha** – Indivíduo mal vestido.

estratégia, **tática** – Não são sinônimos estas palavras, como parece a muitos. *Estratégia* é a parte da arte militar que concebe o plano das operações de guerra, abraça-lhes o conjunto e determina sua marcha (arquiduque Carlos). *Tática*, aplicando as combinações estratégicas, é a arte de empregar as tropas no combate (Clausewitz). A verdadeira diferença entre uma e outra, diz o general Caetano de Albuquerque, *Dicionário Técnico Militar de Terra*, está na vastidão dos respectivos teatros.

estreitamento, **estreiteza** – *Estreitamento* é o ato ou o efeito de estreitar. *Estreiteza* é a qualidade de estreito.

estremecer, **tremer** – *Estremecer* é tremer com o corpo todo, sentindo brusco abalo, produzido quase sempre sob a influência da viva emoção. *Tremer* é ser agitado por pequenos movimentos, bruscos e involuntários.

estridente, **estrídulo**, **estriduloso** – *Estridente* é agudo, forte e penetrante. *Estrídulo*, palavra erudita e literária, é o mesmo que *estridente*. *Estriduloso* é o muito estridente, cheio de estridor.

estupefação, **obstupefação** – Estado de estupefato. *O segundo* é termo erudito.

estupefaciente, **estupefativo** – *Estupefaciente* é o que causa estupefação. *Estupefativo* é o que se mostra próprio para causar estupefação.

estupefato, **obstupefato** – Tomado de estupor, imobilizado, entorpecido das faculdades intelectuais, com expressão de espanto ou de indiferença. *O segundo* é termo erudito.

estupefazer, **estupeficar** – Tornar estupefato. Pouco usados.

estúpido, **ignorante** – O *estúpido* não sabe, porque é incapaz de compreender; o *ignorante*, porque não recebeu instrução.

esvaecer, **esvanecer** – Tornar coisa vã. *O segundo* é palavra erudita.

esverdeado, **verdoengo**, **verdoso**, **verdolengo** – Querem dizer tirante a verde. *Verdoso* é um neologismo.

esvoaçar, **voejar**, **volitar** – *Esvoaçar* é voejar com esforço. *Voejar* é fazer voos curtos e repetidos. *Volitar*, palavra erudita, é o mesmo que *voejar*.

eternal, **eterno**, **eviterno**, **perenal**, **perene**, **perpétuo**, **sempiterno** – *Eternal*, palavra literária, é o mesmo que eterno. *Eterno* é o que teve princípio mas não há de ter fim: *vida eterna*, a felicidade sem fim, que os eleitos gozarão no céu. *Eviterno*, idem. *Perenal*, palavra erudita, é o mesmo que *perene*. *Perene* é o que dura há muito tempo (latim *per* e *annus*) ou durará muito tempo, incessantemente, sem interrupção: *fonte perene*. *Perpétuo* é o que há de durar até o fim do tempo determinado pela natureza, pela lei, pelos costumes etc.: *pena perpétua*, a que dura até a morte do delinquente. *Sempiterno* é o que não teve princípio nem há de ter fim: "Deus é sempiterno". O uso geral dá também este valor a *eterno*. Rocha Pombo considera *eternal* e *perenal* formas atenuadas de *eterno* e *perene*.

ética, **moral** – Nome de origem grega e nome de origem latina da ciência dos costumes, da que dá regras de conduta fundadas na noção do bem e do mal.

etnografia, **etnologia** – *Etnografia* é a parte descritiva da etnologia (Leite de Vasconcelos, *Opúsculos*, V, 7, *Etnografia Portuguesa*, I, II). *Etnologia* é a ciência que estuda os povos, suas origens e razão de ser, as leis a que obedecem os seus desenvolvimentos coletivos (Leite de Vasconcelos, *Opúsculos*, V, 4, *Etnografia Portuguesa*, I, 11).

eu, **o degas**, **este seu criado**, **o filho de meu pai** – A própria pessoa. *O segundo nome* é da gíria. *As outras duas expressões* são da linguagem familiar jocosa.

Eubeia, **Negroponto** – Ilha da Grécia.

evangelista, **evangelizador** – *Evangelista* é autor de Evangelhos: *S. João Evangelista*. *Evangelizador* é quem evangeliza, isto é, prega a moral dos Evangelhos, especialmente entre populações não cristãs: "Anchieta foi um evangelizador".

evaporar, **vaporar**, **vaporizar**, **volatilizar** – *Evaporar* é passar do estado líquido para o gasoso, lentamente e sem ebulição, como se dá, nas condições normais, na superfície do mar, dos rios, dos lagos. etc. *Vaporar* é exalar vapores. *Vaporizar* é passar (um líquido) ao estado de vapor, elevando-lhe a temperatura. Costuma-se chamar assim, embora impropriamente, o ato de pulverizar, dividir em tênues gotículas, líquidos perfumados. *Volatilizar* é passar diretamente ao estado gasoso, em vez de emitir vapores.

evolucionar, **evoluir**, **evolver** – *Evolucionar* significa o mesmo que *evolver*, mas é um neologismo bárbaro. *Evoluir*, acoimado de galicismo, também significa o mesmo que *evolver* e é a palavra verdadeiramente viva. *Evolver* é passar por uma série progressiva de transformações. É latinismo moderno; Morais não o consigna.

exageração, **exagero** – *Exageração* é o ato ou o efeito de exagerar. *Exagero* é coisa exagerada.

exânime, **inanimado**, **inânime** – *Exânime* é o que não tem alma porque a perdeu, o que está sem alento, como morto. *Inanimado* é o que não tem alma, não tem vida. Os minerais são corpos inanimados. *Inânime* é um latinismo pouco empregado, que vale por *inanimado*.

exatamente, **justamente**, **precisamente** – *Exatamente* quer dizer conforme a regra, conforme a verdade. *Justamente*, na justa proporção. *Precisamente*, com todo rigor, com todo cuidado, para nada haver de mais nem de menos.

excreção, **secreção** – *Excreções* são secreções excrementícias. *Secreções* são produtos elaborados pelas glândulas, destinados uns a ser utilizados na economia (secreções recrementícias) e destinados outros a ser eliminados dela (secreções excrementícias).

excursionismo, **turismo** – *Excursionismo* é o esporte de fazer excursões, isto é, pequenas jornadas, saídas a passeio nos arredores do lugar onde habitualmente se vive. *Turismo* é o esporte de viajar, por prazer, para admirar belas paisagens, obras de arte, observar costumes etc., geralmente longe de onde se mora ou em país estrangeiro. A primeira palavra não é pois, como queria Figueiredo, preferível "ao exótico turismo".

execração, **imprecação**, **maldição**, **praga** – *Execração* é o ato ou o efeito de execrar, *q.v.*, e também as palavras com que se execra. *Imprecação* é o ato ou efeito de imprecar, *q.v.*, e também as palavras com que se impreca. *Maldição* é o ato ou o efeito de amaldiçoar, *q.v.*, e também as palavras com que se amaldiçoa. *Praga* são as palavras com que se pragueja, v. *praguejar*.

executável, **exequível** – É o que pode ser executado. *O primeiro*, de formação vernácula, é menos usado que *o segundo*.

exército, **hoste** – *Exército* é o conjunto das forças militares de terra, de todos os cidadãos que se exercitam na arte da guerra. *Hoste* é um exército inimigo.

existência, **vida** – *Existência* é o fato de existir, *q.v.* *Vida*, o de viver, *q.v.*

existir, **viver** – *Existir* é ser num dado momento, ter o ser substancial, quer se trate de seres inorgânicos, quer de organizados. *Viver* é o mesmo que existir, mas somente em relação a seres organizados. Modernamente *haver* tem tomado o sentido de *existir* na linguagem corrente.

êxito, **resultado**, **sucesso** – *Êxito* é o mesmo que saída, como termo, bom ou mau, de um movimento. *Resultado* é o que ressalta dos fatos. *Sucesso* é o que sucedeu como consequência de uma diligência, de uma atividade.

exórdio, **introdução**, **introito**, **preâmbulo**, **prefação**, **prefácio**, **prelúdio**, **proêmio**, **prólogo** – *Exórdio* é a primeira parte de um discurso. *Introdução* é um capítulo mais ou menos longo, que vem antes de a obra começar propriamente e no qual se dá o plano do trabalho, se faz um histórico do assunto, se dão instruções necessárias etc. *Introito* são ligeiras palavras com que se entra num assunto. *Preâmbulo* é um pequeno rodeio que precede um discurso, uma narração, um livro, uma lei. *Prefação* é forma vernácula de *prefácio*. *Prefácio* é pequena fala (latim *prae* e *fari*) que precede um livro, dando a sua razão de ser ou alguma informação indispensável ao leitor. *Prelúdio*, embora seja também uma preparação para o que se vai dizer, tem seu emprego próprio na música. *Proêmio* (do grego *pro* e *oimos*, canto) é propriamente o começo de um poema, um canto inicial, a modo do prelúdio musical; aplica-se também ao discurso (Quintiliano, L. IV, introdução e capítulo I). *Prólogo* é propriamente a fala que se faz antes de entrar na representação de uma peça de teatro, a ária que se canta antes do verdadeiro começo de uma ópera: o prólogo dos *Palhaços*.

expelir, **expulsar** – *Expelir* é lançar fora, com esforço. *Expulsar* é expelir com desprezo, com indignação.

experiência, **prática** – *Experiência* é o conhecimento adquirido pela prova pessoal que se fez de pessoas e coisas, pela observação larga dos fatos. *Prática* é o conhecimento trazido pelo exercício, pelo uso.

experiência, **experimentação**, **experimento** – *Experiência* é processo de pesquisar a verdade, provocando a produção do fato, para poder observá-lo. *Experimentação* é o ato ou o efeito de experimentar. *Experimento* é a experiência de caráter científico. V. *ensaio*.

experiente, **experimentado**, **experto**, **prático** – *Experiente* é o que tem experiência, *q.v.* *Experimentado* é o que tem muita experiência: "Muitos fidalgos velhos e experimentados" (Fr. Luís de Sousa, *apud* Aulete). *Experto*, palavra erudita, é aquele que a experiência tornou perito: "Dest'arte as aconselha o duque experto" (*Lusíadas*, VI, 50, 1). *Prático* é o que tem prática, *q.v.*

expressão, **palavra**, **termo**, **vocábulo** – *Expressão* é palavra com que se manifesta um estado de alma: *expressão enérgica*, *expressão grosseira*. *Palavra* é o vocábulo significativo de uma ideia, vocábulo com uma significação. *Termo* é palavra própria de uma arte ou ciência: *termos técnicos*. *Vocábulo* é som ou conjunto de sons articulados, com que o homem se exprime.

expressar, **exprimir** – *Expressar* é exprimir com clareza, usando dos termos próprios, que não deixem lugar para dúvidas. *Exprimir* é manifestar pela palavra.

expugnar, **opugnar** – *Expugnar* é render e tomar. *Opugnar* é atacar para render.

exsudar, **ressudar**, **transudar** – *Exsudar* é sair pelos poros, a modo do suor. Certas árvores exsudam resinas. *Ressudar* é exsudar muito. *Transudar* é exsudar ou ressudar com esforço.

extemporâneo, **serôdio**, **tardio**, **temporão** – *Extemporâneo* é o que vem fora do tempo próprio. *Serôdio* é o que vem no fim do tempo próprio ou depois dele. *Tardio* é o que vem sempre tarde, depois do devido tempo ou quando menos se esperava, nunca no momento preciso, mostrando-se retardatário. *Temporão* é o que vem antes do tempo. Na linguagem corrente dá-se o sentido de *extemporâneo*. Dois exemplos clássicos servirão para fixar o verdadeiro sentido. Um é de Vieira, *Sermões*, XI, 80: "o maio e o junho (deu-os) aos frutos temporãos". O outro, ainda melhor pela contraposição que traz, é de Fr. Agostinho da Cruz, *Carta* III: "Mas se não pude ser dos temporãos, / Dos serôdios ser posso diferente".

exterior, **externo** – *Exterior*, o que está mais para fora do que o externo. *Externo* é o que está na parte de fora. Praticamente não se observa esta diferença.

exteriorizar, **externar** – São verbos novos da língua. Nem Morais nem Aulete os consignam. *Exteriorizar* é tornar exterior, pôr para fora. *Externar* é tornar externo; aplica-se de preferência em sentido moral: *externar sentimentos*.

extremidade, **fim** – *Extremidade* é parte externa, parte que está mais fora, mais afastada do centro. *Fim* é o ponto em que uma coisa termina no sentido do comprimento.

F

fabagela, **falso-alcaparreiro** – Planta da família *Zygophyllaceae* (*Zygophyllum fabago*).

fábrica, **manufatura**, **oficina**, **tenda**, **usina** – *Fábrica* é oficina, geralmente de grandes proporções, provida de maquinismos, na qual se preparam produtos ou artigos de comércio: *fábrica de óleos*, *fábrica de chapéus*. *Manufatura* é estabelecimento em que se fabricam em ponto grande certos produtos industriais. *Oficina* é o lugar onde um artífice exerce o seu ofício: *oficina de ferreiro*. *Tenda* é, no Brasil, oficina pequena e tosca. *Usina* é o estabelecimento em que se trata diretamente a matéria-prima ao sair da extração, em que a matéria-prima é preparada para as necessidades da fabricação, embora às vezes aconteça que esta preparação baste para tornar esta matéria própria para o uso: *usina elétrica*, *usina de açúcar*. É galicismo aceito.

fabricador, **fabricante** – O que fabrica. *O primeiro* se aplica ao operário; *o segundo*, de preferência, ao dono da fábrica.

fábula, **mitologia** – Conjunto de narrações relativas aos mitos dos gregos e dos romanos, considerados pelos cristãos meras ficções alegóricas. *O primeiro nome* vem do latim; *o segundo*, do grego.

façanha, **feito**, **proeza** – *Façanha* é feito heroico, extraordinário, demandando grande esforço, virtude, saber ou poder, praticado por um grande capitão: "E depois, junto ao cabo Comorim, / Uma façanha faz esclarecida" (*Lusíadas*, X, 65, 3-4, em relação a Martim Afonso de Souza). *Feito* é o que uma pessoa faz e, especialmente, uma ação nobre, valorosa: "Dai-me igual canto aos feitos da famosa / Gente vossa" (*Lusíadas*, I, 5, 5-6). *Proeza* é o feito do homem de prol, que faz coisas boas, úteis, de proveito; aplica-se aos paladinos, aos cavaleiros, aos aventureiros: *proezas de Amadis de Gaula*, *de Orlando*.

facção, **partido** – *Facção* é um bando sedicioso que trabalha ativamente no combate aos que se opõem aos seus intentos, aos que têm vistas contrárias às suas. *Partido* é uma união de homens que partilham das mesmas ideias, opiniões e doutrinas políticas.

fachada, **frontaria**, **frontispício** – *Fachada* (do italiano *facciata*, de *faccia*, face) é o lado do edifício que olha para um logradouro público ou aquele que se apresenta ao espectador. Daí se vê que o termo se aplica a cada uma das partes exteriores de um edifício. *Frontaria* é frontispício de um edifício de construção modesta. *Frontispício* é a fachada principal, aquela em que está a porta principal.

factura, **feitura** – Modo por que uma coisa foi feita. *O primeiro* é erudito; *o segundo*, popular.

faculdade, **poder**, **potência** – *Faculdade* é a aptidão natural para a prática de tal ou tal ação. *Poder* é a liberdade de fazer uma ação. *Potência* é a força necessária para executar uma ação de que se tem o poder. O homem tem a faculdade de ouvir, mas não ouvirá se lhe tirarem o poder, tapando-lhe os ouvidos e, mesmo que não lhe tapem os ouvidos, não ouvirá se um letargo, uma doença, amortecer ou destruir a potência que dava aos ouvidos a força necessária para eles exercerem suas funções.

falador, **falastrão**, **linguarudo**, **palrador**, **tagarela** – *Falador, falastrão* é o que gosta de falar e por isso vai contando tudo que sabe; não guarda segredos. *Linguarudo* é o falador intrigante, maldizente, que dá à língua, ocupando-se com a vida alheia. *Palrador* é o que fala à toa, a torto e a direito, sem atender ao que diz, dizendo coisas desconcertadas. *Tagarela* é o que tem a volúpia de falar e por isso fala muito, dando por paus e por pedras. Como sinônimos de *linguarudo*, há os vocábulos *linguarão*, *linguaraz* e *linguareiro*, pouco usados.

falecimento, **morte**, **óbito**, **passamento**, **trânsito**, **traspasse** – *Falecimento* é o ato de falecer, de fazer falta aos que ficam vivos. *Morte* é a cessação da vida. *Óbito* (do latim *obire*, ir ao encontro, *scilicet* da morte) é como se designa a morte, nos documentos relativos ao enterro: *atestado de óbito*, *certidão de óbito* (desde o decreto n° 9886 de 1888). *Passamento* é a passagem (para a outra vida). *Trânsito*, hoje pouco usado neste sentido, é o mesmo: "ornava grandemente o trânsito dos homens pios". "Quando Lázaro estava em passamento..." (D. Fr. Amadeu Arraiz, *Diálogo* VIII, cap. XV). *Traspasse* ou *traspasso* é a passagem para o além: "... ansiei saber as particulares daquele traspasse" (Camilo, *apud* Aulete).

Falkland, **Malvinas** – Ilhas da América do Sul. *O primeiro nome* é o que os ingleses lhes dão. *O segundo*, o que lhes dão os argentinos.

fanal, **farol** – *Fanal* é grande lanterna cujo fogo serve para dar sinal; usa-se em navios. *Farol* é construção elevada, na costa de mares, lagos etc., ou em ilhas e rochedos no meio d'água, a qual na parte superior tem um fanal cuja luz guia os navegantes.

fanatismo, **superstição** – *Fanatismo* vem *de fanático*, do latim *fanaticu*. *Fanaticus* significava etimologicamente *relativo ao templo*, *do templo*, *que entrava no templo* (*fanum*), ao contrário do *profano*, que ficava à entrada (Bréal). Depois, passou a ser o nome pelo qual eram designados os sacerdotes de Belona, que em certos dias percorriam Roma vestidos de preto e armados de machados de duplo gume, ao ruído de trombetas e tambores, dançavam também nus e laceravam-se com gládios. O nome se aplicou igualmente aos sacerdotes de Cibele e de Ísis, por seu aspecto de inspirados e furiosos. Nesse contexto, fanático é o que tem fanatismo, zelo cego da religião, o qual, pervertendo a razão, leva a atos ridículos (como se vê em certas romarias), a desatinos e até a atos cruéis e crimes (como no S. Bartolomeu). (Hoje em dia o termo refere-se mais ao zelo exagerado por ideias, ideologias, crenças, sistemas políticos etc., não raro gerando hostilidades, até mesmo terrorismo. Nesta conotação tem sido usado também, em ambos os contextos, o termo ***fundamentalismo***. Superstição vem do latim *superstitione*, de *supersters*, *itis*, que subsiste, que sobrevive, que resta (de antigas crenças). É o culto religioso, cheio de erros, contrário à razão, indigno de Deus, fundado no temor ou na ignorância, levando ao cumprimento de falsos deveres, à cega confiança em coisas ineficazes.

fanfarrice, **fanfarronada**, **fanfarronice**, **fanfúrria** – *Fanfarrice* são ditos e maneiras de fanfarrão. *Fanfarronada* são atos dele. *Fanfarronice* é o mesmo que *fanfarrice*. *Fanfúrria*, vulgarismo são expressões jactanciosas do fanfarrão.

fantasia, **imaginação**, **imaginativa**, **inventiva** – *Fantasia* é uma imaginação livre, sem peias, que apenas se guia pelo seu capricho. *Imaginação* é a imaginativa em ação. Na prática confundem-se as duas. *Imaginativa* é a faculdade de imaginar, reproduzindo imagens passadas ou criando com os dados da imaginação reprodutora novas representações. *Inventiva* é toda faculdade criadora do homem ou de uma raça, em toda esfera de esforço ou atividade.

fantasia, **ilusão**, **quimera**, **utopia** – *Fantasia* é uma criação falsa, do que não existe na natureza, não correspondente ao que é normal. *Ilusão* é coisa falsa que se apresenta ao espírito como real. *Quimera* é coisa absurda ou monstruosa, concebida por uma imaginação doentia. *Utopia* é aspiração, ideia, projeto etc., considerados um belo sonho, mas irrealizável ou de realização num mundo imprevisível. *Quimera* é o nome de um monstro fabuloso da Lícia, no dizer de Homero, *Ilíada*, VI, 181-182, "prósthe léon, ópithen dè drákon, mésse dè chimaira, deinòn apopneiousa pyròs ménos atthoménoio", isto é, com cabeça de leão, cauda de dragão, corpo de cabra, vomitando torrentes de um fogo cruel. *Utopia*, palavra forjada pelo inglês Tomás Morus, do grego *ou*, não, e *tópos*, lugar, significa lugar inexistente, é o nome de uma ilha onde vigorava um sistema de governo, ideado por aquele sábio, semelhante ao da *República* de Platão.

farinha-seca, **jacaré-do-mato** – Árvore da família *Myrsinaceae* (*Cybianthus detergens*).

farinha-seca, **mangue-do-mato** – Planta da família *Ochnaceae* (*Ouratea castanaefolia*).

farinha-seca, **maperoá**, **pau-rei** – Árvore da família *Sterculiaceae* (*Basiloxylon rex*).

fartar, **saciar** – *Fartar* é saciar deixando sobras. *Saciar* (latim *satiare*, de *satis*, bastante) é satisfazer (a fome ou a sede) com o suficiente.

fartura, **saciedade** – *Fartura* é o estado de farto, isto é, do repleto a não caber mais. *Saciedade* é o estado do saciado, isto é, daquele que não apetece mais por ter quanto basta.

fataça (Portugal), **mugem** (idem), **mugueira** (idem), **tainha** – Nomes de peixes da família *Mugilidae* (*Mugil sp.*).

fatal, **funesto** – *É fatal* a coisa desagradável que sucede segundo a ordem do fado, sem culpa da pessoa. *Funesta*, a que sucede como efeito de causas conhecidas.

fatia, **naco**, **posta**, **talhada** – *Fatia* é pedaço de pão, bolo, queijo, presunto etc. cortado em forma de lâmina. *Naco* é pedaço arrancado, das mesmas comidas. *Posta* é porção em que se divide o peixe ou a carne. *Talhada* é pedaço talhado de grandes frutas, como o melão, a melancia etc.

fatia de parida, **fatia do céu**, **rabanada**, **torrija** – Fatia de pão, embebida em água ou leite, passada por ovos batidos, frita na manteiga ou no azeite e comida polvilhada de açúcar com canela. *O primeiro nome* é raro no Sul do Brasil. O mais comum é *o terceiro*. *O quarto* é pouco usado.

fato, indumento, roupa, traje, trajo, veste, vestido, vestidura, vestimenta – *Fato*, palavra pouco usada no Brasil, é a roupa que se veste por fora. *Indumento*, palavra erudita, é de uso literário. "A púrpura é o indumento real" (Arraiz, *apud* Aulete). *Indumentária*, estudo dos trajes antigos, não é sinônimo valendo por *indumento*, como se vê na linguagem corrente. *Roupa*, termo genérico, é, em sentido lato, todo tecido próprio para vestir, para cobertura etc. (*roupa de cama, roupa de mesa*), e, em sentido restrito, fato de uso comum: *roupa de brim, roupa de casimira*, e também a chamada *roupa branca* (camisas, cuecas etc). *Traje* ou *trajo* é não só a roupa comum (traje caseiro), mas também a roupa especial, a roupa típica (*traje de rigor, traje nacional*). *Veste*, mais usado no plural, é também termo genérico, abrangendo as roupas comuns e as roupas especiais, como, por exemplo, as sacerdotais. *Vestido* é roupa externa de criança ou de senhora. *Vestidura* é veste sobreposta a fato ou a vestido, como, por exemplo, o manto de um rei ou de uma rainha, a beca de um magistrado. *Vestimenta* são as vestes usadas pelos sacerdotes no exercício público do culto.

fátuo, impertinente, néscio – *Fátuo* é o que fala muito, sem saber nada, sem nada compreender; um tolo presunçoso. *Impertinente* é o fátuo atrevido. *Néscio* é o fátuo sem presunção.

fautor, favorecedor, fovente – *Favorecedor* é o que favorece. *O primeiro* e o *terceiro* são latinismos literários.

favorável, propício – *Favorável* diz menos do que *propício*. Mostra simples disposição para favorecer, para ajudar. *Propício* é o que, prestando um socorro efetivo, por si só determina o sucesso. O favorável sempre auxilia; concorre para o sucesso, mas o propício o garante: *Havia uma vaga. O ministro me foi favorável; propôs-me. Tivesse o presidente sido propício e eu estaria nomeado.*

favorito, privado, valido – *Favorito* é aquele a quem o poderoso faz o favor de sua amizade, tratando com especial distinção, cumulado de benefícios: Heféstion foi um favorito de Alexandre. *Privado* é o que priva com o poderoso: João das Regras foi privado do rei D. João I. *Valido* é o que tem valimento junto ao poderoso, por seu saber, por seus bons conselhos, por sua experiência: o marquês de Pombal foi valido do rei D. José I. Na realidade, estas três categorias se confundem. O favorito priva com o poderoso e tem certo valimento. O privado recebe favores e também tem seu valimento. O valido também recebe favores e priva com o poderoso. A predominância de uma delas é que determina a classificação.

febre amarela, tifo amarílico, tifo icteroide – Febre epidêmica e contagiosa, caracterizada pela coloração amarela dos tegumentos e por vômitos negros.

febre intermitente, febre palustre, febres, febre terçã, impaludismo, malária, maleita, paludismo, sezões, sezonismo, tremedeira – Febre de acessos intermitentes, acompanhada de calafrios e tremores, sintomas de uma infecção que aparece em lugares pantanosos (latim *palus*, paul) causada pela introdução no sangue, pela picada de certo mosquito, de um parasita, o hematozoário de Laveran. Na Itália, atribuía-se outrora esta infecção ao mau ar (*mala aria*).

febre tifoide, **tifo abdominal** – Moléstia infecciosa, causada pelo bacilo de Eberth e caracterizada por perturbações intestinais, elevação de temperatura etc.

fecho (Goiás), **funil**, **rasgão** – Abertura que as águas dos rios fazem nas serras e montanhas, correndo através delas entre barrancas apertadas de vivas arestas.

fecundar, **fertilizar** – *Fecundar* é tornar fecundo, isto é, dar força natural para produzir, pondo adubos. *Fertilizar* é tornar fértil, isto é, dispor, pelo amanho, a desenvolver os princípios que tem.

fecundo, **fértil**, **ubertoso** – *Fecundo* é o que tem força para produzir. *Fértil* é o que é muito produtivo, que dá em abundância. *Ubertoso* é o fecundo e fértil a um tempo.

fedegoso, **folha-de-pajé**, **pajamarioba**, **tararucu** – Arbusto da família *Leguminosae* (*Cassia occidentalis*).

fedelho, **pimpolho**, **pirralho** – Rapaz que ainda fede a cueiros, comparável a um renovo de vida. João Ribeiro, *Autores Contemporâneos*, 287, relaciona o terceiro com *piçarra*, *pirrônico*, alegando que a teimosia é frequente nas crianças; esse *terceiro*, em Portugal, é provincianismo da Beira e do Minho (Figueiredo).

fedor, **fetidez** – Mau cheiro. *O primeiro* é popular, *o segundo*, erudito. Também populares são ***aca, bodum, catinga***.

fedorento, **fétido**, **malcheiroso** – Que tem fedor, que fede. *O primeiro* é popular; *o segundo*, erudito; *o terceiro* também é popular, embora menos que o primeiro.

feição, **feitio** – É o modo de ser de cada um, modo de encarar pessoas e coisas. Revelado, exteriormente, pelos costumes, pelos hábitos (feição) ou guardado, no íntimo, constituindo a índole, a natureza (feitio).

feijão-verde (Portugal), **vagens** – Prato feito com vagens verdes, cozidas em água temperada com sal e passadas depois na manteiga.

feixas-fradinho, **pomba-do-cabo** – Nomes de aves da família *Puffinidae*, pertencentes aos gêneros *Daption* e *Prion*.

feminal, **femíneo**, **feminil**, **feminino**, **mulheril** – Significam próprio de mulher. *Os três primeiros* são palavras eruditas, literárias. *O quarto*, aplicado ao sexo, ao gênero gramatical, a flores, se opõe a *masculino*. *O quinto* entra no significado geral.

feral, **fúnebre**, **funeral**, **funerário**, **funéreo**, **lutuoso**, **mortuário** – Sugerem ideia da tristeza causada pela morte ou por coisa tão triste quanto a morte. *Feral* é erudito e literário: "Discorrendo este *feral* e fantástico triunfo pelas principais ruas da cidade" (Bernardes, *Nova Floresta*, 1, 4, 24). *Fúnebre* aplica-se a oração, honras, coche, ideias. *Funeral* é mais usado como substantivo. *Funerário* aplica-se a empresa, urna, coroa, coluna. *Funéreo* também é literário: "Do vasto pampa no funéreo chão" (Castro Alves, *Quem dá aos pobres*, *empresta a Deus*). *Lutuoso*, é o que traz luto, o que inspira ideia de morte: *lutuoso acontecimento*. *Mortuário* refere-se propriamente ao morto: *câmara mortuária*.

feraz, **fértil** – Ambos vêm da raiz latina *fer*, produzir. *Feraz* é o apto para produzir. *Fértil* é o que realmente produz.

fereza, **ferocidade** – Qualidade de fero, qualidade de feroz, *q.v.*

fermento, **levedura** – Substância que cria num corpo orgânico um movimento de agitação e decomposição. *O* *primeiro* traz ideia de efervescência; *o segundo*, de tornar leve, levantar.

fero, **feroz**, **selvagem** – Da natureza das feras, isto é, de animais quadrúpedes carniceiros, que atacam cruelmente suas presas. O nome de fera se aplicava originalmente aos unguiculados, como o leão, o tigre, a pantera, o lince etc.; estendeu-se depois a outros, digitígrados ou plantígrados, tais como o chacal, o lobo, a hiena, o urso etc. *Fero* é palavra erudita e literária, significando o mesmo que *feroz:* "Contra uma dama, ó peitos carniceiros, / Feros vos amostrais" (*Lusíadas*, III, 130, 7-8). *Selvagem* é o que vive nas selvas e é bravio.

ferrado, **mecônio** – Excremento denegrido das crianças recém-nascidas. *O primeiro nome*, de origem latina (*ferro*) e popular, lembra a cor. *O segundo*, de origem grega e termo erudito de medicina, evoca o suco da dormideira.

ferramenta, **instrumento**, **utensílio** – *Ferramenta* é objeto, total ou parcialmente de ferro, o qual um operário ou um artesão maneja no exercício da sua profissão. O malho, a bigorna, o martelo, o formão, a lima etc. são ferramentas. *Instrumento* são objetos, aparelhos de artes e ciências, que não demandam um esforço meramente mecânico: *instrumentos de lavoura, de cirurgia, de ótica etc. Utensílio* é ferramenta, instrumento, tudo enfim que possa ser útil aos usos da vida corrente ou ao exercício de certas artes ou profissões: *utensílios de cozinha, de escritório, de mesa etc.*

ferrinhos, **triângulo** – Instrumento músico de percussão, formado por um triângulo de ferro no qual se bate com uma pequena haste, também de ferro.

férula, **palmatória**, **santa luzia** – Peça de madeira em forma circular, encabada, utilizada para castigar crianças, batendo-lhes na palma da mão. *O primeiro nome* é um latinismo. *O terceiro* representa uma alusão aos orifícios (olhos) que o disco tem na superfície. Santa Luzia é a protetora dos doentes dos olhos.

festa, **festejo**, **festival**, **festividade** – *Festa* é regozijo público por um acontecimento importante: *festa da bandeira*. *Festejo* é propriamente o ato ou o efeito de festejar, mas emprega-se no sentido de festas que duram vários dias e de festas em honra de santos, como as de Sto. Antônio, S. João e S. Pedro. *Festival* é grande festa musical em que se ouve boa música; *festivais de Salzburgo, festival Mozart, festival de Beethoven. Festividade* é festa religiosa, festa de igreja.

fiambre, **presunto** – Carne da perna do porco, cozida em vinho branco, temperada e curada, para se comer fria.

ficha, **papeleta**, **verbete** – Pedaço retangular de papel cartolina etc. no qual se escreve um apontamento. *O primeiro nome*, apesar de galicismo, é o mais usado.

fichário (Brasil), **ficheiro** (Portugal) – Coleção de fichas. Também ***arquivo*** (inclusive o móvel no qual se guardam as fichas).

fidelidade, **lealdade** – Qualidade de fiel, *q.v.* Qualidade de leal, *q.v.* V. *constância*.

Fidji, **Viti** – Ilhas da Polinésia.

fido, **fiel**, **leal** – *Fido* é forma erudita e literária de *fiel:* "... porque do certo e fido amigo / É não temer do seu nenhum perigo" (*Lusíadas*, VIII, 85, 7-8). *Fiel* é o que guarda a fé jurada, que é exato em cumprir seus compromissos, suas promessas. *Leal* é o homem direito, isto é, que tem intenções puras, que age sem desvios, que nunca procura enganar e cuja retidão é alcançada por sentimentos de honra, pela nobreza do caráter.

fidúcia, **fiúza** – Significa confiança, ato de fiar-se. *O primeiro* é palavra erudita; *o segundo* Morais e Figueiredo apresentam como antiquado.

figadal, **hepático** – Relativo ao fígado. *O primeiro*, de formação vernácula, qualifica o inimigo profundamente odiado. *O segundo*, de origem grega, erudito e científico, é o que se usa no sentido material: *cólica hepática*.

figura, **forma** – *Figura* é a feição aparente de uma pessoa ou coisa; fere apenas os olhos. *Forma* é a disposição exterior das partes da matéria; exprime qualquer coisa de concreto, de palpável.

filão, **veeiro**, **veio** – Fendilhamento da crosta terrestre, enchido por substâncias diferentes daquelas que constituem a rocha encaixante (Backheuser, *Glossário*). A designação *veio* é geralmente reservada para os casos em que não existem metais: *veio de pegmatitos com topázios*. *O primeiro nome* é galicismo. Rui empregou: "...*esse filão* de oiro brilhará sempre no seio deste povo" (*Cartas de Inglaterra*, 297). Bilac também: "Em cada frincha de pedra aparecia um *filão* precioso" (*Crítica e Fantasia*, 74).

filial, **sucursal** – São casas de comércio fundadas por outras. A diferença entre elas está em que a *filial* pode ter objeto diverso do da matriz.

filme, **fita**, **película** – É uma sequência de cenas cinematográficas. *Filme* é propriamente o rolo de celuloide no qual se recebem as imagens. *Fita* é vocábulo familiar. *Película* lembra o aspecto do filme.

filomela, **rouxinol** – O *rouxinol* é pássaro da família *Lusciniidae* (*Luscinia philomela* e *L. vera*). *Filomela* é o nome poético do rouxinol, tirado do que teve a filha de Pandíon, rei de Atenas, desrespeitada por seu cunhado Tereu e transformada naquele pássaro (Ovídio, *Metamorfoses*, VI, 667-70).

fimatose, **mal dos peitos**, **tuberculose** – Doença infecto-contagiosa, causada pelo bacilo de Koch e caracterizada por tuberculose e outras lesões. O *primeiro nome*, do grego *phyma*, *atos*, tubérculo, é menos usado. *O segundo* é popular.

fineza, **finura** – Significam qualidade de fino. *Fineza* emprega-se no sentido de delicadeza galanteadora. *Finura*, além do sentido próprio de pequena espessura, apresenta o de aptidão para apanhar relações delicadas.

fingido, **hipócrita** – *Fingido* é o que simula. *Hipócrita*, o que manifesta sentimento que não tem.

firma, **razão comercial** – É o nome sob o qual o comerciante ou sociedade exerce o comércio e se assina nos atos a ele referentes (art. 2º do decreto nº 916 de 1890).

fisgada, **pontada** – Dor aguda, rápida e violenta como que causada pela ponta de uma fisga.

flagelado, **mastigóforo** – Classe de protozoários providos de um filamento vibrátil que foi comparado com um flagelo.

flamengo, **flamingo** (Portugal), **ganso cor-de-rosa** (Amazônia), **ganso-do-norte** (idem), **guará** (Rio Grande do Sul), **maranhão** (Amazônia) – Ave da família *Phoenicopteridae* (*Phoenicopterus sp.*).

flandeiro, **folheiro**, **funileiro**, **latoeiro** – Artífice que trabalha em folha de flandres. O nome mais usado é *o terceiro*. *Os dois primeiros* são brasileirismos. *O quarto* é antiquado, pelo menos no

Brasil: figurou no velho nome da rua do Rio de Janeiro, hoje chamada Gonçalves Dias.

flebotomia, **sangria** – Extravasação de sangue de uma veia, praticada com arte e para fim médico.

flor-da-cachoeira, **uapé-da-cachoeira** – Planta da família *Podostomaceae* (*Mourera fluviatilis*).

flor-da-noite, **flor-do-baile**, **princesa-da-noite**, **rainha-da-noite**, **rainha-do-baile** – Planta da família *Cactaceae* (*Selenicereus pteranthus*).

flor-da-quaresma, **quaresma**, **quaresmeira** (S. Paulo) – Árvore da família *Melastomaceae* (*Tibouchina mutabilis*).

flor-da-verdade, **heléboro-branco** – Planta da família *Ranunculaceae* (*Veratrum album*).

flor-de-babado, **flor-de-babeiro** – Planta da família *Apocynaceae* (*Macrosiphonia longiflora*).

flor-de-engraxate, **graxa**, **graxa-de-estudante**, **hibisco**, **mimo-de-vênus**, **papoula**, **rosa-da-china**, **rosa-de-cheiro** – Arbusto da família *Malvaceae* (*Hibiscus rosa-sinensis*). As papoulas europeias são plantas da família *Papaveraceae*.

flor-do-cardeal, **primavera** – Planta da família *Convolvulaceae* (*Quamoclit quamoclit*).

flor-do-general (Pará), **gardênia**, **jasmim-do-cabo** – Arbusto da família *Rubiaceae* (*Gardenia florida*).

florente, **flóreo**, **florescente**, **florido**, **flórido** – *Florente* é o que está em flor; usa-se muito em sentido figurado: “Uma terra ultramarina... que é hoje florente e esperançoso império” (Latino Coelho, *apud* Aulete). É palavra erudita. *Flóreo*, também palavra erudita, é ornado de flores: “País, / Onde do bosque as madeixas / Já tem um flóreo matiz” (João de Lemos, *A lua de Londres*). *Florescente* é o que floresce, v. *florescer*. *Florido* é o que floriu, v. *florir*: “Toda planta, quando florida é bela”. Também significa, ornado de flores, de belezas: “Terra, outra vez florida” (Alberto de Oliveira, *O Paraíba*, VII). *Flórido*, do latim *floridu*, com *i* breve, significa esmaltado de flores, que está em flor: “E o Oásis, flórido e mínimo, aos Artistas” (Humberto de Campos, *África*).

flores-brancas, **leucorreia** – Corrimento mucoso, proveniente de inflamação na mucosa vaginal ou na uterina. *O primeiro nome* é popular e *o segundo* é termo técnico e erudito de medicina.

fluido, **líquido** – *Fluido* é qualificativo dos corpos cujas moléculas têm pouca coesão e escorregam umas ao redor das outras de modo que eles tomam sem resistência toda sorte de formas. Os corpos fluidos dividem-se em líquidos e gasosos. Por conseguinte, os *líquidos* estão compreendidos entre os fluidos.

flúmen, **rio** – *Flúmen*, latinismo poético, é o mesmo que *rio*. *Rio* é corrente de água, mais ou menos caudalosa ou extensa a qual desemboca em outro rio, no mar, em lago ou lagoa.

fluminense, **carioca** – *Fluminense*, adjetivo pátrio calcado no latim *flumen*, rio, já foi sinônimo de *carioca*, natural do Estado da Guanabara; assim aparece, por exemplo, no título dos *Contos Fluminenses* de Machado de Assis. Ainda em 1892 Domício da Gama o empregou em carta a Machado de Assis (*Revista da Academia Brasileira de Letras*, CXXXIV, 225). Em Portugal, parece que ainda o é; Daupiás o emprega assim em suas *Recreações Filológicas*, 279.

flumíneo, **fluvial**, **fluviátil** – De rio, relativo a rio. *O primeiro* é um latinismo poético. *O terceiro*, também latinismo, é pouco empregado. O corrente é o *segundo*.

foboca (Pará), **veado-negro** (Mato Grosso), **veado-roxo** (Amazônia), **guarapu** (Piauí e Ceará) – Mamífero da família *Cervidae* (*Mazama rondoni*).

focinho-de-rato, **obarana-do-norte** – Peixe da família *Elopidae* (*Albula vulpes*). *O primeiro nome* é de Pernambuco.

fogo, **lume** – *Fogo* é o desprendimento de calor e de luz, resultante de certas combustões; queima e abrasa. *Lume* é provavelmente luz; é também o que dá luz, calor e claridade. No uso vulgar confunde-se com fogo, de que o lume é um dos efeitos.

fogo-pagou, **pomba-cascavel** – Ave da família *Peristedidae* (*Scardafella squamosa*).

fogo-selvagem, **pimenta-potó**, **potó-pimenta**, **trepa-moleque** – Insetos da família *Staphylinidae* (*Paederus sp.*, *Epicauta sp.*).

fogueira, **pira** – *Fogueira* é matéria combustível acesa e em grandes labaredas. *Pira* era a fogueira em que os antigos gregos e romanos queimavam os seus mortos.

fogueiro (Portugal), **foguista** (Brasil) – Operário que alimenta o fogo das caldeiras das máquinas a vapor.

folgança, **folguedo** – *Folgança* é o ato de folgar. *Folguedo* é folgança continuada, excessiva.

folha, **lauda**, **página** – *Folha* (de papel) é um pedaço, geralmente retangular, de papel, considerado nas suas duas superfícies, a da frente, que constitui o *reto*, e a de trás, que constitui o *verso*. *Lauda* é cada uma das superfícies da folha, quando ainda em branco. *Página* é cada uma das superfícies da folha, já escrita, impressa, dactilografada, mimeografada.

folha-da-costa, **folha-da-fortuna**, **saião** (impropriamente) – Planta da família *Crassulaceae* (*Bryophyllum calycinum*).

folha-de-mangue (Rio de Janeiro), **juva** (Rio Grande do Sul) – Peixe da família *Carangidae* (*Chloroscombrus chrysurus*).

folha-santa, **malva-do-campo** – Planta da família *Ternstroemiaceae* (*Kielmeyera coriacea*).

folheto, **opúsculo** – Volume não encadernado, de menos de cem páginas.

folhoso, **livro**, **saltério** – O terceiro estômago dos ruminantes. Suas membranas dão-lhe o aspecto de um livro com suas folhas. *O terceiro nome* é o menos usado.

fontanela, **moleira** – Parte mole, correspondente, nas crianças, à sutura coronal, enquanto a ossificação não está completa. *O primeiro nome* é erudito.

fonte, **manancial**, **nascente** – *Fonte* é o lugar donde brota água viva. *Manancial* é o lugar donde mana água. *Nascente* é a origem de uma corrente de água.

fontes, **têmporas** – As partes laterais da cabeça, na região temporal. *O primeiro nome* é popular; o povo aí coloca as fontes da vida e pensa que toda pancada forte aí dada é mortal. *O segundo* é erudito; lembra que o encanecimento dos cabelos desta região indica que os tempos vão passando e a pessoa envelhecendo.

forâneo, **forasteiro** – Significam *que é de fora*. *O primeiro* é hoje muito pouco usado, se o é. *O segundo* já foi definido.

foranto, **receptáculo** – Expansão de pedúnculo das *Synantheraceae*. *Foranto* ou *forântico*, como querem alguns, é palavra erudita.

forçoso, **necessário**, **obrigatório**, **preciso** – *O forçoso* é imposto pela força das circunstâncias. O *necessário*, pela necessidade. O *obrigatório*, pelo dever. O *preciso*, pela conveniência.

forja, **frágua** – A oficina do ferreiro. *O segundo nome*, no Brasil pelo menos, é literário.

forjar, **forjicar**, **maquinar**, **tecer**, **traçar**, **tramar**, **urdir** – *Forjar* é imaginar, idear. *Forjicar* é forjar mal ou de má fé. *Maquinar* é traçar artificiosamente. *Tecer* é urdir e tramar (um enredo). *Traçar* é o mesmo que maquinar, tramar. *Tramar* é, depois de urdir, lançar a segunda ordem de fios (do enredo). *Urdir* é lançar a primeira ordem de fios (de um enredo).

formidável, **temível** – *Formidável* é o que pode causar um perigo próximo, iminente. *Temível*, o que pode causar um perigo mais remoto ou distante. Uma explosão é formidável; o desabamento de uma parede fendida é temível.

formiga-chiadeira, **formiga-feiticeira** (Sul de Minas), **oncinha** (Amazônia), **piolho-de-onça** (Amazônia) – Nomes dos insetos himenópteros da família *Mutillidae*.

formiga-de-defunto, **jiquitaia** (Amazônia) – Pequena formiga, mal identificada, cuja picada arde como pimenta.

formiga-de-novato, **novato**, **taxi** – Só vivem na Amazônia estes nomes de certas formigas do gênero *Pseudomyrma*.

formigamento, **formigueiro** – Prurido comparável com o que as formigas causam, quando passam sobre a pele.

formiga-mineira, **quenquém** – Formiga *Acromyrmex subterranea*.

formigão, **seminarista** – Estudante de seminário. *O primeiro nome* é popular.

fornecer, **fornir** – *Fornecer* é forma incoativa atenuada *de fornir*, a qual substituiu este verbo, tornado defectivo e conjugado só no particípio: *bem fornido de carnes*, *bem fornido de dinheiro*. *Fornir* é prover do necessário.

fornecimento, **munição**, **provisão** – *Fornecimento* é aquilo que se fornece. *Munição* é fornecimento que sirva para tomar parte, que habilite a defender-se. *Provisão* é um conjunto de coisas necessárias ou úteis, reunidas tendo em vista o uso futuro.

fósforo, **lume-pronto** (Portugal) – Palito que tem numa das pontas uma mistura de clorato de potássio, sulfeto de antimônio e cola forte, a qual se inflama quando atritada em outra de cola forte, sulfeto de antimônio, mas com *fósforo* vermelho.

fotografia, **retrato** – Imagem obtida por meio de máquina fotográfica. Só se deve dar nome de *retrato*, quando se tratar de imagem de uma pessoa.

fração, **fragmento** – *Fração* é parte de um todo regularmente dividido. *Fragmento* é uma lasca, uma estilha, um pequeno pedaço de coisa quebrada, rasgada, dilacerada.

fração, **quebrado** – Uma ou mais partes da unidade. *O segundo nome* se aplica muito em relação a dinheiro.

frade (Pernambuco), **mercador** (idem), **paru-beija-moça** (Nordeste), **paru-da-pedra** (Sul), **peixe-frade** – Peixe da família *Chaetodontidae* (*Pomacanthus arcuatus*).

frade, **grilo-toupeira**, **macaco**, **paquinha**, **toupeirinha** – Insetos da família *Grillidae* (*Gryllotalpa sp.*).

frágil, **quebradiço** – Fácil de quebrar-se. *O primeiro* é erudito. *O segundo* é vulgar.

fraldeiro, **fraldiqueiro** – Qualificativo do cão de regaço, que vive agarrado às saias das mulheres.

franco, **sincero** – *Franco* é o que diz claramente o que pensa e o diz sempre.

Sincero é o que não deixa crer o que não é, que só diz o que sente ou pensa, mais por honestidade do que por impulso natural.

franjinha (Brasil), **marrafa** (Portugal) – Parte do cabelo, caída sobre a testa e aparada.

franqueza, **sinceridade** – V. *franco*, *sincero*.

fraternal, **fraterno** – *Fraternal* quer dizer próprio de irmão e *fraterno*, próprio do irmão da pessoa a que a gente se refere: "O amor fraternal é menos comum do que se pensa. Sendo o falecido um viúvo sem filhos, meu cunhado herdou os bens fraternos".

freguesia, **paróquia** – Distrito eclesiástico governado por vigário ou pároco. *O primeiro* é o comum; aparece até na fraseologia: *pregar noutra freguesia*. *Freguesia* tem em vista as pessoas (*freguês*, *filius ecclesiae*). *Paróquia* tem em vista as casas que rodeiam a igreja matriz (grego *para*, ao lado, e *oikos*, casa). V. *clientela*.

freijó, **frei-jorge**, **quiri**, **quirim** – Árvore da família *Borroginae* (*Cordia goeldiana*).

freira, **monja**, **religiosa** – *Freira* é a religiosa de convento; *monja*, a de mosteiro. *Religiosa* é termo genérico, aplicável a todas as mulheres que entraram em religião.

freirinhas (Portugal), **pipoca** (Brasil) – Grão de milho, arrebentado ao calor do fogo. V. *Revista Lusitana*, XXXII, 266.

fremebundo, **frемente** – *Fremente* é o que freme e *fremebundo*, o que freme intensamente.

frequentemente, **muitas vezes** – *Frequentemente* quer dizer grande número de vezes, mas a miúdo ou com curtos espaços. *Muitas vezes* quer dizer apenas grande número de vezes.

fresta, **seteira** – São aberturas estreitas, feitas numa parede, para dar claridade. *A seteira* (outrora usada para o lançamento de setas) é mais curta do que *a fresta*.

frete, **porte** – *Frete* é o ajuste que se faz sobre o preço pelo qual se há de levar uma carga numa embarcação (Código Comercial). *Porte* é o que se tem de pagar por um transporte terrestre: *franca de porte*. *Frete* hoje se aplica também ao transporte terrestre: os caminhões-automóveis do Rio de Janeiro trazem o letreiro *a frete*.

friagem, **frieza**, **friúra** – Qualidade de frio. *O primeiro* se emprega no sentido material; *o segundo*, em sentido moral; *o terceiro* quase não se usa.

frialdade, **frieza**, **friúra** – Qualidade de frio. *O primeiro* se emprega em sentido material; *o segundo*, em sentido moral; *o terceiro* quase não se usa.

frigideira, **sertã** (Portugal) – Utensílio de cozinha, com o qual se frege.

frígido, **frio** – *Frio* quer dizer privado de calor *e frígido*, muito frio: *Mão fria*, *coração quente*, *amor para sempre*. Os polos estão na zona frígida. Observa-se entretanto que *frigidíssimo* (latinismo), ao lado do vernáculo *friíssimo*, é superlativo de frio.

frigir, **fritar** – *O segundo* deve ser moderno; Morais não o consigna. Significam cozinhar num corpo gorduroso, muito quente e abundante (Rosa Maria, *A Arte de Comer Bem*, 506). Aulete não faz diferença entre os dois; parece, porém, haver mais intensidade no segundo, que é um frequentativo colocado no particípio *frito*.

fritada, **fritura**, **omeleta** (Portugal), **omelete** – *Omelete* é galicismo e por isso muitos puristas recomendam que se substitua por *fritada*, no que andam completamente errados, pois se trata de coisas diferentes. A omelete pode ser simples, ao passo que a fritada não dispensa ingredientes. A omelete, depois de frita na brasa, é revirada, para acabar de fritar. Na fritada, mistura-se com ovos batidos metade do que se vai fritar e frita-se; depois, põe-se por cima a outra metade, cobre-se com ovos batidos e, para acabar de fritar, vira-se ou se põe uma tampa com brasas (Rosa Maria, *A Arte de Comer Bem*, 258). *Fritura*, pouco usado no Brasil, é o mesmo que *fritada*.

frívolo, **fútil** – *Frívolo* é o que, apesar do seu diminuto valor, pode agradar por qualquer lado. *Fútil* é o que não tem valor algum, seja qual for o lado por que se considere. Homem *frívolo* é o que toma como assunto sério coisas de pouca monta, não considera devidamente o que é digno de atenção. Homem *fútil* é o que fala e obra sem reflexão.

fronte, **testa** – Parte anterior do crânio. *O primeiro* é termo literário: "Contemplou, suspirosa, a fronte amada e bela" (Machado de Assis, *Círculo Vicioso*).

frugal, **sóbrio** – *O primeiro* se refere à qualidade; *o segundo*, à quantidade. O frugal se nutre de alimentos comuns, evita os acepipes; *frugal* vem do latim *frugale*, de *fruges*, produtos da terra. O *sóbrio* reprime excessos de comidas e bebidas.

frugívoro, **frutívoro** – É o que se sustenta com frutos. *O segundo* é menos usado.

fruta, **fruto** – *Fruta* é fruto comestível, principalmente o adocicado, comido mais por prazer do que para sustento. *Fruto* é o ovário de uma flor, amadurecido depois de fecundado. O chuchu, por exemplo, é um fruto mas não é uma fruta. A maçã é um fruto e é uma fruta.

fruta-de-conta, **gungi**, **jequiriti**, **olho-de-pombo**, **olho-de-cabra-miúdo** – Planta da família *Leguminoseae* (*Abrus precatorius*).

frutífero, **frutígero**, **frutuoso** – *Frutífero* e *frutígero* querem dizer *que dá fruto: árvore frutífera*. O segundo é de raro emprego. *Frutuoso* é o mais frutífero, o que dá muito proveito; usa-se mais no sentido figurado; *negócio frutuoso*.

fruto, **produto** – *Fruto* é uma criação natural; *produto*, uma criação da indústria humana. V. *fruta*.

fuga, **fugida** – Ambas designam o ato de fugir, isto é, partir rapidamente livrando-se de um perigo, de uma prisão. A fraseologia mostra, com a expressão *de fugida*, que a ideia de rapidez está mais bem representada no segundo. Certos trechos clássicos dão a impressão de que *fugida* se refere à guerra: "... o temor / Lhe dá, não pés, mas asas à fugida" (*Lusíadas*, IV. 43, 4.) "Os aqueus tinham destruído e queimado tudo, e posto em fugida o rei" (Vieira, XIII, 208). "Libertar uma cidade, por em fugida, um exército" (Vieira, XV, 311). Modernamente, porém, diz-se *pôr em fuga* o inimigo e não pôr em fugida.

fugace, **fugaz**, **fugitivo**, **prófugo** – *Fugace* é latinismo, muito do gosto camoniano: "Aqui a fugace lebre se levanta" (*Lusíadas*, IX, 63, 5). *Fugaz* é o que foge rapidamente, apressadamente: "O fugaz clarão do meteoro" (Gonçalves Dias, *apud* Aulete). *Fugitivo* é o que fugiu, o que está fugindo, o que está prestes a fugir: "Co'os turvos olhos ainda em vão procura / O fugitivo Eneias" (Garção, cantata *Dido*). *Prófugo* é um latinismo literário: "Depois, atenta na lustrosa malha / Do prófugo Dardânio" (*ibidem*).

fuinha, **gardunho** – Mamífero da família *Mustelidae* (*Musiela foina*). Não existe no Brasil: entretanto, por tradição portuguesa, o Brasil emprega o primeiro nome na expressão *cara de fuinha*.

fula-trepadeira, **trepadeira-de-são-joão** – Planta da família *Convolvulaceae* (*Ipomoea quamoclit*).

fumaça, **fumo** – *Fumaça* é o fumo denso, espesso e em grande quantidade. No Brasil emprega-se muito *fumaça* em lugar de *fumo*. *Fumo* é o vapor mais ou menos denso que o calor desenvolve e faz subir ao ar.

fumador (Portugal), **fumante** (Brasil), **fumista** (Portugal) – Indivíduo que fuma tabaco habitualmente.

fumo, **tabaco** – Planta da família *Solanaceae* (*Nicotiana tabacum*) e preparado feito com as folhas secas desta planta, destinado a ser queimado para se lhe aspirar o fumo. "... atirou para o quintal, para longe, onde os não visse e não o tentassem, o tabaco e o livro de mortalhas" (Ferreira de Castro, *A Selva*, 258). *O primeiro* é um brasileirismo, criado por metonímia. V. *fumaça*.

fumo-bravo-do-amazonas, **tabacarana** – Planta da família *Polygoniaceae* (*Polygonum hispudum*).

fundível, **fusível** – Que se pode fundir. *O segundo*, apesar de calcado no verbo português, não é o mais usado.

fundo, **profundo** – *Fundo* é o que está abaixo da superfície, o que está metido para dentro. *Profundo* é o muito fundo.

fura-muros, **parietária** – Planta da família *Urticaceae* (*Parietaria officinalis*).

fúrcula, **jogador** – Osso das aves, formado pela soldagem das clavículas num dos extremos. *O primeiro nome*, palavra erudita, quer dizer *forquilha; lembra* a forma. *O segundo* lembra o jogo que se faz com a fúrcula das galinhas, pegando uma pessoa em cada extremidade, puxando para provocar a quebra, ganhando quem ficar com o ponto de soldadura.

furor uterino, **ninfomania**, **uteromania** – Tendência mórbida da fêmea de mamíferos para os atos sexuais.

furtar, **roubar** – *Furtar* é cometer furto, *q.v.* *Roubar* é cometer roubo, *q.v.* O segundo traz implícita a ideia de violência: "... Siquém, príncipe da mesma terra, vendo a Dina, e agradando-se dela, a tomou ou roubou por força" (Vieira, *Sermões*, XI, 374).

furúnculo, **leicenço** – Tumor pequeno e duro, com inflamação e dor, o qual aparece na pele. *O primeiro nome* é o mais usado.

fuste, **tronco** – Parte da coluna entre a base e o capitel. *O primeiro* é termo de arquitetura; *o segundo*, o empregado na linguagem comum.

futura, **futuro**, **noiva**, **noivo**, **prometida**, **prometido** – Aqueles que estão tratados para casar. *Futura* lembra a que há de ser mulher; *futuro*, o que há de ser marido. Em *noiva*, *noivo*, parece haver a ideia de *novo;* os noivos geralmente são jovens. *Prometida*, *prometido* lembram a promessa de casamento.

futuro, **porvir** – *Futuro* é o que há de ser; *porvir*, o que está para vir, o que vem a dar no mesmo. O cardeal Saraiva notou uma diferença sutil, que me parece fundada, entre estas palavras. Diz ele que o futuro acontecerá de certo, ainda que ignoremos e o porvir nem aconteceu nem é certo que haja de acontecer. O futuro tem realidade objetiva; o porvir é vago, indeterminado. Só Deus o sabe. A sabedoria popular destrói a última afirmação. Diz o provérbio: *O futuro a Deus pertence*. A meu ver, a diferença entre as duas palavras está em ser a primeira da linguagem comum e a segunda, da língua literária.

futuro, **porvindouro**, **vindouro** – Qualificativos do que há de ser, do que está para vir. Roquete, apoiado num vago exemplo de Francisco de Andrade, *Crônica de D. João III*, vê em *futuro* o que está longe de suceder e em *vindouro*, o que deve suceder dentro de pouco tempo. Um só exemplo e vago não decide uma questão. Para mim, os dois termos se equivalem. Corroborando este modo de ver, Rocha Pombo acrescenta que, quando se quer dar a *futuro* a acepção de *vindouro*, junta-se o advérbio *próximo: o mês próximo futuro*, isto é, *o mês vindouro*. Não há tal. Igualmente se poderá dizer: o *mês próximo vindouro* para caracterizar o imediato àquele em que estamos. *Porvindouro* é a palavra literária.

G

gafeira, **lepra**, **mal de são lázaro**, **mal de hansen**, **morfeia** – Nomes de moléstia infectuosa com manifestações cutâneas. *O primeiro* lembra a forma de gafas que assumem as mãos de certos leprosos; *o segundo*, as descamações da pele; *o terceiro*, o nome de personagem de uma parábola evangélica, o qual, coberto de úlceras, estava à porta de um ricaço (S. Lucas. XVI, 20); *o quarto*, o nome do descobridor do bacilo da lepra; *o quinto*, as deformações causadas (grego *morphé*, forma).

gafo, **hanseniano**, **lázaro**, **leproso**, **macoteno** (Brasil), **maldelazento** (S. Paulo), **morfético** – Doente de lepra. *O primeiro* é arcaizado. *O segundo nome* é um eufemismo, calcado no nome do descobridor do bacilo da lepra. *O terceiro* lembra o nome de um personagem bíblico (v. *gafeira*). *O sétimo* lembra as deformações da morfeia. *O quinto* e *o sexto* são regionais.

gago, **tartamelo**, **tartamudo** – O *gago*, ao falar, sente dificuldade de articular as primeiras sílabas com as seguintes e por isso as repete, com intervalos maiores ou menores, e as atira com certo ímpeto. *Tartamelo*, pouco usado, é o mesmo que *tartamudo*. Rocha Pombo nele vê um tartamudo menos precipitado. O *tartamudo* atropela as palavras, confundindo-as, atirando-as umas sobre outras, por defeito orgânico ou por efeito de comoção de momento.

gagueira, **gaguez**, **gaguice**, **tartamudez** – Defeito de gago, defeito de tartamudo, *q.v.*

gaivina (Portugal), **andorinha-do-mar** (idem), **trinta-réis** (Brasil) – Aves da família *Laridae* (*Sterna*, *sp.*).

galactômetro, **pesa-leite** – Instrumento com que se mede a densidade do leite. *O primeiro nome* é erudito e técnico; *o segundo*, o da linguagem comum.

galardão, **prêmio**, **recompensa** – *Galardão* é retribuição espontânea natural, do mérito. *Prêmio* é retribuição devida ao mérito, à sorte, segundo ajuste: *prêmio de uma exposição*, *prêmio de uma loteria etc*. *Recompensa* é tudo o que sirva para compensar vantajosamente um sacrifício, um serviço prestado sem ideia de remuneração, o tempo perdido etc. Francisco de Morais, no *Palmeirim*, I, 64, empregou a expressão *galardão e prêmio*, distinguindo as duas palavras.

galardoar, **premiar**, **recompensar** – Conferir galardão, conferir prêmio, conferir recompensa, *q.v.*

galego, **lusitano**, **luso**, **marinheiro**, **mondrongo**, **portuga**, **português** – Nomes do natural de Portugal. O primeiro é propriamente o natural da

Galiza. Os galegos desempenhavam em Portugal ofícios humildes, tais como o de moço de fretes, o de aguadeiro etc. *Galego*, para os portugueses, é o homem pouco esperto, grosseiro, desprezível, que se presta a serviços duros (Leite de Vasconcelos, *Revista Lusitana*, II, 71). Aulete dá como plebeísmo as significações de homem incivil, de condição baixa. Segundo Ladislau Batalha, *História Geral dos Adágios Portugueses*, 204, os ribatejanos continuam a injuriar-se chamando-se uns aos outros galegos. O mesmo autor faz ver que o conceito pejorativo existe desde tempos remotos (cfr. *sórdidos Galegos*, nos *Lusíadas*, IV, 10, 6), tornando o vocábulo "galego" uma espécie de sinônimo de ordinário, brutal, grosseiro. Sentindo isto, os brasileiros, opressos pela dureza do regímen colonial, fizeram o que também fizeram alguns hispano-americanos, aplicaram ao colonizador, "graças a um equívoco intencional e agressivo", na frase de Ferreira de Castro, *A Selva*, 47, o nome do pobre natural da Galiza. *Lusitano* e *luso*, lembrando a época romana, são expressões carinhosas. *Marinheiro*, talvez por ter vindo pelo mar, é alcunha do Norte e do Nordeste. *Mondrongo*, outrora muito ouvido no Rio de Janeiro, talvez tenha relação com *mondongo*, pois os tripeiros do Rio são quase todos, senão todos, portugueses. *Portuga* é forma de *português*, encurtada e com retração do acento tônico.

Além destes há muitos, antiquados, de caráter histórico, regionais etc: *abacaxi*, *bicudo*, *boava*, *candango*, *chumbeiro*, *chumbinho*, *carne-seca*, *cupé*, *emboaba*, *jaleco*, *japona*, *labrego*, *lusíada*, *malange*, *marabuto*, *maroto*, *marreta*, *mascate*, *novato*, *parrudo*, *pé de chumbo*, *puça*, *sapatão*, *taleveira*, *zelis*. O nome *abacaxi* deve ter vigorado em 1890 e pouco, pois desta data é uma revista teatral de Vicente Reis e Moreira Sampaio, com ele. *Bicudo* passou do vale amazônico para Mato Grosso, nos tempos da Independência (Bernardino de Souza). *Boava* ou *boaba* foi alcunha que índios ou paulistas aplicaram no século XVIII aos portugueses, na região das minas; ainda hoje vive em S. Paulo e no Paraná (Macedo Soares, *Estudos Lexicográficos*, 21, 22, 27). *Candango* era o nome pelo qual os africanos designavam o português. Macedo Soares, Dicion., deriva do quimbundo *kangundu*, ordinário, com metátese, diminutivo de *kingundu*, vilão, ruim. Depois que os portugueses hóspedes da rainha Jinga-Bande a perseguiram para apossar-se das terras dela, a palavra, por generalização, passou a aplicar-se a todos os portugueses (Cordeiro da Mata, *Dic. quimb. port.*, Pereira do Nascimento, *Dic. port. quimb.*). *Chumbeiro* viveu no Nordeste, nas lutas da Independência (Pereira da Costa, *Voc. Pern.*). V. adiante *pé de chumbo*. *Chumbinho* é de Minas Gerais na mesma época (B. de Souza). V. adiante *pé de chumbo*. *Carne-seca* deve ser alcunha proveniente do fato de possuírem os portugueses quase todas as casas de secos e molhados. *Cupé* existiu no Maranhão, nos tempos coloniais (B. de Souza). *Emboaba* é outra forma de *boaba*, mantendo a nasalação do *b* inicial e com prótese de *e*; com este nome se designa a guerra dos bandeirantes paulistas com os portugueses de Manuel Nunes Viana, no séc. XVIII. *Labrego* é do Nordeste do tempo das lutas pela Independência (Pereira da Costa). *Lusíada* é nome literário, decorrente do título do poema camoniano: "Ai do lusíada, coitado!" (A. Nobre). *Malange* existiu no

Rio de Janeiro em 1890 e tanto, na época em que um vapor francês com este nome aportou trazendo grande número de imigrantes portugueses que morreram quase todos de febre amarela. *Marabuto* é do Nordeste; ainda vivia em 1845 (Pereira da Costa). *Maroto* é da Bahia e dos tempos da Independência (B. de Souza). *Marreta* é também dos tempos da Independência (Pandiá Calógeras, artigo publicado em *O Jornal* de 17 de março de 1928, *apud* B. de Souza). *Mascate* foi alcunha aplicada pelos senhores de engenho de Olinda, no século XVIII, aos portugueses de Recife, negociantes enriquecidos pelo trabalho. O nome permaneceu até hoje, na designação da guerra que houve naquela época. *Novato* viveu no extremo Sul, nos tempos coloniais (Nelson de Sena, *apud* B. de Souza). *Parrudo* viveu em Pernambuco até 1888, pelo menos, se não é que ainda vive (Pereira da Costa). A alcunha *pé de chumbo* nasceu no Rio de Janeiro. Conta-se que o príncipe D. Pedro, quando regente, mandou formar sua guarda portuguesa e convidou a dar um passo à frente os soldados que quisessem aderir à causa do Brasil. Havendo avançado poucos, ele se virou para os que não se moveram e gritou-lhes: *Pés-de-chumbo!* O brasileiro apanhou o dito e o transformou em alcunha que depois veio a figurar numa quadra folclórica. *Puça* é do Nordeste e do Maranhão (Pereira da Costa, Aluísio Azevedo, prefácio de *O Mulato*). *Sapatão* é de S. Paulo e dos tempos da Independência (Taunay, *apud* B. de Souza). *Taleveira* foi alcunha aplicada nos começos do século XIX, no Rio Grande do Sul, aos soldados da legião portuguesa comandada pelo general Lecor, generalizada depois aos portugueses. *Zelis* é de Pernambuco (Pereira da Costa). Como se vê, muitas alcunhas datam das lutas da Independência, nas quais os ânimos se achavam exacerbados e muitas surgiram no Nordeste, onde as lutas foram mais intensas.

galho, **ramo** – *Galhos* são as divisões mais fortes de um caule e *ramos*, as divisões dos galhos.

galinha-choca, **mercúrio-do-campo** – Arbusto da família *Erythroxylaceae* (*Erythroxylum suberosum*).

galinha-do-mato, **perna-lavada**, **pinto-do-mato** – Nome de pássaros da família *Formicariidae*, especialmente do gênero *Formicarius*.

galo, **hematoma** – Tumor formado por sangue extravasado. *O primeiro* é da língua coloquial; *o segundo* é erudito.

galo-da-serra, **galo-do-pará** – Nomes de dois pássaros da família *Cotingidae* (*Rupicola rupicola* e *R. peruviana*),

galo-de-campina, **tangará** (Amazônia) – Pássaro da família *Fringillidae* (*Paroaria gularis*).

galo-do-mato (Amazônia), **tico-tico-rei**, **vinte-e-um-pintado** (Amazônia) – Pássaro da família Fringillidae (*Coryphospingus cucullatus rubescens*).

galrar, **pairar**, **papaguear**, **parolar**, **tagarelar**, **taramelar** – *Galrar* é falar pretensiosamente, blasonando. *Palrar* é articular sons imperfeitamente ou sem sentido, como fazem as crianças e certas aves. *Papaguear* é falar como um papagaio, sem ligar sentido ao que diz, repetindo de cor. *Parolar* é falar verbosamente, emitindo palavras ocas. *Tagarelar* é falar muito, dando por paus e por pedras, indiscretamente. *Taramelar* é falar pelo prazer de dar à taramela, isto é, à língua.

gancho (Portugal), **grampo** (Brasil) – Arame dobrado em U, com que as mulheres prendem os cabelos na cabeça: "Tem amor por sete anos aquele que acha um gancho de cabelo" (Afonso do Paço, *Revista Lusitana*, XXVIII, 253). "Sinhá disse assim para suncê comprar cinco maços de grampo miúdo..." (Monteiro Lobato, *Contos Pesados*, 123).

ganho, **lucro** – *Ganho* é vantagem obtida com o trabalho e *lucro*, vantagem obtida com uma operação comercial ou industrial.

ganso-do-mato (Sul), **marrecão** (Amazônia) – Ave da família *Anatidae* (*Alopochen jubatus*).

garantir, **preservar** – *Garantir* é livrar de mal atual ou de aproximação certa. *Preservar* é livrar de mal futuro e que apenas é possível.

garça-azul, **garça-morena** – Ave da família *Ardeide* (*Florida caerulea*).

garça-branca-grande, **garça-real** (Amazônia) – Ave da família *Ardeidae* (*Herodias egretta*).

garça-de-cabeça-preta (Amazônia), **garça-real** – Ave da família *Ardeidae* (*Philherodius pileatus*).

garoar, **neblinar** – Cair garoa, cair neblina. *O primeiro* é do sul de Minas, Rio de Janeiro, S. Paulo, Paraná, Santa Catarina, Rio Grande do Sul.

garota, **namorada**, **pequena** – Tratamento dado à mulher requestada. Naturalmente *o primeiro* e *terceiro* só se aplicam a moças.

garoupa, **garoupa-crioula**, **garoupa-verdadeira** – Nomes de peixes da família *Serranidae*, pertencentes ao gênero *Epinephelus*. Em Portugal o mesmo nome designa espécies afins (Ihering).

garoupa-gato, **gato** (Bahia) – Peixe da família *Serranidae* (*Alphestes afer*).

gás (da Bahia a Pernambuco), **petróleo** – Óleo mineral, mistura de hidrocarbonatos. Em Portugal também se chama gás ao petróleo, no Porto e na Beira Alta (Leite de Vasconcelos, *Opúsculos*, II, 148). Derivados ou análogos são ***gás natural, gás liquefeito do petróleo, gasolina, diesel, querosene, óleo lubrificante*** e o termo genérico ***combustível.***

gato (Brasil), **gralha**, **pastel** – São erros tipográficos, que a revisão deixou escapar. *A gralha ou pastel* é um acidente de poucas consequências, ao passo que o *gato* é de graves, pois forma palavras escabrosas ou de sentido diferente daquele que se quis dar (Aníbal Moreira, *Elucidário Técnico do Linotipista*, Vocab.).

gato-do-mato, **maracajá** – Nomes das espécies do gênero *Felis*, cujo comprimento não exceda um metro (*Felis wiedi*, *F. tigrina*, *F. geoffroyi* etc).

gato-do-mato-grande, **jaguatirica**, **maracajá** (Norte) – Mamífero da família *Felidae* (*Felis pardalis chibigouazou*).

gato-mourisco, **jaguarundi** – Mamífero da família *Felidae* (*Felis yaguarundi*).

gatuno, **ladrão**, **larápio**, **ratoneiro** – É o indivíduo que furta ou rouba. *Gatuno* seria propriamente o indivíduo com manhas de gato, sabendo furtar com habilidade. *Ladrão*, do latim *latrone*, soldado mercenário, o salteador de estrada. *Larápio* é vocábulo popular. *Ratoneiro* é ladrão de coisas de pouco valor.

gaturamo, **guriatã** (Alagoas e Bahia), **tem-tem** (Amazônia) – Nomes de pássaros da família *Tanagridae*, pertencentes ao gênero *Euphonia*.

gaturamo-verdadeiro, **tem-tem-de-estrela** (Amazônia), **tem-tem-verdadeiro** (idem) – Pássaro da família *Tanagridae* (*Euphonia violacea*).

gaúcho, **rio-grandense-do-sul**, **sul-rio-grandense** – Natural do estado do Rio Grande do Sul.

gavarro, **unheiro** – Espécie de furúnculo dos equinos.

gavião-carijó, **gavião-pega-pinto**, **inajá** (Mato Grosso), **inajé** (Amazônia), **indaié**, **pega-pinto** – Ave da família *Falconidae* (*Rupornis magnirostris*).

gavião-tesoura, **itapema**, **tapema**, **tapena** (S. Paulo) – Ave da família *Falconidae* (*Elanoides forficatus*).

geladeira, **refrigerador** – Móvel com câmaras de refrigeração. O termo *geladeira* se aplica tanto ao utensílio no qual é preciso colocar gelo quanto ao eletrodoméstico, e *refrigerador* somente a este.

gelado (Rio Grande do Sul), **neve** (Portugal), **sorvete** – Iguaria congelada, feita com açúcar e leite ou sumo de frutas, "...toma conosco neve na confeitaria Italiana" (Eça e Ramalho, *Mistério da Estrada de Sintra*, 170).

gemebundo, **gemente** – *Gemebundo* quer dizer que geme muito. *Gemente*, *que geme*.

genebrês, **genebrino** – Relativo a Genebra, natural desta cidade.

generosidade, **liberalidade**, **munificência** – *Generosidade* é a qualidade de generoso, de quem dá com largueza, embora sacrificando-se. *Liberalidade* é qualidade de liberal, de quem é amigo de dar. *Munificência* é a liberalidade dos poderosos.

generosidade, **grandeza d'alma**, **magnificência** – *Generosidade* é a qualidade de elevar-se acima das suas paixões, não vendo amigos nem inimigos, não sendo dominado pelo desejo da vingança. *Grandeza d'alma* é elevação de sentimentos. *Magnificência* é a qualidade de quem é dotado de grandeza, de generosidade, de liberalidade.

gengibre, **mangarataia** (Brasil) – Planta da família *Zingiberaceae* (*Zingiber zingiber*).

geral (Portugal), **lisa** (Brasil) – Caso em que um jogador não faz ponto nenhum.

gervão-verdadeiro, **ogervão**, **urgevão** – Planta da família *Achantaceae* (*Elytraria usitatissima*).

gestante, **grávida**, **pejada**, **prenhe** – *Gestante* é a que transporta em si o produto da concepção. *Grávida* é a que suporta o peso do feto. *Pejada* é aquela que está embaraçada em seus movimentos pela gravidez. *Prenhe* (var. *prenda*), cujo étimo é de explicação muito controversa (Walde LEW), quer dizer cheia, trazendo no útero feto ou embrião.

gesticulação, **mímica** – *Gesticulação* é o movimento de braços, mãos, cabeça, que acompanha o que se diz. *Mímica* é a expressão por meio de gestos, desacompanhada da palavra.

giba, **gibosidade** – *Giba* é a convexidade que se forma no dorso do camelo e no do dromedário, pelo acúmulo de tecido adiposo sob a derme. *Gibosidade* é propriamente a condição de giboso, mas significa o mesmo que *giba*.

gineceu, **harém**, **serralho** – Significam parte de habitação reservada para as mulheres e vedada a homens estranhos. Havia *gineceu* nas casas da Grécia antiga. Há os *haréns* nas casas dos muçulmanos. *Serralho* era o nome do palácio do Grão-Turco, mas, como neste palácio houvesse um *harém* com muitas mulheres, passou a significar harém bem povoado.

ginjeira-da-terra, **pimentão-doce** – Planta da família *Solanaceae* (*Solanum pseudo-capsicum*).

glúteo, **nadegueiro** – Da nádega. *O primeiro adjetivo* é erudito. *O segundo*, pouco empregado.

gnômon, **quadrante solar**, **relógio do sol** – Superfície dividida sobre a qual as horas do dia são marcadas pela projeção da sombra de um estilete.

goela, **tragadeiro** – O segundo é popular (em Portugal).

goense, **goês** – Relativo a Goa, natural desta cidade.

goete (Rio de Janeiro), **gorete**, **gorrete** (Paraná), **guete** – Peixe da família *Sciaenidae* (*Archoscion petranus*).

gogo, **gosma** – Doença de galináceos.

gogó, **pomo de adão** – Saliência da parte anterior do pescoço, formada pela cartilagem tiroide. *O primeiro nome* é popular.

goiti, **oiti**, **oiti-da-praia**, **oiti-do-pará** – Árvore da família Rosaceae (*Moquilea tomentosa*).

gole, **hausto**, **sorvo**, **trago** – *Gole* é a porção de líquido que se pode beber de uma vez. *Hausto*, palavra erudita e literária, é o mesmo que *sorvo* ou *trago*. *Sorvo* é o gole que se sorve, que se aspira, contendo a inspiração. *Trago* é o gole sofregamente bebido.

golfar, **jorrar** – *Golfar* é sair impetuosamente às porções. *Jorrar* é sair impetuosamente de modo contínuo. Numa hemoptise o sangue golfa; numa sangria, jorra.

gombô, **quiabo**, **quingombô** (Rio de Janeiro), **nafé** – Planta da família *Malvaceae* (*Hibiscus esculentus*). *O primeiro nome* é redução do *terceiro*. *O segundo* é o termo geral. *O quarto* é adaptação do francês, devido ao emprego de pastilhas peitorais importadas de França (*nafé d'Arabie*).

gongo, **tantã** – Instrumento músico de percussão, formado por uma placa metálica, que se tange com uma baqueta.

goranatimbó, **timbó-de-raiz** – Planta da família *Leguminosae* (*Comptosema pinnatum*).

gorarema, **gorazema**, **guararema**, **guarema**, **iberarema**, **pau-d'alho** – Árvore da família *Phytolacaceae* (*Gallezia gorazema*).

gordinho (Rio de Janeiro), **paru** – Peixe da família *Stromateidae* (*Perprilus paru*).

gorjeta, **gratificação**, **mata-bicho**, **molhadura**, **propina** – Paga suplementar com que a pessoa servida se mostra grata pelo serviço prestado. O termo genérico é *gratificação*. *Propina* é gratificação a empregados. *Gorjeta* (de *gorja*, garganta), *mata-bicho*, *molhadura* são, como o francês *pour-boire* e o alemão *Trinkgeld*, dinheiros para pagar um gole de bebida, para molhar a goela, para *matar o bicho*.

gorra, **gorro** – *Gorra* era uma espécie de barrete que, antes do uso do chapéu e até o tempo de D. João III, se usou como cobertura comum da cabeça. *Gorro* é um barrete preto, comprido, em forma de saco, usado em Portugal pelos estudantes e pelos campinos e também um boné fofo, sem pala.

gosto, **gozo** – *Gosto* é sensação agradável. *Gozo* é gosto intenso.

gosto, **paladar**, **sabor** – *Gosto* é a sensação despertada na língua por uma comida ou uma bebida. *Paladar* é gosto apurado. *Sabor* é gosto bom. Quando se diz que uma comida é saborosa, subentende-se que o gosto dela é bom.

Grã-Bretanha, **Inglaterra**, **Reino Unido** – País da Europa. *Grã-Bretanha* é a ilha em que ficam a Inglaterra, a Escócia e o País de Gales. *Inglaterra* é o nome do maior país do Reino Unido, sede do reinado e onde fica sua capital. *Reino Unido* (*United Kingdom of Great Britain and Ireland*) é estado oficial que reúne os países da Grã-Bretanha e a Irlanda do Norte.

grampo (Brasil), **prego** (Portugal) – Alfinete grande que serve para sustentar na cabeça chapéu de senhora. V. *gancho*.

grande, **imane**, **ingente**, **magno** – *Grande* é o que tem dimensões avantajadas. *Imane* e *ingente*, palavras também eruditas e literárias, significam *muito grande*. *Magno*, palavra erudita e literária, é o mesmo que *grande*.

grandíssimo, **máximo** – Superlativos absolutos sintéticos de *grande*. *O primeiro* é formado no vernáculo e *o segundo* é um latinismo.

gratidão, **reconhecimento** – *Gratidão* é um sentimento afetuoso em relação à pessoa que fez um benefício. *Reconhecimento* é a lembrança do benefício, acompanhado da consciência de que se deve alguma coisa em troca e do desejo de também servir, na primeira oportunidade.

grauçá, **gruçá**, **guaruçá** – Caranguejo marinho (*Ocypoda arenaria*).

gravidade, **gravitação**, **peso** – *Gravidade* é a força que atrai os corpos para o centro da Terra. *Gravitação* é a força em virtude da qual os corpos se atraem na razão direta das massas e na inversa dos quadrados das distâncias. *Peso* é a gravidade medida.

grego, **helênico** – *Grego* é o relativo à Grécia, o natural da Grécia. *Helênico*, palavra literária, é o mesmo, mas em relação a Grécia antiga (restaurado como adjetivo nacional oficial, modernamente).

grei, **rebanho** – Porção de cabeças de gado lanígero, em número superior a dez. *A primeira palavra* hoje, no sentido próprio, só se emprega literariamente.

greve, **parede** – Conluio para faltar ao serviço até ser atendida uma reclamação. *O primeiro* tem a pecha de galicismo. O art. 158 da Constituição o emprega. *O segundo* também se emprega na gíria escolar.

gripe, **influenza** – Moléstia infecciosa epidêmica, caracterizada por febre, dor de cabeça, inapetência, coriza e outros sintomas. Os nomes são dois estrangeirismos para os quais os puristas, a não ser a adaptação para *influença* (não usada), ainda não criaram sucedâneos.

groçabi, **groçaí-azeite**, **guaraçaí**, **guçaí** – Árvore da família *Leguminosae* (*Moldenhawera floribunda*).

guabiru (Norte e Nordeste), **rabo-de--couro** (idem), **ratazana** – Mamífero da família *Muridae* (*Mus norvegicus*).

guabiru, **rato-coró**, **rato-de-espinho**, **sauiá**, **toró** – Mamífero da família *Echymiidae* (*Loncheres armatus*).

guacinim, **guaxinim**, **iguanara** (Amazônia), **jaguacinim**, **mão-pelada** – Mamífero da família *Procyonidae* (*Procyon cancrivorus*).

guáiaco, **pau-santo** – Árvore da família *Guttiferae* (*Guaiacum officinale*).

guanandi, **jacareíba**, **jacareúba**, **jacareúva**, **landi**, **landim**, **lantim**, **olandi-carvalho**, **uanandi** – Árvore da família *Guttiferae* (*Calophyllum brasiliense*). *O último nome* aparece erradamente grafado *oanandi*.

guará, **lobo** – Mamífero da família *Canidae* (*Canis jubatus*). O lobo europeu (*Canis lupus*) não existe no Brasil.

guarabu, **pau-roxo** – Árvore da família *Leguminosae* (*Peltogyne discolor*).

guaracava, **guracava** – Pássaro da família *Tyrannidae* (*Elaenia sp.*).

guaraipo (caipira), **guarapu**, **guarupu** – Abelha da família *Meliponidae* (*Melipona nigra*).

guarajuba, **guaruba**, **tanajuba** – O periquito *Conurus guarouba*.

guarda-freio, **motorneiro** – Empregado que guia bonde elétrico. *O primei-*

ro nome é de Portugal (Figueiredo). No Brasil, só se aplica aos empregados de estrada de ferro, os quais vigiam os freios dos vagões.

guarda-portão, **porteiro** – Empregado que vigia a entrada de uma casa, encarregando-se também de pequenos serviços, como o recebimento de cartas, telegramas, por exemplo. *O primeiro nome* é de uso muito escasso no Brasil.

guarda-rios (Portugal), **pica-peixe** (idem) – Ave da família *Alcedinidae* (*Alcedo hispida*).

guarda-vento, **para-vento** – Anteparo destinado a resguardar do vento.

guatapará, **suaçupita**, **veado-mateiro**, **veado-pardo** – Mamífero da família *Cervidae* (*Mazama americana*).

guaxe, **japiim-da-mata** (Pará), **japiim-de-costa-vermelha**, **japuíra**, **joão-congo**, **joão-conguinho** (Sergipe), **jonconguinho** – Pássaro da família *Icteridae* (*Cactcus haemorrhous*).

guenza (Mato Grosso), **jacundá**, **joaninha** (Rio Grande do Sul), **maria-guenza** (Mato Grosso), **michola** (Rio Grande do Sul), **nhacundá** – Nome de peixes da família *Cichlidae* (*Crenicichla sp.*).

guiri, **piraíba**, **piraíba-de-pele**, **piratinga** – Peixe da família *Pimelodidae* (*Brachyplastistoma filamentosum*).

guiruçu, **iruçu-do-chão**, **iruçu-mineiro**, **uruçu** – Abelha da família *Meliponidae* (*Melipona subterranea*).

gulodice, **guloseima**, **gulosice**, **gulosina** – Manjar doce, delicado, saboroso, mas pouco nutritivo. *Os dois primeiros* são os mais usados.

guri (Rio Grande do Sul), **uri** (Maranhão) – Nomes do bagre marinho novo. V. *criança*.

H

habena, **rédea** – Correias com que se governa a besta. O primeiro nome é poético.

habitador, **habitante**, **íncola**, **morador**, **residente** – O que habita, o que mora, o que reside. V. *habitar*, *morar*, *residir*. *Íncola* é palavra erudita e o mesmo que *habitante*. Vasco Mousinho de Quevedo ainda usou outro sinônimo, *habitador* (*Afonso Africano*, *c*. II: "O belíssimas ninfas, ó marinhos / Habitadores do cristal salgado...").

habitar, **morar**, **residir** – *Habitar* é ocupar habitualmente, por hábito. *Morar* é ocupar permanentemente, demorando. *Residir* é estar de assento num lugar, podendo referir-se a lugares vastos e implicando às vezes ideia de tempo.

Hades, **Plutão** – O deus dos infernos na mitologia greco-romana. *O primeiro nome* é pouco usado.

hagiológio, **santoral** – Livro de vida de santos. Usa-se mais *o primeiro*.

halita, **sal**, **sal de cozinha**, **sal marinho**, **sal comum**, **sal-gema** – Nomes do cloreto de sódio. O nome de *sal-gema* é dado ao que se encontra em minas, nos desertos como eflorescência e em emanações vulcânicas (Backheuser, *Glossário de termos geológicos*). *Sal comum*, *sal de cozinha*, *sal marinho* é o obtido por evaporação das águas do *mar*. *Halita* é nome técnico, da geologia.

harmonia, **melodia** – *Harmonia* é um concurso agradável de sons. O canto das aves de um viveiro é harmonioso. *Melodia* é uma série agradável de sons emitidos sucessivamente. Caruso teve uma das mais melodiosas vozes, jamais saídas de garganta humana.

haver, **ter** – Na linguagem corrente do Brasil *ter* é sinônimo de *haver* (existir).

Hawai, **Sandwich** – Arquipélago da Oceania. O Hawai é hoje um estado dos E.U.A. Usa-se no Brasil Havaí.

hebdomadário, **semanal**, **semanário** – Que se efetua, que sucede, que se publica todas as semanas. *O primeiro*, de origem grega, e *o terceiro* de origem vernácula se aplicam especialmente a jornais e revistas.

Hebe, **Juventa** – Nome grego e nome latino de deusa da mocidade. *O segundo* aparece na expressão *fonte de Juventa*.

hebraico, **hebreu** – Pertemcente ou relativo aos hebreus. *Hebraico* se aplica a coisas, à língua. *Hebreu* se aplica a pessoas: *o povo hebreu*.

Hefaístos, **Vulcano** – Nome grego e nome latino do deus do fogo na mitologia greco-rornana. *O primeiro* é poético: "Hefaístos além parece inda mais triste" (Alberto de Oliveira, *Os Deuses Gregos*).

helvético, **suíço** – Relativo à Suíça. *O primeiro* lembra a antiga Helvécia, que os romanos conquistaram: *Confederação Helvética*. *O segundo*, mais usado, lembra o cantão de Schwyz, um dos três que formaram o núcleo da Confederação.

hematose, **sanguificação** – Conversão do sangue venenoso em arterial. *O primeiro*, calcado no grego, é mais usado que *o segundo*, calcado no latim.

hemiciclo, **semicírculo** – Metade do círculo. *O primeiro* se refere especialmente a um espaço semicircular, com degraus, destinados a receber espectadores.

Hera, **Juno** – A rainha dos deuses na mitologia greco-romana, irmã e mulher de Júpiter. *O primeiro* nome, grego, é menos usado que *o segundo*, latino.

herança, **hereditariedade** – *Herança* é o que se herda de alguém, por via de sucessão ou por testamento. Também se aplica à transmissão de particularidades físicas ou de qualidades morais aos descendentes. *Hereditariedade* é a qualidade de hereditário, o direito de receber herança, a transmissão daquelas particularidades ou qualidades. Ex.: *lei de herança*, *hereditariedade natural*.

herdeiro, **legatário**, **sucessor** – *Herdeiro* é a pessoa chamada a receber uma herança. *Legatário* é a pessoa objeto de um legado, isto é, de disposições de última vontade pela qual se dá a pessoa que não é herdeiro um direito real sobre objeto da sucessão ou um crédito contra um herdeiro. *Sucessor* é quem sucede nos bens.

heril, **senhoril** – De senhor ou senhora. O primeiro é um latinismo literário: "Rígida, heril soberana, numa altura..." (Goulart de Andrade, *Canto Real da Noiva*.)

hérnia, **quebradura** – Tumor formado pelo deslocamento de um órgão ou de parte de um órgão que se escapam através de abertura natural ou acidental da membrana que recobre este órgão. *O segundo* nome é popular.

herói, **grande homem**, **homem representativo**, **pró-homem**, **super-homem** – *Herói* é o grande homem de coragem, notável por suas façanhas, sua força de alma diante do martírio etc. No dizer de José Estêvão, são exceções monstruosas da nossa natureza, seres da nossa espécie que excedem as condições ordinárias da nossa existência, filhos pródigos da natureza e da sociedade. No dizer de Carlyle (*Hero and Heroworship*, *Lecture I*), *modellers*, *patterns*, *and in a wide sense creators*, *of whatsoever the general mass of men contrived to do or to attain*, modeladores, modelos e, em sentido lato, criadores de que quer que seja que a massa geral de homens imaginou fazer ou atingir. *Grande homem* é aquele que inspira admiração aos outros por seu mérito no ponto de vista da inteligência e do coração; concebe grandes desígnios, faz grandes coisas. O *homem representativo* é aquele, próprio para representar o seu povo, a sua raça, a sua época, uma cultura, os ideais de um movimento social etc. Modernamente se inventou a palavra *pró-homem*, não muito usada aliás. *Super-homem* é adaptação do alemão *Uebermensch*, criação de Nietzsche no *Assim falava Zaratustra*. "Eu vos anuncio o super-homem, diz ele no capítulo III. O homem é superável. Comparado com o super-homem, o homem é uma irrisão ou uma dolorosa vergonha. O super-homem é o sentido da terra. O homem é um rio turvo. É preciso ser um mar para, sem se toldar, receber um rio turvo. Pois bem; o super-homem é esse mar." Na linguagem comum, super-homem não é bem o super-homem de Nietzsche; é um homem superior aos outros, mas com qualquer coisa de sobrenatural, um homem providencial que acode aos outros resolvendo tudo, pronta e eficazmente, no momento preciso.

heroicidade, **heroísmo** – *Heroicidade* é a qualidade de herói, o caráter próprio de herói. *Heroísmo* é o modo de pensar, sentir e agir que os heróis têm.

hibernal, **hiberno**, **hiemal**, **invernal** – Significam *do inverno*. *O primeiro* e *o terceiro* são palavras eruditas e literárias. *O segundo*, também erudito e literário, pouco se emprega igualmente. *O quarto*, embora de formação vernácula, é pouco empregado.

híbrido, **mestiço** – *Híbrido* é o ser que provém de dois indivíduos pertencentes a espécies diferentes, geralmente bastante vizinhas. *Mestiço* é o ser que provém de indivíduos pertencentes a populações diversas de uma mesma espécie. Assim, o mulo, filho de cavalo com burra ou de burro com égua, é um híbrido; o mulato, proveniente de homem branco com mulher negra ou de homem negro com mulher branca, é um mestiço.

hidrângea, **hortênsia**, **novelos-da-china**, **rosa-do-japão** – Planta da família *Saxifragaceae* (*Hydrangea hortensia*).

hidroavião, **hidroplano** – Avião que, tendo flutuadores em vez de trem de aterrissagem, eleva da água o voo e nela pousa.

hidrofobia, **raiva** – *Hidrofobia* quer dizer horror à água e aos líquidos em geral. *Raiva* é moléstia virulenta, transmitida por certos animais ao homem. O cão, atacado desta moléstia, fica com uma constrição de garganta que o impede de beber água. Considerou-se hidrofobia este sintoma e daí o aplicar-se à raiva o nome de *hidrofobia*, que não é o popular.

hífen, **tirete**, **traço de união** – Notação léxica que une os componentes de um vocábulo composto, que une verbos a pronomes enclíticos, a sílaba separada em fim de linha à sílaba seguinte e no começo da linha imediata. *O segundo nome* é pouco usado.

hindu, **indiano**, **indostânico**, **indostano** – Relativo à índia, natural deste país. A índia também se chama Indostão. O mais usado é *o primeiro*.

"hinterland", **sertão** – Parte interna de um país, muito longe da costa. *O primeiro*, do alemão *hinter* detrás, e *land*, terra, é palavra erudita.

hioscíamo, **meimendro**, **velenho** – Planta da família *Solanaceae* (*Hyosciamus niger*).

hipoacusia, **mouquice**, **mouquidão** – Estado de mouco. *O primeiro*, vocábulo erudito, aparece como termo técnico da linguagem médica. *Os dois outros* ainda vivem menos do que o adjetivo donde provêm, o qual, no Brasil, quase que só se encontra no provérbio: *Palavras loucas, orelhas moucas*.

hipocondríaco, **jururu**, **macambúzio**, **melancólico**, **sorumbático**, **triste**, **tristonho** – *Hipocondríaco* é o que, por doença, se mostra habitualmente triste. *Jururu*, muito aplicado a aves, sobretudo galináceos, é o mesmo que triste por doença. *Macambúzio* é o triste carrancudo. *Melancólico* é o triste, calmo, cismador. *Sorumbático* é o triste e sombrio. *Triste*, termo genérico, é o que não sente alegria e o demonstra no semblante, nas atitudes etc. *Tristonho* é o muito triste.

hipocôndrio, **vazio** – Cada uma das partes laterais superiores do baixo-ventre, abaixo do epigástrio, e limitadas em cima pelas falsas costelas. *O segundo nome* é popular.

hipódromo, **prado** – Pista para corridas de cavalos. A linguagem comum usa *o segundo nome*, que lembra o gramado circunscrito da pista.

hipótese, **suposição** – *Hipótese* é o que se supõe para inferir verdades de ordem elevada, para chegar aos princípios, para erigir um sistema. Barateia-se muito esta palavra, empregando-a pela outra. *Suposição* é o que se supõe conjeturalmente, sem provas positivas, por verossimilhança, por má vontade etc.

hipotético, **suposto** – V. o precedente. V. *contestável*.

histeria, **pitiatismo** – Nevrose complexa, caracterizada pela exageração da sensibilidade, ataques, simulações etc. *O segundo nome* é pouco usado, fora dos meios médicos.

historiador, **historiógrafo** – Ambos escrevem história. O *historiador* coordena os fatos e os julga, ao passo que o *historiógrafo* apenas os coordena. Além disso, o historiógrafo trabalha mediante remuneração.

historieta, **historíola** – Narrativa de fato insignificante, de pouca importância. A *segunda palavra* é um diminutivo erudito.

Holanda, **Países-Baixos** – País da Europa. O nome mais comum é *o primeiro*. *O segundo* é tradução do nome oficial (*Nederland*). *Holanda* é o nome de duas províncias.

holocausto, **sacrifício** – *Holocausto* era o sacrifício em que a vítima, além de imolada, era totalmente consumida pelo fogo (grego *hólos*, inteiro, e *kaustós*, de *kaio*, queimar, *holókauston*). V. *Levítico*, I. *Sacrifício* é cerimônia religiosa em que se consagra alguma coisa, algum ente à divindade, imolando ou não.

homem, **varão** – *Homem* é indivíduo masculino da espécie humana. *Varão* é o homem que tem valor, virtude, juízo, experiência e outras boas qualidades. O cardeal Saraiva dá duas excelentes citações. Uma é de Fr. Amador Arraiz: "Se os homens tivessem um pouco de coração e fossem varões, não temeriam a morte" (*Diálogos*, IX, 2). A outra é de Sêneca: "Non sentire mala sua, non est hominis: non ferre, non est viri". (Não sentir seus males, não é de homem: não suportá-los, não é de varão). Plutarco descreveu a vida de ilustres varões da Grécia e de Roma antigas. No Norte se diz *varão* em vez de filho homem.

homônimo (Portugal), **tocaio** (Rio Grande do Sul), **xará** (Brasil) – Pessoa que tem o mesmo nome que outra.

honestidade, **probidade** – A *honestidade* é a conformidade com os princípios da honra. A *probidade* é a retidão de caráter que leva à observância estrita dos deveres do homem, quer públicos, quer privados.

honor, **honra** – Demonstração de veneração, devida ao mérito, à virtude, à idade, à hierarquia. *A primeira palavra* é antiquada, só aparecendo na expressão *dama de honor*, que designa moça nobre do séquito de rainha, imperatriz ou princesa, e hoje moça que acompanha a noiva.

honorário, **honorífico**, **honrado**, **honroso** – *Honorário* é o que só dá honra, não acarretando trabalhos nem proventos: *presidente honorário*, *cargo honorário*. *Honorífico* é o que traz honra, dá honra, faz honra: *ordem honorífica*. *Honrado* é o que tem honra, o que procede com honra: *homem honrado*, *honrado negociante*. *Honroso* é o que traz muita honra: *posto honroso*, *morte honrosa*.

horóscopo, **horoscópio** – Morais dá somente o primeiro vocábulo, que é o mais usado. Aulete dá os dois e os considera sinônimos. Significam prognóstico sobre a vida de uma pessoa, tirado da inspeção da posição dos astros na hora do nascimento desta pessoa. As duas palavras vêm do latim. Em grego há *horoskópos*, termo de astrologia o qual quer dizer ascendente da natividade, e *horoskopeíon*, quadrante de que usam os astrólogos. Em latim há *horoscopus*, constelação sob a qual alguém nasceu, e *horoscopium*, quadrante astrológico. Vê-se claramente que, no português, se deu a fusão dos dois sentidos em um só, o atrás indicado. Herculano empregou *horoscópio*, toda a gente emprega *horóscopo*. Como em grego *horoskópos* também é o nome de sacerdote egípcio encarregado de observações astrológicas, Ramiz Galvão quer que *horóscopo* fique reservado para a significação de pessoa que calcula ou prognostica o destino. Não conheço abonação alguma de *horóscopo* neste sentido. A ponderação do douto helenista seria perfeitamente aceitável caso a língua pudesse ser, não um produto coletivo, e sim o resultado de convenções individuais. Por conseguinte, certa ou errada, a sinonímia de Aulete subsiste.

hortaliça, **legume**, **verdura** – *Hortaliças* são plantas herbáceas, cultivadas geralmente em hortas, plantas cujas folhas ou frutos são comidos crus ou cozidos, sob a forma de saladas ou passados em gordura. *Legume* é propriamente o fruto das plantas da família *Leguminosae*, a vagem, mas vulgarmente se aplica ao sentido de hortaliça. *Verduras* são plantas hortenses comidas como as hortaliças: alface, chicória, bertalha, azedinha, espinafre, vagens etc., tudo de cor verde.

horto, **jardim**, **pomar**, **vergel** – *Horto* é um pedaço de terra mais ou menos extenso, destinado a viveiro ou plantação de árvores, frutíferas ou não; estações experimentais de botânica possuem-nos. O nome aplica-se especialmente ao horto de Getsêmani, o jardim das Oliveiras, onde o Salvador sofreu e foi traído. *Jardim* é o trecho de terra com plantas que deem flores, para gozo da vista e do olfato. *Pomar* é o trecho de terra plantado de árvores frutíferas. *Vergel* é um jardim com flores, plantas rústicas, árvores frutíferas ou não, mas principalmente flores: "... entro per ela como per um fresco vergel e excelente pomar, onde vejo flores de eloquência e frutos de sentenças" (Fr. Heitor Pinto, *Imagem*, II, 398).

hospício, **manicômio** – Hospital de alienados. *O primeiro nome*, que é popular, já significou casa de caridade na qual se recolhiam doentes ou pobres. Ainda hoje se aplica à casa em que religiosamente agostinianos abrigam viajantes, num desfiladeiro dos Alpes Peninos, entre a Suíça e a Itália.

hospital, **nosocômio** – Casa onde se recolhem e tratam doentes. *O segundo nome* é um neologismo pedante e ridículo. Atualmente usa-se tb. o termo ***clínica*** com essa conotação.

húmil, **humilde** – Significa que revela humildade, *q.v.* *O primeiro* é um latinismo literário.

humildade, **humilhação** – *Humildade* é a virtude com que sentimos a consciência do nosso pouco ou nenhum mérito, da nossa fraqueza, da nossa inferioridade. *Humilhação* é a manifestação de humildade. Roquete dá excelente citação de Vieira, num dos sermões do Rosário: "A humildade é o interior da humilhação; assim como a humilhação é o exterior da humildade".

húmus, **terra vegetal**, **terriço** – Terra fértil, formada pela decomposição de substâncias animais e vegetais misturadas com a terra comum. *O terceiro nome* é o menos usado.

húngaro, **magiar** – Relativo à Hungria, natural deste país. *O segundo nome* se aplica propriamente ao povo uralo-altaico que no século nono invadiu o vale do Danúbio e aí se mestiçou com eslavos e germânicos.

I

ibixuma, **mucungo**, **mutamba**, **mutambo** – Planta da família *Sterculiaceae* (*Guazuma ulmifolia*).

Içá, **Putumaio** – Rio do Amazonas.

içá (Sul), **tanajura** (Norte) – Nomes da fêmea da saúva.

icanga, **peixe-cachorro**, **saicanga** – Nomes de peixes da família *Characidae*, pertencentes aos gêneros *Acestrorhamphus*, *Hydroscion*, *Xiphorhamphus* e outros.

icica, **icicariba** – Árvore da família *Anacardiaceae* (*Icica icicariba*).

ictiófago, **piscívoro** – Que se sustenta de peixes. São duas palavras eruditas, *a primeira* de origem grega e *a segunda*, de origem latina.

ideal, **imaginário** – *Ideal* é o que só existe na ideia, o que não tem existência fora de nós. *Imaginário* é o que depende das transformações que a imaginação faz no que apreendeu pelos sentidos.

idear, **idealizar** – *Idear* é pôr na ideia. *Idealizar* é idear coisa sublime, de alta perfeição artística. Não se dirá que um ladrão idealizou um furto, por mais astuciosa que tenha sido a concepção deste furto. Diz-se que um escultor idealizou uma estátua.

idêntico, **igual**, **mesmo** – *Idêntico* é o que é o mesmo, que não faz senão um, que não se pode distinguir de outro. *Igual* é o que tem a mesma forma, cor, tamanho, peso, número etc. que outro. *Mesmo* é o que não é outro. Na linguagem corrente se dá a *idêntico* e a *mesmo* o valor de perfeitamente igual.

idioma, **língua** – Em sentido especial, *língua* é a linguagem falada própria de um povo. *Idioma*, palavra erudita, é o mesmo que *língua*, como aí se definiu.

idiota, **imbecil**, **mentecapto** – *Idiota* é o desprovido de inteligência. *Imbecil*, o fraco de espírito, aquele cuja inteligência parou, ficou rudimentar. Etimologicamente, o que não tem uma varinha (*bacillus*) a que se apoie. *Mentecapto* é o que teve inteligência, mas esta foi tomada (*mens*, *tis* e *capere*); ele a perdeu.

idiotismo, **modismo** – *Idiotismo* é fato gramatical peculiar a uma língua, nem sempre subordinado às regras da gramática. O infinitivo pessoal, por exemplo, é idiotismo da nossa língua e do galego. *Modismo* é especialmente o idiotismo de construção: "O padre Vieira, que discorrera por tantas peregrinas regiões, enriqueceu a língua com palavras e modismos, que João de Barros houvera taxado de contrárias à vernaculidade, como ele a entendia e praticava" (Latino Coelho, *apud* Aulete)".

idocrásio, **vesuvianita** – Silicato hidratado de alumina, cal, magnésia e ferro.

ignaro, **ignorante** – *Ignaro* é o afundado na mais crassa e vergonhosa ignorância; é palavra erudita: "Não vos temais, Senhor, do povo ignaro" (Camões, *Lírica*, 292). "Contra a tenção que a plebe ignara tem" (*ibidem*, 289). *Ignorante* é o que ignora; isto em sentido lato. Em sentido restrito, é o que ignora as coisas geralmente sabidas, o que devia ou podia saber.

igreja, **santuário**, **templo** – A palavra *igreja* quer dizer propriamente ajuntamento chamado, na frase de D. Fr. Bartolomeu dos Mártires em seu *Catecismo*, L, I, cap. 13. Depois estendeu-se ao edifício onde os fiéis se reúnem para render culto a Deus, à Virgem e aos Santos. *Santuário* é lugar sagrado, naturalmente com igreja, notável por aparições, milagres etc, ponto de convergência de peregrinações: Aparecida, Congonhas do Campo, Lapa, Sameiro (em Braga), Lourdes etc. *Templo* é o edifício onde se faz o ofício divino: *Templo de Diana em Éfeso*. É a palavra usada em relação ao paganismo, em relação ao protestantismo, em relação a outras religiões; entre os católicos pertence à linguagem elevada.

íleo, **nó nas tripas**, **oclusão intestinal**, **vólvulo**, **volvo** – Obstrução do intestino pela torção de uma alça. *O primeiro nome* e *o quarto* são palavras eruditas. *O segundo* é popular. *O quinto* é corruptela do quarto. *O terceiro* é simplesmente o fato que constitui este mal.

ileso, **incólume** – *Ileso* é o que saiu de um perigo sem receber lesão, sem se ferir, sem perder um membro, sem dano. *Incólume* quer dizer intacto, são e salvo. Muito sutil será a diferença entre os dois; um se prende a *laedere*, ferir, e outro à raiz de *clades*, dano, destruição (Walde, LEW).

ilheta, **ilhéu**, **ilhoa**, **ilhote** – Diminutivos de ilha. *O primeiro* e *o quarto* são pouco usados. *O segundo* significa também natural de uma ilha, sentido em que mais se emprega. *O terceiro* é o mais usado.

ilhéu, **insulano** – Natural de uma ilha. *O segundo vocábulo* é erudito.

ilibado, **imaculado**, **impoluto**, **incorrupto**, **intemerato** – *Ilibado* era o vaso das libações, ainda não tocado pelos lábios. *Imaculado* quer dizer sem mancha. *Impoluto*, não sujo. *Incorrupto*, não corrompido. *Intemerato*, não violado: *Mãe intemerata* (na ladainha de Nossa Senhora).

iludido, **iluso** – Particípios passados do *verbo iludir*. *O segundo* é erudito e literário: "Havia uma mulher devota, devota, mas ilusa, como muitas vezes acontece" (Vieira, sermão décimo nono do Rosário).

ilusionista, **mágico**, **prestidigitador**, **prestímano** – Artista que, graças à sutileza do espírito e à destreza das mãos e dos dedos, produz ilusões que agradam ao público. *O primeiro nome* evoca a ideia da ilusão; *o segundo*, a de artes mágicas; *o terceiro*, a dos dedos prestes; *o quarto*, pouco usado, a das mãos prestes.

ilusório, **quimérico**, **utópico** – Que não passa de ilusão, quimera, utopia. V. estas palavras.

imanar, **imantar**, **imantizar** – Comunicar a propriedade do ímã. Apesar de galicismo, *o segundo* é o único que tem vida real, sem prejudicá-lo em nada a proscrição dos vocabulários acadêmicos.

imaturo, **verde** – Que ainda não está maduro. *O primeiro* se emprega mais no sentido moral.

imbu, **umbu** – Fruto do imbuzeiro ou umbuzeiro.

imburana, **umburana** – Planta da família *Burseraceae* (*Bursera leptophloeos*).

imbuzeiro, **umbuzeiro** – Árvore da família *Anacardiaceae* (*Spondias tuberosa*).

imensidade, **imensidão** – Qualidade de imenso. *Imensidão* é especialmente grande extensão, amplitude fora do comum: *a imensidão do mar*.

imerecido, **imérito** – Não merecido. *O primeiro* é o da linguagem corrente; *o segundo*, erudito.

imergir, **mergulhar** – Meter debaixo d'água ou de qualquer outro líquido. *O primeiro* é erudito; *o segundo*, popular.

imerso, **mergulhado** – V. *imergir*.

imitador, **imitante** – Que imita. *O segundo* é literário: "perlas imitantes / A cor da Aurora" (*Lusíadas*, X, 102, 6-7). *O primeiro* se usa substantivado.

imolar, **sacrificar** – *Imolar* é oferecer à divindade uma criatura humana ou um irracional, matando. Abraão imolou um carneiro ao Senhor; Jefté, a própria filha. Nos sacrifícios romanos, espalhava-se sobre a cabeça da vítima, antes da degolação, farinha sagrada misturada com sal (*mola salsa*); daí *imolar*. *Sacrificar* é fazer sagrado, dando à divindade, perdendo inteiramente. O sacrifício pode ser cruento ou incruento; a imolação é sempre cruenta.

imoto, **imóvel** – *Imoto*, latinismo literário, significa que não se move, porque mesmo não tem movimento: "Mas, por não darem no penedo imoto" (*Lusíadas*, II, 28, 5). *Imóvel* é o que não se pode mover, o que não se move, podendo fazê-lo.

imparcial, **indiferente**, **neutro** – *Imparcial* é o que, agindo, não se revela favorável a uma das partes litigantes nem a outra, embora intimamente simpatize com uma delas. *Indiferente* é o que não toma partido por nenhuma das duas porque nenhuma lhe interessa, nenhuma lhe merece simpatia. *Neutro* é o que não toma o partido de um nem do outro, para não comprar barulhos alheios.

imperativo, **imperioso** – *Imperativo* é o próprio para mandar, o que manda com autoridade: *mandado imperativo*. *Imperioso* é aquele em que há arrogância maior do que a autoridade: *tom imperioso*.

ímpeto, **impetuosidade** – *Ímpeto* é movimento arrebatado e súbito. *Impetuosidade* é propriamente qualidade de impetuoso e também ímpeto muito intenso.

impetrante, **peticionário**, **requerente**, **suplicante** – Nomes que se aplicam a pessoa que dirige pedido a autoridade. *Impetrante* se usa muito no foro. V. *impetrar*. *O peticionário* pede apresentando uma petição. O *requerente*, termo mais usado, apresentando um requerimento. *O suplicante*, fazendo súplica. V. *suplicar*.

ímpio, **irreligioso** – *Ímpio* é o que, não sentindo respeito por Deus nem pelo que é sagrado, despreza o culto público. *Irreligioso* é o falto de religião, sem que por isso seja forçosamente um ímpio.

implícito, **subentendido**, **tácito** – *Implícito* é o que não precisa vir manifesto, porque está virtualmente contido naquilo de que se trata. *Subentendido* é o que não se precisa dizer, porque o espírito facilmente entende por baixo daquilo que foi dito. *Tácito* é o que não foi expresso por palavras; o silêncio ou a inação autorizam.

impugnar, **refutar** – *Impugnar* é lutar contra, atacar, uma opinião, um projeto, uma afirmação tentando destruir peta base. *Refutar* é rebater com argumentos opiniões contrárias.

impune, **impunido** – Que escapou à devida punição. Não havendo um verbo correspondente, *o segundo* vive menos do que o primeiro: "Não era bem que a inocência levasse a pena, e a violência injusta ficasse impunida" (P. Manuel Bernardes, *apud* Aulete).

imundo, **porco**, **sórdido**, **sujo** – *Imundo* é antônimo de *mundo*, limpo, que aliás é palavra erudita (*Lusíadas*, X, 85, 5), significando por conseguinte *não limpo*. *Porco* evoca o animal pouco amigo da limpeza, segundo o pensar do povo. *Sórdido*, palavra erudita, é o imundo e nojento. *Sujo* é a forma popular significativa da falta de limpeza.

inabalável, **inexorável**, **inflexível** – O *inabalável* não se deixa abalar por argumentos. O *inexorável* não cede a rogos, súplicas; não se apiada. *O inflexível* não se deixa dobrar; conserva sua opinião.

inação, **inércia** – *Inação* é a falta de ação. *Inércia* é a inação, acompanhada de torpor, de repugnância ao trabalho, à ação.

inadiável, **intransferível** – *Inadiável* é o que não pode ser adiado, isto é, transferido por dias. *Intransferível* é o que não se pode transferir para outra época, outro mês, outro ano.

inambu, **nambu** – Nomes de aves da família *Tinamidae*, pertencentes ao gênero *Crypturus* e, na Amazônia, também ao gênero *Tinamus*. V. *codorna*.

inambu-anhangá, **inambu-saracuíra** – Ave da família *Tinamidae* (*Crypturus variegatus*).

inambucuá, **inambu-pixuna**, **inambu-quiá**, **inambu-sujo** – Ave da família *Tinamidae* (*Crypturus cinereus*).

inapagável, **indelével** – Que não se pode apagar. *O segundo* é um latinismo erudito.

inaptidão, **incapacidade**, **inépcia**, **insuficiência** – Significam falta das condições necessárias para levar a termo uma tarefa. Pela impossibilidade de adquirir os meios, pela privação deles e pela desproporção entre eles e o fim.

inativo, **inerte** – *Inativo* é o que está na inação, *q.v.* *Inerte*, o que está na inércia, *q.v.*

incaico, **incásico** – Relativo aos Incas, dos Incas.

incansável, **indefesso**, **infatigável** – *Incansável* é aquele a que não se pode fazer cansar, o que não descansa. *Indefesso*, palavra erudita, é o que não se cansa. *Infatigável* é o que não se pode fatigar.

incensador, **turiferário** – O que incensa. *A segunda palavra* é erudita.

incensador, **incensado**, **incensório**, **turíbulo** – Vaso onde se queima o incenso. *O primeiro* é popular; *o segundo* e *o terceiro* são pouco usados; *o quarto*, erudito, é da linguagem corrente.

incerteza, **indecisão**, **irresolução**, **perplexidade** – Estado de incerto, de indeciso, de irresoluto, de perplexo. V. estas palavras.

incerto, **indeciso**, **irresoluto**, **perplexo** – O *incerto* não dispõe de elementos para fazer um juízo seguro. O *indeciso* não tem razões suficientes a movê-lo a um juízo seguro. *Irresoluto* é o que não tem energia para executar o que a razão aprovou ou para vencer os obstáculos que contrariam a vontade. *Perplexo* é o que se sente indeciso ou irresoluto, por inquietação criada pela necessidade de decidir ou resolver e pelo receio de tomar partido errado, prejudicial. V. *contestável*.

inchado, **túmido**, **tumente**, **tumefacto** – Aumentado de volume. *O segundo*, *o terceiro* e *o quarto* são eruditos.

inchar, **intumescer**, **tumefazer-se** – Aumentar de volume *O segundo* e *o terceiro* são eruditos.
incisor, **incisório** – Que faz incisão. *O primeiro* é o mais usado.
incivilizado, **selvagem** – Que não tem civilização. *O segundo* lembra a selva, o lugar onde vive o homem que não tem civilização.
inconstante, **volúvel** – Ambos variam de objeto a cada momento, fixando-se, porém, nos objetos o inconstante e não se fixando o volúvel.
increpador, **increpante** – Que increpa.
incursão, **invasão**, **irrupção** – *Incursão* é uma invasão rápida, às carreiras, correndo. *Invasão* é a entrada à mão armada em um país, para saqueá-lo ou para dele se apoderar. *Irrupção* é uma invasão violenta, rompendo tudo.
indefensável, **indefensível** – Que não pode ser defendido. *O primeiro* é mais usado.
indefinido, **indefinito** – Que não é definido, que exprime a ideia de modo vago ou geral. *O primeiro* é de formação vernácula; *o segundo*, um latinismo.
índex, **indicador**, **indicante** – Que indica. *O primeiro* se aplica especialmente ao dedo entre o polegar e o médio.
Índia, **Indostão** – País da Ásia. *O primeiro nome* é o mais usado.
indicação, **marca**, **sinal** – *Indicação* é sinal indicativo. *Marca* é sinal distintivo. *Sinal* é tudo o que dá notícia.
indigência, **inópia**, **miséria**, **necessidade**, **penúria**, **pobreza** – *Indigência* é precisão do necessário, com impossibilidade de o haver. *Inópia* é a carência total do necessário. *Miséria* é indigência, inópia, penúria, que provocam a compaixão. *Necessidade* é a falta do necessário, requerendo auxílio. *Penúria* é pobreza extrema, com falta de víveres (latim *penus*, víveres). *Pobreza* é a escassez do necessário, é o estado de não ter o bastante para as necessidades da vida.
indigente, **mendigo**, **pedinte**, **pobre** – *Indigente* é o que está na indigência, *q.v.* *Mendigo* é o que pede esmola, sendo pobre, indigente, necessitado, ou não; há mendigos que dispõem de recursos. *Pedinte* é o mesmo que *mendigo*. *Pobre* (substantivo) igualmente (neste contexto, mas não necessariamente é um mendigo).
indivíduo, **pessoa** – *Indivíduo* é o ser humano, considerado em relação à espécie humana ou a um grupo de seres humanos. *Pessoa* é o indivíduo, considerado em si mesmo.
indivíduo, **sujeito**, **tipo** – Pessoa indeterminada, desconhecida, que não se quer nomear ou de que se fala com desprezo. *O segundo* e *o terceiro* são grosseiros.
indizível, **inefável**, **inexprimível** – Que não se pode dizer, de que não se pode falar, que não se pode exprimir.
indolência, **preguiça** – *Indolência* é a inação determinada pela insensibilidade a tudo o que merece cuidado e atenção aos outros; constitui um defeito. *Preguiça* é a inação, pela repugnância ao trabalho; é um vício.
indolente, **preguiçoso** – V. o precedente.
indúcias, **tréguas** – V. *armistício*. *Indúcias*, palavra erudita e literária, são o mesmo que *tréguas*.
indutor, **induzidor** – Que induz. *O primeiro*, erudito, emprega-se cientificamente: *circuito indutor*. *O segundo*, de formação vernácula, emprega-se no sentido de incitador, instigador.
inépcia, **ineptidão** – Falta de inteligência, imbecilidade. *O segundo* é me-

nos usado, talvez pela paronímia com *inaptidão*.

inestendível, inextensível – Que não se pode estender. *O segundo*, erudito, é o mais usado.

inexecutável, inexequível – Que não se pode executar. *O primeiro*, deformação vernácula, é menos usado que *o segundo*.

infamador, infamante, infamatório – Que infama. O mais usado é *o segundo*.

infância, meninice, puerícia – *Infância* é a primeira idade do homem, do nascimento aos sete anos; no começo dela o homem não fala (latim *in*, prefixo negativo, e *fari*, falar). *Meninice* é a idade do menino; vai dos sete anos até os primeiros sinais da puberdade. Também se diz *meninez*. *Puerícia* é a forma erudita, o mesmo que *meninice*.

infando, nefando – *Infando* é aquilo de que não se deve falar: "Sobresteve algum tempo, o dano infando / Consigo a relembrar" (Alberto de Oliveira, *Velha Fazenda*). *Nefando* é aquilo de que não se deve falar, por ser execrável, contra a religião: "Amor nefando" (*Lusíadas*, VII, 53, 8).

infeccionar, infectar, inficionar – Comunicar infecção, tornar infecto. *O terceiro* é antiquado: "Cheiro, que o ar vizinho inficionava" (*Lusíadas*, V, 82, 2).

infenso, infesto – Ambos significam inimigo e são vocábulos eruditos e literários. *O étimo do primeiro*, o latim *infensu*, prende-se à raiz que se encontra em *ofender* e *defender*. *O do segundo*, o latim *infestu*, prende-se a uma raiz que significa *agarrar* (Walde, LEW). Ex.: *Infenso* aos profetas (Fr. Antônio Feio, *Tratado de Santo Estêvão*, *apud* Morais). *Defenderei da força dura e infesta* (*Lusíadas*, IV, 19, 3).

infido, infiel – Que não é fiel, *q.v.* *O primeiro* é erudito e literário "Quando as infidas gentes se chegaram" (*Lusíadas*, II, 1, 7).

infindo, infinito – Que não tem fim.

influência, influição, influxo – Ato ou efeito de influir. *O primeiro* se refere à ação de uma pessoa; o *segundo* à ação de uma coisa. Costuma-se usar um pelo outro. *Influição* é antiquado: "Que influição de sinos e de estrelas" (*Lusíadas*, V, 23, 6).

influente, influidor – Que influi. *O segundo* requer no verbo *influir* o sentido de entusiasmar.

infracto, quebrado – São sinônimos no sentido de quebrantado, abatido, desfalecido.

infrangível, infringível, inquebrável – *Infrangível*, palavra erudita, e *infringível* são o que não pode ser infringido. *Inquebrável* é o que não pode ser quebrado.

infrutífero, infrutuoso – *Infrutífero* é o que não produz frutos. *Infrutuoso*, o que não produz com abundância os frutos esperados.

infundido, infuso – Particípios do verbo *infundir*. *O segundo* se aplica a certos substantivos, tais como alma, ciência.

inglório, inglorioso – Ambos são antônimos de *glorioso* e significam *que não dá glória*. *O segundo* é menos usado e nele o sufixo *oso* traz atenuada sua significação.

inimicícia, inimizade – Falta de amizade. *O primeiro* é um latinismo literário: "Nascem da tirania inimicícias" (*Lusíadas*, VII, 8, 5).

inimistar, inimizar – Tornar inimigo. *Inimistar* é um castelhanismo que Aulete considera antiquado e entretanto no Brasil não o está.

iníquo, injusto – *Iníquo* quer dizer sem equidade; *injusto*, sem justiça. V. *equidade*, *v. justiça*.

inocente, **inócuo**, **inóxio** – Que não faz mal, que não causa dano. *O segundo* e *o terceiro* são eruditos.
inocente, **insonte** – Que não tem culpa. *O segundo* é erudito e literário.
inopinado, **inopino** – É o que aconteceu sem que se tivesse tempo para pensar nele (latim *opinari*, ter uma opinião, pensar, imaginar). *O segundo* é menos usado.
inoportuno, **intempestivo** – *Inoportuno* é o que vem fora do tempo favorável. *Intempestivo*, o que vem fora de tempo próprio.
inovação, **novidade** – Coisa nova, não conhecida. *Inovação* é propriamente o ato de introduzir novidade.
inquirição, **inquisição** – Ato de inquirir. *O segundo* especializou o sentido na designação do antigo tribunal eclesiástico conhecido pelo nome de Santo Ofício.
inquirir, **interrogar**, **perguntar** – *Inquirir* é interrogar para descobrir a verdade. Um juiz inquire uma testemunha. *Interrogar* é perguntar a quem tem obrigação de responder. Um professor interroga um aluno. *Perguntar* é dirigir palavras a alguém, pedindo que nos diga coisa de que queremos ser informados. Um viandante perdido pergunta o caminho.
insciente, **ínscio** – Que não é sabedor, que não está ciente. Palavras eruditas.
instante, **momento** – *Instante* é momento muito breve, infinitamente pequeno, o menor espaço de tempo que é possível considerar (tb. ***átimo***): *"O instante* se há com o tempo da maneira que se há o ponto com a linha, porque tão indivisível é um como outro, e pois o ponto não é linha, logo nem o instante é tempo." (Fr. Heitor Pinto, *Diálogo da Justiça*, cap. I.) *Momento* é um espaço muito breve de tempo.
insubmergível, **insubmersível** – Que não pode submergir. *O primeiro*, apesar de sua formação vernácula, é menos usado.
insuperável, **invencível** – *Insuperável* é tudo aquilo acima de que não se pode passar: *obstáculo insuperável*. *Invencível* diz-se das coisas que combatem entre si: *inimigo invencível*.
insurgente, **insurrecionado**, **insurrecto**, **rebelado**, **rebelde**, **revoltoso**, **revolucionário**, **sublevado** – *Levante* é o termo genérico; é aquele que se manifesta inesperadamente, agindo contra um estado de coisas. *Insurgente* é o que se está insurgindo, isto é, levantando-se contra um poder estabelecido, com causa que julga justificada. *Insurrecionado* é o mesmo que *insurrecto*. *Insurrecto* é o que já se insurgiu. *Rebelado* é o que sem causa justificável se levanta contra um poder estabelecido. *Rebelde* emprega-se como *rebelado*, mas é propriamente o inimigo de sujeitar-se a uma autoridade. *Revoltoso* é o que toma parte em revolta, *q.v.* *Revolucionário*, o que toma parte em revolução, *q.v.* *Sublevado* é o que se levanta com outros, em massa, em grande número. Uma pessoa, ou mesmo poucas não se sublevam.
insurgir-se, **insurrecionar-se**, **levantar-se**, **rebelar-se**, **revoltar-se**, **sublevar-se** – V. o precedente.
intáctil, **intangível** – Que não pode tocar. Palavras eruditas. *A primeira* é menos usada.
intanha, **sapo-de-chifre**, **sapo-intanha**, **untanha** – Batráquio da família *Cystignathidae* (*Ceratophrys sp.*).
integrar, **inteirar** – Tornar inteiro, pondo o que falta para completar. *O primeiro* é erudito.
integridade, **inteireza** – Qualidade de inteiro, física e moralmente falando. *O*

primeiro é semi-erudito e *o segundo*, de formação vernácula.

íntegro, **inteiro** – É aquele a que não falta nenhuma parte física nem qualidade moral alguma. *O primeiro*, palavra erudita, aplica-se especialmente ao magistrado dotado de justiça, retidão, equidade, incorruptibilidade, inteligência. *O segundo* se aplica mais à inteireza física.

intelecto, **inteligência** – *Intelecto* é o conjunto das faculdades que levam o espírito a conhecer, entender e compreender. *Inteligência* é o intelecto em atividade.

intentar, **tencionar** – *Intentar* é fazer um intento. "Os revoltosos intentaram derrubar o governo". *Tencionar* é fazer tenção. vaga disposição do espírito, sem firmes probabilidades de realização: "Tenciono passar o verão numa estação de águas."

interceder, **mediar** – Pôr-se entre duas pessoas; para proteger, defender, uma delas (*interceder*) ou para conciliá-las (*mediar*).

intercessor, **intermediário**, **mediador**, **medianeiro** – O *intercessor* intercede por alguém. *Os outros* medeiam entre duas pessoas, para pô-las de acordo, sendo que no *intermediário* há quase sempre a ideia do interesse dele.

interditar, **interdizer** – Proibir por ato público. Carneiro Ribeiro, *Serões*, 752, considerou barbarismo *o primeiro*. Camilo, *Cavar em Ruínas*, 120, empregou *interditar*.

interior, **interno** – *Interior*, o que está mais para dentro do que o que é interno. *Interno* é o que está da parte de dentro. Praticamente não se observa esta diferença.

interminável, **intérmino** – *Interminável* é o que não pode terminar. *Intérmino*, o que não tem termo.

internação, **internamento** – Ato ou efeito de internar. São igualmente usados.

interpelador, **interpelante** – Que interpela. *O segundo* parece mais usado.

interrogação, **interrogatório** – Ato de interrogar, sendo que *o segundo* se refere a réu ou testemunha e é feito por autoridade policial ou judiciária.

interrogador, **interrogante** – Que interroga. *O segundo* é mais usado.

interveniente, **interventor** – Que intervém. *O segundo* é o mais usado.

intestino, **tripa** – Parte do aparelho digestivo, constituída por um canal com numerosas circunvoluções, o qual faz seguimento ao estômago. *O segundo nome* é vulgar.

intrigante, **intriguista** – Indivíduo que faz intrigas. *O primeiro* é o mais usado.

introduzir, **meter** – *Introduzir* é levar para dentro e *meter* é pôr em lugar interno ou interior. Em rigor, ambos significam fazer entrar, sendo da linguagem corrente o segundo e sugerindo o primeiro as ideias de cuidado e de estudo.

inúmeros, **numerosos** – Os *inúmeros* são tantos que para eles não há conta. Os *numerosos* são em número muito grande e sempre coletivos: *família numerosa*, *exército numeroso*, *as inúmeras estrelas do céu*.

inveja, **invídia** – Sentimento penoso causado pela felicidade alheia. *O segundo vocábulo* é erudito, literário e pouco usado.

invejoso, **ínvido** – Que sente inveja. *O segundo* é erudito, literário e pouco empregado: "as Parcas ínvidas" (J. F. Barreto, *Eneida*, III, 86).

invencível, **invicto** – *Invencível* é o que não pode ser vencido. *Invicto*, o que ainda não foi vencido. V. *insuperável*.

invernador, **invernista** – Indivíduo que nas invernadas engorda novilhos para o corte.
inverneira, **invernia** – Inverno rigoroso ou tempo frio e chuvoso como o do inverno. *O segundo* parece mais usado.
investida, **investimento** – Ato ou efeito de investir. *O segundo* hoje se reserva para o emprego de capitais.
investigador, **investigante** – Que investiga. *O segundo* é menos usado.
ipê, **ipeúva**, **peúva**, **piúva** – Árvore da família *Bignoniaceae* (*Tecoma ipe*).
ipê-amarelo, **ipê-do-brejo**, **pau-de--ouro** – Árvore da família *Bignoniaceae* (*Tabebuia chrysostricha*).
ipeca, **ipecacuanha**, **poaia**, **raiz-do--brasil** – Planta da família *Rubiaceae* (*Cephaelis ipecacuanha*).
ipequi, **patinho-d'água**, **pecapara**, **pequi**, **picapara** – Ave da família *Heliornithidae* (*Heliornis fulica*). Os nomes *ipequi* e *pequi* são da Amazônia.
Irã, **Pérsia** – País da Ásia. *O primeiro nome* data de 23 de março de 1935 e revive o antigo.
iraniano, **persa** – Relativo ao Irã, natural dele. V. o precedente.
irara, **jaguapé**, **papa-mel** – Mamífero da família *Mustelidae* (*Tayra barbara*).
iritinga, **uritinga** – Peixe da família *Siluridae* (*Tachysurus proops*).
irradiador, **irradiante** – Que irradia.
irré, **pai-agostinho** – Ave da família *Tyrannidae* (*Myiarchus ferox swainsoni*).
irredutível, **irreduzível** – Que não pode ser reduzido. *O segundo* é menos usado.
irreverencioso, **irreverente** – *Irreverencioso*, o que é muito irreverente. *Irreverente*, o que não tem reverência.
irritação, **irritamento** – Ato ou efeito de irritar. *O primeiro* é o mais usado.
irritador, **irritante** – Que irrita. *O segundo* é mais usado.
írrito, **nulo** – O que é *nulo* não produz efeito (*Quod nullum est, nullum producit effectum*), porque labora em vício nascido da falta de condição ou solenidade legal. O que é *irrito*, também não produz efeito, embora não lhe faltem as condições nem solenidades legais; não foi ratificado (lat. *in* e *ratus*). Vê-se pois, que não há pleonasmo algum na expressão corrente *irrito* e *nulo*. Um ato reconhecido com vícios intrínsecos não merece ratificação.
itã, **sarnambi**, **sernambi** (Ceará) – Molusco da família *Mactridae* (*Corbula mactroides*).
itinerário, **roteiro** – *Itinerário* foi a narração, feita por um viajante, das peripécias da sua viagem. Encontramos este sentido no título das obras clássicas de Antônio Tenreiro, de Fr. Pantaleão de Aveiro, no chamado Itinerário de Alexandre, no chamado Itinerário de Antonino, no de Chateaubriand. Hoje em dia porém, itinerário é o caminho para uma viagem, geralmente terrestre, com indicação dos pontos de passagem e outras informações. *Roteiro* é escrito em que se descrevem costas, correntes marinhas, escolhos, baixios, bancos de areia, ventos e tudo mais quanto seja de utilidade aos navegantes conhecer. Hoje deve aplicar-se às viagens aéreas também.

J

jabá, **japu**, **rubixá** – Ave da família *Icteridae* (*Ostinops decumanus*).

jabiru (Sul), **jaburu** (idem), **tuiuiú** (Amazônia, Mato Grosso) – Ave da família *Ciconiidae* (*Jabiru mycteria*).

jabuti-aperema, **jabuti-jurema**, **jabuti-machado**, **machado** (no Solimões) – É o cagado *Platemys platycephala*, da família *Chelyidae*.

jaçanã, **japiaçoca** (Amazônia), **piaçoca** (idem) – Ave da família *Parridae* (*Parra jacana*).

jacaratiá, **jaracatiá**, **mamão-bravo**, **mamoeiro-do-mato** – Arbusto da família *Caricaceae* (*Jaracatia dodecaphylla*).

jacaré, **monjolo** – Árvore da família *Leguminosae* (*Enterolobium monjolo*). V. *cabeça-de-jacaré*.

jacaré-coroa, **jacaré-curuá**, **jacaré-curulana** – Réptil da família *Crocodilidae* (*Jacaretinga trigonatus*).

jacaré-de-papo-amarelo, **ururau** – Há duas espécies de jacarés-de-papo-amarelo, o *Caiman latirostris* e o *Jacaretinga palpebrosus*. A uma delas cabe a sinonímia com *ururau*, mas Ihering não sabe a qual atribuir.

jacitara (Pará), **titara** (Bahia), **urubamba** (Mato Grosso) – Nome comum a duas palmeiras (*Desmoncus orthacanthus* e *D. inermis*).

jacuapeti, **jacupará**, **jacutinga**, **peru-do-mato** – Ave da família *Cracidae* (*Pipile jacutinga*).

jacupeba, **jacupema**, **jacupemba** – Ave da família *Cracidae* (*Penelope superciliaris*, no Sul, e *P. jacupeba*, na Amazônia).

jaguané, **jaguaré**, **zorrilho** (Rio Grande do Sul) – Mamífero da família *Mustelidae* (*Conepatus suffocans*).

jaguereçá, **jaguariçá**, **jaguaruçá**, **juguriçá** – Peixe da família *Holcentridae* (*Holocentrus ascensionis*).

jalde, **jalne** – Amarelo vivo, cor de ouro.

jamacaru, **manacaru**, **mandacaru** – Planta da família *Cactaceae* (*Cereus peruvianus*).

jamais, **nunca** – O advérbio *jamais* (referente ao passado) significa *em algum tempo;* o primeiro componente mostra bem sua aplicação temporal: "Que citara jamais cantou vitória" (*Lusíadas*, II, 52, 7). Quando acrescida da partícula de negação, passava a ter valor negativo (em nenhum tempo): "ia mays nõ ouui lezer" (*Cancioneiro da Vaticana*, 202); "ia mays nuca lhi par ui" (*ibidem*, 150). A locução *jamais nunca* reduziu-se depois a *jamais*, ficando este advérbio com valor negativo. Ainda há um exemplo dera em Camões, no soneto *Quem presumir:* "De mim será jamais nunca esquecida". Depois da redução passou a aplicar-se também ao futuro: "Jamais permitirei tal abuso". Vez por outra aparece ainda com o valor primitivo: "O Rio é a cidade mais linda que jamais vi". Para significar *em tempo algum*, usou-se em todos os períodos da língua o advérbio *nunca* proveniente do latim *nunquan*, que deu o espanhol *nunca*, o provençal *nonca*, o francês antigo *nonques*, o macedo-romeno *ninca*. *Jamais* hoje é palavra um tanto erudita e dá à frase mais energia do que *nunca*. Não aceitamos o ponto de vista do cardeal Saraiva: *nunca* se usa nas proposições que exprimem juízo positivo e *jamais* nas que exprimem interrogações, dúvida, incerteza. Nada há de exclusivo nestes empregos: "Jamais direi sim a esta pergunta. Nunca estiveste em Paris?" Não aceitamos também o de Roquete: em *jamais* existe a ideia de que não se quer que a coisa suceda e em *nunca*, a de dúvida, desesperança, desconfiança. Não existe tal exclusividade: "Jamais serei feliz. Desejo que ele nunca me visite". Estas ideias estão mais nos verbos, nas circunstâncias do fato, na intenção do falante do que mesmo nos dois advérbios. Luís Delfino, *Angústia*, 127, usou: *Quem soube nunca, e quem há de saber jamais*. Passado e futuro.

jambeiro, **jambo-amarelo**, **jambo-da-índia**, **jambo-rosa** – Árvore da família *Myrtaceae* (*Jambosa vulgaris*).

jambo-aguado, **jambo-branco**, **jambo-d'água** – Árvore da família *Myrtaceae* (*Jambosa aquae*).

jambo-de-malaca, **jambo-encarnado**, **jambolão**, **jambo-vermelho** – Árvore da família *Myrtaceae* (*Jambosa malaccensis*).

jambolão, **jamelão**, **jalão** – Árvore da família *Myrtaceae* (*Syzygium jambolanum*).

jandaia, **nandaia**, **nhandaia** – Ave da família *Psittacidae* (*Conurus jandaya*).

jandaia, **periquito-rei** – Ave da família *Psittacidae* (*Conurus aureus*).

jandiá, **jundiá**, **nhandiá** – Peixes da família *Pimelodidae* (exceto os mandis) e particularmente as espécies do gênero *Rhandia*. *O primeiro nome* e *o terceiro* são do Norte e *o segundo*, do Sul.

janta, **jantar** – A segunda das refeições principais do dia, tomada entre a merenda e a ceia. *O primeiro* é um brasileirismo popular e familiar.

jaó, **zabelê** – Ave da família *Tinamidae* (*Crypturus noctivagus*). *O primeiro nome* se ouve da Bahia para o Norte.

japara (Bahia), **opaba** (Bahia) – Terreno arenoso, à beira-mar, alagado no inverno.

japonês, **japônico**, **nipônico** – Relativo ao Japão, natural deste país. O mais usado é *o primeiro*. *O segundo* aparece no composto *terra-japônica*. *O terceiro* é calcado em *Nippon*, nome oficial do país.

japuçá, **uapuçá**, **uaiapuçá** – Macacos da família *Cebidae* (*Callicebus sp.*).

jaraqui, **jeraqui** (Goiás) – Peixes da família *Characidae* (*Prochilodus sp.*).

jararaca, **surucucurana** (Amazônia) – Nomes de três serpentes da família *Viperidae*, a *Bothrops jararaca*, que é a jararaca propriamente dita, a *B. atrox* e a *B. jararacussu*.

jararaca-de-barriga-vermelha, **jararaquinha-do-campo** – Cobra da família *Colubridae* (*Liophis poecilogyrus*).

jarro, **pé-de-bezerro**, **taioba**, **talo**, **tarro** – Planta da família *Araceae* (*Colocasia antiquorum*).

jasmim-do-mato, **paratucu** – Planta da família *Apocynaceae* (*Tabernaemontana citrifolia*).

jataí, **jataí-amarelo**, **jati** (Norte), **sete-portas**, **três-portas**, **tubuna** – Abelha da família *Meliponidae* (*Trigona jaty*).

jataí, **jatobá**, **pão-de-ló-de-mico** – Árvore da família *Leguminosae* (*Hymenaea courbaril*).

jataíba, **jataúba**, **tatajiba**, **tatajuba**, **tatarema**, **tataúba**, **tuijuva** – Planta da família *Moraceae* (*Bagassa guianensis*).

jau, **javanês** – Relativo a Java, natural desta ilha.

jaú, **jundiá-de-lagoa** – Peixe da família *Pimelodidae* (*Paulicea lutkeni*).

jauarana, **pirá-andira**, **saranha** – Peixe da família *Characidae* (*Rhaphiodon vulpinus*).

javali, **javardo**, **porco montês** – Mamífero da família *Suidae* (*Sus scrofa*).

javalina, **gironda** (Alentejo) – Fêmea do javali.

jazida, **jazigo** – Lugar onde abundam metais ou pedra de valor industrial. Neste sentido, *o primeiro* é um brasileirismo. Por *jazigo*, no Brasil, só se entende a sepultura.

jeju, **jiju** – Peixe da família *Characidae* (*Hoplerythrinus unitaeniatus*).

jeratacaca, **manacá** – Arbusto da família *Solanaceae* (*Brunfelsia hoppeana*).

jereré (Nordeste), **landuá** (idem), **puçá** (Norte), **rede-fole** (Portugal) – Certa rede em forma de funil.

jerupoca, **jurupensém**, **jurupoca** – Nomes de peixes da família *Pimelodidae*, do grupo do surubim, de focinho muito alongado.

jeruva, **jiriba**, **juruva** (Sul), **pirapuia**, **siriú**, **siriúba**, **taquara**, **udu** (Amazônia) – Ave da família *Momotidae* (*Momota sp.*).

jesus-meu-deus (Sergipe), **maria-judia** (Norte), **tico-tico** (Sul) – Pássaro da família *Fringillidae* (*Brachyspiza capensis*).

jia (Norte e Nordeste), **rã** (grande) (Sul) – Batráquío da família *Leptodactylidae* (*Leptodactylus sp.*).

jiboia-vermelha, **salamanta** (Norte e Nordeste) – Cobra da família *Boidae* (*Epicrates cenchris*).

jimbuia, **nimbuia**, **rã-pimenta** – Batráquio da família *Leptodactylidae* (*Leptodactylus pentadactylus*). *O primeiro nome* é de S. Paulo.

Joanes, **Marajó** – Ilha do Pará. *O primeiro nome* é antigo.

joão-grande, **maguari** (Amazônia), **mauari** (idem), **socoí** (Sul) – Ave da família *Ardeidae* (*Ardea socoi*).

joão-velho, **pica-pau-de-cabeça-amarela** – Ave da família *Picidae* (*Celeus flavescens*).

jornal, **periódico** – *Jornal* é folha volante, publicada diariamente, dando notícia dos fatos que ocorreram. *Periódico* é folha volante, publicada em dias fixos e determinados, mas, talvez por castelhanismo, emprega-se em lugar *de jornal*.

jornalismo, **periodismo** – Profissão de jornalista, de periodista, *q.v.*

jornalista, **periodista**, **plumitivo** – Redator de artigos de responsabilidade ou colaborador assíduo de um jornal ou periódico.

jubaí, **tamarindeira**, **tamarindeiro**, **tamarindo**, **tamarineira**, **tamarineiro**, **tamarinheiro**, **tamarinho** (Brasil) – Árvore da família *Leguminosae* (*Tamarindus indica*). *Tamarindo* e *tamarineiro* são as formas que mais se usam.

jubeba, **jurepeba** – Planta da família *Solanaceae* (*Solanum jubeba*).

jucá, **pau-ferro** – Árvore da família *Leguminosae* (*Caesalpinea ferrea*).

judaico, **judeu**, **israelense**, **israelita** – Relativo à Judeia, da Judeia, natural da Judeia. *Judaico* aplica-se de preferência a coisas e *judeu* a pessoas. *Judeu* devia em rigor aplicar-se aos hebreus da tribo ou do reino de Judá, mas estendeu-se a toda a nação. Hoje é também o descendente dos antigos judeus. *Israelense* é o cidadão nacional do Estado de Israel. *Israelita*, descendente de Israel, isto é, de Jacó, segundo o nome que lhe deu o Anjo do Senhor depois da luta (*Gênese*, XXXII, 28), vem a ser o mesmo que *judeu*.

judicial, **judiciário** – Relativo à justiça. *O primeiro* refere-se à administração da justiça: *atos judiciais*, *juramento judicial*.

juiz, **julgador** – O que julga. *O segundo* tem significação lata: "O bom julgador por si se julga". *O primeiro* é o julgador com investidura legal.

julavento, **sota-vento**, **sulavento** – Borda do navio, aposta à direção do vento.

junção, **união** – *Junção* é o ato ou efeito de juntar, de cessar a separação. *União* é o caso ou efeito de unir, de juntar tão intimamente que forme uma unidade.

junta, **parelha** – Par, grupo de dois da mesma espécie. A *junta* é de bois; a *parelha*, de cavalos ou muares.

jupará, **jupurá**, **macaco-da-meia-noite** (Amazônia) – Mamífero da família *Procyonidae* (*Potus flavus*).

Júpiter, **Zeus** – Nome latino e nome grego do rei dos deuses na mitologia greco-romana.

jura, **juramento** – *Jura* é a fórmula comum, usada pelo vulgo para atestar a verdade. *Juramento* é fórmula mais ou menos solene, com que se invoca o nome de Deus ou qualquer coisa sagrada, em confirmação da verdade afirmada ou de sinceridade de promessa.

jurisconsulto, **jurisperito**, **jurista**, **legista** – *Jurisconsulto* é o jurista consumado, que é solicitado a dar pareceres sobre altas questões jurídicas. *Jurisperito* é o mesmo que jurista; usa-se pouco. *Jurista* é o indivíduo versado na ciência do direito. *Legista* é o versado no conhecimento das leis.

juriti, **juruti** – Ave da família *Peristeridae* (*Leptoptila sp.*).

juritipiranga, **juriti-vermelha**, **pariri**, **pomba-cabocla**, **vevuia** (S. Paulo) – Ave da família *Peristeridae* (*Geotrygon sp.*).

jurueba (S. Paulo), **papagaio-caboclo**, **papagaio-de-peito-roxo** (Rio Grande do Sul), **peito-roxo** – Ave da família *Psittacidae* (*Amazona vinacea*).

justa, **torneio** – A *justa* era um jogo militar que consistia num combate de homem para homem, a cavalo e com lança. O *torneio* era outro jogo da mesma natureza, mas entre muitos homens, dispostos em quadrilhas de uma parte e de outra, fazendo voltas em torno, a cavalo ou a pé, com lança ou espada.

justiceiro, **justiçoso**, **justo** – O *justo* possui um sentimento normal de justiça. *O justiceiro*, por exagerado sentimento de justiça, mostra-se zeloso demais, muito severo, com uma ponta de sadismo. Salomão foi justo. Pedro I, o Cruel, e também o Justiceiro, assim se mostrou em relação aos assassinos de Inês de Castro. *Justiçoso*, hoje antiquado, é o mesmo *que justiceiro*. Aparece nos *Lusíadas:* "As cidades guardando, justiçoso" (III, 137, 5). O cardeal Saraiva apresenta a propósito uma bela citação de Vieira, *Sermões*, XV, 137: "Entre o *justo* e *o justiceiro* há esta diferença: ambos castigam, mas o justo castiga e pesa-lhe; o justiceiro castiga e folga... O justo com mais vontade absolve que condena, o justiceiro com mais vontade condena que absolve... O justo propende para a parte de piedoso, o justiceiro para a de cruel". O grande épico dá confirmação disto, em relação ao dito rei, castigador rigoroso de latrocínios, mortes e adultérios: "Fazer nos maus cruezas, fero e iroso,/ Éramos seus mais certos refrigérios" (III, 137, 3-4).

jutubarana (Nordeste), **tabarana** (Sul), **tubarana** (Minas) – Peixe da família *Characidae* (*Salminus hilarii*).

L

labor, **trabalho** – *Labor* é trabalho longo, difícil, fatigante. É palavra literária. Marca uma ocupação mais penosa ou longa do que o trabalho, que afasta a ideia de dificuldade, duração ou importância. *Trabalho* é a aplicação das forças físicas ou mentais na feitura de uma coisa, na consecução de um fim.

laborioso, **trabalhador** – *Laborioso* é o amigo do trabalho, o que nele se compraz. *Trabalhador* é o que faz muito numa obra, esforça-se muito. Pode-se ser trabalhador sem ser laborioso.

ladainha, **litania** – Preces cantadas em honra de Deus, da Virgem ou de Santos. *O segundo vocábulo* é erudito e literário: "... que em algumas igrejas se cantava nas litanias" (Bernardes, *Nova Floresta*, IV, 12).

ladrado, **ladrido**, **ladro**, **latido** – A voz do cão. *O último* é o mais usado.

ladrador, **ladrante**, **latrante** – Que ladra. *O terceiro* é erudito: "Cérbero latrante" (Sá de Meneses, *Malaca Conquistada*, II, 3).

ladrar, **latir** – Soltar a voz (o cão). *O primeiro* é grosseiro.

lagarta-aranha, **sauí** – Nomes das lagartas das mariposas da família *Cochlidiidae*.

lagarta-rosada, **lagarta-rósea** – Lagarta da mariposa *Platyedra gossipiella*, da família *Tineidae*.

lagartixa, **osga** – No Brasil, são lacertílios da família *Geckonidae* (gênero *Hemidactylus* etc.). O *primeiro nome* é do Sul e *o segundo*, do Norte e do Nordeste. Em Portugal, *lagartixa* ou *sardanisca* é lacertílio da família *Lacertidae* (*Lacerta agilis*), segundo Aulete, e *osga*, o mesmo que a osga do Brasil (gênero *Gecko* etc.).

lagarto, **teiú**, **teiú-guaçu**, **teju** (Ceará), **tejuguaçu**, **tiú** – Réptil da família *Tejidae* (*Tupinambis teguixin*). Em Portugal, os lagartos pertencem à família *Lacertidae;* o *sardão*, por exemplo, é a *Lacerta viridis* (Aulete).

lago, **lagoa** – *Lago* é massa d'água cercada de terra por todos os lados. Os autores divergem quanto à significação de *lagoa*. Morais e Roquete entendem como lagoa um lago grande; Aulete, um lago pequeno. Nós damos o nome de *lagoa* às grandes massas d'água cercadas de terra por todos os lados ou comunicando-se em algum ponto com outras massas d'água: lagoas dos Patos, Mirim, Mangueira, Feia, Juparanã, Grande, Jiquiá, Mata, Parnaguá etc.

lagosta-gafanhoto, **mãe-do-camarão**, **tamarutaca**, **tambarutaca**, **tamburutaca** – Crustáceos da família *Squi-*

llidae (*Squilla sp.*). Aulete (1ª ed.) s. v. *tamaru*, dá ainda o nome de *lagostim mante*.

lagosta-sapateira (Pernambuco), **lagostim** – Crustáceo da família *Scyllaridae* (*Scyllarus aequinoctialis*). O lagostim de Portugal é o *Nephrops norvegicus* (Aulete, 1ª ed.), da família *Astacidae*.

laical, **laico**, **leigo** – *Laical*, *laico* quer dizer próprio de leigo. *Leigo* é o que não recebeu ordens sacras.

lajeado, **lajedo** – Pavimento coberto de lájeas ou lajes.

lama, **lodo**, **tijuco**, **vasa** – *Lama* é terra mais ou menos ensopada em água. Aparece nas ruas, quando chove ou lançam água. *Lodo* é um depósito terroso, misturado de restos de matéria orgânica, no fundo de águas. *Tijuco* é lama de cor escura (Beaurepaire Rohan), pegajosa (Pacheco Júnior, *Gram. Hist.*, 148). *Vasa* é lodo fino, atoladiço formado no fundo de rios, lagos, mar etc.

lamaçal, **lamaceira**, **lamaceiro**, **lamarão**, **lameira**, **lameiral**, **lameirão**, **lameiro** – *Lamaçal* já foi definido. *Lamaceira* e *lamaceiro* são o mesmo que *lamaçal*. *Lamarão* é grande lamaçal. *Lameira* é o mesmo que *lameiro*, já definido. *Lameiral* é uma série de lameiros. *Lameirão* é grande lameiro.

lambari, **matupiri** (Amazônia), **piaba** (do Nordeste ao Rio), **piau** (Sul), **piava** (Sul) – Peixes da família *Characidae*, pertencentes aos gêneros *Hemigrammuns*, *Moenkhausia*, *Astyanaz* e outros.

lambari-bocarra (Minas), **saburu** (Nordeste), **saguira** (idem), **saguiru** (Ceará) – Peixes da família *Characidae* (*Curimatus sp.*).

lambe-olhos, **lambe-sapo** (Amazônia e Mato Grosso) – Abelhas menores da família *Meliponidae* (*Trigona duckei* e outras).

lamelar, **lameloso**, **laminar** – Que tem lâminas.

lanche, **merenda** – Refeição ligeira entre o almoço e o jantar. *O primeiro*, adaptado do inglês, é moderno.

langor, **languidez** – Estado de langue. Desfalecimento mórbido.

langoroso, **langue**, **languente**, **lânguido** – Cheio de langor, que tem langor.

languescer, **languir** – Tornar langue. A força incoativa do primeiro está atenuada.

lanífero, **lanígero** – Que tem ou produz lã. *O primeiro* é termo de botânica e *o segundo* aplica-se a gado.

lanígero, **ovelhum**, **ovino** – Qualificativo da espécie de gado a que pertence o carneiro. *O segundo* é de menor uso.

lanosidade, **lanugem** – *Lanosidade* é qualidade de lanoso, mas na linguagem corrente vale como *lanugem*. *Lanugem* é pelo semelhante a lã.

lanoso, **lanudo**, **lanzudo** – Cheio de lã ou de lanugem. *O segundo é de menor* uso.

laranja-amarga, **laranja-azeda**, **laranja-da-terra** – Árvore da família *Aurantiaceae* (*Citrus aurantium*).

laranja-boceta, **tangerina-boceta**, **tangerina-sanguínea** – Árvore da família *Aurantiaceae* (*Citrus melitensis*).

Lares, **Penates** – Deuses inferiores na mitologia romana. Os *Lares* guardavam e protegiam pessoas e bens. Os *Penates* defendiam as coisas domésticas e vigiavam o abastecimento da casa. De *lar* vem *lareira*, o fogo doméstico. Da raiz de *penates* vem *penúria*, falta de víveres, extrema pobreza.

largo, **praça** – *Largo* é uma praça pequena, formada muitas vezes pelo alargamento de uma rua em certo trecho:

Largo do Depósito, no Rio de Janeiro. *Praça* é um logradouro público espaçoso, cercado de edifícios, geralmente ajardinado ou ornado de estátuas, fontes etc. no qual desembocam várias ruas. *Praça da República*.

largueza, **largura** – Significam qualidade de largo. *O primeiro* se emprega no sentido figurado de liberalidade, dissipação e outros; *o segundo*, no sentido material de menor das dimensões de uma superfície.

laudatório, **laudatício**, **laudativo** – *Laudatório* é o que louva. *Laudatício* e *laudativo* são os próprios para louvar.

laudável, **louvável** – Digno de louvor. *O primeiro*, erudito, é menos usado.

lavadeira-grande, **pombinha-das-almas** (Sul) – Ave da família *Tyrannidae* (*Taenioptera vela*).

lavanda, **purificador** – Vaso de vidro ou de louça o qual serve para, no fim das refeições, enxaguar-se a boca e purificar a ponta dos dedos. *O primeiro* é mais usado no Brasil.

leão-marinho, **lobo-do-mar**, **lobo-marinho**, **urso-do-mar** – Mamífero da família *Otariidae*, pertencentes aos gêneros *Otaria*, *Arctocephalus* e outros.

lechetrez, **leitariga**, **leiteira**, **luzetro**, **maleiteira** – Planta da família *Euphorbiaceae* (*Euphorbia papillosa*).

lechiguana, **siçuíra** (Amazônia) – Inseto da família *Vespidae* (*Nectarina lecheguana*).

legal, **legítimo**, **lídimo** – *Legal* é feito segundo a lei, baseado numa lei, prescrito pela lei, concedido pela lei. *Legítimo*, embora também signifique conforme a lei, significa ainda conforme à equidade, à razão, à ordem natural: *filho legítimo*, *legítima defesa*. *Lídimo* é forma popular de *legítimo*, a qual com o tempo se tornou literária.

legenda, **lenda** – *Legenda* é inscrição que se põe num mapa, numa caricatura, numa moeda, numa medalha etc. *Lenda* é narração com fundo verdadeiro, adulterado pela imaginação popular. *Legenda* já significou e ainda significa também o mesmo que *lenda*. Heráclito Graça, *Factos*, 334, provou cabalmente, contra a pecha de galicismo lançada por Figueiredo, a legitimidade deste uso. Citou exemplos de Camilo, Garrett, Alberto Pimentel, Latino Coelho etc. e mais do que isso, o célebre *Livro e Legenda*, impresso em 1513. Acrescentamos exemplos de Afonso Celso, *Minha filha*, 385, Alcides Maia, *Tapera*, 5, Humberto de Campos, *Rev. da Academia Brasileira de Letras*, CXVI, 35.

leguleio, **rábula** – Advogado sem diploma, apegado à letra da lei. *O segundo nome* tem um quê de pejorativo.

leishmaniose, **úlcera de bauru**, **verruga da baía** – Doença causada por protozoários do gênero *Leishmania*.

lembrança, **memória**, **recordação**, **reminiscência**, **retentiva** – *Memória* é a faculdade de conservar e experimentar de novo estados de consciência passados. *Lembrança* é o resultado do exercício desta faculdade, é a apresentação, pela memória, de ideias adquiridas. *Recordação* é lembrança reavivada, é o ato de trazer à lembrança as ideias confiadas à memória e recordar, fazer esforço para vaga de ideias antigas, que causaram fraca impressão, que deixaram dúvidas, restando delas por isso ligeiros vestígios. *Reminiscência* é lembrança inconsciente, vaga, impressão ligeira que ficou de coisa lida, ouvida, vista, de ideias e noções que foram presentes em tempos remotos. *Retentiva* é memória que conserva as impressões durante longo tempo: "Tinha boa memória e feliz retentiva" (Lucena, *Vida de S. Francisco Xavier*, 8, 9).

lembrar, **evocar**, **recordar** – *Lembrar* é reproduzir espontaneamente na memória e *recordar*, fazer esforço para que a memória reproduza. *Lembrar*, como pessoal, indica propósito e esforço. Como impessoal, a lembrança é casual e não provocada. *Evocar* é fazer presente na lembrança, reproduzir na imaginação uma imagem qualquer (Aulete)

lêndea, **quirana** (Amazônia) – Ovo de piolho.

lenha, **lenho**, **madeira**, **pau** – *Lenha* é matéria vegetal, pernadas, ramos, galhos, destinada a servir de alimento ao fogo. *Lenho* é fragmento de árvore, proveniente da alimpadura dela. *Madeira* é tudo o que, sendo lenhoso, se aplica a construções, marcenaria etc. *Pau* é matéria vegetal destinada a usos que não sejam fabricar, construir, edificar.

lenhador, **lenhateiro**, **lenheiro** – Indivíduo cuja profissão é cortar lenha no mato. *O segundo nome* é do Paraná, *o terceiro*, no Brasil, é de preferência o vendedor de lenha.

lenho, **xilema** – Parte dura do caule, entre a medula e o líber. *O segundo nome* é termo erudito de botânica. V. *lenha*.

lente, **vidro de aumento** – Disco de cristal que tem a propriedade de desviar regularmente os raios luminosos. *O segundo nome* é popular.

lenteza, **lentidão**, **lentor**, **lentura** – Qualidade de lento. Ligeira umidade.

lentigem, **sarda** – Mancha escura que aparece na pele, sobretudo na pele clara das pessoas ruivas. *O primeiro nome* é termo de medicina.

lentiginoso, **sardento** – Que apresenta lentigens ou sardas.

leuconíquia, **mentira**, **selenose** – Mancha branca que às vezes aparece nas unhas. *O segundo nome* é brasileirismo popular.

levantadura, **levantamento**, **levante** – Ato ou efeito de levantar ou levantar-se. *O primeiro* não é usado; *o segundo* se aplica a mapas, plantas etc. preferentemente; *o terceiro* se aplica a agitações contra as autoridades.

levante, **nascente**, **oriente** – Lugar onde o sol se levanta, onde ele nasce. Por *levante*, entende-se especialmente a costa da Ásia, banhada pelo Mediterrâneo. V. *levantadura*.

libertar, **livrar** – Significam tornar livre. *O primeiro* tirado do poder de pessoa ou coisa que escravize; *o segundo*, pondo a salvo de um mal.

lícito, **permitido** – *Lícito* é o que a lei não veda. Mas nem tudo o que é lícito é honesto, como diz o *Digesto*, L. L, Tít. XVII fr. 144,. pr.: *Non omne, quod licitum, honestum est*. Muita coisa a lei não veda mas a moral, a consciência vedam. *Permitido* é o que tanto a lei quanto a moral autorizam.

limbo, **seio de Abraão** – Lugar onde estavam os justos antes da vinda de Cristo. V. Bernardes, *Nova Floresta*, V, 345.

limpa, **limpadura**, **limpamento**, **limpeza** – Ato ou efeito de limpar. O mais usado é *o quarto*.

limpa-campo, **limpa-mato**, **limpa-pasto**, **muçurana** – Cobra da família *Colubridae* (*Pseudoboa claelia*), segundo Afrânio do Amaral (Ihering, *Dicionário*, 467).

limpar, **mundificar** – Tornar limpo. *O segundo verbo* é erudito e literário.

lineal, **linear** – Relativo a linha. *A segunda forma*, dissimilada, é a que mais se usa.

linguado-lixa, **tapa** – Nome de peixes da família *Soleidae*, pertencentes aos gêneros *Achirus*, *Achirops* e outros.

lingueirão, **navalha** – Molusco da família *Myacidae* (*Solen cutellus*), segundo Aulete.
liso, **plano** – *Liso* é o que não tem asperezas nem escabrosidades. *Plano* é o qualificativo das superfícies sobre as quais uma linha reta pode aplicar-se completamente, em todas as direções. Uma bola de bilhar é lisa mas não é plana.
lista, **listra** – São sinônimos no sentido de risca em um tecido, em um papel, em uma superfície etc, de cor diferente da deste tecido, papel, superfície etc. A forma com *r* representa uma tendência muito comum em nossa língua, no grupo *st* (cfr. *estralar*, *estrela*, *lastro*, *mastro*, *registro* etc.).
Livônia, **Riga** – Golfo da Europa.
livrar-se, **safar-se** – *Livrar-se* é ficar livre de um mal; *safar-se*, de coisa que estorve, que incomode, dos negócios, das ocupações.
livro, **volume** – Significam reunião de cadernos manuscritos, dactilografados, mimeografados ou impressos, cosidos entre si e brochados ou encadernados. Dá-se *o primeiro nome* quando se tem em vista o lado intelectual e *o segundo*, quando se tem em vista o lado material: "Só li um livro interessante, nesta biblioteca de cem volumes".
lixa, **simbaíba** (Maranhão) – Planta da família *Compositae* (*Dadiva lixa*).
lixiviação, **percolação** – Ato de aplicar barrela.
loango, **pintado**, **surubi**, **surubim** – Peixes da família *Pimelodidae* (*Pseudoplatistoma sp.*).
lobacho, **lobato** – Filhote de lobo. *O segundo* vive no Brasil como sobrenome. Não há lobos em nosso país.
locador, **senhorio** – Indivíduo que dá de aluguel a outro um prédio. O Código Civil, usa *o segundo nome*.
locatário, **inquilino** – Indivíduo que recebe de aluguel um prédio. O Código Civil emprega os dois nomes.
local, **localidade**, **lugar**, **paragem**, **sítio** – *Local* é o ponto em que uma coisa tem seu assento, o lugar próprio para nele ser colocada. *Localidade* é espaço circunscrito, considerado no que tem de especial. *Lugar* é o ponto em que uma coisa existe ou pode existir. *Paragem* é o lugar onde uma coisa foi ou deve parar. *Sítio* é local, com referência a algum caso acidental e particular.
longevo, **macróbio** – Que teve longa vida, que viveu para lá de cem anos.
loroteiro, **mendaz**, **mentiroso**, **potoqueiro** – Indivíduo que tem o hábito de mentir, de dizer lorotas, potocas. *Mendaz*, palavra erudita, é o mesmo que *mentiroso*. *Loroteiro* e *potoqueiro* são populares.
losango, **rombo** – Quadrilátero com os quatro lados iguais e os ângulos iguais, dois a dois. *O primeiro nome* é o mais usado.
loto, **quino**, **víspora** – Jogo de azar que se joga com cartões divididos em três ordens, cada uma das quais com nove casas, quatro em branco e cinco numeradas indo o conjunto dessas casas de 1 a 90. *O terceiro nome* é um brasileirismo; *o segundo* não se usa no Brasil; *o primeiro* pouco se usa.
louvação, **louvamento**, **louvor** – Ato ou efeito de louvar. *O primeiro* se aplica especialmente à avaliação feita por louvados e a uma tirada laudatória.
lua cheia, **plenilúnio** – A lua, quando está com o disco inteiramente iluminado. *O segundo* é erudito.
lua nova, **neomênia**, **novilúnio** – A lua, quando está com o disco inteiramente escuro. Nesta fase, a lua fica invisível a olho nu. O povo chama lua nova à lua nos primeiros dias em que se

apresenta com parte do disco iluminado. *O segundo* (antigo) e *o terceiro* são eruditos.

lues, **sífilis** – Doença infecciosa, causada pelo *Treponema pallidum*. *O segundo nome* é o mais usado.

luético, **sifilítico** – Doente de lues ou sífilis, *q.v.* *O segundo nome* é o mais usado.

lume, **luz** – Em sentido material, *lume* e *luz* são o que espalha claridade e calor, servindo a *luz* para alumiar e o *lume* para cozinhar, aquecer. *Lume* tem ainda muitos outros empregos.

luminária, **queijadinha** (Norte), **viúva** (Rio de Janeiro) – Certo doce de coco.

lúpulo, **pé-de-galo** – Planta da família *Moraceae* (*Humulus lupulus*).

lusitano, **português** – Natural da antiga *Lusitânia* romana, mais tarde, embora com extensão diferente, *Portugal*.

M

macacal, **macaqueiro**, **simiano**, **simiesco**, **símio** – Relativo ao macaco.

macaco-adufeiro (Mato Grosso), **macaco-da-noite**, **mariquinha**, **miriquiná** – Mamífero da família *Cebidae* (*Aotus azarae*).

macaense, **macaísta** – Relativo a Macau, natural de Macau.

maçaneta, **puxador** (Portugal) – Peça geralmente redonda, de madeira, por onde se puxa para abrir portas, gavetas etc.

mação (Portugal), **maçom**, **pedreiro livre** – Membro da Maçonaria.

macaréu, **pororoca** – Grande ímpeto com que arrebatadamente enchem e vazam alguns rios. *O primeiro nome* se aplica a rios da Ásia: "Este macaréu, ou fluxo da maré, é tão veloz, que não há cavalo, por ligeiro que seja, a que a maré não alcance, quando entra pela planície da praia" (Diogo do Couto, *Décadas*, VI, 4, 3). *O segundo* se aplica ao Amazonas e outros rios do Pará e ao Mearim.

maçaricão, **perna-de-pau**, **pernilongo** – Ave da família *Charadriidae* (*Himantopus sp.*).

maceiro, **porta-maça** – Oficial que leva a maça em certas cerimônias.

macela-do-mato, **marcela**, **marcela-do-mato**, **perpétua-do-mato** – Planta da família *Amarantaceae* (*Telanthera ramosissima*).

maceração, **maceramento** – Ato ou efeito de macerar.

machão, **machoa**, **machona**, **marimacho**, **paraíba**, **virago** – Mulher com aspecto e maneiras de homem. Têm caráter pejorativo e depreciativo.

macho, **masculino**, **másculo** – Que é do sexo a que pertence, no ato da geração, o poder fecundante. *Macho* se aplica aos animais do sexo masculino. *Masculino* é qualificativo especialmente aplicado ao sexo. *Másculo* dá ideia da força, da energia, da aspereza, mais próprias do homem do que da mulher.

macho, **mu**, **muar**, **mulo** – Filho de burro com égua ou de cavalo com burra. No Brasil, só se emprega geralmente *o terceiro*, aparecendo *o quarto* na forma feminina.

madapolão (Nordeste), **madrasto** (Alagoas), **morim** – Tecido de algodão.

madeira, **madeiro**, **lenho** – *Madeira* já foi definida; cumpre agora diferençá-la do masculino. *Madeiro* (e *lenho*) é tronco de madeira, grosso e tosco, capaz de sustentar vigas de sobrados e tetos: "Acaso traz um dia o mar, vagando, / Um lenho de grandeza desmedida./ Deseja o Rei que andava edificando./ Fazer dele madeira" (*Lusíadas*, X, 110,

3-6). "Era tão grande o peso do madeiro" (*ibidem*, 111, 1).

Madona, **Mãe-de-Deus**, **Nossa-Senhora**, **Rainha-do-Céu**, **A Virgem** – Nomes atribuídos a Maria Santíssima, filha de Joaquim e Ana, mãe de Jesus. *Madona* é o nome que se dá às representações da Virgem nos quadros de Rafael e outros.

madorna, **madorra**, **modorra** – Sono curto e leve.

madre, **mãe do corpo**, **matriz**, **útero** – Órgão no qual se gera e desenvolve o embrião dos mamíferos. *O segundo nome* é popular e *o quarto*, o mais usado.

madrileno, **matritense** – Relativo a Madri, natural desta cidade. *O segundo* é muito pouco usado.

madureza, **maturação**, **maturidade** – Estado ou qualidade de maduro, *o primeiro* e *o terceiro*. Só o estado, *o terceiro*.

mãe, **progenitora** – Mulher que deu à luz um ser. *O segundo nome* é um eufemismo moderno e pedante com que alguns indivíduos evitam o emprego *do primeiro*.

mãe-do-sol, **olho-de-sol** – Inseto da família *Buprestidae* (*Euchroma gigantea*).

maestro, **regente** – Indivíduo que dirige orquestra.

malacacheta, **mica** – Silicato de alumínio e de metais alcalinos.

maldade, **malícia**, **malignidade**, **malvadez**, **perversidade** – *Maldade* é a disposição habitual para fazer o mal, com certo desassombro e até audácia (tb. ***crueldade***). *Malícia* é propensão para fazer o mal, acompanhada de certa graça, de zombaria fina e picante. *Malignidade* é maldade profunda, disfarçada. *Malvadez* é também maldade profunda, mas a descoberto, com certo desassombro e até audácia. *Perversidade* é a maldade que se compraz em fazer o mal ou em vê-lo praticado pelos outros.

mal das ancas, **mal de cadeiras**, **mal de escancha** (Maranhão), **mal dos quartos**, **quebra-bunda** (Pará) – Epizootia que, em regiões paludosas, ataca os cavalos e os descadeira.

mal de sete dias, **tétano dos recém-nascidos** – Moléstia infecciosa caracterizada pela rigidez dos músculos. *O primeiro nome* é popular.

mal dos chifres, **roedeira** (Norte) – Certa epizootia do gado vacum.

maléfico, **malfazejo**, **maligno**, **malvado**, **mau**, **perverso**, **ruim**, **sádico** – *O maléfico* faz mal. *O malfazejo* procura fazer o mal e folga com isto. O *maligno* tem malignidade, *q.v.* O *malvado* tem malvadez, *q.v.* O *mau* tem maldade, *q.v.* O *perverso* tem perversidade, *q.v.* O *ruim* não tem préstimo. *Sádico* é o que tem prazer em ser mau, perverso.

malga, **tigela** – Vaso sem asa no qual se serve sopa, caldo etc. *O primeiro nome* não é comum no Brasil. No Minho informaram ao autor deste livro que a malga era de louça e a tigela, de barro; no Brasil, a tigela tanto é de barro como de louça.

malíssimo, **péssimo** – Superlativo de *mau*. *O segundo* é de raiz diferente.

maltratar, **tratar mal** – *Maltratar* é ofender, ultrajar, com palavras ou com obras. *Tratar mal* é tratar sem a devida consideração, dar mau acolhimento.

malva-reloginho, **tupixá** – Planta da família *Malvaceae* (*Sida acuta*).

mama, **peitos**, **pomas**, **seios**, **teta**, **úbere** – *Mama* é órgão glandular que nas fêmeas dos mamíferos segrega o leite. Não sendo palavra polida, costuma-se substituir por *peito*, *seio* ou *seios*, e poeticamente por *pomas*. *Peito*, lembrando a localização; *seio*, a curvatura; *pomas*, a comparação do pomo. *Teta* é o nome que se dá à mama da fêmea de animais irracionais. *Úbere* é a teta da vaca.

mama (Portugal), **mamãe** (Brasil) – Palavra carinhosa que substitui a palavra *mãe* na boca dos filhos.

mamangaba, **mangangá**, **mangangaba** – Insetos da família *Apidae* (*Bombus sp.*).

mamarracho, **pinta-monos**, **troca-tintas** – Mau pintor.

mamoeiro, **papaia**, **papaieira**, **pino-guaçu** – Árvore da família *Caricaceae* (*Carica papaya*).

mancha de vinho, **nevo vascular** – Lesão congênita que dá uma coloração avermelhada à pele.

mandado, **mandamento**, **mando**, **ordem** – *Mandado* é ordem de um patrão, de um chefe, ou despacho de um juiz, para execução de uma diligência. *Mandamento* são os preceitos da Lei de Deus ou da Santa Madre Igreja. *Mando* é poder de mandar e comando militar. No século XVI ainda era o mesmo que ordem: "Será o injusto mando executado" (*Lusíadas*, X, 128, 6). *Ordem* é uma determinação imperativa de superior para inferior.

mandaravé, **quebra-foice** – Arbusto da família *Leguminoseae* (*Callandra tweediei*).

mandarová (caipira), **marandová** – Lagartas de maior porte, gordas e inermes.

mandi-amarelo, **mandi-casaca**, **mandi-do-salgado**, **mandi-pintado**, **mandiú**, **pintado** – Peixe da família *Pimelodidae* (*Pimelodus clarias*). *O último nome* é do Rio Grande do Sul.

mandibé, **mandubé**, **mandubi** – Nome de peixes da família *Auchenipteridae* (*Auchenipterus sp.*) e da família *Ageneiosidae* (*Pseudageneioson sp.*).

mandíbula, **maxila**, **queixada** – *Mandíbula*, palavra erudita, é mesmo que *maxila:* "De cada vez que escancarava as mandíbulas..." (Camilo, *apud* Aulete). *Maxila* é cada uma das duas peças ósseas em que estão implantados os dentes dos vertebrados; é palavra erudita, da anatomia. *Queixada* é o maxilar inferior, formador do queixo, e aplica-se aos irracionais. Assim, diz-se que Sansão matou milhares de filisteus com a queixada de um burro.

maneira, **modo** – *Maneira*, etimologicamente, é a forma de mover as mãos na execução de uma coisa. *Modo*, etimologicamente, é a medida a que uma coisa deve obedecer. Hoje significam forma especial de ser ou de fazer uma coisa. Também se usou e se usa arte, feição, jeito, sorte: *destarte*, *de feição que*, *desta sorte*.

manejar, **manipular**, **manusear** – Executar com o auxílio das mãos. *O primeiro* se aplica especialmente ao emprego de um instrumento no exercício de uma arte: *manejar o leme*, *manejar a espada* etc. *O segundo*, ao preparo de medicamentos. *O terceiro*, ao ato de folhear livros, folhetos, revistas etc.

manguriú, **pacamão** – Peixe da família *Pimelodidae* (*Pseudopimelodus alexandri*).

manifesto, **notório**, **público** – *Manifesto*, etimologicamente, que se pode agarrar com as mãos, é o que aparece a descoberto, que nada oculta, que nada dissimula, e por isso no caso de ser de todos conhecido. *Notório* é o que se mostra tão bem conhecido que se torna indubitável. *Público* é o que é conhecido de muita gente, não é secreto, não é ignorado, mas sem que se garanta a certeza. Um fato pode ser público e manifesto: "Oh assombro, não tanto do milagre público e manifesto..." (Vieira, *Sermão* XXVIII *do Rosário*). Pode ser público sem ser notório; basta que, apesar de conhecido de todos, sobre ele pairem dúvidas.

manja, **tempo**, **tempo-será** – Brinquedo infantil em que as crianças se escondem de uma que fica de olhos tapados e depois vai procurar as outras, agarrando a primeira que encontrar. Em Portugal é *o jogo das escondidas*. No Brasil também ***cabra-cega*** e ***esconde-esconde***.

manojo, **manolho**, **molho** – Feixe pequeno. O *manolho* é uma gavela de espigas. *Molho* é o mais usado.

manquejar, **manquetear**, **manquitar**, **manquitolar** – Mostrar-se manco. *Os três últimos* são brasileirismos.

mansidão, **mansuetude** – Qualidade de manso. *O segundo* é erudito.

manual, **prontuário**, **"vade-mécum"** – Pequeno livro, que se pode trazer na mão, contendo em resumo o indispensável. *Prontuário* é um livro em que se acha prontamente o que se quer saber sobre uma arte ou ciência. *"Vade-mécum"* é folheto ou livro, com indicações, dados de uso frequente, para ir conosco a toda parte (*vai comigo*).

mão de vaca, **mocotó** (Brasil) – Pata de animal bovino, sem o casco, usada na alimentação.

Mar, **Geral** – Serra do Brasil.

mar, **oceano**, **pego**, **pélago**, **ponto** – *Mar* é uma vasta extensão de água salgada que cobre grande parte da superfície da Terra. Em sentido restrito, é parte do domínio marítimo geral, a que seus limites geográficos precisos ou certas particularidades, do seu regime, tais como marés, correntes etc. constituem uma sorte de individualidade: *mar do Norte*, *mar Báltico*. *Oceano*, em sentido geral, é a vasta extensão do mar e, em sentido restrito, grande espaço marítimo, cuja constituição é ou parece sensivelmente uniforme: "Já no largo oceano navegavam..." (*Lusíadas*, I, 19, I). Oceano Atlântico, Oceano Pacífico, Oceano Índico. Os clássicos juntavam as palavras *mar* e *oceano* (Vieira, *Sermões*, XI, 109, XII, 236, XII, 164. ed. de 1907). *Pego*, forma popular do latim *pelagu*, é a parte mais profunda do mar: "Deitando para o pego toda a armada" (*Lusíadas*, V, 73, 4). *Pélago*, palavra erudita, é o alto-mar. *Ponto* é designação do mar, de origem grega aplicada especialmente ao Ponto Euxino, isto é, o mar Negro (*Euxeinos Póntos*).

maravilha, **milagre**, **prodígio** – Os três causam espanto. A *maravilha* é fato não vulgar dentro das leis da natureza, excedendo a expectativa e provocando a admiração. O *milagre* é fato sobrenatural, produzido por intervenção divina. O *prodígio* é fato extraordinário que por sua grandiosidade chama a atenção geral.

marcador, **placar** – Tabuleta onde se vão marcando os pontos de uma partida de futebol. *O segundo* é um galicismo.

marcial, **márcio** – Significam relativo a marte, de Marte, relativo à guerra, de guerra. *O segundo* é literário: "Perigos vencerá do márcio jogo" (*Lusíadas*, IV, 39, 4).

márcido, **murcho** – Sem viço, sem frescura. *O primeiro* é literário.

marga, **marna**, **marno** – Terra em que predominam princípios calcários e argilosos. *Os dois últimos* são galicismos.

maria-branca, **pombinha-das-almas** – Pássaro da família *Tyrannidae* (*Taenioptera nengeta*).

maria-da-serra, **sarro** – Peixes da família *Callichthidae*, pertencentes ao gênero *Corydoras* e a outros.

maria-mole (Norte), **socó-estudante** (Rio de Janeiro), **socozinho** – Ave da família *Ardeidae* (*Butorides striata*).

marianinha, **periquito-d'anta** (Amazônia) – Aves da família *Psittacidae* (*Pionites leucogaster* e *P. melanocephalus*).

maria-preta, **tarumã** – Árvore da família *Verbenaceae* (*Vitex polygama*).

maricaua, **toé** – Arbusto da família *Solanaceae* (*Datura insignis*).

marimari, **seruaia** – Árvore da família *Leguminosae* (*Cassia grandis*).

marinhagem, **maruja** – Conjunto dos marinheiros de uma embarcação. *O segundo* toma-se em sentido geral de gente do *mar: fato à maruja* (no Brasil, *roupa à marinheira*).

marinheiro-da-folha-larga, **tuaiuçu**, **utuapoca** – Planta da família *Meliaceae* (*Guarea spiciflora*).

marinho, **marítimo** – *Marinho* é pertencente do mar, formado pelo mar: *monstro marinho*, *sal marinho*. *Marítimo* é próximo do mar: *porto*, *costa*, *povoação* etc., que se faz por mar, que se exerce no mar, que se aplica no mar: *navegação*, *comércio*, *correio*, *poder*, *légua* etc.

marisco, **mexilhão** – Em sentido lato, *marisco* é molusco ou crustáceo comestível; em sentido restrito, é o *Mytilus edulis*, da família *Mytulidae*, que os portugueses chamam *mexilhão*. O folclore atesta este emprego: *Arroz com marisco é bom petisco*, *para o padre Francisco* (réplica a quem diz *Dominus vobiscum* quando uma pessoa espirra).

Marshall, **Salomão** – Ilhas da Oceania.

martim-cachá, **martim-cachaça**, **martim-grande**, **martim-pescador** – Ave da família *Alcedinidae* (*Ceryle torquata*).

mas, **porém**– São conjunções com que a um conceito se contrapõe outro diverso, originariamente com *mas* (do latim *magis*, mais), quando restritivo: *mau*, *mas meu*. Ao conceito de *mau* acrescentou-se o de *meu;* ao conceito de *bom* (o de outrem) opôs-se o de *meu*, conquanto não seja bom. *Traga quem quiser; não venha*, *porém*, *com crianças*. Hoje em dia tais distinções praticamente não existem. *Mas* e *porém* têm o mesmo valor adversativo, variando apenas na energia. *Mas* colocado no começo da oração é uma adversativa fraca e *porém*, pospositivo, uma adversativa enérgica. Nos clássicos *porém* vinha frequentemente no começo da oração e ainda hoje há quem assim o empregue. Nada há de errado nesta colocação. Apenas desaparece a energia que a *porém* dá a sua condição de palavra tônica (ao contrário de *mas*, que é átona) e a sua posição na frase: "Fui; porém não devia ter ido" é muito mais fraco do que "Fui; não devia, porém, ter ido." *Ver também* ***contudo***.

mascarilha, **meia-máscara** – Pequena máscara que cobre apenas os olhos, o nariz e parte da face.

mastruço, **mentrusto**, **mentruz** (Nordeste) – Plantada família *Cruciferae* (*Senebiera pinnatifida*).

mata, **mato** – *Mata* é terreno plantado de árvores da mesma espécie; hoje, bosque de árvores silvestres onde se cria caça grossa ou onde vivem feras. *Mato*, rigorosamente falando, é lugar inculto, onde nascem plantas agrestes, espessas e baixas (Francisco José Freire, *Reflexões*, II, 93). O verdadeiro sentido de *mato* ainda vive em Portugal; pude averiguar. No Brasil, não se distingue *mata* de *mato* senão por designar este o oposto de cidade, o mesmo que roça.

mata-borrão, **papel-chupão**, **papel passento** (Portugal) – Papel que se passa sobre um escrito, para absorver a tinta.

mata-rato, **quebra-queixo** – Cigarro ou charuto de má qualidade. São termos de gíria.

matéria, **pus** – Humor mórbido que, por efeito de inflamação, se forma em abscessos, feridas, chagas etc. *O segundo nome* é popular.

maternal, **materno** – *Maternal* quer dizer próprio de mãe. *Materno*, próprio da mãe da pessoa de quem se fala: "A filha mais velha do viúvo criou os irmãos pequenos com desvelo maternal. Todos entraram na posse dos bens maternos".

matinal, **matutinal**, **matutino** – *Matinal* quer dizer da manhã, que se faz pela manhã, que sucede de manhã: *refeição matinal*, *passeio matinal*. *Matutinal* é o mesmo que *matutino*. *Matutino* se refere às primeiras horas da manhã, ao alvorecer, ao amanhecer. *Estrela matutina*, *"a matutina luz"* (*Lusíadas*, III, 45, 1).

mau-olhado, **quebranto** – Mal atraído pelo olhar de certas pessoas. *O primeiro nome* lembra a causa; *o segundo*, o efeito.

mauro, **mouresco**, **mourisco**, **mouro** – *Mauro*, latinismo, é forma erudita é literária de *mouro:* "Vós, ó novo temor da maura lança" (*Lusíadas*, I, 6, 5). V. Davi Lopes, *Alguns vocábulos arábico-portugueses de natureza religiosa*, *étnica e lexicológica* (*in Miscelânea Carolina Michaelis*). *Mouresco* apresenta um sufixo que é variante do que se acha no adjetivo seguinte: *dança mouresca*. *Mourisco* era o mouro tornado cristão; traz ideia de origem e natureza o sufixo: *casa mourisca*, *uva mourisca*. *Mouro*, natural da Mauritânia, foi o termo vulgar para designar as gentes estranhas que em 711 se apoderaram de quase toda a Península Ibérica.

mavórcio, **mavórtico** – Relativo a Mavorte, de Mavorte (Marte).

meado, **meio**, **metade** – Cada uma das partes de coisa dividida em duas. *Meado* se aplica especialmente aos meses: *no meado de janeiro*. *Meio* é numeral fracionário: 2 ½. *Metade* é cada uma das partes de um todo dividido exatamente em duas.

meão, **medial**, **mediano**, **médio**, **medíocre**, **meio** – Indicam situações, qualidades etc., intermediárias. O *meão* não é alto nem baixo: *estatura meã*. *Medial* não está no começo nem no fim: *os ss mediais da palavra esse*. *Mediano* quer dizer nem grande nem pequeno, nem bom nem mau, que passa pelo meio: *fortuna mediana*, *nervo mediano*, *veia mediana*. *Médio*, que está entre dois extremos: *idade média*, *termo médio*, *dedo médio*, *temperatura média*. *Medíocre*, que não tem muito valor nem pouco, que não muito bom nem muito mau: *posição medíocre*. *Meio* é o fracionário, que indica metade, divisão por dois: *meio-dia*, *meia-lua*.

medicamento, **remédio** – *Medicamento* é droga, simples ou composta, aplicada como remédio. *Remédio* é tudo o que serve para aliviar, curar um mal: massagens, banhos e certas substâncias.

medicar, **medicinar** – Tratar com medicamentos. *O seguido* é pouco usado.

medidor, **relógio**, **registrador** (Portugal) – Aparelho que registra automaticamente o consumo da água, do gás, da luz elétrica, da força elétrica etc.

medieval, **mediévico**, **medievo** – Da idade média, relativo à idade média. *O primeiro* é o mais usado; o *segundo*, o menos.

meditar, **refletir** – *Meditar* é refletir profundamente e durante muito tempo. *Refletir* é aplicar a atenção sobre objetos internos, deduzindo consequências.

medra, **medrança**, **medrio** – Ato ou efeito de medrar.

medula, **tutano** – Substância mole e gordurosa do interior dos ossos. *O segundo* é popular.
meia (de homem), **peúga** – Tecido de malha que cobre o pé e parte da perna. *O segundo* não vive no Brasil.
meio-dia, **sul** – Ponto cardeal oposto ao Norte. *O primeiro*, que aparece na alcunha dada a Felipe II (Demônio do Meio-Dia) só se aplica em relação ao hemisfério boreal, pois somente nele ao meio-dia se vê o sol em localização sul.
meio-tom, **semitom** – Intervalo musical que tem metade de um tom.
meirinho, **papa-mosca** – Aranhas da família *Salticidae*, pertencentes aos gêneros *Salticus*, *Menemerus* e outros. *O segundo nome* é o comum no Rio de Janeiro.
mel-de-anta, **tapieira** – Abelha da família *Meliponidae*, provavelmente a *Melipona flavipennis*.
mele, **torra** (Bahia e Goiás) – Carbonato de qualidade inferior.
melga (Portugal), **mosquito-berne** – Mosquitos da família *Tupilidae*, do gênero *Tipula* e outros.
melhora, **melhoramento**, **melhoria** – Ato ou efeito de melhorar. *Melhora* se aplica especialmente em relação à saúde: "Estimo-lhe as melhoras". *Melhoramentos*, a benfeitorias num prédio, numa rua, numa cidade etc. *Melhoria* é mudança para melhor.
melonídeo, **peponídeo** – Fruto carnudo, de cavidade cheia de placentas com muitas sementes.
melro, **soldado** – Pássaro da família *Icteridae* (*Cassicus chrysopterus*). Coube-lhe o nome do melro europeu (*Turdus merula*), porque imita os cantos dos seus companheiros de viveiro, como faz aquele pássaro.
menchevique, **minimalista** – Grupo de socialistas russos que desejavam a aplicação do programa mínimo. *O primeiro nome* caiu do uso; *o segundo*, outro tanto, assim como os de seus então adversários, os bolchevistas ou maximalistas.
mendicância, **mendicidade** – *Mendicância* é o ato de mendigar, seja um verdadeiro mendigo ou não. *Mendicidade* é a qualidade, a vida de mendigo.
menina-do-olho, **pupila** – O orifício da íris. *O primeiro* é popular.
mensalidade, **mesada** – Quantia de dinheiro relativa a um mês. *O primeiro* se refere especialmente às contribuições mensais dos membros de uma sociedade e *o segundo*, a dinheiro dado por pais, tutores etc. para manutenção de filhos, pupilos etc.
mento, **queixo** – Porção anterior e inferior da face, correspondente à parte média da maxila inferior, compreendida entre o rebordo inferior desta e o bordo aderente do lábio inferior. *O primeiro nome* é erudito.
mercadejar, **mercanciar** – Fazer vida de mercador, entregar-se à mercancia. *O primeiro* é mais usado.
mercadoria, **mercancia** – *Mercadoria* é tudo que possa ser objeto de *mercancia*, tudo que é suscetível de se comprar e vender. Segundo o direito romano só abrangia as coisas móveis (*Mercis appellatio ad res mobiles tantum pertinet*, *Digesto*, L.L.,T. XVI, fr. 66), conceito hoje muito ampliado. *Mercancia* é o trato de mercar, o exercício efetivo do comércio (art. 4° do Código Comercial combinado com o art. 9°): "hûs se deram às armas, outros às letras, outros à mercancia" (Fr. Heitor Pinto, *Imagem*, II, 396). Não obstante, bons escritores têm empregado *mercancia* por *mercadoria:* " ...ir ao paço/ Vender suas mercancias costumadas" (Garrett, *Dona Branca*, 126). "Foram andando pelo rio, levando provisões para

um mês e mercancias de resgate...” (Latino Coelho, *apud* Aulete).
mercurial, **urtiga-morta** – Planta da família *Euphorbiaceae* (*Mercurialis annua*).
merecimento, **mérito** – *Merecimento* é a qualidade que torna alguém ou alguma coisa digna de elogio ou censura, apreço ou desapreço, prêmio ou castigo. *Mérito* é o merecimento pessoal, por bons serviços, por virtudes.
merequém, **tiriba**, **tiriva** – Periquito do gênero *Pyrrhura*.
meretrício, **prostituição** – Vida de meretriz, de prostituta, *q.v.*
mergulhador, **patão** – Ave da família *Anatidae* (*Merganser octosetaceus*).
merinaque, **saia-balão** – Saia entufada por arcos flexíveis.
meruanha, **murinhanha**, **muruanha** (Norte), **mutuca-carijó** (Norte), **mutuca-maringá**, **mutuca-pintada** – Moscas do gênero *Chrysops*.
mesclar, **misturar** – *Mesclar* dá ideia de ação feita sem ordem e como por acaso. *Misturar* é combinar em determinadas proporções, de modo que se obtenha resultado desejado.
mesmo, **próprio** – *Mesmo* quer dizer que não é outro: “Seu pai mesmo disse isto” (seu pai e não outra pessoa). *Próprio* quer dizer em pessoa: “Não estando o criado, seu próprio pai veio abrir a porta” (seu pai em pessoa).
metamorfose, **transformação** – Ambas significam mudança de forma; a *metamorfose*, porém, tem alguma coisa de mais completo e maravilhoso do que a *transformação* e por isso se aplica às mudanças que sofrem insetos e outros animais.
metara, **tametara** – Objeto que certos índios introduzem no lábio inferior.
método, **processo** – *Método* é o conjunto de processos empregados pelo espírito na pesquisa da verdade. *Processo* é maneira de operar.
mexilhão-das-pedras, **sururu** (Nordeste) – Molusco da família *Mytilidae* (*Mytilus perna*).
miado, **mio** – Voz do gato. *O primeiro* é mais comum.
mico-leão, **mico-leão-vermelho** (E. do Rio de Janeiro), **sagui-amarelo**, **sagui-piranga** – Mamíferos da família *Hapalidae* (*Leontocebus rosalia*).
mictório, **mijadeiro**, **mijadouro**, **sumidoiro**, **urinol** – Lugar onde se urina. *O primeiro* é corrente no Brasil. *O segundo*, *o terceiro* e *o quarto* não se usam no Brasil. *O quinto*, no Brasil, significa o mesmo que *bacio*.
mijar, **urinar** – Expelir o mijo, a urina. *O primeiro* é chulo.
mijo, **urina** – Excreção produzida pelo rim. *O primeiro nome* é chulo.
milagroso, **miraculoso** – *Milagroso* quer dizer que faz milagres, que tem caráter de milagre: *santo milagroso*, *cura milagrosa*. *Miraculoso*, que tem caráter de milagre, que maravilha: “Tua influência é bem miraculosa” (Monte Alverne, *apud* Aulete).
milhar, **quilíade** – Conjunto de mil unidades. *O segundo* tem aplicação nas tábuas de logaritmos.
milho-zaburro, **sorgo** – Planta da família *Gramineae* (*Sorghum vulgare*).
militar, **soldado** – *Militar* (oposto a civil, paisano) é todo aquele que segue a carreira das armas, que faz parte das forças armadas. *Soldado*, em sentido restrito, é militar sem patente de oficial: “Presentemente, diz o general Caetano de Albuquerque em seu *Dicionário Técnico Militar de Terra*, este nome abrange todos os que servem no exército e o melhor elogio que se pode

fazer a um militar é chamá-lo *bom soldado.*"

minhoca-grande, **minhocuçu** – Verme oligoqueta *Glossoscolex giganteus*.

mínimo, **pequeníssimo** – Superlativos absolutos sintéticos de *pequeno*. *O primeiro* é um latinismo erudito e *o segundo*, de formação vernácula. No mesmo sentido tb. se diz *ínfimo*.

mínio, **vermelhão**, **zarcão** – Deutóxido de chumbo. *O segundo nome* e *o terceiro* são populares.

ministro, **pastor** – Sacerdote protestante.

miolema, **sarcolema** – Tubo transparente que contém as fibrilas musculares de cada feixe primitivo estriado. São de origem grega; *o primeiro* vem de *mys*, músculo, e *o segundo*, de *sárx*, carne.

miopia, **vista curta** – *Miopia* é o estado de olho que não pode mais ver distintamente os objetos afastados. A expressão *vista curta* é popular.

miragaia, **miraguaia**, **piraúna**, **vaca** – Peixe da família *Sciaenidae* (*Pogonias cromis*). *O primeiro nome* vale do Rio de Janeiro ao Rio Grande do Sul e *o terceiro*, do Espírito Santo ao Ceará.

mirim-rendeira, **tujuvinha** – Abelha da família *Meliponidae* (*Trigona molesta*).

miroró (Bahia), **miroró-caramuru**, (idem, Itaparica), **mororó** (Bahia), **mutuca-pintada** (Bahia), **mututuca** (Pernambuco), **tororó** (Bahia) – Peixes da família *Muraenidae*, pertencentes aos gêneros *Gymnothorax*, *Echidna*, *Muraena* e outros.

mirto, **murta**, **murteira**, **murta-cultivada** – Arbusto da família *Myrtaceae* (*Myrtus communis*).

mister, **necessário**, **preciso** – O que é *mister* depende da nossa vontade, segundo exigir nossa conveniência ou utilidade. O que é *preciso* não depende da nossa vontade; é obrigado pelo dever, pelas circunstâncias, ou pela necessidade. O que é *necessário* é preciso com urgência. É *preciso* atravessar o Atlântico para ir do Brasil à Europa, mas é *mister* aguardar com paciência o dia da partida. É *necessário* chamar a Assistência em caso de acidente.

mistério, **segredo** – *Mistério* é segredo que nem todos podem saber; só os iniciados. *Segredo* é o que está oculto, que nem todos sabem; só alguns.

misticidade, **misticismo** – Segundo Lafaye, *misticidade* é uma qualidade; *misticismo*, uma doutrina. O místico, para alcançar a perfeição, vive numa espécie de contemplação que vai até o êxtase e une misteriosamente o homem a Deus.

mocho-mateiro (Sul), **murucututu** (Pará) – É a coruja *Pulsatrix perspicillata*.

moda, **voga** – *Moda* é o último uso, o que começou há pouco e ainda não se tornou geral. *Voga* é a estima de que beneficia o que está na moda.

moderno, **novo** – *Moderno* é o que pertence à época presente. *Novo* é o que tem pouco tempo de existência. O antônimo de moderno é *antigo;* o de novo é *velho*.

moeda-papel, **papel-moeda** – *Moeda-papel* é nota representativa de seu valor em ouro ou prata, emitida para facilitar as transações e conversível, em qualquer momento, pelo seu justo valor metálico. *Papel-moeda* é nota de curso forçado pelo governo e inconversível, pois o lastro metálico não é equivalente à emissão (Euclides Roxo, *Curso de Matemática Elementar*, v. II, 358).

mofento, **mofoso** – Que tem mofo, que criou mofo.

molambento, **molambudo** – Coberto de molambos.

molar, **queixal** – Dente que mói os alimentos.

moleirão, **molengão** – Muito mole, muito molenga.
molugem, **solda** – Planta da família *Rubiaceae* (*Galium mollugo*).
monacal, **monástico** – *Monacal* quer dizer relativo a monge: *hábito monacal*. *Monástico*, relativo ao mosteiro: *vida monástica*.
monárquico, **monarquista** – Partidário da monarquia. *O primeiro* se usa em Portugal: "De modo que todos estes monárquicos, bem no íntimo, votariam por uma república". (Eça, *Uma Campanha Alegre*, I, 10). O *segundo*, no Brasil: "Há entre nós um bando de rabiscadores que não dizem – os monarquistas – e preferem dizer – os monárquicos". (João Ribeiro, *A Língua Nacional*, 14).
monco, **ranho** – Humor mucoso e espesso do nariz. *O primeiro* é menos usado.
monda, **mondadura** – Ação ou trabalho de mondar; de arrancar ervas daninhas.
monólogo, **solilóquio** – Fala de uma pessoa a si mesma. *O solilóquio* não é para ser ouvido por ninguém; o *monólogo* é. As crianças, brincando, fazem solilóquios. Certas peças teatrais apresentam monólogos.
montês, **montesino** – *Montês* quer dizer que vive nos montes; *cabra montês*. *Montesino*, próprio dos montes: *ervas montesinas*.
montra, **mostrador**, **mostruário**, **vitrine** – Vidraça detrás da qual se expõem mercadorias para vender. *O primeiro* e *quarto* são galicismos; muito empregado o quarto.
morada, **moradia** – *Morada* é o lugar onde se mora. *Moradia* é pensão que antigamente se dava aos fidalgos.
mordaça (Sul), **sovador** (Rio Grande do Sul) – Pau para amaciar a cordoalha.
mordedura, **mordida** (Brasil) – Ato ou efeito de morder.
Moreia, **Peloponeso** – Península da Grécia.
moreiatim (Bahia), **niquim** (idem), **peixe-sapo** – Peixes da família *Batrachoididae* (*Thalassophrye sp.*).
morgue, **necrotério** – Depósito de cadáveres de suicidas, acidentados, falecidos, vítimas de crimes, para fins de identificação e de autópsia. *O primeiro* é um galicismo, pouco usado no Brasil. *O segundo* é um neologismo brasileiro que logrou rápida aceitação.
morigerado, **morígero** – Moderado no viver, no proceder. *O segundo* é poético.
morno, **lépido**, **tíbio** – *Morno* é o que se mostra pouco quente, *lépido*, o que se mostra ligeiramente quente. *Tíbio*, palavra erudita, é o mesmo que *morno*.
mororó, **pata-de-vaca** (Rio Grande do Sul), **unha-de-boi**, **unha-de-vaca** – Planta da família *Leguminosae* (*Bauhinia fortificata*).
mortal, **mortífero** – *Mortal* é o que pode causar a morte: *doença mortal*. *Mortífero* é o que traz em si a morte: *peçonha mortífera*.
mortificador, **mortificante** – Que mortifica.
mosca-do-bagaço (Brasil), **mosca-do-gado** (Portugal) – É a mosca *Stomoxys calcitrans*.
mosca-da-carne (Portugal), **mosca-vareja**, **mosca-varejeira**, **varejeira** – São as moscas das famílias *Muscidae* e *Sarcophagidae*, que deitam seus ovos na carne, em feridas etc.
moscardo, **tavão** – Qualquer mosca de grande tamanho, da família *Tabanidae* (*Tabanus bovinas* e outras).

moscaria, **mosquedo** – Grande quantidade de moscas.
motocicleta, **motociclo** – Veículo análogo à bicicleta, mas de construção forte e movido por motor de explosão.
muçarete (S. Paulo), **sacuritá**, **saguaritá** – Molusco da família *Purpuridae* (*Purpura haemastoma*).
muchão, **trombeteiro** – Espécie de mosquito.
muçu ou **muçum**, **piramboia** (Sul) – Peixe da família *Symbranchidae* (*Symbranchus marmoratus*).
mucuná-do-mato, **mucunã-do-mato**, **olho-de-boi** – Arbusto da família *Leguminosae* (*Mucuna gigantea*).
mucurana (Sergipe), **muquirana**, **piolho-do-corpo** ou **piolho-do-fato** (Portugal), **quirana** (Amazônia) – Inseto da família *Pediculidae* (*Pediculus vestimenti*).
mudança, **mutação** – *Mudança* é ato ou efeito de mudar. *Mutação* é mudança especial, determinada.
mudável, **mutável** – Que se pode mudar. *O segundo* é forma erudita.
mudez, **mutismo** – *Mudez* é o estado de quem não fala, por incapacidade orgânica. *Mutismo* é o estado de quem não fala porque não quer ou porque não lhe permitem ou por outro motivo.
mulato-velho (Rio Grande do Sul, Rio de Janeiro), **patureba** (Santa Catarina) – Bagre do mar, seco e salgado.
mulheraça, **mulherão** – Mulher alta e corpulenta. Parece haver uma ponta de sensualidade no *segundo*.
mulita (Rio Grande do Sul e Santa Catarina), **tatuíra** – Mamífero da família *Dasypodidae* (*Muleta hybridum*).
multicor, **policromo** – Que tem muitas cores. *O primeiro* é de origem latina e *o segundo*, de origem grega.
multidão, **turba**, **turbamulta** – *Multidão* é grande quantidade de gente. *Turba* e *turbamulta* são multidão desordenada, em tropel, em tumulto.
multíplice, **múltiplo** – *Multíplice* é o dividido em muitas partes, mas uno. *Múltiplo* é o muitas vezes maior do que outro.
mumbavo (Paraná), **xerimbabo** (do Amazonas ao Maranhão) – Animal doméstico de estimação.
mundanal, **mundano** – Significam *relativo ao mundo*. *O segundo* se aplica especialmente ao mundo material, com seus gozos, com seus prazeres.
mundo, **orbe**, **universo** – *Mundo* é o globo terrestre ou grandes extensões da Terra: *Dar a volta ao mundo*, *Velho Mundo*, *Novo Mundo*. *Orbe* é o globo terrestre, ou melhor, a amplitude da sua superfície. *Universo*, embora apareça com a significação de *mundo*, é propriamente o conjunto das coisas existentes, a Terra, o sistema solar, as estrelas, as nebulosas.
mungir, **ordenhar** – Significam espremer a teta para extrair leite. *O primeiro* é literário.
munheca, **pulso** – Parte do corpo na qual o braço se liga à mão. *O primeiro* de caráter popular, aparece com o sentido de *mão*.
municiar, **municionar** – Prover de munições.
murici-cascudo, **pau-de-semana** – Planta da família *Malpighiaceae* (*Byrsonima verbascifolia*).
murmurador, **murmurante**, **murmurativo**, **múrmuro**, **murmuroso** – Que murmura. *O primeiro* se emprega de preferência como substantivo, na significação de pessoa que gosta de dizer mal, de resmungar, censurar em voz baixa. *O segundo* é o usual. Os outros são literários.
murro, **soco** – Pancada que se dá com a mão fechada.

murta-do-mato, **quina-de-pernambuco**, **quina-do-piauí**, **quinaquina**, **quinquina** – Planta da família *Rubiaceae* (*Coutarea hexandra*).

musgoso, **musguento** – Cheio de musgo.

musical, **músico** – Relativo à música: *arte musical*, *instrumento músico*.

mutilar, **truncar** – *Mutilar* é cortar membros, partes não essenciais, de qualquer modo, tornando incompleto, imperfeito. *Truncar* é cortar (ramos, cabeça, partes altas, partes essenciais), deixando só o tronco e tornando muito incompleto, muito imperfeito. Uma bala mutila um soldado, um plano secante trunca um cone.

mútuo, **recíproco** – *Mútuo* é o que se faz, ao mesmo tempo, de uma parte e de outra. *Recíproco* é o que, fazendo-se de uma parte, se faz também da outra, em recompensa. V. *comodato*.

muxoxo, **sapato-do-diabo** – Certa árvore.

N

nação, **nacionalidade** – *Nação* já foi definida. *Nacionalidade* é o caráter do que é nacional, o estado que resulta, para cada um, do país a que pertence, a nação considerada em sua vida própria e individual. *Ver* ***estado***, ***nação***, ***povo***.

nacarado, **nacarino** – Que tem cor ou o aspecto do nácar.

narina, **venta** – Abertura exterior do nariz. *O primeiro nome* é um galicismo e *o segundo* é considerado grosseiro.

narração, **narrativa** – *Narração* é o ato de narrar. *Narrativa* é narração feita com arte; Alexandre Herculano tem um livro com o título de *Lendas e Narrativas*.

nasalar, **nasalizar** – Tornar nasal. O *primeiro* é mais leve.

naufragado, **pato-marinho**, **pinguim** – Ave da família *Spheniscidae*. *O primeiro nome* é o que os nossos praieiros meridionais dão à espécie *Spheniscus magellanicus*.

nauseabundo, **nauseante**, **nauseativo**, **nauseoso** – *Nauseabundo* e *nauseoso* são o que causa grande náusea. *Nauseante* é o que causa náusea. *Nauseativo* é o próprio para nausear.

nauta, **navegador**, **navegante** – *Nauta*, palavra erudita e poética, é o homem do mar: "Alta noite, escutei o carpir fúnebre/ Do nauta que suspira por um túmulo/Na terra de seus pais" (Garret, *Camões*, canto V). *Navegador* é o perito na arte de navegar: "Vasco da Gama foi um grande navegador". *Navegante* é todo aquele que anda no mar: *Nossa Senhora dos Navegantes*.

náutico, **naval** – *Náutico* diz respeito à navegação: arte náutica, aparelho náutico. Naval diz respeito ao navio: batalha naval, tática naval.

Navegantes, **Samoa** – Arquipélago da Oceania.

necessidade, **precisão** – *Necessidade* é a percepção, ou a falta, do que é necessário. *Precisão*, a do que é preciso, *q.v.* A primeira é mais premente do que a segunda, e tb. se diz ***carência***. (*q.v.*)

negação, **negativa** – *Negação* é o ato de negar. *Negativa* é a palavra, a demonstração, com que se dá a conhecer a negação.

negar, **recusar** – *Negar*, além do sentido próprio de *afirmar que não*, tem o de *não dar:* "Água não se nega". *Recusar*, além do sentido próprio de *deixar de aceitar*, *de receber*, tem o de *não dar:* "Não recuse um pão a um faminto".

negrita, **normandinho** – Tipo de imprensa com traços muito grossos, apanhando muita tinta. *O primeiro nome* é mais usado.

negror, **negrume**, **negrura** – Qualidade de negro, de muito escuro.

nené (Portugal), **neném**, **bebê** (Brasil) – Criança recém-nascida ou de poucos meses.

nenúfar, **ninfeia** – Plantas da família *Nymphaeaceae* (*Nymphaea sp.*).

neófito, **novato**, **noviço** – Pessoa nova numa classe. *Neófito* era o recém-batizado. *Noviço* é propriamente o que entrou há pouco em mosteiro ou convento, para preparar-se para a vida religiosa.

netuno, **Possêidon** – Nome latino e nome grego do deus do mar na mitologia greco-romana.

nhandi, **pimenta-dos-índios** – Planta da família *Piperaceae* (*Piper caudatum*).

nitente, **nítido** – Limpo e brilhante.

nitrato de potássio, **nitro**, **salitre** – Sal de azoto e potássio. *O terceiro nome* é vulgar.

nitrir, **relinchar**, **rinchar** – Soltar a voz (o cavalo). *O primeiro* é literário.

nogueira-de-iguape, **noz-da-índia**, **noz-de-bancul** – Planta da família *Euphorbiaceae* (*Aleurites moluccana*).

noivos, **contraentes**, **nubentes** – *Noivos* são homem e mulher contratados para casar, juntamente considerados. *Contraentes* e *nubentes* são os nomes que recebem no dia do casamento (Código Civil).

nojento, **nojoso** – Que dá nojo. *Nojento* também significa que se enoja facilmente.

nomenclatura, **terminologia** – Conjunto de termos especiais de uma ciência ou de uma arte. *O segundo* é malvisto por alguns por ser um hibridismo.

nonato, **tapichi**, **vacaraí** – Bezerro que se encontra no ventre de vaca abatida.

nórdico, **norreno** – Grupo de línguas germânicas do Norte (o islandês, o dinamarquês, o norueguês e o sueco). *O primeiro nome* é mais usado.

norte, **setentrião** – Ponto cardeal que fica à esquerda do observador voltado para o lugar onde nasce o sol. *Setentrião*, palavra erudita, lembra as sete estrelas da Ursa Menor, constelação que fica no polo Norte.

norte-rio-grandense, **potiguar**, **rio-grandense-do-norte** – Relativo ao Estado do Rio Grande do Norte, natural dele.

nortenho (Portugal), **nortista** (Brasil) – Do norte, natural do norte.

notório, **tabelião** – Oficial público que reconhece firmas, faz ou subscreve escrituras, traslados delas, procurações, públicas-formas etc. O nome comum é *o segundo*.

noturnal, **noturno** – Que aparece ou se realiza durante a noite.

nova, **novidade** – Notícia de um fato novo, que acaba de dar-se. Há uma ponta de curiosidade no *segundo*.

Nova Guiné, **Papuásia** – Ilha da Oceania. *O primeiro nome* é o mais usado.

novel, **novo** – *Novel* é o principiante num ofício, emprego, exercício. *Novo* é o que tem pouco tempo de existência.

novelos, **rosa-de-gueldres**, **sabugueiro-d'água** – Planta da família *Caprifoliaceae* (*Viburnum opalus*).

novilho, **tenreiro**, **terneiro** (Rio Grande do Sul), **vitelo** (Trás-os-Montes) – *Novilho* é boi novo de um a três anos. *Vitelo* é o filhote de boi até seis meses. V. Leite de Vasconcelos, *Etnologia*, II, 143. *Tenreiro* e *terneiro* são o mesmo que *novilho*.

novo, **recente** – Um fato *novo* é um fato que ainda não tinha acontecido; um fato *recente* aconteceu há muito pouco tempo. *Novo* se refere à substância e *recente*, à data. V. *novel*.

numária, **numismática**, **numulária** – Estudo das moedas e medalhas. O mais usado é *o segundo*.

número, **quantidade** – Número é coleção de pessoas ou coleção de coisas que podem ser contadas. *Quantidade* é coleção de pessoas ou coleção de coisas que podem ser contadas, pesadas, medidas: "Grande *número* de pessoas veio à feira. Li grande *número* de livros. Para encher esta vala, grande *quantidade* de terra é precisa".

numismal, **numular** – Semelhante a moeda.

nutrício, **nutridor**, **nutriente**, **nutritivo** – *Nutriente* é o que nutre. *Nutridor* e *nutrício*, palavra erudita, são o mesmo. *Nutritivo* é o que se mostra próprio para nutrir.

O

obeba, **oveva**, **ubeba** – Peixe da família *Sciaenidae* (*Larimus breviceps*).

oblação, **oblata**, **oferenda**, **oferta** – *Oblação* é o ato de oferecer (a Deus). *Oblata* é o que se oferece a Deus ou aos Santos. *Oferenda* é aquilo que se oferece a qualquer ente, a qualquer instituição. *Oferta* é o ato de oferecer e também a coisa oferecida: *lei da oferta e da procura*.

oboval, **obóveo**, **obovoide** – Com forma de um ovo invertido.

obra, **produção** – *Obra* é o resultado do trabalho de um agente. *Produção* é o que, por sua própria eficácia, uma coisa tira de si mesmo. Um muro é obra de um pedreiro; uma pera é produção de uma pereira.

ob-reptício, **sub-reptício** – *Ob-reptício* é o que se obtém por ob-repção, isto é, expondo falsamente alguma circunstância que, declarada verdadeiramente, impediria a concessão. *Sub-reptício* é o que se obtém por sub-repção, isto é, calando circunstância que, expressa, impediria a concessão.

observação, **observância** – Significam ato ou efeito de observar. *No primeiro vocábulo*, o sentido é o de olhar atentamente; *no segundo*, o de cumprir exatamente (um preceito).

observador, **observante** – O que observa. *No primeiro vocábulo*, no sentido de olhar atentamente; *no segundo*, no de cumprir exatamente (um preceito).

obsessor, **obsidente** – Que causa obsessão, isto é, que importuna, persegue, com assiduidade.

obstétrica, **obstetrícia**, **tocologia** – A arte de partejar. O mais usado é *o segundo;* o menos *o terceiro*.

obstetriz, **parteira** – Mulher que por profissão assiste parturientes. *O primeiro* é vocábulo erudito, *o segundo* é da linguagem comum.

ocaso, **ocidente**, **poente** – Lado do horizonte no qual um astro (especialmente o Sol) desaparece, se põe. *Ocidente* opõe-se a *oriente*, *poente* a *nascente*, *ocaso* a *levante*.

ócio, **ociosidade**, **preguiça** – *Ócio* é a inação de quem está descansando por já haver trabalhado. "Tornando a Portugal, se retirou à sua quinta de Sintra, descansando na lição dos livros, sempre exemplar no ócio, e na ocupação" (Jacinto Freire de Andrade, *Vida de D. João de Castro*, 338). *Ociosidade* é o estado de inatividade, e também a falta de vontade de trabalhar: *"A ociosidade é a mãe de todos os vícios"*. *Preguiça* é a lentidão no trabalhar, e também averção ao trabalho indisposição para trabalhar.

ocioso, **preguiçoso** – *Ocioso* tanto é o que está em ócio como o que tem ociosidade. Os franceses chamam ao primeiro *oisif* e ao segundo *oiseux*. *Preguiçoso* é o que tem preguiça.

oco, **vazio** – *Oco* é o que não tem solidez: uma bola de futebol é oca. *Vazio* é o que se acha sem aquilo que costuma ou pode conter: uma seringa fica vazia, depois de injetado o líquido que continha.

octangular, **octogonal** – Que tem oito ângulos. *O primeiro* vem de elementos latinos; *o segundo*, de elementos gregos; é o mais usado.

octorum, **octoruno**, **oitavão** – Mestiço com um oitavo de sangue negro.

oculista, **oftalmologista** – Médico especialista em moléstias de olhos. *O primeiro* é da linguagem corrente. Em Portugal, *oculista* é também o vendedor de óculos.

óculo de alcance, **óculo de ver ao longe**, **luneta** – Instrumento de ótica, formado por um tubo ou por vários tubos, encaixados uns nos outros, armado de lentes, mais fortes do que o binóculo e menos do que o telescópio. *O segundo nome* pouco se emprega no Brasil; Luís Edmundo o empregou em "A Corte de D. João no Rio de Janeiro", 674.

odiento, **odioso** – *Odiento* é o que guarda ódio. *Odioso* é o que provoca ódio, o que merece ódio.

odonatos, **pseudoneurópteros** – Ordem de insetos.

odorante, **odorífero**, **odorífico**, **odoroso** – *Odorante*, *odorífero* e *odorífico* significam que exala odor. *Odoroso* é o que exala muito odor.

ofegante, **ofegoso**, **ofeguento** – Significam *que ofega*. O mais usado é o primeiro.

oferecer, **ofertar** – *Oferecer* tem sentido mais geral do que *ofertar*. *Oferecer* é apresentar, para que aceite como dádiva ou empréstimo e *ofertar* é dar como oferta, *q.v.*

ofuscação, **ofuscamento** – Ato ou efeito de ofuscar.

olhada, **olhadela**, **olhadura** – Ato de olhar, dando rápida vista de olhos. *O segundo* é popular.

oligofrenia, **oligopsiquia** – Deficiência de desenvolvimento mental.

olival, **olivedo**, **oliveiral** – Plantação de oliveiras.

olmedal, **olmedo** – Plantação de olmos.

olmeiro, **olmo** – Árvore da família *Ulmaceae* (*Ulmus campestris*).

ondear, **ondular** – Mover-se fazendo ondas; dar forma de onda.

onixe, **unha encravada** – Inflamação da derme ungueal. *O segundo* é a palavra da linguagem corrente.

onzena, **usura** – *Onzena* era o juro avantajado de dinheiro emprestado, o de 11%. *Usura*, o juro excessivo, ilegal.

onzenário, **onzeneiro**, **usurário**, **usureiro** – *Onzenário* ou *onzeneiro* (menos usado) é o que empresta com onzena. *Usurário* ou *usureiro* (menos usado) é o que empresta com usura.

ópera cômica, **ópera bufa** – *Ópera cômica* é aquela em que ao sério se mistura o cômico. *Ópera bufa* é a opera cômica em que o cômico chega ao ridículo. *A Boêmia*, por exemplo, é uma ópera cômica; o *Elixir d'amore* é uma ópera bufa.

operador, **operante** – Significam que opera. *O segundo* vive mais quando recebe o prefixo que lhe dá sentido negativo.

oponente, **opositor** – *Oponente* tem sentido mais geral do que *opositor*. *Oponente* é o que se opõe a qualquer coisa. *Opositor* é o que se opõe a outro ou a outros, na conquista de um lugar, sobretudo de magistério.

opresso, **oprimido** – Particípios do verbo *oprimir*. *O primeiro* aparece adjetivado: "Percebeu na respiração alta e opressa do corcel..." (Rebelo da Silva, *apud* Aulete).

opulência, **riqueza** – *Opulência* é grande riqueza, acompanhada de ostentação, crédito, poder. *Riqueza* é a abundância de bens de fortuna.

opulento, **rico** – O que vive na opulência, *q.v.*; o que vive na riqueza, *q.v.*

oração, **prece** – *Oração* é a elevação da alma a Deus, à Virgem ou aos Santos, para louvá-los ou fazer-lhes pedidos, rogos. No pai-nosso, deseja-se que o nome do nosso pai que está nos céus seja santificado e se pede que venha a nós o reino dele, que nos dê hoje o pão nosso quotidiano, que perdoe as nossas ofensas, que não nos deixe cair em tentação, que nos livre de todo mal. Na ave-maria, bendiz-se a Virgem e se pede que rogue por nós agora e na hora da morte. *Prece* é oração humilde, confiante e perseverante, com que se suplica o socorro divino, da Virgem ou dos Santos, numa grande necessidade, como na falta de chuvas, por exemplo, durante uma guerra, uma epidemia.

oração dominical, **pai-nosso** – Oração ensinada pelo Senhor (S. Mateus, VI, 8-13, S. Lucas, XI, 2-4) e começando pelas palavras *Pai-nosso*.

oral, **verbal** – *Oral* quer dizer feito de viva voz. *Verbal* quer dizer o mesmo, embora venha do latim *verbale*, de *verbum*, palavra, que tanto pode ser escrita como de boca: *exame oral*, *ordem verbal*.

orelha, **ouvido** – *Orelha* ou pavilhão é a parte exterior e cartilaginosa do aparelho auditivo: *puxar a orelha da sota*, *torcer a orelha e não pingar sangue*, *cocar a orelha com o pé* (expressões da nossa fraseologia). *Ouvido* é a parte interna do aparelho auditivo, o órgão pelo qual percebemos o som, a parte que realmente ouve: *entrar por um ouvido e sair por outro*, *ter ouvido de tísico*, *fazer ouvidos de mercador*, *martelar os ouvidos*, *emprenhar pelos ouvidos*, *ser todo ouvidos* (expressões da nossa fraseologia). Em todos estes casos se nota a impossibilidade de substituir uma palavra pela outra, o que mostra que cada uma delas tem sua significação especial. Entretanto, desde os clássicos não faltam empregos de uma pela outra: "sem darmos orelhas à razão, que nos está dando vozes" (Fr. Heitor Pinto, *Imagem*, III, 494). "O ouvido externo é constituído pelo pavilhão e pelo conduto auditivo externo." (Lafayette Rodrigues Pereira, *Zoologia*, 4, 11 ed. 655). O assunto foi tratado por Ernesto Carneiro Ribeiro (*A Manhã*, supl. de 21-1-45), (Mangabeira Albernaz, *Revista Filológica*, VII, 20) e outros. Na atual nomenclatura anatômica, *orelha* substituiu *ouvido* também como o órgão da audição

orelha-de-pau, **urupê** – Planta da família *Polyporaceae* (*Polyporus sanguineus*).

oriental, **uruguaio** – Relativo à República Oriental do Uruguai, natural dela. *O primeiro nome*, que aliás traz confusão com os povos do Oriente, é pouco usado.

ornear, **ornejar**, **rebusnar**, **zurrar** – Soltar a voz (o burro).

ortoépia, **prosódia** – *Ortoépia* é a correta pronúncia. *Prosódia* é acentuação; é corrente o emprego de *prosódia* no lugar de *ortoépia*.

orvalhado, **rórido**, **róscido** – Coberto de orvalho. *O segundo* e *o terceiro* são eruditos e literários.

orvalho, **rocio** – Vapor d'água que se deposita em gotas durante a noite, sobre a superfície de corpos expostos ao ar livre. *O segundo nome* é literário.

osmanli, **otomano**, **turco** – Relativo à Turquia, natural deste país. *Osmanli* é *otomano* (de Otsmã ou Osmã) lembram o fundador da dinastia turca.

osso do vintém (Ceará), **tornozelo** – Osso do pé.

ostra-dos-mangues, **rerietê** – É a *Ostrea edulis*.

ostro, **púrpura** – Matéria corante vermelho-escuro. *O primeiro nome* é erudito e literário: "Os guarases pelo ostro tão luzidos" (Durão, *Caramuru*, VII, 63, 7).

ouriço-marinho, **pindá** – Equinodermas da ordem *Echinoidea*, quando revestidos de longos espinhos (*Echinus sp.*).

oval, **óveo**, **oviforme**, **ovoide** – Em forma de ovo. O mais empregado é *o primeiro*.

óvalo, **óvano** – Ornamentação em forma oval.

P

paciência, **resignação** – *Paciência* é a virtude de suportar os males sem lamentar-se. *Resignação* é o ato de vontade o qual leva a aceitar uma situação, sem queixas, deixando de lutar contra ela, por sentir a inutilidade dos esforços.

paço, **palácio** – *Paço* é palácio de soberano, vice-rei, bispo, arcebispo etc. No Rio de Janeiro chamou-se largo do Paço à atual Praça Quinze, porque estava situado nele o paço do vice-rei. *Palácio* é um edifício vasto e suntuoso.

pactário, **pactuante**, **pactuário** – Que faz pacto. *O primeiro* está antiquado. *O segundo* é o que se usa mais.

padecedor, **padecente** – O que padece. *O segundo* se aplica especialmente ao que vai sofrer pena capital.

padieira, **travessa**, **verga** – Peça de madeira ou de pedra, a qual se coloca atravessada em cima da porta. O mais usado é *o terceiro*.

padre-santo, **papa**, (sumo) **pontífice**, **vigário de Cristo** – O chefe da Igreja Católica.

padroeiro, **patrocinador**, **patrono** – *Padroeiro* é um santo protetor. *Patrocinador* é o indivíduo que patrocina. *Patrono*, na antiga Roma, era o cidadão, membro de uma *gens*, o qual tinha sob sua proteção homens livres, de condição inferior, os chamados clientes. Hoje é nome que se dá ao advogado, ao defensor.

pagador, **pagante** – Que paga: o público pagante, o pagador do Tesouro.

país, **região** – *País* é uma extensão de terra habitável, considerada quanto aos seus habitantes, seus costumes, seu grau de civilização. *Região* é uma extensão de terra, considerada de um ponto de vista geral: produções, fertilidade ou esterilidade, clima, riquezas minerais, natureza do terreno etc.

palhinha, **rota**, **rotim** – Fibra usada para empalhar cadeiras, extraída do junco-da-índia (*Calamus rotange*). *O segundo nome* e *o terceiro* não vivem no Brasil.

palidez, **palor**, **lividez** – Cor pálida. *O segundo* é erudito e literário.

palombeta, **palometa**, **pampo** – Peixe da família *Carangidae* (*Trachinotus carolinus*). Em Portugal, o pampo ou pombo é da família *Scombridae* (*Stromateus microchirus*), segundo Aulete.

palpável, **sensível**, **visível** – *Palpável*, em sentido próprio, é o que se pode apalpar e, em sentido figurado, o que é tão real como o que se pode apalpar. *Sensível* é o que se pode logo perceber por qualquer dos sentidos. *Visível* é o que salta à vista, entra pelos olhos.

pança, **rume** ou **rúmen** – Primeiro estômago dos ruminantes. *O primeiro nome* é o da linguagem corrente e *o segundo* é erudito.

pândano, **vacuá** – Planta da família *Pandanaceae* (*Pandanus utilis*).

pantufo (S. Paulo), **siriri** – Cupim branco sem asas.

pão-e-queijo, **primavera**, **prímula** – Planta da família *Primulaceae* (*Primula officinalis*).

papá (Portugal), **papai** (Brasil) – Tratamento carinhoso dado pelos filhos ao pai.

papa-açaí, **saurá** – Ave da família *Cotingidae* (*Phoenicircus carnifex*).

papa-cacau, **tavua** – Ave da família *Psittacidae* (*Amazona festiva*).

Papa-Ceia (Goiás), **Vésper** – A chamada estrela da tarde ou do pastor, a qual vem a ser o planeta Vênus.

papa-defuntos, **tatuaíva** – Nomes do tatu-peludo, *q.v.*, e do *tatu-de-rabo-mole*, *q.v.*

papa-formigas, **piadeira** – Nome de várias espécies de pássaros da família *Formicariidae*.

papa-ovo, **papa-pinto** – Pássaro da família *Formicariidae* (*Thamnophilus leachi*).

papiro, **periperiaçu** – Planta da família *Cyperaceae* (*Cyperus papyrus*).

paracaxi, **parauaxi** – Árvore da família *Leguminoseae* (*Pentaclethra filamentosa*).

parada, **paragem** (Portugal) – Lugar onde um veículo para.

paralisia infantil, **poliomielite** – Certa moléstia infecciosa.

paralogismo, **sofisma** – Ambos designam um raciocínio falso, uma argumentação viciosa. A diferença entre eles está em que no *paralogismo* há erro de entendimento e no *sofisma* há malícia, má fé.

parati, **tainha** – Nomes dos peixes não listrados, do gênero *Mugil*, da família *Mugilidae*. *O primeiro* se ouve do Rio de Janeiro para o Sul e *o segundo*, da Bahia para o Norte. Em Portugal, tainha é o *Mugil cephalus* (Aulete).

paraturá, **pinheirinho-da-praia** – Planta da família *Cyperaceae* (*Remirea maritima*).

parcela, **partícula** – Parte pequena. *Parcela*, cujo valor diminutivo está um tanto atenuado, tem o sentido especial de cada um dos números que entram numa adição. *Partícula*, cujo valor diminutivo está reforçado, pois se aplica a partes muito pequenas, tem o sentido especial de hóstia pequena e o de palavra invariável.

parte, **porção** – *Parte* lembra o todo donde foi separada. *Porção* sugere a ideia de quantidade, mas no Brasil, quando se diz somente porção, trata-se de uma grande porção.

partidarismo, **sectarismo** – Paixão de partido, de seita, *q.v.*

partido, **propósito**, **resolução** – *Partido* é determinação tomada depois de hesitação. *Propósito* é o que a gente se propõe a si *mesmo*. *Resolução* é decisão tomada com vontade de empregar esforços para vencer as dificuldades.

parumbeba, **perambeba** – Peixe de nome duvidoso e mal identificado. O nome é parônimo *depirambeba*, que é peixe de água doce e não de mar. O radical *paru* parece indicar parentesco com os peixes-enxadas.

passarinho-de-verão, **príncipe-verão** – Pássaro da família *Tyrannidae* (*Pyrocephalus rubinus*).

pastor, **pegureiro**, **zagal** – *Pastor* é o que, por profissão, apascenta gado. *Pegureiro* é o menos categorizado dos pastores; guardador de gado alheio e subordinado ao pastor. *Zagal* é pastor que ajuda um maioral.

pataquera, **vassourinha-do-brejo** – Planta da família *Scrophulariaceae* (*Conobea scoparioides*).

paternal, **paterno** – *Paternal* é próprio de pai. *Paterno* é próprio do pai da pessoa de quem se trata: "Ele trata os irmãos com carinho paternal. Ele já entrou na posse dos bens paternos".

pato-bravo, **pato-do-mato**, **putrião** – É o pato *Sarkidiornis sylvicola*.

patrocínio, **proteção**, **tutela** – *Patrocínio* é a proteção ativa, eficaz, em favor de um inferior, de um fraco, de um súdito, tal como a do patrono romano para o cliente. *Proteção* é o ato ou efeito de proteger, isto é, de usar de meios que ponham ao abrigo de um mal, de trazer ajuda, auxílio, amparo, socorro. *Tutela* é proteção com assunção de responsabilidade.

patrulha, **ronda** – *Patrulha* é um pequeno destacamento, encarregado de fazer um percurso de vigilância. *Ronda* é serviço de tropa, feito por giros à noite, ao redor de uma praça de guerra, de uma cidade, de um acampamento, para auxiliar a vigilância, vendo se guardas e sentinelas cumprem o seu dever.

pau-cetim, **pequiá-marfim** – Árvore da família *Apocynaceae* (*Aspidosperma eburneum*).

pau-de-novato (Mato Grosso), **pau-formigueiro**, **taxizeiro** (Pará) – Nome de várias árvores onde se alojam as taxis: *Pterocarpus ancylocalyx*, *Tachygalia macrostacis*, *Sclerodium Goeldianum*, da família *Leguminoseae*, *Tripalis surinamensis*, da família *Polygonaceae*.

pau-espeto, **pequiá-café**, **café-bravo** – Arbusto da família *Samydaceae* (*Casearia sp.*).

pau-pombo, **tatapiririca** – Árvore da família *Sapindaceae* (*Matayba juglandifolia*).

pauta, **pentagrama** – Conjunto de cinco linhas horizontais paralelas sobre as quais se escreve a música. O nome corrente é *o primeiro*.

pavão-do-mato, **toropixi** – Pássaro da família *Cotingidae* (*Cephalopterus ornatus*).

pavão-do-pará, **pavão-papa-mosca** – Ave da família *Eurypygidae* (*Eurypyga helias helias*).

pealo, **reborquiada** – Certo laço.

peanha, **pedestal**, **soco**, **supedâneo**, **suporte** – *Peanha* é peça de madeira ou de pedra sobre a qual assenta busto ou estátua. *Pedestal* é construção sólida, de pedra, sobre a qual assenta coluna, estátua monumental etc. *Soco* é a parte que serve ao pedestal. *Supedâneo*, termo genérico, é tudo sobre o que assentam pés, escabelo, banco, estrado etc. *Suporte*, também genérico, é tudo o que serve de sustentáculo, de apoio.

peão, **pedestre** – *Peão* é o homem que anda a pé, em contraposição com o cavaleiro. *Pedestre* é o homem que, nas cidades, anda a pé, em contraposição com os que andam em veículos.

peba (Ceará), **peludo** (Rio Grande do Sul), **peva**, **tatupeba** (Bahia e Nordeste), **tatu-peludo**, **tatupeva** (Bahia e Nordeste) – Mamífero da família *Dasypodidae* (*Euphractus sexcinctus*).

peçonha, **tóxico**, **veneno**, **vírus** – *Peçonha* é secreção de certos animais a qual, ingerida ou aplicada sobre um corpo vivo, altera ou destrói as funções vitais. Etimologicamente era só a beberagem prejudicial à vida (*potione*, poção). *Tóxico*, palavra erudita, é o mesmo que *veneno*. *Veneno*, diz o art. 296, § único do Código Penal de 1890, é toda substância mineral ou orgânica, que, ingerida no organismo ou aplicada ao seu exterior, sendo absorvida, determine a morte, ponha em perigo de vida, ou altere profundamente a saúde. *Vírus* é agente de infecção, principalmente aquele cujo micróbio é desconhecido: *vírus rábico*. Em sentido moral, cabe ainda uma diferença entre *veneno* e *peçonha*. *A* peçonha aparece a descoberto, perverte imediatamente os costumes; o veneno é oculto, produz indiretamente os seus efeitos.

pederneira, **pedernal**, **pedra de fogo**, **sílex pirômaco** – Variedade criptocristalina de quartzo. *O primeiro nome* é o corrente.

pedigolho, **pedigonho**, **pedincha**, **pedinchão**, **pedintão**, **pidão**, **pidonho** – Indivíduo que pede muito, que anda sempre a pedir. *O primeiro* é mais usado que *o segundo*. *O terceiro* e *o quarto* são brasileirismos.

pedra, **quadro de giz**, **quadro-negro** – Peça retangular para cálculos, traçados. A *pedra* é propriamente de ardósia. O *quadro de giz* ou *quadro-negro* é de madeira geralmente.

pega, **soldado**, **xexéu-de-bananeira** – Pássaro da família *Icteridae* (*Icterus cayanensis*).

pega-caboclo (S. Paulo), **pega-rapaz** (Norte) – Cacho de cabelo sobre a testa de moça.

pegada, **pisada**, **pista**, **rasto** – *Pegada* é vestígio de pé, humano ou de irracional. *Pisada* é pegada impressa na areia, na lama etc. em lugar onde esteve homem ou irracional. *Pista* é o rastro deixado pelos irracionais no lugar por onde passaram. *Rasto* é o vestígio que deixou ente ou coisa que passou de rojo.

pegador, **rêmora** – Peixes da família *Echeneidae* (*Leptecheneis sp.*, *Remora sp.*).

pegajento, **pegajoso**, **peganhento**, **peguento** – Que pega facilmente. O usual é o segundo.

peita, **suborno** – Dádiva ou promessa para que alguém faça coisa indevida. O Código Penal de 1890, arts. 216, 217, 218, não faz diferença entre os dois vocábulos.

peixe-anjo, **peixe-morcego** – Peixe da família *Oncocephalidae* (*Oncocephalus sp.*).

peixe-boi, **vaca-marinha** – Mamífero da família *Manatidae* (*Trichechus manatus*).

peixe-cachorro, **peixe-cadela** (S. Paulo), **pirapucu**, **saranha** – Peixes da família *Characidae*.

peixe-elétrico, **pixundé**, **pixundu**, **pixunxu**, **poraquê**, **treme-treme** – Peixe da família *Electrophoridae* (*Electrophorus electricus*). Os nomes, do *segundo* ao *quarto*, são da Amazônia e o *quinto* de Goiás.

peixe-lenha, **pirajupeva** – Peixe da família *Siluridae* (*Platystomatichthys sturio*).

peixe-lua, **peixe-roda** – Peixe da família *Molidae* (*Mola mola*).

peixe-moela, **piranambu** – Peixe da família *Pimelodidae* (*Pinirampus pinirampu*).

peixe-sapo, **piacururu**, **piracururu**, **tamboril** – Peixe da família *Pimelodidae* (*Pseudopimelodus zungaro*).

peixota, **pescada** – Peixes da família *Cianidae*.

pelado, **pelador**, **rapador** (Rio Grande do Sul) – Campo com pastagem meio consumida pelo gado.

pendurar, **suspender** – *Pendurar* é prender em cima, de modo que não toque no chão; pendura-se um chapéu num cabide, uma capa num prego. *Suspender* é prender em cima, ficando sustido no ar, oscilante ou parado; suspende-se um pêndulo, um fio com lâmpada elétrica.

peneplanície, **peneplano** – Superfície plana.
pênfigo, **ponfólige** – Dermatose bulbosa.
pensador, **tratador** – Aquele que faz curativos.
pentacapsular, **quinquecapsular** – Que tem cinco cápsulas.
pentadecágono, **quindecágono** – Polígono de quinze lados. *O primeiro nome* é o mais usado.
pente dos bichos, **pente-fino** – Pente de dentes finos e bastos, com o qual se tira da cabeça caspa, se tiram piolhos. *O primeiro nome* é popular em Portugal (Figueiredo).
pequenino, **pequenito**, **pequerrucho**, **pequetito** – Diminutivos de *pequeno*. *O segundo* e *o quarto* são brasileirismos.
pequi, **pequiá**, **pequizeiro** – Árvore da família *Caryocaraceae* (*Caryocar brasiliensis*).
pé-rachado (Rio Grande do Sul), **pé-rapado** – Homem de condição humilde.
percalço, **provento** – Ganho, lucro, principalmente de um emprego. São mais usados no *plural*. *Percalço* passou à significação antonímica de incômodo inerente a um ofício, a uma profissão, a um estado etc., na qual é hoje empregado geralmente. *O segundo* manteve o sentido de rendimento proveniente do trabalho.
percepção, **sensação**, **sentimento** – *Percepção* é o conhecimento vindo por via de impressão sobre os sentidos. *Sensação* é a consequência da comoção excitada. *Sentimento* é o resultado da sensação, proveniente do trabalho interior do espírito afetado por uma causa, interna ou externa. V. *compreensão*.
percevejo-da-cama, **percevejo-do-comércio** (sertão da Bahia e do Piauí) – Inseto da família *Cimicidae* (*Cimex lectularius*). Comércio é pequeno povoado onde se realizam feiras semanais. No trópico é *C. hemipterus* a espécie que aparece.
percevejo-do-mato, **piapé** (S. Paulo) – Insetos da família *Pentatomidae* (*Pentatoma rufipes* e outros deste gênero e de outros gêneros).
perchina, **trompa** – Triângulo curvilíneo que faz parte de uma abóbada reforçando-a.
perde-ganha, **ganha-perde** – Jogo em que ganha o parceiro que perder. *O primeiro nome* é do Brasil e *o segundo*, de Portugal.
peregrino, **romeiro** – Indivíduo que viaja com fim devoto, encaminhando-se com outros para algum santuário.
perereca, **raineta**, **rela**, **tanoeiro** – Batráquio da família *Hylidae* (*Hylas sp.*).
perereca (Bahia), **petiço** (Rio Grande do Sul), **piquira** (Rio de Janeiro, S. Paulo) – Cavalo de pequena estatura.
perereca (Ceará, Rio Grande do Norte), **sovela** (idem) – Nomes dos mosquitos *Anophelini*.
periclitar, **perigar** – Correr perigo. *O primeiro* é erudito e *o segundo* é o corrente.
perigo, **risco** – *Perigo* é uma situação em que se teme mal iminente, muito próximo, imediato, em que se está exposto a perecer. *Risco* é mal possível, que não está muito próximo, com possibilidades de bom êxito. Quem tenta apagar um começo de incêndio corre perigo. Quem compra um bilhete de loteria corre o risco de perder seu dinheiro, mas também conta com a possibilidade de tirar a sorte.
periguari, **praguari**, **preguari** – Molusco da família *Strombidae* (*Strombus pugilis*).

perito, **versado** – *Perito* é o que tem muita experiência numa arte: *perito em dirigir automóvel*. *Versado* é o que tem longo trato com uma ciência, com uma ordem de estudos, das quais possui vastos conhecimentos: *versado em física*.

permuta, **permutação** – Ato ou efeito de permutar, trocar, mudar reciprocamente. *O segundo* tem aplicação especial em matemática, onde significa arranjo em que o número de objetos é igual à taxa de agrupamento.

pernaça, **pername**, **pernão** – Nomes populares de perna grossa.

persa, **persiano**, **pérsico** – Relativo à Pérsia, natural deste país. O mais usado é *o primeiro*. *O terceiro* qualifica um golfo da Ásia. V. *iraniano*.

Perséfone, **Prosérpina** – Nome grego e nome latino da filha de Deméter ou Ceres, esposa de Plutão.

persiana, **veneziana** – Caixilhos de tabuinhas horizontais que se põem em janelas e portas, para deixar pássaro ar sem entrar o sol. A diferença entre uma e outra está em que a *persiana* é móvel e a *veneziana* é fixa.

personalizar, **personificar** – *Personalizar* é nomear a pessoa, dar caráter pessoal. *Personificar* é representar na figura de uma pessoa.

perspicácia, **sagacidade**, **argúcia** – *Perspicácia* é a qualidade de ver apesar das dificuldades que se apresentam à compreensão (latim *per*, através, e raiz *spec*, ver). *Sagacidade* é a propriedade de descobrir o que está oculto. Etimologicamente era a finura de olfato nos cães, o faro: *sagaces dicti canes* (Cícero, *De Divinatione* I, 31); "Qual cão de caçador, sagaz e ardido" (*Lusíadas*, IX, 74, I). *Argúcia* é capacidade de observação e agudeza de raciocínio.

persuasivo, **persuasório**, **convincente** – *Persuasivo* é o próprio para persuadir. *Persuasório*, *convincente*, o que persuade, convence.

pertencente, **pertinente** – Que pertence a. *O segundo* é palavra erudita.

peru, **sapo** – Pessoa que assiste a um jogo sem nele tomar parte. São termos de gíria; sulino, o *segundo*.

perua-choca, **surucuá** – Aves da família *Trogonidae*.

perverso, **pervertido** – *Perverso* é o que, pela própria natureza, se compraz em fazer o mal ou em vê-lo fazer por outros. *Pervertido* é o que se perverteu.

pervinca, **vincapervinca** – Plantas da família *Apocynaceae* (*Vinca sp.*).

pescoçada, **pescoção** – Pancada no pescoço.

peteca (Brasil), **volante** (Portugal) – Pelota de matéria leve, provida de penas, com que se joga, atirando-se a pessoa que a deve aparar com a mão e devolver.

pia-pouco (Amazônia), **tucano-de-peito-branco** – Ave da família *Ramphastidae* (*Ramphastos tucanus*).

piar, **pipiar**, **pipilar**, **pipitar** – Dar pios (aves).

picaçu, **pomba-do-ar**, **pomba-galega** (Amazônia), **pomba-legítima**, **pucaçu** (Sergipe) – Ave da família *Columbidae* (*Columba rufina*).

picuí-caboclo, **picuipeom**, **pomba-rola** – Ave da família *Columbidae* (*Columbigalina talpacoti*).

picuipeba, **rola-azul** – Ave da família *Peristeridae* (*Claravis pretiosa*).

pieguice, **pieguismo** – Qualidade de piegas, procedimento com sentimentalismo afetado e ridículo.

piloto (Brasil), **romeiro** (Portugal) – Peixe da família *Carangidae* (*Naucrates ductor*).

pimenta-de-macaco, **pimenta-dos-negros** – Planta da família *Anonaceae* (*Xylopia aromatica*).

pinaúma, **pindauna** (Bahia), **pindá-preto** – E o equinoderma *Echinometria subangularis*.

pinção, **pinçote** – Certa alavanca com que se fazia girar a cana do leme.

pincha-cisco, **vira-folhas** – Nomes de pássaros da família *Dendrocolaptidae* (*Sclerurus sp.*).

pindaíba, **prontidão**, **quebradeira** – Falta de dinheiro. São termos de gíria.

pingue-pongue, **tênis de mesa** – Tênis com bola pequena de celuloide, jogada sobre mesa.

pinhal, **pinheiral** – Plantação de pinheiros.

pinturesco, **pitoresco** – Digno de pintar-se. *O segundo* é adaptação do italiano e o mais usado. *O primeiro* é de formação vernácula e um tanto forçado; veio para desalojar o estrangeirismo: "Alcácer achava-se no século XII decaída da anterior grandeza, mas ainda se distinguia pelo pinturesco do sítio e pelo seu aprazível aspecto" (A. Herculano. *História de Portugal*, I, 381).

piolhada, **piolhama** (Sul), **piolharia**, **piolheira** – Grande quantidade de piolhos.

piora, **pioramento**, **pioria** – Ato ou efeito de piorar um mal.

pipa, **pipo** – *Pipa* é uma vasilha de madeira, para vinho, azeite etc. com a capacidade de 420 litros. *Pipo* é pipa de capacidade menor.

pirajaguara, **tucuxi** – Cetáceo da família *Platanistidae* (*Sotalia tucuxi*).

piramboia, **pirarucu-boia**, **trairamboia** – Peixe da família *Lepidosirenidae* (*Lepidosiren paradoxa*).

piramombó, **premombó** (Santa Catarina), **primombó** (idem), **promombó**, **trombombó**, **tromombó** (Bahia) – Sistema de pesca no qual se encandeia o peixe, para fazê-lo cair espantado na canoa.

piraú, **pomba-pedrês**, **pomba-torcaz**, **pomba-trocal**, **pomba-trocaz** – Ave da família *Columbidae* (*Columba speciosa*).

pisa-flores, **pisa-verdes**, **salta-pocinhas** – Homem adamado, afetado no andar.

pista, **raia** – Parte do hipódromo por onde os cavalos correm.

pita, **piteira** – Plantas da família *Amaryllidaceae* (*Fourcroya sp.*).

pitinga, **potimirim**, **potitinga** – Nomes dos crustáceos da família *Palaemonidae* (*Leander sp.*). *O primeiro* é do Ceará.

pixurim, **pixurum**, **puxiri**, **puxuri** – Planta da família *Lauraceae* (*Acrodiclidium puchury-major*).

plagiador, **plagiário** – Indivíduo que plagia.

plano, **planta**, **projeto**, **risco**, **traçado** – São representações, por meio de linhas, traços, riscos, de obra que se está querendo fazer. *O plano* dá uma indicação vaga e não minuciosa. A *planta* dá ideia exata da posição entre as diferentes partes. *O projeto* dá uma ideia geral. *O risco* dá uma ideia muito vaga e muito imprecisa. O *traçado* se aplica às plantas de vias férreas, rodovias, caminhos etc.

planta, **vegetal** – *Planta*, palavra popular, é o vegetal que não dá madeira (ervas e alguns arbúsculos). *Vegetal* é um organismo fixo, frequentemente clorofilado, de elementos celulósicos, absorvendo água, anidrido carbônico e sais amoniacais, eliminando oxigênio, de crescimento indefinido e desprendendo forças vivas de fraca intensidade

(Lafayette Rodrigues Pereira, *Botânica*, 3ª ed., Rio, 1928, 23). É palavra erudita.

plantação, **plantio** – Terreno onde se criam plantas, ato ou efeito de plantar.

plebe, **povo**, **vulgacho**, **vulgo** – *Plebe* é a mais baixa camada de um povo. Na Roma antiga, era a classe oposta ao patriciado, à nobreza. *Povo* é o conjunto dos habitantes de uma região, sem discriminação de classes. *Vulgacho* é comum do povo, o maior número. *Vulgo* é a íntima plebe, a ralé.

plebiscito, **"referendum"** – *Plebiscito* é opção política. *"Referendum"* é aprovação de obra realizada, exercício do direito que tem o povo de se pronunciar sobre as grandes questões de interesse nacional.

Plêiades, **Sete-Estrelo** – Grupo de sete estrelas da constelação do Touro. *O segundo nome*, que é popular em Portugal, vive ainda em nossos sertões (Artur Neiva, *Estudos*, 186).

plenitude, **pletora** – *Plenitude* é a qualidade de cheio. *Pletora* é estado de superabundantemente cheio.

pletórico, **sanguíneo** – *Pletórico*, o que tem pletora de sangue, que é muito sanguíneo. *Sanguíneo* é o que tem muito sangue.

pluviômetro, **udômetro** – Instrumento destinado a medir a quantidade de chuva que cai num lugar. É um hibridismo e por isso os puristas inventaram um vocábulo que ninguém usa, *o segundo*.

pó, **poeira** – *Pó* é o estado de um corpo reduzido a partículas tenuíssimas ou são partículas tenuíssimas suspensas no ar ou depositadas sobre os corpos: *pó de arroz*, *espanar o pó dos sapatos*. *Poeira* é pó de terra levantada pelo vento: "O auto em sua pressa levantou a poeira da estrada".

poda, **podadura** – Ato ou efeito de podar. *O primeiro* é mais usado.

podadeira, **podão**, **podoa** – Foice de podar.

poial, **poio** – Assento fixo, geralmente de pedra.

polaco, **polonês**, **polônio**, **polono** – Relativo à Polônia, natural deste país. *Polaco*, com o sufixo pátrio eslavo que se encontra em *eslovaco*, *bosníaco*, *austríaco* (pronunciado austríaco pelos espanhóis), é o corrente e também foi empregado pelos clássicos: "Achavam-se no imenso auditório italianos, espanhóis, franceses, ingleses, alemães, suecos, dinamarcos, polacos..." (Vieira, *Sermões*, ed. de 1907, VII, 178). *O segundo*, acoimado de galicismo, é a palavra preferida pelos naturais da Polônia, que evitam o emprego do primeiro adjetivo, por motivos que não vem a pelo explicar. *O terceiro* aparece nos *Lusíadas:* "... e na montanha / Hircínia os marcomanos são polônios" (III, 11, 4). *Polono* aparece em Damião de Góis. *Crônica de D. Manuel*, 260. A Conferência dos Nomes Geográficos, reunida em 1926 pelo Instituto Histórico, aconselhou a forma *polonês*, hoje a mais usada.

poldra, **potra**, **potranca** – Égua nova.

poldro, **potranco** (brasileirismo), **potreco** (Sul), **potrilho** (idem) **potro** – Cavalo novo.

polia, **roldana** – Roda com uma correia que numa extremidade se aplica à força e na outra à resistência.

polícia-inglesa, **puxa-verão** (Amazônia), **rouxinol-do-campo** – Pássaro da família *Icteridae* (*Leistes militaris*).

polimento (Portugal e Maranhão), **verniz** – Cabedal lustroso de que se faz calçado: "As botas de polimento novas rangiam..." (Camilo, *Brasileira*, cap. XII). Aluísio Azevedo, prefácio de "O Mulato". Também se referem ao brilho resultandte da ação de polir, envernizar, listrar; ***lustre***.

ponta, **rábula** – Papel teatral de pouca importância.

popa, **ré** – *Popa* é a extremidade posterior de uma embarcação. *Ré* a parte da embarcação, a qual vai da popa até o ponto onde a amurada fica reta.

porcaria, **porqueira** – Coisa porca.

porcariço, **porqueiro** – Guardador de porcos. *O primeiro* é menos usado. *O segundo* também se aplica a uma espécie de abóbora.

porcino, **suíno** – Relativo a porco, próprio de porco: *pão porcino*, *gado porcino*. *O segundo* é o mais usual.

porco-do-mato – Nome que abrange o *caititu*, *q.v.*, e *o queixada*.

pororom (Sul), **tamboeira** (Nordeste) – Produto vegetal atrofiado.

porrigem, **tinha** – Moléstia de pele.

porta-toalhas, **toalheiro** – Utensílio em que se penduram toalhas de rosto, de mão ou de banho.

positivo, **real** – *Positivo* é tudo que existe de modo certo e averiguado. *Real* é tudo que existe na criação, na natureza.

pospasto, **postres**, **sobremesa** – Frutas e doces que nas refeições se servem depois das comidas de sal. *O primeiro* e *o segundo* estão antiquados.

possuir, **ter** – *Temos* o que é de nossa propriedade, o que nos pertence. *Possuímos* aquilo em cuja posse estamos, aquilo de que podemos dispor. Uma pessoa pode *ter* dinheiro num banco e no momento não *possuir* com que pagar pequena despesa que queira fazer.

posterior, **seguinte**, **subsecutivo**, **subsequente**, **ulterior** – *Posterior* é o que está depois, no tempo ou no espaço. *Seguinte* é o que vem depois de coisa da mesma espécie: dia *seguinte*. *Subsecutivo* é o subsequente que surge imediato. *Subsequente* é o seguinte que aparece como consequência do anterior. *Ulterior* é o que há de vir, o que há de ser posterior a coisa que existe ou existiu.

Potengi, **Rio Grande do Norte** – Rio do Estado do Rio Grande do Norte.

praça, **soldado** – Militar sem graduação nem patente.

praiano, **praieiro** – Habitantes de praia. Ambos são brasileirismos.

pratalhaz, **pratarraz** – Prato muito cheio de comida.

pratinira, **tibiro**, **timbiro** – Peixe do mar; mal identificado.

precito, **réprobo** – Condenado (a penas espirituais).

precoce, **prematuro** – *Precoce* é o que, por sua exuberância de força vital, amadurece antes do tempo próprio. *Prematuro* é o que se manifesta antes de estar maduro. Uma criança de dez anos que tenha a sisudez de um homem feito, é *precoce*. Um moço de vinte anos, com a cabeça cheia de cabelos brancos, apresenta uma velhice *prematura*.

predicador, **predicante**, **pregador** – O que predica. *O último* se aplica ao orador sacro.

predileto, **preferido** – *Predileto* é o preferido por uma questão de amizade, por ser querido antes dos demais, igualmente queridos. *Preferido* é o que foi escolhido por um motivo qualquer.

predomínio, **preponderância** – Significam influência exercida sobre o ânimo de alguém. *O predomínio* (do latim *dominus*, senhor) supõe autoridade ou força; *a preponderância* (do latim *pondus*, peso) supõe o peso do valor, da virtude, da excelência etc.

preeminência, **superioridade** – *Preeminência* é a qualidade de ser o mais alto entre os que ocupam posições superiores. *Superioridade* é a qualidade superior, é a autoridade moral decorrente da posição superior.

preguiça-real, **unau** – Mamífero da família *Bradypodidae* (*Choloepus didactylus*).

prelacia, **preladia**, **prelatura**, **prelazia** – Jurisdição de prelado.

preliminares, **prolegômenos** – *Preliminares* são o que se diz ou faz antes e como preparativo do que se vai dizer ou fazer (do latim *prae*, antes, e *limen*, soleira). *Prolegômenos* são as noções gerais que iniciam um estudo.

prerrogativa, **privilégio** – *Prerrogativa* são honras, dignidades conferidas a uma classe. Na Roma antiga, chamava-se tribo ou centúria prerrogativa a que votava primeiro (*prae* antes, e *rogare*, propor uma lei). *Privilégio* é uma lei que concedia a um particular vantagem fora do direito comum (*privas*, particular, e *lex*, *legis*, lei).

presbiopia, **presbitia**, **presbitismo**, **vista cansada** – Estado do globo ocular que vê bem os objetos longínquos e mal os próximos. *Os três primeiros nomes* vêm do grego *presbys*, velho, e *o último* é popular. O mais usado é *o quarto*.

preso, **prisioneiro** – Ambos se acham privados de sua liberdade. O *preso* faz supor crime, falta disciplinar; o prisioneiro, guerra.

pressa, **urgência** – *Pressa* é a atividade exercida com rapidez. *Urgência* é a qualidade de urgente, isto é, de ser necessário sem demora.

prestes, **presto**, **pronto** – *Prestes* dá ideia de rapidez; *pronto*, de disposição. *Presto* é o mesmo que *prestes*.

primário, **primeiro**, **primevo**, **primitivo**, **primordial** – *Primário* é o primeiro em relação ao modo de ser dos demais indivíduos que formam a série: *instrução primária*, a mais simples (ao lado da secundária e da superior). *Primeiro* é o que numa ordem está antes de todos. *Primevo* é o que vem da primeira idade. *Primitivo* é o primeiro, em relação aos seus diferentes estados ou a seres dele derivados: "O estado primitivo desta instituição era bem melhor que o atual." *Primordial* se refere a uma época que precede outra e se considera como origem desta.

prisco, **prístino** – *Prisco* é o primeiro em tempo: *priscas eras*. *Prístino* é o que foi, o que existiu antes: *reduzir as coisas ao prístino estado* (Morais).

proa, **vante** – *Proa* é a extremidade anterior de uma embarcação. *Vante* é a parte da embarcação a qual vai da proa até o ponto em que a amurada fica reta.

profanação, **sacrilégio** – *Profanação* é grave irreverência cometida contra as coisas da religião ou contra coisas que são objeto de respeito geral. *Sacrilégio* é uma profanação odiosa que torna quem acomete, digno de maldição e do horror público.

prognata, **queixudo** – Que tem maxila proeminente. *O segundo* é popular e *o primeiro*, erudito.

proibir, **vedar** – *Proibir* é impedir (a lei, a autoridade), impondo sanção. *Vedar* é impedir, por ato de arbítrio.

promessa, **prometimento**, **promissão** – Ato ou efeito de prometer. *Promessa* é o termo comum. *O prometimento* é menos formal do que a promessa. *Promissão* aparece na expressão *Terra da Promissão*, a de Canaã.

prometedor, **promissor**, **promitente** – Que promete. *O prometedor* dá esperanças.

pronto, **teso** – Sem dinheiro. São termos de gíria.

propínquo, **próximo** – *Propínquo* é forma erudita de *próximo*, *q.v.*
proposição, **proposta**, **sugestão** – *Proposição* é o ato ou efeito de propor; mais o ato. *Proposta* é a coisa que se propôs, *sugestão* o que se sugeriu.
prosador, **prosista** – Autor de obras em prosa. *O segundo* é um castelhanismo de pouca vida.
prossecução, **prosseguimento** – Ato ou efeito de prosseguir. *O primeiro* é semierudito; o *segundo*, de formação vernácula.
proteico, **proteiforme** – *Proteico* é o mesmo que *albuminoide*, da natureza das proteínas (Plácido Barbosa, *Dic. de Termin. Méd. Port.*). *Proteiforme* é o que muda de forma como Proteu. A paronímia os tornou sinônimos, para alguns dicionaristas, como Figueiredo por exemplo, e para alguns escritores, apesar da diversa origem: "O sertanejo tem, contra este inimigo secular e proteico, apenas dois recursos: o rifle e Deus" (Humberto de Campos, *Carvalhos e Roseiras*, 91).
protoplasma, **sarcódio** – Substância que constitui o corpo da célula viva. O *primeiro* é mais usado.
proventos, **rendas** – *Proventos* são todos os dinheiros que fazem parte da receita, qualquer que seja a sua proveniência. *Renda* é dinheiro proveniente de juros, aluguéis, dividendos etc. o qual não exigiu trabalho. V. *percalço*.
providente, **provido** – Que prove.
provincialismo, **provincianismo** – Sotaque, palavra, expressão, em uso nas províncias, nas demais regiões de um país, excetuada a capital.
provocador, **provocante** – Que provoca. *O primeiro* se emprega no sentido de chamar a briga, duelo; *o segundo*, no de estimulante, tentador: *ditos provocadores*, *olhos provocantes*.
psicopatia, **psicose** – São doenças mentais. A segunda é de evolução rápida.
pterígio, **unha do olho**, **unha no olho** – Espessamento da conjuntiva.
pudibundo, **pudico**, **recatado** – *Pudibundo* é que tem muito pudor, que revela muito pudor. *Pudico* é o que tem pudor, que revela pudor, *recatado* o que tem recato.
pudicícia, **pudor**, **pundonor**, **vergonha** – *Pudicícia* é a castidade que o pudor faz acompanhar de decência e recato exterior. *Pudor* é vergonha que defende a pureza. *Pundonor* é a exagerada susceptibilidade em questões de amor-próprio, na defesa da honra. *Vergonha* é o temor de perder o crédito ou a confissão de o haver perdido (Vieira, *Sermões*, ed. de 1907, XIV, 228).
pulga-do-mar, **saltão-da-praia** – Crustáceo da família *Orchestiidae* (*Talitrus saltator*).
pupilo, **tutelado** – Menor sob a guarda de um tutor. O Código Civil emprega *o primeiro* nos arts. 425, 431, 433 e *o segundo* nos arts. 432, 434, 440, 441.
pupunha-de-porco, **pupunharana** – É a palmeira *Cocos inajai*.
purpúreo, **purpurino**, **púrpuro** – Cor de púrpura.
puxo, **tenesmo** – Sensação dolorosa de tensão e constrição na região do ânus, com vontade contínua de evacuar. *O primeiro termo* é popular.

Q

quadra, **quarteto** – Estrofe de quatro versos. *O segundo* se usa especialmente, tratando-se de soneto.

quadriênio, **quatriênio** – Espaço de quatro anos. *O primeiro* busca a origem latina. *O segundo* revela influência de quatro.

qual, **que** – *Qual* como relativo tem o mesmo valor de *que:* "E na língua, na qual quando imagina..." (*Lusíadas*, I, 33,7). Tem ainda emprego especial quando se quer evitar ambiguidade: "Aí, apesar dos cuidados que demandava dele a lavoura da cana de açúcar, a qual se entregou..." (Varnhagen, *História Geral do Brasil*, 2ª ed., T. II, 1176).

quantia, **soma** – São sinônimos no sentido de quantidade de dinheiro.

quaró, **resedá-amarelo**, **tintureiro** – Planta da família *Mulpighiaceae* (*Galphimia brasiliensis*).

quarteto, **quatuor** – Conjunto de quatro vozes ou instrumentos. *O primeiro* busca a forma italiana *quarteto; o segundo*, a latina *quatuor*.

quarto, **sentinela** (Norte), **velório** (Sul) – Ato de passar a noite em claro, ao lado de um defunto.

quatetê (Nordeste), **sapucaia**, **sapucaieira** – Árvore da família *Lecythidaceae* (*Lecythis pisonis*).

quatro-olhos, **tariota** (Maranhão), **tralhote**, **tralhoto** – Peixe da família *Cyprinodontidae* (*Anableps tetrophthalmus*). No tempo de Vieira chamava-se *quatro-olhos*.

queci-queci, **quijuba** – Ave da família *Psittacidae* (*Aratinga solstitialis*).

quedo, **quieto** – Que não se agita, que não se move. *Quedo* de preferência se refere ao corpo e *quieto*, forma erudita, tanto se refere ao corpo quanto à alma: "Não fiquei homem, não; mas mudo e quedo/E junto de um penedo, outro penedo!" (*Lusíadas*, V. 56, 7-8.)

queijeira, **tanjasno** – Ave da família *Saxicolidae* (*Saxicola stapazina*).

queimar, **torrar** – Vender por qualquer preço, para salvar o dinheiro empatado. São termos de gíria.

queixada, **taiaçu** – Mamífero da família *Suidae* (*Tayassu albirostris*).

queixoso, **quérulo** – Que se queixa. *O segundo* é erudito e literário.

quetua, **rupequeiro** – Ave da família *Psittacidae* (*Pyrrhura vittata*).

quiçá, **talvez** – Partículas de dúvida. *Quiçá* tem hoje emprego literário; é palavra pedante quando usada na linguagem corrente. Difere de *talvez* por denotar a possibilidade.

quimano (Rio Grande do Sul), **quipoqué** (idem) – Iguaria feita com feijão.

quinar (Portugal), **visprar** (Brasil) – Ganhar no víspora. A forma *visporar*, encontrada nos léxicos, não existe na língua viva.

quitação, **recibo** – *Quitação* é documento pelo qual alguém se torna quite, isto é, se desobriga completamente de um compromisso, especialmente em matéria pecuniária. *Recibo* é documento com que se atesta o recebimento de qualquer coisa, especialmente de dinheiro dado em pagamento, emprestado, depositado etc.

quixaba, **quixabeira**, **rompe-gibão** – Árvore da família *Sapotaceae* (*Bumelia sartorum*).

R

rabanete, **rábano-curto** – Planta da família *Cruciferae* (*Raphanus sativus*).

rabeca, **violino** – Instrumento músico de cordas friccionadas. *O primeiro nome* é hoje menos usada; aparece na fraseologia: *queixa de rabeca*, *consertar a rabeca*.

rabecão (Brasil), **tumba da misericórdia** (Portugal) – Carro que leva para o cemitério os cadáveres dos indigentes.

rabequista, **violinista** – Tocador de rabeca, tocador de violino. V. *rabeca*. Há um quê de pejorativo no *primeiro*.

rábido, **raivoso** – *Rábido*, palavra erudita o literária, é o mesmo que *raivoso*, *q.v.* "Do ríspido senhor a voz irada rábida soa" (Gonçalves Dias, *apud* Aulete).

radiante, **radioso** – *Radiante* é o que lança raios de luz. *Radioso*, o que tem a propriedade de radiar, de emitir muitos raios de luz.

radicela, **radícula** – Diminutivos de *raiz*. *Radicela* é filamento delgado em que a raiz termina. *Radícula* é a parte do embrião, a qual se vai transformar na raiz.

raia (Portugal), **rata** (Brasil) – Dar uma raia, dar uma rata. Significa cometer uma inconveniência, fazer uma *gaffe*.

raivar, **raivecer** – Encher-se de raiva. O valor incoativo do *segundo* está atenuado.

ramalhete, **ramilhete** – Feixe de flores, ligadas mais ou menos artisticamente: "O ramalhete compõe-se de muitas flores..." (Vieira, *Sermões*, ed. de 1907, XII, 129). "Tenda de neve – a cortina; / Dois bustos, um ramilhete/Além" (Alberto de Oliveira, *As três formigas*). Não importa que um venha de *ramalho*, ramo grande cortado de árvore verde, e o outro, de *ramilho*, diminutivo de *ramo*, vivo ainda em Trás-os-Montes. A língua, usando de seus direitos soberanos, não olha a lógica.

ramilho, **raminho**, **ramúsculo** – Diminutivos de *ramo*.

ramoso, **ramudo** – Abundante em rama ou em ramos. Tb. ***frondoso***, de ampla fronde, copa.

rampa, **ribalta** – Linha de luzes, à beira da cena nos teatros.

râncido, **râncio**, **rançoso** – Que tem ranço. *O terceiro* é o da linguagem corrente. *O primeiro* e *o segundo* são eruditos e literários: "Se gloriava a esposa da nobreza... do seu râncio Gandolfo" (Filinto Elísio, *Apud* Aulete). "Não se fez para burgueses râncios tão fina flor de formosura" (Garrett, *apud* Aulete).

rangífer, **rena** – Mamífero da família *Cervidae* (*Rangifer tarandus* e outras espécies).

rapazelho, **rapazete**, **rapazinho**, **rapazito**, **rapazola**, **rapazote** – Rapaz pequeno.

rapé, **tabaco** – Tabaco em pó, para cheirar. O folclore atesta *o segundo:* "Antonico, pé de mico; / Manuel pé de macaco; Antonico masca fumo, Manuel toma tabaco."

rapezista, **tabaquista** – Pessoa que toma rapé ou tabaco. *O primeiro* é brasileirismo: "Este *rapezista* com o seu lenço de alcobaça é uma figura esquisita" (Afonso Taunay, *apud* Teschauer, *Novo Dicionário Nacional*).

raposino, **vulpino** – Relativo a raposa. *O primeiro* é de origem vernácula: *o segundo*, de origem alatinada.

rarefato, **rarefeito** – Tornado menos denso. *O primeiro* é vocábulo erudito.

rareza, **raridade** – Qualidade de raro. *Raridade* se emprega mais no sentido de objeto raro, acontecimento raro.

rasgadela, **rasgadura**, **rasgão** – Abertura feita em tecido que se rasga. *O terceiro* é o mais usado.

rasgar, **romper** – Dividir, separar com violência. *O primeiro* se aplica especialmente ao ato de abrir tenda desligando tecidos.

rasteirinha, **violeta-do-pará** – Planta da família *Malvaceae* (*Sida procumbens*).

rato-coró, **rato-de-espinho**, **sauiá**, **toró** – Mamífero da família *Echimyidae* (*Loncheres armatus*).

readquirir, **reaver**, **recobrar**, **reconquistar**, **recuperar**, **retomar** – *Readquirir* é tornar a adquirir coisa perdida. *Reaver* é haver de novo aquilo de cuja posse se havia sido privado. *Recobrar* é o mesmo que *reaver*, com a diferença de não ser empregado em sentido concreto: *recobrar a saúde*. *Reconquistar* é tornar a conquistar, chamar a si com esforço, com luta, o que se deixou perder. *Recuperar*, palavra erudita, é o mesmo que *recobrar*. *Retomar* é tornar a tomar, chamar a si com força ou astúcia aquilo de que se foi desapossado.

reagente, **reativo** – *Reagente* quer dizer *que reage*. *Reativo* quer dizer *próprio para reagir*. Usa-se um pelo outro na linguagem corrente.

real, **régio** – *Real* quer dizer próprio do rei. *Régio* quer dizer próprio de rei, da realeza: *família real*, *palácio real*, *patrimônio real; majestade régia*, *pompa régia*, *carta régia*. Esta distinção não é tão absoluta que impeça o emprego de um pelo outro.

realidade, **verdade** – Quando dizemos *na realidade*, referimo-nos ao objeto, tal como é ou se afigura ser, segundo a sua natureza. Quando dizemos *na verdade*, referimo-nos ao objeto, segundo as ideias que temos e reputamos claras e exatas.

recaída, **recidiva**, **reincidência** – Ato de tornar a cair. *Recaída* é o reagravamento de moléstia que já ia declinando; quase sempre por alguma imprudência. *Recidiva* é o reaparecimento de uma moléstia, em espaço indefinido de tempo, depois do recobramento completo da saúde. Uma pessoa apanha uma bronquite. Quando está quase curada, sai à rua numa noite fria. Se de novo adoece, tem uma recaída. Se esta pessoa, no fim de um ano, apanha outra bronquite, tem uma recidiva. *Reincidência* é a repetição de uma falta, de um crime.

recear, **temer** – *Recear* é temer sem fundamentos razoáveis: "Ele não telegrafou de S. Paulo; *receio* que esteja doente". *Temer* é crer na probabilidade de que aconteça algum mal. "A cerração está muito densa; *temo* um acidente na aterrissagem".

recebimento, **recepção** – Ato ou efeito de receber. *O primeiro* é genérico. *O segundo* aplica-se ao ato de receber visitas com certo cerimonial, ao de receber correspondência do correto (aviso de recepção), mercadorias etc.

receptibilidade, **receptividade** – Aptidão da sensibilidade para receber impressões, aptidão do organismo para receber a influência de certos agentes morbíferos ou terapêuticos.

reconstituir, **reconstruir**, **refazer**, **reformar**, **remodelar**, **renovar**, **reorganizar** – *Reconstituir* é dar nova estrutura, igual à antiga ou diferente dela. *Reconstruir* é construir de novo (o que ruiu, foi demolido etc.). *Refazer*, termo genérico, é tornar a fazer. *Reformar* é dar nova forma, conservando os fundamentos emudando apenas o que não deve ficar. *Remodelar* é refazer sob novos modelos ou sob novos moldes. *Renovar* é tornar novo, dar feição de novo, dar novo aspecto. *Reorganizar* é dar organização nova ao que deixou de existir ou dar organização diferente ao que ainda existe.

récua, **tropa** (Brasil) – Ajuntamento de bestas de carga, geralmente amarradas umas às outras. *A primeira palavra* no Brasil aparece com este sentido literariamente, vivendo na realidade como pejorativo de ajuntamento de pessoas desprezíveis. A *tropa* significa também manada de gado grosso.

recurvado, **recurvo** – *Recurvado* é aquilo a que se deu forma recurva. *Recurvo* é o mais ou menos curvo, de natureza.

redemoinho, **remoinho**, **rodamoinho** – Movimento espiralado de águas ou de ventos. *A primeira forma* é corruptela da segunda. *A terceira*, popular, com influência analógica de *roda*, foi empregada por bons escritores: Raul de Leoni, *Luz Mediterrânea*, III, Mário Sette, *Senhora de Engenho*, 194. Gustavo Barroso, *Revista da Academia Brasileira de Letras*, CXXXVIII, 193.

redenção, **remição** – Ato ou efeito de remir. *O segundo* se aplica ao foro, ao penhor. *O primeiro*, ao ato de Jesus remindo o homem das penas do inferno. O Código Civil erra quando nos arts. 687 e 802 grafa *remição* com *ss*. *Remissão* é o ato ou efeito de remeter (arcaizado neste sentido) ou de remitir.

redimir, **remir**, **resgatar** – *Redimir*, forma erudita, e *remir*, forma popular, significam etimologicamente *reaver por compra* (objeto vendido); vem do latim *redimere*, de *re* e *emere*, comprar. *Resgatar* significa o mesmo e vem do cruzamento de um *regatar* do lat. *recapture*, com um *rescatar*, do lat. *reexcaptare*. *Redimir*, que empresta formas suas ao defectivo *remir*, usa-se no sentido de livrar das penas do inferno, de coisa que prejudique. *Remir*, além destes empregos, tem o de libertar um bem de um ônus fazendo um pagamento: *remir um penhor*, *remir um foro*. *Resgatar* é mais usado em sentido material, aplicando-se muito em relação a cativeiro, a cautelas de penhor.

rediviva, **rosa-de-jericó** – Planta da família *Cruciferae* (*Anastatica hierichontina*).

redobrar, **reduplicar** – Tornar a dobrar, *o primeiro* é vocábulo popular; *o segundo*, erudito.

redondil, **sevilhana** – Certa azeitona de Elvas.

redondo, **rotundo** – Curvo, circular, esférico. *O primeiro* é vocábulo popular; *o segundo*, erudito, emprega-se literariamente no sentido próprio e, na linguagem corrente, no de gorducho, cheio de carnes: "Curral de quem governa o céu rotundo" (*Lusíadas*, VII, 2, 4).

refeição, **repasto** – *Refeição* é a porção de alimentos que se toma de cada vez, a certas horas do dia ou da noite. *Repasto* é refeição abundante. No primeiro vocábulo domina a ideia de refazer o organismo, debilitado pela fome. No segundo, a de um pasto farto, que valha por dois. Só por ironia Garrett na *Dona Branca* qualificou de frugal o repasto que os frades bernardos faziam à noite e no qual devoravam postas de toucinho.

refestelar-se, **refocilar-se**, **repetenar-se**, **repimpar-se**, **repoltrear-se** – Recostar-se comodamente, satisfeito, para descansar.

refletir, **reflexionar** – *Refletir* é fixar o espírito em objeto interno. *Reflexionar*, neologismo bárbaro e pouco usado, significa o mesmo.

reforma, **reformação** – *Reformação* é a ação de reformar e *reforma*, o resultado, o efeito, desta ação.

refrangente, **refringente** – Significam *que refrange*. A diferença entre eles está em que *o primeiro* é de formação vernácula e o *segundo* é um latinismo.

refranger, **retratar** – Desviar da direção (raio de luz, raio calorífero, som, quando passam de um meio para outro).

refresco, **refrigerante** – Bebida adocicada com que se diminui o calor do corpo nos dias quentes.

relação, **relato** – Ato de referir com singeleza um acontecimento, de dar conta de uma incumbência. *Relato* é relação ainda mais despretensiosa. Mais sucinto ainda, referindo-se com objetividade e concisão, é o ***informe***.

relampadejar, **relampaguear**, **relampear**, **relampejar** – Manifestar-se o relâmpago, sem ouvir-se o trovão porque a trovoada é muito longe. *O último* é o mais usado.

relógio, **zanzo** – Planta da família *Malvaceae* (*Sida rhombifolia*).

remada, **voga** – Movimento de remo. Há um quê de técnico no *segundo*. O voga ritma.

remelado, **remelão**, **remeleiro**, **remelento**, **remeloso** – Que tem remela. *O quarto* é o mais usado.

remendão, **remendeiro** – Que remenda. *O primeiro* é mais usado, mas o folclore atesta *o segundo:* "Sapateiro remendeiro come tripa de carneiro".

reparar, **consertar**, **restaurar** – *Repara-se* ou *conserta-se* o que foi danificado em certas partes, tornando-as melhores ou substituindo por outras. *Restaura-se* o que perdeu, no conjunto, a beleza, o brilho, o vigor. V. *compensar*.

repelente, **repulsivo** – *Repelente* é o que nos repele, nos afasta, pela aversão que inspira. *Repulsivo* é o que nos causa repulsa violenta, acompanhada de horror.

repente (de-), **súbito** (de-) – A locução *de repente* traz ideia de tempo: *poetar de repente*, isto é, sem demora, logo, de improviso, sem ter tido tempo para refletir, para preparar-se. A locução *de súbito* traz ideia de rapidez, de coisa inopinada. feita num abrir e fechar de olhos, quando menos se espera: "Ao levantar-se da cama, a doente desmaiou *de súbito*". Na linguagem corrente não se observa esta distinção.

republicano, **repúblico** – *Republicano* é o adepto da forma republicana de governo. *Repúblico* é o cidadão zeloso do bem público. Dizia Vieira aos súditos do rei de Portugal: "Devemos desejar a todos a união como bons cristãos, como bons repúblicos e como bons vassalos" (*Sermões*, 331). República naquela época se empregava como sinônimo de *Estado*. O mesmo Vieira explica no sermão da terceira dominga do Advento:

"...os corpos políticos (ou sejam de governo monárquico, ou de qualquer outro que eu entendo geralmente debaixo do nome comum de república)..."

reserva, **segredo**, **sigilo** – *Reserva* é o cuidado de não comunicar a qualquer pessoa um fato, uma circunstância, que não se quer propalados. *Segredo* é fato, circunstância, sobre que se deve guardar silêncio, conservando-os secretos, ocultos de toda a gente: *segredo profissional*, o que um profissional soube em razão da profissão que exerce e que deve ficar entre o profissional e o cliente. Segredo de três, o diabo fez, diz o provérbio, mostrando que o verdadeiro segredo não deve passar de duas pessoas. *Sigilo* é o segredo absoluto, que não deve ser comunicado a ninguém, em nenhuma circunstância; tal é o da confissão sacramental.

resoluto, **resolvido** – Particípios de *resolver*. *O primeiro* se usa adjetivamente.

resquício, **resíduo**, **resto** – *Resquício* é resto muito pequeno. Em sentido lato, *resto* ou *resíduo* é o que resta, o que fica, de um todo.

retalhista, **varejista** (Brasil) – Que vende a retalho, por miúdo, em pequena escala.

retalho, **varejo** – Vender a retalho, vender a varejo, isto é, em pequenas porções.

retidão, **retitude** – Qualidade de reto. *O segundo* se emprega somente em sentido moral.

reviver, **revivescer**, **revivificar** – *Reviver* é viver de novo, voltar à vida. *Revivescer* é retomar a atividade vital (certos animais e vegetais), depois de dessecados e com aparência de mortos, quando se restitui a umidade. *Revivificar* é tornar vivo de novo.

riba, **ribança**, **ribanceira**, **ribeira** – *Riba* é margem levantada de rio. *Ribança* (desusado) é riba extensa. *Ribanceira* é riba talhada a pique, menos do que o alcantil; pode ser de rio ou de mar e pode ainda não ter base regada. *Ribeira* é margem mais ou menos aladeirada, coberta de água no inverno e descoberta no verão.

ridicularizar, **ridiculizar** – Meter a ridículo. A forma viva é *a primeira*. Mal formada, pois não existe nenhum *ridicular* de que se pudesse derivar e entretanto é a que toda a gente emprega. *A outra*, semelhante ao espanhol *ridiculizar* e ao francês *ridiculiser*, não vive, apesar de empregada por excelentes escritores: João Ribeiro, *Páginas de Estética*, 74; Bilac, *Conferências*, 275; Xavier Marques, *Castro Alves*, 75.

ridículo, **risível** – *Ridículo* é o que provoca risota. *Risível* é o capaz de provocar o riso.

rígido, **rijo** – Que não verga por causa da dureza que tem. *O primeiro* se emprega em sentido material e em sentido moral; *o segundo*, de preferência em sentido material: *rígido diamante* (*Lusíadas*, II, 4, 6). *Virtude rígida*. *Alavanca rija*. *Rijas provações* (Latino Coelho, *apud* Aulete).

robafo (Mato Grosso), **rubafo** (idem), **taraíra**, **tariíra**, **traíra** – Peixe da família *Characidae* (*Hoplias malabaricus*).

roca, **rocha**, **rochedo** – *Roca* é massa de pedra dura, presa ao solo. *Rocha* é grande massa mineral da mesma composição, da mesma estrutura, da mesma origem, entrando na constituição da crosta da Terra. *Rochedo* é grande massa de pedra dura escarpada, de acesso difícil ou perigoso, em terra e no mar.

romeno, **valáquio** – Qualificativo da língua que se fala na Romênia. *O pri-*

meiro é mais usado. *O segundo* está em desuso praticamente.

rosa-canina, **rosa-de-cão**, **silva-macha**, **silvão** – Planta da família *Rosaceae* (*Rubus canina*).

rosal, **roseiral** – Plantação de roseiras.

rosca-para-mulas, **saca-rolhas** – Planta da família *Sterculiaceae* (*Helicteres sacarolha*).

rotura, **ruptura** – Ato de romper-se. *O primeiro* é formação vernácula (*roto* e sufixo *ura*) e *o segundo* é palavra erudita (do latim *ruptura*).

rubente, **rúbeo**, **rubicundo**, **rúbido**, **rubro** – São adjetivos eruditos e literários, significando o mesmo que *vermelho*, *q.v.* *Rubicundo*, graças ao sufixo, deve ter mais intensidade do que os outros.

rufo, **ruivo** – Amarelo tirante a vermelho, louro avermelhado. *O primeiro* é palavra erudita, poética: "Os rufos touros, as malhadas vacas" (Garção, *Ode*, 21).

rugidor, **rugiente** – Que ruge. *O segundo* é palavra erudita e literária.

ruiva (na linguagem do garimpeiro), **rutílio** – Óxido de titânio.

rutilante, **rútilo** – Que rutila: "Qual aparece o arco rutilante" (*Lusíadas*, II, 99, 7). *O segundo* é palavra erudita e literária: "Mas o sol, inclinando a rútila capela" (Machado de Assis, *Círculo Vicioso*).

S

sabão-de-macaco, **sabão-de-soldado**, **saboneteiro**, **saboeiro**, **salta-martim** – Planta da família *Sapindaceae* (*Sapindus saponaria*).

sabiá-cavalo, **sabiá-gongá**, **sabiá-laranjeira**, **sabiá-piranga**, **sabiaponga**, **sabiá-verdadeira** – Ave da família *Turdidae* (*Turdus rufiventris*).

sabiá-da-praia, **sabiá-da-restinga**, **sabiá-piri** – Pássaro da família *Mimidae* (*Mimus lividus*).

sabiá-do-campo, **sabiapoca** – Pássaro da família *Mimidae* (*Mimus saturninus*).

saboeira-legítima, **saponaria** – Planta da família *Caryophyllaceae* (*Saponaria officinalis*).

saburá (Amazônia), **samorá** (Sul) – Misturado de pólen com mel, que as abelhas armazenam nos alvéolos.

saca, **saco** – *Saca* é um saco, largo e comprido, muito usado no comércio. *Saco* é peça de pano ou de couro, dobrada, ordinariamente de forma retangular, fechada por três lados, ficando um aberto para servir de boca, destinado a conter provisoriamente objetos miúdos, a fim de os resguardar ou de os transportar. O ***alforje*** é um saco duplo, podendo cada parte ficar de um ou outro lado do ombro, do lombo de uma cavalgadura etc.

sacado, **tipisca** – Certo tipo de lagoa amazônica.

sacová (S. Paulo), **socová** – Certa lagosta.

sacro, **sagrado**, **santo** – *Sacro*, palavra erudita, é o mesmo que *sagrado:* "Sacras aras e sacerdote santo" (*Lusíadas*, II, 15, 2). *Sagrado* é o que recebeu consagração, o que inspira respeito religioso: "Queimou o sagrado templo de Diana" (*Lusíadas*, II, 113, 1). *Santo*, etimologicamente, quer dizer tornado invulnerável por meio de cerimônias religiosas (Walde, LEW); significa declarado pela Igreja perfeito, livre de toda culpa e, por isso, digno de culto universal. Significa também de caráter religioso, conforme à moral religiosa, relativo ao rito sagrado, ao culto, à divindade, digno de respeito que sem profanação não pode ser violado: "Quando Deus não quer, Santos não rogam". *Zelo santo. Santa Bíblia. Santos óleos. Santas liberdades.* Em alguns empregos se confunde com *sagrado*.

sadio, **salubre**, **salutar**, **são** – *Sadio* é o que logra boa saúde, é aquilo que não altera a saúde. *Salubre* é o que proporciona saúde, o que contribui para a conservação e o desenvolvimento dela. *Salutar* é o que se mostra salubre em determinada ocasião, em determinada circunstância. *São* é o que se acha em estado de saúde, o que não está doente, o que não encerra em si princípio mórbido. Ex.: *indivíduo sadio*, *comida sadia*. *Clima salubre*. *Regime salutar*. *Pessoa sã*.

sagui, **saguim**, **sauí**, **sauim**, **soim** (Nordeste), **sonhim**, **tamari**, **xauim** (Amazônia) – Símios da família *Hapalidae* (gêneros *Hapaee* e *Mystax*).

saijé, **saipé** – Espécie de peixe dourado.

sairé, **turiúa** – Certo cesto.

sulamanquense, **salamanquino**, **salamanticense**, **salamântico**, **salmanticense**, **salamantino** – Natural de Salamanca, relativo a ela.

salepo, **satirião**, **satírio** – É a orquídea *Orchis mascula*.

salgado, **salso** – *Salgado* é o que contém sal, o que levou sal, o que tem gosto de sal, o que tem demasiado sal: *água salgada*, *sopa salgada*. *Salso*, palavra erudita e literária, quer dizer que contém sal: "Com suas salsas ondas o oceano" (*Lusíadas*, III, 6, 7).

salgueiro, **sinceiro** – Planta da família *Salicaceae* (*Salix sp.*).

salsa, **vulcão de lama** – *Vulcão* que desprende hidrocarbonetos que se podem inflamar. É colina de uma argila um pouco salgada.

salta-toco, **serrador** – Pássaro da família *Fringillidae* (*Volatinia jacarina*).

salvação, **salvamento** – Ato ou efeito de salvar. Cada um tem seus empregos especiais. O primeiro: salvação da alma, boia de salvação, tábua de salvação, salvação pública. O segundo: chegar a porto de salvamento, salvamento de uma carga.

samanguaiá, **simanguiá**, **simongoiá** – Molusco da família *Veneridae* (*Cryptogama flexuosa*).

sanear, **sanificar** – Tornar são. *O segundo* tem um tom erudito.

sangue-de-boi, **tapiranga**, **tié-fogo**, **tiê-sangue** – Pássaro da família *Tanagridae* (*Rhamphocoelus brasilius*).

sanguinária, **sanguínea**, **sempre-noiva** – Planta da família *Polygonaceae* (*Polygonum aviculare*).

sanhaço-de-coqueiro, **sanhaçu-verde** – Pássaro da família *Thraupidae* (*Thraupis palmarum*).

sapata, **sapato** – *Sapata* é sapato largo e grosso, sem tacão ou de tacão razo. *Sapato* é calçado destinado a cobrir só o pé.

sapatorra, **sapatranca**, **sapatrancas** – Sapato grosseiro.

sapoquema, **sapucairana**, **sapucairana-branca** – Árvore da família *Lecythidaceae* (*Lecythis elliptica*).

saracura, **sericora**, **sericórdia**, **soricória** – Aves da família *Rallidae*, pertencentes aos gêneros *Limnopardalus* e *Aramides*. *Os três últimos nomes* são do Nordeste.

saracura-da-praia, **saracura-do-mangue** – Ave da família *Rallidae* (*Aramides mangle*).

saracutinga (Sul), **tocandira** (Norte), **tocanguira** (idem), **tracutinga** (Sul) – É a formiga *Paraponera clavata*.

saraíba, **siriú**, **siriúba**, **siriúva** – Árvores da família *Verbenaceae* (*Avicennia sp.*).

sarangongo (Sergipe), **sariama** (idem), **sariema** (idem), **seriema** – Ave da família *Cariamidae* (*Microdactylus cristatus*).

sarapatel, **sarrabulho** – Iguaria preparada com sangue, fígado e banhas derretidas de porco.

sarará, **sarassará** – Nomes das formigas do gênero *Camponotus*.

sarja, **sarjel** – Tecido grosso de lã.

saubal, **sauval**, **sauveiro** – Toca de saúva.

sauvástica, **suástica** – Cruz gamada. *A primeira* tem o gancho da peça vertical virado para a esquerda; a *segunda* o tem virado para a direita.

sebipira, **sibipira**, **sicupira**, **sucupira** – Nomes de duas árvores da família *Leguminoseae* (*Ormosia coccinea* e *O. coarctata*).

seca, **seca(ê)** – *Seca* é o ato de pôr a secar. *Seca(ê)* é ato ou efeito de secar e falta de chuvas, estiagem.

secação, **secura** – Ato ou efeito de pôr a secar.

seção, **segmento** – Parte cortada de um todo. Cada um tem seu emprego especial. Em geometria, por exemplo, *seção* é a linha determinada em uma superfície por outra superfície que corta a primeira e *segmento* é a superfície limitada por uma parte de uma curva e pelo arco que a subtende.

secativo, **sicativo** – Próprio para fazer secar com rapidez. *O segundo* é um latinismo.

secundar, **segundar** – *Secundar* quer dizer ajudar, ser o segundo, que não deixou o outro ficar só, no desempenho de uma tarefa. *Segundar* (antiquado) quer dizer fazer pela segunda vez: "atirou uma seta, e segundou com outra" (*Monarquia Lusitana*, *apud* Morais).

secura, **sequidão** – Qualidade de seco. *O primeiro* tem o sentido figurado de falta de afabilidade. *O segundo* é hoje menos usado: "a mesma sequidão da penedia" (Camões, *Égloga*, *apud* Morais). V. *secação*.

sedalha, **sedela** – Cordel de seda usado na pesca.

sedente, **sedento**, **sequioso**, **sitibundo** – *Sedente*, palavra erudita, é o mesmo que *sedento*. *Sedento* quer dizer que tem sede. *Sequioso*, derivado de *seco*, é o muito sedento. *Sitibundo*, palavra erudita e literária, também é muito sedento: "Sonhei-a: fonte de corrente fria, Límpida como o sitibundo a pede..." (Alberto de Oliveira, *Los sueños, sueños son*). Ainda há os antiquados *sederento* e *sedorento*.

segurança, **segureza**, **seguridade** – Condição de seguro. *Os dois últimos* são pouco usados.

selvagem, **selvático**, **silvestre** – *Selvagem* quer dizer que vive nas selvas, e por isso é rude, inculto, grosseiro, bravio, sem trato: *tribo*, *selvagem*, *animal selvagem*, *planta selvagem*. *Selvático*, palavra erudita e literária, é o mesmo que *selvagem:* "De selvática gente, negra e nua" (*Lusíadas*, X, 93, 2). *Silvestre* é próprio das selvas, do mato, que se cria no mato, que dá flor ou fruto sem cultura: *rosa silvestre*.

selvoso, **silvoso** – Em que há selvas. *O segundo* tem caráter erudito.

semelhança, **similitude** – Qualidade de semelhante. *O segundo* é erudito.

semelhante, **símil** – Que tem parecença. *O segundo* é erudito.

semestral, **semianual**, **semiânuo** – Relativo a semestre, que sucede, que aparece, de seis em seis meses. *O primeiro* é o mais usado.

semínula, **semínulo** – Pequena semente. *O segundo* é variante do *primeiro*.

sêmola, **semolina** – Fécula da farinha de arroz.

sem-vergonhez, **sem-vergonheza**, **sem-vergonhice**, **sem-vergonhismo** – Falta de vergonha. *Os dois últimos* são mais usados.

senectude, **senilidade**, **velhice**, **vetustade**, **vetustez** – *Senectude*, palavra erudita, é o mesmo que *velhice*. *Senilidade* é o enfraquecimento causado pela velhice. *Velhice* é o estado do Velho, isto é, de quem chegou a uma idade avançada, dos sessenta anos em diante, na média, no homem. *Vetustade* ou *vetustez*, palavras eruditas, é a deterioração causada pela velhice.

senhorial, **senhoril** – *Senhorial* quer dizer relativo a senhor e *senhoril*, próprio de senhor.

septeto, **séptuor** – Composição musical para sete vozes ou sete instrumentos.

serenata, **seresta** – Concerto musical noturno no sereno. *A segunda palavra* é um brasileirismo de gíria.

sernambiguara, **tambó** – Peixe da família *Carangidae* (*Trachinotus falcatus*).

serpão, **serpilho**, **serpol** – Nome de várias plantas da família *Labiatae* pertencentes ao gênero *Thymus*.

serpear, **serpejar**, **serpentear**, **serpentejar** – Mover-se (a serpente) ou mover-se como serpente. O mais usado é *o terceiro*.

serradura (Portugal), **serragem** (Brasil) – Pó que cai da madeira serrada: "Um saiote de baeta dobrado envolvia a criança, deitada sobre a velha enxerga de serradura" (Camilo, *Novelas do Minho*, *apud* Remédios, *Antologia*, 139).

serubuna, **serutinga** – Planta da família *Avicenniaceae* (*Avicennia nitida*).

sestro, **sistro** – Instrumento de música. *O primeiro* é variante do *segundo*.

setena, **setilha** – Estrofe de sete versos.

sexangulado, **sexangular**, **sexângulo** – Que tem seis ângulos. O mais usado é *o segundo*.

sibilação, **sibilo**, **silvo** – *Sibilação* é termo médico que quer dizer silvo pouco intenso e mais ou menos duradouro. *Sibilo* e *silvo* já foram definidos.

sideral, **sidéreo**, **sidérico** – Relativo a astro. São palavras eruditas: *hora*, *ano*, *dia*, *tempo sideral*. "Pelo sidéreo espaço que dominas" (Alberto de Oliveira, *Aparição nas águas*).

signo de salomão, **signo-saimão**, **signo-salmão**, **signo-salomão**, **sino-saimão**, **sino-salmão**, **sino-salomão**, **sino-samão**, **sanselimão** – Amuleto formado por uma estrela de seis pontas.

silvado, **silvedo** – Moita de silvas.

simpleza, **simplicidade**, **singeleza** – Qualidade de simples. No primeiro vocábulo *simples* está no sentido de ingênuo, de boa fé, aparvalhado, papalvo. *No segundo* e no *terceiro*, no sentido de não composto, não complicado, modesto, não luxuoso. Ex.: "Estaria àquela hora a mexicana a motejar da minha ingênua simpleza..." (Afonso Celso, *Notas e Ficções*, 171). "Esta máquina é de pasmosa simplicidade."

singrar, **velejar** – Navegair a vela.

singular, **só**, **único** – *Singular* é único e só, sem relação com outro indivíduo, o que se põe em destaque como único: *combate singular*. *Só* é o que não tem companheiro, o que não está acompanhado: "Antes só do que mal acompanhado". *Único* é aquele de cuja espécie não há outro, o que não tem junto outro: *filho único*.

singulto, **soluço** – Contração espasmódica do diafragma, a qual determina a expulsão ruidosa do ar. *O primeiro* é erudito: "Corações que palpitavam em singultos..." (Austregésilo, *Revista da Academia Brasileira de Letras*, LXIII, 361).

sintático, **sintáxico** – Relativo à sintaxe, da sintaxe. *O primeiro* é de pura formação grega; vem da *syntaktikós*. *O segundo* é de formação vernácula.

sintrão, **sintrense** – Natural de Sintra, relativo a Sintra.

siri-chita (S. Paulo), **siri-da-areia**, **siri-xinga** – Crustáceo da família *Portunidae* (*Neptunus cribarius*).

siriri, **suiriri**, **tiriri** – Nome de pássaros da família *Tyrannidae*, um tanto semelhantes ao bem-te-vi, tais como *Sisopygis icterophrys*, *Machetornis rixosa*, *Tyrannus melancholicus*.

sirvente, **sirventês** – Certo tipo de poesia medieval.

sistema, **teoria** – *Sistema* é o arranjamento que se dá a vários princípios a fim de que formem um todo científico ou um corpo de doutrina. *Teoria* é o conhecimento real ou hipotético dos princípios de certos fatos.

sito, **situado** – Colocado em certo lugar, obedecendo a umas tantas condições ou exigências especiais. *Sito* se usa geralmente em relação a casas.

só, **sozinho** – Desacompanhado, sem outra coisa ou pessoa. *Sozinho* é um diminutivo aparente. Tem um elemento afetivo que carateriza a tristeza ou compaixão de quem está só. V. *singular*.

soão, **suão** – Vento que sopra do sul.

soberano, **sumo**, **supremo** – *Soberano* é o superior em autoridade e poder. *Sumo*, o que está na maior elevação física ou moral a que se possa subir, o que mais sobressai em seu gênero. *Supremo*, o mais graduado, o que está acima de todos. Ex.: *senhor soberano*, *sumo pontífice*, *supremo tribunal*.

sobraji, **sobraju** – Árvore da família *Rhamnaceae* (*Colubrina rufa*).

sobrancelha, **supercílio** – Conjunto de pelos dispostos em arco e revestindo o bordo superior da órbita ocular. *O segundo vocábulo* é erudito e literário.

sobrealugar, **subalugar**, **sublocar** – Alugar (parte de casa recebida em locação). *O primeiro* é de formação popular; por ser um aluguel por cima de outro, confundiu-se o prefixo *sub* com *sobre*. *O terceiro* é termo jurídico (*Código Civil*, art. 1201).

sobreclaustra, **sobreclaustro** – Claustro superior. *O primeiro* é variante do *segundo*.

sobreiro, **sovereiro** – Árvore da família *Fagaceae* (*Quercus ilex*).

sobremaneira, **sobremodo** – Além da justa conta ou medida, excessivamente, extraordinariamente.

sobrepor, **superpor** – Pôr em cima. *O primeiro* é mais usado e *o segundo* é erudito.

sobrerrolda, **sobrerronda** – Vigia de ronda. O segundo é o mais usual.

sobrevivente, **sobrevivo**, **supérstite** – Que sobrevive, que resta. *O terceiro*, palavra erudita, é termo jurídico. O Código Civil, entretanto, preferiu *o primeiro;* emprega como sinônimos *o primeiro* e *o terceiro*.

social, **sociável** – *Social* quer dizer relativo à sociedade: *deveres sociais*. *Sociável*, próprio para viver em sociedade, naturalmente disposto a viver em sociedade.

Sociedade, **Taiti** – Ilhas da Oceania.

soco, **tamanca**, **tamanco** – Calçado grosseiro com uma peça de madeira no lugar da sola. O mais usado é *o terceiro*. *O primeiro* não vive no Brasil; poderá aparecer em linguagem literária. *O segundo* aparece no diminutivo numa expressão da fraseologia: *pôr-se nas suas tamanquinhas*, isto é, embirrar, teimar.

sofomaníaco, **sofômano** – Indivíduo que tem a mania de passar por sábio.

sofrenaço (Rio Grande do Sul), **sofrenada** (idem), **sofrenão** (idem) – Puxão forte das rédeas.

soído, **sonido** – Qualquer som. *O segundo* é um castelhanismo.

solama, **solão**, **solina** – Sol muito forte.

solda, **molugem** – Planta da família *Rubiaceae* (*Gallium mollugo*).

soldadinho, **soldado** – Nomes que na Bahia e em Minas se dá a certos gafanhotos, na fase de saltão, por apresentarem debruados vermelhos, comparáveis aos de uma farda.
soldado, **tambuatá**, **tamuatá** – Peixes da família *Callichthyidae* (*Callichthys callichthys* e outros).
soldadura, **soldagem** – Ato ou efeito de soldar.
soledade, **solidão**, **solitude** – *Soledade*, que significa propriamente qualidade de só, também significa solidão, lugar ermo, onde alguém vive curtindo saudades. *Solidão* é lugar onde se pode ficar só, afastado da convivência humana. *Solitude* é forma poética.
solevantar, **solevar** – Levantar um pouco.
solidar, **solidificar** – Tornar sólido.
sólio, **trono** – Assento elevado dos soberanos, nas solenidades do exercício de suas funções. *O primeiro vocábulo* é erudito e literário: "... por divino/ Conselho estais no régio sólio posto" (*Lusíadas*, X, 146, 5, 6). Vieira empregou juntas as duas palavras no Sermão de Ação de Graças "o sólio e trono pontificial está em Roma".
solitária, **tênia** – Verme da família *Taenidae* (*Taenia solium*). *O primeiro nome* é o da linguagem corrente.
solo, **terra**, **terreno** – *Solo* é porção da superfície da Terra, sobre a qual andamos, plantamos, construímos etc. *Terra* é a parte pulverulenta e branda do solo; lembra as qualidades, as propriedades da sua massa: *terra arável*, *terra vegetal*. É também o planeta. *Terreno* é parte do solo, considerada quanto à sua extensão, ao destino que vai ter, ao uso a que se vai adaptar: *terreno baldio*, *terreno extenso*.
sombrio, **umbroso** – Que faz sombra. *Sombrio* aplica-se propriamente àquilo que por sua espessura impede a penetração da luz do dia: *floresta sombria*. *Umbroso* é o que proporciona uma sombra agradável: "Os vales são frescos e umbrosos" (Latino Coelho, *apud* Aulete). É palavra literária.
sonega, **sonegação** – Ato ou efeito de sonegar.
soneira, **sonolência** – Sono imperfeito V. *coma*.
sonsa, **sonsice** – Qualidade de sonso.
sopitado, **sopito** – Caído em sonolência.
soporativo, **soporífero**, **soporífico**, **soporoso** – *Soporativo* é próprio para fazer dormir. *Soporífero* é o que traz sono. *Soporífico* é o mesmo que *soporífero*. *Soporoso*, pouco empregado, é o que traz sopor, isto é, sono profundo, muito pesado. Ex.: *Substância soporativa*, *discurso soporífero*, *medicamento soporífico*, *moléstia soporosa*.
soprano, **tiple** – A mais aguda das vozes femininas. *O segundo* é menos usado.
sororal, **sorório** – Relativo a irmã.
sorvedura, **sorvo** – Ato ou efeito de sorver.
suaçutinga, **veado-branco** – Mamífero da família *Cervidae* (*Ozotocerus bezoarcticus*).
suar, **transpirar** – *Suar* é lançar suor pelos poros da pele. *Transpirar* é exalar transpiração por eles. V. *suor*, *transpiração*.
subalterno, **subordinado** – Que está sob as ordens de outro. *Subalterno*, na vida militar, significa de categoria inferior na hierarquia; pode não estar sob as ordens de um que lhe seja superior.
subarbústeo, **subarbustivo** – Cujos ramos secam anualmente (tronco).
subasta, **subastação** – Ato ou efeito de subastar.
subclavicular, **subclávio** – Que fica debaixo da clavícula.

subir, **trepar** – *Subir* é ir de baixo para cima. *Trepar* é subir ajudando-se de pés e mãos. "*Subir* a escada. *Trepou* pela árvore." Quando numa montanha, usa-se ***escalar***.

substituir, **suceder** – Significam entrar na vaga de outro. *O primeiro* considera a função desempenhada por esse outro; *o secundo*, o fato de vir depois. É a mesma diferença notada em francês entre *remplacer* e *succéder*. Por isso o bom Ducis disse em relação a Voltaire: "Il est des hommes à qui l'on succède, mais que personne remplace".

substituto, **sucedâneo**, **suplente** – *Substituto* é aquele que assume um lugar, no caso de vaga. *Suplente*, o que assume no caso de impedimento ou falta. *Sucedâneo* é o que subsitui por ter características análogas ao que está sendo substituído.

subterrâneo, **subtérreo** – Que fica ou se realiza debaixo da terra.

sucuba, **sucuuba**, **sucuuva** – Árvore da família *Apocynaceae* (*Plumeria sucuuba*).

sucuri, **sucuriju** (Amazônia), **sucurijuba** (Norte), **sucuriú** (Amazônia) – Cobra da família *Boidae* (*Eunectes murinus*).

sudorífero, **sudorífico** – Que faz suar, que provoca o suor.

suelto, **tópico** – Pequeno comentário jornalístico, entrelinhado, sobre assunto de atualidade. *O primeiro* é um castelhanismo.

sufocante, **sufocativo** – *Sufocante* é o que sufoca. *Sufocativo*, o que é próprio para sufocar.

sufrágio, **voto** – *Sufrágio*, na Roma antiga, era o clamor, por ocasião de dar o voto (Walde, LEW), depois o direito de voto (Saraiva), a emissão do voto. *Voto* é a manifestação da vontade ou da opinião, numa eleição, numa deliberação.

sufumigação, **sufumígio** – Fumigação dada por debaixo.

suleiro, **sulino**, **sulista** – Relativo ao Sul, do Sul do nosso país: "O dinheiro corria farto, mas não viajava de volta com o *suleiro*" (Nestor Duarte, *Gado Humano*, 227, *apud* Bernardino de Souza, *Dic.*). *Sulino*, em Francisco Leite, *A ilusão dos sentidos*, 37. "No Brasil temos derivados que falham no português europeu; o nortista, filho do Norte, o sulista, sulino e o nordestino de compressão fácil" (João Ribeiro, *Curiosidades Verbais*, 63).

sumarento, **sumoso** – Cheio de sumo.

sumição, **sumiço**, **sumidura** – Ato ou efeito de sumir.

suor, **transpiração** – *Suor* é exalação aquosa, incolor, de sabor salgado, com odor especial, a qual poreja da pele em gotas. *Transpiração* é exalação da mesma natureza, mas espalhando-se insensivelmente sobre a superfície da pele.

supergaláxia, **universo-ilha** – Tipo de nebulosa extragaláctica.

supernal, **superno** – Muito alto.

supervisar, **supervisionar** – Inspecionar em plano superior.

supressivo, **supressor**, **supressório** – *Supressivo* é o que é próprio para suprimir. *Supressor*, assim como *supressório*, é o que suprime.

surucucu, **surucucu-pico-de-jaca** (Norte), **surucucutinga** – Serpente da família *Viperidae* (*Lachesis mutas*).

sururina, **turiri** (Bahia), **tururi** (idem) – Ave da família *Tinamidae* (*Crypturus soui*).

suscitador, **suscitante** – Que suscita.

sutil, **tênue** – *Sutil* é o muito tênue, composto de partículas minutíssimas. *Tênue* é o que se mostra fino e delicado, frágil, rarefeito.

T

tabaiacu (Pernambuco), **taci** (idem) – Certo tipo de recife.

tabardilho, **tifo exantemático**, **tifo petequial** – Doença infecciosa caracterizada por febre, manchas equimóticas e petequiais etc. *O primeiro nome* é um castelhanismo. O mais usado é *o segundo*.

tabético, **tábido** – Atacado de tabes. *A primeira forma*, bárbara aliás, é da linguagem corrente.

taboca (Norte), **taquara** (Sul) – Nomes vulgares das espécies indígenas de bambus.

tabocal, **taquaral** – V. o precedente. Plantação de tabocas, de taquaras.

tacuri (Rio Grande do Sul), **tacuru** (idem e Mato Grosso) – Montículo de terra fofa do ninho do cupim.

tádega, **tágueda**, **táveda** – Planta da família *Compositae* (*Inula vulgaris*).

tafuleira (Rio Grande do Sul), **tafulona** (idem) – Moça taful.

tagantaço, **tagantada** – Golpe com tagante.

tainhota, **peixe-voador**, **voador** – Peixe da família *Exocoetidae* (*Cypsilurus heterurus*).

taioca, **taoca** – Peixe da família *Ostracionidae* (*Lactophrys tricornis*).

taipal, **taipão** – Tábuas entre as quais se coloca o barro nas paredes de taipa.

talhadura, **talhamento** – Ação de talhar.

talha-mar, **talhante** – Construção de alvenaria para quebrar a força do mar.

tamanduá-açu, **tamanduá-bandeira**, **tamanduá-cavalo** – Mamífero da família *Myrmecophagidae* (*Myrmecophaga jubata*).

tamaquaré, **taquaré** – Nomes de um lacertílio *Enyalius bilineatus*, da família *Iguanidae*, e de uma árvore da família *Guttiferae* (*Caraipa paraensis*).

tampar, **tapar** – *Tampar* é pôr tampo ou tampa. *Tapar* é obstruir.

tanchão, **tanchoeira** – Esteio de videira.

tantanguê, **tontonguê** – Brinquedo infantil.

taperu, **tapuru** – Certa larva.

tapiçuá, **tubi** (Piauí), **tubiba** (Rio de Janeiro) – Abelha da família *Meliponidae* (*Trigona tubiba*).

tapigo, **tapume** – Resguardo com que se tapa um terreno.

taraguirapeva, **truíra**, **truirapeva** – Lacertílio da família *Iguanidae* (*Hoplocercus spinosus*).

tarangalho, **tarnagalho** – Peixes da família *Hemiramphidae* (*Hemiramphus unifasciatus*).

tarapitinga, **trapitinga** – Peixe mal identificado da família *Characidae*, subfamília *Bryconini*.

tardamento, **tardança** – Ato ou efeito de tardar.

tardinheiro, **tardio**, **tardo**, **tardonho** – *Tardinheiro* é o tardio por hábito. *Tardio* é o que vem fora do devido tempo. *Tardo* é o mesmo que *tardonho*, é o muito tardio.

tarecagem (Sul), **tarecama** (Sul) – Grande porção de tarecos.

tarsiano, **társico** – Relativo ao tarso.

tartaruga-de-pente, **tartaruga-verdadeira** – *Réptil* da família *Cheloniidae* (*Chelone imbricata*).

Tasmânia, **Terra de Van Diemen** – Ilha da Oceania.

tatuaçu, **tatu-canastra** – Mamífero da família *Dasypodidae* (*Priodontes giganteus*).

tatuapara, **tatu-bola** – Mamífero da família *Dasypodidae* (*Tolypeutes tricinctus*).

tatu-de-rabo-mole, **tatuxima** – Mamífero da família *Dasypodidae* (*Cabassous unicinctus*).

tatuetê, **tatu-galinha**, **tatu-veado** – Mamífero da família *Dasypodidae* (*Tatusia novencinctus*).

tatupeba, **tatu-peludo** – Mamífero da família *Dasypodidae* (*Euphractus sexcinctus*).

teima, **teimosia** – *Teima* é a insistência caprichosa, e às vezes acintosa, em fazer ou dizer uma coisa. *Teimosia* é a teima habitual.

tejubina, **tijubina** – É o cameleão *Ameiva surinamensis*.

telefonada, **telefonema** – Comunicação telefônica. *O segundo* é mais usado.

temperatura, **tempo** – São sinônimos no sentido de estado atmosférico, mas qualificados pelos adjetivos *frio* e *quente*.

tentador, **tentante** – Que tenta. *O primeiro* é usado como substantivo.

teorético, **teórico** – Relativo a teoria.

tepente, **tépido** – Que tem pouco calor.

tepidez, **tepor** – Qualidade de tépido. *O segundo* é literário.

terapêutica, **terapia** – Parte da medicina que se ocupa com o tratamento das moléstias.

terraço, **terrado** – Cobertura plana de um edifício, de pedra ou argamassa.

terral, **terráqueo**, **terreal**, **terrenal**, **terrenho**, **terreno**, **terrento**, **térreo**, **terrestre**, **terroso** – *Terral* é o mesmo que *terrenho* e mais usado hoje. *Terráqueo* quer dizer de terras e águas; *globo terráqueo*. *Terreal*, da terra e não do céu, do mundo material: "Para inteligência desta filosofia é necessário que nos ponhamos no Paraíso *Terreal*..." (Vieira, *Sermões*, X, 73, ed. de 1907). *Terrenal*, derivado secundário de terra, e o mesmo que *terreal: prazeres terrenais*. *Terrenho*, que sopra da terra para o mar (vento): *os ferrenhos* (João de Barros, *Décadas*, II, 8, cap. I). *Terreno*, do mundo material e não do espiritual, do céu: *paixões terrenas*. *Terrento* da cor da terra, que mistura de terra: "Todos os ferros brandos são terrenos" (*Espingarda Perfeita*, *apud* Morais). *Térreo*, de terra, junto à terra: pavimento térreo. *Terrestre*, da terra e não do mar ou do céu, da Terra, relativo à terra: *animal terrestre*, *crosta terrestre*, *guerra terrestre;* também se emprega como *terreal; paraíso terrestre*. *Terroso*, que tem mistura de terra, da cor da terra, da natureza da terra: *areia terrosa*, *face terrosa*, *matéria terrosa*.

terrífico, **terrificante**, **terrível** – *Terrificante* e *terrífico* significam que *terrifica*, *que causa terror*. *Terrível*, capaz de aterrar, de causar terror, é usado na linguagem corrente como os dois primeiros.

tesão, **tesura** – Qualidade de teso.

tesoura, **tesoureiro** – Ave da família *Tyrannidae* (*Muscivora tyrannus*).

tessálico, **tessálio**, **téssalo** – Natural da Tessália, relativo a ela.

testaçudo, **testudo** – Que tem cabeça grande.

testada, **testeira** – Parte da rua, fronteira a um prédio.

testemunhar, **testificar** – *Testemunhar* é dar testemunho e presenciar. *Testificar* é dar testemunho e atestar.

teúba, **tujuba** – Abelha da família *Meliponidae* (*Melipona rufiventris*).

teucrieta, **verônica** – Planta da família *Scrophulariaceae* (*Veronica officinallis*).

ticum, **tucum**, **tucunzeiro** – É a palmeira *Bactris setosa*.

ticura, **tucura** (Pará) – Certo gafanhoto mal identificado.

tijucada, **tijucal**, **tijucupaua**, **tijucupava**, **tijuqueira**, **tujucada**, **tujucal** – Lameiro.

tilintar, **tintinar** – Soar (campainha). *O primeiro* é mais usado.

timburé, **ximburé** – Peixe da família *Characidae* (*Anastomus knerii*).

timo, **tomilho** – Planta da família *Labiatae* (*Thymus vulgaris*).

tintar, **entintar** – Cobrir com tênue camada de tinta.

tirada, **tiradela**, **tiradura**, **tiragem**, **tiramento** – Ato de tirar. *Tiradela* supõe uma vez. *Tiragem* se aplica a jornais e a chaminés.

titímalo-maior, **trovisco-macho** – Planta da família *Euphorbiaceae* (*Euphorbia characias*).

tocadela, **tocadura**, **tocamento**, **toque** – Ato ou efeito de tocar. *O primeiro* supõe uma vez.

tocainará, **tocanairá**, **tocandera**, **tocandira**, **tocanera**, **tocanquibira** – É a formiga *Dinoponera grandis*.

tomo, **volume** – *Tomo* é divisão das matérias de uma obra, feita pelo autor. O autor divide em geral suas obras em capítulos. Quando elas são muito extensas e variadas quanto à matéria, divide-as em tomos. *Volume* é divisão material que depende da brochura e da encadernação. Um tomo pode formar mais de um volume e um volume pode conter mais de um tomo. Às vezes o tomo coincide com o volume, como na *Gramática das Línguas Românicas* de Meyer Lubke, por exemplo.

tonante, **tonitruante**, **trovejante** – *Tonante*, epíteto de Júpiter, e *tonitruante* querem dizer *que desencadeia trovoadas*. Trovejante quer dizer *que troveja*, *que estrondeia como o trovão*.

tonteira, **tontura** – Estado vertiginoso.

tope, **topo** – Significam parte mais alta em que uma coisa termina, mas o seu emprego não é indiferente. Diz-se *tope* de um mastro, de um monte e *topo* de uma escada, isto é, o remate.

torcedela, **torcedura**, **torcimento** – Ato ou efeito de torcer. *Torcedela* supõe uma vez.

tormentório, **tormentoso** – *Tormentório* é aquilo em que há tormenta: *a quem chamais vós outros Tormentório* (*Lusíadas*, V, 50, 2). *Tormentoso* é cheio de tormentas.

torneamento, **torneio** – Ato ou efeito de tornear. *Torneio* tem o sentido especial de jogos públicos dos cavaleiros medievais.

torpedagem, **torpedeamento** – Ato ou efeito de torpedear.

torrar, **tostar** – *Torrar* é secar muito, queimando levemente: *pão torrado*. *Tostar* é queimar deixando escuro: vem de um frequentativo românico de *torrere* (REW).

torrear, **torrejar** – Munir com torres.
tortual, **tortueiral** – Tranca do lagar.
torvação, **torvamento** – Ato ou efeito de torvar.
tradução, **versão** – *Tradução* e *versão* querem dizer trasladação de uma língua para outra. *O segundo vocábulo* aplica-se especialmente às antigas traduções da Bíblia: "Grande milagre, diz o mesmo Crisóstomo, he vermos Ptolomeu idolatra, desprezador do testamento velho, suas cerimônias, mandar vir judeus doctos de Hierusalém, quais foram os setenta intérpretes, para fazerem a versão da Bíblia Hebraica em a língua grega". (D. Fr. Amador Arraiz, *Diálogo*, III, cap. XII). No Brasil, *versão* tomou o sentido de tradução da língua vernácula para outra, principalmente como exercício escolar, o que os portugueses chamam *tema*.
traficante, **tratante** – *Traficante* era o homem que traficava, comerciava, negociava. *Tratante* era o que tratava de negócios, mercador, negociante, comerciante. Modernamente, ambos pioraram de sentido, passando a significar fraudulento, velhaco. *Traficante*, especificamente, referindo-se a quem tem como atividade o tráfico de drogas.
trampolina, **trampolinada**, **trampolinagem**, **trampolinice** – Ato ou dito de trampolineiro.
tranar, **transnadar** – Atravessar a nado.
trancucho (Sul), **trancudo** (Rio Grande do Sul) – Meio embriagado.
tranqueira, **tranquia** – Estacada para cercar ou fortificar.
tranquibérnia, **tranquibernice** – Trapaça.
transcursão, **transcurso** – Ato ou efeito de transcorrer.
transferir, **transportar** – *Transferir* significa mudar de um lugar para outro. *Transportar*, levar de um lugar para outro. *O primeiro* supõe um movimento e *o segundo*, a ação material que acompanha o movimento. Ex.: "O prisioneiro foi transferido da cadeia para uma fortaleza, sendo transportado num jipe".
transfiguração, **transformação** – *Transfiguração* é mudança de uma figura em outra (v. *figura*) geralmente transitória: "Rafael pintou a transfiguração do Senhor no monte Tabor". *Transformação* é mudança de uma forma em outra (v. *forma*), geralmente permanente: "Observei diariamente a transformação do girino em rã".
transportação, **transportamento**, **transporte** – Ato ou efeito de transportar. *Transporte* tem às vezes sentido figurado.
trapagem, **trapalhada**, **trapalhice** – Porção de trapos. Usam-se mais em sentido figurado de confusão.
traquinada, **traquinagem** (Brasil), **traquinice**, **travessura**, **tropelia** – *Traquinada*, *traquinagem*, *traquinice* são ato de criança traquina, buliçosa, inquieta. *Travessura* é o mesmo, mas com uma ponta de zombaria, de maldade. *Tropelia* é travessura tumultuosa, destruidora, atropeladora.
traquinar, **travessear** – Fazer traquinadas, fazer travessuras.
tratamento, **trato** – Modo de tratar ou tratar-se.
trato, **contrato** – *Trato* é um ajuste que se faz de boca, com a garantia da palavra dos que o fazem. *Contrato* é trato por escrito, com as formalidades legais e outras garantias. V. *tratamento*.
travadeira, **travadoura**, **travicha** – Utensílio dos serradores.
travesseira, **travesseiro** – *Travesseiro* é almofada comprida que se põe atravessada na cabeceira da cama; *travessei-*

ra, outra quase quadrada em que se pousa a cabeça; mas em Lisboa a esta chama-se *almofadinha* (Gonçalves Viana, *Apostilas*, II, 499).

tremecém, **tremês**, **tremesinho** – Que amadurece em três meses.

tremedeira, **tremor**, **tremura** – Ato ou efeito de tremer.

trenagem, **trenamento** – Ato ou efeito de trenar.

tresdobro, **triplo** – Três vezes outro tanto. *No primeiro*, que é forma popular, *três* não é o numeral e sim alteração do prefixo *trans*.

três-Marias, **Três-Reis** – Nomes populares das três estrelas que formam o boldrié de Órion. *O primeiro* é o usado no Brasil.

três-setes, **vinte e um** – Jogo de cartas no qual ganha o jogador que, com as cartas que recebeu e com as que comprou, completar vinte e um pontos.

trevoso, **tenebroso** – Coberto de trevas. *O segundo* se usa mais no sentido moral de secreto e odioso a um tempo.

tríade, **trinca**, **trindade** – Grupo de três pessoas ou coisas. *Tríade* harmônica é o conjunto de três sons que formam o acorde perfeito. *Trinca* é vocábulo de gíria, reunião de três cartas com o mesmo número de pontos ou com a mesma figura, grupo de três pessoas mais ou menos mancomunadas. *Trindade* aplica-se especialmente ao conjunto das três pessoas divinas: *Santíssima Trindade*.

trilar, **trinar** – Cantar ou tocar fazendo trilo ou trinado.

trilo, **trinado**, **trino** – Repetição rápida e continuada de duas notas vizinhas. O mais usado é *o segundo*. *O primeiro* sempre se diz em relação ao chamado *trilo do diabo*, da célebre sonata de Tartini. Gonçalves Dias empregou o terceiro: "Trino fraco de ave matutina" (*apud* Aulete).

trimensal, **trimestral** – Significam que dura três meses e que se realiza de três em três meses.

trinervado, **trinérveo** – Com três nervos ou nervuras.

tripa-de-galinha, **urtiga-de-cipó** – Planta da família *Euphorbiaceae* (*Euphorbia urens*).

tríplice, **triplo** – *Tríplice* quer dizer uno mas dividido em três partes. *Triplo* quer dizer três vezes maior. Ex.: seis é triplo de dois. A Alemanha, a Áustria e a Itália concluíram aliança tríplice antes da guerra de 1914. V. *tresdobro*.

trípode, **tripó**, **tripé**, **tripeça** – *Trípode* era a tripeça em que as pitonisas se assentavam. *Tripó* é uma tripeça com assento de couro e os pés unidos em um eixo. *Tripé* vem a ser um apoio firmado em três pés e destinado a máquina fotográfica, a uma luneta etc. *Tripeça* é banco com três pés.

triunfador, **triunfante** – Que triunfa ou que triunfou: "Mas como seria recebido aquele nobre *triunfador* no seu Reino?" (D. Fr. Amador Arraiz, *Diálogo* X, cap.75). "A parte que por estas ruas anda *triunfante* a cavalo..." (Vieira, *apud* Aulete).

triunfo, **vitória** – *Triunfo* é a ostentação, a pompa, a solenidade, com que se celebra uma vitória. *Vitória* é a vantagem obtida sobre o inimigo na guerra, sobre o adversário na controvérsia, sobre o concorrente numa competição.

troar, **tronar**, **trovejar** – Ribombar o trovão.

trombeta-do-juízo-final, **trombetão-roxo**, **trombeteira-roxa** – Arbusto da família *Solanaceae* (*Datura fastuosa*).

tropeiro, **viruçu** – Pássaro da família *Cotingidae* (*Lathria virussu*).

trufa, **túbera** – Cogumelo ascomiceto do gênero *Tuber*. *O primeiro nome* é um galicismo e usa-se mais que *o segundo*, que é erudito.

tuberiforme, **tuberoide** – Em forma de túbera.

tucanaçu, **tucano-grande** – Ave da família *Rhamphastidae* (*Rhumphastos toco*).

tupeiçaba, **tupeiçava**, **tupiçaba**, **tupixaba**, **tupixava**, **vassourinha**, **vassourinha-de-varrer** – Planta da família *Scrofulariaceae* (*Scoparia dulcis*).

turbar, **turvar** – Tornar turvo, perturbar, trazer agitação. *O primeiro* é mais empregado no sentido moral; *o segundo*, no sentido físico.

túrbido, **turvo** – Agitado, perturbado, toldado, escurecido. *O primeiro* é erudito.

turbinação, **turbinagem** – Ato de submeter à ação da força centrífuga produzida por uma turbina.

turgência, **turgidez** – *Turgência* é o estado de túrgido, dilatado, inchado. *Turgidez* é a qualidade de túrgido.

turno, **vez** – *Turno* quer dizer giro, vez em que cabe a alguém fazer alguma coisa, revezando-se com outras pessoas: "Eis os novos que vêm/ Aos velhos suplantar, como a teu pai Saturno / E aos membrudos Titãs venceste por teu turno, Zeus parricida!" (Alberto de Oliveira, *Os Deuses Gregos*). *Vez* é cada um dos casos em que um fato se dá: "Era uma vez um rei..."

tussilagem, **unha-de-cavalo** – Planta da família *Compositae* (*Tussilago integerrima*).

tutela, **tutoria** – Encargo de tutor. *O segundo* é de formação vernácula. O Código Civil emprega ambos sem aparente distinção, pois *tutoria*, objeto direto do *verbo exercer*, não é empregada com a palavra *exercício* (e sim *tutela*). O tutor é investido da tutoria para exercer a tutela.

tutelar, **tutorar** – Dar tutela, proteger como tutor.

U

uatupu, **vapuaçu** (Amazônia) – Buzina feita com a concha de certo molusco gastróidea.

ubiquação, **ubiquidade** – *Ubiquação* é fato de ser ubíquo. *Ubiquidade* é faculdade de ser ubíquo.

uivar, **ulular** – Dar uivos (lobo e outras feras), latir lamentosamente (cão), dar gritos semelhantes a uivos. *O segundo* é um latinismo literário: "... pelos paços reais vaga ululando" (Garção, cantata *Dido*).

uliginário, **uliginoso** – Que cresce em lugares úmidos.

umbrífero, **umbroso**, **sombrio** – Que produz sombra.

umectante, **umectativo** – *Umectante* é o que umecta. *Umectativo*, o que é próprio para umectar.

umectar, **umedecer** – Tornar úmido.

umente, **úmido** – Levemente molhado.

úmido, **úvido** – Impregnado de água ou de vapores aquosos. *O segundo* é um latinismo pouco empregado. V. *umente*.

unificar, **unir** – Fazer uno, reunir várias partes, várias coisas da mesma ordem, da mesma natureza, em um só todo, confundir num só.

uniformar, **uniformizar** – Tornar uniforme, dar uma só forma. *O segundo* é mais usado.

urubu-de-cabeça-amarela, **umbutinga** – Ave da família *Cathartidae* (*Cathartes urubutinga*).

urucueiro, **urucuuba**, **urucuzeiro** – Arbusto da família *Bixaceae* (*Bixa orellana*).

V

vacação, **vacância**, **vacatura**, **vagação**, **vagância**, **vagatura** – *Vacação* e *vagação* vêm a ser o ato ou o efeito de vagar, estar vago. *Vacância* e *vacatura* significam tempo em que está vago cargo, emprego, ofício, dignidade etc. *Vagância* é o mesmo que *vacância*. *Vagatura* é o estado de vago e o tempo durante o qual está vago.

vácuo, **vazio** – *Vácuo*, palavra erudita, significa o mesmo que vazio: *posse vácua* (a que se desfruta), o *vácuo ar* (J. F. Barreto, *Eneida*, IX, 13), *aposento vácuo* (*ibidem*, IV, 19). *Vazio* é o que não está ocupado ou preenchido por coisa alguma, que não contém o que pode ou costuma conter. Substantivados, ambos significam espaço circunscrito que não contém ar, espaço que se supõe vazio, entre os corpos celestes.

vadio, **vagabundo**, **vagante** – *Vadio* é o que vagueia sem ter meio de vida conhecido ou decente. *Vagabundo* é o que vagueia sem ter domicílio certo. *Vagante* é o que vaga (v. *vagar*). O Código Penal de 1890, em seu art. 399 e § 1º, caracterizava um e outro.

valeira, **valeiro**, **valeta** – Vala pequena. *O segundo* é variante do *primeiro*. *O terceiro* é o mais usado.

valia, **valimento**, **valor** – *Valia* é o valor intrínseco do objeto. *Valimento* é a influência junto de um poderoso. *Valor* é o merecimento decorrente da utilidade é de outras qualidades do objeto.

varejadura, **varejamento**, **varejo** – Ato ou efeito de varejar.

varela, **vareta**, **varola** – Vara pequena.

varge, **várgea**, **vargem**, **varja**, **várzea** – Terreno baixo e plano que margeia rios e ribeiros. *O primeiro* é popular. *O terceiro* e *o quinto* são os mais usados.

vargedo (S. Paulo), **varjão** (Nordeste) – Vargem grande (Bernardino de Sousa, *Dicionário*).

variação, **variedade** – *Variações* são mudanças sucessivas num sujeito ou num objeto. *Variedade* é multidão de sujeitos que têm diversidade entre si.

varonil, **viril** – *Varonil* quer dizer próprio de varão, isto é, do homem que possui as mais nobres virtudes da espécie. *Viril*, próprio do homem forte. *Ver também* ***macho***, ***masculino***, ***másculo***.

varredeira, **varredor**, **varredoura** – Certa vela do traquete.

varredura, **varrição** – Ato ou efeito de varrer.

vazadura, **vazamento** – Ato ou efeito de vazar.

veado-branco (Rio Grande do Sul), **veado-campeiro** – Mamífero da família *Cervidae* (*Hippocamelus bezoarticus*).

veículo, **viatura** – *Veículo* é todo meio

de transporte de pessoas ou coisas, por terra, por mar ou pelo ar. *Viatura* é o conjunto de veículos terrestres pertencentes a um dado serviço, tais como os reparos da artilharia, por exemplo.

vela, **veladura**, **velamento** – Ato ou efeito de velar.

velame-do-campo (Sul), **velame-verdadeiro** (Norte) – Planta da família *Euphorbiaceae* (*Croton campestris*).

veleidade, **volição**, **vontade** – *Veleidade* é uma vontade imperfeita, fugidia, indecisa, vaga, que não é mais volição mas ainda não é vontade. *Volição* é um princípio de vontade, é o ato pelo qual a vontade se determina. *Vontade* é a faculdade da alma a qual leva a uma firme determinação, aplicada a coisas cuja execução é atual ou que se devem executar quase imediatamente.

veludilho, **veludo** – Planta da família *Amarantaceae* (*Celosia cristata*).

vem-vem, **vim-vim** – Nome dado a certos gaturamos.

vencedor, **vitorioso** – *Vencedor* é o que venceu. *Vitorioso* é o que venceu brilhantemente.

vencida, **vencimento**, **vitória** – Ato de vencer ou de ser vencido. *O primeiro* vive nas expressões *ir de vencida*, isto é, ir vencido, e *levar de vencida*, isto é, ir no alcance de inimigo vencido. *O segundo* está um tanto arcaizado, talvez pelo sentido que assumiu no plural: "Dos que morreram neste vencimento" (*Lusíadas*, III, 116, 2). *Vitória* é um vencimento brilhante: "A fama das vitórias que tiveram" (*Lusíadas*, I, 3, 4).

vendável, **vendível** – *Vendível* é o que pode ser vendido. *Vendável* é o facilmente vendível, o que pode ter boa venda. Nem toda mercadoria vendível é vendável. *Vendável* (cfr. o francês *vendable*), mais usado que *vendível*, é considerado um barbarismo, um galicismo por vários autores (Epifânio, *Lusíadas*, II, 329, João Ribeiro, *Seleta Clássica*, 167, Leite de Vasconcelos, *Opúsculos*, IV, 1185, Cândido de Figueiredo, *Lições Práticas*, I, 245. etc). Aparece na *Aulegrafia:* "...o al, que seja aprazível, não he vendável" (ed. de 1619, p. 153). Vieira empregou na carta política dirigida ao conde de Castelo Melhor, Bento Pereira, na *Prosódia*, p. 937. V. Castilho, *Obras Completas*, XIII, 65. V. Camilo, *Novelas do Minho*, XII, 7, Rui Barbosa. *Queda do Império*, 118, ed. de 1921, Alberto Rangel. *Inferno Verde*, 225. Heráclito Graça, *Factos*, 457, com o espírito liberal de sempre, aceita a forma *vendável*, que faz promanar de *venda*, à semelhança de outros adjetivos derivados de substantivos, v. g. de *amor*, *amorável*. Rodrigo de Sá Nogueira, *Questões de Linguagem*, 161, sem rejeitar a adaptação do francês, acha também provável que seja criação nossa, por analogia com *comprável*, graças à conexão de ideias entre *vender* e *comprar*. João da Silva Correia, *Boletim de Filologia*, II, 352, também vê um caso de analogia dos contrários. Além de *comprar* sente influência de um verbo *vendar*, que os negociantes empregam para significar que entregaram a mercadoria por preço vil e desbeneficiante (como o brasileirismo *queimar*). Xavier Fernandes, *Revista de Portugal*, XLXIX, 163, rejeitando a hipótese do galicismo, vê confusão dos homônimos venda, faixa, e *venda*, ato de vender, aplicando-se o adjetivo do primeiro ao segundo. Não aceitamos a hipótese do galicismo. Rejeitando a derivação de Heráclito Graça, que dispensa um verbo primitivo, e a de Xavier Fernandes, que não apresenta base semântica, inclinamo-

-nos para a analogia dos contrários, como fazem Sá Nogueira e Silva Correia. *Vendível*, pouco usado, aparece nos *Lusíadas* sob a forma alatinada *vendíbil:* "Diz-lhe que mande vir toda a fazenda/ Vendíbil..." (VIII, 92, 12).

vendaval, **ventania** – *Vendaval* é vento forte e tempestuoso. *Ventania* é vento forte e prolongado.

ventrecha, **ventrisca** – Postado peixe, imediata à cabeça.

veracidade, **verdade**, **veridicidade** – Qualidade de veraz, de verdadeiro e de verídico. V. estas palavras.

veraneante (Portugal), **veranista** (Brasil) – Pessoa que veraneia.

veraz, **verdadeiro**, **verídico** – *Veraz* é o que se mostra conforme à verdade, propenso à verdade. *Verdadeiro* é o que tem caráter de verdade, isto é, que apresenta conformidade entre o que se diz que é e o que realmente é, que apresenta no espírito uma realidade conforme com a realidade exterior. *Verídico* é o que diz a verdade.

verdear, **verdecer**, **verdejar** – Tornar-se verde. O mais usado é *o terceiro*.

verdor, **verdura** – *Verdor* é cor verde, estado de planta verde, vigorosa. *Verdura* é também cor verde de planta, estado do que é verde, tenro, erva verde, hortaliça.

verrugoso, **verruguento** – Que tem verrugas.

vesicante, **vesicatório** – Que produz vesículas.

vetustade, **vetustez** – Qualidade de vetusto.

viageiro, **viajador**, **viajante**, **viajor** – Pessoa que viaja. *O terceiro* é o mais usado. *O primeiro* e *o segundo* são antiquados. *O quarto* é poético. "Ai! guia o passo ao viajor perdido" (Castro Alves, *Hebreia*).

vide, **videira** – Planta da família *Ampelidaceae* (*Vitis vinifera*).

vigência, **vigor** – *Vigência* é o tempo durante o qual uma disposição está em vigor. *Vigor* é atuação, eficácia, valor.

viger, **vigorar** – Estar em vigor. *O primeiro* é pouco usado. "Paladares não de todo depravados pela malagueta da poesia vermelha que ultimamente vige e viça" (Camilo, *apud* Aulete).

vilela, **vileta**, **vilota** – Pequena vila.

vimíneo, **viminoso**, **vimoso** – Feito de vime.

vináceo, **víneo** – Feito de vinho.

víndice, **vingador** – Que vinga. *O primeiro* é um latinismo.

vindimeiro, **vindimador** – Que vindima.

vipéreo, **viperino** – De víbora, relativo a víbora.

virada, **viradela**, **viragem**, **viramento** – Ato ou efeito de virar. *O segundo* supõe uma vez. *O terceiro* tem sentido especial em fotografia.

viradinho, **virado** – Tutu de feijão, com torresmos e ovos.

virar, **voltar**, **volver** – Dirigir de um lado para outro, descrevendo trajetória curva.

virginal, **virgíneo** – Próprio de virgem. *O segundo* é literário: "Estão virgíneas tetas imitando" (*Lusíadas*, IX, 56, 8).

víscido, **viscoso**, **visguento** – Que pega como visco. *O primeiro* é erudito. *O segundo* significa também *cheio de visco*, *untado de visco*.

viúva, **viuvinha** – Nomes dos pássaros da família *Tyrannidae*, de cor preta, com algum ornato branco bem destacado, tais como o *Copurus colonus*, o *Lichenops perspicillata* e outros.

vivente, **vivo** – *Vivente* (mais usado substantivamente) é o que tem organização própria para viver, o que não é inanimado. *Vivo* é o que vive, o que não está morto.

volteadura, **volteio** – Ato ou efeito de voltear.

volvedor, **volvente** – Que volve.

vomição, **vômito** – Ato ou efeito de vomitar.

vozeada, **vozeamento**, **vozearia**, **vozeria**, **vozerio** – Ato ou efeito de vozear. Clamor de muitas vozes juntas.

vulneral, **vulnerário** – Próprio para curar feridas.

vulvar, **vulvário** – Relativo à vulva.

X

xinane, **xiquexique** – Planta da família *Cactaceae* (*Pilocereus gounellei*).

xauim (Amazônia), **sagui** (Sul), **saguim** (idem), **sauí** (idem), **sauim** (idem), **soim** (Nordeste) – Nomes de todos os símios da família *Hapalidae* (*Hapalle sp*. e *Mystax sp*.).

Z

zagalejo, **zagaleto** – Pequeno zagal.

zebral, **zebrário**, **zebrino** – Relativo a zebra.

zelador, **zelante** – Que zela.

zumbido, **zunido** – *Zumbido* é um sussurro como o das abelhas, das moscas, dos mosquitos e outros insetos. *Zunido* é um ruído agudo, como o do vento coado por fresta, por exemplo.

ÍNDICE REMISSIVO

A

a 1
aba 1
abacial 1
abadengo 1
abadia 1
abafar 1
abaixa-luz 2
abaixar 2
abaixar-se 2
abaixo 2
abajur 2
abalançar-se 2
abalar 2
abalizado 2
abalo 3
abanador 3
abandonar (2) 3
abanico 3
abano 3
abantesma 3
abarcar 4
abaremotemo 4
abastado 4
abastardar 4
abastecer 4
abater 5, 6
abatido 6
abatimento 7
abdicar 3
abdômen 7
abecedária 7
abecedário 7
abeirar-se 7
abelha-mosquito 7
abelha-mulata 7
abelhudo 7
abençoado 8
abençoar 8
aberração 8
aberta 8
aberto 8
abertura 8
abespinhar-se 9
abestalhado 9
abicar 9
abiquara 9
abismado 9
abismo 10
Abissínia 10
abissínio 10
abjeto 10
abjurar 10
ablação 10
ablução 10
abnegação 11
abóbada palatina 11
abobado 9
abobalhado 9
abóbora-amarela 11
abóbora-moganga 11
abóbora-moranga 11
aboboreira-do-mato (2) 11
abobrinha-do-mato 11
abolir 11
abomaso 179
abominar 11
abominável 10
abonação 11
abordar 7
aborígine 12
aborrecer 11, 12
aborrecer-se 9
abortamento 12
abortar 12, 171
aborto 12, 13
abotoado 13
abra 13
abraçar 13
abraço 13
abrandar 5, (2) 13
abranger 4
abrasador 14
abrasar 14
abrasar-se 14
abreu 14
abreviar 14
abrigar (2) 14
abrigo 15
ab-rogar 15
abrolho-aquático 15
abrolhos 15
abrote 15
abrupto 15
abrutalhar-se 16
absolutismo 16
absolver 16
absolvição 16
absorto 16

absorver 16
abstêmio 16
abster-se 17
abstinente 16
abstrato 16
absurdo 8
abundância 17
abundante 17
abundoso 17
abusão 17
abutua 17
aca 260
aça 17
acabado 6, 17
acabar 17, 18
acabrunhado 6
acabrunhar 12
acaçapado 18
acachapado 18
acácia-angico 18
academia 18
açaí 19
açaimo 19
acaipirado 9
acaju 19
acalentar 19
acalmar 5, 13
açambarcar 19
açanã 19
acanhado 19
ação (2) 19, (2) 20
acará 20
acará-açu 20
acará-grande 20
acará-tinga 20
acari 20
acariciar 20
acariçoba 20
acariçoba-miúda 20
acarinhar 20
acaso 20
acataia 21
acatamento 21
acatar 21
acauã 21
acautelar 21
aceder 22
aceitar 22
acelerar 22
acendrar 22
acento 22
acentuação 22
acepção 22
acepipe 22
acerbo 23
acerca de 23
acercar-se 7
acertar 23
acervo 23
achado 23
achaque 24
achar 24
achite 24
acidental 24
acidente 25
acidentes 25
acídia 25
ácido 25
aclamar 25
aclarar 25
aclimar 26
aclimatar 26
aclimatizar 26
aclive 1
acobardar 26
açoita-cavalos 26
acoitar 14
açoitar 26
açoite 26
acolá 27
acolhida 15
acolhimento 15
acometer 27
acomodar 27
acomodar-se 28
acompanhar 28
aconselhar 28
acontecer 28
acorçoar 30
acordar 28, 29
acordeão 29
acordo 29
acoroçoar 30
acorrentar 30
acorrer 30
acossar 30
acostar-se 7
acostumar 30
acostumar-se 28
açougue 30
açougueiro 31
acre 23
acreditar 31
acrescentar (2) 31
acrescer 31
acrimônia 31
acrimonioso 23
acrisolar 22
acritude 31
Açu 31
açude 31
acudir 30, 32
açular 32
acumular 32
acunã 32
acuraua 32
acusado 32
acusador 33
acusar (2) 33
acutimboia 33
acutipuru 33
adágio 33
adaptar 27
adaptar-se 28
adelo 34
ademão 34
adepto 34
adequado 34
adequar 27
aderente (2) 34
aderir 22
adesista 34
a despeito de 89
adestrar 35
adiantar-se 35

adiar 35
adição 35
adicionar 31
adido 35
adiposo 35
adir 31
aditar 31
adivinha 35
adivinhar 23, 36
adivinho 36
adjacências 36
adjacente 37
adjunto 34, 35
adjurar 37
adjutório 34
administração 37
administrador 37
administrar 37
admiração 37
admirado 9, 37
admirar 38
admitir (2) 38
admoestação 38
admoestar 38
adoçar 13
adoçar, 39
adocicar 39
adoecer 39
adolescência 39
adolescente 39
adorar 39
adormecer 13, 39
adornar 39
adotar 40
aduaneiro 40
adubar 40
adular 40
adulterar 4, 40
adunco 40
ádvena 40
adventício 40
adversário 41
adversidade 41
adverso 41
advertência 38
advertir 38
advogado 41
aéreo 16
aerolito 42
afã 42
afabilidade 42
afadigamento 42
afadigar 42
afagar 20
afago 42
afamado 42
afasia 42
afastado 42
afastar 43
afazeres 43
afazer-se 28
afear 43
afeição 42, 43
afeiçoar-se 28
aferrado 43
aferro 44
afetar 44
afetivo 44
afeto 43
afetos 44
afetuoso 44
afiado 44
a fim de 44
a fim de que 44
afinal 44
afirmar 45
afixar 45
aflição 45
afligir 12
aflorar 45
afluência 45
afluir 30
afoitar-se 2
afoito 46
afonia 42
afora 46
aforamento 238
aforismo 33
aformosear 46
afortunado 46
afrodescendente 108
Afrodite 47
afronta 47
afrontar 47
afrouxar 5
agachada 47
agachadeira 47
agachado 18
agaí 47
ágape 47
agarrado 47
agarrador 48
agarra-pinto 48
agarrar 48
agasalhar 14
agastar-se 9
ágil 48
agilizar 22
agiota 48
agir 48
agitar 48
aglomeração 45
agonia 45
agoniada 49
agoniar 12
agonizar 49
agora 49
a gosto 126
agourar 36
agourento 49
agraciar 16
agradar 20, 49
agradável 49
agradecido 49
agrado 42
agrados 49
Agram 49
agrário 49
agravar 47, 49
agravo 47, 50
agredir 27
agregar 31
agressão 50
agressivo 50
agreste 50

agrião-da-ilha-de-frança 7
agrião-do-pará 50
agrícola 49
agricultor 50
agricultura 50
agrilhoar 30
agripalma 50
agro 23
agronomia 50
agrônomo 50
agrupamento 45
agrupar 57
água 50
água-furtada 51
água-má 51
aguapé 51
aguapé-amarelo 51
aguapé-branco 51
aguapé-de-flor-amarela 51
aguar 51
aguaraíba-uaçu 51, 52
aguaraquiá-açu 52
aguaraxaim 52
aguardar 52
aguardente 52
água-viva 54
aguçado 44
agudeza 54
aguentar 54, 55
aguilhão 54
aguilhoar 54
agulhão-bandeira 55
agulhão-trombeta 55
Agulhas Negras 55
agutipuru 33
aiapaina 55
aí, aqui 55
aimoré 55
ainda 55
ainda que 55
aio 55
aipi 55
aipim 55
airoso 56
ajaezar 56
ajuda 34
ajudar 32, 56
ajuizado 56
ajuntamento 45
ajuntar 31, 32, 57
ajuri 34
ajustar 27, 29
ajustar-se 28
ajuste 29
ajutório 34
ala 57
álacre 57
alacridade 57
alamiré 57
alarde 58
alardear 58
alarido 58
alarme 58, 59
albará 59
albatroz 59
albergue 59
albino 17
albor 59
albugem 60
albugo 60
alcaboz 55
alcaide 60
alcançar 60
alcance 60
alcanforeira 60
alcantil 60
acantilado 15
alçar 60
alcatifa 60
alcatraz 60
alcoice 60
alcoolizado 61
alcoviteiro 61
alcunha 61
aldeia 61
aleatório 24
alecrim-da-serra 61
alecrim-do-campo 61
alecrim-do-sertão 61
alecrim-do-tabuleiro 61
alegar 61
alegoria 61
alegre 57
alegria 57
aleitar 62
aleive (ou aleivosia) 62
aleivoso 62
alemão 62
alentado 62
alentar 30
alfabeto 7
alface-d'água 62
alface-de-cordeiro 63
alfaia 63
alfaiate 63
alfandegário 40
alfanje 63
alfavaca-branca 63
alfavaca-do-campo 63
alfavaca-mansa 63
alfazema-da-terra 63
alfazema-do-mato 63
alfinete de ama 63
alfinete de fralda 63
alfinete de segurança 63
alfombra 60
alforje 342
alforreca 54
alforriado 63
alforriar (2) 63
algarismo 63
algazarra 58
álgido 63
algodão-bravo 64
algodão-cravo 64
algodão-da-mata 64
algodão-da-praia 64
algodão-do-brejo (2) 64
algodão-do-campo 64
algodão-do-mangue 64
algodão-do-pantanal 64
algodão-do-pântano 64
algodoeiro-bravo 64
algodoeiro-comum 64
algoz 64

alguns 64
algures 64
alheamento 64
alheio 64
alho-da-campina 64
alho-do-campo 64
alho-do-mato 64
alhures 64
ali 27
aliança 64
aliar 57
alicerce 65
aliciar 65
alienação 65
alienado 64, 65
alienar 65
alienígena 40
alimentar 65
alindar 46
alinho 65
alistar 66
aljava 66
Alleghannies 66
alma 3, 66
alma-de-caboclo 66
alma-de-gato 66, 86
almanaque 67
almeirão 67
almejar 67
almíscar 67
almocreve 67
almoeda 67
almofada 67
almofariz 67
alocução 67
Alpes Escandinavos 68
alquebrado 6
alquebramento 7
alquilar 68
altanaria 68
altear 69
alterado 6
alterar 69
altercação 69
alternativas 69
alteza 69
altiplano 69
Altíssimo 69
altitude 69
altivez 68
alto (2) 70
altruísmo 11, 70
altura (2) 69
alucinação 70
alucinado 70
alucinar 71
aludir 71
alugador (2) 71
alugar 68
aluguel 71
aluir 2
alumiar 71
aluno 71
alusivo 72
alva 59
alvacento 72
alvadio 72
alvarenga 72
alvedrio 72
alveitar 72
alvião 72
alvo (2) 72
alvor 59
alvorada 59
ama (2) 73
amabilidade 42
amadurar 73
amadurecer 73
amadurecimento 73
âmago 73
amainar 5, 13
amaldiçoar 73
amamentar 62
amanaçaia 73
amancebar-se 73
amanduerana 64
amandurana 64
amanduri 64
amansar 74
amante 74
amarantina-cor-de-laranja 74
amaranto-globoso 74
amarantoide-cor-de-laranja 74
amarelão 74
amarelar 74
amarelecer 74
amarelejar 74
amarelinha 74
amarelinho-da-serra 74
amarfanhar 74
amargo 23, 25
amargoso 25
amargura 45
amargurar 12
amarra-pinto 48
amarrar 30
amarrotar 74
amasiar-se 73
amásio companheiro 74
amassa-barro 77
amassar (2) 74
amatutado 9
ambaíba 74
ambaitinga-dos-índios 74
âmbar-amarelo 74
ambição 75
ambicionar 67
ambiguidade 75
ambíguo 75
ambira 75
âmbito 75
amboré 55
ambos 75
ambreta 76
ambrosia-do-méxico 76
ambuá 76
ambulante 76
ameaça 76
ameaçador 76
ameaçar 76
ameaço 76
amedrontar 26
ameigar 20

ameixa-amarela 76
amendoeira 76
amendoeira-da-américa 76
amendoim 76
amendoim-bravo 76
amenizar 13
ameno 49
amenorreia 77
americano 77
americano-do-norte 77
amigar-se 73
amígdala 77
amigdalite 77
amigo 77
Amigos 77
amimar 20
amistoso 77
amizade 43, 77
amo 77
amofinar 12
amolação 77
amolado 44
amolador 77
amolar 78
amoldar-se 28
amolgar 74
amontoado 78
amontoar 32
amor 43, 77
amor-agarradinho 78
amor-agarrado 78
amoral 78
amor da pátria 78
amor-de-homem 78
amor-dos-velhos 78
amoré 55
amoreia 55
amor-em-penca 78
amores-entrelaçados 78
amor-ingrato 78
amor-perfeito 78
amor-próprio 78
amparar 32, 54
amparo 75
amplexo 13
ampliar 78
amplidão 78
amplificar 78
amplitude 78
amplo 8
ampulheta 78
amputação 10
amputar 79
amuar-se 9
anabiose 79
anacefaleose 79
anacoreta 79
anafa-cheirosa 79
anafado 79
anágua 79
anais 79
analgesia 79
analisar 79
análise 79
analogia 79
análogo 79
anambé 79
anambé-açu 80
anambé-pitiú 80
ananás 80
anani 80
ananim 80
anão 80
anarquia 80
anatematizar 73
anato 80
anatomia 80
anchova (3) 80
ancião 80
ancila 80
ancilostomíase 74
ancorado 80
ancorar 80
andá-açu 80
andacá 80
andaço 80
andaguaçu 80
andar 81
andorinha-do-mar 270
andorinha-do-mato 81
andorinha-grande 81
andorinhão 81
andrajos 81
andu 81
anduzeiro 81
anedota 174
anelar 81
anêmona-do-mar 81
anequim 81
anestesia 79
anexar 81
anexim 33
anexo 34, 213
anfibologia 75
anfibológico 75
angélica-de-jardim 81
angelical 81
angélico 81
angico 18
angina diftérica 205
angolinha 82
angolista 82
angra 13
angústia 45
angustiar 12
angustura 82
angustura-veradeira 74
anhá 82
anhanga 82
anhapa 82
anhinga 82
anhuma 82
anhumapoca 82
anhupoca 82
anicavara 82
anil 82
anil-dos-pobres 82
anileira 82
anil-trepador 82
animal 82
animar 30
animar-se 2
ânimo 82
animosidade 82
aningaíba 83

aningapara 83
aningaúba 83
aniquilar 5
anis 83
anis-doce 83
anis-estrelado 83
anistia 16
anistiar 16
anômalo 83
anônimo 83
anorexia 83
anormal 83
anoso 83
anotação 83
anotar 84
ânsia 84
ansiado 84
ansiar 81
ansiedade 45, 84
ansioso 84
anta 84
antagônico 84
antagonista 41
antártico 84
antecedente 84
antecedentes 84
antecessor 85
antecipado 85
antepassados 84
anterior 84
antever 85
antídoto 85
antigamente 85
antigo 83
anti-helmíntico 85
antipatia 82
antipirético 85
antiquado 85
antologia 85
antonomásia 61
antro 86
anu 86
anuaí 86
anual 86
anu-branco 67, 86
anu-coroca 86
anu-da-serra 86
anu-do-campo 67, 86
anu-galego 86
anuguaçu 86
anuir 22
anujá 86
anular 11, 86
anum 86
anum-peixe 86
anunciador 86
anunciante 86
anunciar 86
anúncio 87
ânuo 86
anu-preto 86
anuviar-se 87
anverso 87
aonde 87
apacanim 87
apaiari 20
apalaches 66
apalermado 9
apalpar 87
aparato 87
aparecimento 87
aparência 88
aparentar 44
aparição 3, 87, 88
aparo 88
apartar 43
aparvalhado 9
apascentar 88
apatacado 4
apatetado 9
apatia 88
apavorar 26
apaziguar 13, 88
apedrejar 89
apego 43, 44
apeguava 88
apelação 50
apelar 49
apelido 61
apenas 88
apêndice 88
apertado 88
apertar 13
aperta-ruão 89
apesar de 89
apetecar 67
apetite 89
apetites 89
apiari-cará-grande 20
ápice 70
ápices 89
apiedar-se 89
apimentado 89
apito 89
aplacar 13
aplaudir 25
aplicação 89
apócrifo 89
apoderar-se 90
apodo 61
apodrecer 90
apodrentar 90
apoiar 54
apólice 90
apologia 90
apólogo 61
apoquentar 12
aporrinhação 77
aporrinhador 77
aporrinhar 78
aportar 90
após 90
aposentadoria 90
aposentar 90
apossar-se 90
apostatar 10
apostila 83
apostilar 84
apóstolo 90
apotegma 33
apoteose 90
aprazar 35
aprazível 49
apreçar 90
apreciar 38

apreço 91
apreender 91
apreensão 59, 91
apreensivo 91
apregoar 86
aprender 91
apresar 91
apresentar 91
apresentar-se 91
apressado 91
apressar 22
aprestos 91
aproar 9
aprontar 17, 91
apropinquar-se 7
a propósito de 23
apropriar 27
apropriar-se 90
aprovar 91
aprovisionar 4
aproximar-se 7
aprumado 15
aptidão 92
apuí 92
apupo 92
apurar 92
apuro 65
aquático 92
aquecer 92
aquentar 92
aqui 93
aquiescer 22
aquista 92
ar 88
arabaiana 80, 93
árabe 93
arábico 93
arábigo 93
arábio 93
araboia 33
arabutã 93
araçá-de-coroa 93
aracambé 93
aracanguira 93
araçari-banana 93
araçaripoca 94
araçá-vermelho 93
aracimbora 93
araciuirá 93
aracu 93
aragem 93
aramá 94
aramandaia 94
arame 94
arancim 95
arapabaca 95
arapaçu 95
arapapá 95
araponga 95
araponguinha 95
araponguira 95
arapuá 95
arapuã 95
arapuê 49
arapuru 95
araquã 95
arar 95
arara-azul 95
araracanga 95
ararapiranga 95
arara-pitiú 95
araraúna 95
arara-vermelha 95
araribá-do-campo 95
arataiá 95
arataiaçu 95
aratauá 95
aratu 95
arauá 95
arauaná 95
araúna 95
árbitro 95
arca 95
arcado 95
arcaico 85
arcano 95
arco 96
ardente 14
arder 14
ardil 96
ardiloso 96
ardósia 96
árduo 96
área 75, 96
arenga 67
arenito 96
arerê 97
ares 97
a respeito de 23
arfar 97
argentário 4
argúcia 54, 328
argucioso 97
arguir 33
arguto 97
aridez 97
árido 97
ariramba 97
ariramba-da-mata-virgem 97
ariranha 97
arisco 97
armada 97
armadilha 96
armarinho 97
armazém 238
armistício 98
arnica 98
aroeira 51
aroeira-mole 52
aroma 98
aroma-dos-jardins 98
arqueado 95
arqueiro 98
arquimilionário 4
Arquipélago 98
arquivo 261
arrabaldes 36
arraia (2) 98
arraia-elétrica 98
arraial 61
arraia-lixa 98
arraia-manteiga 98
arraia-miúda 98
arraia-pintada 98
arraigar-se 98

arrancar 98
arranca-rabo 99
arranca-toco 99
arranjar 99
arras 11
arrasar 5
arrear 56
arrebatado 9, 37, 46, 99
arrebatamento 37, 99
arrebenta-boi 99
arrebenta-cavalo 99
arre-burrinho 99
arredar 43
arredondar 99
arredores 36
arrefecer 99
arrelia 34
arremedar 99
arremeter 27
arrendador 71
arrendamento 71
arrendar 68
arrendatário 71
arrenegar-se 9
arrepender-se 99
arrependimento 99
arrestar 91
arresto 191
arribar 90
arriós 100
arriscado 46, 100
arriscar-se 2
arrogar-se 100
arroio 100
arrojado 46
arrojar-se 2
arrojo 100
arrolar 66
arrostar 47
arroto 100
arroubado 37
arroubo 99
arroz de leite 100
arroz-doce 100
arruaça 100
arruda-de-são-paulo 101
arruda-do-campo 101
arruda-do-mato 82
arruinar 5
arte 101
arteiro 101
Ártemis 101
artesão 101
ártico 101
articulação 102
articular 102
artífice 101
artifício 96, 101
artificioso 96
artista 101
aruá 95, 102
aruá-do-mato 102
aruaná 95
arurá 102
arvorar 102
árvore-da-borracha 102
árvore-da-preguiça 74
árvore-do-incenso 102
árvore-do-sebo 102
árvore-dos-feiticeiros 102
árvore-santa 102
asa-branca 102
asa-de-telha 102
ascendência 20
ascendentes 84
ascensão 102
ascensor 102
ascensorista 102
asceta 79
ascite 102
asco 82, 102
asilar 14
asilo 15
asneira 102
asno 102
aspecto 88
áspero 23, 50
aspirar 16, 67, 81
asqueroso 103
assaltar 27
assanhaço 103
assassinar 103
assassinato 103
assassínio 103
assassino 103
assaz 103
assecla 34
assédio 103
assegurar 45
asseio 65, 103
assembleia 45
assemelhar-se 103
assentar 29, 103
assentir 22
assento 104
asseverar 45
assíduo 104
assim como 104, 184
assimilar-se 103
assinalar 104
assinar 104
assisado 56
assoalhar 86
assoante 104
assobiadeira 104
assobio 89
associação 104
assombração 3
assombrado 9, 37
assombro 37, 59
assomo 99
assoprador 104
assunção 102
assunto 104
assustar 26
asterismo 104
astrólogo 36
astúcia 54, 96
astucioso 96
astuto 96
ata 105
atacado 105
atacar 28
atalaia 105
atalho 105

atapu 105
ataque 50, 105
atar 105
atarantar 105
atarracado 105
ataúde 105
ataviar 39
ateira 105
ateísta 105
atemorizar 26
Atena 105
atenção 89, 105
ateneu 18
atento 106
atenuar 5, 13
aterrar 26
aterrorizar 26
atestado 106
atestar 45
ateu 106
atilamento 54
átimo 290
atinar 23
atinente 72, 189
atingir 60
atiradeira 106
atirado 46
atirar-se 2
atitude 106
ativar 22
atividade 106
ativo (2) 106
ato 19
atobá 106
ato contínuo 106
atoledo 106
atoleimado 9
atoleiro 106
atontar 106
atordoado 70
atordoar 105
atormentar 12
atracar-se 27
atraiçoar 107
atrair 65
atrás 107
atrativos 107
atravessar 19
atrelado 107
atrever-se 2
atrevido 46
atrevimento 100
atribuir 107
atribuir-se 100
atributo 107
atrito 107
atro 107
atualmente 49
atuar 48
aturar 55
aturdido 70
aturdir 105
auaí 47
audacioso 46
audaz 46
auge 70
áugure 36
aumentar 107
aura 93
aurora 59
ausentar-se 107
auspícios 107
auspicioso 108
austero 108
austral 84
Austrália 108
autocracia 15
autóctone 12
autonomia 108
autópsia 80
autor 108
autoridade 108
autorizar 38
auxiliar 32
avaliar 90
avantajar-se 35
avarento 47
avaria 108
avaro 47
avassalar 108
avastema 3
ave 108
avejão 3
avelhantado 6
aveludado 109
ave-maria 109
aventar 48
aventurar-se 2
averiguar 109
avermelhar 109
Averno 109
aversão 82
avesso 109
avestruz 109
aviar 109
aviltar 109
avinhado 109
A Virgem 305
avir(-se) 189
avisado 56
avisar 21, 38
aviso 38, 87
avistar 110
avivar 110
aviventar 110
avizinhar-se 7
avô 110
avoante 110
avoengos 84
avolumar 107
à vontade 126
avós 84
avultar 107
axila 110
axioma 33
azado 34
azáfama 42
azar 110
azarado 110
azebre 110
azeda-brava 110
azeda-comum 110
azeda-das-hortas 110
azeda-ordinária 110
azedas-de-ovelha 110

azedinha (2) 110
azedinha-aleluia 110
azedinha-do-brejo 110
azedo 25
azereiro-dos-danados 110
aziago 49
azinhaga 105
azinhavre 110
azo 110
azorragar 26
azorrague 26
azotato 111
azótico 111
azoto 111
azougue 111
azucrinação 77
azucrinante 77
azucrinar 78
azul 111
azulão 111

B

Baamas 112
babá 99
babado 112
babosa 55
bacacu 79
bacaiuva 180
bacalhau 26
bacio 112
Baco 112
bacupari 112
bacuparizeiro 112
bacurau 32
badameco 112
badejete 112
badejo 112
badejo-fogo 112
badejo-mira 112
badejo-sabão 112
badejo-sangue 112
badiana 83
bafo 112
baga 112
bago 112
bagre 112
bagre-bandeira 113
bagre-caiacoco 113
bagre-fita 113
bagre-mandim 113
bagre-sapo 113
bagre-sari 113
bagrinho 113
baguari 113
baía 13
baiacu 113
bailado 113
bailarina 113
baile 113
bairari 110
bairro 36
baitaca 113
baiuca 113
baixa-mar 113
baixar 2
baixios 113
baixo 10
baixos 113
baixo-ventre 113
bajular 40
bala 113
balaço 113
baladeira 106
balaio 113
balançar 114
balancear 114
balão 114
balbuciar 114
balbúrdia 114
balda 115
baldado 115
baldrame 65
baleato 115
baleeira 123
balela 115
baloeiro 115
balouçar 114
balsamina-longa 115
bamba 115
bambambã 115
bambu-japonês 115
bambuzinho 115
banal 115
banana 115
bananal 115
bananeira 115
bancarrota 115
banda 116
bandeira 34, 116
bandeirado 113
bandeirante 116
bandido 116
bandim 113
bandoleira 116
bandoleiro 116
bandulho 7
bangalafumenga 112
banha 116
banhar 51
banheiro 116
banhista 116
banho de assento 116
banir 117
banquete 47
banto 117
banzé 99
banzé de cuia 117
baobá 117
baralhar 117
barata-descascada 117
barata-dos-coqueiros 117
barata-noiva 117
baratear 117
baratinha 117
baratinha-do-mar 117
báratro 10
baraúna 117
barba-de-barata 117
barbadense 117
barbadiano 117
barbado 117
barbante 117
barbaridade 117
bárbaro 118
barbasco 118

barbas de baleia 118
barbatana 118
barbatanas 118
barbeiro 118
barbudinho 118
barbudo 117
barca 118
Barca 164
barco 118
bardo 118
barigui 118
baririçó 118
baronesa 118
Barquinha 164
barraca 118
barraco 118
barranca 119
barranco 119
barrão 119
barrar 119
barrear 119
barregã 119
barrela 121
barrete 121
barriga 7
barriga-d'água 102
barrigatintim 121
barriga-verde 121
barriguda 121
barrigudinho 121
barrigudo 121
barrote 121
baru 121
barulho 121
basal 121
base 65
básico 121
basilar 121
basquete 121
basquetebol 121
bastante 103
bastão 122
bastardo 122
batalha 19
batalhão 34
batalhar 122
batata 122
batata-da-terra 122
batata-de-escamas 122
batata-doce 122
batata-do-mar 122
batata-inglesa 122
batatinha 122
batauá 122
batavo 122
bate-cu 123
batel 123
bate-testa 123
batota 124
batuíra 124
batuíra-de-mar-grosso 113
batuquira 124
baú 95
baunilha-da-baía 124
baunilha-de-licorizeiro 124
bazófia 58
bazofiar 58
beatificação 124
beatinha 124
beatitude 124
beato 124
beatriz 124
bêbado 61
bebê 317
bebedeira 50
bêbedo 61
bebe-gás 124
bebido 61
beca 124
beco 124
bedelho 124
beguaba 88
beiço 124
beija-flor 124
beija-flor-do-mato-virgem 97
beijo 125
beijoeiro 125
beijucaba 125
beira 125
bejaqui 113
bela-emília 125
belchior 34
beleguim 125
belho 124
bélico 125
belicoso 125
belida 60
Belmonte 125
belo 125
bel-prazer (a) 126
bem-aventurado 46
bem-aventurança 124
bembé 126
bem-casados 126
bem como 104, 184
bem-me-queres-de-todos-os-meses 126
bem que 55
bem-te-vi 126
bem-te-vi-gamela 126
bem-te-vi-pequeno 126
bênção 126
bendito 8, 126
bendizer 8
benedito 126
beneficência 70
beneficente 126
benefício 126
benéfico 126
benemerente 126
benemérito 126
benevolência 42
benevolente 126
benévolo 126
bengala 122
bengo 126
benignidade 42
benjoeiro 125
benjoim 126
bentererê 126
bento 8, 126
benzedura 126
benzer 8
benzido 126

beócio 126
berbigão 127
berbigueira 127
berebere 112
bererê 118
bergamota 127
berne 127
berrante 127
berreiro 58, 127
beruanha 127
besta 127
besteira 102
bestunto 127
betara 128
betu 128
bétula 128
bexigas 128
bexigas-doidas 128
bica 128
bicão 128
bicha (2) 128
bicha-cadela 128
bichano 128
bichas 128
bichinho 128
bicho 82
bicho-cabeludo 75
bicho-colorado 128
bicho-de-conta 117, 128
bicho-de-ouvido 76
bicho-de-parede 118
bicho-de-pé 128
bicho-de-porco 128
bicho-do-ouvido 129
bicho-gordo 129
bicho-pau 129
bico (2) 129
bicó 98, 129
bico-de-brasa 129
bico-de-lacre 129
bico-de-veludo 129
bico-rasteiro 47, 129
bico-vermelho 129
bicudo 129
bicuíba-redonda 129
biebdomadário 129
bigorna 129
biguatinga 82
bijuí 126
bijupirá 129
bijuri 126
bilha 129
bilhete 129
bilhete de visita 129
bilheteira 129
bilheteiro 129
bilheteria 129
bílis 129
bilreira 129
bilreiro 129
bimensal 129
bimestral 129
biografia 130
biquara 9
biraia 119
biribá 130
biribazeiro 130
birigui 118
bironha 127
birrento 43
birro 130
birro-branco 130
bisagra 130
Biscaia 130
biscate 129
bisonho 130
bispado 130
bispar 110
bispote 112
bissemanal 129
bisturi-do-mato 130
bitola 130
bitu 130
biurá 130
bizarro 56
blasonar 58
blazer 165
blefarite ciliar 130
boa-noite 122
boas-noites 134
boato 115
bobagem 130
bobo 130, 131
bobó 121
boca-d'água 131
boca da noite 131
boca-de-barro 131
boca-de-colher 131
boca-de-sapo 131
bocado 131
bocaiuva 180
boçal 126
boca-lisa 131
boca-preta 131
boca-torta 131
bocejar 131
bocejo 131
bócio 131
"bock" 131
bodas 64
bodega 113
bodião 131
bodum 260
boêmio 131
bofetada 132
boi 132
boia 132
boiar 132
boicaá 132
boicininga 132
boicorá 132
boicotiara 132
boi de cova 34
boiobi 33
boipeba 132
boipevaçu 132
bojuí 126
bola 113, 127, 132
bola ao cesto 121
bolacha 132
bolchevique 132
boldrié 116
boleta 132
bolha 132
bolo 132

bolo de rolo 132
bolor 132
bolota 132
bom 132
bomba 133
bombeiro 133
bombo 133
bom-é 133
bom-nome 133
Bom Pastor 133
bom senso 133
bonachão 132
bonacheirão 132
bondade 42
bonde 134
bondoso 132
bonduque 134
boneco de engonço 134
bonifrates 134
bonina (2) 134
boníssimo 134
bonito 125
boqueira 134
boquilha 134
borá 134
borboleta 98, (3) 134
borbotão 134
borbulha 132
borda 125
bordão 122
bordel 60
boreal 101
borla 134
borlista 134
borô 98
bororó (2) 134
borós 94
borra 135
borra-botas 112
borracha-brava 52
borracheira 50
borracho 61
borrachudo 135
borragem-brava 52
borralhara 135
borrasca 135
bosque 135
bosquejo 135
bossa 198
bostela 135
bota 135
botar 136
bote 123
botica 136
boticário 136
botim 135
botina 135
boto 104, 136
botoado 13
boto-branco 104
botoeira 136
bouba 136
Bourbon 136
boxador 136
boxe 136
boxeador 136
boxista 136
bozó 136
bracear 136
bracejar 136
braço de mar 136
brado 136
bramido 58
brancacento 137
branco 72
branco-do-olho 137
brando (2) 137
brandura 137
branquejar 137
brânquias 137
braúna 117
bravio 137
bravo (2) 137
bravura 137
brecumbucu 113
bredo-fedorento (2) 138
bredo-major-gomes 138
brejereba 138
brejo 138
breve 138
brigar 122
brilhante (2) 138
brilhar 139
brilho 139
brinco-de-passarinho 140
brinco-de-princesa 49
brinco-de-sagui 140
brincos-de-viúva 140
brinde 139, 140
brió 102
brisa 93
broca 140
brocardo 33
brochote 112
bródio 47
bronca 38
bronco 126
bronquear 38
bronze 94
broquel 140
brota 15
broto 140
brucelose 140
bruma 140
brunir 140
brutal 50, 140
brutalidade 140
bruteza 140
bruto 140
bruxa 141
bruxaria 141
bruxedo 141
bruxo 141
bubão 141
bucha (2) 141
bucha-dos-paulistas 141
buchinha 141
bucho-da-china 141
bufão 131
bufo 141
buganvília 141
bugio 117, 142
bugio-preto 142
bugre 142
bulir 2

bumbo 133
bumbum 104
bunda 104
buque 142
buraco 8, 86
buranhém 142
buraqueira 142
burburinho 142
burilar 142
buriqui 142
buriti 142
buritirana 161
buritizeiro 142
burlesco 141
burra 143
burrada 102
burrica 99
burrice 102
burro 102
buscar 143
butua 17
butuá-de-corvo 64
butuca 142
búzio 105

C

cá 93
caajuçara 144
caapeba 144
caapiá 144
caapomonga 144
caatiguá 24
caavurana-de-cunhã 82
caba 144
caba-caçadeira 144
caba-cega 125
cabaceiro 144
caba-de-ladrão 125
cabal 17
cabala 144
cabana 144
cabapiranga 145
cabatatu 145
cabaz 113
cabeça 127
cabeça-de-ferro 86
cabeça de jacaré 145
cabeça-de-moleque 145
cabeça-de-negro 145
cabeça-de-pedra 145
cabeça-seca 145
cabeçote 145
cabeçudo 43, 145
cabeleira 145
cabelo 145
cabelo-de-negro 95, 145
cabelos-de-vênus 145
cabeludo 145
cabineiro 102
cabixi 145
cabo 145, 146
caboatã 146
caboatã-de-capoeira 146
cabocla 78
caboclo 142, 145
caborje 136
cabo-verde 146
caboz 55
cabra-cega 307
cabriola 146
cabuim 146
cábula 110
cabungo 112
caburé 146
caburé-do-campo 146
cação-do-fundo 146
cação-peru 146
caçapo 146
caçarema-grande 146
caçaroba 146
caçaú 146
cacetada 77
cacete 77, 122
caceteação 77
cacetear 78
cachaça 52
cachaceira 50
cachamorra 146
cachão 134
cachaporra 146
cachimbar 146
cachimbo 145, 146
cachimbó 146
cachimônia 127
cachoeira 146
cachola 127
cachopos 15
cachorrinho 86
cachorrinho-d'água 147
cachorro 147
cachorro-da-areia 147
cachorro-do-mato 93
cacife 132
cacique 147
caçoada 147
caçoar 147
cacoete 147
caçonete 147
caçote 147
cacto-de-flor-grande 147
caculucage 147
cacumbi 147
cacundeiro 147
cacuri 147
cada 147
cadafalso 148
cadeia 148
cadeira 148
cadência 148
cadinho 148
caducidade 148
caduco 148
caduquez 148
caduquice 148
café-bravo 148, 325
café-de-mato-grosso 148
cafeeiro 148
caferana 149
cafezeiro 148
cafifa 110
cafife 149
cafifento 110
cafre 117
cáften 149
cafuz 146

cafuzo 146
cágado 149
caga-fogo (3) 149
caga-lume 149
caga-sebo 149
caguira 110
caiacoco 113
caiapiá 144
caiaque 123
caiçaca 149
caicanha 149
caiçara 149
caieira 127
caimão 149
cainçalha 149
caipira 149
caipora 110
caiporismo 110
caíque 123
cair 5
cais 150
caitetu 150
caititu 150
caixa-forte 143
caixão 105
caixeta 150
cajá 150
cajá-açu 150
cajado 122
cajá-manga 150
cajá-mirim 150
calabouço 148
calabrote 26
calado 150
calango 145, 150
calão 151
calçada (2) 151
calçado 151
calca-mar 129
calção-de-velho 118
calcular 151
cálculo 151
Caldeira de Pedro Botelho 109
caldeirão 136
caldo 151
caleça 151
caleche 151
caleira 127
calejado 151
calendário 67
calêndula-das-boticas 126
calha 74
calhandra 151
calhau 151
calheta 13, 151
cálice-de-vênus 151
cálido 14
caliginoso 151
calma 151
calorim 128
calouro 130
caluje 144
calunga (2) 152
calúnia 62
caluniador 62
caluniar 152
calvo 152
cama 152
camada 152
camalote 152
camará 152
camará-branco 152
camará-bravo 152
camarada 152
camaradagem 153
camaradinha 153
camarão-de-água-doce 153
câmaras-de-sangue 153
camaratinga 152
camarote do torres 153
camarupim 153
camba 153
cambacica 153
cambada 153
cambará 152
cambaxilra 153
cambaxirra 153
cambeva 153
cambito 152
camboatá 153
cambonje 19
cambrone 153
cambucu 153
cambuí 18
camburão 153
cameleão 153
cameleão (ou camaleão) 153
camélia 153
camelo 126
cametau 82
caminhar 81
caminheiro 153
caminho 153
Caminho das Almas 154
Caminho de São-Tiago 154
camioneta 154
camiranga 154
camoatim 131
camocica 134, 154
camoeca 50
camomila 154
campa 154
campainha 154
campanha 154
campesino 50
campestre 50
campina 154
campineiro 154
campo 154
camponês 50
campônio 50
campo-santo 154
camuengo 154
camundongo 152
camurim 154
camuripema 155
camuripim 153
cana 52, 155
cana-de-açúcar 155
canadense 155
canadiano 155
cana-do-brejo 155
cana-doce 155
canalha 149, 153

canalizador 133
canapé 155
canapu 123
canário-da-terra 155
canário-do-ceará 155
canário-do-reino 155
canário-legítimo 155
canário-pardo 155
cancã (4) 155
canção 155
candente 14
Cândia 155
cândido 72, 155
candimba 155
candomblé 155
candura 155
caneca 155
caneco 155
canela-de-velho 78
canela-ruiva 150
cangambá (2) 155
canganguá 134
cangatá 113
cangatã 113
cangaxi 131
canguá 134
canguçu 155
cangulo 156
cangulo-de-fernando 156
cangurro 156
cangurupi 153
canhoto 156
caninha 52
canino 156
canivete 156
canjarana 156
canjerana 156
canjica 95, 156
canjiquinha (2) 156
canjurupim 153
canoa 123
canonização 124
canoura 156
cansaço 156
cansado 6, 156
cansanção 54
cansar 42
cansativo 156
canseira 156
cântico 155
cantiga 155
canto 129, 155
canudo 64
canzá 156
canzoada 149
cão 147, 156
caos 114
capacete 160
capacidade 92
capacitar 160
capanga 147
capão 135
capar 160
caparari 147
capcioso 96, 160
capeba 144, 160
capela 160
capengar. 178
capeta 156
capiçaba 21
capim-cheiroso 160
capim-gordura 160
capim-limão 160
capim-melado 160
capim-rei 118
capineiro 154
capital 121
capitalista 4
capitão 112
capitão-do-campo 132
capitulação 160
capixaba 160
capoeira 135, 160
capote 82
capricho 160
caprichoso 43
captar 91
capturar 91
caquera 161
Caquetá 161
cara 161
cará 20, 161
caracará 161
caracará-preto 155
caracaxá 156
caracol 161
carafuz 146
carafuzo 146
caraguatá 161
carajá 142
caramelo 113
caraminhola 114
caramugi 76
caramujeiro 161
caramujo 161
caramujo-do-mato 102
caraná 161
carandá 161
carandaí 161
carango 145
carangonço 161
carão 161
carapanã 161
carapau 161
carapeta 114
carapetão 114
carapiaçaba 134
carapina 161
carapinha 161
caráter 161
caraúna 95, 162
caravela 54
caraxixu 162
caraxuê 162
carcanha 149
carcará 161
carcassa 162
carcaz 66
cárcere 148
cardápio 162
cardiária 50
cardigueira 110
cardinheira 110
careca 152
carecer 162

carência 162, 316
carestia 162
careta 162
careza 162
cargo 162
cari 13
cariacu 162
cariaponga 162
cariboca 162
caricato 141
carícia 42, 162
caridade 70, 162
caridoso 162
carijó 162, 163
carinho (2) 42, 102, 162
carioca 263
cariocinese 163
carita 162
caritativo 162
carito 162
carnaíba 161
carnaúba 161
carnaubeira 161
carne do ceará 163
carne do sertão 163
carne esponjosa 163
carneiro 154
carne-seca 163
carniça 163
carniceiro 31, 163
carnífice 64
carnificina 163
carnívoro 163
caro 163
carola 124
carona (2) 134
carpina 161, 163
carpinteiro 161
carpir-se 163
carraça 163
carrapateira 163
carrapateiro 161
carrapatinho 163
carrapato 163
carrapato-de-passarinho 140
carrapato-do-mato 146
carrapato-estrela 163
carrapato-fogo 163
carrapato-pólvora 163
carrapato-rodolego 163
carrapeta 129, 153
carrapicho 164
carrasco 64
carraspana 50
carreiro 105
Carreta 164
carriça 153
carril 164
carro 164
carruagem 164
carta 164
cartaginês 164
cartão de visita 129
cartomante 35
cartucheira 164
caruaru 164
caruba 83
caruru 138
caruru-azedo 110, 164
caruru-da-guiné 110
carvalho 164
carvalho-do-brasil 164
casa 136, 164
casaco 165
casaco-de-couro 130
casadouro 165
casamento 64
casar 165
casca 47
casca-preciosa 55
cascata 146
cascavel 132, 165
cascaveleira 47
cascudo 82, 165
cascudo-espada 165
cascudo-viola 165
casebre 144
caseira 165
casinha 153
caso 165
casqueiro 127
casquilho 165
cassaco 165
cassar 11
casta 152
castanha-d'água 15
castanha-do-maranhão 76
castanha-do-pará 76
castanha-do-rio-negro 76
castanheiro-do-brasil 76
castanheta 166
castanholas 134
castelhano 166
castiço 166
castidade 166
castigar 166
castigo 166
castrar 160
casual 24
catacumba 154
catadupa 146
catafalco 166
cataia 245
catalogar 66
catamênio 166
catapora 128
catar 142
catarata 146
catarinense 121
catch-as-catch-can 166
catecúmeno 166
catedrático 166
categoria 152
categórico 166
caterva 153
cateto 150
catiguá 25
catinga 166, 260
catinga-de-barrão 245
catinga-de-mulata 166
catinguá 24
catingueiro 167
catita 152
cativeiro 167
cativo 49, 167

catolé 167
catorra 167
catraia 123
caturrar 97
caturrita 167
cauã 21
cauanã 167
caução 11
cauda 167
caudilhismo 15
cauí 145
cauila 48
cauintã 82
cauíra 47
cauixi 145
cauré 167
causa 167
causídico 41
cáustico 14, 167
cautela 129, 167
cauteleiro 129
cauteloso 167
cauto 167
cavaco 167
cavadeira 97
cavala-perna-de-moça 168
cavala-preta 168
cavala-verdadeira 168
cavaleiro-das-onze-horas 168
cavalinho-do-judeu 152
cavalo 168
cavalo-do-cão 152
cavapitã 145
cavaqueira 167
caverna 86
caviloso 96, 160
caxim-dalbo 168
caxinguelê caxinxe 33
caxixe 33
caxumba 168
cazuza 168
cazuzinha 168
ceder 3
cefalalgia 168
cefaleia 168
Cefalônia 168
cegar 71
cego 70
cegueira das cores 168
ceifa 168
celebrar 168
célebre 168
celebridade 168
celerado 169
célere 169
celeste 169
celestial 169
celeuma 58
celha 176
celibatário 169
célico 169
cemitério 154
cenóbio 169
cenobita 169
cenotáfio 169
censo 170
censura 38
censurar 38, 170
centáurea-menor 170
centeio-espigado 170
centeio-esporaúdo 170
centelha 170
centopeia 170
centro 170
céptico 170
cera 170
cercanias 36
cercar 13, 170
cerco 1034
cérebro 127, 170
Ceres 170
cerimônia 170
cernambi 127
cerne 73
cerração 140
cerro 171
certeza (2) 171
certidão 106
certificado 106
certificar 45
certo 171
certos 64
cerúmen 170
Cervino 171
cervo 162, 171
cessar 171
cessar-fogo 98
cesta 113
cesto 113
cestobol 121
cético 105
céu (2) 171
céu da boca 11
cevadilha 172
chabó 81
chácara 172
chacina 163
chacinar 103
chacota 172
chá-da-europa 172
chá-do-méxico 76
chaga 172
chagas 117
chama 172
chama-maré 172
chamar 172
chamariz 172
chamejante 138
chamejar 139
chamuscar 172
chanchã 173
chanfalho 173
chapa 173
chapada 69
chapeleta 173
chapéu-armado 75
chapéu de palha 173
chapéu-de-sol 76
charanga 116
charco 138
charlatão 240
charque 163
charutaria 173
charuteiro 173

chasco 172
chateação 77
chatear 78
chato 77, 173
chavão 173
chavelho 173
chávena 173
chegado 37
chega-e-vira 97
chegar 60
chegar-se 7
cheia 173
cheiro 98
chelpa 94
cherne 173
chernete 173
chernote 173
chibata 26
chibatar 26
chibé 174
chicharro 174
chichica 174
chichica-d'água 174
chicolerê 174
chicória-do-campo 67
chicória-silvestre 67
chicote 27
chicotear 26
chifrada 174
chifre 173
chilique 105
chincoã 66, 174
chinela 174
chinelo 174
chinfrim 99, 121
chinfrinada 121
chinquilho 174
chioba 174
chiqueira 174
chiqueirá 26
chiqueirador 26
chispa 170
chispante 138
chispar 139
chiste 174
chistoso 174
choça 144
chocar (2) 174, 175
chocarreiro 131
chofer 175
chope 131
choradeira 127
chora-lua 175
choramingas 175
chorão 175
chorar 163
chora-vinagre 54
choro 175
chorolambre 113
choupana 144
chuchar 16
chulipa 175
chupa-dente 175
chupador 175
chupa-gás 124
chupança 118
chupão 118, 175
chupa-ovo 175
chupar 16
chupim 175
chuva-de-pedra 175
cianídrico 175
cianose 175
Cibele 175
cidadão 175
cidadela 96, 175
cifra 176
cigana 167, 176
cigano 47
cilada 96
cilíndrico 176
cílio 176
cima 176
cimalhas 89
cimicífuga 176
cimitarra 63
cimo 70
cinamomo 102
cinca 176
cincada 176
cingir 13, 170
cínico 176
cinta 176
cintilante 138
cintilar 139
cinto 176
cinzelar 142
cioba 174
ciobinha 176
cioquira 176
cioso 176
cipó-de-aimbé 83
cipó-de-cobra 160
cipó-imbé 83
cipó mil-homens 146
cipó-seco 129
circular 13
circundar 13, 170
circunlóquio 176
circunspecção 176
circunspecto 56
circunstância 165
circunvizinhanças 36
cirigado-cherne 173
ciririca 176
cirro 177
cisco 177
citar 61, 71
ciúme 177
cível 177
cívico 177
civil (2) 177
civilidade 42
civilização 177
civismo (2) 78, 177
cizânia 177
clamor 58, 136
clandestino 177
clarão 178
clarear 178
clareza 178
claridade (2) 178
clarificar 178
claro 178
classe 152, 178

classificar 178
claudicação 176
claudicar 178
claustro 1, 169, 191
clava 146
clemência 178
clepsidra 178
clérigo 178
clichê 173
cliente 179
clientela 179
clínica 179, 282
cnute 26
coadjuvar 56
coagir 179
coagulador 179
coalheira 179
coalizão 65
Coari 179
cobaia 179
cobarde ou covarde 179
cobiça 75
cobiçar 67, 81
cobra 179
cobra-capelo 179
cobra-cipó 33
cobra-coral 132
cobra-corre-campo 179
cobra-corredeira 179
cobra-de-asa 180
cobra-de-duas-cabeças 180
cobra-de-vidro 180
cobra-do-ar 180
cobra-papagaio 180
cobra-tapete 180
cobre 94
cobu 180
coça 180
coca-do-paraguai 145
cocar 82
cocção 180
cóccix 180
coceira 180
coche 164
cochichar 180
cochilar 180
coco 94
coco-de-catarro 180
coco-de-purga 80
cocoroca 9
codilho 180
codorna 180
codorna-buraqueira 142
codorniz 180
coelho-do-mato 155
coetâneo 180
coevo 180
cofre-forte 143
cogitação 181
cognome 61
cogumelo 181
coifa 121
coió 181
coisa-ruim 156
coité 144
colaborar 181
colacionar 181
colchão de noiva 132
colega 152
colegial 71
colégio 18
coleira-do-brejo 181
coleirinha 167
cólera 181
colérico 181
coletânea 85
colete 181
colete-curto 182
colheita 168
colhereiro 95
colibri 124
coligar 57
coligir 182
colina 171
colmilho 156
colocação 162
colocar 103, 136
colombiano 182
colóquio 167
colorido 182
colossal 182
columbino 182
coluna 182
coma 145, 182
comando 182
combalido 6
combate 19
combater 122
combinação 29, 182
combinado 183
combinar 29
comboiar 28
comboio 183
comborça 165
comburente 14
combustível 273
começar 183
começo 183
comédia 183
comedir-se 183
comemorar 168
comensal 183
comentar 84
comentário 83
comento 83
comer 183
comerciante 183
comercinho 61
comércio 61, 183
cometer 183
cometimento 184
comezaina 47
comichão 180
cômico 141
comigo-ninguém-pode 83
comilão 184
cominar 76
comiseração 178
comiserar-se 89
comitiva 184
como 104, 184
comoção 100, 185
comodato 185
comovedor 185

comovente 185
compacto 185
compadecer-se 89
compaixão 178
companheira 165
companheiras 186
companheiro 152
companhia 186
comparar 181
comparecer 91
compartilhar 186
compartir (de) 186
compasso 148
compatrício 186
compatriota 186
compêndio 186
compensar (2) 186
competência 187
competente 34
competição 187
competidor 41
competir 187
complacência 42, 187
compleição 187
complemento 187
completar 187
completo 17
complexo 187
complicado 187
comportamento 187
composição 183
compostura 188
compreender 4, 188
compreensão 188
comprido 188
comprovar 188
compunção 99
compungir-se 99
computar 151
cômputo 151
com relação a 23
com respeito a 23
comua 153
comum 115, 188
comumente 188
comunhão 188
comunicar 189
concatenar 189
conceber 188
conceder 189
conceição 189
conceito 189
concepção 188, 189
concernente 189
concertar 29
concerto 29
conchal 127
concheira 127
concidadão 186
conciliar 189
conciso 189
concluir 17, 182
conclusão 189
concordar 22, 29, 189
concordata 29
concorrência 45, 187
concorrente 41
concorrer 187
concriz 189
concubina 165
concupiscência 189
concurso 45
conde 190
condecoração 190
condescendência 187
condescender 22
condição 190
condimentar 40
condimento 190
condoer-se 89
condolências 190
condomínio 197
condômino 197
conduta 187
conduzir 37, 190
confabulação 167
confederação 190
confeitaria 190
conferência 67, 167
conferir 181
confiança 171
confiante 171
configuração 190
confinante 37
confinar 190
confins 36
confirmação 191
confirmar 188
confiscação 191
confiscar 217
confisco 191
confissão 191
conflagrar-se 14
conflito 19
conformação 190
conformar-se 22
conforme 191
confortar 191
confrade 152
confraria 191
confrontar 181
confundir 71, 117
confusão 75, 114
confuso 75
congelar 191
congonha 191
congratulações 191
congregação (2) 191
congregar 57
conhecimento (2) 192
conivência 192
conjectura 192
conjugal 192
cônjuges 192
conjuntivite granulosa 192
conjuntivo 192
conjuntura 165
conjuração 192
conjurar 37, 192
conluio 144
conquanto 55
conquistar 90
consagrar 192
consciência 193
conseguir 60

conselho 193
consentimento 193
consentir 22, 38, 91
consequência 189
consertar 339
consideração 91, 193
consola 193
consolar 191
consolo 193
consórcio 64
consorte 197
consortes 192
conspícuo 193
conspiração 192
constância 193, 194
constante 43, (2) 194
Constantinopla 194
constatar 109
constelação 104
consternação 45
consternar 12
constipação 194
constituição 187
constituinte 179
constituir 194
constranger 179
construir 194
consumado 2
consumido 6
consumir 194
conta 91, 151
contágio 194
contaminação 194
contar 151, 194
contemplar 38
contemplativo 16
contemporâneo 180
contemporizar 35
contenção 89
contenda 69, 195
contendor 41
contentamento 57
contente 57
conter 1
conterrâneo 186
contestação 69
contestar 195
contestável 195
contiguidades 36
contíguo 37
continência 166
contingente 24
continuação (2) 195
continuado 195
continuamente 195
continuar 195
continuidade 195
contínuo 196
contorcionista 196
contornos 36
contrabaixo 196
contrabalançar 186
contraditar 195
contradizer 195
contraentes 317
contrafazer 40, 44
contrafeitiço 83
contrair 196
contraparente 196
contrapesar 186
contrapor 195
contrário 41, 84
contrassenso 8
contratar 29
contrato 29, 352
contratorpedeiro 196
Contravenção 204
contraveneno 85
contravir 196
contribuição 196
contrição 99
contristar 12
controverter 48
contubérnio 153
contudo 196, 308
contumaz 43
conturbar 196
convenção 29
convencer 160
convencionar 29
conveniência 196
conveniente 34, 196
convênio 29
convento 1, 169
conversa 167
conversação 168
conversado 197
converter-se 10
convés 197
convescote 197
convicção 197
convincente 328
convir 29, 197
conviva 183
convivência 197
convívio 197
convulsão 100
cooperar 181
cooptar 65
coordenar 178
cópia 17
copiador 197
copiar 197
copioso 17
copista 197
copropriedade 197
coproprietário 197
coqueirinho 64
coqueluche 197
cor 182
corá 156
coração 73
coragem 82, 137
corajoso 137
coral 132
coraleiro 197
corar 109, 197
corcoroca 9
corcova 198
corcunda 198
cordão 117
cordato 56
cordel 117
cordilheira 171
coreia 198

coriza 194
corja 153
cornada 174
cornamusa 198
corno 173
cornuda 198
coró 129
coroa-de-rei 79
coroado, pai-pedro 198
coró-coró (2) 198
corocoroca 9
corocoxó 79
corozo 198
correção 65
corredeira 146
córrego 100
correição 198
corrente 198
correr 198
corridas 146
corrigir, 198
corriqueiro 115
corroborar 188
corromper 4
corrompido 198
corrução 198
corruíra 153
corrupião 189
corrupio-do-mar 132
corrupto (2) 198
corsário 198
cortadeira 199
corta-mar 129
cortante 199
cortar 199
corte 34, 199
cortejar 199
cortejo 184
cortesã 119
cortesia 42, 199
corticeira 200
cortiço 200
corucão 200
coruja 200
coruja-buraqueira 146
coruja-das-torres 200
coruja-de-igreja 200
coruja-do-campo 146
coruja-do-mato 200
coruscante 138
coruscar 139
corveta 196
corvina 200
corvo 200
coser 200
costa 125
costas 200
costela 200
costumar 30, 201
costume 201
costurar 200
cota 83
cotejar 181
cotiara 132
cotinga 79
cotovia 153
couraçado 201
couro 114
couto 45
cova 86, 154
covil 86
coxear 178
coxim 67
cozedura 180
cozer 201
cozinhar 201
crânio 127
crápula 201
crasso 202
crauá 202
craúna 162
cravagem 170
cravo-da-índia 202
cravo-da-roça 202
cravo-de-cabecinha 202
cravo-do-maranhão 202
cravo-girofle 202
cravorana 202
crebro 202
Credo 202
crédulo 202
Creio em deus padre 202
creme 202
crença 202
crendice 17
crente 202
crepúsculo 59, 131, 202
crer 31, 202
crescente 203
crescer 107
crespina 121
crestar 172
crestomatia 85
Creta 155
cria 203
criação 203
criada 73
criado 203
criado-mudo 203
Criador 69
criança 128
criancice 203
criar 203
crime 203
criminar 33
criminoso 32
crisma 191
crisol 148
crispar 204
crispim 204
cristal de rocha 204
Cristo 133
critério 193
criticar 170
crivo 204
crocoroca 9
cromatopseudopsia 168
crônica 79
crônico 204
Cronos 204
cruá 202
Crucificado 133
cruel 204
crueldade 117, 204, 305
cruento 204

crumatá 204
crupe 205
cruzeiro 205
cuandu 205
cuatá-branco 205
cuba 205
cu-cosido 123
cucu 174
cu-de-galinha 205
cu-de-vaca 131
cudo 205
cueba 205
cugar 205
cuguardo 205
cuia 119, 144
cuíca 174
cuíca-d'água 174
cuidado 105, 205
cuidadoso 106, 205
cuidar 202
cuieira 144
cuieté 144
cuietê 144
cuim 205
cuité 144
cuitelão 97
cuitelo 124
cuitezeira 144
cuiú-cuiú 13
culminância 70
culpa (2) 205
culpado 32
culpar 33
culposo 205
cultivador 50
cultivo 205
culto 206
cultuar 39
cultura 177, 205
cumaru 102, 121
cumbaca 86
cumbaru 102, 121
cume 70, 206
cumeada 206
cumplicidade 192
cumprimentar 199
cumprimentos 191
cumprir 197, 206
cum-quibus 94
cúmulo 23
cundunda 55
cupi ou cupim 206
cupidez 75
Cupido 206
cupim (2) 207
cupineiro 206
cupinzeiro 206
cúpula 206
cura 178, 206
curaca 147
curadoria 207
curanchim 206
curar 202, 207
curatela 207
curau 156
curiango 32, 162
curiantã 207
curiavo 162
curiboca 162
curica 207
curimã 204, 207
curimbaba 147
curimbatá 204
curimbó 207
curió 109
curioso 207
curó 205
curraleira 60
curso 207
curto 138
curubixá 207
curuca 207
curu-curu 207
curuiri 207
curumbatá 204
curumim 128
cururuca 200
curutié 126
curva da perna 207
curvado 6
curvo 40, 207
cuscuzeiro 207
cuspe 207
cuspidor 175
cuspinho 207
cuspir 207
cuspo 207
custa 207
custo 208
custódia 208
custodiar 208
custoso 96, 163
cu-tapado 123
cutia-de-rabo 208
cutiaia 208
cuticaém 164
cutimboia 33
cutipuruí 153
cútis 208
cutiú-preto 208
cutucurim 208

D

dádiva 139
daltonismo 168
dama 209
dama-do-lago 118
dama-entre-verdes 145
danado 209
dança 113
dança de são guido 198
dançador 209
dançarina 113
dano 108, 209
danoso 209
dar 209
dardo 54, 209
dar-se (2) 28
debaixo 2
debalde 209
debate 69
debater 48
debelar 1
debilitado 6
debuxo 135

decaída 119
decência 188
decepar 79
decidir 210
decisão 210
decisivo 166
declarar 86
declive 1
decompor 79
decomposição 79
decorar 39
decoro 188
decorrer 210
decrépito 148
decreto 210
dédalo 210
dedicação 43
dedicar 192
dedução 189
dedurar 33
deduzir 6, 182
defeito 115
defender 32, 210
defensável 210
defensível 210
defensor 41
deferência 21, 187
defesa 90
definhado 6
definido 210
definitivo 166
definito 210
deflorar 210
defluir 210
defluxo 194
deformar 4, 211
deforme 211
defunto 211
degenerar 4
deglutir 211
degradante 211
degradar 117
deidade 211
deificação 90
deísmo 211
deísta 211
deitar 136
deitar abaixo 5
deixa 211
dejeções 211
delatar 33
delator 33
delegacia 211
deleitar 211
deleitável 49
deleite 211
deleitoso 49
delgado 211
deliberação 210
deliberar 210
delicadeza 42, 211
delícia 211
deliciar 211
delicioso 49
delineamento 135
delinquente 32
delíquio 105
delirante 70
delírio 70, 211
delito 203
delongar 35
demanda 20
demandar 212
demasia 212
demasiado 212
demência 212
demente 65, 212
Demeter 170
demi-mondaine 119
demitir 212
demitir-se 3
demo 156
demolir 5
demoníaco 213
demônio 156
demonstração 213
demonstrar 213
demora 213
demorado 213
demorar 35
demover 2
demudado 6
denegrecer 213
denegrir 152, 213
denodado 137
denodo 137
denso 185
denúncia 213
denunciante 33
denunciar 33
de ordinário 188
de outrem 64
deparar 24
depauperar 214
dependente 213
dependurar 213
deplorar 214
deplorável 214
depois 90, 214
depor 214
deportar 117
depravado 198
depravar 4
deprecar 212
depreciar 214
depressa 214
depressão 7
deprimir 214
depurar 214
de regra 188
derivar 210
derradeiro 214
derramamento 214
derramar 214
derreter 215
derretimento 215
derribar 5
derrocar 5
derruir 5
desabar 5
desabitado 215
desabonar 215
desacato 215
desacerto 176
desaconselhar 215

desacordo 177
desacostumado 215
desacreditar 215
desafetação 215
desafinado 216
desafio 216
desafortunado 216
desafronta 216
desajudar 3
desalento 7
desambição 11
desamparar 3
desandar 216
desanimado 6
desânimo 7
desaparecer 216
desapegar 216
desapego 11
desapercebido 216
desapiedado, 217
desapoiar 3
desapossar 217
desapreciar 214
desapropriar 217
desarmado 217
desarmonia 177
desarraigar 217
desarranjar 217
desarranjo 217
desarrimar 3
desatar 218
desatenção 215
desatino 218
desatravancar 218
desautorar 218
desavença 177
desavergonhado 176
desbaratador 218
descabaçar 210
descaída 218
descaminho 218
descanso 218
descarado 176
descaramento 100
descaro 100
descendência 218
descerrar 219
descida 219
descimento 219
descoberta 23, 219
descobrimento 23, 219
descobrir 24, 110, 219
descomposto 6
descomunal 182
desconcerto 177
desconchavar 217
desconfiança 219
desconfiar 219
desconhecer 219
desconhecido 219
desconsertar 217
descontar 6
descontente 220
descontinuar 171
desconvencer 215
descorado 220
descortesia 215
descrente 105
descrido 105
descuidado 220
descuidar 220
descuido 220
desculpa 220
descurar 220
desdém 220
desdita 41
desditoso 216
desdizer-se 220
desdourar 215
Desejado das Nações 133
desejar 67, 81, 220
desejos 89
deselegância 220
deselegante 220
desembaraçar 34, 218
desencaminhar 221
desenganar 215
desenlace 221
desenraizar 217
desenterrar 221
desentoado 216
desentulhar 218
desentupir 218
desenxabido 221
deserto 215, 221
desertor 221
desesperação 221
desesperança 7, 221
desespero 221
desestimar 214
desfalecimento 7, 105
desfalque 60
desfavorável 41
desfavorecer 3
desfazer 5
desfecho 221
desfeito 6
desfigurar 4, 211
desfiladeiro 221
desforço 216
desforra 216
desfrutar 221
desgostar 12
desgostar-se 9
desgosto 45
desgoverno 80
desgraça 41
desgraçado 216
desídia 25
designar 104
desígnio 72, 221
desigualdade 221
desiludir 215
desimpedir 218
desinteligência 177
desinteresse 11
desistir 3
deslavado 176
desleal 62
deslealdade 62
desleixo 25
deslembrar 222
desligado 16
desligar 218
deslizar 222

deslize 218
deslocador 196
deslocar 43, 222
deslumbrar 71
deslustrar 215
desluzir 215
desmaio 105
desmanchar 5, 217
desmantelar 5
desmazelo 25
desmoronar 5
desnaturar 4
desnecessário 222
desnudar 222
desobedecer 196
desobediência 222
desobrigar-se 3
desobstruir 218
desocupação 222
desocupar 218
desonestar 210
desonesto 222
desonra 223
desonrar 215
desordem 99, 114, 121
desordenar 217
desorganizar 217
despachar 223
despautério 218
despedaçar 223
despedir 212
despegar 216
despejar 218
despender 223
despenhadeiro 10, 60
despenhar-se 5
despercebido 216
desperdiçado 218
desperdiçar 194
despersuadir 215
despertar 28
despido 223
despique 216
despir 222
desplante 100
despojar 217
déspota 223
despotismo 15
despovoado 215
desprender 218
desprendimento 11
desprezar 3
desprezível 10
desprezo 220
despropósito 218
desproteger 3
despudorado 176
desquite 223
dessemelhança 221
destampatório 218
destaque 223
destemido 224
destempero 217, 218
desterrar 117
destino 20
destituir 214
destoante 216
destra 224
destrancar 222
destratar 224
destro 48
destróier 196
desumanidade 117, 224
desumano 224
desunir 218
desusado 85, 215
desvairado 70
desvairo 211
desvaler 3
desvanecer 224
desvanecer-se 58
desvanecimento 58
desvelado 205
desvelo 205
desvendar 219
desventura 41
desventurado 216
desvestir 222
desviar 43, 221
desvio 218
desvirginar 210
desvirtuar 4
detalhe 224
detença 213
detenção 224
detentor 225
deter 91, 171
deterioração 108
deteriorar 4
determinação 210
determinar 210
detestar 11
detestável 10
detração 225
detrair 225
detrás 107
detratar 224
detrimento 108, 209
detritos 225
deturpar 4
Deus 69, 225
deusa 211
devassa 225
devassidão 201
dever 225
devoção 226
devolver 226
devorador 184
devorar 183
devoto 124
dez e um 61
diabo 156
diabólico 213
diacho 156
diáfano 226
diaforético 226
dialética 226
dialeto 226
diamante 138
diamba 226
Diana 101
diapasão 57
diário (2) 226
diarreia 217
dicção 226

dicionário 226
dicionarista 227
diérese 89
diesel 273
difamar 152
diferença 69, 221
diferençar 227
diferenciar 227
diferente 227
diferir 35
difícil 96
dificuldade 227
dificultar 227
dificultoso 96
difteria 205
difundir 227
difuso 227
dignidade 188
digno 126
digressão 227
dilacerar 223
dilapidador 218
dilapidar 194
dilatado 8
dilatar 35
diligência 106, 205
diligente 106, 205
dilúculo 59
diluir 227
dilúvio 173
dimanar 198, 228
dimensão 228
diminuir 5, 6, 14, 228
dinheiro 94
diocese 130
Dioniso 112
diplópode 228
direção 182
direita 224
direito 87, 228
dirigir 37, 190
discernimento 193
discernir 110
disciplina 148
disciplinas 26
discípulo 71
discordância 177
discordar 228
discórdia 177
discrepância 177
discrepar 228
discreto 56
discrição 176
discursador 228
discurso 67, 228
discutir 48
disenteria 153
diserto 228
disfarçar 44
disforme 211
disgra 41
disparate 8, 218
disparidade 221
dispendioso 163
dispensa 229
dispensar 212
dispensável 222
dispor 91, 99, 178
disposição 92
disputa 69
dissecção 80
disseminar 227
dissensão 177
dissentimento 177
dissentir 228
dissertação 229
dissidência 177
dissídio 177
dissimulação 229
dissimular 44
dissipador 218
dissipar 194, 224
dissolução 229
dissolver 227
dissuadir 2, 215
distante 42
distinção 221
distinguir 110
distintivo 229
distinto 193, 227
distração 229
distraído 16
distrair-se 229
distribuir 178, 227
distrito 211
dita 20, 229
ditado 33
ditadura 15
ditame 193
dito 33
ditoso 46
diurno 226
diuturno 213
diva 211
divã 155
divagação 227
divergência 177
divergir 228
diversão 229
diversidade 221
diverso 227
diversos 230
divertir-se 229
dividir 230
divinal 230
divindade 225
divino 230
Divino Mestre 133
divisa 230
divisão 230
divo 225
divórcio 223
divulgar 230
dizer 102, 194
dizer mal 225, 230
dó 178
doação 230
doar 209
dobra 230
dobradiça 130, 230
dobrar 230
dobrez 230
dobro 230
doce seco 230
dócil 231

doçura 231
doença 24
doentio 231
doidice 212
doido 64, 70, 212
dois 75
dois-amores 231
dolente 231
dolo 205
dolorido 231
doloroso 231
doloso 205
dom 139
domar 1, 74
domesticar 74
doméstico 203
domicílio 164
dominar 1
dominga 231
domingo 231
Domingo do Espírito Santo 231
domingueiro 231
dominical 231
domínio 231
domo 206
dona 200, 209
donairoso 56
donativo 139, 230
dono 23
donzela 232
donzelinha 152
donzelo 152
dor 45, 232
dor de cabeça 168
dorido 231
dorme-dorme 232
dorme-maria 232
dormente 175
dormião 174
dormideira 232
dormideira-grande 232
dorminhoco 232
dormir 39
dorso 200
dotação 232
dotal 232
dote 232
dotes 232
douradão 232
douradinha-do-campo 232
dourado (do mar) 232
douto 206
doutor 112
drama 232
drogaria 136
dúbio 75, 232
duelo 19, 232
duende 3
dueto 232
dulcificar 39
dulçor 231
duna 233
duo 232
duplicar 230
dúplice 233
duplicidade 230
duplo 230, 233
duração 194
duradouro 213
durável 194
duri 233
durindana 173
duro 50
dúvida 75
duvidar 114
duvidoso 75, 195, 232

E

ebriedade 50, 51
ébrio 61
ebulição 234
ebúrneo 234
eclesiástico 178
ecoar 234
econômico 234
Éden 234
edênico 235
edificar 194
edifício 164
edil 235
educação 203
educador 235
educando 71
educar 235
edulcorar 39
efêmero 235
efervescência 234
efetivo 235
efetuar 235
eficácia 236
eficaz 106
efígie 236
efluir 210
efusão 214
egeu 98
égide 140
égloga 236
egoísmo 78, 236
egotismo 236
egrégio 193
eiva 115
eixo-badeixo 163
elegante 56
eleger 236
eleição 236
elementar 236
elementos 236
elétrico 134
elevador 102
elevar 60
elipse 236
elite 202
elmo 160
elocução 226
eloendro 172
elogiar 236
elogio 67, 236
eloquência 237
eloquente 228
elucidar 25, 237
ema 109, 237
emagrecer 237
emagrentar 237
e-mail 164

em alusão a 23
emanar 210, 228
emancipar 63
embaçar 237
embaciar 237
embaíba 74
embair 237
embaixo 2
embalançar 114
embalde 209
embaraçar (2) 227
embaraço 227
embaratecer 117
embarcação 118
embarcadiço 237
embarrar 119
embarrear 119
embasamento 65
embasbacado 9
embater 175
embaúba 74
embebedado 61
embebedar 237
embelecer 237
embelezar 46, 237
embetara 128
embiri 59
embirrante 43
emblema 229
emboca 237
êmbolo 237
embondeiro 117
embora 55
emboras 191
emboré 55
emborrachado 61
emborrachar 237
emboscada 96
embranquecer 137
embravear 237
embravecer 9, 237
embriagado 61
embriagar 237
embriaguez 51
embrião 237
embrutecer 15
embuá 76
embuste 114
emendar 198
emético 237
emigrado 237
emigrante 237
eminente 193
emissário 238
emoção 185
emocionante 185
empáfia 68
empanada 238
empecilho 227
empeçonhar 238
empenho 238
emperrado 43
empinado 15
empíreo 171
empoar 238
empobrecer 213
empola 132
empório (2) 238
emprazamento 238
empreendimento 184
empregada 73
empregado 203
empregador 77
empregar 238
emprego 162, 238
empresa 184
empréstimo 185
empurrar 238
em que 55
em referência a 23
em regra 188
em relação a 23
em seguida 106
emulação 239
emular 187
êmulo 41
em vão 209
enaltecer 69
enapupê 239
encabulado 239
encachaçado 61
encachaçar 237
encadear 30, 189
encafifado 239
encaixar 239
encalacrar-se 239
encalistrado 239
encantos 107
encarar 47, 239
encarecer 239
encarnado 239
encarquilhar 239
encerado 239
encerrar 208, 239
encetar 183
enchente 173, 239
enchova (2) 80
encobrir 239
encolerizado 181
encolerizar-se 9
encolher 196
encômio 236
encontrar 24
encontro 240
encontroar 175
encorajar 30
encosta 1
encouraçado 201
encrespar 204
encurtar 14
encurvado 40, 207
endemia 80
endentar 240
endeusamento 90
endinheirado 4
endividar-se 239
endovenoso 240
enegrecer 213
êneo 240
energia 236
enérgico 106
enevoado 240
enfadar-se 9
enfado 240
enfadonho 240

enfastiado 240
enfastioso 240
enfear 43
enfeitar 39
enfermar 39
enfermidade 24
enfiado 239
enfiar 240
enfim 45
enfiteuse 238
enfiteuta 240
enflorar 240
enfocar 240
enfraquecer 5
enfraquecido 6
enfrentar 47
enfurecer-se 9
enfurecido 181
engalanar 39
engalicado 240
enganador 240
enganar 237
enganar-se 240
engano 180, 240
enganoso 240
engelhar 239
engendrar 241
engenho 241
engodar 65
engodo 172
engolir 211
engraçado 174
engradado 241
engranzar 240
engraxador 241
engraxate 241
engrazar (2) 240
engrenar 240
enjeitar 241
enlamear 241
enlevado 9
enlodar 241
enluarado 241
enobrecer 241
enoitar 241
enoitecer 241
enorme 241
enraivar 241
enraivecer 241
enraivecer-se 9
enraivecido 181
enraizar-se 98
enredo 144
enregelado 63
enregelar 241
enricar 241
enriquecer 241
enrola-cabelo 241
enrouquecimento 241
enrubescer 109, 197
enrugar 239, 241
ensaiar 241
ensanguentado 242
ensartar 240
enseada 13
ensebado 242
ensejo 110
ensinar 235
ensurdecimento 242
ente 242
entender 188
entendimento 188, 242
entenebrecer 242
enternecer 13
enternecer-se 89
enternecimento 242
enterramento 242
enterrar 242
enterro 242
entibiamento 242
entijucar 241
entintar 351
entontecer 106
entornar 214
entorpecimento 242
entranha 242
entrar 242
entreabrir 219
entrecasca 243
entregar 91
entreposto 238
entretanto 196
entretenimento 229
entreter-se 229
entretimento 229
entrevado 243
entristecer 12
entristecimento 243
entronar 243
entronizar 243
entrosar 240
enunciar 86, 243
envaidar 243
envaidecer 243
envaretado 239
envelhecido 6
envelope 243
envenenar 238, 243
envergonhado 239
envergonhar 215
enviado 238
enviar 223
envilecer 109
enxadão 72
enxadrezar 243
enxaqueca 168
enxequetar 243
enxergar 110
enxerido 7
enxovia 148
enxu-da-beira-do-telhado 131
enxugar 243
enxúndia 116
epiceno 243
epidemia 80
epílogo 221
epíploon 243
epístola 164
epíteto 61, 243
epítome 186
época 243
equidade 244
equilibrar 186
equimose 244

equipagem 244
equiparar 244
equitativo 244
equivocar-se 240
equívoco (2) 75, 240
era 243
erário 244
Érebo 109
eremita 79
éreo 240
ergástulo 148
erguer 60, 244
erigir 244
Erínies 244
ermida 160
ermitão 79
ermo 215, 221
Eros 206
errabundo 244
erradicar 217
errante 76, 244
errar 240, 244
errático 244
erro 176, 205, 240
eructação 100
erudito 206
erva 94, 191, 244
erva-almiscareira 67
erva-benta 63
erva-colégio 245
erva-de-bicho 21, 245
erva-de-malaca 7
erva-de-santa-maria 76
erva-de-são-caetano 115
erva-de-são-cristóvão 176
erva-de-são-joão 245
erva-de-sapo 110
erva-de-saracura 110
erva-do-capitão 20
erva-do-capitão-pequena 20
erva-do-carpinteiro 245
erva-doce 83
erva-do-diabo 74
erva-do-malabar 205
erva-dos-demoníacos 74
erva-dos-feiticeiros 74
erva-dos-feridos 59
erva-do-veado 245
erva-formigueira 76
erva-grossa 245
erva-guiné 245
erva-lanceta 98, 245
erva-mate 191
erva-molarinha 245
erva-moura 162
erva-mula 60
erva-pipi 245
erva-tostão 48
erva-vomiqueira 76
ervedeiro 245
êrvodo 245
esbanjador 218
esbanjar 194
esbelto 56
esbirro 125
esboço 135
esborcelar 245
esborcinar 245
esbranquiçado 137
esbrasear 14
esbregue 99
esbulhar 217
escabiosa-dos-jardins 245
escafeder-se 245
escalar 348
escaler 123
escanifrado 245
escanzelado 245
escapar 245
escapatória 245
escarcéu 245
escarninho 167
escárnio 172
escarpa 60
escarpado 15
escarrar 207, 245
escassez 162
escasso 245
esclarecer 25, 237
esclerótica 137
escoar-se 198
escol 202
escola 18
escolha 236
escolher 236
escolhos 15
escolta 245
escoltar 28
escolto 83
escombros 246
esconde-esconde 307
esconder 14, 239
esconderijo 15
escondido 246
esconjurar 37, 192
escopo 72
escora 246
escorar 54
escorço 135
escória 225
escorpião 161, 246
escorregadiço 246
escorregadio 246
escorregar 222
escorrer 198
escorropicha-galhetas 246
escrava 80
escravidão 167, 246
escravista 246
escravocrata 246
escritor 108
escudo 140
escumana 130
escumilha 246
escurecer 242
escuridão 246
escuro 151, 246
escusa 220
escusado 222
escutar 246
eserê 246
esfaimado 247
esfalfado 156
esfera 114, 132
esfola-bainha 247

esfomeado 247
esforçado 62
esfregação 107
esfriar 99
esgotado 6
esgueirar-se 247
esguelha (de) 247
esmerado 205
esmero 160, 205
esmorecimento 7
espaçar 35
espaçoso 8
espada 173
espada-de-são-jorge 247
espairecer 229
espalhar 86, 227
espalitar 247
espanhol 166
espanta-boiada 174
espantado 37
espanta-porco 247
espanto 37, 59
espantoso 247
espavorir 26
especar 54
especial 247
espécie 247
específico 247
espectro 3
espelina 248
espeque 246
esperançoso 108
esperar 52
esperlina 248
espesso 185
espezinhar 248
espia 248
espião 248
espiar 248
espingardear 248
espinheiro (2) 248
espinho-de-maricá 248
espinho-de-santo-antônio 248
espinho-de-vintém 248
espinho-guabiru 78
espinho-roxo 248
espinhoso 96
espinotear 248
espionar 248
espírito 66, 174
espírito-santense 160
espiritualidade 248
espiritualismo 248
espirituoso 174
espirradeira 172
espirro 248
esplanada 248
esplendor 87, 139
espoliar 217
esponja 98
esponjeira 98
espontâneo 248
esporão-de-centeio 170
esposa 200
esposo/a 248
esposos 192
espreguiçadeira 248
espreguiçador 248
espreitar 248
espúrio 122
esputar 207
esputo 207
esquadra 97, 211
esquadrilha 97
esquecer 222, 249
esquecimento 249
esqueleto 162
esquentar 92
esquentar-se 9
esquife 105, 123
esquilo 33
esquivar 245
esquivo 97
essa 166
essencial 249
estabelecer 194
estabilidade 194, 249
estaca 246
estada 249
estadia 249
estado 190, 249, 316
estado maior de grades 142
estadunidense 77
estafa 156
estafado 156
estagnar 249
estalada 34
estalagem 59, 200
estalido 249
estampido 249
estampilha 249
estampilhar 250
estancar 249
estância 250
estanco 173
estanqueiro 173
estar (2) 250
estar afeito 201
estatelado 9
estático 9
estatura 250
estável 194, 250
estear 54
esteio 246
esteiro 151
estelionato 250
estender 250
estenografia 250
estenógrafo 250
estepe 250
esterco 251
estéril 97
esterilidade 97
esternutação 248
esternutatório 251
esterqueira 251
esterquilínio 251
estertor 177
estertorar 49
este seu criado 253
esticar 250
estigmatizar 38
estilar 251
estilingue 106

estima 91
estimação 251
estimar 90
estimular 54
estio 251
estirar 250
estivai 251
estivo 251
estomacal 251
estomáquico 251
estomatite cremosa 251
estomatomicose 251
estonteado 70
estonteamento 251
estontear 106
estoraque 125
estoraqueiro 125
estore 238
estorga 251
estorvar 227
estorvo 227
estou-fraca 82
estrábico 251
estrabismo 251
estrabo 251
estrada 153
estrada de ferro 251
estrada e rodagem 251
estragado 218
estragar 4
estrago 108
estralada 99
estramônio 74
estrangeiro 40
estranho 64, 215
estrapilho 251
estratagema 96
estratégia 252
estrear 183
estreitamento 252
estreitar 13
estreiteza 252
estreito 88, 136
estrela 20, 98
estremecer 252
estridente 252
estrídulo 252
estriduloso 252
estrofe 250
estrume 251
estrumeira 251
estudante 71
estudar 91
estupefação 252
estupefaciente 252
estupefativo 252
estupefato 252
estupefazer 252
estupeficar 252
estúpido 126, 252
esvaecer 252
esvanecer 252
esverdeado 252
esvoaçar 252
eternal 252
eterno 252
ética 252
etilismo 51
etíope 10
Etiópia 10
etnografia 252
etnologia 252
eu 253
Eubeia 253
eucaristia 188
Eumênides 244
evadir-se 245
evangelista 253
evangelizador 90, 253
evaporar 253
evasiva 245
eventual 24
evidência 213, 223
evidente 178
eviterno 252
evocar 172, 301
evolucionar 253
evoluir 253
evolver 253
exação 205
exacerbar-se 9
exageração 253
exagerar 239
exagero 253
exaltar 69
exaltar-se 9
exânime 253
exasperar-se 9
exatamente 253
exato 205
exausto 6, 156
exautorar 218
excessivo 212
excesso 212
exceto 46
excitar 54
excitar-se 9
exclusivamente 88
exclusivismo 236
exclusivo 247
excomungar 73
excreção 253
excrementos 211
excursionismo 253
execração 253
execrando 10
execrar 11, 73
execrável 10
executar 235
executável 253
executor 64
exéquias 242
exequível 253
exercitar 34
exército 253
exigir 212
exilar 117
exímio 2, 193
exinanido 6
existência 254
existir 254
êxito 254
exonerar 212
exonerar-se 3
exorar 212

exorcismar 37, 192
exorcizar 37, 192
exórdio 254
expatriar 117
expectorar 245
expedição 154
expedir 223
expedito 48
expelir 254
expensa 207
experiência (2) 254
experiente 254
experimentação 254
experimentado 254
experimentar 241
experimento 254
experto 254
expirar 18
explanação 83
explanar 25, 84, 237
explicação 83
explicar 25, 84, 237
expor 219
expressão 254
expressar 86, 254
exprimir 243, 254
exprobração 38
exprobrar 38
expropriar 217
expugnar 255
expulsar 254
expurgar 92, 214
exsudar 255
extasiado 9, 37
extático 9
extemporâneo 255
extenso 8
extenuado 156
exterior 88, 255
exterioridade 88
exteriorizar 255
extermínio 163
externar 255
externo 255
extinguir 11
extinguir-se 18
extirpar 217
extorquir 217
extrair 98
extraordinário 207
extrato 186
extremidade 255
extremosa 246
exultação 57
exultante 57
exumar 221

F

fabagela 256
fábrica 256
fabricador 256
fabricante 256
fábula 61, 256
faca-de-pobre 130
façanha 256
facção 256
face 161
facécia 174
faceiro 165
faceto 141, 174
fachada 256
fácies 161
facínora 169
factura 257
faculdade 18, 257
facúndia 237
facundo 228
fadário 20
fadiga 42, 156
fado 21
fagulha 170
faina 42
faísca 170
faiscante 138
faiscar 139
fala 67
falação 67
falacioso 96
falador 257
falar 102
falastrão 257
falaz 96, 240
falda 1
falecer 18
falecido 211
falecimento 257
falência 115
falha 115
falhar 12
Falkland 257
falsa-erva-de-rato 152
falsidade 62
falsificar 40
falso 62
falso-alcaparreiro 256
falta 162, 205
falto 245
fama 168
famélico 247
famigerado 42
familiaridade 153
faminto 247
famoso 42
famulento 247
fâmulo 203
fanal 257
fanatismo 257
fanfã 64
fanfarra 116
fanfarrear 58
fanfarrice 258
fanfarronada 58, 258
fanfarronice 258
fanfúrria 258
faniquito 105
fantasia (2) 258
fantasma 3
fantoche 134
farelhões 15
fáretra 66
farfalho 251
farinha-seca 258
farmacêutico 136
farmácia 136
farmacopola 136

farol 257
farrapos 81
farroupa 251
farroupilha 251
farsa 183
fartar 258
farto 17
fartura 17, 258
fascinar 71
fastidioso 240
fastiento 240
fastígio 70
fastio 83
fastos 79
fataça 258
fatal 258
fatalidade 21
fatia 258
fatia de parida 258
fatia do céu 258
fatigado 6, 156
fatigante 156
fatigar 42
fato 259
fatuidade 68
fátuo 130, 259
faúlha 170
fausto 87
fautor 259
fava-de-café 148
fava-de-calabar 246
fava-de-tonca 102
faveiro 76
favela-branca 140
favônio 93
favor 126
favorável 259
favorecedor 259
favorito 259
faxina 34
fazenda 172
fazer 250
fazer mal 210
fazer-se de 44
fé 171, 202
febre amarela 259
febre-de-malta 140
febre-do-mediterrâneo 140
febre intermitente 259
febre ondulante 140
febre palustre 259
febres 259
febre terçã 259
febre tifoide 260
febrífugo 85
fecho 221, 260
fecundar 260
fecundo 260
fedegoso 260
fedelho 260
federação 78, 190
federal 78
fedor 260
fedorento 260
feição 260
feijão-café 148
feijão-do-mato 248
feijão-fradinho 162
feijão-guando (2) 81
feijão-miúdo 162
feijão-verde 260
feiticeira 141
feiticeiro 141
feitiço 141
feitio 260
feito 256
feitura 257
feixas-fradinho 260
fel 130
fel-da-terra 122, 170
felicidade 229
felicitações 191
feliz 46
feminal 260
femíneo 260
feminil 260
feminino 260
fenda 8
fenecer 18
fenfém 204
feral 260
feraz 260
féretro 105
fereza 260
ferida 172
ferino 50, 167
fermento 260
fero 261
ferocidade 260
feroz 261
ferrabrás 115
ferrado 261
ferramenta 261
ferrão 54
ferreiro 95, 147
ferrinhos 261
ferrovia 251
fértil (2) 260
fertilizar 260
férula 261
fervor 234
fervura 234
festa 261
festejar 168
festejo 261
festim 47
festival 261
festividade 261
fetidez 260
fétido 260
feto 237
fevereiro 174
fezes 135, 211
fiambre 261
fiança 11
fiandeiro 261
ficha 261
fichário 261
ficheiro 261
fidelidade 193, 261
Fidji 261
fido 261
fidúcia 262
fiel 261
figadal 262

figueira-do-inferno 74
figura 262
fila 57, 128
filantropia 70, 162
filão 262
filarmônica 116
fileira 57
Filho de Deus 133
Filho do Homem 133
filhote 203
filial 262
filme 262
filomela 262
fim 72, 146, 255
fimatose 262
finado 211
final 221
finalizar 17
finalmente 44
finar-se 18
finca 246
fincão 118
fincudo 118
findar 17
fineza 42, 262
fingido 262
fingir 44
fino 211
finura 54, 262
fio 199
firma 262
firmamento 171
firmar 104
firme 43, 194, 250
firmeza 249
fisco 244
fisgada 262
fisionomia 161
fissura 8
fita 262
fitar 239
fito 72, 174
fiúza 262
fixar 45
flagelado 262
flagelar 26
flagelo 26
flama 172
flamejante 138
flamejar 139
flamengo 262
flamingo 262
flanco 1
flebotomia 263
flecha 209
fleuma 151
fléxil 231
flexível 231
flibusteiro 198
floema 243
flor-cheirosa 147
flor-da-cachoeira 263
flor-d'água 62
flor-da-noite 147, 263
flor-da-quaresma 263
flor-das-pedras 81
flor-da-verdade 263
flor-de-babado 263
flor-de-babeiro 263
flor-de-coral 200
flor-de-engraxate 263
flor-de-quatro-horas 134
flor-de-seda 168
flor-de-viúva 245
flor-do-baile 147, 263
flor-do-cardeal 263
flor-do-general 263
florear 240
florejar 240
florente 263
flóreo 263
flores-brancas 263
florescente 263
florescer 35, 240
floresta 135
florete 55
florido 263
flórido 263
florilégio 85
florir 240
fluido 263
fluir 198, 210
flúmen 263
fluminense 263
flumíneo 263
flutuar 132
fluvial 263
fluviátil 263
fluxo 239
foboca 264
focalizar 240
focar 240
focinho-de-rato 264
fogo 264
fogo-pagou 264
fogo-selvagem 264
fogoso 99
fogueira 264
fogueiro 264
foguete 113
foguista 264
folgança 264
folguedo 264
folha 264
folha-da-costa 264
folha-da-fortuna 264
folha-de-mangue 264
folha-de-pajé 260
folha-santa 264
folheiro 261
folheto 264
folhinha 67
folho 112
folhoso 264
fome 89
fona 170
fontanela 264
fonte 264
fontes 264
forâneo 264
foranto 264
forasteiro 40, 264
força 236
forçar 179
forçoso 264

foreiro 240
forja 265
forjar 265
forjicar 265
forma 262
formar 194
formidável 265
formiga-branca 206
formiga-chiadeira 265
formiga-de-defunto 265
formiga-de-fogo 149
formiga-de-mandioca 199
formiga-de-novato 265
formiga-de-roça 199
formiga-feiticeira 265
formigamento 265
formiga-mineira 265
formiga-mole 146
formigão 265
formigueiro 265
formoso 125
fornecer 4, 265
fornecimento 265
forneiro 74
fornir 265
forquilha 106
forreca 129
forreta 47
forro 63
fortaleza 175
forte 62, 106, 175
fortim 175
fortuito 24
fortuna 20, 229
fósforo 265
fotografia 265
fovente 259
fração (2) 265
fraca-roupa 251
fracassar 12
fraco 179
frade 147, 169, 265
fraga 60
frágil 265
fragmento 265
fragrância 98
frágua 265
fraldeiro 265
fraldiqueiro 265
framboesia-tropical 136
franco 265
frango-d'água 19
franjinha 266
franqueza 266
franquia 229
franzir 241
fraternal 266
fraterno 266
fraude 205
fraudulento 205
freguesia 179, 266
freijó 266
frei-jorge 266
freira 266
freirinhas 266
fremebundo 266
fremente 266
frenesi 211
frequente 104, 202
frequentemente 266
fresta 8, 266
frete 266
friagem 266
frialdade 266
fricção 107
frieza 266
frigideira 266
frígido 63, 266
frigir 266
frincha 8
frio 63, 266
fritada 266
fritar 266
fritura 266
friúra 266
frívolo 267
frondoso 336
frontaria 256
fronte 267
frontispício 256
frota 98
frugal 16, 267
frugívoro 267
fruir 221
frustrar-se 12
fruta 267
fruta-de-arara 80
fruta-de-conde 105
fruta-de-conta 267
fruta-de-tucano-do-campo 145
frutífero 267
frutígero 267
frutívoro 267
fruto (2) 267
frutuoso 267
fuá 95
fubana 119
fubica 112
fúcsia 49
fuga 267
fugace 267
fugaz 267
fugida 267
fugir 245
fugitivo 267
fuinha 268
fula-trepadeira 268
fulcro 246
fulgente 138
fúlgido 138
fulgir 139
fulgurante 138
fulgurar 139
fumaça 268
fumador 268
fumante 268
fumaria 245
fumista 268
fumo 268
fumo-bravo 245
fumo-bravo-do-amazonas 268
fumo-d'angola 226
fumo-da-terra 245

funcho 83
funções 162
funda 106
fundamental 121
fundamentalismo 258
fundamento 65
fundar 194
fundear 80
fundição 215
fundir 215
fundível 268
fundo 268
fúnebre 260
funeral 242, 260
funerário 260
funéreo 260
funesto 49, 258
fungão-de-centeio 170
fungo 181
funil 260
funileiro 261
fura-barriga 97
fura-muros 268
fúrcula 268
fúria 181
Fúrias 244
furibundo 181
furioso 181
furna 86
furo 8, 151
furor 181
furor uterino 268
furtar 268
furto 250
furúnculo 268
fusão 215
fusível 268
fuste 268
fustigar 26
fútil 267
futrica 112
futura 268
futuro 268, 269
fuzilar 248
fuzuê 121

G

gabar 236
gabarra 72
gabar-se 58
gabinete 153
gabo 237
gabolice 58
gafeira 270
gafo 270
gafonha 145
gago 270
gagueira 270
gaguejar 114
gaguez 270
gaguice 270
gaiola 241
gaita 94
gaita de foles 198
gaita galega 198
gaivina 270
gaivota 81
gaivotão 59
gaivota-preta 174
galactômetro 270
galante 56
galardão 270
galardoar 270
Galáxia 154
galego 270
galeota 123
galeria 153
galfarro 125
galhardo 56
galho 129, 173, 272
galinha-choca 272
galinha-da-guiné 82
galinha-da-índia 82
galinha-d'angola 82
galinha-da-numídia 82
galinha-do-mato 272
galinhola 82
galo 272
galo-bandeira 93
galo-da-serra 272
galo-de-campina 272
galo-do-mato 272
galo-do-pará 272
galo-enfeitado 145
galo-pluma 93
galrar 272
gambá 165
gana 82
ganância 75
gancho 129, 272
ganga 94
gangorra 99
ganha-perde 327
ganho 273
ganso cor-de-rosa 262
ganso-do-mato 273
ganso-do-norte 262
ganzá 156
gapororoca 134
garaçuma 174
garantia 11
garantir 45, 273
garapau 161
garaúna 117, 198
garboso 56
garça-azul 273
garça-branca-grande 273
garça-branca-pequena 20
garça-de-cabeça-preta 273
garça-morena 273
garça-real 20, (2) 273
gardênia 263
gardunho 268
garganta 221
gargaú 121
garoar 273
garota 154, 273
garoupa 273
garoupa-crioula 273
garoupa-gato 273
garoupa-verdadeira 273
garriça 153
garricha 153
garrido 56, 127
garrotilho 205
gás 273

Gasconha 130
gás liquefeito do petróleo 273
gás natural 273
gasolina 273
gastador 218
gastar 223
gasto 6
gástrico 251
gato 128, (2) 273
gato-do-mato 273
gato-do-mato-grande 273
gato-mourisco 273
gatuno 273
gaturamo 207, 273
gaturamo-verdadeiro 273
gaúcho 273
gavarro 274
gavião-caipira 155
gavião-carijó 274
gavião-de-uruá 161
gavião pega-macaco 208
gavião-pega-macaco 87
gavião-pega-pinto 274
gavião-real 208
gavião-tesoura 274
geladeira 274
gelado 63, 274
gelar 191
gélido 64
gema 140
gemebundo 274
gemente 274
gemer 163
genebrês 274
genebrino 274
gênero 247
generosidade (2) 274
gengibre 274
gênio 161, 241
gentil 56, 125
gentileza 211
geral 188, 274
Geral 307
geralmente 188
gerânio 166
gerar 203, 241
gerenciamento 37
gerente 37
geringonça 151
gerir 37
germânico 62
gervão-verdadeiro 274
gestante 274
gesticulação 274
giba 198, 274
gibão-de-couro 130
gibosidade 198, 274
gigantesco 182
gigoga 51
gigoga-amarela 51
gigoga-verdadeira 51
ginásio 18
gineceu 274
ginjeira-da-terra 274
gíria 151
girino 145
gironda 295
glacial 63
gládio 173
glande 132
globo 132
glória 168
glorificar 25
glosa 83
glosar 84
glossário 226
glossarista 227
glutão 184
glúteo 274
gnômon 274
goal-keeper 98
goela 275
goense 275
goês 275
goete 275
gogo 275
gogó 275
goiti 275
gol 96
gola 181
gole 275
goleiro 98
golfada 134
gólfão 51
gólfão-de-flor-branca 51
golfar 275
golfinho 62, 136
golfo 13, 51, 62
golfo-amarelo 51
gombô 275
gôndola 123, 154
gongo 275
gongolo 76, 129
gonu 11
gonzo 130, 230
goranatimbó 275
gorar 12
gorarema 275
gorazema 275
gordinho 275
gordo 79
gorduroso 35
gorete 275
gorjeta 275
gororoba 132
gorra 275
gorrete 275
gorro 275
gosma 275
gostar 49
gosto 65, (2) 275
gotejar 251
governar 37
governo 37, 182
gozação 174
gozar 221
gozo 275
Grã-Bretanha 275
graça 16, 126, 174
graçapé 232
gracejo 172, 174
gracioso 56
gral 67
gralha 155, 273

grama-da-terra 80
grampo 272, 275
grana 94
grande 276
Grande-Arquiteto 69
grande homem 279
grandeza 87, 228
grandeza d'alma 274
grandíssimo 276
granizo 175
granja 172
grapirá 60
gratidão 276
gratificação 275
grato (2) 49
grauçá 276
graúna 95, 117, 198
gravanço 132
grave 56
grávida 274
gravidade 276
gravitação 276
graxa 263
graxa-de-estudante 263
graxaim 52
grego 276
grei 276
grenha 145
grés 96
greta 8
greve 276
grilo-toupeira 147, 265
gripe 276
gritadeira 232
gritante 127
gritaria 58
grito 136
groçabi 276
groçaí-azeite 276
grongo 76
grosseiro 140, 202
grosseria 140, 215
grosso (em) 105
grota 60
grotesco 141
gruçá 276
grude 132
grumatá 204
grumixá 207
grunado 246
grupo 152
gruta 86
guabiru (2) 276
guacari 20, 82
guacinim 276
guáiaco 276
guaicuíca 174
guaju-guaju 198
guampa 173
guampaço ou guampada 174
guanandi 276
guandeiro 81
guando 81
guandu 81
guanduzeiro 81
guanumbiguaçu 97
guapo 56
guará 262, 276
guarabu 276
guaraçaí 276
guaraçapé 232
guaracava 276
guaracimbora 93
guaraçuma 174
guaraipo 276
guarajuba 276
guaranhém 142
guarapu 264, 276
guarapu-do-miúdo 233
guararema 275
guaratã 207
guaraúna 117, 162
guaraxaim 52
guaraxim 52
guarda 245
guarda-costas 147
guarda-freio 276
guarda-luz 2
guarda-portão 277
guardar 206, 208, 239
guarda-rios 277
guarda-vento 277
guarda-vista 2
guardião 11, 98
guarema 275
guariba 117
guarida 15, 59
guarinhatã 207
guaruba 276
guaruçá 276
guaru-guaru 121
guarundi-azul 111
guarupu 276
guasca 26
guatapará 277
guatapu 105
guaxe 277
guaxinim 276
guçaí 276
gudião 131
guebuçu 55
guedelha 145
guelra 137
guenza 277
guerra 19
guerrear 122
guerreiro 125
guete 275
guia 192
guiar 28, 190
guiné 82, 245
guiraponga 95
guirapuru 95
guiraxué 162
guiri 277
guiruçu 7, 277
guita 117, 145
guizo 165
gulodice 277
guloseima 22, 277
gulosice 277
gulosina 277
guloso 184
gume 199

gungi 267
guracava 276
guri 112, 128, 277
guriatã 207, 273
gurijuba 113

H

habena 278
habilidade 92
habitação 164
habitador 278
habitante 278
habitar 278
hábito 201
habituar-se 28
Hades 278
hagiológio 278
halita 278
hálito 112
hanseniano 270
harém 274
harmonia 278
harmônica 29
harpia 208
hastear 102
hausto 275
haver 278
Hawai 278
hebdomadário 278
Hebe 278
hebraico 278
hebreu 278
Hefaístos 278
heléboro-branco 263
helênico 276
helvético 279
hematoma 244, 272
hematose 279
hemiciclo 279
hemicrania 168
hepático 262
Hera 279
herança 279
herdeiro 279
hereditariedade 279
heril 279
hérnia 279
herói 279
heroicidade 280
heroísmo 280
hesitar 114
hetaira 119
hibernal 280
hiberno 280
hibisco 263
híbrido 280
hidrângea 280
hidrargírio 111
hidroavião 280
hidrofobia 280
hidrófobo 209
hidroplano 280
hiemal 280
hierarquia 152
hífen 280
hindu 280
"hinterland" 280
hioscíamo 280
hipoacusia 280
hipocondríaco 280
hipocôndrio 280
hipocorístico 61
hipócrita 262
hipódromo 281
hipogástrio 113
hipoteca 11
hipótese 281
hipotético 195, 281
histeria 281
historiador 281
historieta 281
historiógrafo 281
historíola 281
hoje em dia 49
Holanda 281
holandês 122
holocausto 163, 281
homem 281
homem/mulher 248
homem representativo 279
homicida 103
homicídio 103
homília 67
homiziar 14
homônimo 281
honestidade 281
honor 281
honorário 281
honorífico 281
honra 168, 281
honrado 281
honroso 281
horizontal 119
horoscópio 282
horóscopo 282
horrendo 247
horrente 247
hórrido 247
horrífero 247
horrífico 247
horripilante 247
horrível 247
horror 82
horroroso 247
hortaliça 282
hortelã-do-brasil 132
hortênsia 280
horto 282
hospedaria 59
hospício 282
hospital 282
hoste 253
hostil 50
hotel 59
humanidade 70
húmil 282
humildade 282
humilde 282
humilhação 282
humilhante 211
humilhar 12
humilhar-se 2
humor 161
húmus 283
húngaro 283

I

Iang-tsé-quiang 111
ianque 77
iapuçá 131
iberarema 275
ibijaú 32
ibirapitanga 93
ibixuma 284
Içá (2) 284
içabitu 130
icanga 284
icica 284
icicariba 284
ictiófago 284
ideal 284
idealizar 284
idear 284
idêntico 284
identificar-se 28
idílio 236
idioma 284
idiota 284
idiotismo 284
idocrásio 285
idolatrar 39
idoneidade 92
idoso 80, 83
igara 123
igarapé 151
igarité 123
ignaro 126, 285
ignóbil 10
ignomínia 223
ignorado 219
ignorante 126, 252, 285
ignorar 219
ignoto 219
igreja 285
igual 284
igualar 244
iguanara 276
iguaria 22
ilação 189
ilegítimo 122
íleo 285
ileso 285
ilharga 1
ilheta 285
ilhéu (2) 285
ilhoa 285
ilhote 285
ilibado 285
iludido 285
iludir 237
iluminar 71
ilusão 70, 180, 258
ilusionista 285
iluso 285
ilusório 285
ilustrado 206
ilustrar 25, 237
ilustre 168, 193
imaculado 285
imagem 236
imaginação 258
imaginário 284
imaginativa 258
imanar 285
imane 276
imantar 285
imantizar 285
imaturo 285
imbecil 284
imbu 286
imburana 286
imbuzeiro 286
imediações 36
imediatamente 106
imediato 37
imensidade 286
imensidão 286
imenso 241
imerecido 286
imergir 286
imérito 286
imerso 286
imitador 286
imitante 286
imitar 99
imo 73
imolar 286
imoral 78, 222
imortal 74
imoto 286
imóvel 286
impacientar-se 9
impaludismo 259
imparcial 286
impassibilidade 88
impedimento 227
impedir 227
impelir 238
impelir a 54
imperativo 286
imperioso 286
impertinente 259
ímpeto 286
impetrante 286
impetrar 60, 212
impetuosidade 286
impetuoso 46, 99
impiedoso 217
ímpio 286
implícito 286
implodir 6
implorar 212
impoluto 285
imponderado 46
importar 197
importunação 77, 240
importunar 12, 78
importuno 77, 240
imposto 196
impostura 68
imprecação 253
imprecar 73
imprecisão 75
impreciso 75
impressionado 91
imprevisto 24
improdutividade 97
improdutivo 97
improfícuo 115
improlífico 97
impudente 176

impudico 176, 222
impugnar 286
impune 287
impunido 287
impuro 222
imputar 107
imundo 287
imunidade 229
inabalável 194, 287
inabitado 215
inabupé 239
inação 222, 287
inadiável 287
inadvertência 220
inajá 274
inajé 274
inalterável 194
inambu 287
inambu-anhangá 287
inambucuá 287
inambuí 180
inambu-pixuna 287
inambu-quiá 287
inambu-saracuíra 287
inambu-sujo 287
inanido 6
inanimado 253
inânime 253
inapagável 287
inapetência 83
inaptidão 287
inatividade 222
inativo 287
inautêntico 89
incaico 287
incansável 287
incapacidade 287
incásico 287
incendiar 14
incensado 287
incensador (2) 287
incensório 287
incerteza 287
incerto 24, 195, 287
inchado 287
inchar 288
incidente 25
incinerar-se 14
incisão 199
incisar 199
incisivo 199
incisor 288
incisório 288
incitar 54
incivilidade 215
incivilizado 288
inclinação 43, 92
ínclito 193
incógnito 219
íncola 12, 278
incólume 285
incomodar 12
incômodo 24
incômodos 45
inconsiderado 46
inconstante 78, 288
incorporar 57, 81
incorrupto 285
incrédulo 105
increpador 288
increpante 288
incriminar 33
incubar 174
incude 129
inculpar 33
incúria 25
incursão 288
inda 55
indagação 225
indaié 274
indecente 222
indecisão 287
indeciso 287
indecoroso 222
indefensável 288
indefensível 288
indefesso 287
indefinido 288
indefinito 288
indelével 287
indelicadeza 140, 215
indelicado 140
indenizar 186
índex 288
indiano 280
indicação 288
indicador 288
indicante 288
indicar 104
indiciado 32
indiferença 88
indiferente 286
indígena 12
indigência 288
indigente 288
indignar-se 9
indigno 10
índio 142
indisposição 24
inditoso 216
indivíduo (2) 288
indizível 288
índole 161
indolência 288
indolente 288
indomado 137
indomesticado 137
indômito 137
indostânico 280
indostano 280
indução 189
indúcias 288
indulgência 178
indultar 16
indulto 16
indumento 259
indutor 288
induzidor 288
induzir 182
inebriar 237
inefável 288
inelegância 220
inelegante 220
inépcia 287, 288
ineptidão 288

inércia 222, 287
inerente 249
inerme 217
inerte 287
inesperado 24
inestendível 289
inexecutável 289
inexequível 289
inexorável 287
inexprimível 288
inextensível 289
infamador 289
infamante 289
infamar 152
infamatório 289
infâmia 223
infância 289
infando 289
infante 128
infantilidade 203
infatigável 287
infausto 49
infeccionar 289
infectar 289
infecundidade 97
infecundo 97
infelicidade 41
infelicitar 210
infeliz 216
infenso 289
inferência 189
inferir 182
infernal 213
Inferno 109
infesto 289
inficionar 289
infidelidade 62
infido 289
infiel 62, 289
ínfimo 312
infindo 289
infinito 289
infirmar 11
inflamar-se 14
inflexível 287
influência 20, 289
influente 289
influenza 276
influição 289
influidor 289
influxo 20, 289
informe 211, 339
infortunado 216
infortúnio 41
infração 222
infracto 289
infrangível 289
infrator 32
infringir 196
infringível 289
infrutífero 97, 289
infrutuosidade 97
infrutuoso 97, 289
infundido 289
infuso 289
ingá 4
ingá-água-de-flor 4
ingá-de-comer 4
ingente 276
ingenuidade 155
ingênuo 63, 155
ingerir 211
Inglaterra 275
inglório 289
inglorioso 289
ingrato 97
íngrime 15
íngua 141
inhame 161
inhapa 82
inhaúma 82
inhuma 82
inhumapoca 82
inibir 227
iniciar 183
início 183
inimbó 100, 134
inimicícia 289
inimigo 41
inimistar 289
inimizade 82, 289
inimizar 289
iníquo 289
injúria 47
injuriar 47
injusto 289
inobediência 222
inocência 155
inocente (2) 290
inócuo 290
inominado 83
inópia 162, 288
inopinado 24, 290
inopino 290
inoportuno 290
inovação 290
inóxio 290
inquebrável 289
inquietação 45
inquietar 12
inquilino 71, 302
inquirição 290
inquirir 290
inquisição 290
insano 65
insciente 290
ínscio 290
inscrição 90
insensato 70
insensibilidade 88
inseparável 249
inserir 239
insídia 96
insidioso 96, 160
insigne 193
insígnia 229
insinuar 28
insípido 221
insistente 43
insistir 195
insolência 100
insólito 215
insonte 290
insosso 221
inspirar 28

instante 290
instituir 194
instituto 18
instruído 206
instruir 235
instruir-se 91
instrumento 261
instrutor 235
insubmergível 290
insubmersível 290
insueto 215
insuficiência 162, 287
insuficiente 245
insulano 285
insulso 221
insultar 47
insulto 47
insuperável 290
insurdescência 242
insurgente 290
insurgir-se 290
insurrecionado 290
insurrecionar-se 290
insurrecto 290
insurreição 100
intáctil 290
intangível 290
intanha 290
integrar 290
integridade 290
íntegro 291
inteirar 290
inteireza 290
inteiro 17, 291
intelecto 291
inteligência 242, 291
intemerato 285
intempestivo 290
intenção 72, 221
intentar 291
intento 72
intercalar 239
interceder 291
intercessor 291
interditar 291
interdizer 291
interior 73, 291
intermediário 291
interminável 291
intérmino 291
internação 291
internamento 291
interno 291
interpelador 291
interpelante 291
interpolar 239
interpor 239
interpretação 83
interpretar 84
interrogação 291
interrogador 291
interrogante 291
interrogar 290
interrogatório 291
interromper 171
interstício 8
interveniente 291
interventor 291
intestino 291
intimidade 153
intimidar 26
íntimo 73
intimorato 224
intoxicar 238, 243
intransferível 287
intravenoso 240
intrepidez 137
intrépido 137
intriga 144
intrigante 291
intriguista 291
intrincado 96
intrínseco 249
introdução 254
introduzir 291
introito 254
intrometido 7
intruso 7
intuito 72
intumescer 288
inuçurungo 55
inumanidade 224
inumano 224
inumar 242
inúmeros 291
inundação 173
inusitado 215
inútil 115, 222
inutilmente 209
invalidar 11
invasão 288
inveja 291
invejoso 291
invenção 23
invencível 290, 291
inventar 24
inventariar 66
inventiva 258
invento 23
inverdade 114
invernador 292
invernal 280
inverneira 292
invernia 292
invernista 292
investida 50, 292
investigação 225
investigador 292
investigante 292
investimento 292
investir 27
inveterado 204
invicto 291
invídia 291
ínvido 291
invocar 172
iole 123
ipê 292
ipê-amarelo 292
ipeca 292
ipecacuanha 292
ipecu 126, 163
ipê-do-brejo 292
ipequi 292
ipeúva 292

ira 181
Irã 292
iracundo 181
irado 181
iraniano 292
irapuã 95
irapuru 95
irara 292
irar-se 9
iratauá 95
iratim 95
iraúna 95
iraxim 95
irerê 97
iritacaca (2) 155
iritataca 155
iritinga 292
irmandade 191
irônico 167
iroso 181
irradiador 292
irradiante 292
irré 292
irredutível 292
irreduzível 292
irregular 83
irreligioso 286
irresolução 287
irresoluto 287
irreverencioso 292
irreverente 292
irrigar 51
irrisão 172
irritação 292
irritador 292
irritamento 292
irritante 292
írrito 292
irrupção 288
iruçu-do-chão 277
iruçu-mineiro 7, 277
isca 172
iscar 32
isenção 229
israelense 295
israelita 295
Istambul 194
itã 292
itacuru 206
itapecuim 206
itapema 274
itapu 105
itararé 246
Itatiaia 55
itinerário 292

J

já 214
jabá 163, 293
jabebiretê 98
jabiretê 98
jabiru 293
jabiru-moleque 167
jaborandi-falso 89
jaburu 293
jaburu-moleque 167
jabuti 149
jabuti-aperema 293
jabuti-jurema 293
jabuti-machado 293
jaca 113
jacaçu 102
jaçanã 293
jacarandá-branco 76
jacaratiá 293
jacaré 145, 149, 293
jacaré-açu 102
jacarearu 149
jacaré-coroa 293
jacaré-curuá 293
jacaré-curulana 293
jacaré-de-papo-amarelo 293
jacaré-do-mato 258
jacaré-grande 102
jacareíba 276
jacareúba 276
jacareúva 276
jacaruaru 149
jacina 152
jacitara 293
jactância 58
jactar-se 58
jacuacanga 52
jacuapeti 293
jacuba 174
jacundá 277
jacupará 293
jacupeba 293
jacupema 293
jacupemba 293
jacuru 174
jacuruaru 164
jacutaia 155
jacutinga 293
jaguacinim 276
jaguané 293
jaguapé 292
jaguaracambé 93
jaguarapinima 155
jaguaré 293
jaguaretê 155
jaguariçá 293
jaguaritaca 155
jaguaruçá 293
jaguarundi 273
jaguatirica 273
jaguereçá 293
jalão 294
jalde 293
jaleco 181
jalne 293
jamacaru 293
jamais 293
jambeiro 294
jambo-aguado 294
jambo-amarelo 294
jambo-branco 294
jambo-d'água 294
jambo-da-índia 294
jambo-de-malaca 294
jambo-encarnado 294
jambolão (2) 294
jambo-rosa 294
jambo-vermelho 294
jambuaçu 50

jamelão 294
janauira 93
jandaia (2) 294
jandiá 112, 294
jangalamarte 99
jangalamaste 99
janistroques 112
janota 165
janta 294
jantar 47, 294
januí 93
jaó 294
japa 82
japacanim 87, 124
japara 294
japi 133
japiaçoca 293
japií 133
japiim 133
japiim-da-mata 277
japiim-de-costa-vermelha 277
japim 133
japonês 294
japônico 294
japu 293
japuçá 131, 294
japuíra 277
Japurá 161
já que 184
jaquiranaboia 180
jaracatiá 293
jaracuçu 180
jaraqui 294
jararaca 149, 294
jararaca-de-barriga-vermelha 294
jararacambeva 132
jararaca-verde 180
jararacuçu 180
jararaquinha-do-campo 294
jardim 282
jardineira 154
jargão 151
jarina 198
jaritacaca 155
jaritataca 155
jarrete 207
jarrinha 146
jarro 294
jasmim-azul 125
jasmim-de-caiena 102
jasmim-de-soldado 102
jasmim-do-cabo 263
jasmim-do-mato 294
jasmim-laranja 141
jataí (2) 295
jataí-amarelo 295
jataíba 295
jataí-mosquito 7, 154
jataí-preta 154
jataúba 295
jati 7, 295
jato 134
jatobá 295
jau 295
jaú 295
jauarana 295
javali 295
javalina 295
javanês 295
javardo 295
jazida 295
jazigo 154, 295
jeca 149
jegue 102
jeito 92
jeju 295
jequi 147
jequiriti 267
Jequitinhonha 125
jeraqui 294
jerarquia 152
jeratacaca 295
jereba 154
jereré 295
jerico 102
jerimu 11
jerimum 11
jeritacaca 155
jerupoca 295
jeruva 295
Jesus 133
jesus-meu-deus 295
jetica 122
jia 295
jiboia-vermelha 295
jibongo 94
jiçara 19
jiju 295
jimbo 94
jimbongo 94
jimbuia 295
jiquitaia 265
jiquitiranaboia 180
jiriba 295
jitiranaboia 180
jitó 129, 153
Joanes 295
joaninha 277
joão-bobo 174
joão-congo 277
joão-conguinho 277
joão-de-barro 74
joão-deitado 180
joão-doido 174
joão-galamarte 99
joão-grande 60, 295
joão-ninguém 112
joão-pinto 189
joão-tenenêm 126
joão-torresmo 129
joão-velho 295
jocoso 174
jogador 268
jogral 131
jonconguinho 277
jornal 295
jornalismo 295
jornalista 295
jorrar 275
jorro 134
jovem 39
jovial 57

jovialidade 57
jubaí 295
jubeba 295
jubilação 90
jubilar 90
júbilo 57
jubiloso 57
jucá 295
juçara 19
jucuru 174
jucurutu 200
judaico 295
judeu 128, 295
judicial 296
judiciário 296
judicioso 56
jugular 1
juguriçá 293
juiz 95, 296
juiz-do-mato 174
juízo 189, 193
julavento 296
julgador 296
julgar 202
juliana 64
jumento 102
junção 296
jundiá 112, 294
jundiá-de-lagoa 295
Juno 279
junta 34, 102, 296
juntar 31
junto 37
jupará 296
Júpiter 296
jupurá 296
juquiá 147
juquirionano 100
jura 296
juramento 296
jurepeba 295
jurisconsulto 296
jurisperito 296
jurista 296
juriti 296
juritipiranga 296
juriti-vermelha 296
jurueba 197, 296
jurujuba 153
jurumum 11
jurupensém 131, 295
jurupixuna 131
jurupoca 131, 147, 295
jururu 280
jurutau 175
juruti 296
juruva 295
justa 296
justamente 253
justiça 228, 244
justiceiro 296
justiçoso 296
justificação 90
justificar 210
justo 244, 296
jutubarana 297
juva 264
Juventa 278
juventude 39
júvia 76

K

kjökkenmödding 127

L

lá 27
labareda 172
lábio 124
labirinto 204, 210
labor 298
laborioso 298
labuta 42
labutação 42
lacaio 203
lacônico 189
lacraia 170
lacrainha 128
lacrau 161, 246
ladainha 298
ladeira 1, 151
ladeirento 15
ladrado 298
ladrador 298
ladrante 298
ladrão 273
ladrar 298
ladrido 298
ladro 298
ladroeira 250
lagalhé 112
lagamar 13
lagarta-aranha 298
lagarta-de-fogo 75
lagarta-pelo-de-veado 75
lagarta-rosada 298
lagarta-rósea 298
lagartinho 150
lagartixa 298
lagarto 298
lago 298
lagoa 298
lagosta-gafanhoto 298
lagosta-sapateira 299
lagostim 299
lagrimar 163
lágrimas 49
lágrimas-de-nossa-senhora 130
lágrimas-de-santa-maria 100, 130
laical 299
laico 299
lajeado 299
lajedo 299
lama 299
lamaçal 106, 299
lamaceira 299
lamaceiro 299
lamarão 299
lambari 299
lambari-bocarra 299
lambe-olhos 299
lambe-sapo 299
lameira 299
lameiral 299

lameirão 299
lameiro 106, 299
lamelar 299
lameloso 299
lamentar 163, 214
lamentável 214
laminar 299
lampejante 138
lampejar 139
lampejo 139
lampiro 149
lamuriento 175
lança-de-ogum 247
lanceta 98, 245
lanche 299
landi 276
landim 276
landuá 295
langor 299
langoroso 299
langue 299
languente 299
languescer 299
languidez 7, 299
lânguido 299
languir 299
lanífero 299
lanígero (2) 299
lanosidade 299
lanoso 299
lantim 276
lanudo 299
lanugem 299
lanzudo 299
lapa 86
láparo 146
lapidar 89
lar 164
laranja-amarga 299
laranja-azeda 299
laranja-boceta 299
laranja-cravo 127
laranja-da-terra 299
laranja-mimosa 127
laranjeira-do-mato 82
laranjinha-do-campo 112
larápio 273
Lares 299
largar 3
l'argent 94
largo 8, 299
largueza 300
largura 300
lascívia 189
lassidão 156
lastimar 214
lastimável 214
látego 26
latido 298
latir 298
latoeiro 261
latrante 298
latrina 153
latrocínio 250
lauda 264
laudatício 300
laudativo 300
laudatório 300
laudável 300
lava-bunda 152
lavadeira 152
lavadeira-grande 300
lavagem 10
lavanda 300
lavandeira 152
lava-pés 149
lavarinto 204
lavoura 205
lavrador 51
lavrar 95
lázaro 270
lazer 222
leal 261
lealdade 261
leão-da-américa 205
leão-marinho 300
lebre 155
lechetrez 300
lechiguana 300
ledice 57
ledo 57
legado 211
legal 300
legatário 279
legenda 300
legista 296
legítimo 300
leguelhé 112
leguleio 300
legume 282
lei 210
leicenço 268
leigo 299
leilão 67
leishmaniose 300
leitariga 300
leiteira 300
leito 152
lema 230
lembrança 300
lembrar 301
lenda 300
lêndea 301
lenha 301
lenhador 301
lenhateiro 301
lenheiro 301
lenho 301, 304
lente 166, 235, 301
lenteza 301
lentidão 301
lentigem 301
lentiginoso 301
lentilha-d'água 62
lento 213
lentor 301
lentura 301
lépido 48, 313
lepra 270
leproso 270
leque 3
lesão 108
lesivo 209
lesma-do-coqueiro 117

lesto 48
letargia 182
letargo 182
leuconíquia 301
leucorreia 263
levado 101
levantadura 301
levantamento 301
levantar 60, 244
levantar-se 290
levante 100, (2) 301
levar 190
levar a 54
levedura 260
léxico 226
lexicógrafo 227
lhanos 250
lia 135
liamba 226
libélula 152
líber 243
liberalidade 274
liberdade 72
libertar 63, 301
libertinagem 201
liberto 63
libidinagem 189
licença 193
liceu 18
lícito 301
licranço 180
lida 42
lídimo 300
liga 65
ligado 34
ligar 57, 105
ligeiro 48
limbo 301
limitar-se 190
limpa 301
limpa-campo 301
limpadura 301
limpa-mato 301
limpamento 301
limpa-pasto 301
limpar 301
limpeza 103, 301
lindar 190
lindo 125
lineal 301
linear 301
língua 284
língua-de-araçari 161
língua-de-tucano 161
língua-de-vaca 138
linguado-lixa 301
linguarudo 128, 257
lingueirão 302
linha 57
lipotimia 105
liquefazer 215
líquido 263
lírio-d'água 51
lírio-da-índia 102
lisa 274
lis-das-lagoas 51
liso 302
lisonjear 40
lista 302
listra 302
litania 298
litígio 20
lividez 323
lívido 220
Livônia 302
livrar 301
livrar-se 302
livre 63, 248
livre-arbítrio 72
livro 264, 302
lixa 302
lixívia 121
lixiviação 302
lixo 177
loango 147, 302
lobacho 302
lobato 302
lobo 276
lobo-do-mar 300
lobo-marinho 300
lobrigar 110
locador 71, 302
local 302
localidade 302
locar 68
locatário 71, 77, 302
locupletar-se 241
lodaçal 106
lodeira 106
lodeiro 106
lodo 299
loendro 172
lógica 226
logo (2) 214
logo após 106
lograr 60
logro 96, 180
loja de capela 97
loja-de-capelista 97
loja de miudezas 97
lombriga 128
lombrigueira 95
lombrigueiro 85
longevo 302
longínquo 42
longo 188, 227
lontra 97
lóquios 186
lorota 114
loroteiro 115, 302
losango 302
loto 302
loução 56
louco 65, 70, 144, 212
loucura 212
loureiro-grego 102
loureiro-rosa 172
louro-cravo 202
lousa 96
louva-a-deus 126
louvação 302
louvamento 302
louvaminha 236
louvaminhar 236
louvar 236

louvável 300
louvor 236, 302
lua cheia 302
lua nova 302
luarento 241
lubricidade 189
Lucaias 112
lúcido 138
lucivelo 2
lucro 273
ludibriar 237
lues 303
luético 240, 303
lufada 207
lugar 162, 302
lugar-comum 173
lume 264, 303
lumeeira 149
lume-pronto 265
luminária 303
luneta 320
lupanar 60
lúpulo 303
lusco-fusco 131, 202
lusitano 270, 303
luso 270
lustrar 140
lustre 331
lustro 139
lustroso 138
luta 19
luta livre 166
lutar 122
lutuoso 260
luxar 222
luxo 87
luxúria 189
luz 303
luze-luze 149
luzente 138
luzerna 63
luzetro 300
luzidio 138
luzido 138
luzir 139

M

maça 146
macaca 41, 110
macacal 304
macaco 145, 147, 265
macaco-adufeiro 304
macaco-cabeludo 145
macaco-da-meia-noite 296
macaco-da-noite 304
macaco-de-cheiro 131
maçada 77
maçador 77
macaense 304
macaguã 22
macaíba 180
macaísta 304
macambúzio 280
maçaneta 304
maçante 77
mação 304
macaqueiro 304
maçar 78
macaréu 304
maçaricão 304
maçarico 124
macauã 21
macaxera 55
maceiro 304
macela 154
macela-do-mato 304
maceração 304
macerado 6
maceramento 304
machado 293
machão 304
macho (2) 304, 356
machoa 304
machona 304
macilento 220
macio 137
maçom 304
maconha 226
macoteno 270
macróbio 302
macular 215
maculo 198
macumba 226
madalena 119
madapolão 304
madeira 301, 304
madeiro 304
madeixa 145
Madona 305
madorna 305
madorra 305
madrasto 304
madre 305
madre-cravo 147
madrileno 305
madurar 73
madurecer 73
madureza 73, 305
mãe 305
mãe-da-lua 175
Mãe de Deus 305
mãe-de-porco 95
mãe-de-saúva 180
mãe-do-camarão 298
mãe do corpo 305
mãe-do-sol 305
mãe-joana 54
maenga 112, 145
maestro 305
maga 141
magarefe 31
magiar 283
mágico 285
magistral 17
magnificência 87, 274
magnitude 228
magno 276
mago 141
mágoa 45
magoar 12
magoar-se 9
maguari 113, 295
maiores 84
maitaca 113
majestade 87
majorana 64

mal 24
mala 95
malacacheta 305
mal-afortunado 216
malária 259
mal-aventurado 216
malbaratar 194
malcheiroso 260
mal-contente 220
maldade 305
mal das ancas 305
mal da terra 74
mal de cadeiras 305
mal de escancha 305
mal de hansen 270
maldelazento 270
mal de são lázaro 270
mal de sete dias 305
maldição 253
malditoso 216
maldizer 230
mal dos chifres 305
mal dos peitos 262
mal dos quartos 305
maledicência 225
maléfico 209, 305
maleita 259
maleiteira 300
malfazejo 305
malfeitor 169
malga 305
malgrado 89
malha 174
malícia 305
malícia-de-mulher 232
malignidade 305
maligno 305
malíssimo 305
malitaperê 204
malmequer-amarelo 126
malmequer-dos-jardins 126
malograr-se 12
malroupido 251
malsim 33, 125
malsoante 216
malta 153
maltrapido 251
maltrapilho 252
maltratar 305
maluco 65
malvadez 305
malvado 305
malva-do-campo 264
malva-reloginho 305
Malvinas 257
mama 305, 306
mamãe 306
mamangaba 306
mamão-bravo 293
mamarracho 306
mameluco 162
maminha-de-cadela 248
maminha-de-porca 248
mamoeiro 306
mamoeiro-do-mato 293
mamona 163
mamoneira 163
manacá 295
manacaru 293
manancial 264
manar 198, 251
mancar 178
mancebo 39
mancha 136
mancha de vinho 306
manchar 215
mancueba 205
mandaçaia 73
mandacaru 293
mandado 306
manda-lua 175
mandamento 306
mandar 223
mandaravé 306
mandarová 306
mandi-amarelo 306
mandibé 306
mandíbula 306
mandi-casaca 306
mandi-do-salgado 306
mandinga 141
mandingueiro 141
mandioca 55
mandi-pintado 306
mandiú 306
mando 182, 306
mandraca 141
mandraqueiro 141
mandubé 306
mandubi 76, 306
manduri 233
mandurim 233
maneira 306
manejar 306
mané-magro 129
manes 3
mangação 147
mangangá 124, 306
mangangaba 306
mangar 147
mangarataia 274
manguá 26
mangue-do-mato 258
manguito 115
manguriú 113, 306
manhoso 175
mania 212
maníaco 212
manicômio 282
manifestar 219
manifesto 178, 306
manimbé 155
maninhez 97
maninho 97
manipular 306
maniuara 199
manja 307
manjangome 138
manjar 22
manjuba 80
manojo 307
manolho 307
manopla 26
manquejar 307
manquetear 307

manquiçara 205
manquitar 307
manquitolar 178, 307
mansão 164
mansarda 51
mansidão 137, 307
mansilha 26
manso 137
mansuetude 307
manter 65
manual 307
manuel-de-abreu 14
manufatura 256
manumitir 63
manusear 306
mão-curta 134, 154
mão de vaca 307
mão-pelada 276
maperoá 258
maquinar 265
mar (2) 307
Mar 307
maracajá (2) 273
maracuani 172
marafona 119
Marajó 295
marandová 306
maranhão 114, 262
marantoide-violeta 74
maravilha 134, 307
maravilha-de-forquilha 134
maravilhado 9, 37
maravilha-dos-jardins 126
marca 288
marcador 307
marcar 104
marcela 304
marcela-do-mato 304
marchar 81
marcial 125, 307
márcido 307
márcio 307
mareta 245
marfim-vegetal 198
marfíneo 234
marga 307
margem 125
maria-branca 307
maria-da-serra 307
maria-da-toca 55
maria-de-barro 74
maria-gomes 138
maria-guenza 277
maria-judia 295
maria-mole 308
mariangombe 138
marianinha 80, 308
maria-preta 117, 308
maria-rendeira 129
maria-seca 129
maribondo-caboclo 145
maribondo-caçador 144
maribondo ou marimbondo 144
maricá 248
maricaua 308
marido/mulher 248
marigui 118
marimacho 304
marimari 308
marinete 154
marinhagem 308
marinheiro 95, 129, 153, 237, 270
marinheiro-da-folha-larga 308
marinho 308
marionete 134
mariposa 134
mariquinha 142, 304
mariquita 153
maririçó 118
marisco 308
maritaca 113
maritacaca 155
maritafede 155
maritataca 155
marítimo 237, 308
marna 307
marno 307
marouço 245
marrada 174
marrafa 266
marreca 198
marreca-apaí 97
marreca-do-pará 97
marrecão 273
marrequinha 155
marreta 113, 155
Marshall 308
Marte 97
martim-cachá 308
martim-cachaça 308
martim-grande 308
martim-pererê 204
martim-pescador 97, 308
Mártir do Calvário 133
maruim 126
maruja 308
marujo 237
mas 308
mascarilha 308
masculino 304, 356
másculo 304, 356
masmorra 148
massa 94
massacrar 103
massacre 163
mastigóforo 262
mastruço 308
mata 135, 308
mata-bicho 275
mata-borrão 308
mata-cachorro 145
mata-cavalo 144
matador 103
matagal 135
mataime 128
matame 128
mata-mouros 115
matança 163
mata-olho 168
mata-pasto 161
matar 103
mata-rato 309

mate 191
matéria 104, 148, 309
maternal 309
materno 309
matilha 149, 153
matimpererê 204
matinal 309
matintaperera 204
mato 135, 154, 308
matraca 135
matrimonial 192
matrimoniar 165
matrimônio 64
matritense 305
matriz 305
matrona 209
matruz 76
Matterhorn 171
matupá 152
matupiri 299
maturação 73, 305
maturidade 305
matuta 153
matutinal 309
matutino 309
matuto 149
mau 305
mauari 295
mauíra 55
mau-olhado 309
mauro 309
mausoléu 154
mavórcio 309
mavórtico 309
maxila 306
máxima 33
maximalista 132
máximo 276
meado 309
meão 309
mecônio 261
médão 233
mede-léguas 162
mediador 291
medial 309
medianeiro 291
mediano 309
mediar 291
medicamento 309
medicar 309
medicinar 309
medidor 309
medieval 309
mediévico 309
medievo 309
médio 309
medíocre 309
meditação 89, 181
meditar 309
meditativo 16
medo 59, 91
medonho 247
medra 309
medrança 309
medrar 35
medrio 309
medronheiro 245
medroso 179
medula 73, 310
medusa 54
mefistofélico 213
meganha 145
meia 310
meia-lua 203
meia-máscara 308
meia-pataca 66
meiguice 42
meimendro 280
meio 170, (2) 309
meio-chumbo 163
meio-dia 310
meio-tom 310
meirinho 310
mela 51
meladinha 132
melancia-da-praia 99
melancólico 280
melão-caboclo 202
melão-de-são-caetano 115
mel-de-anta 310
mele 310
melena 145
meleta 181
melga 310
melhora 310
melhoramento 310
melhoria 310
melindrar 174
melindrar-se 9
melodia 278
melonídeo 310
melro 310
memória 300
menchevique 310
mencionar 71
mendanha 82
mendaz 302
mendicância 310
mendicidade 310
mendigo 288
mendubi 76
mendubim 76
menduí 76
menina-do-olho 310
meninice 289
menino 128
menos 46
menoscabar 214
menoscabo 220
menosprezar 214
menosprezo 220
mensageiro 238
mensagem 164
mensalidade 310
mênstruo 166
mentastro 245
mente 242
mentecapto 284
mentira 114, 301
mentiroso 115, 302
mento 310
mentor 235
mentrusto 308
mentruz 76, 308
menu 162

mequetrefe 112
mercadejar 310
mercador 265
mercadoria 310
mercancia 310
mercanciar 310
mercê 126
mercearia 238
mercurial 311
mercúrio 111
mercúrio-do-campo 272
merecimento 311
merenda 299
merequém 311
meretrício 311
meretriz 119
mergulhado 286
mergulhador 311
mergulhão 106
mergulhar 286
meridional 84
merinaque 311
mérito 311
meruanha 127, 311
meruim 126
mesada 310
mesa de cabeceira 203
mesclar 311
mesmo 284, 311
mesquinho 47
messe 168
Messias 133
mestiço 280
mestre 166, 235
mesura 199
meta 72, 96
metade 309
metal sonante 94
metamorfose 311
metara 311
metediço 7
meteorito 42
meter 136, 291
método 311
meuá ou miuá 82
mexerica 127
mexerico 144
mexeriqueira 127
mexilhão 308
mexilhão-das-pedras 311
miado 311
mica 305
michela 119
michola 277
mico-leão 311
mico-leão-vermelho 311
mictório 311
micuim 128
micurê 165
mijadeiro 311
mijadouro 311
mija-mija 127
mijar 311
mija-vinagre 51
mijo 311
milagre 307
milagroso 311
mil-em-rama 245
mil-folhas 245
milhar 311
milho 94
milho-zaburro 311
milico 145
milionário 4
militar 125, 311
mímica 274
mimo 139, 162
mimo-de-vênus 263
mina de sernambi 127
minaz 76
Minerva 105
minguar 228
minhoca-grande 312
minhocuçu 312
minimalista 310
mínimo 312
mínio 312
ministério 162
ministrar 4
ministro 312
minjola 99
minorar 228
minúcia 224
mio 311
miolema 312
miolos 170
miopia 312
mira 72, 112
miraculoso 311
miragaia 312
miraguaia 312
mirim-rendeira 312
miriquiná 304
miriti 142
miroró 312
miroró-caramuru 312
mirto 312
mirucaia 134
miruim 126
miserável 216
miséria 288
misericórdia 178
missionário 90
missiva 164
mister 101, 312
mistério 95, 312
misticidade 312
misticismo 312
mistura 182
misturar 311
mitigar 13
mitologia 256
mitose 163
mitra 130, 206
miúdo 128
mixila 181
moafa 51
moca 114
moça 232
moça-branca 14
mochila 198
mocho 200
mocho-mateiro 312
mocidade 39
moco 146

moço 39
mocotó 307
moda 312
modelar-se 28
moderar 13
moderar-se 183
moderno 312
modificar 69
modismo 284
modo 306
modorra 182, 305
moeda-papel 312
moega 156
mofa 172
mofento 312
mofo 132
mofoso 312
mogno 19
molambento 312
molambos 81
molambudo 312
molar 312
mole 137
moleira 264
moleirão 313
molengão 313
moleque 94
molestar 12
molestar-se 9
moléstia 24
moléstia azul 175
molhadura 275
molhar 51
molho 307
molugem 313, 346
momento 290
mona 51
monacal 313
monárquico 313
monarquista 313
monástico 313
monco 313
monda 313
mondadura 313
mondrongo 270
monduri 233
monge 118, 169
monja 266
monjolo 293
mono 60, 118, 142
monólogo 313
monomaquia 232
monopolizar 19
montanha 171
montante 173
montão 78
montaria 123
monte 132, 171
montês 313
montesino 313
Montes Kjölen 68
montoeira 78
montra 313
morada 164, 313
moradia 313
morador 278
moral 252
morar 278
mórbido 231
morcego 145
mordaça 19, 313
mordaz 167
mordedura 313
mordida 313
Moreia 313
moreiatim 313
morfeia 270
morfético 270
morgue 313
morigerado 313
morígero 313
morim 304
moringa 129
moringue 129
morno 313
mororó 312, 313
moroso 213
morrão-de-centeio 170
morrer 18
morro 171
morro-de-chapéu 207
mortal 313
mortandade 163
morte 257
morticínio 163
mortífero 313
mortificado 6
mortificador 313
mortificante 313
mortificar 12
morto 211
mortuário 260
morubixaba 147
morupeteca 198
mosca-da-carne 313
mosca-do-bagaço 127, 313
mosca-do-gado 127, 313
mosca-dos-estábulos 127
moscardo 313
moscaria 314
moscar-se 247
mosca-vareja 313
mosca-varejeira 313
mosquedo 314
mosquitinho-do-mangue 126
mosquito-berne 310
mosquito-palha 118
mosquito-pólvora 126
mosteiro 1, 169
mostra 213
mostrador 313
mostrar 219
mostruário 313
mota 82
motejo 172
motim 100
motivo 167
motocicleta 314
motociclo 314
motorista 175
motorneiro 276
motoro 98
mouquice 280
mouquidão 280

mouresco 309
mourisco 309
mouro 93, 309
móvel 167
móvito 13
mu 304
muar 304
mucajá 180
muçambé-de-espinho 138
muçambé-de-sete-folhas 138
muçambé-de-três-folhas 138
muçarete 314
muchão 314
muçu 314
mucuim 128
muçum 314
mucumbu 180
mucuná-do-mato 314
mucunã-do-mato 314
mucungo 284
mucunzá 156
mucura 165
mucuracaá 245
mucura-chichi 174
mucura-chichita 174
mucurana 314
muçurana 301
mudado 6
mudança 314
mudar 69
mudável 314
mudez 42, 314
mudo 150
mudubim 76
mugem 258
mugueira 258
muirapiranga 93
muitas vezes 266
mula 127
mulato-velho 314
mulher 200, 209
mulheraça 314
mulherão 314
mulher-dama 119
mulher da rua 119
mulheril 260
mulita 314
mulo 304
multicor 314
multidão 45, 314
multíplice 314
múltiplo 314
mulungu 200
mumbavo 314
mundana 119
mundanal 314
mundano 314
mundaú 146
mundiça 149
mundificar 301
mundo 314
mungir 314
mungunzá 156
munheca 314
munição 265
municiar 4, 314
municionar 314
munificência 274
munir 4
muquirana 314
murapiranga 93
murcho 307
mureru 51
murganho 152
murianha 127
murici-cascudo 314
muriçoca 161
murinhanha 127, 311
muriqui 142
muriti 142
murmurador 314
murmurante 314
murmurativo 314
murmurinho 142
murmúrio 142
múrmuro 314
murmuroso 314
murro 314
murta 312
murtacheiro 141
murta-cultivada 312
murta-do-mato 315
murta-dos-jardins 141
murteira 312
muruanha 128, 311
murucaia 134, 200
murucalha 135
murucututu 312
mururé 51
muruti 142
murutucu 126
musgoso 315
musguento 315
musical 315
músico 315
mutação 314
mutamba 284
mutambo 284
mutável 314
mutilar 315
mutirão 34
mutirom 34
mutirum 34
mutismo 42, 314
mutuca 143
mutuca-carijó 311
mutuca-maringá 311
mutuca-pintada 311, 312
mútuo 185, 315
mututuca 312
muxirão 34
muxoxo 315

N

nação 249, 316
nacarado 316
nacarino 316
nacauã 21
nacionalidade 316
naco 258
nada 176
nadadeira 118
nádegas 104
nadegueiro 274
nafé 275

nagalhé 112
naja 179
nambu 287
namorada 273
namorado 197
naná 80
nanar 19
nandaia 294
não-me-toques 248
não obstante 89
napopé 239
narceja 47
narina 316
narração 316
narrar 194
narrativa 316
nasalar 316
nasalizar 316
nascente 264, 301
nata 202
nativo 12
natural 12, 122, 161
naturalidade 215
nau 118
naufragado 316
nauseabundo 316
nauseante 316
nauseativo 316
nauseoso 316
nauta 316
náutico 316
naval 316
navalha 302
navegador 316
navegante 316
Navegantes 316
navio 118
neblina 140
neblinar 273
necedade 130
necessária 153
necessário 264, 312
necessidade 288, 316
necessitar 162
necrópole 154
necropsia 80
necrotério 313
nefando 289
nefasto 49
negação 316
negar 316
negativa 316
negligência 220
negligente 220
negociante 183
negócio 183
negrita 316
negro 107
Negroponto 253
negror 316
negrume 316
negrura 316
nené 317
neném 317
nenen-de-galinha 149
nenúfar 51, 317
neófito 166, 317
neomênia 302
néscio 126, 259
nêspera 76
netuno 317
neutro 286
neve 274
névoa 140
nevoeiro 140
nevoento 240
nevo vascular 306
nhã 76
nhacundá 277
nhandaia 294
nhandi 317
nhandiá 294
nhandu 237
nhanga 82
nigela-dos-jardins 145
nigromante 36
nimbuia 295
nímio 212
ninar 19
ninfeia 317
ninfomania 268
ningres-ningres 112
nipônico 294
niquim 313
niquim-da-pedra 124
nitente 317
nítido 317
nitrato 111
nitrato de potássio 317
nítrico 111
nitrir 317
nitro 317
nitrogênio 111
níveo 72
nº 100 153
nobilitar 241
noção 192
nocivo 209
noções 236
nogueira-de-iguape 317
nogueira-do-mato 153
noitibó 162
noiva 268
noivo 268
noivos 317
nojento 103, 317
nojo 102
nojoso 317
nômade 76
nome 168
nomeada 168
nomenclatura 317
nó nas tripas 285
nonato 317
nórdico 317
norma 246
normandinho 316
norreno 317
norte 101, 317
norte-americano 77
nortenho 317
norte-rio-grandense 317
nortista 317
nosocômio 282
Nossa-Senhora 305

Nosso Senhor 133
nos trinques 165
nota 83
notável 193
noticiar 86
notório 306, 317
noturnal 317
noturno 317
nova 317
Nova Guiné 317
Nova Holanda 108
novato 130, 265, 317
novel 130, 317
novelos 317
novelos-da-china 280
noviço 317
novidade 290, 317
novilho 317
novilúnio 302
novo 312, 317
noz-da-índia 317
noz-de-bancul 317
noz-moscada-do-brasil 129
nu 223
nubentes 317
núbil 165
nublar-se 87
nulificar 86
nulo 292
numária 318
número 63, 318
numerosos 291
numismal 318
numismática 318
numular 318
numulária 318
nunca 293
núncio 86, 238
nupcial 192
núpcias 64
nutrício 318
nutridor 318
nutriente 318
nutrir 65
nutritivo 318

O

oanani 80
obarana-do-norte 264
obeba 319
obediente 231
óbito 257
objetar 195
objeto 104
objurgar 38
objurgatória 38
oblação 319
oblata 319
oboval 319
obóveo 319
obovoide 319
obra 19, 319
obrar 48
obreiro 101
ob-reptício 319
obrigação 225
obrigado 49
obrigar 179
obrigatório 264
obsceno 222
obscurecer 242
obscuridade 246
obscuro 246
obsecrar 212
obséquio 126
observação 38, 83, 319
observador 319
observância 319
observante 319
observar 38, 110, 206
obsessor 319
obsidente 319
obsoleto 85
obstáculo 227
obstar 227
obstétrica 319
obstetrícia 319
obstetriz 319
obstinação 238
obstinado 43, 194
obstupefação 252
obstupefato 252
obtemperar 195
obter 60
obtuso 126
ocasião 165
ocasional 24
ocaso 319
oceano 307
ocidente 319
ócio 319
ociosidade 222, 319
ocioso 319
oclusão intestinal 285
oco 320
ocorrência 165
ocorrer 28
octangular 320
octogonal 320
octorum 320
octoruno 320
oculista 320
óculo de alcance 320
óculo de ver ao longe 320
ocultar 14, 239
o degas 253
odiar 11
odiento 320
ódio 82
odioso 10, 320
odonatos 320
odor 98
odorante 320
odorífero 320
odorífico 320
odoroso 320
ofegante 320
ofegoso 320
ofeguento 320
ofender 47, 174
ofensa 47
oferecer 91, 320
oferecido 7
oferenda 319
oferta 139, 319
ofertar 320

oficial-de-sala 152
oficina 256
ofício 101
o filho de meu pai 253
oftalmologista 320
ofuscação 320
ofuscamento 320
ofuscar 71
ogervão 274
oitavão 320
oiti 275
oitibó 162
oiti-da-praia 275
oiti-do-pará 275
ojeriza 82
olandi-carvalho 276
oleado 239
oleiro 74
óleo lubrificante 273
oleoso 35
olhada 320
olhadela 320
olhadura 320
olhar 110
olhete 93
olho 140
olho-de-boi 80, 314
olho-de-cabra-miúdo 267
olho-de-gato 100, 134
olho-de-pombo 267
olho-de-santa-luzia 80
olho-de-sol 305
oligofrenia 320
oligopsiquia 320
olival 320
olivedo 320
oliveiral 320
olmedal 320
olmedo 320
olmeiro 320
olmo 320
olor 98
olvidar 249
olvido 249
omeleta 266
omelete 266
onça 155
onça-parda 205
onça-pintada 155
onça-preta 155
onça-vermelha 205
oncinha 265
onda 245
onde 87
ondear 320
ondular 320
ônibus 154
Onipotente 69
onixe 320
onze-horas 168
onze-letras 61
onzena 320
onzenário 320
onzeneiro 48, 320
opaba 294
opção 236
ópera bufa 320
ópera cômica 320
operador 320
operante 320
operar 48
operário 101
opilação 74
opinião 189, 193
opiniático 43
oponente 320
oportunidade 110
oportuno 34
opositor 320
oposto 41, 84
opressão 45
opresso 321
oprimido 321
oprimir 12
opróbrio 223
optar 236
opugnar 255
opulência 321
opulento 4, 321
opúsculo 264
oração 67, 228, 321
oração dominical 321
orador 228
oral 321
orar 212
orbe 314
Orco 109
ordem 178, 191, 306
ordenar 178
ordenhar 314
ordinariamente 188
ordinário 115
orelha 321
orelha-de-burro 51, 63
orelha-de-pau 321
orelhão 168
organizar 194
orgia 201
orgulhar-se 58
orgulho 58, 68
oriental 321
oriente 301
orifício 8
originário 12
orla 1
ornamentar 39
ornar 39
ornear 321
ornejar 321
ortoépia 321
orvalhado 321
orvalho 321
oscilar (2) 114
oscitação 131
oscitar 131
ósculo 125
osga 298
osmanli 322
osso do pai joão 180
osso do vintém 322
ostensório 208
ostentação 58, 87
ostentar 58
ostra-dos-mangues 322
ostreira 127

ostro 322
otário 130
ótimo 134
otomano 322
ouricana 180
ouriço-cacheiro 205
ouriço-marinho 322
ousado 46
ousar 2
outeiro 171
outorgar 189
outrigger 123
outrora 85
ouvido 321
ouvir 246
ovacionar 25
oval 322
óvalo 322
oval regular 236
óvano 322
ovelhum 299
óveo 322
oveva 319
oviforme 322
ovino 299
ovoide 322

P

pacamã 113
pacamão 113, 306
pachinhos 247
paciência 323
pacificar 88
paço 323
paçoca 114
paco-catinga 155
pacova 115
pacoval 115
pacoveira 115
pacóvio 130
pactário 323
pacto 29
pactuante 323
pactuar 29
pactuário 323
pacumã 113
padecedor 323
padecente 323
padecer 55
padecimento 45
padieira 323
pado 110
padre 178
padre-santo 323
padroeiro 323
pagador 323
pagante 323
página 264
pai-agostinho 292
pai-avô 110
paina-de-seda 121
paineira 121
pai-nosso 321
pairar 272
pairari 110
pais 84
país 323
paisano 177
Países-Baixos 281
paixão 43
paixões 44
pajamarioba 260
palácio 323
paladar 275
Palas 105
palato 11
palavra 254
palerma 130
palermice 130
palestra 168
paletó 165
palhaço 131
palheta 173
palhinha 173, 323
palhoça 144
palhota 144
palhote 144
palidez 323
pálido 220
palitar 247
palmar 202
palmatória 261
palmeirim 167
palmito-juçara 19
palombeta 323
palometa 323
palor 323
palpar 87
palpável 323
palrador 257
paludismo 259
pampa 250
pampo 323
pança 7, 324
pândano 324
pândega 47
pandorga 99
pandulho 7
panegírico 67, 236
pango 226
pânico 59
pantalha 2
pantanal 138
pântano 138
pantufo 324
pão-de-galinha 129
pão-de-ló-de-mico 295
pão-e-queijo 324
papa 323
papá 324
papa-açaí 93, 324
papa-breu 117
papa-cacau 324
papa-capim 129
Papa-Ceia 324
papa-defuntos 324
papa-formigas 324
papagaio 98
papagaio-caboclo 197, 296
papagaio-de-peito-roxo 296
papaguear 272
papai 131, 324
papaia 306
papaieira 306
papa-lagarta 174

papalvo 130
papa-mel 292
papa-mico 208
papa-mosca 310
papa-ovo 135, 175, 324
papa-pinto 324
papas de milho 156
papa-sebo 149
papa-terra 20, 128
papa-vento 153
papeá-guaçu 26
papeira 131, 168
papel-chupão 308
papeleta 261
papel-moeda 312
papel passento 308
papiro 324
papo 131
papo-de-peru 146
papoula 263
papoula-de-duas-cores 78
Papuásia 317
paquinha 147, 265
para 1
paraamboia 180
parabéns 191
parabiju 129
parábola 61
paracari 132
paracaxi 324
paracutaca 145
parada 213, 324
paradisíaco 235
parafernal 232
paragem 302, 324
paraguaia 176
paraíba 304
paraíso 153, 171
Paraíso 234
paralisia infantil 324
paralítico 243
paralogismo 324
paraplégico 243
para que 44
parar 171
parati 52, 324
parati-barbado 117
parati-de-barba 117
paratucu 294
paraturá 324
parauacu 145
parauaçu 145
parauaxi 324
para-vento 277
parcela 324
parcimonioso 234
parco 234
páreas 186
parecença 79
parecer 103, 193
parecido 79
parede 276
parelha 296
paremia 33
parente afim 196
parietária 268
pariparoba 144, 160
pariri 296
pároco 178
parolar 272
paróquia 266
parotidite 168
parreira-brava 17
parte 324
parteira 319
participar 186, 189
participar (de) 186
partícula 324
particular 247
particularidade 224
partidário 34
partidarismo 324
partido 256, 324
partilhar 186
paru 275
paru-beija-moça 265
paru-da-pedra 265
parumbeba 324
parvo 130
parvoíce 130
pascácio 130
pascer 88
pasmado 37
pasmo 37
passageiro 235
passamento 257
passarão 145
passarinho-de-verão 324
pássaro 108
passar-se 28
passatempo 229
passeante 76
passeio 151
passo 136
pasta 51
pastar 88
pastel 230, 273
pastelaria 190
pastor 312, 324
pastorear 88
pata-de-vaca 313
patão 311
pataquera 325
pataquinha 141
patarata 114
patauá 122
patentear 219
paternal 325
paterno 325
pateta 130
patetice 130
patíbulo 148
patinho-d'água 292
patioba 180
pato 130
patoá 226
pato-bravo 325
pato-do-mato 325
pato-marinho 316
patota 124
patranha 114
patrão 77, 168
patrício 186
patriótico 177
patriotismo 78, 177

patroa 73, 200
patrocinador 323
patrocínio 107, 325
patrona 164
patrono 41, 323
patrulha 325
patureba 314
paturi 155
patuscada 47
pau 94, 122, 133, 301
pau-brasil 93
pau-cetim 325
pau-cravo 202
pau-d'alho 275
pau de cabeleira 182
pau-de-novato 325
pau-de-ouro 292
pau-de-pernambuco 93
pau-de-semana 314
pau-de-tamanco 150
pau-espeto 148, 325
pau-ferro 295
pau-formigueiro 325
paul 138
paulista 116
pau-paraíba 150
pau-pombo 325
pau-precioso 55
pau-rei 258
pau-rosado 93
pau-roxo 276
pau-santo 276
pauta 325
pavacaré 128
pavão-do-mato 325
pavão-do-pará 325
pavão-papa-mosca 325
pavês 140
pavilhão 116
pavor 59
pavoroso 247
paz 151
pealo 325
peanha 325
peão 325
peba 325
pecadora 119
pecapara 292
pecha 115
peçonha 325
peculato 250
peculiar 247
pecúnia 94
pedaço 131
pé-de-bezerro 294
pé-de-elefante 245
pé-de-galo 303
pé de pato 156
pé-de-perdiz 60
pedernal 326
pederneira 326
pedestal 325
pedestre 325
pedigolho 326
pedigonho 326
pedincha 326
pedinchão 326
pedintão 326
pedinte 288
pedir 212
pedra 96, 326
pedra de fogo 326
pedra do pará 145
pedreiro 74
pedreiro livre 304
pedrês 163
pedrisco 175
pega 326
pega-caboclo 326
pegada 326
pegado 37
pegador 48, 326
pegajento 326
pegajoso 326
peganhento 326
pega-pinto 48, 274
pegar 48
pega-rapaz 326
pego 307
peguaba 88
peguento 326
peguira 88
pegureiro 324
peita 326
peito-largo 148
peito-roxo 197, 296
peitos 305
peixe-anjo 326
peixe-boi 326
peixe-cachorro 284, 326
peixe-cadela 326
peixe-elétrico 326
peixe-flor 55
peixe-frade 265
peixe-gato 153
peixe-lenha 326
peixe-lua 326
peixe-martelo 198
peixe-moela 117, 326
peixe-morcego 326
peixe-piolho 48
peixe-porco 136, 156
peixe-rei 129
peixe-roda 326
peixe-sapo 313, 326
peixe-voador 181, 349
peixota 326
pejada 274
pelado 326
pelador 326
pélago 307
pelargônio 166
pele 208
peleja 19
pelejar 122
película 262
pelitrapo 252
pelo 145
Peloponeso 313
pelota 114
pelotaço 113
peludo 325
pema 155
pena 45, 88, 166, 178, 232
Penates 299

pendão 116
pendência 195
pendurar 213, 326
peneplanície 327
peneplano 327
penetra 237
penetração 54
penetrar 242
pênfigo 327
penhor 11
penhorado 49
penico 112
penitência 99, 191
penitenciar-se 99
penoso 96
pensador 327
pensamento 33
pensão 59
pensar 202
pensativo 16
pentacapsular 327
pentadecágono 327
pentagrama 325
Pentecostes 231
pente dos bichos 327
pente-fino 327
penúria 288
pepéua 132
peponídeo 310
pequena 273
pequenino 327
pequeníssimo 312
pequenito 327
pequeno 128
pequerrucho 327
pequetito 327
pequi 292, 327
pequiá 327
pequiá-café 148, 325
pequiá-marfim 325
pequizeiro 327
pé-rachado 327
perambeba 324
pé-rapado 327
percalço 327
perceber 188
percepção 188, 327
percevejo-da-cama 327
percevejo-do-comércio 327
percevejo-do-mato 327
percevejo-gaudério 118
perchina 327
percolação 302
perda 108
perdão 16, 220
perde-ganha 327
perdida 119
perdido 70
perdiz 239
perdoar 16
perecer 18
peregrino 76, 327
pereiorá 55
peremptório 166
perenal 252
perene 252
perereca 147, (3) 327
perfazer 187
perfeito 17
perfídia 62
pérfido 62
perfilhar 40
perfume 98
perguntar 290
periantã 152
periclitar 327
perífrase 176
perigar 327
perigo 327
perigoso 100
periguari 327
periná 155
periódico 295
periodismo 295
periodista 295
período 243
periperiaçu 324
periquiteira 64
periquito-d'anta 308
periquito-rei 294
perito 328
permanência 194, 213
permanente 194
permissão 193
permitido 301
permitir 38, 91
permuta 328
permutação 328
pernaça 328
perna-de-moça 153
perna-de-pau 304
perna-lavada 272
pername 328
pernão 328
pernicioso 209
pernilongo 161, 304
perpetrar 183
perpétua 74
perpétua-cor-de-laranja 74
perpétua-do-mato 304
perpétua-roxa 74
perpétuo 252
perplexidade 287
perplexo 287
perquirição 225
persa 292, 328
Perséfone 328
perseguir 30
perseverante 43, 194
perseverar 195
Pérsia 292
persiana 328
persiano 328
persicária 21
persicária-aquática 21
pérsico 328
persistente 43, 194
persistir 195
personalizar 328
personificar 328
perspicácia 54, 328
persuadir 28, 160
persuasão 197
persuasivo 328
persuasório 328

pertencente 328
pertinaz 43
pertinente 328
perturbar 196
peru 328
perua 154
perua-choca 328
peru-do-mato 293
peruinho-do-campo 153
perversidade 305
perverso 198, 305, 328
perverter 4
pervertido 328
pervinca 328
pesado 110
pesa-leite 270
pêsames 190
pesar 45, (2) 99
pescada 326
pescada-branca 153
pescoçada 328
pescoção 328
peso 110, 276
pesquisa 225
péssimo 305
pessoa 288
pestana 176
peste 80
peta 114
peteca 328
peteleco 165
peticionário 286
petiço 327
petisco 22
petiz 128
peto 126, 163
petróleo 273
petulância 100
peúga 310
peúva 292
peva 325
piá 128
piaba 93, 299
piaba-torta 154
piaçoca 293
piacururu 113, 326
piada 174
piadeira 104, 324
piapé 327
pia-pouco 328
piar 328
piau 93, 299
piava 93, 299
pia-vovó 110
picaço 163
picaçu 328
picada 105
picante 89
picão 164
picapara 292
pica-pau 126, 163
pica-pau-branco 130
pica-pau-de-cabeça-amarela 295
pica-pau-do-campo 173
pica-pau-vermelho 95
pica-peixe 97, 277
picareta 173
pichelingue 149
pichororé 126
picota 82
picuçaroba 146
picuí-caboclo 328
picuipeba 328
picuipeom 328
pidão 326
pidonho 326
piedade 178, 225
pieguice 328
pieguismo 328
píer 150
pifão 51
pigmeu 80
pilão 67
pilar 74, 182
pilastra 182
pileque 51
pilhéria 174
pilhérico 174
piloto 328
pimenta-aquática 21
pimenta-d'água 21, 245
pimenta-de-fruto-ganchoso 89
pimenta-de-galinha 162
pimenta-de-macaco 329
pimenta-dos-índios 317
pimenta-dos-negros 329
pimentão-doce 274
pimenta-potó 264
pimpolho 260
pina 153
pináculo 70
pinaúma 329
pinção 329
píncaro 70
pincha-cisco 329
pincho 146
pinçote 329
pindá 322
pindaíba 329
pindá-preto 329
pindauna 329
pindoba 180
pinéu 63
pinga 52
pingar 251
pinguelim 26
pingue-pongue 329
pinguim 316
pinha 105
pinhal 329
pinheira 105
pinheiral 329
pinheirinho-d'água 126
pinheirinho-da-praia 324
pinica-pau 126
pino 70
pino-guaçu 306
pinote 146
pinotear 248
pintada 82
pintado 147, 302, 306
pinta-monos 306
pinto-d'água 19

pinto-do-mato 272
pinturesco 329
piolhada 329
piolhama 329
piolharia 329
piolheira 329
piolho-de-cobra 76
piolho-de-galinha 149
piolho-de-onça 265
piolho-de-umbu 168
piolho-do-corpo ou piolho-do-fato 314
piolho-ladro 173
piom-piom 155
piora 329
pioramento 329
pioria 329
pipa 98, 329
pipiar 328
pipilar 328
pipira 103
pipitar 328
pipo 329
pipoca 156, 266
piquenique 197
piquete 245
piquira 156, 327
pira 264
pirá 133
pirá-andira 295
piracajara 147
piracema 207
piraciririca 176
piracururu 113, 326
piraíba 277
piraíba-de-pele 277
pirajaguara 329
pirajupeva 326
piramboia 314, 329
piramombó 329
piranambu 117, 326
Piranhas 31
pirapema 153
pirapucu 326
pirapuia 295
pirarucu 80
pirarucu-boia 329
pirata 198
piratinga 277
piraú 329
piraúna 312
piriguá 67, 86
pirilampo 149
piroga 123
pirralho 260
pirrônico 170
pirucaia 135
pirueta 146
pirupiru 113
pisada 326
pisa-flores 329
pisa-verdes 329
piscívoro 284
pisotear 248
pista 326, 329
pistão 237
pita 329
pitanguá 126
pitar 146
piteira 134, 329
pitéu 22, 145
pítia 35
pitiatismo 281
pitinga 329
pito 38, 146, 152, 161
pitomba 113, 132
pitombeira-da-baia 207
pitonisa 35
pitoresco 329
pitu 153
pium 135
piúva 292
pixaim 161
pixirica 82
pixundé 326
pixundu 326
pixunxu 326
pixurim 329
pixurum 329
placar 307
placidez 151
plagiador 329
plagiário 329
planalto 69
planície 248
plano 221, 302, 329
planta 244, 329
plantação 330
plantio 330
plataforma 150
plaustro 164
plebe 98, 330
plebiscito 330
Plêiades 330
pleito 20
plenilúnio 302
plenitude 330
pleno 17
pletora 330
pletórico 330
plumitivo 295
Plutão 278
pluviômetro 330
pó 330
poaia 292
pobre 288
pobreza 288
poda 330
podadeira 330
podadura 330
podão 330
pó-de-mico 148
poder 108, 257
podoa 330
poeira 330
põe-mesa 126
poente 319
poeta 118
poetagem 114
poial 330
poio 330
pois 184
pois que 184
polaco 330
poldra 330

poldro 330
poleiro 153
polia 330
polícia-inglesa 330
policromo 314
polidez 42
polido 138
polimento 330
poliomielite 324
pólipo 163
polir 140
polonês 330
polônio 330
polono 330
poltrão 179
poluir 4
polvilhar 238
pomar 282
pomas 305
pomba-amargosa 146
pomba-cabocla 296
pomba-cascavel 264
pomba-de-arribação 110
pomba-de-bando 110
pomba-de-santa-cruz 146
pomba-do-ar 328
pomba-do-cabo 260
pomba-do-sertão 110
pomba-galega 328
pomba-legítima 328
pomba-pedrês 329
pomba-rola 328
pomba-torcaz 329
pomba-trocal 329
pomba-trocaz 102, 329
pombinha-das-almas 300, 307
pombo-anambé 80
pomo de adão 275
pomo-do-diabo 74
pomo-espinhoso 74
pompa 87
ponderação 38, 89, 181
ponderado 56
ponderar 38
ponfólige 327
ponom 54
ponta 145, 173, 331
pontada 262
pontal 145
pontífice 323
ponto 146, 307
popa 331
popó 104
populaça 98
populacho 98
pôr 103, 136
poraquê 326
porção 324
porcaria 331
porcariço 331
porcino 331
porco 287
porco-do-mato 331
porco montês 295
porém 308
porfia 238
porfiado 43
por fim 44
por isso que 184
pormenor 224
pornográfico 222
pororoca 304
pororom 331
porquanto 184
porque 184
porqueira 331
porqueiro 331
porquinho-da-índia 179
porre 51
porrigem 331
porta-enxerto 168
porta-maça 304
porta-toalhas 331
porte 266
porteiro 277
portuga 270
português 270, 303
porvindouro 269
porvir 268
pose 106
positivo 331
pospasto 331
possante 62
posse 224
Possêidon 317
posseiro 225
possuidor 225
possuir 331
post 164
posta 258
posteridade 218
posterior 331
posto que 55
postres 331
postular 212
postura 106
potência 257
Potengi 331
potente 62
potiguar 317
potimirim 329
potitinga 329
potoca 114
potó-pimenta 264
potoqueiro 115, 302
potra 330
potranca 330
potranco 330
potreco 330
potrilho 330
potro 330
poupado 47, 234
pousada 59
pousadeiro 104
poviléu 98
povo 249, 316, 330
povoação 61
povoado 61
povoléu 98
praça 145, 299, 331
praça forte 175
prado 154, 281
praga 253
praga-de-galinha 149

praguari 327
praguejar 73
praia 125
praiano 331
praieiro 331
prantear 163
pranto 175
pratalhaz 331
pratarraz 331
prática 67, 254
praticar 183
prático 254
pratinira 331
prazer 211
preá 126
préa-da-índia 179
preamar 239
preâmbulo 254
prebixim 82
precatar 21
precaução 167
precaver-se 21
precavido 167
prece 321
precedente 84
precedentes 85
preceptor 55
precipício 10, 60
precipitado 46
precipitar 22
precipitar-se 6
precisamente 253
precisão 171, 316
precisar 162
preciso 264, 312
precito 331
preclaro 193
preço 208, 251
precoce 331
predecessor 85
prédica 67
predicado 107
predicador 331
predicante 331
predileto 331
predizer 36
predomínio 20, 331
preeminência 331
prefação 254
prefácio 254
preferência 236
preferido 331
preferir 236
prega 230
pregador 331
prego 114, 275
preguari 327
preguiça 153, 288, 319
preguiça-real 332
preguiceira 248
preguiçoso 288, 319
prejereba 138
prejudicial 209
prejuízo 108, 209
prelacia 332
preladia 332
prelatura 332
prelazia 332
preleção 67
preliminares 332
prélio 19
prelúdio 254
prematuro 85, 331
premiar 270
prêmio 270
premombó 329
prendas 232
prender 30, 91
prenhe 274
prenunciar 36
preocupado 91
preparar 91, 109
preparativos 91
preparos 91
preponderância 20, 331
prerrogativa 332
presa 156
presbiopia 332
presbítero 178
presbitia 332
presbitismo 332
presente 139
presentemente 49
preservar 273
preso 332
pressa 332
pressagiar 36
pressuroso 91
prestes 332
prestidigitador 285
prestígio 20
prestímano 285
presto 332
presumir 202
presunção 192
presunto 261
pretender 67
pretexto 167
preto 107
prevenção 167
prevenido 167
prevenir-se 21
prever 85
prévio 84
primário 236, 332
primavera 141, 263, 324
primeiro 332
primevo 332
primitivo 332
primombó 329
primor 160
primordial 332
prímula 324
princesa-da-noite 263
principal 121
príncipe-verão 324
principiar 183
princípio 183
prisão 148
prisco 332
prisioneiro 167, 332
prístino 332
privada 153
privado 259
privar 217

privar-se 17
privativo 247
privilégio 332
proa 332
probidade 281
problemático 195
proceder 210
procedimento 187
procela 135
processo 20, 311
proclamação 67
proclamar 25, 86
procotó 118
procrastinar 35
procurar 142
prodigalizar 194
prodígio 307
pródigo 218
produção 319
produto 267
produzir 203
proejar 9
proeminência 223
proêmio 254
proeza 256
profanação 332
proferir 102
professor 166, 235
profeta 36
profetisa 35
profetizar 36
proficuidade 196
profícuo 196
profissão 101
prófugo 267
profundeza 73
profundo 268
profusão 17
profuso 17
progênie 218
progenitora 305
progenitores 84
prognata 332
prognosticar 36
progredir 35
pró-homem 279
proibir 332
projétil 113
projeto 221, 329
prole 218
prolegômenos 332
proletário 101
prolixo 227
prólogo 254
prolongar 35
prolóquio 33
promessa 332
prometedor 108, 332
prometida 268
prometido 268
prometimento 332
promíscuo 243
promissão 332
promissor 332
promitente 332
promombó 329
promontório 145
promotor 135
promulgar 86
prontamente 214
prontidão 329
pronto 332
prontuário 307
pronúncia 22, 213
pronunciamento 100
pronunciar 102
propagar 86
propalar 86
propensão 92
propício 259
propina 275
propínquo 333
proporção 228
proposição 333
propósito 72, 324
proposta 333
propriedade 231
propriedades 25
proprietário 231
próprio 34, 249, 311
prorrogar 35
prosa 168
prosador 333
proscrever 11, 117
prosélito 34
Prosérpina 328
prosista 333
prosódia 22, 321
prosperar 35
prossecução 333
prosseguimento 333
prosseguir 195
prostíbulo 60
prostituição 311
prostituta 119
prostração 7
prostrado 6
proteção 325
proteger 32
proteico 333
proteiforme 333
protelar 35
protoplasma 333
prova 213
provar 213, 241
proveito 196
proveitoso 196
provento 327
proventos 333
prover 4
provérbio 33
providência 225
providente 333
provido 333
provincialismo 333
provincianismo 333
provir 210
provisão 265
provisório 235
provocação 216
provocador 333
provocante 333
proxeneta 149
proximidades 36
próximo 37, 333

prudência 167
prudente 56, 167
prurido 180
prússico 175
pseudoneurópteros 320
psicopatia 333
psicose 333
ptármico 251
pterígio 333
puberdade 39
púbere 39
publicar 86
público 188, 306
puçá 295
pucaçu 328
pudibundo 333
pudicícia 333
pudico 333
pudor 333
puerícia 289
puerilidade 203
pugilismo 136
pugilista 136
pugna 19
pujante 62
pulcro 125
pulga-de-anta 175
pulga-do-mar 333
pulgão 175
pulha 114
pulo 146
pulso 314
pulverizar 74
puma 205
pundonor 333
pungente 167
punição 166
púnico 164
punir 166
pupila 310
pupilo 333
pupunha-de-porco 333
pupunharana 333
purga-de-carijó 248
purga-de-joão-pais 141
purgar 92, 214
purificador 300
purificar 92, 214
puro 166
púrpura 322
purpurear-se 197
purpúreo 333
purpurino 333
púrpuro 333
pus 309
pusilânime 179
pústula 135
puta 119
putirom 34
putirum 34
puto 128
putrefazer-se 90
putrião 325
Putumaio 284
puxador 304
puxa-verão 330
puxirão 34
puxiri 329
puxirum 34
puxo 333
puxuri 329

Q

quadra 334
quadrante solar 274
quadriênio 334
quadrilheiro 116
quadro de giz 326
quadro-negro 326
qual 334
qualidades 25
qualificativo 243
quambu 164
quantia 334
quantidade 318
quanto a relativamente a 23
quapoia 92
quaresma 263
quaresmeira 263
quaró 334
quarta 129
quarteto (2) 334
quartinha 129
quartinho 153
quarto 334
quartzo hialino 204
quássia-do-jacaruaru 149
quássia-do-pará 149
quatetê 334
quatiaipê 33
quatimirim 33
quatipuru 33
quatriênio 334
quatro-olhos 334
quatro-paus 148
quatuor 334
que 184, 334
quebra 82, 115
quebra-bunda 305
quebradeira 329
quebradiço 265
quebrado 265, 289
quebradura 279
quebra-febre 170
quebra-foice 306
quebra-luz 2
quebrantar 26
quebranto 309
quebra-queixo 309
queci-queci 334
queda 92, 146, 218
quedo 334
quefazeres 43
queijadinha 303
queijeira 334
queimadeira 144
queimado 113
queimante 14
queimar 334
queimar-se 14
queixada 306, 334
queixal 312
queixo 310
queixoso 334
queixudo 332

quenga 119
quenquém 265
quente 14
querela 69
querequexê 156
querer 220
quero-quero 174
querosene 273
quérulo 334
questão 20
quetua 334
quiabo 275
quiabo-de-cheiro 76
quiçá 334
quício 130, 230
quietação 218
quieto 334
quietude 218
quigombó-de-cheiro 76
quijuba 334
quilíade 311
quilim 123
quilógnato 228
quimano 334
quimbanda 141
quimera 258
quimérico 285
quina-de-pernambuco 315
quina-do-mato 82
quina-do-piauí 315
quina-mole 49
quinaquina 315
quinar 334
quindecágono 327
quindunde 135
quingombô 275
quino 302
quinquecapsular 327
quinquina 315
quinta 172
quipoqué 334
quirana 301, 314
quiri 266
quirim 266
quiriru 67, 86
quiromante 35
quitação 335
quitoco 147
quitute 22
quixaba 335
quixabeira 335
quizila 82
quotidiano 226

R

rã 147, 295
rabaçã 110
rabadela 206
rabadilha 206
rabanada 258
rabanete 336
rábano-curto 336
rabeca 336
rabecão 196, 336
rabequista 336
rábido 336
rabilonga 66, 67
rabo 167
rabo-de-arara 95
rabo-de-bugio 142
rabo-de-couro 276
rabo-de-escrivão 67
rabo-de-palha 67
rabo-de-rojão 245
rabo de tatu 26
rabo-de-tatu 130
rabo-de-tesoura 170
rabo-torto 161, 246
rábula 300, 331
racha 8
rã-das-moitas 147
radiante 336
radicar-se 98
radicela 336
radícula 336
radioso 336
raia 98, 329, 336
raineta 147, 327
rainha-da-noite 263
rainha-do-baile 263
Rainha do Céu 305
rainha-dos-lagos 51
raiva 181, 280
raivar 336
raivecer 336
raivento 181
raivoso 181, 336
raiz-do-brasil 292
raiz-do-espírito-santo 81
ramalhete 336
rameira 119
ramerrão 201
ramilhete 336
ramilho 336
raminho 336
ramo 272
ramoso 336
rampa 1, 336
ramudo 336
ramúsculo 336
râncido 336
râncio 336
rancor 82
rançoso 336
rangífer 336
ranho 313
rapador 326
rapapé 199
rapariga 119, 232
rapaz 39
rapazelho 337
rapazete 337
rapazinho 174, 337
rapazito 337
rapazola 337
rapazote 337
rapé 337
rapelho 128
rapezista 337
rápido 146, 169
rã-pimenta 295
rapina 250
raposa 133, 165
raposinho 166
raposino 337

rapto 99
rarefato 337
rarefeito 337
rareza 337
raridade 337
raro 207
rasca 51
rasgadela 337
rasgadura 337
rasga-mortalha 200
rasgão 260, 337
rasgar 337
rasteirinha 337
rasto 326
rata 336
ratazana 276
ratificar 188
rato-coró 276, 337
rato-de-espinho 276, 337
ratoneiro 273
razão 167
razão comercial 262
ré 331
readquirir 337
reagente 337
real 235, 331, 337
realce 223
realidade 337
realizar 235
reativo 337
reaver 337
rebaçã 110
rebaixar 2
rebaixar-se 2
rebanho 276
rebate 58
rebater 195
rebelado 290
rebelar-se 290
rebelde 290
rebelião 100
rebenque 26
rebento 140
reboque 107
reborquiada 325
rebrilhante 138
rebrilhar 139
rebuçado 113
rebusnar 321
recaída 337
recanto 221
recapitulação 79
recatado 333
recato 188
recear 219, 337
receber 22, 38
recebimento 338
receio 59, 219
recenseamento 170
recente 317
recepção 338
receptáculo 264
receptibilidade 338
receptividade 338
recesso 73
recibo 335
recidiva 337
recifes 15
recinto 75
recíproco 315
recobrar 337
recompensa 270
recompensar 270
recôncavo 13
reconhecer 40, 109
reconhecido 49
reconhecimento 276
reconquistar 337
reconstituir 338
reconstruir 338
recordação 300
recordar 301
recorrer 49
recoveiro 67
recreação 229
recrear-se 229
recriminação 38
recriminar 38, 195
recruta 130
récua 338
recuar 216
recuperar 337
recurvado 40, 207, 338
recurvo 40, 338
recusar 3, 316
redarguir 195
rédea 278
rede-fole 295
redemoinho 338
redenção 338
redenho 243
Redentor 133
redimir 338
rediviva 338
redobrar 338
redonda 114
redondear 99
redondezas 36
redondil 338
redondo 338
reduplicar 338
reduzir 14
refazer 338
refeição 339
referendum 330
referente 72, 189
referir 71, 194
refestelar-se 339
refle 173
refletir 309, 339
reflexão 89
reflexionar 339
refluxo 113
refocilar-se 339
reforçado 62
reforma 90, 339
reformação 339
reformar 90, 338
refrangente 339
refranger 339
refrear 1
refrega 19
refresco 339
refrigerador 274
refrigerante 339

refringente 339
refulgente 138
refúgio 15
refulgir 139
refutar 286
rega-bofe 47
regar 51
regato 100
regelado 63
regelar 241
regente 305
reger 37
região 323
régio 337
registrador 309
regozijo 57
regras 166
regressar 216
Reia 175
reincidência 337
Reino Unido 275
reiterado 202
rejeitar 3, 241
rela 147, 327
relação 339
relacionar 66
relampadejar 339
relampaguear 339
relampear 339
relampejante 138
relampejar 139, 339
relatar 194
relativo 189
relato 339
relaxado 220
relaxamento 220
relevar 197
relevo 223
relho 26
religião 225
religiosa 266
religioso 169
relinchar 317
relógio 309, 339
relógio-de-água 178
relógio de areia 78
relógio do sol 274
relutante 43
reluzente 138
reluzir 139
remada 339
remanchar 35
rematar 17
remate 221
remediado 4
remédio 309
remédio-de-vaqueiro 63
remelado 339
remelão 339
remeleiro 339
remelento 339
remeloso 339
remendão 339
remendeiro 339
remeter 223
remição 338
reminiscência 300
remir 338
remissão 16
remitir 16
remodelar 338
remoinho 338
remoque 172
rêmora 48, 326
remorso 99
remoto 42
rena 336
renda 71
rendas 333
rendeira 130
rendeiro 71
rendição 160
renegar 10
renomado 42
renome 168
renovar 338
renovo 140
renque 57
renunciar 3, 10
reorganizar 338
reparar 186, 339
repartir 230
repasto 339
repelente 10, 339
repente (de-) 339
repercutir 234
repetenar-se 339
repetido 202
repimpar-se 339
replicar 195
repoltrear-se 339
repouso 218
repreender 38
repreensão 38
represa 31
represália 216
representante 238
reprimenda 38
reprimir 1
réprobo 331
reprochar 38
reproche 38
repto 216
republicano 339
repúblico 339
repúdio 223
repugnância 82
repugnante 10
repulsivo 339
reputação 168, 193
requerente 286
requerer 212
requinte 65
rerietê 322
resedá-amarelo 334
reserva 340
reservada 153
resfriado 194
resgatar 338
resguardar 14
resguardo 15
residência 164
residente 278
residir 278
resíduo 225, 340

resignação 323
resignar 3
resolução 210, 324
resoluto 340
resolver 210
resolvido 340
respectivo 189
respeitar 21
respeito 21
respingar 195
resplandecente 138
resplandecer 139
resplendente 138
resplender 139
resplendor 139
responder 195
resquício 340
ressarcir 186
ressoar 234
ressudar 255
restaurar 339
restituir 226
resto 340
restos 225
restringir 14
resultado 254
resumo 186
resvaladio 246
resvalar 222
retalhista 340
retalho 340
retaliação 216
retardar 35
retenção 224
retentiva 300
retentor 225
retículo 121
retidão 244, 340
retificar 198
retinir 234
retirar 43
retirar-se 107
retiro 221
retitude 340
reto 87
retomar 337
retornar 216
retorquir 195
retraído 19
retratar 339
retratar-se 220
retrato 265
retrete 153
retroceder 216
retrogradar 216
retrucar 195
retumbar 234
réu 32
reunião 45
Reunião 136
reunir 32, 57
revelar 219
reverência 21, 199
reverenciar 21
reverendo 178
reverso 109
revidar 195
reviver 340
revivescência 79
revivescer 340
revivificar 340
revolta 100
revoltar-se 290
revoltoso 290
revolução 100
revolucionário 290
riacho 100
riamba 226
riba 60, 340
ribaçã 110
ribação 110
ribalta 336
ribança 340
ribanceira 60, 340
ribeira 100, 340
ribeirão 100
ribeiro 100
ribombar 234
ricaço 4
rícino 163
rico 4, 321
ridicularizar 340
ridiculizar 340
ridículo 141, 340
rifão 33
Riga 302
rígido 340
rijo 340
rinchar 317
rio 263
Rio Celeste 154
Rio Grande do Norte 331
rio-grandense-do-norte 317
rio-grandense-do-sul 273
riqueza 321
risco 327, 329
risível 340
ríspido 50
ritmo 148
rito 170
ritual 170
rival 41
rivalidade 239
rivalizar 187
rixa 69
robafo 340
robalo 154
roble 164
robusto 62
roca 340
roça 154, 172
roçadura 107
rocambole 132
roçar 45
roceiro 50, 149
rocha 340
rochedo 340
rocinha 172
rocio 321
rodamoinho 338
rodear 13, 170
rodeios 176
rodela 114
rodeleiro 163
rodoleiro 163

rodovia 251
roedeira 305
rogar 212
rola 140
rola-azul 328
roldana 330
roliço 176
rolo 99, 117
rombo 8, 302
romeiro 327, 328
romeno 340
rompe-gibão 335
romper 337
ronda 325
rórido 321
rosa-cambiante-de-caiena 78
rosa-canina 341
rosa-da-china 263
rosa-de-cão 341
rosa-de-cheiro 263
rosa-de-gueldres 317
rosa-de-jericó 338
rosa-de-santa-teresinha 168
rosa-do-japão 153, 280
rosa-do-mato 141
rosal 341
rosália 78
rosa-louca 78
rosa-paulista 78
rosca-para-mulas 341
róscido 321
roseiral 341
rosquinha 205
rosto 161
rota 323
roteiro 292
rotim 323
rotina 201
rotundo 338
rotura 8, 341
roubar 268
roubo 250
roupa 259
rouquidão 241
rouxinol 262
rouxinol-do-campo 330
rua 61
rubafo 340
rubente 341
rúbeo 341
rubeta 147
rubicundo 341
rúbido 341
rubixá 293
ruborescer 197
ruborizar 109
ruborizar-se 197
rubricar 104
rubro 239, 341
rude 50, 126
rudimentos 236
rufião 149
rufo 341
rugidor 341
rugiente 341
ruído 121
ruim 305
ruínas 246
ruinoso 209
ruir 5
ruiva 341
ruivo 341
rume ou rúmen 324
rumor 115
rupequeiro 334
ruptura 341
rural 49
rústico 49
rutilante 341
rutílio 341
rútilo 341

S

sabacu-de-coroa 232
sabão 112, 161
sabão-de-macaco 342
sabão-de-soldado 342
sabedor 206
sabiá 134, 162
sabiá-cavalo 342
sabiá-da-praia 342
sabiá-da-restinga 342
sabiá-do-campo 342
sabiá-gongá 342
sabiá-guaçu 124
sabiá-laranjeira 342
sabiá-piranga 342
sabiá-piri 342
sabiapoca 151, 342
sabiaponga 342
sabiá-verdadeira 342
sábio 56, 206
sabitu 130
saboeira-legítima 342
saboeiro 342
sabonete 161
saboneteiro 342
sabor 275
sabre 173
sabugueiro-d'água 317
saburá 342
saburu 299
saca 342
sacado 342
sacaiboia 33
sacar 98
saca-rolhas 341
saca-saia 198
sacerdote 178
saci 204
saciar 258
saciedade 258
saco 342
sacová 342
sacrificar 286
sacrifício 281
sacrilégio 332
sacrista 246
sacristão 246
sacro 342
saçurana 75
sacuritá 314
sádico 305
sadio 342
sáfaro 97

safar-se 302
safo 48
sagacidade 54, 328
sagrado 342
saguaritá 314
sagui 343, 360
sagui-amarelo 311
saguim 343, 360
sagui-piranga 311
saguira 299
saguiru 299
saia-balão 311
saia-branca 79
saí-açu 103
saia de baixo 79
saião 264
saicanga 284
saijé 343
saimento 242
saipé 343
sairé 343
sal 278
salamaleque 199
salamanquino 343
salamanta 295
salamanticense 343
salamântico 343
salamantino 343
sal comum 278
sal de cozinha 278
salema-feiticeira 166
salepo 343
salgado 343
sal-gema 278
salgueiro 343
salitre 317
saliva 207
salivar 207
salmanticense 343
sal marinho 278
Salomão 308
salsa 343
salsa-da-praia 122
salseiro 99, 117
salso 343
salta-martim 342
saltão-da-praia 333
salta-pocinhas 329
salta-toco 343
salteador 116
saltério 264
salto 146
salubre 342
salutar 342
salvação 343
Salvador 133
salvamento 343
salvar 32
samango 252
samanguaiá 343
sambaqui 127
sambetara 128
sambiquira 206
Samoa 316
samorá 342
sandeu 130
sandice 130
Sandwich 278
sanear 343
sanfona 29
sangangu 121
sangrento 204, 242
sangria 263
sangue-de-boi 343
sanguento 204
sangue pisado 244
sanguessuga 128
sanguificação 279
sanguinária 343
sanguinário 204
sanguínea 343
sanguíneo 205, 330
sanguinolento 204
sanha 181
sanhaço 103
sanhaço-de-coqueiro 343
sanhaçu 103
sanhaçu-pardo 129
sanhaçu-verde 343
sanhudo 181
sanificar 343
sanselimão 345
santa-lúcia 62
santa luzia 261
santa-luzia 62, 168
Sant'ana 115
santo 342
santoral 278
santuário 285
são 342
sapão 93
sapata 343
sapatinho-de-judeu 231
sapatinho-do-diabo 231
sapatinho-dos-jardins 231
sapato 151, 343
sapato-do-diabo 315
sapatorra 343
sapatranca 343
sapatrancas 343
sapé 232
sapecar 12
sapiente 206
sapinhos 251
sapiranga 130
sapiroca 130
sapo 328
sapo-de-chifre 290
sapo-intanha 290
saponaria 342
sapoquema 343
sapucaia 334
sapucaieira 334
sapucairana 343
sapucairana-branca 343
sarabanda 161
saracura 343
saracura-da-praia 343
saracura-do-mangue 343
saracutinga 343
saraíba 343
saraiva 175
sarangongo 343
saranha 295, 326
sarapatel 343

sarar 207
sarará 343
sarassará 343
sarcástico 167
sarcódio 333
sarcófago 169
sarcolema 312
sarda 301
sardento 301
sardinha-de-gato 149
sardinha-laje 149
sardinha-larga 149
sardinheira 166
sardinheta 173
sargento 113
sargo 149
sariama 343
sariema 343
sariguê 165
sarigueia 165
sarilho 99, 121
saripoca 93
sarja 343
sarjel 343
sarnambi 292
sarrabulho 343
sarro 307
sarro-de-pito 127
saruê 165
satânico 213
sátira 172
satirião 343
satírico 167
satírio 343
satisfação 57
satisfeito 57
Saturno 204
saubal 343
saudação angélica 109
saudações 191
saudade 245
saudar 199
saúde 140
sauí 75, 298, 343, 360
sauiá 276, 337
sauim 343, 360
saurá 94, 324
saúva 199
sauval 343
sauvástica 343
sauveiro 343
savacu 95
savana 250
saveiro 72
scratch 183
seara 168
sebáceo 242
sebastião 200
se bem que 55
sebento 242
sebipira 344
sebo 116
seboso 242
seca 77, (2) 344
secação 344
secador 77
seca-gás 124
seção 230, 344
secar 78, 243
secativo 344
seco 97
seco-fico 204
secreção 253
secreta 153
secreto 177
sectarismo 324
secundar 344
secundinas 186
secura (2) 344
sedalha 344
sedela 344
sedente 344
sedento 344
sede-sede 204
sedição 100
sedimento 135
seduzir 65
sege 164
segmento 344
segredar 180
segredo 95, 312, 340
seguilhote 115
seguimento 195
seguinte 331
seguir 28
segundar 344
segundo 191
segurança 11, 344
segurar 48, 91
segureza 344
seguridade 344
seguro 171
seio de Abraão 301
seios 305
seixo 151
selar 250
seleção 183, 236
selecionado 183
selecionar 236
selenose 301
seleta 85
selo 249
selva 135
selvagem 118, 261, 288, 344
selvático 344
selvoso 344
semanal 278
semanário 278
semblante 161
semelhança 79, 344
semelhante 79, 344
sem embargo de 89
semestral 344
sem-fim 204
semianual 344
semiânuo 344
semicírculo 279
semicúpio 116
seminarista 265
semínula 344
semínulo 344
semitom 310
sêmola 344
semolina 344
sempiterno 252

sempre 195
sempre-noiva 343
sempre-viçosa 142
sem-vergonhez 344
sem-vergonheza 344
sem-vergonhice 344
sem-vergonhismo 344
senão 115
senda 105, 153
senectude 344
senembi ou senembu 153
senhor 231
senhora 200, 209
senhorial 345
senhoril 279, 345
senhorio 71, 108, 231, 302
senhorita 232
senilidade 344
sensabor 221
sensaborão 221
sensação 327
sensato 56
sensitiva 232
sensível 323
senso 133, 193
senso comum 133
sensualidade 189
sentença 33
sentido 22
sentimento 232, 327
sentina 153
sentinela 105, 334
sentir 188, 193
separar 43
septeto 345
séptuor 345
sepulcro 154
sepultar 242
sepultura 154
sequaz 34
sequidade 97
sequidão 344
sequioso 344
séquito 184
ser 242, 250
serelepe 33
serenar 5, 13
serenata 345
serenidade 151
seresta 345
sericora 343
sericórdia 343
série 57
seriema 343
serigado 112
serigado-sabão 112
seringueira 102
sério 56
sermão 67
sernambi 292
sernambiguara 345
serôdio 255
serpão 345
serpear 345
serpejar 345
serpente 179
serpentear 345
serpentejar 345
serpilho 345
serpol 345
serra 171
serrador 63, 343
serradura 345
serra-garoupa 146
serragem 345
serralho 274
serrania 171
serra-serra 63
sertã 266
sertão 280
seruaia 308
serubuna 345
serutinga 345
serva 80
serviçal 203
servidão 167, 246
servidor 203
servir-se 238
servo 203
sestro 147, 345
seta 209
Sete-Estrelo 330
seteira 266
setena 345
setentrião 317
setentrional 101
sete-portas 295
setilha 345
severo 108
sevícia 204
sevilhana 338
sevo 204
sexangulado 345
sexangular 345
sexângulo 345
sezões 259
sezonismo 259
sibilação 345
sibilo 89, 345
sibipira 344
sicativo 344
siçuíra 300
sicupira 344
sideral 345
sidéreo 345
sidérico 345
sífilis 303
sifilítico 240, 303
sigilo 340
significação 22
signo de salomão 345
signo-saimão 345
signo-salmão 345
signo-salomão 345
silencioso 150
silente 150
sílex pirômaco 326
silvado 345
silva-macha 341
silvão 341
silvedo 345
silvestre 344
silvo 89, 345
silvoso 344
simanguiá 343

simbaíba 302
Símbolo dos apóstolos 202
simiano 304
simiesco 304
símil 344
similar 79
similaridade 79
similitude 79, 344
símio 304
simongoiá 343
simples 155
simpleza 345
simplicidade 155, 345
simplório 130
simulação 229
simular 44
sina 20
sinal 11, 288
sinceiro 343
sinceridade 266
sincero 265
síncope 105
sindicância 225
singeleza 345
singrar 345
singular 207, 345
singulto 345
sinimbu 153
sino-saimão 345
sino-salmão 345
sino-salomão 345
sino-samão 345
sintático 345
sintáxico 345
sintrão 345
sintrense 345
siri-chita 345
siri-da-areia 345
siriri 324, 345
sirito 128
siriú 295, 343
siriúba 343
siríúba 295
siriúva 343
siri-xinga 345
sirvente 346
sirventês 346
sismo 3
sistema 346
sistro 345
sisudo 56
sitiar 170
sitibundo 344
sítio 103, 172, 302
sito 346
situação 165, 172
situado 346
SMS 164
só 88, 345, 346
soabrir 219
soão 346
sobejo 212
soberania 108
soberano 346
soberba 68
sobrado 212
sobraji 346
sobraju 346
sobrancelha 346
sobranceria 68
sobre 23, 176, 206
sobrealugar 346
sobrecarta 243
sobreclaustra 346
sobreclaustro 346
sobrecu 206
sobreiro 346
sobrelevar 1
sobremaneira 346
sobremesa 331
sobremodo 346
sobrenadar 132
sobrepor 346
sobreporta 116
sobrepujar 1
sobrerrolda 346
sobrerronda 346
sobrescrito 243
sobressalto 59
sobrestar 171
sobrevivente 346
sobrevivo 346
sóbrio 16, 267
socado 105
social 346
sociável 346
sociedade 104, 186
Sociedade 346
soco 314, 325, 346
socó-de-bico-largo 95
socó-estudante 308
socoí 295
socorrer 32
socová 342
socozinho 308
soer 30, 201
sofá 155
sofisma 324
sofomaníaco 346
sofômano 346
sofrê 189
sofrear 1
sofrenaço 346
sofrenada 346
sofrenão 346
sofrer 55
sofrimento 45
soído 346
soim 343, 360
solama 346
solão 346
solda 313, 346
soldadinho 347
soldado 153, 310, 311, 326, 331, 347
soldado-do-bico-preto 240
soldadura 347
soldagem 347
soledade 347
solenizar 168
solevantar 347
solevar 347
solicitar 212
solícito 205
solicitude 205

solidão 221, 347
solidar 347
solidificar 347
solilóquio 313
solina 346
sólio 347
solitária 347
solitário 215
solitude 347
solo 347
soltar 218
solteiro 169
soltura 217
solução 229
soluçar 163
soluço 345
soluto 229
soma 35, 334
sombra 3
sombrio 151, 347, 355
somente 88
somítico 47
sonega 347
sonegação 347
soneira 347
sonhim 343
sonido 346
sonolência 182, 347
sonsa 347
sonsice 347
sopa 154
sopapo 132
sopé 1
sopitado 347
sopito 347
sopor 182
soporativo 347
soporífero 347
soporífico 347
soporoso 347
soprano 347
sórdido 287
sorgo 311
soricória 343
sororal 347
sorório 347
sorte 20, 229
sortilégio 141
sorumbático 280
sorvedura 347
sorver 16
sorvete 274
sorvo 275, 347
soslaio (de) 247
sossegar 5
sossego 151
sotaque 22
sota-vento 296
sova 180
sovaco 110
sovador 313
sovela 327
sovereiro 346
sovina 47
sozinho 346
suaçuaia 245
suaçuapara 162
suaçupita 277
suaçupucu 162
suaçutinga 347
suão 346
suar 347
suástica 343
suavizar 5, 13
subalterno 347
subalugar 346
subarbústeo 347
subarbustivo 347
subasta 347
subastação 347
subclavicular 347
subclávio 347
subentendido 286
subir 348
súbito (de-) 339
subjugar 1, 108
subjuntivo 192
sublevação 100
sublevado 290
sublevar-se 290
sublimar 69
sublocar 346
submeter 1, 108
subministrar 4
submisso 231
subordinado 347
suborno 326
sub-reptício 319
subscrever 104
subsecutivo 331
subsequente 331
substituir 348
substituto 348
subterfúgio 245
subterrâneo 348
subtérreo 348
subtrair 6
subúrbios 36
sucará 248
súccino 74
sucedâneo 348
suceder 28, 348
sucesso 254
sucessor 279
súcia 153
sucinto 189
suco 151
suçuaia 245
suçuapara 162
suçuarana 205
sucuba 348
sucupira 344
sucuri 348
sucuriju 348
sucurijuba 348
sucuriú 348
sucursal 262
sucuru 174
sucuuba 348
sucuuva 348
súdito 175
sudorífero 348
sudorífico 226, 348
suelto 348
suficiente 103

sufocante 348
sufocar 1
sufocativo 348
sufrágio 348
sufumigação 348
sufumígio 348
sugar 16
sugerir 28
sugestão 333
suíço 279
suiná 200
suinara 200
suindá 200
suindara 200
suíno 331
suiriri 345
sujeitar 1
sujeito 288
sujo 156, 287
sul 84, 310
sulamanquense 343
sulavento 296
suleiro 348
sulino 348
sulipa 175
sulista 348
sul-rio-grandense 273
suma 186
sumaré 130
sumarento 348
sumário 186
sumaúma-do-igapó 64
sumição 348
sumiço 348
sumidoiro 311
sumidouro 246
sumidura 348
sumir-se 216
sumo 151, 346
sumoso 348
súmula 186
suntuosidade 87
suor 348
supedâneo 325
superabundância 17
superabundante 17, 212
superar 1
supercílio 346
superfície 96
supérfluo 212
supergaláxia 348
super-homem 279
superioridade 20, 331
supernal 348
superno 348
superpor 346
superstição 17, 257
supérstite 346
supervisar 348
supervisionar 348
suplantar 1
suplemento 88, 187
suplente 348
suplicante 286
suplicar 212
suplício 45
supor 202
suportar 55
suporte 325
suposição 281
suposto 281
supremo 346
supressivo 348
supressor 348
supressório 348
sura 98, 129
surdez 242
surpreso 37
surra 180
surto (2) 80, 99
suru 129
súru 98
surubi 147, 302
surubim 147, 302
surucuá 328
surucucu 348
surucucu-de-pindoba 180
surucucu-do-pantanal 132
surucucu-patioba 180
surucucu-pico-de-jaca 348
surucucurana 294
surucucu-tapete 180
surucucutinga 348
sururina 348
sururu 99, 117, 121, 311
suscitador 348
suscitante 348
suspeita 219
suspeitar 219
suspender 326
suspensão 77
suspirar por 81
suspiro 74
suspiro-amarelo 74
suspiro-roxo 74
sustar 171
sustentar 54, 65
suster 54
susto 59
suta 34
sutil 348
sutileza 54
suturar 200

T

tabacarana 268
tabacaria 173
tabaco 268, 337
tabaco-bom 200
tabaiacu 349
tabaque 207
tabaquista 337
tabarana 297
tabardilho 349
tabaréu 149
tabebuia 150
tabefe 132
tabelião 317
taberna ou taverna 113
tabético 349
tábido 349
taboca 349
tabocal 349
tabuiaiá 167
tacaca 155

tacamaca 102
tacanho 47
tacape 146
tacha 115
tachã 82
tacho 94
taci 349
tácito 286
taciturno 150
tacuri 349
tacuru 206, 349
tádega 349
taful 56
tafuleira 349
tafulona 349
tagantaço 349
tagantada 349
tagarela 257
tagarelar 272
tágueda 349
taiaçu 334
taiaçuguira 95
taiaçu-uirá 95
tainha 207, 258, 324
tainhota 349
taioba 294
taioca 146, 198, 349
taipal 349
taipão 349
taipeira 233
taitetu 150
Taiti 346
taititu 150
taiuiá-de-abobrinha 11
taiuiá-de-cabacinha 11
taiuiá-de-quiabo 11
tajacica 55
tajaz-de-cobra 83
talabarte 116
tálamo 152
talão 156
talento 92, 241
talhada 258
talhadura 349
talha-mar 129, 349
talhamento 349
talhante 199, 349
talhar 199
talhe 250
talho 30, 199
talo 294
talvez 334
tamajuá 175
tamanca 346
tamanco 346
tamanduá-açu 349
tamanduá-bandeira 349
tamanduá-cavalo 349
tamanduá-colete 181
tamanduá-mirim 182
tamanho 228
tamaquaré 349
tamari 343
tamarindeira 295
tamarindeiro 295
tamarindo 295
tamarineira 295
tamarineiro 295
tamarinheiro 295
tamarinho 295
tamarutaca 298
tamatiá 95
tamatião 174
tambaque 207
tambarutaca 298
tambó 345
tamboeira 331
tamboril 326
tambuatá 153, 347
tamburupará 129
tamburutaca 298
tamearana 144
tametara 311
tampar 349
tamuatá 153, 347
tamurupará 129
tanajuba 276
tanchão 349
tanchoeira 349
tangará 209, 272
tangerina-boceta 299
tangerina-sanguínea 299
tangerineira 127
tange-tange 140
tangurupará 129
tanjasno 334
tanoeiro 327
tantã 275
tantanguê 349
taoca 198, 349
tapa 132, 301
tapa-buraco 89
tapado 126
tapar 349
tapa-vista 2
tapeçaria 60
tapecuim 206
tapema 274
tapena 274
tapera 81
taperá (2) 81
taperebá 150
taperebá-açu 150
taperu 349
taperuçu 81
tapete 60
tapichi 317
tapiçuá 349
tapicuru (2) 198
tapieira 310
tapigo 349
tapioca 98
tapir 84
tapiranga 343
tapiretê 84
tapiti 155
tapuio 142
tapume 349
tapuoca 49
tapuru 349
taquara 295, 349
taquaral 349
taquara-seca 129
taquarazinha-d'água 80
taquaré 349

taquarinha 129
taquigrafia 250
taquígrafo 250
taraguira 150
taraguirapeva 349
taraíra 340
tarambola 124
taramelar 272
tarangalho 349
tarapitinga 349
tararucu 260
tardamento 350
tardança 350
tardinheiro 350
tardio 213, 255, 350
tardo 213, 350
tardonho 350
tarecagem 350
tarecama 350
tarefas 43
tareia 180
tareroqui 161
tariíra 340
tarimbado 151
tariota 334
tarnagalho 349
tarro 294
tarsiano 350
társico 350
tartamelo 270
tartamudear 114
tartamudez 270
tartamudo 270
Tártaro 109
tartaruga 149
tartaruga-de-pente 350
tartaruga-verdadeira 350
tartufo 124
tarumã 308
tasca 113
Tasmânia 350
tatá 149
tataíra 149
tatajiba 295
tatajuba 295
tatapiririca 325
tatarema 295
tataúba 295
tateto 150
tática 252
tatu 145
tatuaçu 350
tatuaíva 324
tatuapara 350
tatu-bola 350
tatu-canastra 350
tatu-de-rabo-mole 350
tatuetê 350
tatu-galinha 350
tatuíra 314
tatupeba 325, 350
tatu-peludo 325, 350
tatupeva 325
tatuquira 118
taturana 75
tatu-veado 350
tatu-vespa 145
tatuxima 350
tatuzinho 117, 128
tavão 143, 313
táveda 349
tavua 324
taxa 196
taxi 265
taxizeiro 325
tcheco 131
tecer 265
tedesco 62
tédio 240
tedioso 240
Tefé 179
tegão 156
teima 238, 350
teimosia 350
teimoso 43
teísmo 211
teísta 211
teiú 298
teiú-guaçu 298
teju 298
tejubina 350
tejuco 145
tejuguaçu 298
telefonada 350
telefonema 350
temer 337
temerário 46
temeroso 247
temível 265
temor 59, 91
temperamento 161
temperante 16
temperar 13, 40
temperatura 350
tempero 190
tempestade 135
templo 285
tempo 307, 350
tempo-quente 99, 121, 204
temporal 135
temporão 255
temporário 235
têmporas 264
tempo-será 307
tem-tem 273
tem-tem-de-estrela 273
tem-tem-verdadeiro 273
tem-tenzinho 167
temulência 51
temulento 61
tenaz 43, 194
tenção 72
tencionar 291
tenda 238, 256
tenebroso 151, 353
tenesmo 333
tênia 347
tênis de mesa 329
tenreiro 317
tenro 137
tentador 350
tentante 350
tênue 348
teorético 350
teoria 346

teórico 350
tepente 350
tepidez 350
tépido 350
tepor 350
ter 278, 331
terapêutica 350
terapia 350
terém-terém 174
terminante 166
terminar 17
terminologia 317
térmita ou térmite 206
termo 146, 254
terneiro 317
ternura 42, 43, 242
tero-tero 174
terra 347
terraço 350
Terra de Van Diemen 350
terrado 350
terral 350
terráqueo 350
terra vegetal 283
terreal 350
terreiro 155
terremoto 3
terrenal 350
terrenho 350
terreno 347, 350
terrento 350
térreo 350
terrestre 350
terriço 283
terrificante 350
terrificar 26
terrífico 350
terrível 247, 350
terror 59
terroso 350
tesão 350
tese 229
teso 332
tesoura 60, 128, 351
tesoureiro 351
tesouro 244
tessálico 351
tessálio 351
téssalo 351
testa 267
testaçudo 351
testada 351
testeira 351
testemunhar 351
testificar 351
testudo 351
tesura 350
teta 305
tétano dos recém-nascidos 305
tetéu 174
teto 164
tetraplégico 243
teúba 351
teucrieta 351
téu-téu 174
tez 208
tiã-tiã-preto 63
tibieza 242
tíbio 313
tibiro 331
tico-tico 295
tico-tico-do-biri 146
tico-tico-do-campo 155
tico-tico-rei 272
ticum 351
ticura 351
tié-fogo 343
tiê-sangue 343
tietinga 82
tifo abdominal 260
tifo amarílico 259
tifo exantemático 349
tifo icteroide 259
tifo petequial 349
tigela 305
tigre 155
tijolo quente 113
tijubina 350
tijucada 351
tijucal 351
tijuco 299
tijucupaua 351
tijucupava 351
tijuqueira 351
tilintar 351
timbiro 331
timbó-de-raiz 275
timbó-do-rio-de-janeiro 123
timbu 166
timburé 351
tímido 19, 179
timo 351
timorato 179
tinguaciba 248
tinguaçu 67
tingui-de-leite 47
tinha 331
tinhoso 156
tino 54, 193
tinta-dos-gentios 82
tintar 351
tintinar 351
tintureiro 153, 334
tiom-tiom 200
tiorga 51
tipi 245
tipisca 342
tiple 347
tipo 288
tiquira 174
tirada 351
tiradela 351
tiradura 351
tiragem 351
tiramboia 180
tiramento 351
tirania 15
tirano 223
tirar 98
tirete 280
tiriba 311
tiriri 345
tiriva 311
tiro 113

titara 293
títere 134
titilação 180
titímalo-maior 351
tiú 298
tiziu 63
toalete 153
toalheiro 331
toante 104
tobá 106
toca 86
tocadela 351
tocadura 351
tocaiar 248
tocainará 351
tocaio 281
tocamento 351
tocanairá 351
tocandera 351
tocandira 343, 351
tocanera 351
tocanguira 343
tocanquibira 351
tocante 185
tocar 60
tocari 76
tocologia 319
todavia 196
todo 147
Todo-Poderoso 69
toé 308
toga 124
tolerar 38, 55, 91
tolher 227
tolhido 243
tolice 130
tolo 130
tomar 22
tomba 248
tombadilho 197
tombar 5
tomilho 351
tomo 351
tonante 351
Tonga 77
tonitruante 351
tonsila 77
tonsilite 77
tonteira 351
tontonguê 349
tontura 251, 351
topar 24
tope 70, 351
tópico 348
topo 70, 351
toque 351
torce-cabelo 241
torcedela 351
torcedura 351
torcimento 351
torga 251
torgo 251
tormenta 135
tormento 45
tormentório 351
tormentoso 351
tornar 216
torneamento 351
torneio 296, 351
torneira 128
torniquete 134
tornozelo 322
toró 276, 337
toropixi 325
tororó 312
torpe 222
torpedagem 351
torpedeamento 351
torpor 182, 242
torra 310
torrar 334, 351
torrear 352
torrejar 352
torrente 100, 198
torresmo 129
tórrido 14
torrija 258
torrinhas 153
tortual 352
tortueiral 352
tortulho 181
tortura 45, 204
torvação 352
torvamento 352
tosa 180
toscanejar 180
tosse comprida 197
tosse convulsa 197
tosse de guariba 197
tostar 172, 351
total 35
toupeirinha 147, 265
touro 132
tovaca 247
tóxico 325
trabalhador 101, 298
trabalho 298
trabalhos 45
traçado 329
traçar 265
traço de união 280
tracoma 192
tracuá 83
tracutinga 343
tradução 352
traficante 352
tráfico 183
tragadeiro 275
tragar 183, 211
tragédia 232
trago 275
traição 34, 62
traiçoeiro 96
traidor 62
trair 10, 107
traíra 340
trairamboia 329
traje 259
trajo 259
tralhote 334
tralhoto 334
trama 144
tramar 265
trampolina 352
trampolinada 352

trampolinagem 352
trampolinice 352
tranar 352
trancucho 352
trancudo 352
tranqueira 352
tranqueta 124
tranquia 352
tranquibérnia 352
tranquibernice 352
tranquilidade 151, 218
transcrever 197
transcursão 352
transcurso 352
transe 45
transferir 35, 352
transfiguração 352
transformação 311, 352
transformar 69
trânsfuga 221
transgredir 196
transgressão 222
transgressor 32
trânsito 257
transitório 235
translúcido 226
transnadar 352
transparente 226, 238
transpiração 348
transpirar 347
transportação 352
transportamento 352
transportar 352
transporte 99, 352
transtornado 6, 37
transtornar 217
transudar 255
trapagem 352
trapalhada 352
trapalhice 352
trapeira 51
trapitinga 349
trapoerabarana 80
trapos 81
traquinada 352
traquinagem 352
traquinar 352
traquinas 101
traquinice 352
traseiro 104
trasladar 197
trasorelho 168
traspasse 257
tratado 29
tratador 327
tratamento 206, 352
tratante 352
tratar 48
tratar mal 305
trato (2) 352
travadeira 352
travadoura 352
trave 121
travento 25
travessa 124, 175, 323
travessear 352
travesseira 352
travesseiro 67, 352
travesso 101
travessura 352
travicha 352
travoso 25
trégua 98
tréguas 288
treinar 34
trem 183
trema 89
tremecém 353
tremedal 138
tremedeira 259, 353
tremer 252
tremês 353
tremesinho 353
tremetara 128
treme-treme 98, 129, 326
tremonha 156
tremor 353
tremor de terra 3
tremura 353
trenagem 353
trenamento 353
trepadeira-de-são-joão 268
trepa-moleque 167, 264
trepar 348
trepidação 3
tresdobro 353
três-folhas-vermelhas 82
três-marias 142
três-Marias 353
três-portas 295
Três-Reis 353
três-setes 353
treva 246
trevo-cheiroso 79
trevo-de-cavalo 79
trevo-de-cheiro 79
trevoso 151, 353
tríade 353
triaga 85
triângulo 261
tribufe 252
tribufu 252
tribulação 45
tríbulo 15
tributo 196
trifólio 110
trilar 353
trilha 105, 153
trilho 164
trilo 353
trimensal 353
trimestral 353
trinado 353
trinar 353
trinca 353
trinco 124
trindade 353
trinervado 353
trinérveo 353
trino 353
trinta-réis 270
tripa 291
tripa-de-galinha 353
tripé 353
tripeça 353

tríplice 353
triplo (2) 353
tripó 353
trípode 353
tripulação 244
triste 280
triste-vida 126
tristeza 45, 243
tristonho 280
triturar 74
triunfador 353
triunfante 353
triunfo 353
trivial 115
troar 353
troça 147, 172, 174
troçar 147
troca-tintas 306
trocista 174
troco 212
trolha 252
trombeta 55
trombeta-branca 151
trombeta-do-juízo-final 353
trombetão-branco 151
trombetão-roxo 353
trombeteira-branca 151
trombeteira-roxa 353
trombeteiro 314
trombombó 329
tromombó 329
trompa 327
tronar 353
tronco 268
trono 347
tropa 338
tropeiro 67, 354
tropel 45
tropelia 352
trovador 118
trovejante 351
trovejar 353
trovisco-macho 351
truaca 51
truanesco 141
truão 131
trucidamento 103
trucidar 103
trufa 354
truíra 349
truirapeva 349
truncar 315
tuaiuçu 308
tubarana 297
tubarão 81
túbera 354
tuberculose 262
tuberiforme 354
tuberoide 354
tubi 349
tubiba 349
tubuna 295
tucá 77
tucanaçu 354
tucaninho 93
tucano-de-peito-branco 328
tucano-grande 354
tuco-tuco 207
tucum 351
tucunzeiro 351
tucura 351
tucuxi 329
tugúrio 144
tuijuva 295
tuim 123
tuiuiú 145, 293
tujuba 351
tujucada 351
tujucal 351
tujuvinha 312
tumba 154
tumba da misericórdia 336
tumefacto 287
tumefazer-se 288
tumente 287
túmido 287
túmulo 154
tuncum 94
tunda 180
tundra 250
tupeiçaba 354
tupeiçava 354
tupiçaba 354
tupixá 305
tupixaba 354
tupixava 354
turba 314
turbamulta 45, 314
turbar 354
túrbido 354
turbinação 354
turbinagem 354
turco 322
turgência 354
turgidez 354
turíbulo 287
turiferário 287
turiri 348
turismo 253
turiúa 343
turno 354
turucué 126
turumbamba 99, 121
tururi 348
turvar 354
turvo 354
tussilagem 354
tutano 310
tutela 325, 354
tutelado 333
tutelar 354
tutorar 354
tutoria 354
tuxaua 147

U

uacari 20, 82
uaiapuçá 294
uaná 100
uanandi 276
uapé-da-cachoeira 263
uapuçá 131, 294
uatapu 105
uatupu 355
uauá 149

ubá 123
ubeba 319
úbere 305
ubertoso 260
ubiquação 355
ubiquidade 355
ucuuba 102
udômetro 330
udu 295
ufanar-se 58
ufania 58
uiraçu 208
uirapaçu 95
uirapuru 95
uiratatá 93
uiruucotim 208
uivar 355
úlcera 172
úlcera de bauru 300
uliginário 355
uliginoso 355
ulterior 331
ultimar 17
último 214
ultrajar 47
ultraje 47
ulular 355
uma vez que 184
umbaúba 74
umbrífero 355
umbroso 347, 355
umbu 286
umburana 286
umbutinga 355
umbuzeiro 286
umectante 355
umectar 355
umectativo 355
umedecer 355
umente 355
úmido (2) 355
unau 332
uncinariose 74
unha-de-boi 313
unha-de-cavalo 354
unha-de-gato 142
unha-de-vaca 313
unha do olho 333
unha encravada 320
unha no olho 333
unheiro 274
união 64, 296
único 345
unicorne ou unicórneo 82
unido 37
unificar 57, 355
uniformar 355
uniformizar 355
unir 57, 355
universal 188
universo 314
universo-ilha 348
untanha 290
unto 116
ura 127
urbanidade 42
urbano 145
urdir 265
urgência 332
urgevão 274
uri 112, 277
uricana 180
urina 311
urinar 311
urinol 112, 311
uritinga 292
uropígio 206
Ursa Maior 164
urso-do-mar 300
urtiga-de-cipó 353
urtiga-do-mar 54
urtiga-morta 311
urtiga-tamearana 144
uru 160
uruá 95
urubaiana 93
urubamba 293
urubu 200
urubucaá 82
urubu-caçador 154
urubu-campeiro 154
urubu-de-cabeça-amarela 355
urubu-de-cabeça-vermelha 154
urubu-gameleira 154
urubu-ministro 154
urubupeba 154
urubu-peru 154
urubuzinho 81
uruçu 277
urucubaca 110
urucueiro 355
urucuuba 355
urucuzeiro 355
uruguaio 321
urupê 321
ururau 293
urutágua 175
urutau 175
urutu 205
usaidela 76
usança 201
usar 238
usina 256
uso 201, 238
usufruir 221
usufrutuar 221
usura 320
usurário 48, 320
usureiro 320
usurpar 90
utensílio 261
útero 305
uteromania 268
útil 196
utilidade 196
utilização 238
utilizar 238
utopia 258
utópico 285
utuapoca 308
uvacupari 112
uva-do-rio-apa 17
úvido 355
úvula 154

V

vaca 312
vacação 356
vaca-marinha 326
vacância 356
vacapari 112
vacaparilha 112
vacaraí 317
vacatura 356
vacilar 114
vacu 13
vacuá 324
vácuo 356
vade-mécum 307
vadio 76, 356
vaga 245
vagabundo 76, 356
vagação 356
vaga-lume 149
vagância 356
vagante 356
vagar 244
vagaroso 213
vagatura 356
vagens 260
vaia 92
vala 96
valáquio 340
valeira 356
valeiro 356
valentão 115
valente 137
valentia 137
valer 32
valeta 356
valete 190
vale-tudo 166
valhacouto 15
valia 356
valido 259
valimento 356
valor 137, 208, 251, 356
valoroso 137
vãmente 209
van 154
vanglória 58
vangloriar-se 58
vantagem 196
vantajoso 196
vante 332
vão 8, 115
vaporar 253
vaporizar 253
vapuaçu 355
varão 281
varapau 122
varejadura 356
varejamento 356
varejeira 313
varejista 340
varejo 340, 356
varela 356
vareta 356
varge 356
várgea 356
vargedo 356
vargem 356
variação 356
variar 69
varicela 128
variedade 221, 356
varíola 128
vários 230
varja 356
varjão 356
varola 356
varonil 356
varrão 119
varrasco 119
varredeira 356
varredor 356
varredoura 356
varredura 177, 356
varrição 356
várzea 356
vasa 299
vaso 118
vaso noturno 112
vassalo 175
vassourinha 354
vassourinha-de-varrer 354
vassourinha-do-brejo 325
vasto 8
vatapu 105
vate 36, 118
vaticinar 36
vazadura 356
vazamento 356
vazante 113
vazio 280, 320, 356
veado 171
veado-bororó 154
veado-branco 347, 356
veado-campeiro 356
veado-cariacu 134, 154
veado-dos-mangues 162
veado-galheiro 162
veado-mateiro 277
veado-negro 264
veado-pardo 277
veado-roxo 264
vedar 332
veeiro 262
veemente 99
vegetal 329
veículo 356
veio 262
vela 357
veladura 357
velame-do-campo 357
velamento 357
velame-verdadeiro 357
veleidade 357
velejar 345
velenho 280
velha 200
velhaco 96
velhice 344
velho 6, 80, 83
velho/a 248
velo 145
velório 334
veloz 169
veludilho 357

veludíneo 109
veludinho 63
veludo 357
veludoso 109
vem-vem 357
vencedor 357
vencer 1
vencida 357
vencimento 357
venda 238
vendaval 358
vendável 357
vender 65
vendível 357
veneno 325
venera 190
veneração 21
venerar 21, 39
veneziana 328
venta 316
ventania 358
ventilar 48
ventre 7
ventrecha 358
ventrisca 358
ventura 20, 229
venturoso 46
Vênus 47
ver 110
veracidade 358
veraneante 358
veranista 358
verão 251
veraz 358
verbal 321
verbasco 118
verbena 153
verberão 153
verberar 38
verbete 261
verdade 337, 358
verdadeiro 358
verde 285
verdear 358
verdecer 358
verdejar 358
verdete 110
verdoengo 252
verdolengo 252
verdor 358
verdoso 252
verdugo 64
verdura 282, 358
vereda 105, 153
verga 323
vergalhar 26
vergalho 26
vergasta 26
vergastar 26
vergel 282
vergonha 223, 333
vergonhoso 19
veridicidade 358
verídico 358
verificar 109
vermelhão 312
vermelho 239
vermífugo 85
verniz 330
verônica 351
verônica-oficinal 172
verruga da baía 300
verrugoso 358
verruguento 358
versado 328
versão 352
verso 109
vertente 1
verter 214
vertigem 251
vesgo 251
vesguice 251
vesicante 358
vesicatório 358
vesícula 132
vespa 144
vespa-cabocla 145
vespa-caçadora 144
vespão 144
Vésper 324
veste 259
vestido 259
vestidura 259
vestimenta 259
vesuvianita 285
veterano 151
veterinário 72
vetustade 344, 358
vetustez 344, 358
vevuia 296
vexame 47
vexar 12, 47
vez 354
via 130, 153
viageiro 358
viajador 358
viajante 358
viajor 358
Via-Láctea 154
viatura 356
viciado 198
viciar 4
vício 115
vicissitudes 69
vicuíba 129
vida 130, 254
vide 358
videira 358
vidoeiro 128
vidro de aumento 301
viga 121
vigário 178
vigário de Cristo 323
vigência 358
viger 358
vigia 105
vigilância 105
vigilante 106
vigilenga 123
vigor 358
vigorar 358
vigoroso 62
vil 10
vilela 358
vileta 358

vilipendiar 214
vilota 358
vimíneo 358
viminoso 358
vimoso 358
vim-vim 357
vináceo 358
vinagreira 51, 64, 164
vincapervinca 328
vinco 230
víndice 358
vindicta 216
vindimador 358
vindimeiro 358
vindouro 269
víneo 358
vingador 358
vingança 216
vinte e um 353
vinte-e-um-pintado 272
vinte-pés 32
viola 70
violação 222
violador 32
violar 196
violência 236
violentar 179
violento 50, 99, 106
violeta 70
violeta-do-pará 337
violeta-tricolor 78
violinista 336
violino 336
vipéreo 358
viperino 358
vir 210
vira 102, 175
virá 167
vira-bosta 175
viração 93
virada 358
viradela 358
viradinho 358
virado 358
vira-folhas 329
viragem 358
virago 304
viramento 358
virar 358
viravoltas 69
virginal 358
virgíneo 358
viril 356
viruçu 354
vírus 325
visão 3, 88
víscera 242
víscido 358
viscoso 358
visguento 358
visível 323
visos 88
víspora 302
visprar 334
vista cansada 332
vista curta 312
vistas 72
visto como 184
visto que 184
vistoso 56
vitelo 317
Viti 261
vitória 353, 357
vitoriar 25
vitorioso 357
vitrine 313
vitu 130
viúva 303, 358
viúva-alegre 153
viuvinha 358
vivenda 164
vivente 358
viver 254
vivificar 110
vivo 358
vizinhanças 36
vizinho 37
voador 349
vocabulário 226
vocabularista 227
vocabulista 227
vocábulo 254
vocação 92
voejar 252
voga 204, 312, 339
volante 328
volatilizar 253
volição 357
volitar 252
voltar 216, 358
volteadura 359
volteio 359
volume 228, 302, 351
voluntário 248
volúpia 189
voluptuosidade 189
volúvel 288
volvedor 359
volvente 359
volver 216, 358
volvo 285
vólvulo 285
vomição 359
vômito 359
vomitório 237
vontade 357
voo 99
vorá 134
vorá-boi 94
vorá-cavalo 94
voraz 184
votar 192
voto 193, 348
vozeada 359
vozeamento 359
vozearia 359
vozeria 359
vozeria ou vozearia 58
vozerio 359
vozes 136
Vulcano 278
vulcão de lama 343
vulgacho 330
vulgar 115

vulgarizar 230
vulgo 61, 330
vulneral 359
vulnerário 359
vulpino 337
vulvar 359
vulvário 359

W

W.C. 153

X

xadrez 142
xaiá 82
xangó 80
xangô 155
xará 281
xaréu-branco 93
xauim 343, 360
xerimbabo 314
xeroftalmia 192
xexéu 133
xexéu-de-bananeira 326
xícara 173
xilema 301
xilindró 142
ximburé 351
ximburetinga 154
xinane 360
xingar 74
xinxilha 112
xiquexique 128, 360
xué 113
xuri 237

Z

zabelê 294
zabumba 74, 78, 133
zagal 324
zagalejo 360
zagaleto 360
Zágreb 49
zanaga 251
zanga-burrinha 99
zangar-se 9
Zante 168
zanzo 339
zaragata 121
zarcão 312
zarolho 251
zebral 360
zebrário 360
zebrino 360
zéfiro 93
zelador 360
zelante 360
zelo 205
zelos 177
zeloso 176, 205
zero 176
Zeus 296
zimão 78
zimbório 206
zombaria 172
zorrilho 293
zorro 52
zumbaia 199
zumbido 360
zunido 360
zurrar 321
zurzir 26

REFÊNCIAS BIBLIOGRÁFICAS

BARCIA, Roque. *Sinónimos Castellanos*. 3ª ed., Buenos Aires, 1942.

BENSABAT, Jacó. *Novo livro de sinônimos da língua portuguesa.* Porto, 1887.

BRUNSWICK, Henrique. *Dicionário de sinônimos da língua portuguesa.*

FONSECA José da. V. Roquete.

GUIZOT, F. *Dictionnaire universel des synonymes de la langue française.* 8ª ed., Paris, 1873.

IHERING, Rodolfo von. *Dicionário dos animais do Brasil.* São Paulo, 1940.

LACERDA, D. José de. *Novíssimo dicionário dos sinônimos da língua portuguesa.* 2ª ed., Lisboa, 1860.

LAFAYE, B. *Dictionnaire des synonymes de la langue française.* 2ª ed., Paris, 1865.

Nouveau Larousse Illustré, Paris, s.d.

PASSOS, Manuel Joaquim Alves. *Estudo sobre alguns sinônimos da língua portuguesa.* Porto, 1840.

POMBO, Rocha. *Dicionário de sinônimos.* Rio de Janeiro, 1914.

ROQUETE, J.I. *Dicionário dos sinônimos da língua portuguesa.* Paris-Lisboa, s.d.

SAMPAIO, A.J. de *Nomes vulgares de plantas do Distrito Federal e do estado do Rio de Janeiro, in* "Boletim do Museu Nacional", nº 4, de 15 de janeiro de 1946.

S. LUÍS, D. Fr. Francisco de. *Ensaio sobre alguns sinônimos da língua portuguesa.* Santos, SP, 1859.

Este livro foi impresso no Rio Grande do Sul, em julho de 2024,
pela Edelbra Gráfica e Editora para a Lexikon Editora.
A fonte usada no miolo é a LeMonde Liver, em corpo 8/9.
O papel do miolo é offset 63g/m² e o da capa é cartão 250g/m².